教員採用試験対策

ステップアップ問題集⑤

専門教科

中学 理科

基礎から実践へ段階的に得点力を付ける！
合格レベルまでステップアップできる！
教員採用試験必携の問題集

東京アカデミー 編

東京アカデミー七賢出版

はじめに

教員採用試験は，自治体ごとに実施され，その出題傾向は多種多様です。そのため，受験生にとっては対策を立てる上で大変困難を極めます。また，近年の試験では，人物試験を重視する傾向にあり，その対策にも多くの時間が必要となります。これらの状況を考えると，筆記試験においては，限られた時間の中でより的確かつ効率よく学習を進めていくことが求められます。

このオープンセサミシリーズは，全国に拠点をもつ東京アカデミーのネットワークを最大限に活かして過去の教員採用試験を徹底的に分析し，より効率よく，かつ合理的に，合格に必要な知識を身に付けることができるよう編集されたものです。

多くの受験生が見事合格を勝ちとり，晴れて教師としてご活躍されますよう，ご健闘を心からお祈り申し上げます。

本書が，受験生の皆さまの合格の一助となりましたら幸いです。

東京アカデミー編集部スタッフ一同

■ 本書の特徴と構成

本書は，教員採用試験の出題傾向を子細に研究・分析したうえで，頻出項目ごとにテーマ別に編集し，基礎・基本の知識整理から，実践的・即応的な合格力まで，段階的に実力がステップアップできるように構成しています。

▶ STEP 1

各章に，頻出テーマの基礎事項を整理するための “要点整理” と，その定着を図るための “例題” を掲載しています。

▶ STEP 2

章末には，同章で学んだ知識を確認・反復するために “演習問題” を掲載しています。

▶ STEP 3

編末には，各章で学んだテーマを横断的に扱った問題や，発展的な論点をカバーした問題などを，総合問題形式で “実践問題” として掲載しています。

※ 演習問題・実践問題は一部を除き，過去問題（及びその改題）を精選して掲載しています。

●表示説明：演習問題および実践問題に表示されている★印は，各問題の難度を示します。

★☆☆　普通　　★★☆　やや難しい　　★★★　難しい

Contents　中学 理科

第1編

学習指導要領

1 学習指導要領

傾向と対策

平成 29 年 3 月に告示された中学校学習指導要領から,「第 1　目標」,「第 2　各分野の目標及び内容」,「第 3　指導計画の作成と内容の取扱い」からのまんべんない出題と，選択解答方式による空欄補充の問題での出題が比較的多いと予想される。自治体によっては記述式で出題される可能性があるので，最頻出の「目標」をはじめ，内容をしっかりと確実に覚えておく必要がある。また，学習指導要領解説についても，整理しておくこと。

例題 1　教科の目標

次の文は，中学校学習指導要領（平成 29 年 3 月告示）「理科」の教科の目標である。空欄に当てはまる語句を答えよ。

自然の事物・現象に関わり，理科の（　ア　）を働かせ，（　イ　）をもって観察，実験を行うことなどを通して，自然の事物・現象を科学的に探究するために必要な資質・能力を次のとおり育成することを目指す。

(1)　自然の事物・現象についての（　ウ　）を深め，科学的に探究するために必要な観察，実験などに関する基本的な技能を身に付けるようにする。

(2)　観察，実験などを行い，科学的に探究する力を養う。

(3)　自然の事物・現象に（　エ　）関わり，科学的に探究しようとする（　オ　）を養う。

解答　ア．見方・考え方　　イ．見通し　　ウ．理解　　エ．進んで　　オ．態度

解説　中学校理科の目標については，初めに，どのような学習の過程を通してねらいを達成するかを示し，(1)では育成を目指す資質・能力のうち「知識及び技能」を，(2)では「思考力，判断力，表現力等」を，(3)では「学びに向かう力，人間性等」をそれぞれ示し，三つの柱に沿って明確化している。

例題 2　各分野の目標

次の文は，中学校学習指導要領（平成 29 年 3 月告示）「理科」に示されている第 1 分野と第 2 分野の目標の一部である。文中の空欄に当てはまる語句を答えよ。

〈第 1 分野〉

○　物質やエネルギーに関する事物・現象に関わり，それらの中に問題を見いだし見通しをもって観察，実験などを行い，その結果を（　ア　）して（　イ　）し（　ウ　）するなど，科学的に探究する活動を通して，（　エ　）を見いだしたり課題を解決したりする力を養う。

〈第 2 分野〉

○　生命や地球に関する事物・現象に進んで関わり，科学的に探究しようとする態度と，（　オ　）を尊重し，自然環境の保全に寄与する態度を養うとともに，自然を（　カ　）に見ることができるようにする。

解答　ア．分析　　イ．解釈　　ウ．表現　　エ．規則性　　オ．生命
カ．総合的

解説　第 1 分野の目標(2)では，教科の目標の「観察，実験などを行い，科学的に探究する力を養う」を受けて，小学校で身に付けた問題を見いだす力や根拠のある予想や仮説を発想する力などを発展させ，物質やエネルギーに関する事物・現象について規則性を見いだしたり，課題を解決したりする方法を身に付け，思考力，判断力，表現力等を養うというねらいを示している。

第 2 分野の目標(3)では，「自然の事物・現象に進んで関わり，科学的に探究しようとする態度を養う」を受けて，生命や地球に関する自然の事物・現象に進んで関わり，自然を科学的に探究する活動を行い，科学的に探究しようとする態度を養うとともに，生命を尊重し，自然環境の保全に寄与する態度を育て，自然を総合的に見ることができるようにするというねらいを示している。

例題3 指導計画の作成と内容の取扱い

次の文は，中学校学習指導要領（平成29年3月告示）「理科」の「第3 指導計画の作成と内容の取扱い」の一部を記したものである。文中の空欄に当てはまる語句を答えよ。

○ （ ① ）な観察や季節を変えての（ ② ）を，各内容の特質に応じて適宜行うようにすること。

○ （ ③ ）や科学学習センターなどと積極的に連携，協力を図るようにすること。

○ 科学技術が日常生活や社会を豊かにしていることや（ ④ ）の向上に役立っていることに触れること。また，理科で学習することが様々な（ ⑤ ）などと関係していることにも触れること。

解答 ①継続的 ②定点観測 ③博物館 ④安全性 ⑤職業

解説 第2の内容の取扱いについて配慮する事項として全10項目を挙げている。例題以外は以下の通りである。

(1) 観察，実験，野外観察を重視するとともに，地域の環境や学校の実態を生かし，自然の事物・現象についての基本的な概念の形成及び科学的に探究する力と態度の育成が段階的に無理なく行えるようにすること。

(2) 生命を尊重し，自然環境の保全に寄与する態度を養うようにすること。

(3) 1の(3)の学習活動を通して，言語活動が充実するようにすること。

(4) 各分野の指導に当たっては，観察，実験の過程での情報の検索，実験，データの処理，実験の計測などにおいて，コンピュータや情報通信ネットワークなどを積極的かつ適切に活用するようにすること。

(5) 指導に当たっては，生徒が学習の見通しを立てたり学習したことを振り返ったりする活動を計画的に取り入れるよう工夫すること。

(6) 原理や法則の理解を深めるためのものづくりを，各内容の特質に応じて適宜行うようにすること。

(8) 観察，実験，野外観察などの体験的な学習活動の充実に配慮すること。また，環境整備に十分配慮すること。

例題４　事故防止，薬品の管理や廃棄物の処理

理科学習における主要な活動を安全で適切に行うためには，事故の防止，薬品の管理や廃棄物の処理などについて十分配慮することが必要とされている。事故防止についての主な配慮事項を２点，薬品管理についての主な配慮事項を２点，そして廃棄物処理の具体例を１例，簡潔に述べよ。〈岩手県改題〉

解答　〔解答例〕

〈事故防止の配慮事項〉

・指導計画において，観察や実験などの目的や内容などを明確にすると同時に，生徒のその段階での観察，実験の技能の習熟度を掌握し，無理のない観察，実験を選ぶこと。

・生徒の実態を把握し，万一の事故や急病人に備えて連絡網を整備，周知しておくこと。

・観察や実験の安全を確保するために，適切な実験の方法や条件を確認しておくなど，予備実験を必ず行っておくこと。

・生徒に対して，観察，実験に関する基本操作や正しい器具の使い方を習熟させるとともに，誤った操作や使い方をしたときの危険性について認識させておくこと。

・生徒には機能的な服装をさせ，必要のある場合には常に保護眼鏡を着用させること。

・生徒のけがに備えての救急箱の用意や，防火対策として消火器や水を入れたバケツなどを準備しておく。また，換気にも注意を払うこと。などから２つ

〈薬品管理配慮事項〉

・直射日光を避け冷所に保管し，異物が混入しないように注意し，火気から遠ざけておく。

・薬品は法律に従って類別して薬品庫に入れ，紛失や盗難のないよう必ず施錠しておくこと。万が一，危険な薬品の紛失・盗難などがあった場合は，直ちに管理責任者に届けること。

・薬品の購入は年間指導計画に従って最小限にとどめ，特に危険な薬品類は余分に購入しないこと。　などから２つ

〈廃棄物処理の具体例〉

・酸やアルカリの廃液は，中和してから多量の水で薄めながら流す。

・重金属イオンを含む廃液は，そのまま廃棄せずに容器に集め，回収保管する。最終処分は廃棄物処理業者に委託する。

・反応が完全に終わっていない混合物については，完全に反応させてから，十分に冷まして安全を確認してから処理する。　などから１つ

解説　理科の学習において，主要な活動を安全で適切に行うためにも，事故の防止，薬品の管理や廃棄物の処理などについて十分配慮する必要がある。

例題5　評価の観点及びその趣旨

次の表は，中学校理科における「評価の観点及びその趣旨」である。表中の空欄に当てはまる語句を答えよ。

観　点	趣　旨
（　A　）・技能	自然の事物・現象についての基本的な概念や原理・（　D　）などを理解しているとともに，科学的に探究するために必要な観察，実験などに関する（　E　）や記録などの基本的な技能を身に付けている。
思考・（　B　）・表現	自然の事物・現象から問題を見いだし，（　F　）をもって観察，実験などを行い，得られた結果を分析して解釈し，表現するなど，科学的に探究している。
主体的に学習に取り組む（　C　）	自然の事物・現象に進んで関わり，（　F　）をもったり振り返ったりするなど，科学的に探究しようとしている。

解答　A．知識　B．判断　C．態度
D．法則　E．基本操作　F．見通し

解説　学年・分野別の評価の観点の趣旨

第1分野

観　点	趣　旨
知識・技能	物質やエネルギーに関する事物・現象についての基本的な概念や原理・法則などを理解しているとともに，科学的に探究するために必要な観察，実験などに関する基本操作や記録などの基本的な技能を身に付けている。
思考・判断・表現	物質やエネルギーに関する事物・現象から問題を見いだし，見通しをもって観察，実験などを行い，得られた結果を分析して解釈し，表現するなど，科学的に探究している。
主体的に学習に取り組む態度	物質やエネルギーに関する事物・現象に進んで関わり，見通しをもったり振り返ったりするなど，科学的に探究しようとしている。

第2分野

観　点	趣　旨
知識・技能	生命や地球に関する事物・現象についての基本的な概念や原理・法則などを理解しているとともに，科学的に探究するために必要な観察，実験などに関する基本操作や記録などの基本的な技能を身に付けている。
思考・判断・表現	生命や地球に関する事物・現象から問題を見いだし，見通しをもって観察，実験などを行い，得られた結果を分析して解釈し，表現するなど，科学的に探究している。
主体的に学習に取り組む態度	生命や地球に関する事物・現象に進んで関わり，見通しをもったり振り返ったりするなど，科学的に探究しようとしている。

演習問題

1 ★☆☆

次の各文は，中学校学習指導要領（平成 29 年 3 月告示）「理科」の「各分野の目標及び内容〔第 1 分野〕」の一部である。文中の空欄に当てはまる語句を答えよ。

⑴ 物質や（ ① ）に関する事物・現象についての観察，実験などを行い，身近な物理現象，電流とその利用，運動と（ ① ），身の回りの物質，化学変化と原子・分子，化学変化とイオンなどについて理解するとともに，（ ② ）の発展と（ ③ ）との関わりについて認識を深めるようにする。また，それらを（ ④ ）に探究するために必要な観察，実験などに関する基本的な技能を身に付けるようにする。

⑵ 物質や（ ① ）に関する事物・現象に進んで関わり，（ ④ ）に探究しようとする態度を養うとともに，自然を（ ⑤ ）に見ることができるようにする。

2 ★☆☆

次の各文は，中学校学習指導要領（平成 29 年 3 月告示）「理科」に示されている第 2 分野の目標の一部である。文中の空欄に当てはまる語句を答えよ。

生命や地球に関する事物・現象に関わり，それらの中に（ ① ）を見いだし見通しをもって観察，実験などを行い，その結果を（ ② ）して（ ③ ）し（ ④ ）するなど，科学的に探究する活動を通して，（ ⑤ ）に気付くとともに規則性を見いだしたり課題を解決したりする力を養う。

3 ★☆☆

次の各文は，中学校学習指導要領（平成 29 年 3 月告示）「理科」の「各分野の目標及び内容〔第 1 分野〕」の一部である。文中の空欄に当てはまる語句を語群から 1 つ選び，記号で答えよ。

⑴ 身近な物理現象を（ ① ）や（ ② ）と関連付けながら，次のことを理解するとともに，それらの観察，実験などに関する技能を身に付けること。

⑵ 光の反射や屈折の実験を行い，光が水やガラスなどの物質の（ ③ ）で反射，屈折するときの（ ④ ）を見いだして理解すること。

⑶ 2 種類の物質を反応させる実験を行い，反応前とは異なる物質が生成する

ことを見いだして理解するとともに，化学変化は原子や分子のモデルで説明できること，化合物の組成は（　⑤　）で表されること及び化学変化は（　⑥　）で表されることを理解すること。

(4)　水溶液に電圧をかけ電流を流す実験を行い，水溶液には電流が流れるものと流れないものとがあることを見いだして理解すること。また，電解質水溶液に電圧をかけ電流を流す実験を行い，電極に物質が生成することからイオンの存在を知るとともに，イオンの生成が（　⑦　）の成り立ちに関係することを知ること。

(5)　自然環境の保全と科学技術の利用の在り方について科学的に考察することを通して，（　⑧　）な社会をつくることが重要であることを認識すること。

〈語群〉

ア．化学式	イ．規則性	ウ．社会生活	エ．原子
オ．持続可能	カ．化学変化	キ．日常生活	ク．自然
ケ．性質	コ．社会	サ．化学反応式	シ．分子
ス．自然環境	セ．境界面	ソ．関係性	タ．国際的

4　★☆☆

次の文は，中学校学習指導要領（平成29年3月告示）「理科」の「各分野の目標及び内容〔第2分野〕」の一部である。文中の空欄に当てはまる語句を語群から1つ選び，記号で答えよ。

(1)　身近な地形や（　①　），岩石などの観察を通して，土地の成り立ちや広がり，構成物などについて理解するとともに，観察器具の操作，記録の仕方などの技能を身に付けること。

(2)　気象衛星画像や調査記録などから，日本の気象を日本付近の大気の動きや（　②　）の影響に関連付けて理解すること。

(3)　微生物の働きを調べ，植物，動物及び微生物を（　③　）の面から相互に関連付けて理解するとともに，自然界では，これらの生物がつり合いを保って生活していることを見いだして理解すること。

(4)　自然環境の（　④　）と科学技術の（　⑤　）の在り方について科学的に考察することを通して，持続可能な社会をつくることが重要であることを認識すること。

〈語群〉

ア．栄養	イ．気団	ウ．探究	エ．保全	オ．地層
カ．維持	キ．海洋	ク．自然環境	ケ．利用	コ．地質

5 ★☆☆

次の各文は，中学校学習指導要領（平成29年3月告示）「理科」の「第3 指導計画の作成と内容の取扱い」の一部である。文中の空欄に当てはまる語句を語群から1つ選び，記号で答えよ。

(1) 各学年においては，年間を通じて，各分野におよそ同程度の（ ① ）を配当すること。その際，各分野間及び各項目間の関連を十分考慮して，各分野の特徴的な見方・考え方を総合的に働かせ，自然の事物・現象を科学的に探究するために必要な資質・能力を養うことができるようにすること。

(2) 学校や生徒の実態に応じ，十分な（ ② ）や（ ③ ）の時間，（ ④ ）のために探究する時間などを設けるようにすること。その際，問題を見いだし観察，実験を計画する学習活動，観察，実験の結果を分析し解釈する学習活動，（ ⑤ ）を使用して考えたり説明したりする学習活動などが充実するようにすること。

〈語群〉

ア．課題解決　イ．原理や法則　ウ．観測　エ．観察

オ．授業時間　カ．科学的な概念　キ．問題解決　ク．野外観察

ケ．実験　コ．授業時数

6 ★☆☆

次の各文は，中学校学習指導要領（平成29年3月告示）「理科」の「第3 指導計画の作成と内容の取扱い」の一部である。文中の空欄に当てはまる共通の語句を答えよ。

第1章総則の第1の2の(2)に示す（　　　）教育の目標に基づき，（　　　）科などとの関連を考慮しながら，第3章特別の教科（　　　）の第2に示す内容について，理科の特質に応じて適切な指導をすること。

7 ★★☆

理科の授業における事故防止のための留意点について，平成29年告示『中学校学習指導要領解説理科編』の「指導計画の作成と内容の取扱い」に基づき，各問いに答えよ。

(1) 観察，実験の基本操作や器具の使い方を指導する際の留意点を答えよ。

(2) 実験の安全を確保するために，予備実験で確認しておくべきことを答えよ。

〈青森県改題〉

演習問題　解答・解説

1

① エネルギー
② 科学技術
③ 人間生活
④ 科学的
⑤ 総合的

2

① 問題
② 分析
③ 解釈
④ 表現
⑤ 多様性

解説

第1分野においても，第2分野と同様に，生徒自身が問題を見いだし，自ら進んで探究する活動を行い，分析して解釈することを通して，多様性や共通性に気付くとともに，規則性や関係性を見いだしたり，課題を解決したりするように方向付けることが大切である。

3

① キ　② コ
③ セ　④ イ
⑤ ア　⑥ サ
⑦ エ　⑧ オ

4

① オ　② キ
③ ア　④ エ
⑤ ケ

5

① コ　② エ
③ ケ　④ ア
⑤ カ

解説

①授業時数については，学校教育法施行規則で定められており，第1学年で105，第2学年及び第3学年でそれぞれ140が標準とされている。中学校理科は第1分野及び第2分野で構成され，各学年で学習する標準的な内容を示しており，年間を通じて各分野におよそ同程度の授業時数を配当するものとされている。

6

道徳

解説

理科の年間指導計画の作成などに際して，道徳教育の全体計画との関連，指導の内容及び時期等に配慮し，両者が相互に効果を高め合うようにすることが大切である。

7〔解答例〕

(1) 誤った操作や使い方をしたときの危険性について認識させるとともに，単に操作の手順だけを教えるのではなく，実験器具の機能や特性を十分理解した上で合理的な実験器具を選択し，その操作を習熟させるよう指導すること。
(2) 使用する薬品の適切な濃度や量など，適切な実験の方法や条件を確認すること。

2 実践問題

1 ★★☆

中学校学習指導要領（平成 29 年 3 月告示）「理科」に関して，次の各問いに答えよ。

(1) 「各分野の目標及び内容」の中の「目標」の記述として適切でないものを1つ選び，番号で答えよ。

① 物質やエネルギーに関する事物・現象に進んで関わり，科学的に探究しようとする態度を養うとともに，自然を総合的に見ることができるようにする。

② 物質やエネルギーに関する事物・現象に関わり，それらの中に問題を見いだし見通しをもって観察，実験などを行い，その結果を分析して解釈し表現するなど，科学的に探究する活動を通して，規則性を見いだしたり課題を解決したりする力を養う。

③ 生物とそれを取り巻く自然の事物・現象を調べる活動を行い，これらの活動を通して生命を尊重し，自然環境の保全に寄与する態度を育て，自然を総合的に見ることができるようにする。

④ 生命や地球に関する事物・現象に進んで関わり，科学的に探究しようとする態度と，生命を尊重し，自然環境の保全に寄与する態度を養うとともに，自然を総合的に見ることができるようにする。

(2) 「指導計画の作成と内容の取扱い」の記述として適切でないものを1つ選び，番号で答えよ。

① 生命を尊重し，自然環境の保全に寄与する態度を養うようにすること。

② 学校や生徒の実態に応じ，十分な観察や実験の時間，課題解決のために探究する時間などを設けるようにすること。その際，問題を見いだし観察，実験を計画する学習活動，観察，実験の結果を分析し解釈する学習活動，科学的な概念を使用して考えたり説明したりする学習活動などが充実するようにすること。

③ 各学年においては，年間を通して，各分野におよそ同程度の授業時数を配当すること。その際，各分野間及び各項目間の関連を十分考慮して，各分野の特徴的な見方や考え方が互いに補い合って育成されるようにすること。

④ 観察，実験，野外観察を重視するとともに，地域の環境や学校の実態を

生かし，自然の事物・現象についての基本的な概念の形成及び科学的に探究する力と態度の育成が段階的に無理なく行えるようにすること。

2 ★★☆

理科の学習の中でもコンピュータや情報通信ネットワークを積極的に活用することが求められている。

(1)　観察・実験の過程においてどのように活用することが考えられるか，3点答えよ。

(2)　コンピュータや情報通信ネットワークは，自然を調べる活動を支援する有用な道具として位置付けられる必要がある。理科学習においてそれらを活用していく中で，著作権以外に指導者として配慮すべきことを答えよ。

〈名古屋市改題〉

3 ★★☆

事故防止や使用薬品の管理及び廃棄について，次の各問いに答えよ。

(1)　観察や実験をする際の事故防止についての配慮事項として，具体的には，どのようなことが必要となるか，4つ簡潔に答えよ。

(2)　薬品等を管理する際の配慮として，具体的には，どのようなことが必要となるか，2つ簡潔に答えよ。

〈徳島県改題〉

4 ★★☆

理科では観察や実験が多いことから，教師が，事故の対策を心得ておくことは大切なことである。理科室内において予想される事故を2つ答えよ。また，そのときの応急処置をそれぞれ答えよ。

〈群馬県改題〉

5 ★★★

中学生に「電流を取り出そう」というテーマで，身近な実験材料を用いて興味付けを図るための演示実験を行いたい。その実験に必要な材料や器具名を挙げるとともに，装置を図示せよ。〈奈良県改題〉

6 ★★★

野外観察を実施する際，地層の観察などのように，学校の近くに1単位時間（50分間）で観察可能な露頭などが見られない場合もある。このような場合，どのように野外観察を伴う授業を実施するか。野外観察の対象を1つ挙げ，実施目的，実施時期，実施方法，実施内容，安全面での配慮などについて簡潔に答えよ。

〈岩手県改題〉

実践問題　解答・解説

1

(1)　③　　(2)　③

2

(1)・情報の検索をする。
・実験データの処理をする。
・実験の計測に活用する。

(2)　情報通信ネットワークを介して得られた情報は適切なものばかりではないことに留意させること。

3

(1)・年間の指導計画の中に観察や実験，野外観察の目的や内容などを明確にしておく。
・安全確保のために，予備実験は必ず行っておく。
・理科室内の整理整頓や実験器具の整備点検を日頃から心掛ける。
・事故の対策を心得ると同時に，理科室には生徒のけがに備えて，救急箱を配置しそれを周知しておく。
・服装について，余分な飾りがなく機能的な服装をさせる。

などから４つ

(2)・直射日光を避け冷所に保管し，異物が混入しないように注意し，火気から遠ざけておく。
・強酸，強い酸化剤，有機化合物，発火性物質などに大別して保管しておき，地震などで転倒することがないよう配慮しておく。
・薬品の購入は，年間指導計画に従い最小限にとどめ，定期的に在庫量を調べる。

などから２つ

4〔解答例〕

〈事故〉

熱した試験管やビーカーに触れるなどによって火傷する。

〈処置〉

患部を直ちに冷水で冷やした後，医師に手当てを受けさせる。

〈事故〉

薬品が誤って手についたり，目に入ったりする。

〈処置〉

流水で洗った後，医師に手当てを受けさせる。

など

5〔解答例〕

〈例１〉

材料・器具：銅板，亜鉛板，うすい塩酸，発泡ポリスチレンの板，モーター，プロペラ，セロハンテープ，フィルムケース，砂，導線

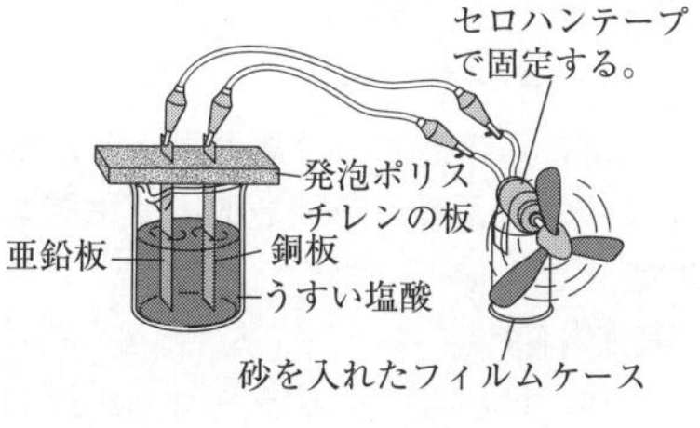

〈例２〉
材料・器具：エナメル線の束，棒磁石，
　　　　　　検流計

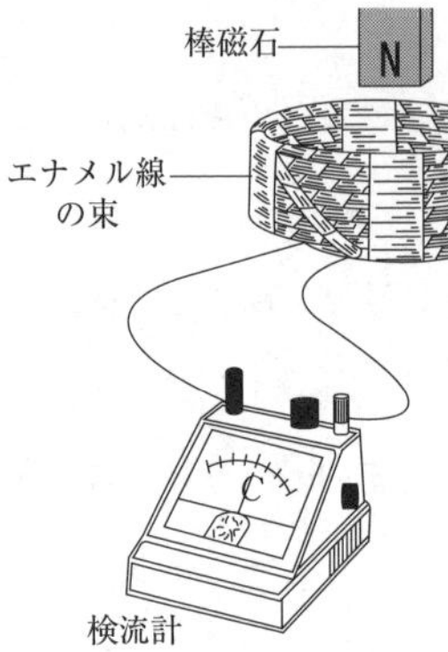

6〔解答例〕
〈対象〉
　地層の観察
〈実施目的〉
　野外観察を通して地層のでき方を考察し，地層の重なり方や広がりなどについての規則性を見いだす。
〈実施時期〉
　遠足や修学旅行，社会見学などの学校行事
〈実施方法〉
　教材として適する地層が見られる場所をコースに入れ，時間を取って地層を観察させる。
〈実施内容〉
　生徒に地層をスケッチさせ，地層を観察した様子や地層の広がり，各層の具体的な説明や地層の境目の様子，地層の中に含まれる化石や火山灰などの堆積物，などを書き込ませる。それをもとに学校における授業で発表・討議させる。
〈安全面での配慮〉
- 観察ポイントとして崖崩れや落石のない場所を選ぶ。
- にわか雨や落雷，川の増水など，気象情報に注意する。
- 露出の少ない服装，滑りにくく動きやすい履物を持参させる。

など

第 2 編

物理

1 運動と力

傾向と対策

物理の中では大きな部分を占める分野である。速度，加速度，運動方程式など各内容からまんべんなく出題されている。この分野の理解を十分にしておくと，電磁気などの他の分野の理解にも大きく役立つ。したがって，まずは運動の基礎となる内容をしっかり理解することである。また，様々な公式やグラフが出てくるが，解答に導くことができるよう多くの問題に当たって練習しておくこと。

なお，記録タイマーなどを使った実験に関する出題もよく見られるので，実験の手順，結果の導き方についても理解しておくこと。

要点 Check!

1 物体の運動

(1) 速さと速度

① 平均の速さ

時刻 t のとき位置 x にあり，時刻 $t+\Delta t$ のとき，位置 $x+\Delta x$ にある物体の平均の速さ $\bar{v}$ は，

$$\bar{v}=\frac{\Delta x}{\Delta t}$$

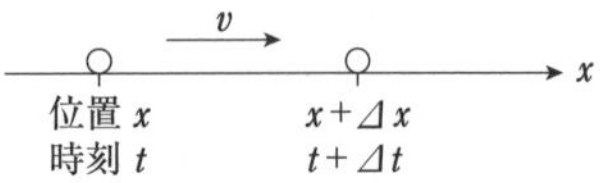

② 瞬間の速さ

上の式において，Δt を限りなく 0 に近づけたときの平均の速さが，時刻 t における**瞬間の速さ** v である。ふつう速さといえば，瞬間の速さを意味する。

③ 速度

大きさだけでなく，その向きも考えた値をベクトル量といい，文字の上に矢印をつけて表す。速さ（大きさ）に向きを考えたものが，**速度** $\vec{v}$ である。速度はベクトル量である。

(2) 加速度

① 平均の加速度

時刻 t のとき速さ v で，時刻 $t+\Delta t$ のとき速さ $v+\Delta v$ で運動している物体の平均の加速度 $\bar{a}$ は，

$$\overline{a}=\frac{\Delta v}{\Delta t}$$

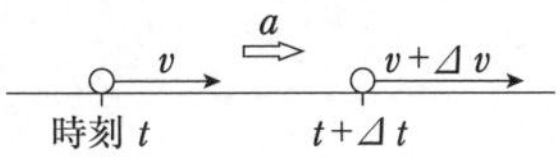

②　瞬間の加速度

上の式において，Δt を限りなく0に近づけたときの平均の加速度が，時刻 t における**瞬間の加速度** a である。単に加速度というとき，瞬間の加速度を意味する。

(3)　速度の合成・分解

①　速度の合成 $(\overrightarrow{v_1}+\overrightarrow{v_2}=\vec{v})$

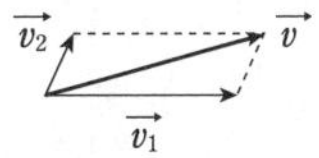

速度 $\overrightarrow{v_1}$ と速度 $\overrightarrow{v_2}$ の合成速度 $\vec{v}$ は，ベクトル $\overrightarrow{v_1}$ とベクトル $\overrightarrow{v_2}$ を2辺とする平行四辺形の対角線に相当する。

②　速度の分解 $(v_x=v\cos\theta,\ v_y=v\sin\theta)$

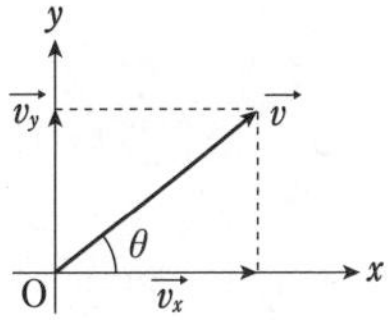

$\vec{v}$ の大きさを v とする。速度 $\vec{v}$ の始点を原点Oとして直交座標軸 x，y をとり，x 軸と $\vec{v}$ のなす角を θ とすると，ベクトル $\vec{v}$ は，x 成分 $\overrightarrow{v_x}$ と y 成分 $\overrightarrow{v_y}$ に分解することができる。

(4)　相対速度

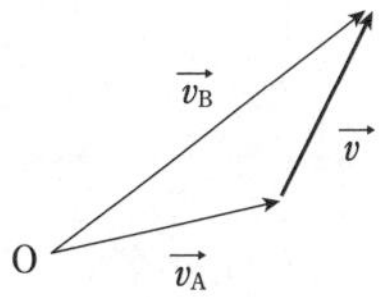

物体Aが速度 $\overrightarrow{v_A}$ で運動しており，物体Bが速度 $\overrightarrow{v_B}$ で運動しているとき，Aから見たBの速度を**相対速度** $\vec{v}$ といい，その関係は，

$$\vec{v}=\overrightarrow{v_B}-\overrightarrow{v_A}$$

(5)　等速直線運動

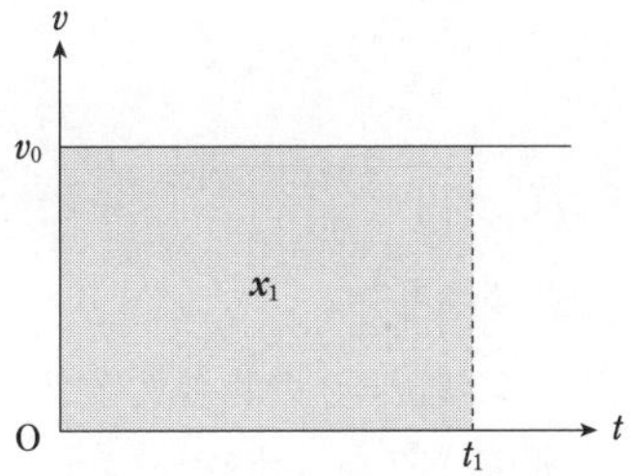

物体が一定の速さ v_0 で運動しているとき，時間 t_1 の間に進む距離 x_1 は，

$$x_1=v_0t_1$$

x_1 は，縦軸に物体の速度 v，横軸に時間 t をとった $v-t$ 図において，グラフに囲まれた部分の面積に等しい。

(6)　等加速度直線運動

x 軸上を一定の加速度 a で運動する物体が，時刻 $t=0$ に原点Oを初速度 v_0 で通過したとき，時刻 t_1 の物体の速度 v_1，移動距離 x_1 は次の3式で表される。

$$v_1 = v_0 + at_1$$

$$x_1 = v_0t_1 + \frac{1}{2}at_1{}^2$$

$$v_1{}^2 - v_0{}^2 = 2ax_1$$

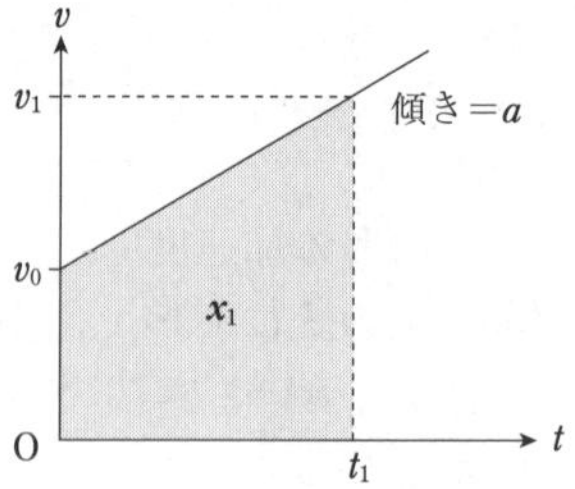

$v-t$ 図において，直線の傾きが加速度，グラフに囲まれた部分の面積が移動距離である。

(7) 落体の運動

重力加速度を g とする。

① 自由落下

時刻 $t=0$ の物体の位置を原点Oとして，自由落下させたとき，時刻 t における物体の速さ v，位置 y（鉛直下向きを正）は，次の式で表される。

$$v = gt \qquad y = \frac{1}{2}gt^2 \qquad v^2 = 2gy$$

② 鉛直投げ下ろし

時刻 $t=0$ の物体の位置を原点Oとして，初速度 v_0 で鉛直に投げ下ろしたとき，時刻 t における物体の速さ v，位置 y（鉛直下向きを正）は，次の式で表される。

$$v = v_0 + gt \qquad y = v_0t + \frac{1}{2}gt^2 \qquad v^2 - v_0{}^2 = 2gy$$

③ 鉛直投げ上げ

時刻 $t=0$ の物体の位置を原点Oとして，初速度 v_0 で鉛直投げ上げをしたとき，時刻 t における物体の速さ v，位置 y（鉛直上向きを正）は，次の式で表される。

$$v = v_0 - gt \qquad y = v_0t - \frac{1}{2}gt^2 \qquad v^2 - v_0{}^2 = -2gy$$

④ 水平投射

時刻 $t=0$ の物体の位置を原点Oとして，初速度 v_0 で水平投射したとき，時刻 t における物体の速さ v，水平方向の変位 x（v_0 の方向を正），鉛直方向の変位 y（鉛直下向きを正）は，次の式で表される。

水平（x 軸）方向：$v = v_0 \qquad x = v_0t$

鉛直（y 軸）方向：$v = gt \qquad y = \frac{1}{2}gt^2$

⑤　斜方投射

時刻 $t=0$ の物体の位置を原点Oとして，初速度 v_0，水平面からの角度 θ（$0^\circ \leqq \theta \leqq 90^\circ$）で斜方投射したとき，時刻 t における物体の速さ v，水平方向の変位 x（v_0 の水平方向を正），鉛直方向の変位 y（鉛直上向きを正）は，次の式で表される。

水平（x 軸）方向：$\boldsymbol{v = v_0 \cos\theta}$　　　$\boldsymbol{x = v_0 \cos\theta \cdot t}$

鉛直（y 軸）方向：$\boldsymbol{v = v_0 \sin\theta - gt}$　　$\boldsymbol{y = v_0 \sin\theta \cdot t - \frac{1}{2}gt^2}$

2　力と運動の法則

(1)　力の合成・分解

力は大きさと向きを持つベクトル量であるので，その合成や分解は，速度の場合と同じように考えることができる。

①　力の合成（$\overrightarrow{F_1} + \overrightarrow{F_2} = \overrightarrow{F}$）

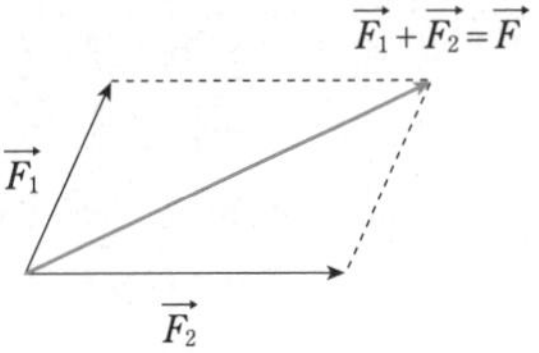

2つの力 $\overrightarrow{F_1}$，$\overrightarrow{F_2}$ の合力 $\overrightarrow{F}$ は，ベクトル $\overrightarrow{F_1}$ とベクトル $\overrightarrow{F_2}$ を2辺とする平行四辺形の対角線に相当する。

②　力の分解（$F_x = F\cos\theta$，$F_y = F\sin\theta$）

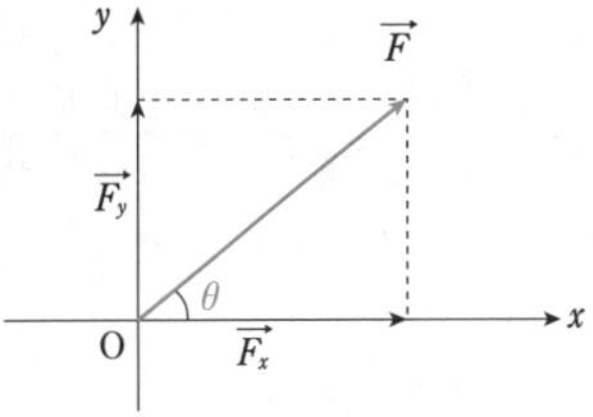

力 $\overrightarrow{F}$ の始点を原点Oとして直交座標軸 x，y をとり，x 軸と $\overrightarrow{F}$ のなす角を θ とすると，ベクトル $\overrightarrow{F}$ は x 成分 $\overrightarrow{F_x}$ と y 成分 $\overrightarrow{F_y}$ に分解することができる。

(2)　力のつり合い

静止している物体に，複数の力 $\overrightarrow{F_1}$，$\overrightarrow{F_2}$，……がはたらいているとき，これらの力の合力は0である。また，このとき $\overrightarrow{F_1}$，$\overrightarrow{F_2}$，……の x 成分と y 成分をそれぞれ（$\overrightarrow{F_{1x}}$，$\overrightarrow{F_{1y}}$），（$\overrightarrow{F_{2x}}$，$\overrightarrow{F_{2y}}$），……とすると，次の式が成り立つ。

$$\overrightarrow{F_{1x}} + \overrightarrow{F_{2x}} + \cdots\cdots = 0$$

$$\overrightarrow{F_{1y}} + \overrightarrow{F_{2y}} + \cdots\cdots = 0$$

(3)　運動の法則

①　**第1法則（慣性の法則）**

物体に外力がはたらいていないか，またはいくつかの外力がはたらいていてもそれらの合力が0のとき，静止している物体は静止し続け，運動している物体は，はじめと同じ速度で等速直線運動をし続ける。

② **第2法則（運動の法則）**

物体に外力 $\vec{F}$ がはたらくと，力の向きに加速度 $\vec{a}$ を生じる。加速度の大きさは力の大きさに比例し，物体の質量 m に反比例する。この関係を表した式は，

$$m\vec{a}=\vec{F}$$（運動方程式）

③ **第3法則（作用・反作用の法則）**

物体Aが物体Bに力（作用）を及ぼすとき，それと同時に物体Bは物体Aに力（反作用）を及ぼす。作用と反作用は大きさが等しく，同一線上にあって向きは反対である。

(4) 摩擦力

① 静止摩擦力

あらい水平面上に物体を置き，水平右向きに力 f を加えても物体が動かないとき，物体は水平面から力 f とつり合う水平左向きの力を受けている。この力を**静止摩擦力** F という。

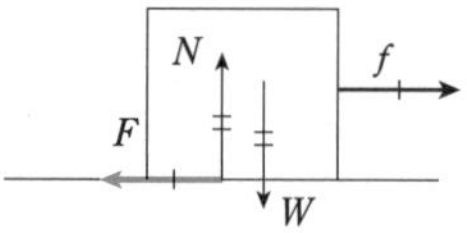

② 最大静止摩擦力

静止摩擦力 F には最大値 F_0 があり，これを**最大静止摩擦力**という。最大静止摩擦力より大きな外力がはたらくと，物体は動き出す。垂直抗力を N（物体が水平面を鉛直下方に押す力 W の反作用で，水平面が物体を鉛直上向きに押し返す力），水平面と物体の間の静止摩擦係数を μ としたとき，

$$F_0=\mu N$$

③ 動摩擦力

物体があらい面上を運動するとき，面から運動とは逆向きの力 F' を受ける。F' を**動摩擦力**という。動摩擦係数を μ' としたとき，

$$F'=\mu' N$$

(5) 弾性力

伸ばした（縮めた）ばねは，自然の長さに戻ろうとする。このときばねに生じる力 F を**弾性力**といい，ばねの伸び（縮み）x に比例する。ばね定数を k としたとき，

$$F=kx$$（フックの法則）

(6)　慣性力

質量 m の物体と共に加速度 a で運動している観測者が，その物体を見ると，物体には加速度と逆向きの力 F がはたらいているように見える。この見かけの力 F を**慣性力**といい，F の大きさは次の式で表される。

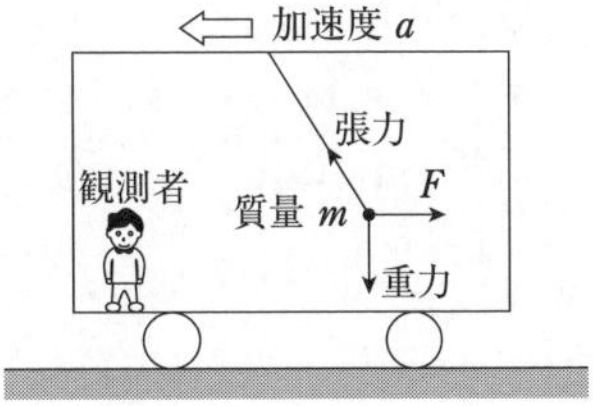

$$F = ma$$

(7)　浮力

密度 ρ の液体中の物体にはたらく鉛直上向きの力を浮力 F といい，物体の液体に沈んでいる部分の体積を V，重力加速度を g としたとき，

$$F = \rho V g$$

(8)　剛体のつり合い

力を加えても変形しない理想的な物体を**剛体**という。剛体は，次の①，②が同時に成り立つときにつり合う。

①剛体にはたらく力（$\vec{F_1}$，$\vec{F_2}$，…）の和が0（$\vec{F_1}+\vec{F_2}+\cdots=0$）であること。

②剛体にはたらく力のモーメント（$\vec{M_1}$，$\vec{M_2}$，…）の和が0（$\vec{M_1}+\vec{M_2}+\cdots=0$）であること。

3　仕事とエネルギー，運動量

(1)　仕事と仕事率

①　仕事

物体に一定の力 F がはたらき続けて距離 x だけ移動したとき，その力が物体にした仕事 W は，力 $\vec{F}$ と変位 $\vec{x}$ のなす角を θ とすると，

$$W = Fx\cos\theta$$

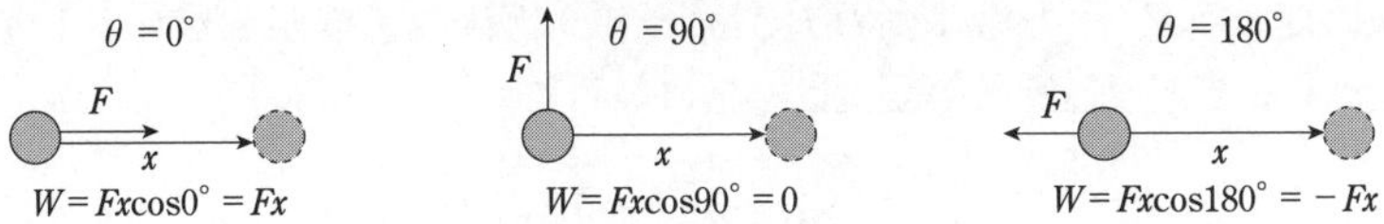

②　仕事率

時間 t の間に力がする仕事が W のとき，この力がする仕事の仕事率 P は，

$$P = \frac{W}{t}$$

(2) 力学的エネルギー

① 運動エネルギー

質量 m の物体が速さ v で運動しているとき，この物体が持つ運動エネルギー W は，

$$W=\frac{1}{2}mv^2$$

② 重力による位置エネルギー

質量 m の物体が基準面から高さ h の位置に置かれているとき，この物体が持つ位置エネルギー U は，

$$U=mgh$$

③ 弾性力による位置エネルギー

ばね定数 k のばねを自然長から距離 x だけ伸ばした（縮めた）とき，このばねが持つ位置エネルギー U は，

$$U=\frac{1}{2}kx^2$$

④ 力学的エネルギーの保存則

物体がもつ運動エネルギー W と位置エネルギー U の和を，力学的エネルギーという。物体に重力，弾性力などの保存力以外の力がはたらいていなければ，その物体がもつ力学的エネルギーは一定に保たれ，**$W+U=$一定**となる。

(3) 運動量と力積，運動量保存則

① 運動量と力積

運動している物体の勢いの程度を物体の質量と速度の積 $m\vec{v}$ で表し，これを**運動量**という。力と力がはたらく時間の積 $\vec{F}\Delta t$ を力積といい，短い時間 Δt の間，質量 m の物体に力 $\vec{F}$ が加わり，物体の速度が $\vec{v}$ から $\vec{v'}$ に変化したとするとき，運動量の変化は力積に等しく，

$$\vec{F}\Delta t=m\vec{v'}-m\vec{v}$$

が成り立つ。

②　運動量保存の法則

質量 m_1, m_2 の2物体が速度 $\overrightarrow{v_1}$, $\overrightarrow{v_2}$ で衝突し，それぞれの速度が $\overrightarrow{v_1'}$, $\overrightarrow{v_2'}$ になったとき，外力を受けていなければ，**運動量保存の法則**が成り立つ。

$$m_1\overrightarrow{v_1}+m_2\overrightarrow{v_2}=m_1\overrightarrow{v_1'}+m_2\overrightarrow{v_2'}$$

(4)　反発係数（はねかえり係数）

一直線上を運動している2物体が衝突したとき，それぞれの速度が v_1, v_2 から v_1', v_2' になった。このときの**反発係数（はねかえり係数）** e は，

$$e=-\frac{v_1'-v_2'}{v_1-v_2}$$

で表される。$0 \leqq e \leqq 1$ であり，$e=1$ のときを**弾性衝突**といい，$0 \leqq e<1$ のときを**非弾性衝突**という。$e=0$ のときを特に完全非弾性衝突といい，衝突後の物体どうしははねかえらず，一体となる。

4　円運動，単振動

(1)　等速円運動

質量 m の物体が，角速度 ω で運動している場合について考える。

角速度 ω：$\omega=\dfrac{\theta}{t}$

速度 v：$v=r\omega$（円の接線方向）

周期 T：$T=\dfrac{2\pi r}{v}=\dfrac{2\pi}{\omega}$　　回転数 n：$n=\dfrac{1}{T}=\dfrac{\omega}{2\pi}$

加速度 a：$a=r\omega^2=\dfrac{v^2}{r}$（円の中心向き）

向心力 F：$F=ma=mr\omega^2=m\dfrac{v^2}{r}$（円の中心向き）

(2)　遠心力

地上から見ると，物体は向心力を受けて等速円運動をするが，観測者が物体とともに円運動をするとき，物体には，円の中心から遠ざかる向きに，向心力とつり合う力がはたらいて静止して見える。円運動でのこの慣性力を遠心力 F' という（$F-F'=0$）。

$F'=mr\omega^2=m\dfrac{v^2}{r}$（円の中心から遠ざかる向き）

(3) 単振動

次図のように x 軸を考えたとき，物体が点Oを中心に点 $x=A$ と点 $x=-A$ の間を繰り返し往復する運動を**単振動**といい，等速円運動を直径上へ正射影することによって観察できる。また，単振動を起こす力のことを**復元力**という。質量 m の物体が，振幅 A，角速度 ω で単振動している場合について考えると，変位 x は正弦曲線となる。

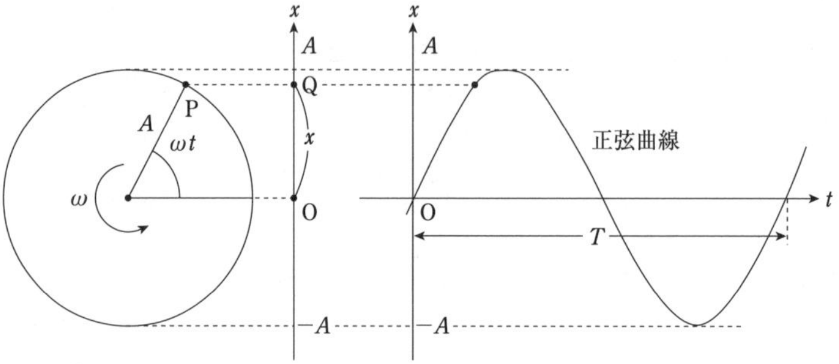

変位 $\boldsymbol{x}$：$\boldsymbol{x}=A\sin\boldsymbol{\omega t}$
速度 $\boldsymbol{v}$：$\boldsymbol{v}=A\boldsymbol{\omega}\cos\boldsymbol{\omega t}$
加速度 $\boldsymbol{a}$：$\boldsymbol{a}=-A\boldsymbol{\omega}^2\sin\boldsymbol{\omega t}=-\boldsymbol{\omega}^2\boldsymbol{x}$
周期 T：$T=\dfrac{2\pi}{\boldsymbol{\omega}}$
復元力 F：$F=\boldsymbol{ma}=-\boldsymbol{m\omega}^2\boldsymbol{x}$
（力の向き：変位と逆向き，力の大きさ：変位の大きさに比例）

(4) ばね振り子と単振り子

① ばね振り子の周期

一端を固定したばねの他端に物体をとりつけて，物体を往復運動させたものを，ばね振り子という。ばね定数を k とし，質量 m の物体が単振動しているときの周期 T は，水平ばね振り子，鉛直ばね振り子ともに，

$$T=2\pi\sqrt{\frac{m}{k}}$$

②　単振り子の周期

長さ l の糸につるされた質量 m の物体が鉛直面内で振動しているときの単振り子の周期 T は，次式で表される。

$$T=2\pi\sqrt{\frac{l}{g}}$$

周期は糸の長さによって決まり，物体の質量や振幅によらないことを振り子の等時性という。

(5)　万有引力

①　万有引力

質量 m，M の 2 つの物体があり，物体間の距離が r であったとき，万有引力定数を G とすると，2 つの物体が及ぼし合う万有引力の大きさ F は，

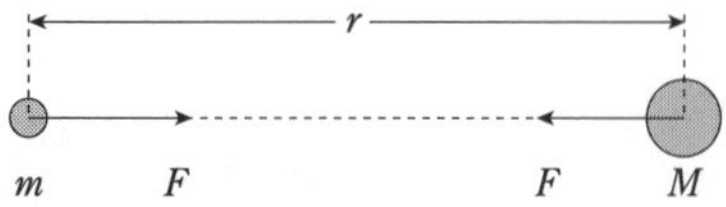

$$F=G\frac{mM}{r^2}$$ （万有引力の法則）

②　万有引力による位置エネルギー

質量 M の地球の中心から距離 r 離れた位置に質量 m の物体があるとき，無限遠を基準にしたときの万有引力の位置エネルギー U は，

$$U=-G\frac{mM}{r}$$

(6)　ケプラーの法則

第一法則：惑星は太陽を 1 つの焦点とする楕円軌道を描く。
第二法則：惑星と太陽とを結ぶ線分が一定時間に通過する面積は一定である（面積速度は一定）。
第三法則：惑星の公転周期 T の 2 乗は，軌道楕円の半長軸（惑星の太陽からの平均距離）a の 3 乗に比例する。
$T^2=ka^3$（k は比例定数）または，$\dfrac{T^2}{a^3}=$一定

例題1　物体の運動

時刻 $t=0$ に原点を出発し，x 軸上を運動した物体の $v-t$ グラフが図のようになった。次の各問いに答えよ。速度の正の向きは，x 軸の正の向きを正とする。

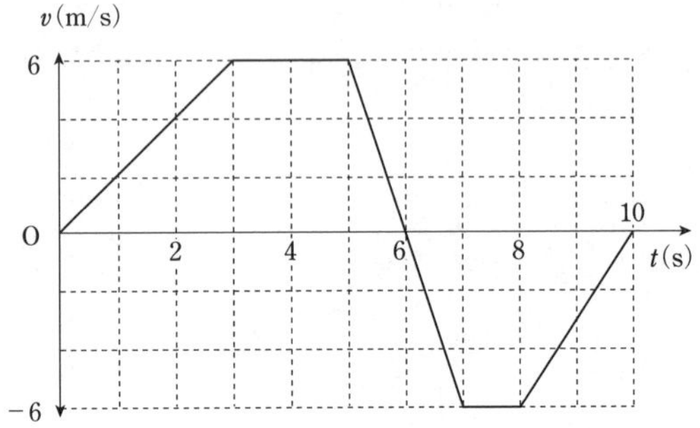

(1)　$t=6$～10s の間に物体の動いた距離は何 m か求めよ。

(2)　物体が x 軸の正の側で，原点から最も離れた位置は，原点から何 m のところか求めよ。

(3)　$t=8$s における物体の原点からの位置を求めよ。　〈茨城県〉

解答　(1)　15m　　(2)　24m　　(3)　15m

解説　$v-t$グラフと t 軸で囲まれた面積が移動距離である。上図のグラフでは，$v-t$ グラフと t 軸が囲む部分の面積は，それぞれ次のことを表している。

$v \geqq 0$ のとき…正の向きの移動距離

$v \leqq 0$ のとき…負の向きの移動距離

(1)　$t=6$～10〔s〕の台形の面積を求めると，

$$\frac{(1+4)\times 6}{2}=15〔\text{m}〕$$

(2)　$t=6$ のとき，x 軸の正の向きに原点から最も離れる。$t=0$～6〔s〕の台形の面積を求めると，

$$\frac{(6+2)\times 6}{2}=24〔\text{m}〕$$

(3)　$t=6$～8 で x 軸の負の向きに移動した距離は，$v-t$ グラフと t 軸の囲む部分の面積より，

$$\frac{(1+2)\times 6}{2}=9〔\text{m}〕$$

よって，(2)より，$24-9=15$〔m〕

例題 2　力と運動の法則

右の図のように，物体B（質量M〔kg〕）を水平でなめらかな（摩擦のない）机の面上に置き，糸を机の端の滑車にかけ，物体A（質量m〔kg〕）をつるした。物体Bは動かないように手で固定したとき，次の各問いに答えよ。ただし，滑車はなめらかに回転し，その質量は無視できるものとする。また，重力加速度をg〔m/s^2〕とする。

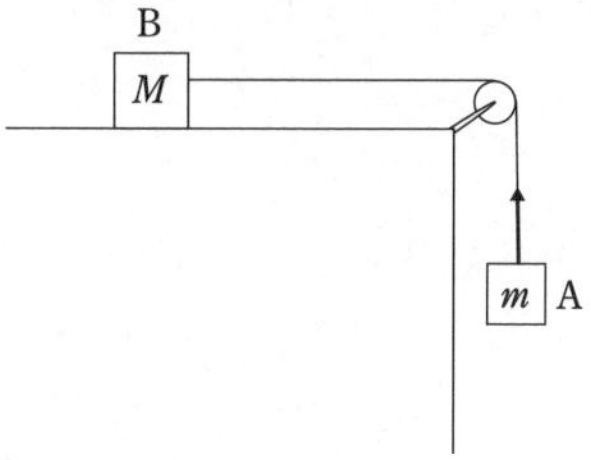

(1)　図の矢印は，重力を受ける物体Aがつり下げられたことによって生じる力の一つを表している。この力について説明した文の空欄に適切な語句を入れよ。ただし，問題文中にある語句を用いること。

矢印は（　①　）が（　②　）を引く力を表している。

(2)　(1)の矢印で表された力とつり合いの関係にあるものを，次のア～エの中からすべて選び記号で答えよ。

ア．物体Aが糸を引く力　　　イ．糸が物体Aを引く力
ウ．物体Bが糸を引く力　　　エ．物体Aにかかる重力

(3)　(1)の矢印で表された力と作用・反作用の関係にあるものを(2)のア～エの中からすべて選び，記号で答えよ。

(4)　物体Bを手で支えているとき，(1)の力の大きさ〔N〕を求めよ。

(5)　物体Bを支えていた手を離すと物体Bはどうなるか，簡単に答えよ。

(6)　(5)のときの加速度の大きさa〔m/s^2〕，糸が物体を引く力の大きさT〔N〕を求めよ。

〈滋賀県〉

解答　(1)　①　糸　　②　物体A　　(2)　エ　　(3)　ア

(4)　mg〔N〕　　(5)　机上を右向きに運動し始め，等加速度運動する。

(6)　$a=\dfrac{m}{M+m}g$〔m/s^2〕，$T=\dfrac{Mm}{M+m}g$〔N〕

解説　(2)・(3)　ア（物体Aが糸を引く力）とイ（糸が物体Aを引く力）は作用・反作用の関係にある。

ア（物体Aが糸を引く力）とウ（物体Bが糸を引く力）はつり合いの関係にある。

イ（糸が物体Aを引く力）とエ（物体Aにかかる重力）はつり合いの関係にある。

(5)・(6)　手を離したときにはたらく糸の張力を T とする。

A，Bの運動方程式は，

A：$ma=mg-T$　…①

B：$Ma=T$　…②

①＋②より，

$$a=\frac{m}{M+m}g\,〔\mathrm{m/s^2}〕$$

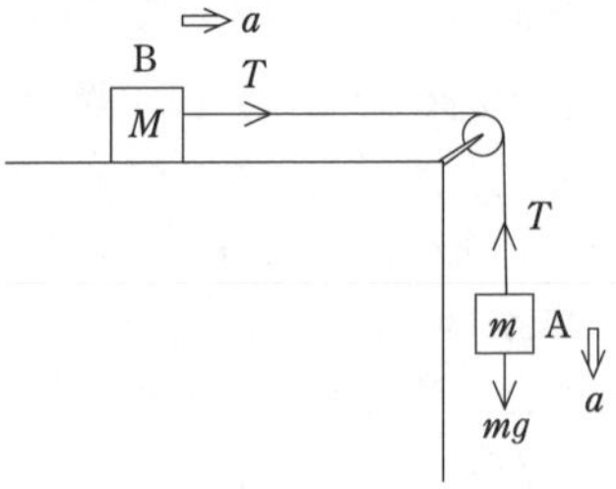

物体Bは一定の加速度で運動する。

また，②より，

$$T=\frac{Mm}{M+m}g\,〔\mathrm{N}〕$$

例題 3　仕事

右の図は，水平面上のA地点にある台車を，斜面を利用して5.0mの高さの水平面上のB地点まで押し上げる仕事を示したものである。台車の質量が60kgのとき，次の各問いに答えよ。ただし，摩擦はすべてないものとし，重力加速度は$9.8\,\mathrm{m/s^2}$とする。

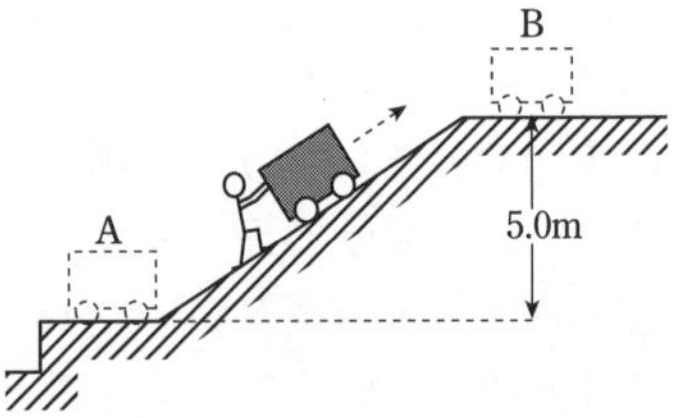

(1)　台車をA地点からB地点に押し上げる仕事は何Jか求めよ。

(2)　台車をA地点からB地点に押し上げる仕事をするのに10秒かかった。このときの仕事率は何Wか求めよ。

(3)　B地点にある台車を，斜面の上端から初速0ではなし，斜面上を走らせた。A地点を通過するときの速さは何m/sか求めよ。なお，答えに$\sqrt{}$が含まれるときは，$\sqrt{}$を用いたままにしておくこと。

〈愛媛県〉

解答　(1)　2940J　　(2)　294W　　(3)　$7\sqrt{2}$ m/s

解説　(1)　$60\times9.8\times5.0=2940$〔J〕

(2)　$2940\div10=294$〔W〕

(3)　A地点の水平面を重力による位置エネルギーの基準とする。求める速さをv〔m/s〕とすると，力学的エネルギー保存則より，

$$\frac{1}{2}\times60\times v^2=60\times9.8\times5.0 \qquad \therefore\ v=7\sqrt{2}\,〔\mathrm{m/s}〕$$

例題4　小球のはねかえり

図のように，床から1.6mの高さの台の端に質量0.80kgの小球Qを置き，小球Pを3.0m/sの速さで小球Qに衝突させたところ，P，Q 2つの小球は同じ方向へ飛び出して，それぞれ，床の2点A，B点に落下した。このとき，台の真下のO点からA，Bまでの距離はそれぞれ0.80m，2.0mであった。台の上面も床も水平でなめらかであり，重力加速度の大きさは$9.8\,\mathrm{m/s^2}$とする。これについて，次の(1)～(5)の問いに答えよ。

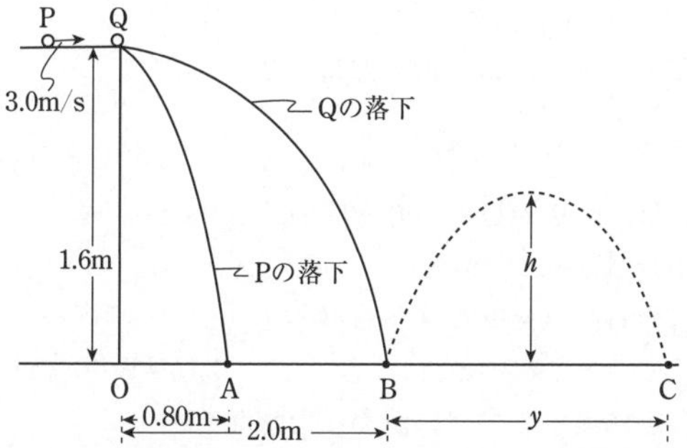

(1)　小球Pが台から飛び出して，床のA点に落下するまでの時間を求めよ。

(2)　衝突直後の小球P，Qの速さはそれぞれ何m/sか求めよ。

(3)　PとQの2つの小球の間の反発係数を求めよ。

(4)　小球Pの質量は何kgか求めよ。

(5)　小球Qは床のB点に落下し，はねかえって再びC点に落下した。このときの最高点の高さ（h）とBC間の距離（y）はそれぞれ何mか求めよ。ただし，床と小球Qとの反発係数を0.50とする。

〈香川県〉

解答　(1)　0.57秒　(2)　P：1.4m/s，Q：3.5m/s　(3)　0.70
(4)　1.8kg　(5)　高さ：0.40m　距離：2.0m

解説　(1)　Pは台から飛び出した後，鉛直方向には自由落下をする。求める時間をt〔秒〕とすると，

$$\frac{1}{2}\times 9.8\times t^2=1.6 \qquad \therefore\ t=\frac{4}{7}\fallingdotseq 0.57\text{〔秒〕}$$

(2)　Qも台から飛び出した後は，鉛直方向には自由落下をする。よって，Qが台から飛び出して，床のB点に落下するまでの時間も，0.57秒である。衝突直後のP，Qの速さをそれぞれv_{P}〔m/s〕，v_{Q}〔m/s〕とすると，P，Qは水平方向には等速直線運動をするから，

$\frac{4}{7}v_P=0.80$　　$\therefore\ v_P=1.4$〔m/s〕

$\frac{4}{7}v_Q=2.0$　　$\therefore\ v_Q=3.5$〔m/s〕

(3)　求める反発係数 e は，

$$e=-\frac{1.4-3.5}{3.0-0}=0.70$$

(4)　Pの質量を m〔kg〕とすると，衝突前後で運動量保存則より，

$m\times3.0=m\times1.4+0.8\times3.5$

$\therefore\ m=1.75\fallingdotseq1.8$〔kg〕

(5)　B点に衝突する直前のQの鉛直方向の速さ V_Q は，

$V_Q=9.8\times\frac{4}{7}=5.6$〔m/s〕

B点に衝突した直後のQの鉛直方向の速さ V_Q' は，

$V_Q'=0.50\times V_Q=2.8$〔m/s〕

よって，求める高さを h とすると，

$0^2-(V_Q')^2=-2\times9.8\times h$　　　　$\therefore\ h=0.40$〔m〕

B点からC点に達するまでにかかった時間 t は，

$V_Q't-\frac{1}{2}\times9.8\times t^2=0$

$t\neq0$ より，$t=\frac{4}{7}$〔秒〕

よって，求める距離は，

$y=v_Q\cdot t=3.5\times\frac{4}{7}=2.0$〔m〕

演習問題

1 ★☆☆

物体の運動を調べるために行った実験について，各問いに答えよ。

〈実験１〉

図１に示す装置を使い，斜面上の台車（力学台車）の運動を，１秒間に50回打点する記録タイマーにより，テープに記録する。

テープを，最初の打点Ａから５打点ごとに区切り，Ｂ，Ｃ，Ｄと印を付けると図２のようになった。このことから，台車の平均の速さは，AB間よりBC間，BC間よりCD間と，しだいに速くなることがわかった。

〈実験２〉

右の図３のように，斜面の傾きを大きくして，〈実験１〉と同様に実験を行い，台車の運動を記録した。

テープを，最初の打点ａから５打点ごとに区切り，ｂ，ｃ，ｄと印を付けると図４のようになった。

図１

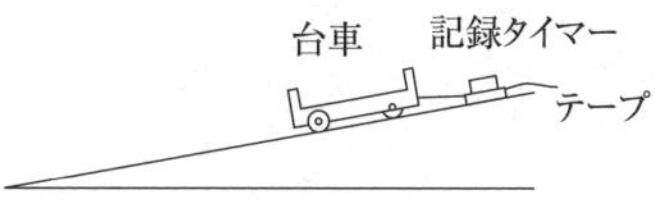

図２

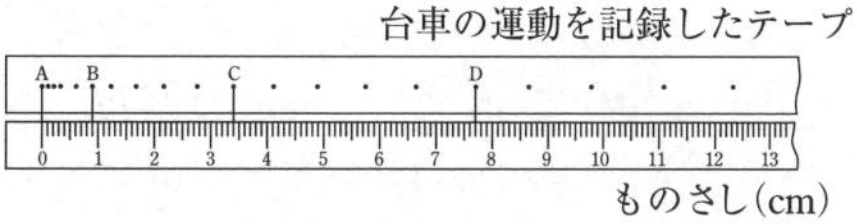

図３

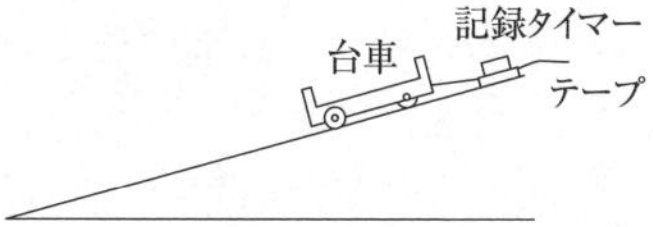

図４

図５

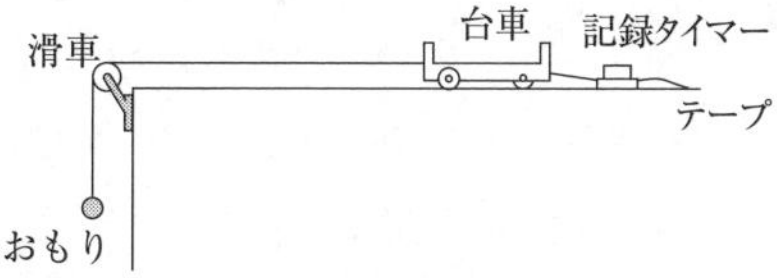

〈実験３〉

右の図５のように，おもりと滑車を使用して，台車を水平な台の上で運動させ，台車の速さと時間の関係を記録タイマーとテープを用いて調べた。

図６

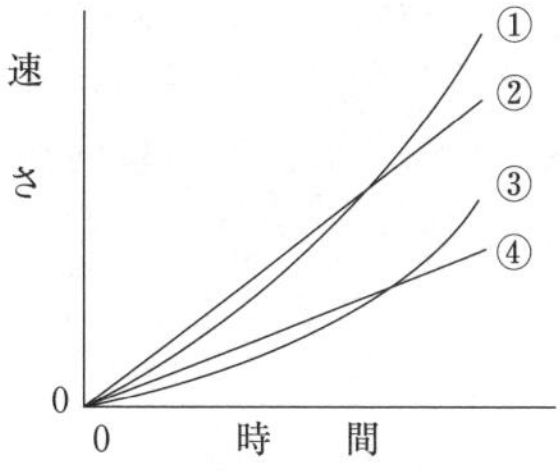

⑴　図２から，BC間の平均の速さはいくらになるか。その値を，単位をつけて答えよ。

⑵　〈実験１〉と〈実験２〉から，斜面の傾きが小さいときと大きいときのそれぞれの

場合について，台車の速さと時間の関係を表すグラフ（図６）を作成した。〈実験１〉と〈実験２〉から得られるグラフを組み合わせたものとして，適切なものを１つ選び，その記号を答えよ。

	〈実験１〉から得られるグラフ	〈実験２〉から得られるグラフ
ア.	③	①
イ.	③	②
ウ.	④	①
エ.	④	②

(3) 〈実験３〉で，台車にはたらく力と，台車の速さについて述べたものとして適切なものを１つ選び，その記号を答えよ。

ア．おもりによって，台車の進む向きに，一定の大きさの力がはたらき続けるので，台車の速さはしだいに速くなる。

イ．おもりによって，台車の進む向きに，しだいに大きくなる力がはたらき続けるので，台車の速さはしだいに速くなる。

ウ．おもりによって，台車に対して下向きに，一定の大きさの力がはたらき続けるので，台車の速さはしだいに速くなる。

エ．おもりによって，台車に対して下向きに，しだいに大きくなる力がはたらき続けるので，台車の速さはしだいに速くなる。

〈岩手県〉

2 ★☆☆

右の図のように，一定の速さで流れる幅30mの川を船で横切るため，船首を川岸に対して直角の方向に向けて一定の速さで進んだが，実際には川岸に対して30°の方向に進み，15秒で対岸に達した。このとき，次の各問いに答えよ。ただし，答えは四捨五入して小数第１位まで求めよ。

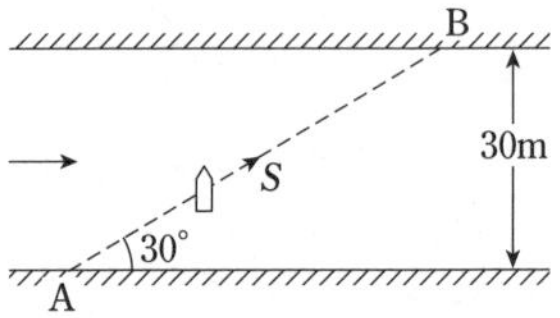

(1) この船がAからBに進んだときの速さ S は何m/sか求めよ。

(2) この船の流れのない水面での速さ（静水面上の速さ）は何m/sか求めよ。

(3) 川の流れの速さは何m/sか求めよ。

〈愛媛県改題〉

3 ★☆☆

次の文を読んで，各問いに答えよ。

直線の高速道路を自動車Aは28m/s，自動車Bは20m/sで走っていた。時刻0sで，自動車Aの運転手は，前方に自動車Bを発見してブレーキを踏み，自動車Aを一定の加速度で減速させた。時刻2sで，自動車Bの運転手は，後方から近づく自動車Aに気づきアクセルを踏み，自動車Bを一定の加速度で加速させた。その結果，時刻10sで，自動車AとBの速さはともに24m/sとなり，自動車AからBまでの距離は30mとなった。図は，自動車AとBの速さと時刻の関係を示したグラフである。

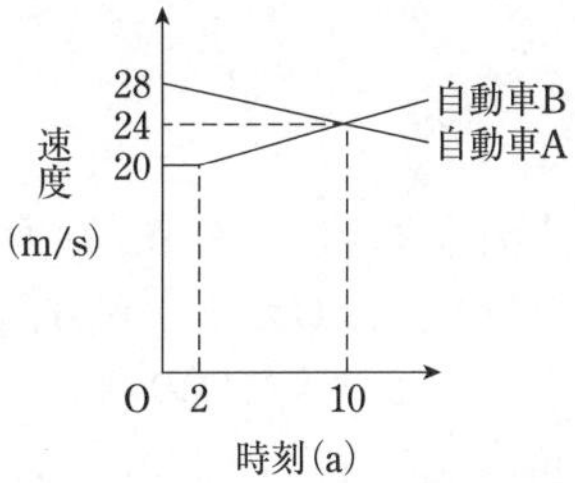

(1)　時刻2sから10sまでの自動車AとBの加速度は何 m/s^2 かそれぞれ求めよ。

(2)　時刻0sで，自動車AからBまでの距離は何mか求めよ。

〈北海道・札幌市〉

4 ★☆☆

小石を初速度19.6m/sで投げ上げた。次の各問いに答えよ。ただし，重力加速度は $9.8m/s^2$ とし，空気抵抗はないものとする。

(1)　投げ上げてから，3.0秒後の小石の高さは何mか求めよ。

(2)　投げ上げてから最高点に達した小石の高さは何mか求めよ。

(3)　投げ上げてから元の高さにもどってくるまでの時間は何秒か求めよ。

〈愛媛県〉

5 ★☆☆

水平な地面から，水平より60°上向きに，初速20m/sで物体を投げ上げた。この物体が最高点に達するのは，投げ上げてから何秒後か。最も近い数値を1つ選び，番号で答えよ。ただし，重力加速度の大きさを $9.8m/s^2$ とする。

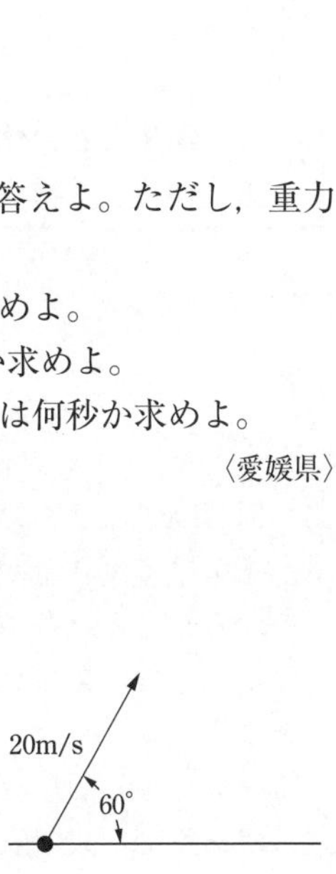

① 1.0秒　② 1.4秒　③ 1.8秒
④ 2.2秒　⑤ 2.6秒

〈福岡県・福岡市・北九州市〉

6 ★★☆

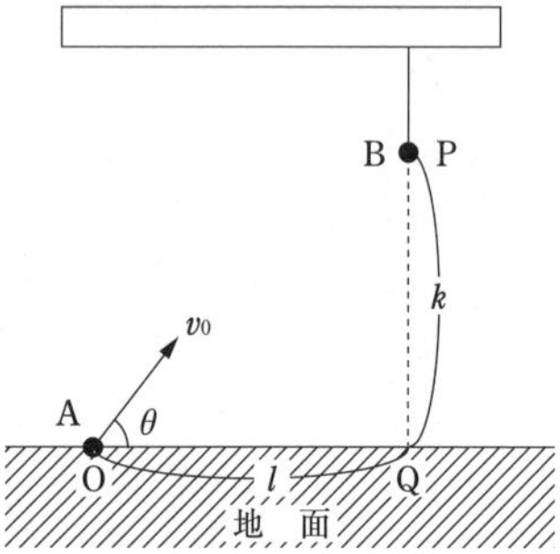

図のように，水平な地面の点Oに物体Aを置き，点Oから水平方向にlだけ離れた点をQとし，点Qの真上に高さkの点Pに物体Bをつり下げる。ただし3点O，P，Qは，同一鉛直面内にあるものとする。

物体Bを自由落下させるのと同時に，点Oから物体Aを鉛直面OPQ内で地表面から角度θの向きに初速度v_0で投げ出したところ，物体Aと物体Bは互いに空中で衝突した。このとき重力加速度の大きさをgとして，次の各問いに答えよ。

(1)　物体Aと物体Bが衝突するためのθについての条件は，$\tan\theta =$ (　　　　) となる。(　　　　) に当てはまる式を答えよ。

(2)　$\theta = 45^\circ$のとき，ア～ウをkを用いずに表せ。

ア．物体Aと物体Bが衝突するまでに要する時間はいくらか求めよ。

イ．物体Aと物体Bが衝突する高さはいくらか求めよ。

ウ．この衝突が起こるために必要な初速度v_0の最小値はいくらか求めよ。

〈徳島県〉

7 ★☆☆

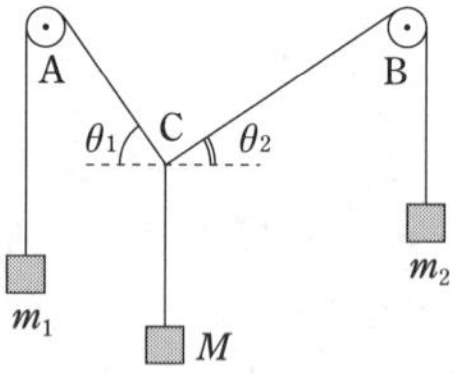

同じ高さに2つの滑車A，Bがある。図のように糸を掛けて，質量がそれぞれm_1，m_2，Mのおもりをつるしたら，糸AC，BCは水平方向とそれぞれ，θ_1，θ_2の角をなしてつり合った。次の各問いに答えよ。

(1)　m_1，m_2，M，θ_1，θ_2の間にどのような関係があるか。式で表せ。

(2)　$\theta_1 = 60^\circ$，$\theta_2 = 30^\circ$のとき，Mはm_1の何倍か求めよ。

〈三重県〉

8　★☆☆

長さの等しい２本のばねA，Bと数種類のおもり，棒および糸を用いて次の実験を行った。グラフは，ばねAとばねBにつるしたおもりの質量とそれぞれの伸びの関係を表したものである。これについて，次の各問いに答えよ。ただし，重力加速度を $g=10\text{m/s}^2$，おもり以外の質量はないものとする。

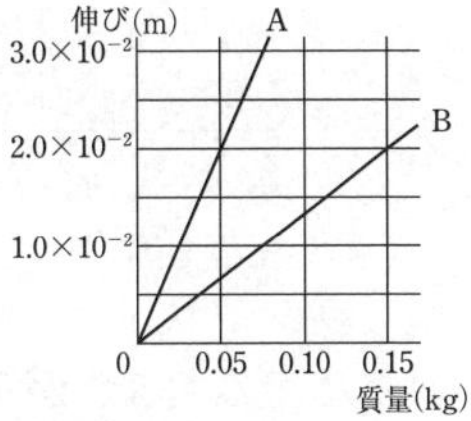

(1)　ばねAとばねBを図１のようにして，0.80kg のおもりをつるしたところ，ばねAとばねBの伸びは等しくなった。その時の伸びは何 m か求めよ。

(2)　ばねAとばねBを図２のようにして，0.12kg のおもりをつるした時の，ばねAにかかる力は何Nか求めよ。また，全体の伸びは何 m か求めよ。

(3)　図３のように２本のばねAにおもりをつるすと，ばねAはそれぞれ 3.0×10^{-2}m ずつ伸びてつり合った。このとき，おもりの質量は何kg か。次のア～オから最も近いものを１つ選び，その記号を答えよ。

ア．0.075kg　　イ．0.105kg　　ウ．0.125kg
エ．0.140kg　　オ．0.150kg

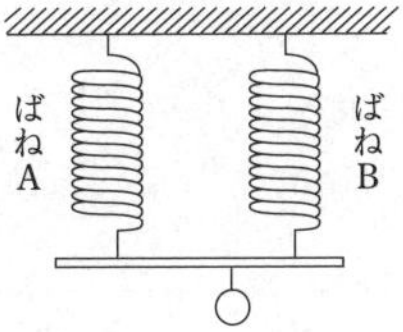

図１

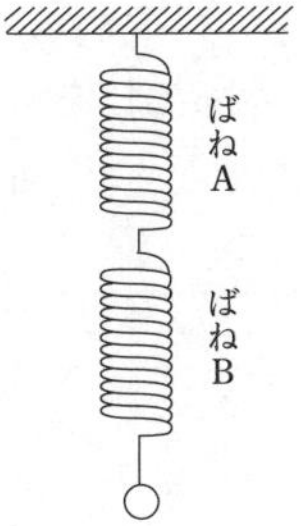

図２

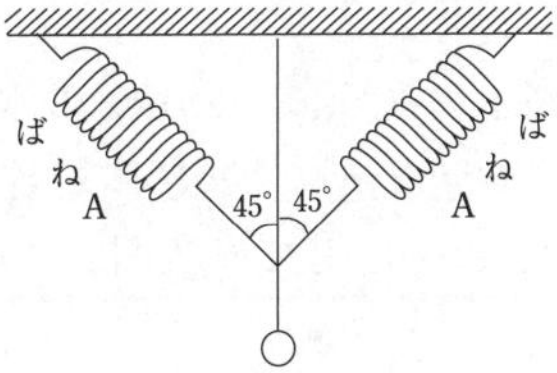

図３

〈岩手県改題〉

9　★☆☆

図１のように，あらい水平面上に置かれた質量 5.00kg の物体に糸を付け，水平方向に力 F を加えた。力 F の大きさを徐々に大きくしていき，力 F と物体にはたらく摩擦力との関係を調べたところ，図２のようになった。重力加速度の大きさを 9.80m/s^2 として，各問いに答えよ。

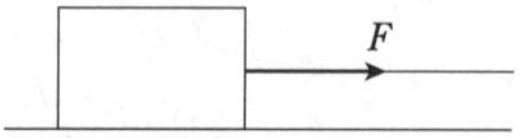

図1

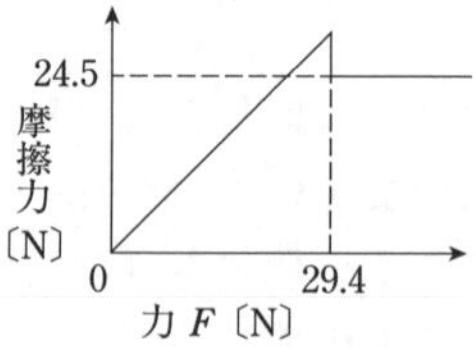

図2

(1) 力 F の大きさが 19.6N のとき，摩擦力の大きさはいくらか求めよ。

(2) (1)のとき，物体はどのような運動をしているかを簡潔に述べよ。また，そう判断した理由も答えよ。

(3) 力 F の大きさが 29.4N のとき，摩擦力の大きさが急に小さくなったのはなぜか。理由を簡潔に述べよ。

(4) 物体と水平面との間の静止摩擦係数と動摩擦係数を求めよ。

(5) 力 F の大きさが 49.0N のとき，物体に生じる加速度の大きさを求めよ。

〈鹿児島県改題〉

10 ★☆☆

図1のように，1.0kg の水槽に水 5.0L を入れ，この中に1辺が 10cm で密度 0.40g/cm^3 の立方体を浮かべた。重力加速度 $g=9.8\text{m/s}^2$，水の密度を 1.0g/cm^3 として，各問いに答えよ。

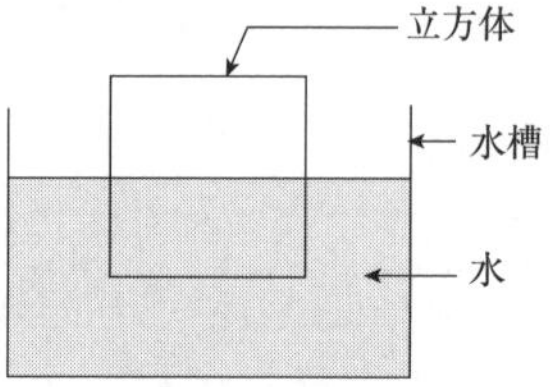

図1

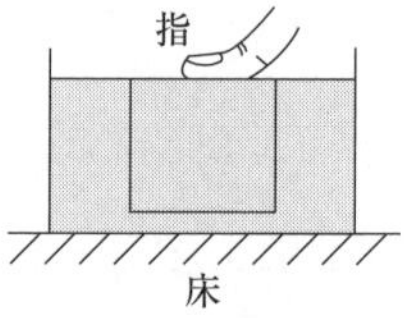

図2

(1) 図1で立方体の水面上に出ている部分の高さは何 cm か答えよ。

(2) 図1の立方体を上から押して，すべて水中に沈めるには何 N の力で立方体を押せばよいか答えよ。

(3) 図2のように，(2)の状態の水槽を床の上においた。水槽が床からうける垂直抗力の大きさ〔N〕を求めよ。

〈島根県改題〉

11　★☆☆

図のように，なめらかな水平面上に，質量 3.0kg の物体Aと質量 2.0kg の物体Bを接するように置き，物体Aを 10N の力で水平右向きに押すと，両物体は接したままで運動を始めた。このとき，両物体に生じた加速度の大きさと，物体Bが物体Aを押す力の大きさをそれぞれ求めよ。

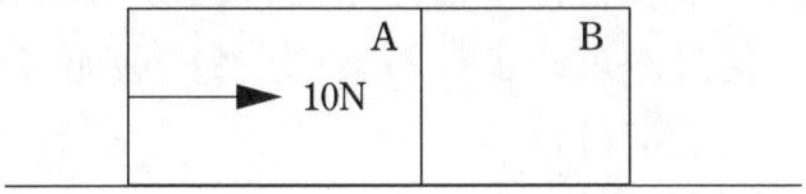

〈高知県改題〉

12　★☆☆

図に示すように，質量 m〔kg〕の物体A，質量 $2m$〔kg〕の物体B，質量 $3m$〔kg〕の物体Cが，軽くて伸びない糸で結ばれている。A，Bは水平な面上にあり，Cは鉛直につるされている。初め，Aをささえて全体を静止させておき，静かに放したら，A，B，Cは同じ鉛直面内を同時に動き始めた。Cの加速度の大きさは何 m/s^2 か。適するものを1つ選び，番号で答えよ。ただし，A，Bと水平面との間の動摩擦係数は，それぞれ，$\frac{1}{2}$，$\frac{1}{4}$，重力加速度の大きさを g〔m/s^2〕，滑車の軸の摩擦は無視でき，かつAB間およびBと滑車の間の糸は水平で，運動中Bは滑車に衝突しないものとする。

①　$\frac{g}{6}$　　②　$\frac{g}{5}$

③　$\frac{g}{4}$　　④　$\frac{g}{3}$

⑤　$\frac{g}{2}$

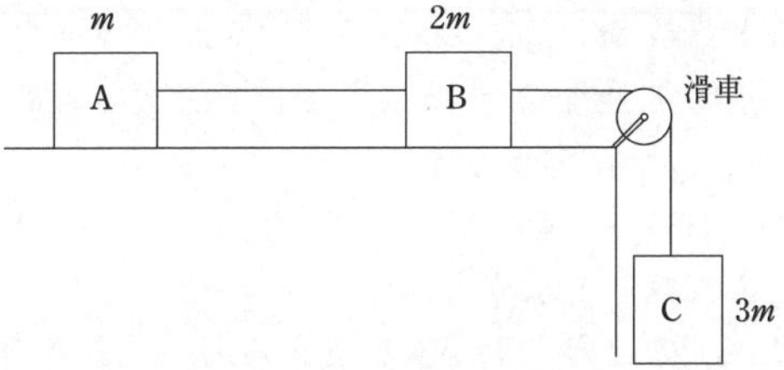

〈福岡県・福岡市・北九州市〉

13　★★☆

図のように，高さ 1.5m，底辺 2.0m，斜辺 2.5m のあらい斜面上に質量 2.0kg の物体が静止している。次の各問いに答えよ。ただし，重力加速度は $9.8m/s^2$ とする。

(1)　この物体にはたらく斜面からの垂直抗力は何Nか求めよ。（答えは小数第2位を四捨五入して書け。）

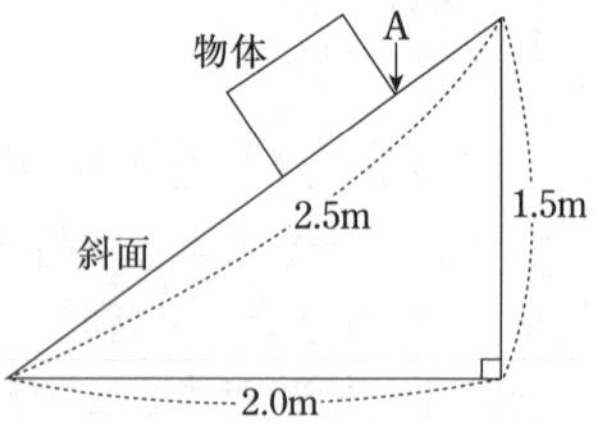

(2)　この物体にはたらく斜面からの摩擦力は何Nか求めよ。答えは小数第2位を四捨五入して書け。）

(3)　この物体に対し，斜面に沿って下向きに徐々に力を加えた。この力が0.5Nのとき，この物体は動き始めた。このとき物体と斜面との最大静止摩擦力は何Nか求めよ。（答えは小数第2位を四捨五入して書け。）

(4)　この図の斜面をなめらかな斜面（摩擦力が無視できる斜面）に替えて，同じ物体を置いたら，物体は斜面上を動き出した。このとき，この物体に生ずる加速度は何m/s^2か求めよ。（答えは小数第2位を四捨五入して書け。）

(5)　(4)で物体のA点の位置が斜面の底辺からの高さ1.4mであるとき，このA点が斜面の底辺からの高さ1.0mの部分を通過するときの速さは何m/sか求めよ。

〈新潟県改題〉

14　★☆☆

右図のように，軽くてなめらかに回転する定滑車に，軽くて伸びない糸をかけ，その両端に質量M〔kg〕のおもりAと質量m〔kg〕のおもりBとを結びつけた。

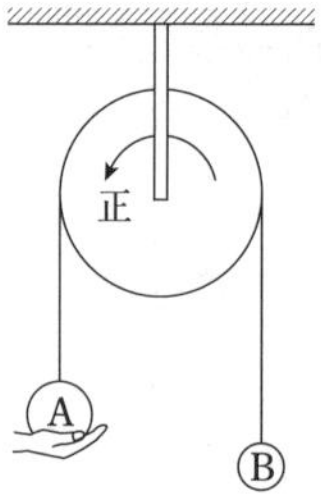

重力加速度をg〔m/s^2〕として，次の各問いに答えよ。ただし，$M > m$とする。

(1)　おもりAを手で支えて静止させているとき，糸の張力の大きさを求めよ。

(2)　(1)のとき，手がAを支える力の大きさを求めよ。

(3)　おもりAを支えている手を静かに離したとき，2つのおもりは等加速度運動をするが，その加速度をa〔m/s^2〕，糸の張力をT〔N〕として，2つの物体A，Bについての運動方程式を示せ。ただし，滑車が図中の矢印の向きに回転する向きを正とする。

(4)　a，Tを求めよ。

〈富山県〉

15　★☆☆

　慣性について調べるために，図のように，ペットボトルに発泡スチロール球とビー玉をそれぞれテグスを用いてつなぎ，そのペットボトルを水で満たし，力学台車に固定した。次の各問いに答えよ。

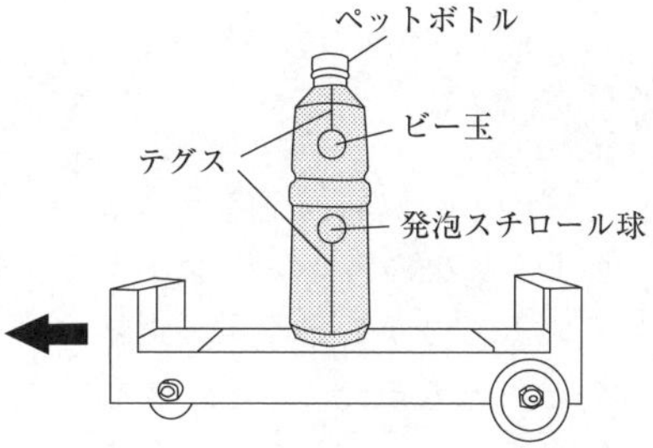

⑴　矢印の向きに力学台車を動かした瞬間，ペットボトルの中で発泡スチロール球とビー玉は，どのように動くか。適するものを１つ選び，記号で答えよ。

ア．発泡スチロール球は矢印の向きに，ビー玉は矢印とは逆向きに動く。
イ．発泡スチロール球は矢印とは逆向きに，ビー玉は矢印の向きに動く。
ウ．発泡スチロール球，ビー玉ともに矢印の向きに動く。
エ．発泡スチロール球，ビー玉ともに矢印とは逆向きに動く。
オ．発泡スチロール球，ビー玉ともに動かない。

⑵　慣性の法則について説明した次の文の空欄に当てはまる語句を答えよ。
物体に力が働かない限り，静止している物体は（　①　）を続け，運動している物体は，（　②　）運動を続ける。

〈北海道・札幌市〉

16　★☆☆

　なめらかな床で，質量 4.0kg の物体に力を加えて，力の向きに直線運動を行わせた。物体の移動距離 x〔m〕と力の大きさ F〔N〕との関係は，図のグラフで表される。$x=0$m における物体の速さは 4.0 m/s であった。次の各問いに答えよ。

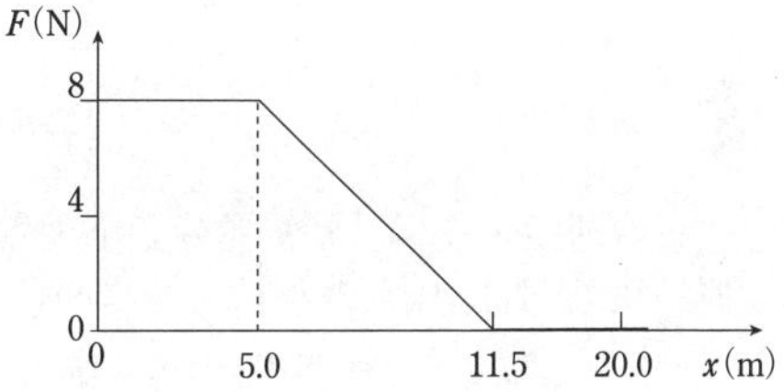

⑴　$x=0$m から $x=5.0$m までの区間において，物体に生じた加速度 a の大きさはいくらか。

⑵　$x=0$m から $x=5.0$m までの間に，力が物体にした仕事 W はいくらか。

⑶　$x=5.0$mにおける物体の速さ V はいくらか。

(4)　$x=20.0$ m における物体の速さ V' はいくらか。

〈沖縄県〉

17　★★☆

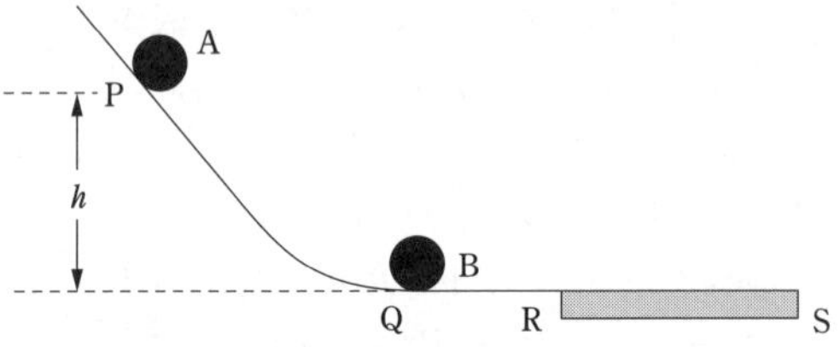

図のように斜面 PQ と水平面 QS がなめらかにつながっている。Q からある水平距離のところを R とし，PR はなめらかで，RS はあらい面である。水平面から h〔m〕の高さにある点 P から質量 m〔kg〕の小球 A が初速度 0〔m/s〕で落下を始め，水平面上の Q と R の間に置かれた質量 M〔kg〕の小球 B に正面衝突し，B は RS 間で止まった。ただし，RS のあらい面と小球 B との間の運動摩擦係数は μ，小球 A と B の衝突は完全弾性衝突であり，重力加速度の大きさを g〔m/s^2〕とする。

(1)　小球 B と衝突する直前の小球 A の速さは何〔m/s〕か求めよ。

(2)　衝突後，小球 A は点 R の方向に動いた。小球 A，B の質量 m，M の間にどのような関係があるか求めよ。

(3)　衝突直後の小球 B の速さは何〔m/s〕か求めよ。

(4)　小球 B が止まるまでに，あらい面との摩擦で失った力学的エネルギーは何〔J〕か求めよ。

(5)　小球 B は R から何〔m〕のところで止まるか求めよ。

〈愛知県〉

18　★☆☆

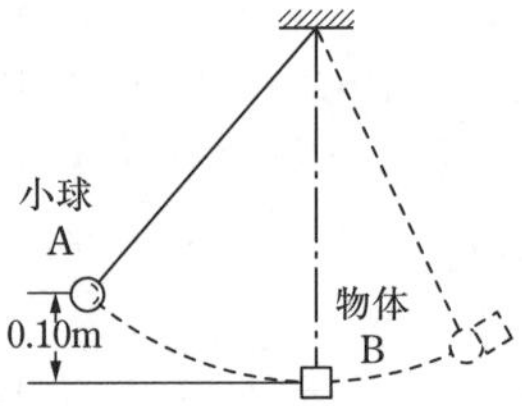

右の図のように，軽い糸の一端を天井に固定し，他端に質量 1.0kg の小球 A をつけ，糸がたるまないように最下点から 0.10m の高さまで持ち上げて静かに放した。小球は最下点で質量 1.0kg の物体 B と衝突し，衝突後一体となった。重力加速度を 9.8m/s^2 として，各問いに答えよ。

(1)　小球 A が物体 B に衝突する直前の速さを求めよ。

(2)　小球 A と物体 B が一体となった直後の速さを求めよ。

(3)　一体となった小球Aと物体Bが上がる最下点からの高さを求めよ。

(4)　衝突によって失われたエネルギーを求めよ。

〈名古屋市〉

19　★★☆

ばね定数16N/mのばねの一端を壁に固定し，他端に質量 $m_1=1.0\mathrm{kg}$ の板を接着した。図のように質量 $m_2=3.0\mathrm{kg}$ のおもりを手で持って板に押しあて，ばねを自然の長さから20cm押し縮めてからそっと手をはなした。摩擦やばねの質量は無視できるとする。

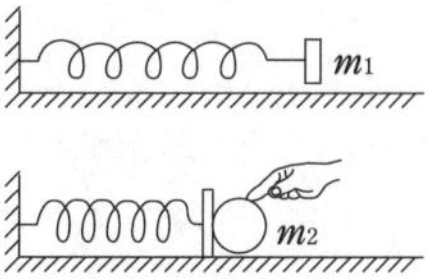

(1)　おもりが板から離れる瞬間の速さを求めよ。

(2)　おもりが離れた後，板とばねは単振動をした。この単振動の振幅と周期を求めよ。

20　★★☆

図1のように，質量の無視できる長さ l〔m〕の糸の一端を点Oに固定し，他端に質量 m〔kg〕のおもりをつけて，つるしてふりこを作った。次の各問いに答えよ。ただし，O点の摩擦や空気の抵抗は無視できるものとする。

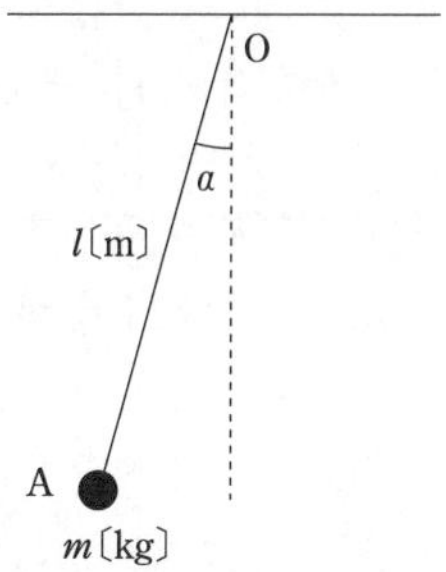

(1)　糸がたるまないように鉛直と糸とが角 α をなす点Aまでおもりを持ち上げてから静かに離すと，おもりは往復運動を繰り返した。このときのおもりの周期を答えよ。ただし，重力加速度は g〔m/s^2〕とする。また，角 α は十分小さいとする。

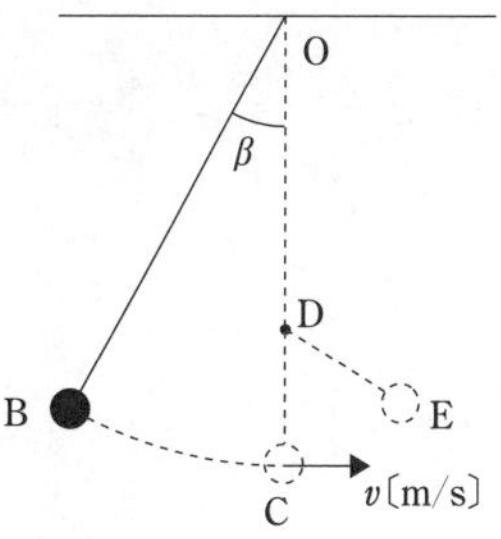

(2)　図1のふりこを用いて，図2のように点Oの真下の点Dにくぎを打った。糸がたるまないように鉛直と糸とが角 β をなす点Bまでおもりを持ち上げてから離すと，糸は点Dで折れ曲がり，おもりは点Bと同じ高さの点Eまで上がった。ただし，糸とくぎの間の摩擦は無視できるものとする。また，角 β は十分大きいとする。

問1　おもりが最下点Cにきたときの速さ v〔m/s〕を求めよ。

問2　おもりが点Eまで上がる理由を「[　　　]エネルギー」という語句([　　　]の中には適切な語を入れる)を使い，式を用いて説明せよ。

〈岡山県〉

21　★★☆

次の文を読んで，各問いに答えよ。ただし，地表での重力加速度の大きさを $g=9.8\,\mathrm{m/s^2}$，地球の半径 $6.4\times10^6\,\mathrm{m}$，有効数字は2桁とする。また，太陽や他の惑星などの引力の影響は考えないものとする。

質量 M と質量 m の2つの物体が距離 R を隔てて存在するとき，2つの物体が及ぼし合う万有引力の大きさ F は次の式のようになることを科学者Aが発見した。

$$F=G\frac{Mm}{R^2}$$

G は万有引力定数といい，のちに科学者Bによって精密に測定され $G=6.7\times10^{-11}\,\mathrm{N\cdot m^2/kg^2}$ という式を与えた。

(1)　上の科学者Aおよび科学者Bの名前を答えよ。

(2)　地球の質量は何kgか求めよ。

(3)　地球から打ち出された人工衛星が地表すれすれの軌道をまわる場合の速さは何km/sか求めよ。

(4)　人工衛星を地表から上空に打ち上げて，軌道半径を地球の半径の4倍とした場合の人工衛星の速さは何km/sか。また，周期は何時間か求めよ。

(5)　打ち上げた人工衛星が，無限に遠方に飛び去るのに必要な最小の初速度は何km/sか求めよ。

〈京都市改題〉

演習問題　解答・解説

1

(1)　**25 cm/s**

(2)　エ　　　　(3)　ア

解説

(1)　1秒間に50回打点するから，5打点では，

$1 \div 50 \times 5 = 0.1$〔秒〕

よって，求める速さは，

$(3.4-0.9) \div 0.1 = 25$〔cm/s〕

(2)　斜面の傾きを θ，台車の質量を m，重力加速度を g，台車の加速度を a とすると，

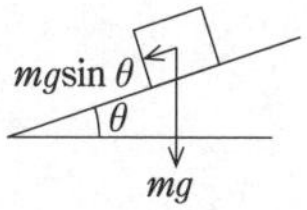

台車の運動方程式は，

$ma = mg\sin\theta$

$\therefore\ a = g\sin\theta$

また，物体の速さを v とすると，

$v = at$

$\therefore\ v = g\sin\theta \cdot t$

より，原点を通る直線となり，グラフの組み合わせは，エとなる。

2

(1)　**4.0 m/s**　　　(2)　**2.0 m/s**

(3)　**3.5 m/s**

解説

(1)　AB間の長さを l〔m〕とすると，

$l\sin 30^\circ = 30$ より，$l = 60$〔m〕

AB間を15秒で進んだので，

$S = 60 \div 15 = 4.0$〔m/s〕

(2)　川岸に直角方向には，30 m を15秒で進んだので，

$30 \div 15 = 2.0$〔m/s〕

(3)　$4.0 \times \cos 30^\circ = 4.0 \times \dfrac{\sqrt{3}}{2} \fallingdotseq 3.5$〔m/s〕

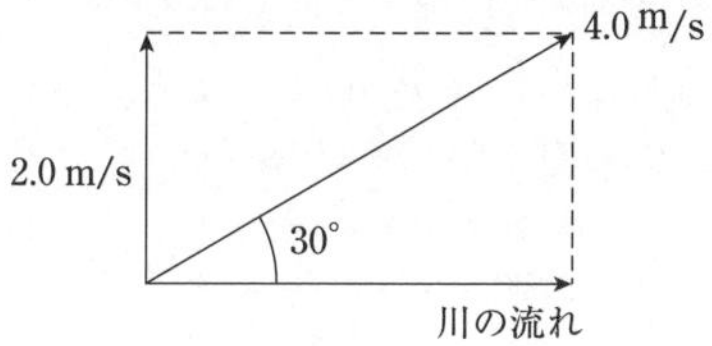

3

(1)　A．**-0.4 m/s²**　B．**0.5 m/s²**

(2)　**74 m**

解説

(1)　Aは，一定の加速度で減速したので，

$\dfrac{24-28}{10-0} = -0.4$〔m/s²〕

Bは，一定の加速度で加速させたので，

$\dfrac{24-20}{10-2} = 0.5$〔m/s²〕

(2)　時刻0～10 s の間の移動距離はそれぞれ，

A：$\dfrac{(28+24)\times 10}{2} = 260$〔m〕

B：$20 \times 2 + \dfrac{(20+24)\times 8}{2} = 216$〔m〕

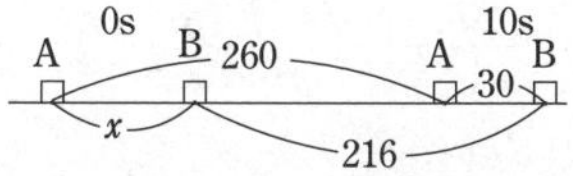

図のように，時刻0 s のとき，自動車AからBまでの距離を x〔m〕とすると，

$x + 216 = 260 + 30$

$\therefore\ x = 74$〔m〕

4

(1) **14.7m**　　(2) **19.6m**

(3) **4.0秒**

解説

(1) $19.6\times 3-\frac{1}{2}\times 9.8\times 3^2=14.7$〔m〕

(2) 求める高さを h〔m〕とすると，

$$0^2-19.6^2=-2\times 9.8\times h$$

$$\therefore\ h=19.6\text{〔m〕}$$

(3) 求める時間を t〔秒〕とすると，

$$19.6t-\frac{1}{2}\times 9.8t^2=0$$

$t\neq 0$ より，

$$19.6-4.9t=0$$

$$\therefore\ t=4.0\text{〔秒〕}$$

5

③

解説

最高点に達するのは，速度の鉛直成分が0になるときなので，

$$0=20\times\sin 60^\circ-9.8\times t$$

$$\therefore\ t=\frac{10\sqrt{3}}{9.8}\fallingdotseq 1.8\text{〔秒〕}$$

6

(1) $\boldsymbol{\frac{k}{l}}$

(2) ア．$\boldsymbol{\frac{\sqrt{2}l}{v_0}}$　　イ．$\boldsymbol{l-\frac{gl^2}{v_0{}^2}}$

ウ．$\boldsymbol{\sqrt{gl}}$

解説

(1) t 秒後のA，Bの高さ y_A，y_B は

$$\begin{cases} y_A=(v_0\sin\theta)t-\frac{1}{2}gt^2 \\ y_B=k-\frac{1}{2}gt^2 \end{cases}$$

$t=\frac{l}{v_0\cos\theta}$ で $y_A=y_B$ より $\tan\theta=\frac{k}{l}$

(2) ア．衝突するまでの時間を t とすると，

$$l=v_0\cos 45^\circ\times t\qquad\therefore\ t=\frac{\sqrt{2}l}{v_0}$$

イ．$k-\frac{1}{2}gt^2=k-\frac{gl^2}{v_0{}^2}=l-\frac{gl^2}{v_0{}^2}$

ウ．物体Aの水平到達距離が距離 l 以上であれば衝突する。よって，物体Aの水平到達距離が l であるときを考え，衝突するまでの時間を t' とすると，

$$l=v_0\cos 45^\circ\times t'\quad\cdots①$$

$$0=v_0\sin 45^\circ t'-\frac{1}{2}\times gt'^2\quad\cdots②$$

②より，

$$\frac{1}{\sqrt{2}}v_0t'-\frac{1}{2}gt'^2=0$$

$t'\neq 0$ より，

$$t'=\frac{\sqrt{2}v_0}{g}$$

これを①に代入して，

$$l=\frac{v_0}{\sqrt{2}}\cdot\frac{\sqrt{2}v_0}{g}=\frac{v_0{}^2}{g}$$

$$\therefore\ v_0=\sqrt{gl}$$

7

(1) $\boldsymbol{m_1\sin\theta_1+m_2\sin\theta_2=M}$

(2) $\boldsymbol{\frac{2\sqrt{3}}{3}}$**倍**

解説

(1) 点Cにはたらく3方向の張力を T_1，T_2，T とすると，次の図のように表せる。重力加速度を g とする。

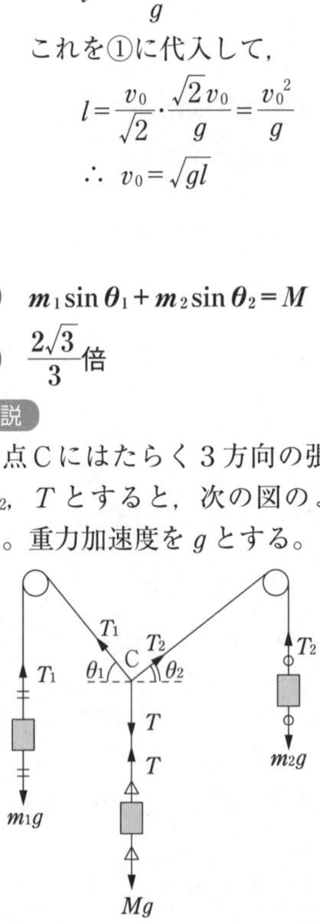

3力は点Cでつり合っているので，鉛直方向と水平方向に分けて力のつり合いの式を立てると，

鉛直：$T_1\sin\theta_1 + T_2\sin\theta_2 = T$　……①

水平：$T_1\cos\theta_1 = T_2\cos\theta_2$　……②

また，3つのおもりそれぞれの力のつり合いより，

$T_1 = m_1 g$

$T_2 = m_2 g$

$T\ = Mg$

①に代入して，

$m_1\sin\theta_1 + m_2\sin\theta_2 = M$　……(1)の答

また同様に②へ代入すると，

$m_1\cos\theta_1 = m_2\cos\theta_2$

(2)　$\theta_1 = 60^\circ$，$\theta_2 = 30^\circ$ のとき，(1)の結果より

$$\begin{cases} m_1\sin60^\circ + m_2\sin30^\circ = M & \cdots\cdots③ \\ m_1\cos60^\circ = m_2\cos30^\circ & \cdots\cdots④ \end{cases}$$

④より $m_2 = \dfrac{1}{\sqrt{3}}m_1$，③に代入して

$$M = \frac{2\sqrt{3}}{3}m_1$$

8

(1)　**8.0×10^{-2}m**

(2)　力：**1.2N**　　伸び：**6.4×10^{-2}m**

(3)　**イ**

解説

グラフより，ばね定数は，

A：25N/m　　B：75N/m

(1)　求める伸びを x〔m〕とすると，

$25x + 75x = 0.8\times10$

$\therefore\ x = 8.0\times10^{-2}$〔m〕

(2)　ばねA，Bいずれにかかる力も，

$0.12\times10 = 1.2$〔N〕

である。全体の伸びは，各ばねの伸びの和であるから，

$\dfrac{1.2}{25} + \dfrac{1.2}{75} = 6.4\times10^{-2}$〔m〕

(3)　ばねAにかかる力は，それぞれ，

$25\times(3.0\times10^{-2}) = 7.5\times10^{-1}$〔N〕

この合力がおもりの重力とつりあうので，下図より，おもりの重力〔N〕は，

$(7.5\times10^{-1})\times\sqrt{2} \fallingdotseq 1.06$〔N〕

おもりの質量は $g = 10$〔m/s^2〕より，

$1.06\div10 = 1.06\times10^{-1}$〔kg〕

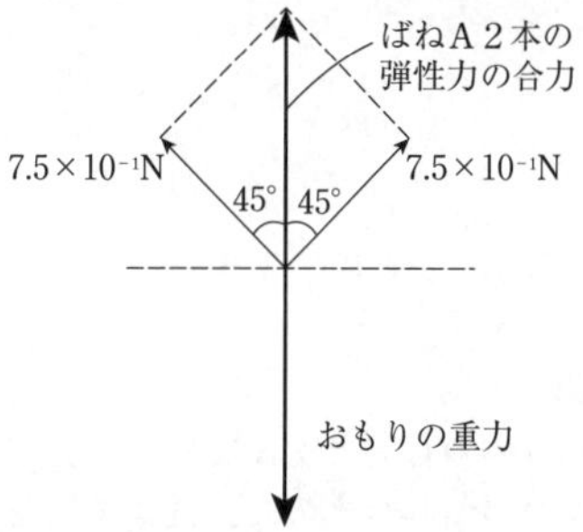

9

(1)　**19.6N**

(2)　運動：静止している。

理由：摩擦力と力 F がつり合って静止し続けるから。

(3)　物体が動き出したため，物体には動摩擦力がはたらいているから。

(4)　静止摩擦係数：**0.600**

動摩擦係数：**0.500**

(5)　**4.90m/s^2**

解説

(4)　静止摩擦係数を μ とすると，最大静止摩擦力が 29.4N であるから，

$$\mu = \frac{29.4}{5.00\times9.80} = 0.600$$

動摩擦係数を μ' とすると，動摩擦力が 24.5N であるから，

$$\mu' = \frac{24.5}{5.00\times9.80} = 0.500$$

(5)

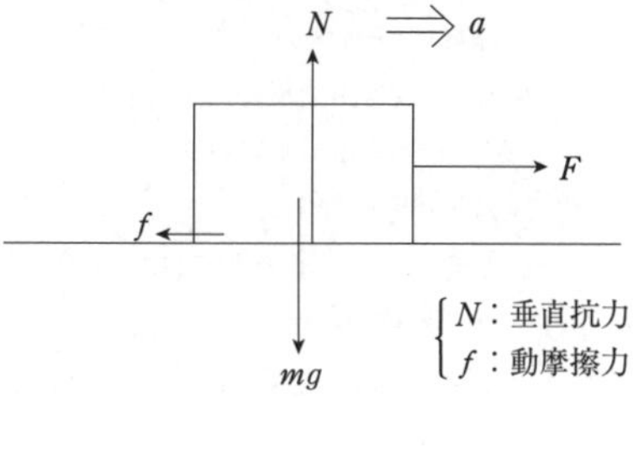

物体の運動方程式をたてると，

$ma=F-f$

また，

$f=24.5$〔N〕

よって，

$5.00a=49.0-24.5$

$\therefore\ a=4.90$〔$\mathrm{m/s^2}$〕

10

(1) **6cm**　(2) **5.9N**

(3) **69N**

解説

(1) 立方体の重力と沈んでいる部分にかかる浮力がつり合うので，沈んでいる部分の高さを x〔cm〕とすると，

$(10\times10\times10\times0.40)\times10^{-3}\times g$

$=(10\times10\times x\times1.0)\times10^{-3}\times g$

$\therefore\ x=4$〔cm〕

よって，水面上に出ている高さは，

$10-4=6$〔cm〕

(2) 立方体を押す力を F〔N〕とすると，

$400\times10^{-3}\times9.8+F=10^3\times10^{-3}\times9.8$

$\therefore\ F=5.88$〔N〕≒5.9〔N〕

(3)

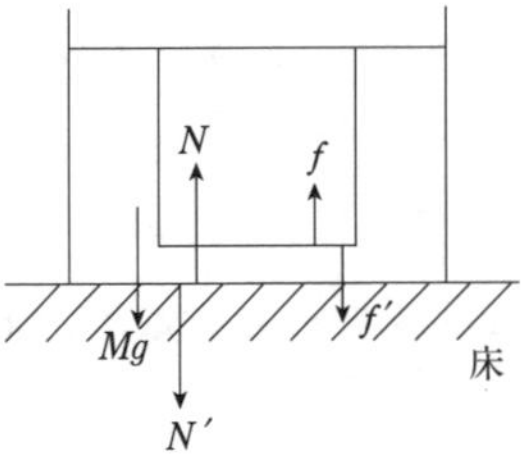

N：床が水槽に及ぼす垂直抗力

N'：水槽が床を押す力

（N と N' は作用・反作用の関係）

f：水が立方体に及ぼす浮力

f'：立方体が水を押す力

（f と f' は作用・反作用の関係）

Mg：（水＋水槽）にはたらく重力

（水＋水槽）にはたらく力のつり合いより，

$Mg+f'-N=0$

ここで，水5.0Lは5.0kgなので，

$Mg=(5.0+1.0)\times9.8=58.8$

$f'=f=10^3\times1.0\times10^{-3}\times9.8$

$=9.8$

であるから，垂直抗力Nは，

$N=58.8+9.8=68.6≒69$〔N〕

11

加速度：**2.0m/s²**　力の大きさ：**4.0N**

解説

両物体に生じる加速度を a，物体A，Bが互いに及ぼし合う力を f とすると，各物体にはたらく力は，次のように図示することができる。

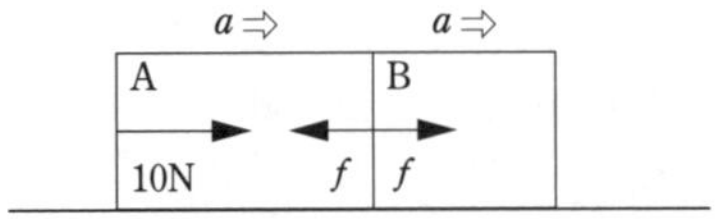

ここで，各物体について，運動方程式をたてると，

物体A：$3.0a=10-f$ ……①

物体B：$2.0a=f$ ……②

①，②より

$a=2.0$〔$\mathrm{m/s^2}$〕，$f=4.0$〔N〕

12

④

解説

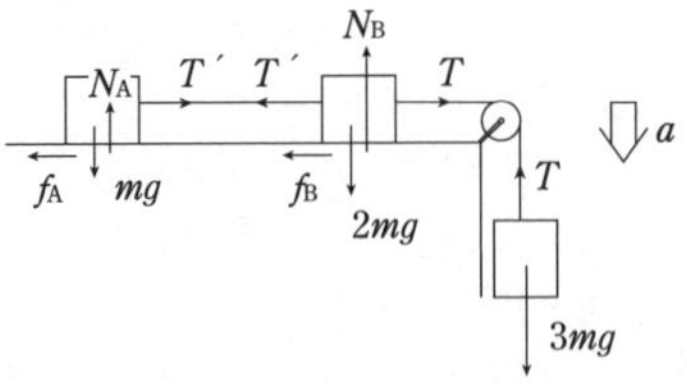

A，B，Cについてそれぞれ運動方程式を立てると，

A：$ma=T'-f_A$ …①

B：$2ma=T-T'-f_B$ …②

C：$3ma=3mg-T$ …③

①＋②＋③より，

$$6ma=3mg-(f_A+f_B)\quad\cdots④$$

A，Bにはたらく動摩擦力f_A，f_Bは，

$$f_A=\mu_A N_A=\frac{1}{2}mg$$

$$f_B=\mu_B N_B=\frac{1}{4}\times 2mg=\frac{1}{2}mg$$

これらを④に代入して計算すると，

$$a=\frac{g}{3}\,〔\mathrm{m/s^2}〕$$

13

(1)　**15.7N**　　(2)　**11.8N**

(3)　**12.3N**　　(4)　**5.9m/s²**

(5)　**2.8m/s**

解説

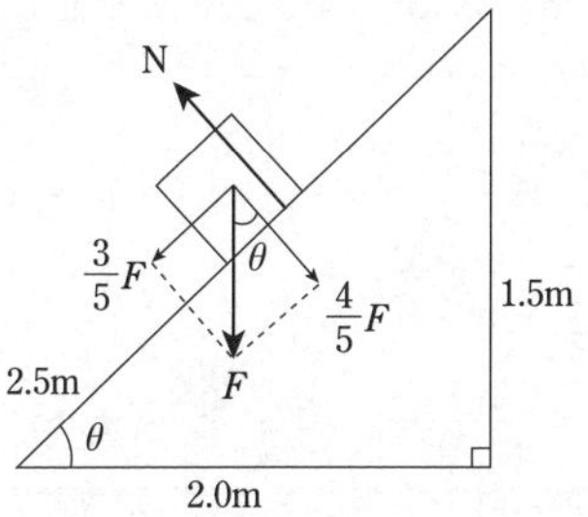

(1)　上図は斜面上の物体にはたらく力を示している。ここで，

$$F=2.0\times 9.8=19.6〔\mathrm{N}〕$$

よって，

$$N=\frac{4}{5}F=\frac{4}{5}\times 19.6 \fallingdotseq 15.7〔\mathrm{N}〕$$

(2)　重力によって斜面方向にはたらく力は，

$$\frac{3}{5}F=\frac{3}{5}\times 19.6 \fallingdotseq 11.8〔\mathrm{N}〕$$

である。静止している物体にはたらく摩擦力は，この力と反対の向きで，大きさは等しいので，11.8N である。

(3)　$11.8+0.5=12.3〔\mathrm{N}〕$

(4)　求める加速度をaとすると，物体の運動方程式は，

$$2.0\times a=11.8$$

$$\therefore\ a=5.9〔\mathrm{m/s^2}〕$$

(5)　求める速さをvとし，斜面の底辺からの高さ 1.0m の地点を通る水平面を基準とする。

力学的エネルギー保存則より，

$$2.0\times 9.8\times(1.4-1.0)\ =\frac{1}{2}\times 2.0\times v^2$$

$$\therefore\ v=\frac{14}{5}=2.8〔\mathrm{m/s}〕$$

14

(1)　$\boldsymbol{mg}$〔N〕　　(2)　$\boldsymbol{(M-m)\,g}$〔N〕

(3)　A：$\boldsymbol{Ma=Mg-T}$

B：$\boldsymbol{ma=T-mg}$

(4)　$\boldsymbol{a}$：$\boldsymbol{\dfrac{(M-m)\,g}{M+m}}$〔$\mathrm{m/s^2}$〕

$\boldsymbol{T}$：$\boldsymbol{\dfrac{2Mmg}{M+m}}$〔N〕

解説

(1)，(2)　糸の張力をt，手で支える力をFとする。A，Bそれぞれの力のつり合いの式を立てると，

A：$t+F=Mg$

B：$t=mg$〔N〕　…(1)の答

より，

$$F=Mg-t=Mg-mg$$

$$=(M-m)\,g〔\mathrm{N}〕\quad\cdots(2)の答$$

(4)　(3)の２つの式の両辺をそれぞれ足すと，

$$Ma+ma=Mg-mg$$

$$\therefore\ a=\frac{(M-m)\,g}{M+m}〔\mathrm{m/s^2}〕$$

$$T=Mg-M\cdot\frac{(M-m)\,g}{M+m}$$

$$=\frac{2Mmg}{M+m}〔\mathrm{N}〕$$

15

(1)　ア

(2)　①　静止　　②　等速直線

解説

(1) 慣性の大小は，ビー玉＞水＞発泡スチロール，である。

16

(1) **$2.0 \mathrm{m/s^2}$**　(2) **$40.0 \mathrm{J}$**
(3) **$6.0 \mathrm{m/s}$**　(4) **$7.0 \mathrm{m/s}$**

解説

(1) 運動方程式を立てると，

$4.0a=8 \quad \therefore\ a=2.0〔\mathrm{m/s^2}〕$

(2) 力が物体にした仕事は，グラフと x 軸が囲む部分の面積に等しいので，

$W=8\times5.0=40.0〔\mathrm{J}〕$

(3) 求める速さを V〔m/s〕とすると，力が物体にした仕事は，物体の運動エネルギーの変化に等しいので，

$$\frac{1}{2}\times4.0\times V^2-\frac{1}{2}\times4.0\times4.0^2=40.0$$

$\therefore\ V=6.0〔\mathrm{m/s}〕$

(別解)

公式　$V^2-V_0{}^2=2a(x-x_0)$ より，

$V^2-4.0^2=2\times2.0\times5.0$

$\therefore\ V=6.0〔\mathrm{m/s}〕$

(4) 物体が $x=0$〜20.0〔m〕を移動する間に力が物体にした仕事を W' とすると，

$$W'=8\times5.0+\frac{1}{2}\times8\times(11.5-5.0)$$
$$=66.0〔\mathrm{J}〕$$

力が物体にした仕事は，物体の運動エネルギーの変化に等しいので，

$$\frac{1}{2}\times4.0\times(V'^2-4.0^2)=66.0$$

$\therefore\ V'=7.0〔\mathrm{m/s}〕$

17

(1) $\boldsymbol{\sqrt{2gh}}$〔m/s〕　(2) $\boldsymbol{m>M}$
(3) $\boldsymbol{\dfrac{2m\sqrt{2gh}}{m+M}}$〔m/s〕　(4) $\boldsymbol{\dfrac{4m^2Mgh}{(m+M)^2}}$〔J〕
(5) $\boldsymbol{\dfrac{4m^2h}{\mu(m+M)^2}}$〔m〕

解説

(2) 衝突直前の小球Aの速さを v_A，衝突直後の小球A，Bの速さをそれぞれ v_A'，v_B' とすると，運動量保存則より，

$mv_A=mv_A'+Mv_B'$……①

また小球A，Bは完全弾性衝突をするから，

反発係数　$e=-\dfrac{v_A'-v_B'}{v_A}=1$

よって，$v_B'-v_A'=v_A$……②

①，②より，

$$v_A'=\frac{m-M}{m+M}v_A$$

ここで，衝突後，小球Aが点Rの方向へ進むためには，$v_A'>0$ を満たさなければならないので，

$$\frac{m-M}{m+M}>0$$

ゆえに，$m>M$

(3) ①，②より，

$$v_B'=\frac{2m}{m+M}v_A=\frac{2m\sqrt{2gh}}{m+M}〔\mathrm{m/s}〕$$

(4) はじめ小球Bが持っていた運動エネルギーを，全て摩擦により失うことになる。よって，

$$\frac{1}{2}Mv_B'^2=\frac{1}{2}M\cdot\frac{4m^2\times2gh}{(m+M)^2}$$
$$=\frac{4m^2Mgh}{(m+M)^2}〔\mathrm{J}〕$$

(5) RS面で小球Bにはたらく摩擦力の大きさは，μMg である。求める距離を l とすると，

$$\mu Mgl=\frac{4m^2Mgh}{(m+M)^2}$$

$$\therefore\ l=\frac{4m^2h}{\mu(m+M)^2}〔\mathrm{m}〕$$

18

(1) **1.4 m/s**　(2) **0.7 m/s**

(3) **0.025 m**　(4) **0.49 J**

解説

(1) 求める速さを V〔m/s〕とする。B点を通る水平面を基準として，力学的エネルギー保存則より，

$$\frac{1}{2}\times1.0\times V^2=1.0\times9.8\times0.10$$

$$\therefore\ V=1.4\text{〔m/s〕}$$

(2) 求める速さを V'〔m/s〕とすると，運動量保存則より，

$$1.0\times1.4=(1.0+1.0)\,V'$$

$$\therefore\ V'=0.7\text{〔m/s〕}$$

(3) 求める高さを h〔m〕とすると，力学的エネルギー保存則より，

$$\frac{1}{2}\times2.0\times0.7^2=2.0\times9.8\times h$$

$$\therefore\ h=0.025\text{〔m〕}$$

(4) $\frac{1}{2}\times1.0\times1.4^2-\frac{1}{2}\times2.0\times0.7^2$

$$=0.49\text{〔J〕}$$

19

(1) **0.40 m/s**

(2) **振幅：10 cm，周期：1.6〔秒〕**

解説

(1) おもりが板から離れるのはばねが自然の長さになるときだから，自然の長さからのばねの伸びを x として，力学的エネルギー保存則より，

$$\frac{1}{2}kx^2=\frac{1}{2}(m_1+m_2)v^2$$

はじめ　　離れるとき

よって，

$$v=x\sqrt{\frac{k}{m_1+m_2}}$$

$$=0.20\sqrt{\frac{16}{1.0+3.0}}$$

$$=0.40\text{〔m/s〕}$$

(2) 板とばねで力学的エネルギー保存の法則を考える。ばねが最も伸びたときの平衡点からの伸びを x' とすると，

$$\frac{1}{2}m_1v^2=\frac{1}{2}kx'^2$$

離れるとき　最も伸びたとき

より，

$$x'=v\sqrt{\frac{m_1}{k}}$$

$$=0.40\times\sqrt{\frac{1.0}{16}}$$

$$=0.10\text{〔m〕}$$

単振動の周期は，

$$T=2\pi\sqrt{\frac{m_1}{k}}$$

$$=2\times3.14\times\sqrt{\frac{1.0}{16}}$$

$$=1.57$$

$$\fallingdotseq1.6\text{〔秒〕}$$

20

(1) $\boldsymbol{2\pi\sqrt{\frac{l}{g}}}$〔s〕

(2) 問1　$\boldsymbol{v=\sqrt{2gl(1-\cos\beta)}}$〔m/s〕

問2　力学的エネルギー保存の法則より，点Cと点Eにおいておもりの保有しているエネルギーは等しい。

点Cと点Eの高さの差を x とすると，(1)より，

$$v=\sqrt{2gl\,(1-\cos\beta)}$$

$\frac{1}{2}mv^2=mgh$ より，

$$\frac{1}{2}m\cdot2gl\,(1-\cos\beta)=mgx$$

$$\therefore\ x=l\,(1-\cos\beta)$$

これは点Cと点Bの高さの差に等しい。よって点Eまで上がる。

解説

(2) 問1　点Cを通る水平面を基準として，力学的エネルギー保存則より，

$$(l-l\cos\beta)\cdot mg=\frac{1}{2}mv^2$$

$$v^2=2gl(1-\cos\beta)$$

$$v=\sqrt{2gl(1-\cos\beta)}\ \text{〔m/s〕}$$

21

(1) A：ニュートン
B：キャベンディッシュ

(2) **6.0×10^{24}kg**　(3) **7.9km/s**

(4) 速さ：**4.0km/s**
周期：**11時間**

(5) **11km/s**

解説

(2) 地球の質量を M，人工衛星の質量を m とすると，地表において，

$$mg=G\frac{Mm}{R^2}$$

よって，

$$M=\frac{g}{G}R^2$$

$$=\frac{9.8}{6.7\times10^{-11}}\times(6.4\times10^6)^2$$

$$\fallingdotseq 6.0\times10^{24}\ \text{〔kg〕}$$

(3) 求める人工衛星の速さを v とすると，

$$mg=m\frac{v^2}{R}$$

よって，

$$v=\sqrt{gR}$$

$$=\sqrt{9.8\times6.4\times10^6}=5600\sqrt{2}$$

$$\fallingdotseq 7920\,\text{m/s}\fallingdotseq 7.9\ \text{〔km/s〕}$$

(4) 人工衛星の速さを v' とすると，

$$G\frac{Mm}{(4R)^2}=m\frac{v'^2}{4R}$$

よって，

$$v'=\sqrt{\frac{GM}{4R}}$$

$$=\frac{1}{2}\sqrt{gR}$$

$$\fallingdotseq 4.0\times10^3\ \text{〔m/s〕}\fallingdotseq 4.0\ \text{〔km/s〕}$$

求める周期 T は，

$$T=\frac{2\pi\times4R}{v'}=\frac{2\pi\times4\times6.4\times10^6}{4.0\times10^3}$$

$$\fallingdotseq 40000\text{秒}\fallingdotseq 11\ \text{〔時間〕}$$

(5) 人工衛星打ち上げ時の初速度を v_0 とすると，無限に遠方に飛び去る条件は，

$$\frac{1}{2}mv_0{}^2-G\frac{Mm}{R}\geqq 0$$

よって，

$$v_0\geqq\sqrt{\frac{2GM}{R}}$$

$$v_0\geqq\sqrt{2gR}$$

最小値は，

$$\sqrt{2\times9.8\times6.4\times10^6}$$

$$=11200\ \text{〔m/s〕}$$

$$\fallingdotseq 11\ \text{〔km/s〕}$$

2 熱と仕事

傾向と対策

この分野のポイントは，熱量保存の法則，気体の法則，サイクル（熱機関）などに絞られる。それぞれについて，計算問題や定性的な内容を問う問題が見られるので練習が必要である。特に，気体の法則については，気体の圧力と絶対温度と体積の関係を示したボイル・シャルルの法則，気体の状態方程式を利用して解くもの，サイクルについては，熱力学第一法則を使って解くものが頻出なので，使いこなせるよう対策しておこう。

要点 Check!

1 熱現象とエネルギー

(1) 比熱と熱量

・比熱…物質 1g の温度を 1K 上昇させるのに必要な熱量。

・熱容量…物質の温度を 1K 上昇させるのに必要な熱量。質量 m〔g〕，比熱が c〔J/(g·K)〕の物体の熱容量 C〔J/K〕は，

$$C = mc$$

・質量 m〔g〕の物体の温度を Δt〔K〕上昇させるのに必要な熱量 Q〔J〕は，

$$Q = mc\Delta t$$

(2) 熱量保存の法則

高温の物質が失った熱量と，低温の物質が得た熱量は等しい。

2 気体の法則と分子運動

(1) 気体の法則

気体の圧力を P，体積を V，温度を T とする。

・ボイルの法則

ボイルは，気体の温度を変えずに気体の圧力と体積の関係を調べ，一定質量の気体の体積は圧力に反比例することを発見した。

T が一定のとき，$PV =$ 一定

・シャルルの法則

シャルルは，気体の圧力を変えずに気体の温度と体積の関係を調べ，一定質量の気体の体積は絶対温度に比例することを発見した。

$$P \text{ が一定のとき，} \frac{V}{T} = \text{一定}$$

・ボイル・シャルルの法則

ボイルの法則とシャルルの法則は，１つにまとめることができる。

$$\frac{PV}{T} = \text{一定}$$

⑵　気体の状態方程式

気体の圧力を P，体積を V，温度を T，物質量を n，気体定数を R としたとき，気体の状態方程式は，

$$PV = nRT$$

温度が 273 K（＝0 ℃），圧力が 1.013×10^5 Pa（1 atm）の状態を**標準状態**といい，標準状態では，物質量 1 mol あたりの理想気体の体積はいずれも 2.24×10^{-2} m^3/mol になる。また，**気体定数** $R = 8.31$ J/(mol・K) である。

⑶　気体の分子運動

①　気体の圧力

質量 m，分子数 N の気体が体積 V の立方体容器内に入っており，分子の速度の２乗の平均が $\overline{v^2}$ であるとき，容器内の気体の圧力 P は，

$$P = \frac{Nm\overline{v^2}}{3V}$$

②　気体分子の平均運動エネルギー

気体分子１個の平均運動エネルギーは $\frac{1}{2}m\overline{v^2}$ である。

上記①で求めた気体の圧力の式を変形すると，$PV = \frac{2}{3}N \times \frac{1}{2}m\overline{v^2}$

アボガドロ定数を N_A とすると，$N = nN_A$ であり，気体の状態方程式を用いると，

$$\frac{1}{2}m\overline{v^2} = \frac{3R}{2N_A}T = \frac{3}{2}kT$$

kをボルツマン定数という。

⑷　気体がする仕事

容器内の空気が圧力 P で一定のまま膨張して，容積が ΔV だけ変化したとき，気体が外部に対してする仕事 W は，

$$W = P\Delta V$$

⑸　気体の内部エネルギー

気体の物質量を n，温度を T としたとき，気体が有する内部エネルギー U は，

$$U = \frac{3}{2}nRT$$

⑹　熱力学の第一法則

気体が吸収する熱を Q，外部からされる仕事を W とすると，気体の内部エネルギーの変化量 ΔU はこれらの和となる。

$$\Delta U = Q + W$$

⑺　状態変化

定積変化…$\Delta V = 0$ より $W = 0$，よって熱力学の第一法則より $\Delta U = Q$
定圧変化…P＝一定 より，$\Delta U = Q + W$
等温変化…T＝一定 より $\Delta U = 0$，よって $Q = -W$（$-W$：気体が外部に仕事をする）

⑻　気体のモル比熱

1 mol の気体の温度を 1 K上げるのに必要な熱量を**モル比熱**という。単原子分子理想気体では，

定積モル比熱C_V（定積変化におけるモル比熱）$C_V = \frac{3}{2}R$
定圧モル比熱C_P（定圧変化におけるモル比熱）$C_P = \frac{5}{2}R$
定積モル比熱と定圧モル比熱の関係式…$C_P - C_V = R$

⑼　熱機関と熱効率

機関が高温熱源から吸収する熱量が Q，低温の物体へ放出する熱量が Q'，外にした仕事が W であるときの熱効率 e は，

$$e = \frac{W}{Q} = \frac{Q - Q'}{Q}$$

例題1　熱と仕事

毎秒2100Jの熱を発生するヒーターで，すず1.6kgを室温20℃から加熱した。すずの温度と加熱時間との関係は右図のようになった。ヒーターの熱の60％がすずに与えられるものとして，次の各問いに答えよ。

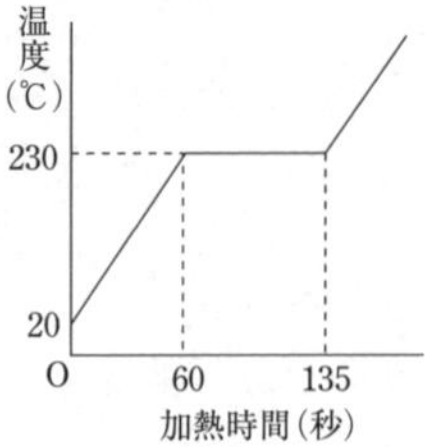

(1)　すずの融解点は何℃か求めよ。

(2)　固体のすずの比熱〔J/(g·K)〕はいくらか。小数第4位を四捨五入して，小数第3位まで求めよ。

(3)　すずが溶け始めてから，完全に溶け終わるまでにヒーターがすずに与えた熱量は何Jか求めよ。

(4)　すずの融解熱は何J/gか。小数第2位を四捨五入して，小数第1位まで求めよ。

〈佐賀県〉

解答　(1)　230℃　　(2)　0.225J/(g·K)
(3)　94500J　　(4)　59.1J/g

解説　(2)　$\dfrac{2100\times60\times0.6}{1.6\times10^3\times(230-20)}=0.225$〔J/(g·K)〕

(3)　$2100\times(135-60)\times0.6=94500$〔J〕

(4)　$\dfrac{94500}{1.6\times10^3}\fallingdotseq59.1$〔J/g〕

例題 2　気体の状態

一定質量の気体を注射器の中に閉じ込めて，図のように変化させる。「A→B」，「B→C」，「C→A」の3つの変化の中で，変化Ⅰ「気体が仕事をする変化」，変化Ⅱ「気体の温度が上昇する変化」，変化Ⅲ「気体の内部エネルギーが増加する変化」に当たる変化はどれか。正しい組み合わせを選べ。ただし，B→Cは等温変化である。

	変化Ⅰ	変化Ⅱ	変化Ⅲ
①	A→B	C→A	B→C
②	C→A	A→B	A→B
③	B→C	A→B	A→B
④	C→A	B→C	B→C
⑤	B→C	A→B	B→C

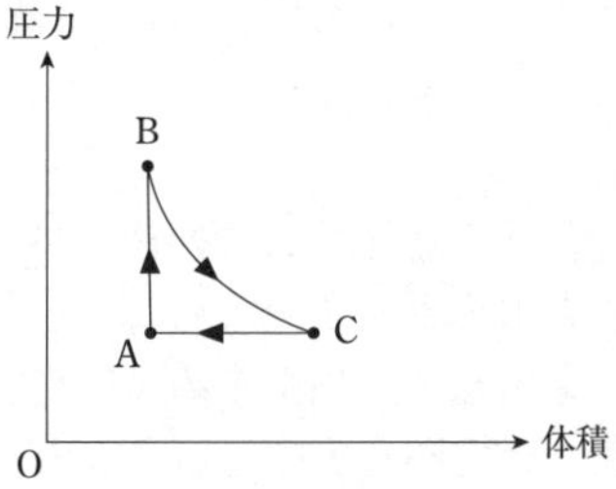

〈福岡県・福岡市・北九州市〉

解答　③

解説　i）A→B

体積が一定なので，気体は外部に仕事をしない。

ボイル・シャルルの法則より，Vが一定のとき，$\dfrac{P}{T}$＝一定

よって，A→BではPは増加するから，Tも増加する。

Tが増加するので，内部エネルギーも増加する。

ii）B→C

体積が増加するので，気体は外部に仕事をする。

温度が一定なので，内部エネルギーは変化しない。

iii）C→A

体積が減少するので，気体は外部から仕事をされる。

ボイル・シャルルの法則より，Pが一定のとき，$\dfrac{V}{T}$＝一定

よって，C→AではVは減少するから，Tも減少する。

演習問題

1 ★☆☆

図のような水熱量計を用いて，金属球の比熱を測定した。容器と撹拌棒は銅製（比熱は0.38J/(g·K)）で，それぞれの質量は80gと20gであった。水熱量計に水100g（比熱は4.2J/(g·K)）を入れてよく撹拌したときの温度が16℃であった。この中に50℃に熱した質量50gの金属球を入れてよく撹拌したところ，水温は19℃になった。熱は外に逃げないものとして，次の各問いに答えよ。

⑴　容器の熱容量と撹拌棒の熱容量との和を求めよ。

⑵　金属球の比熱を求めよ。

⑶　この実験を実際に行うとき，水熱量計に熱した金属球を入れて撹拌した後の水温（19℃）を，できるだけ正確に読み取るときの方法を，具体的に説明せよ。

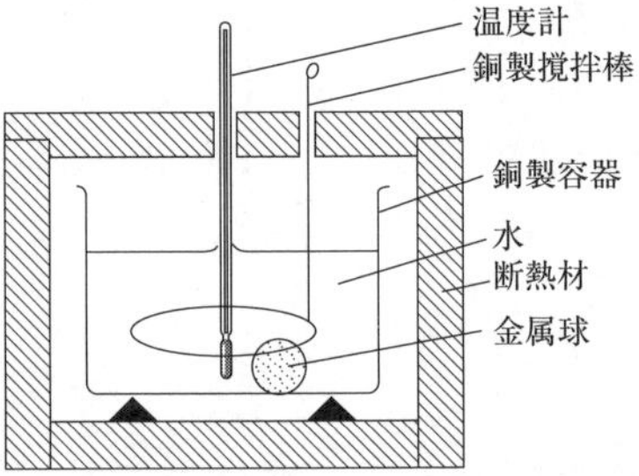

〈大阪府・大阪市〉

2 ★☆☆

次の各問いに答えよ。

Ⅰ．熱の伝わり方は，３つに大別される。表は，この３つの伝わり方と，それぞれについての身近な具体例を示したものである。

熱の伝わり方	具体例
①	金属棒を持ち，先端をバーナーであたためると，徐々に熱が伝わる。
放射	③
②	鍋に水を入れてガスコンロであたためると，鍋底であたたまった水が上昇する。

⑴　表の①と②に入る熱の伝わり方を答えよ。

⑵　表の③に入る具体例として最も適当なものを，次のうちから選び，記号で答えよ。

ア　熱い物体と冷たい物体を接触させておくと，やがて同じ温度になる。

イ　大気の大循環は，熱を低緯度から高緯度に運ぶはたらきがある。

ウ　よく冷えたジュースの缶を手で触れると，冷たく感じられる。

エ　赤外線ヒーターの前に座ると，体があたたまる。

Ⅱ．断熱容器に200gの水を入れ，水温を測ったところ20℃であった。この容器の中に，温度が80℃で，質量が100gの金属球を入れると，十分な時間が経過した後，水温は23℃になっていた。水の比熱を4.2J/(g·K) とし，金属球と水の間だけで熱のやりとりがあるものとして，次の各問いに有効数字2桁で答えよ。

(1)　水が得た熱量は何Jか求めよ。

(2)　金属球の比熱は何J/(g·K) か求めよ。

〈岡山県〉

3 ★☆☆

あらい水平面を走っていたトラックがブレーキをかけて止まった。トラックがブレーキをかけている間，水平面とタイヤとの間に働く摩擦力は2.1×10^4Nで，トラックが止まるまでに進んだ距離は10mであった。このときに発生した熱量をQとすると，この熱量Qは，20℃の水1.0kgを何℃まで上昇させることができるか。ただし，摩擦力がした仕事は，すべて発生した熱量Qとなり，そのすべては水の温度の上昇に使われたものとする。また，水の比熱は4.2J/(g·K) とする。

①　50℃　　②　60℃　　③　70℃　　④　80℃　　⑤　90℃

〈福岡県·福岡市・北九州市〉

4 ★☆☆

質量200g，温度80℃の鉄の小球が速さ600m/sで0℃の大きな氷のかたまりに打ち込まれた。

(1)　小球の運動エネルギーがすべて熱に変わったとすると，何Jの熱が発生するか求めよ。

(2)　氷の融解熱を336J/g，鉄の比熱を0.462J/(g·K) とすると，何gの氷が溶けるか求めよ。

5 ★☆☆

図のように鉛直に立てた容器の中に気体が封入してある。気体の温度は温度調節器で変えることができるようにしてある。大気圧はP_0〔Pa〕，容器の断面積はS〔m^2〕，容器のふたは上下になめらかに移動でき，質量はM〔kg〕である。このときの気体の温度はT_1〔K〕，ふたの高さはh〔m〕である。また，重力加速度はg〔m/s^2〕，容器もふたも熱を伝えないものとして，次の各問いに答えよ。

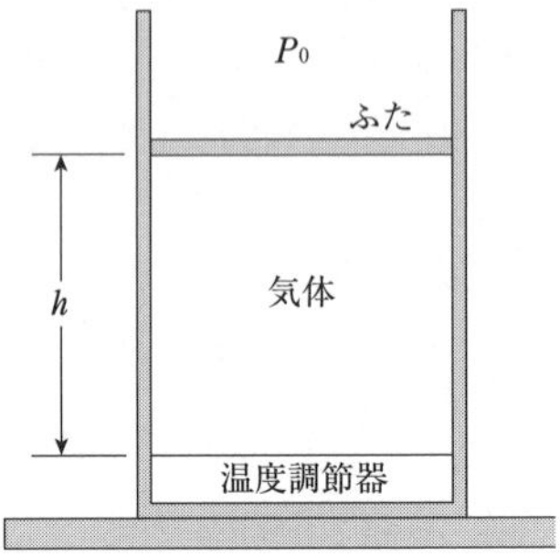

(1)　封入された気体の圧力P_1は何Paか求めよ。

(2)　このあと，温度調節器で気体を熱したところ，温度ははじめの$\dfrac{4}{3}$倍となり，ふたは高さΔh〔m〕上昇して止まった。Δhを求めよ。

(3)　気体が外部に対してした仕事は何Jか求めよ。

〈神戸市〉

6 ★☆☆

図のように断面積Sのシリンダーがあり，なめらかに動くピストンがついている。最初，ピストンの位置はシリンダーの右側面からLのところにあり，その中に気体が閉じこめられていて気体の温度はT_0であった。このピストンに大きさFの一定の力を加え，一定に温度を保ちながら圧縮したところピストンはlだけ移動した。大気圧をP_0として，次の各問いに答えよ。

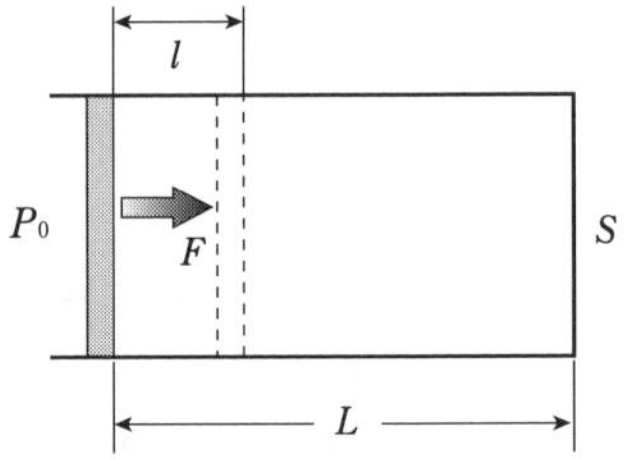

(1)　圧縮した状態での気体の圧力P'をF，S，P_0を用いて表せ。

(2)　圧縮したときにピストンが移動した距離lはいくらか。次のうちから正しいものを1つ選び記号で答えよ。

①　$\dfrac{LF}{P_0S+F}$　　②　$\dfrac{P_0S+F}{LF}$　　③　$\dfrac{SF}{P_0L+F}$　　④　$\dfrac{P_0L+F}{SF}$

次に，一定の力Fを加えたままで気体に熱を加えて，元の位置にピストンが戻るまで気体をゆっくりと膨張させた。

(3)　加熱して膨張させた状態での気体の温度 T' はいくらか。次のうちから正しいものを１つ選び記号で答えよ。

①　$\dfrac{FT_0}{P_0S}$　　②　$\dfrac{P_0S}{FT_0}$　　③　$\left(1+\dfrac{F}{P_0S}\right)T_0$　　④　$\left(1+\dfrac{F}{P_0L}\right)T_0$

〈沖縄県〉

7 ★☆☆

一定質量の気体をシリンダー内に閉じ込めて，図のＡ→Ｂ→Ｃ→Ａのように変化させた。この気体が外部から熱を吸収するのはどの変化の場合か。次のうちから１つ選び，番号で答えよ。ただし，図のＢ→Ｃは等温変化である。

①　Ａ→Ｂのみ
②　Ｂ→Ｃのみ
③　Ｃ→Ａのみ
④　Ａ→ＢとＢ→Ｃ
⑤　Ｂ→ＣとＣ→Ａ
⑥　Ａ→ＢとＣ→Ａ

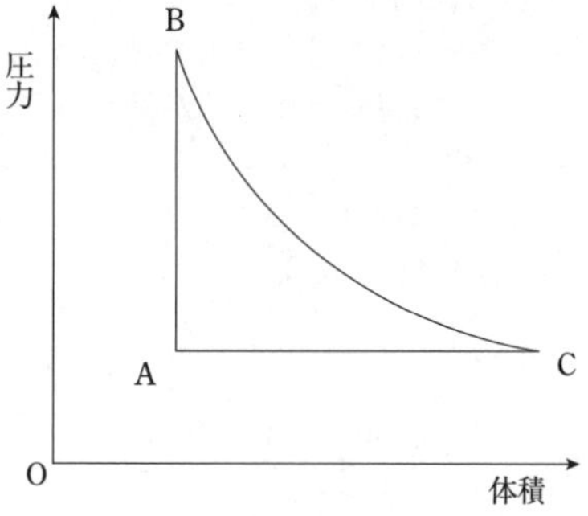

〈神奈川県・横浜市・川崎市〉

8 ★★☆

1 mol の単原子分子理想気体の状態を右のグラフのようにＡ→Ｂ→Ｃ→Ａに沿ってゆっくり変化させた。次の各問いに答えよ。ただし，気体定数を R とする。

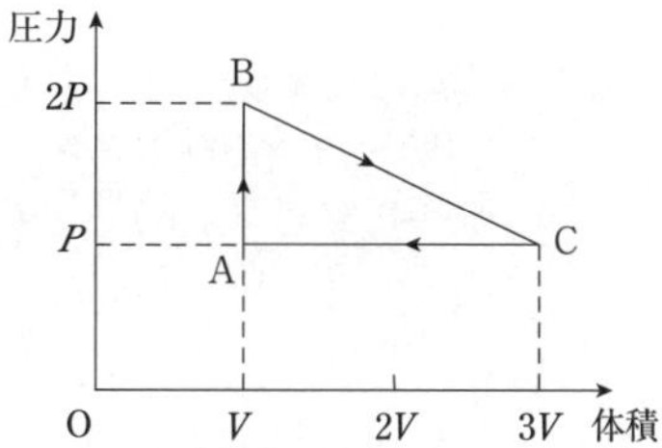

(1)　状態Ａの温度を P，V，R を用いて表せ。

(2)　Ａ→Ｂの過程で気体が吸収した熱量を，P，V を用いて表せ。

(3)　Ａ→Ｂ→Ｃ→Ａの１サイクルで気体が外部にした仕事を，P，V を用いて表せ。

〈石川県改題〉

演習問題　解答・解説

1

(1)　**38 J/K**　　(2)　**0.89 J/(g·K)**

(3)　時間に伴う水温変化をグラフに表し，そこから最高温度を読み取るようにする。

解説

(1)　$80\times0.38+20\times0.38=100\times0.38$

$=38$〔J/K〕

(2)　求める比熱を C〔J/(g·K)〕とすると，熱量保存の法則より，

(金属球の失った熱量)＝(水の得た熱量)
　　＋(容器と攪拌棒が得た熱量)

$50\times C\times(50-19)$

$=100\times4.2\times(19-16)+38\times(19-16)$

∴　$C\fallingdotseq0.89$〔J/(g·K)〕

2

Ⅰ．(1)　①　伝導　　②　対流

(2)　エ

Ⅱ．(1)　**2.5×10^3 J**　　(2)　**0.44 J/(g·K)**

解説

Ⅱ．(1)　$(23-20)\times200\times4.2$

$=2520$〔J〕$\fallingdotseq2.5\times10^3$〔J〕

(2)　求める比熱を C〔J/(g·K)〕とすると，

熱量保存の法則より，

$C\times(80-23)\times100=2520$

∴　$C\fallingdotseq0.44$〔J/(g·K)〕

3

③

解説

摩擦力のした仕事が Q となるので，

$Q=2.1\times10^4\times10=2.1\times10^5$〔J〕

水が t〔℃〕まで上昇したとすると，

$1.0\times10^3\times4.2\times(t-20)=2.1\times10^5$

∴　$t=70$〔℃〕

4

(1)　**3.6×10^4 J**　　(2)　**129 g**

解説

(1)　$\frac{1}{2}\times0.200\times600^2=36000$〔J〕

(2)　鉄が周囲の氷と同じ 0 ℃に冷えるまでの間に放出する熱量は，

$200\times0.462\times80=7392$〔J〕

これと(1)の熱量を合わせた，

$36000+7392=43392$〔J〕

が氷を溶かすのに使われる。氷 1 g を溶かすのに 336 J 必要であるから，

$\frac{43392}{336}\fallingdotseq129$〔g〕

5

(1)　$\boldsymbol{P_0+\frac{Mg}{S}}$〔Pa〕　　(2)　$\boldsymbol{\frac{1}{3}h}$〔m〕

(3)　$\boldsymbol{\frac{1}{3}h\,(P_0S+Mg)}$〔J〕

解説

(1)　ピストンにはたらく力のつり合いより，

$P_0S+Mg=P_1S$

∴　$P_1=P_0+\frac{Mg}{S}$〔Pa〕

(2)　シャルルの法則より，

$$\frac{Sh}{T_1}=\frac{S\ (h+\Delta h)}{\frac{4}{3}T_1}$$

∴　$\Delta h=\frac{1}{3}h$〔m〕

(3)　容器内の圧力は一定であるから，

$$P_1S\Delta h=\left(P_0+\frac{Mg}{S}\right)\cdot\frac{1}{3}Sh$$

$$=\frac{h(P_0S+Mg)}{3}\text{〔J〕}$$

6

(1) $P_0+\dfrac{F}{S}$　　(2) ①

(3) ③

解説

(1) 力 F による圧力は面積 S より，$\dfrac{F}{S}$

これに大気圧 P_0 が加わっているので，

$$P'=P_0+\frac{F}{S}$$

(2) 圧縮前後の各条件について，ボイルの法則に代入すると，

$$P'S\ (L-l)\ =P_0SL$$

$$\therefore\ l=\frac{P'-P_0}{P'}L=\frac{LF}{P_0S+F}$$

(3) 加熱前後の各条件について，シャルルの法則に代入すると，

$$\frac{S\ (L-l)}{T_0}=\frac{SL}{T'}$$

$$\therefore\ T'=\left(1+\frac{F}{P_0S}\right)T_0$$

7

④

解説

熱力学の第一法則

$Q=W+\Delta U$　…（＊）

$\left(\begin{array}{ll} Q & ：気体が吸収する熱量 \\ W & ：気体が外にする仕事 \\ \Delta U & ：気体の内部エネルギーの変化 \end{array}\right)$

ⅰ）A→B

体積変化なしであるから，$W=0$

ボイル・シャルルの法則より，V が一定のとき，$\dfrac{P}{T}=$一定

いま，P が増加するので，T も増加する。T が増加するので，$\Delta U>0$

よって，（＊）より，

$Q=\Delta U>0$

気体は外部から熱を吸収する。

ⅱ）B→C

等温変化であるから，$\Delta U=0$

体積が増加しているので，$W>0$

よって，（＊）より，

$Q=W>0$

気体は外部から熱を吸収する。

ⅲ）C→A

体積が減少しているので，$W<0$

ボイル・シャルルの法則より，P が一定のとき，$\dfrac{V}{T}=$一定

いま，V が減少するので，T も減少する。T が減少するので，$\Delta U<0$

よって，（＊）より，

$Q=W+\Delta U<0$

気体は外部に熱を放出する。

8

(1) $\dfrac{PV}{R}$　　(2) $\dfrac{3}{2}PV$

(3) PV

解説

(2) Bでの温度 T' は，

$$2PV=RT'\qquad\therefore\ T'=\frac{2PV}{R}$$

定積変化において，吸収した熱量は内部エネルギーの増加量と等しいので，

$$\frac{3}{2}R(T'-T)=\frac{3}{2}R\left(\frac{2PV}{R}-\frac{PV}{R}\right)$$

$$=\frac{3}{2}PV$$

(3) 三角形ABCの面積は外部にした仕事と等しいので，

$$(3V-V)\times(2P-P)\times\frac{1}{2}=PV$$

3 波動

傾向と対策

波の性質についての問題，音の速さやドップラー効果についての問題，光波の屈折についての問題，レンズを通る光とできる像についての問題などがよく見られる。いずれの内容も公式を覚えるだけでなく，実際に図にしてみることも必要である。特に，レンズを通る光や鏡に映る像については，作図での出題もあるので，要注意だ。

なお，この分野では，身の周りの現象について説明させる問題も見られる。日頃から身の回りの現象について目を向けて調べたり，考えをまとめる練習をしたりしておこう。

要点 Check!

1 波の性質

(1) 波の基本式

波長 λ，振動数 f，周期 T の波の速さ v は，

$$v=f\lambda=\frac{\lambda}{T}$$

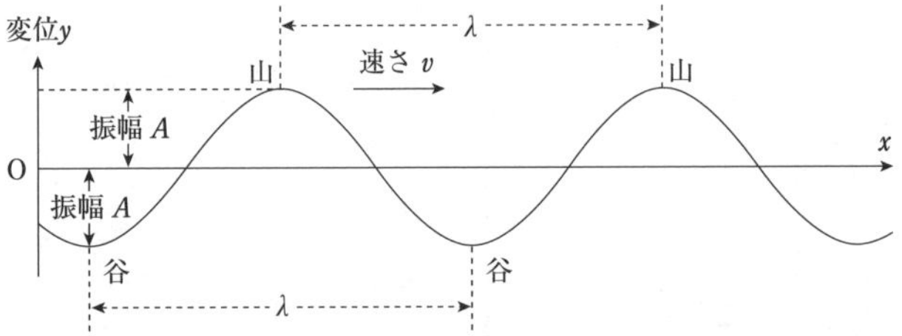

(2) 正弦波の式

x 軸方向に速さ v で進んでいる振幅 A，周期 T，波長 λ の正弦波の，時刻 t のときの位置 x における変位 y は，初期位相を θ_0 とすると，

$$y=A\sin\left\{2\pi\left(\frac{t}{T}-\frac{x}{\lambda}\right)+\theta_0\right\}$$

(3)　縦波と横波

①　縦波

媒質の振動の方向が波の進行方向と同じ方向の波を**縦波**という。固体，液体，気体中を伝わる。

②　横波

媒質の振動の方向が波の進行方向に対して垂直な波を**横波**という。固体中を伝わるが，液体，気体中は伝わらない。

(4)　波の干渉，回折，反射，屈折

①　干渉

２つの波源から出た波が，互いに強め合ったり弱め合ったりする現象を**干渉**という。

図のように，２つの波源A，Bから，それぞれ波長 λ，振幅 A で同位相の波が出ており，波源A，Bから点Pまでの距離をそれぞれ AP，BP，点Qまでの距離をそれぞれ AQ，BQ とする。

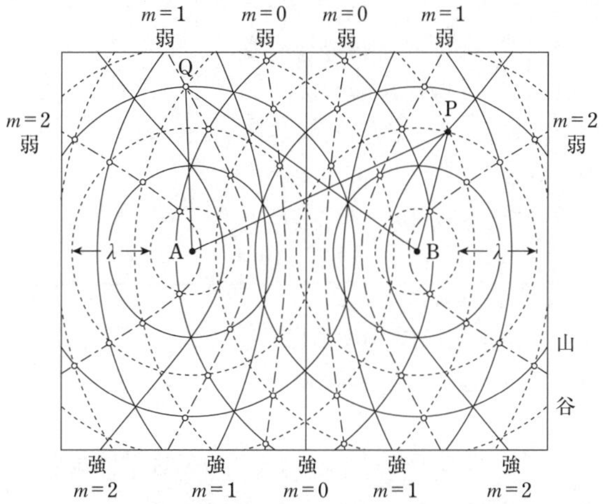

AP と BP の差は半波長$\dfrac{\lambda}{2}$の偶数倍となり，このとき点Pでは互いの波が強め合って大きく振動する。また，AQ と BQ の差は半波長$\dfrac{\lambda}{2}$の奇数倍となり，このとき点Qでは互いの波が打ち消し合ってほとんど振動しない。この干渉条件の式は次のように表される。

強め合うとき…$|AP-BP|=\dfrac{\lambda}{2}\cdot 2m$ （$m=0,1,2,3\cdots$）

弱め合うとき…$|AQ-BQ|=\dfrac{\lambda}{2}\cdot(2m+1)$ （$m=0,1,2,3\cdots$）

② 回折

波がすき間や障害物の背後まで回り込んで伝わる現象を**回折**という。

③ 反射

波が反射するとき，反射面 XY に立てた法線に対して入射波がなす角（入射角）θ と，反射波がなす角（反射角）θ' は常に等しく，$\theta=\theta'$ が成り立つ。

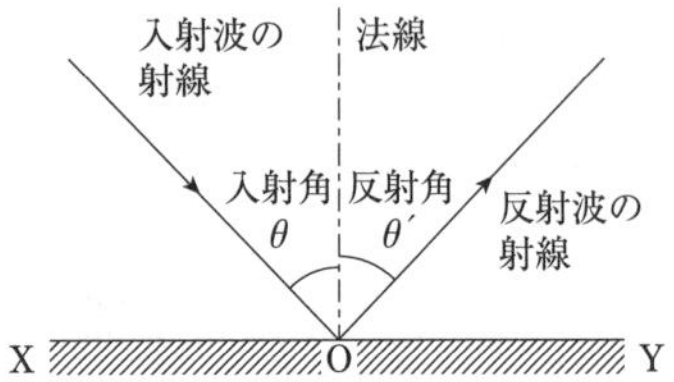

・反射しても，波の伝わる速さ，波長，振動数は変わらない。

・固定端反射では，位相は π だけずれる。

・自由端反射では，位相は変化しない。

④ 屈折

波が異なる媒質 1 と媒質 2 の境界面を通過するとき，進行方向が変わることを**波の屈折**という。図の様に境界面 XY に立てた法線に対して入射波がなす角（入射角）θ_1 と，屈折波がなす角（屈折角）θ_2 とし，媒質 1 での波の速さを v_1，波長を λ_1，媒質 2 での波の速さを v_2，波長を λ_2 とする。媒質 1 に対する媒質 2 の相対屈折率を n_{12} とするとき，

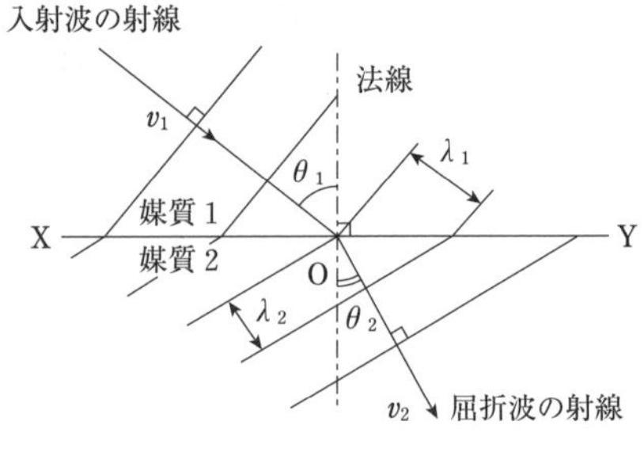

$$\frac{\sin\theta_1}{\sin\theta_2}=\frac{v_1}{v_2}=\frac{\lambda_1}{\lambda_2}=n_{12}$$

が成り立つ。

⑤ 定常波

逆向きに進む振幅と波長と振動数が等しい 2 つの波が重なり合うと，一定の位置に腹と節が交互に現れる左右に進まない波ができる。この波を**定常波**という。

2　音波

(1)　音波

①　速さ（音速）

気温が t〔℃〕のとき，空気中を伝わる音の速さ V は，

$$V = 331.5 + 0.6t \text{〔m/s〕}$$

②　音波の示す現象

音は空気（物体）中を伝わる波であるので，水面で観察できる波と同様，干渉，回折，反射，屈折を示す。

〈例〉 2つのスピーカーから同じ音を出し，周囲を歩くと，音がよく聞こえるところとほとんど聞こえないところができるのは，スピーカーの音波が干渉するためである。

③　音の三要素

高さ，大きさ，音色

(2)　うなり

振動波がわずかに異なる2つのおんさを同時に鳴らすと，音の大きさが周期的に変化し，ワーン，ワーンというように聞こえる。これをうなりという。2つの音波の振動数を f_1, f_2 とすると，うなりの振動数（1秒間のうなりの回数）f は，

$$f = |f_1 - f_2|$$

(3)　ドップラー効果

消防車が目の前を通り過ぎていくと，そのサイレンの音の高さが急に変化して聞こえる。これは音源（消防車）が動いていると，音源が出す音の周波数とは異なる周波数の音が聞こえる現象であり，この効果をドップラー効果という。空気中の音速を V，観測者の移動速度を v，音源の移動速度を u，音源から発される音の振動数を f とすると，観測者が聞く音の振動数 f' は，

$$f' = \frac{V - v}{V - u} f$$

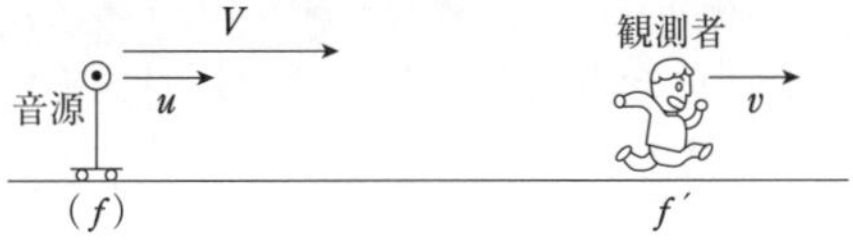

(4)　弦を伝わる音の速さ

線密度（単位長さあたりの質量）ρ の弦を伝わる波の速さ v は，弦の張力 S が働いているとき，

$$v = \sqrt{\frac{S}{\rho}}$$

3 光波

(1) 光波

① 速さ（光速）

真空中を伝わる光の速さ c は $c \fallingdotseq 3.0 \times 10^{8}$〔m/s〕である。

② 光波の示す現象

光は波であるので，水面で観察できる波と同様，干渉，回折，反射，屈折を示す。また，光波独特の現象として，分散，偏光がある。

(2) 光の反射・屈折

真空に対する媒質の屈折率を絶対屈折率という。媒質1（光の速さ c_1，波長 λ_1，絶対屈折率 n_1）と媒質2（光の速さ c_2，波長 λ_2，絶対屈折率 n_2）の境界面に入射角 θ_1 で入射した光の一部が屈折角 θ_2 で屈折し，残りの光は反射角 ϕ_1 で反射した。このとき，$\theta_1 = \phi_1$ が成り立つ。また，媒質1に対する媒質2の相対屈折率を n_{12} とするとき，

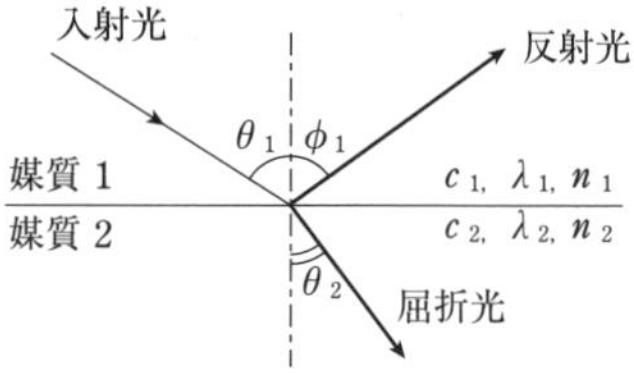

$$\frac{\sin\theta_1}{\sin\theta_2} = \frac{c_1}{c_2} = \frac{\lambda_1}{\lambda_2} = \frac{n_2}{n_1} = n_{12}$$

が成り立つ。

(3) 全反射

光が，絶対屈折率が大きい（光学的に密）媒質から絶対屈折率が小さい（光学的に疎）媒質に入射するとき，入射角が臨界角 θ_0 より大きい場合には全ての光が反射される。

$$\sin\theta_0 = \frac{n_1}{n_2} = \frac{1}{n_{12}}$$

(4) レンズを通る光

図のように，焦点距離 f の凸レンズの中心Oから距離 a の位置に，物体ABを置いたところ，レンズの反対側でOから距離 b の位置に像A′B′ができた。このとき，

$$\frac{1}{a} + \frac{1}{b} = \frac{1}{f}$$

が成り立つ。また，このレンズの倍率を m とすると，

$$m = \frac{\mathrm{A'B'}}{\mathrm{AB}} = \left|\frac{b}{a}\right|$$

が成り立つ。レンズが凹レンズのときは，これらの式において，$f < 0$とすればよい。また，$b > 0$の位置にできた像は実像，$b < 0$の位置にできた像は虚像である。

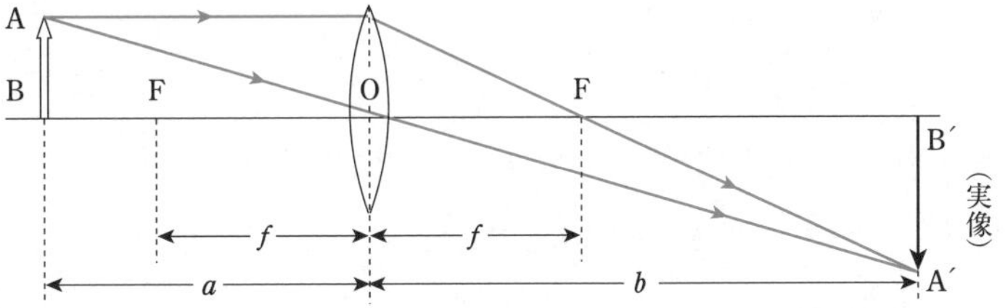

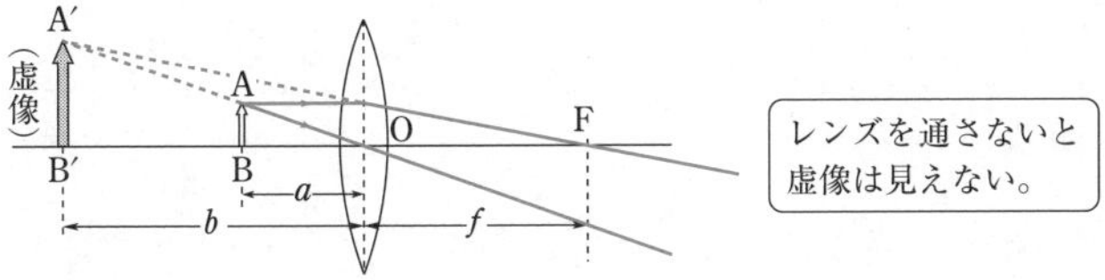

例題1　波の性質

x軸の正の向きに伝わる波の，時刻t，位置xでの媒質の変位y_1が

$y_1 = A\sin(Bt - Cx)$（A，B，Cは定数）

で表されるとき，次の各問いに答えよ。

(1)　この波の周期と波長を答えよ。

(2)　この波に振幅，波長，周期及び原点での位相が同じでx軸の負の方向に進む波が重なるとき，重なってできた波の，時刻t，位置xでの媒質の変位yは，

$$y = 2A\sin Bt\cos Cx$$

と表されることを示せ。また，この式がどのような波を表すか，式を使って説明せよ。　〈石川県改題〉

解答　(1)　周期$T : \dfrac{2\pi}{B}$　　波長$\lambda : \dfrac{2\pi}{C}$

(2)　x軸の負方向に進む波y_2は，

$y_2 = A\sin(Bt + Cx)$

となり，これとy_1との合成波なので，

$y = y_1 + y_2 = A\sin(Bt - Cx) + A\sin(Bt + Cx)$…①

$= 2A\sin Bt\cos Cx$…②

$\cos Cx$ は定数なので，$2A\cos Cx$ を振幅とし，$t=0$ で原点を通る正弦波を表す。

解説 (1) y_1 の式を変形して，

$$y_1 = A\sin 2\pi\left(\frac{Bt}{2\pi}-\frac{Cx}{2\pi}\right) = A\sin 2\pi\left(\frac{t}{\frac{2\pi}{B}}-\frac{x}{\frac{2\pi}{C}}\right)$$

よって，

$$T=\frac{2\pi}{B}, \lambda=\frac{2\pi}{C}$$

(2) ①から②への変形は，三角関数の和・差 ↔ 積の公式

$$\sin\alpha+\sin\beta=2\sin\frac{\alpha+\beta}{2}\cos\frac{\alpha-\beta}{2}$$

を用いる。

例題 2 音波

緊急車のサイレン音が聞こえたので立ち止まっていると，緊急車が自分に近づいてくるときと遠ざかるときでは，そのサイレン音の高さに違いがあった。この現象について，次の各問いに答えよ。

(1) このような現象を何というか。

(2) 音の 3 要素とは何か。3 つ答えよ。

(3) 次の①～⑦の文は，(1)の現象を説明したものである。空欄に最も適する言葉や文字，式を入れよ。ただし，同じ記号には同じ言葉等が入るものとする。また，（ コ ）には等号又は不等号が入るものとする。

① 緊急車が自分に近づいてくるときにそのサイレン音の高さは，遠ざかるときに比べて（ ア ）く聞こえる。

② それは，緊急車が近づいてくるときの方が，遠ざかるときに比べて，自分の耳に届く音波の（ イ ）が（ ウ ）くなるためである。それでは，近づいてくるときにはなぜそうなるだろうか。図を使いながら説明してみる。

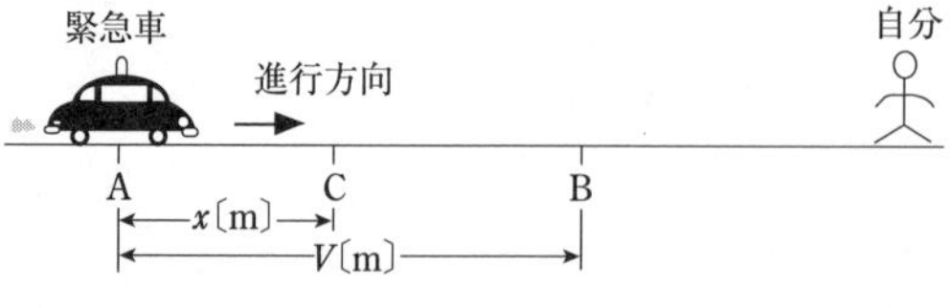

③ 上の図の場合，緊急車の前方では，波面の間隔がつまって波長が（ エ ）くなり，逆に後方では波面の間隔が広がって波長が（ オ ）

くなる。

④　緊急車が点Aを通過する瞬間に発せられた波が1秒後には V〔m〕進んで点Bに達し，その間に緊急車は x〔m〕進んで点Cに達するとし，BC 間には1秒間に緊急車から発せられた（　イ　）f〔Hz〕の波が含まれることとする。

⑤　このとき，その波長 λ〔m〕は，次のように表すことができる。

$$\lambda = \frac{(\quad カ\quad)}{(\quad キ\quad)}$$

⑥　この波長の音が音速 V〔m/s〕で自分のところを通過するから，自分が聞く音の（　イ　）f'〔Hz〕は，次のように表すことができる。

$$f' = \frac{(\quad ク\quad)}{(\quad ケ\quad)}f$$

⑦　したがって，f'（　コ　）f　となり，自分の耳には緊急車が静止していたときよりも（　ア　）いサイレン音が入ってくることになる。

〈長崎県〉

解答　(1)　ドップラー効果

(2)　音程（高さ），音量（強さ），音質（音色）

(3)　ア．高　　イ．振動数　　ウ．大き　　エ．短
オ．長　　カ．$V-x$　　キ．f　　ク．V
ケ．$V-x$　　コ．＞

例題3　光波

次の各問いに答えよ。

(1)　水槽に浅く水をはり，底にガラス板を沈め，水深を変えたものがある。図のように，その水槽の水面上を伝わる平面波が，水深の深い部分から水深の浅い部分へ進んでいる。波の速さは，浅い部分で深い部分の2分の1となった。このとき浅い部分では，屈折波はどのように進むか。最も適切なものを，ア〜オから1つ選べ。

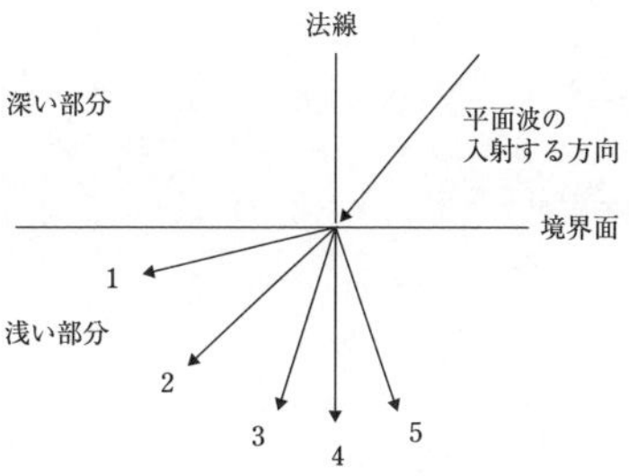

ア．1　　イ．2
ウ．3　　エ．4
オ．5

(2)　図は，光が空気中から媒質Ⅰ中に進むときのようすを示したものである。このときの空気に対する媒質Ⅰの相対屈折率はいくらか。最も適切なものを，ア～オから１つ選べ。

ア．0.50　　イ．0.85

ウ．1.0　　エ．1.7

オ．3.4

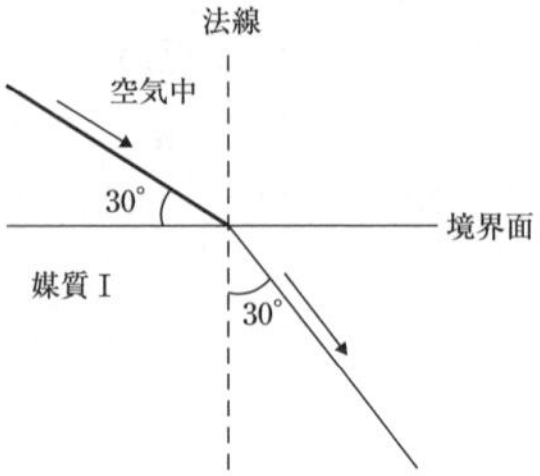

〈高知県〉

解答　(1)　ウ　　(2)　エ

解説　(1)　入射角を α，屈折角を β とすると，

$$\frac{\sin\alpha}{\sin\beta}=\frac{v}{\frac{1}{2}v}=2$$

$0^\circ<\alpha<90^\circ$，$0^\circ<\beta<90^\circ$ であるから，

$\sin\alpha>\sin\beta$

$\therefore\ \alpha>\beta$

よって，屈折波は３の方向に進む。

(2)　図より入射角は $90^\circ-30^\circ=60^\circ$ なので，空気に対する媒質Ⅰの相対屈折率を n とすると，屈折の法則より，

$$n=\frac{\sin 60^\circ}{\sin 30^\circ}\fallingdotseq 1.7$$

演習問題

1 ★★☆

波長λ，振動数fの水面波を作る水面波発生器を，図のように深さ一定の水槽の点Pに設置した。点Pは水槽の壁からの距離が2λで，点Pを通る壁の垂線と壁との交点を点Qとする。水槽は同じ深さなので水面波は同心円状に送り出され，水面波が壁で反射する際には，その位相は変わらないものとする。また，水槽は十分に広く，図に示した壁以外での反射は考えないものとする。

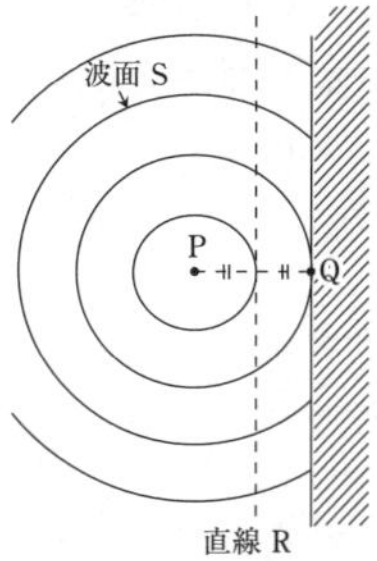

(1)　図の実線はある瞬間の波面を表し，点Pからの距離が3λの波面を波面Sとする。波面Sの反射波を記入せよ。

(2)　水面波が伝わる速さを答えよ。

(3)　時間が十分経つと，線分PQ上には定常波が生じる。PQ間に生じる振動をしない点（節）の数を答えよ。ただし，両端P，Qは含めないものとする。

(4)　時間が十分経つと，線分PQの垂直二等分線になる直線R上にも振動しない点が生じる。直線R上の振動しない点は全部でいくつあるか答えよ。

〈愛知県〉

2 ★☆☆

発音体の振動の仕方や音の伝わり方について，次の各問いに答えよ。

(1)　次の図は，A，Bの音さを同じ強さでたたき，それぞれの音の振動のようすをコンピュータに波形として表示させたものである。これをもとに，A，Bの音さの振動数は何Hzか答えよ。

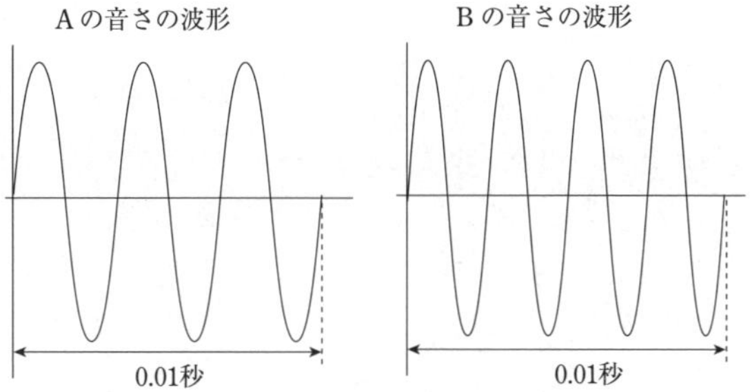

(2)　Bの音さと，別の音さCを同時にたたいたら，うなりが2秒間に1回聞こえた。音さCの振動数は何Hzか答えよ。

(3)　振動数500Hzの発音体が，音を出しながら10m/sで観測者から遠ざかっていくとき，観測者に聞こえる発音体が発する音の振動数は何 Hz か答えよ。ただし，音速は 340m/s とする。(答えは小数第 2 位を四捨五入して求めよ。)

(4) 水，空気，鉄を，音が伝わる速さが速い順に左から並べ替えて答えよ。

(5) よく晴れた日は，昼間に比べて夜のほうが遠くの電車の音がよく聞こえる。その理由を簡潔に答えよ。ただし，周囲の騒音はないものとする。

〈新潟県〉

3 ★☆☆

音についての授業を行うために，次のような実験装置をそろえて実験の計画を立案することにした。

[発振器，スピーカー，音叉（おんさ），陸上競技用のスタートピストル，ノートパソコン，ストップウオッチ，水槽]

このことについて，各問いに答えよ。

(1) 水槽に水を張り，音叉を鳴らしてから，音叉の先端の片方を軽く水面に接触させると，水面の様子はどのようになるか。観察できる事柄を簡潔に答えよ。

(2) 音の伝わる時間を調べるために，校庭にクラスの生徒を一列に並べ，先頭付近で陸上競技用のスタートピストルを鳴らして，音が聞こえた生徒に手を上げさせる実験を考えた。校庭に出て調べたところ，一番長く直線距離をとると，およそ 110m くらいであった。この距離に生徒を並べて実験を行うとき，先頭の生徒が手を上げてから，最後尾の生徒が手を上げるまでの時間はおよそ何秒と予想できるか。次のうちから最も適当なものを 1 つ選び，その記号を答えよ。ただし，このときの音速を 340m/s とする。

ア．30 秒　　イ． 3 秒

ウ．0.3 秒　　エ．0.03 秒

(3) 発振器とスピーカーをつなぐと，スピーカーから一定の高さの音を出すことができた。このとき同時に，発振器とノートパソコンを接続して，音の様子をノートパソコンの画面で波形として見ることのできるプログラムを使用し，聞こえている音の様子を画面でも確認することが

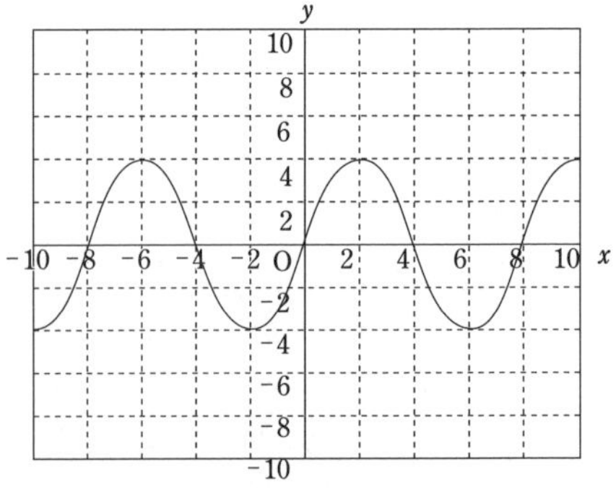

図 1　x：時間，y：振幅

できるようにした。

最初に聞こえている音が図1のように画面で表示された。発振器のダイヤルを操作して音を高くすると，画面に表示される音の波形はどのようになるか。何が変わったのかがわかるようにかけ。

(4)　スピーカーと発振器を2台ずつ用意し，2台のスピーカーを同じ方向に向けて接近させておき，発振器のダイヤルをまったく同じ位置にして，音の大きさも音の高さも同じになるように音を出した。スピーカーの前方で図2のように並んだスピーカーに平行に歩きながら聞くと，どのような現象が観察できるか。その現象名をア～エのうちから1つ選び，その記号を答えよ。

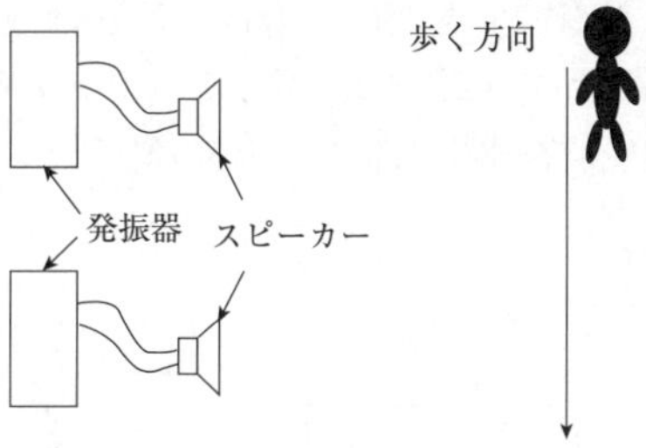

図2

ア．屈折　　イ．共鳴　　ウ．干渉　　エ．うなり

(5)　次に，一方の発振器のダイヤルの位置をほんの少しだけ変え，音の高さが少し異なる音を同じ大きさで出した。2台のスピーカーの前方で，今度は立ち止まって聞くと，どのような現象が観察できるか。その現象名をア～エのうちから1つ選び，その記号を答えよ。

ア．屈折　　イ．共鳴　　ウ．干渉　　エ．うなり

〈千葉県・千葉市〉

4　★☆☆

右図のように，静止している観測者と壁の間を振動数432Hzの音源が速度72km/hで右方向に移動している。音速を340m/sとして，次の各問いに答えよ。

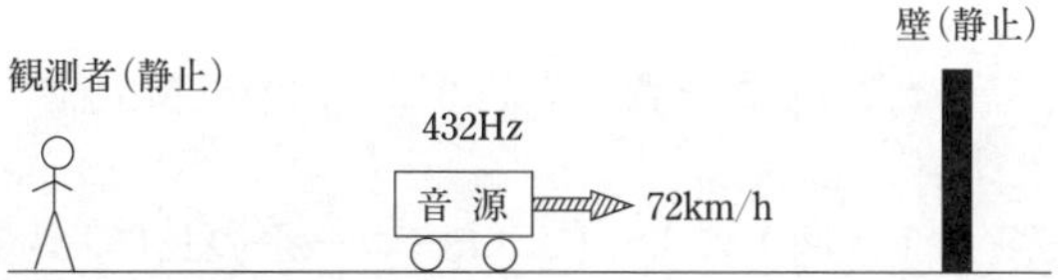

(1)　観測者が音源から直接聞く音の振動数は何Hzか求めよ。

(2)　壁の位置で聞こえる音の振動数は何Hzか求めよ。

(3)　観測者が聞く，壁から反射してくる音の振動数は何Hzか求めよ。

〈茨城県〉

5 ★☆☆

振動数800Hzの警笛を鳴らす列車Xがある。図のように，直線のレール上を72km/hの速さで走る列車Xが，警笛を鳴らしながら，静止している人Pに近づいてきた。その後，Xとは逆向きに54km/hの速さで走る列車Yが列車Xとすれ違った。音速を340m/sとし，風の影響はないものとして，次の各問いに答えよ。なお，有効数字2桁で答えよ。

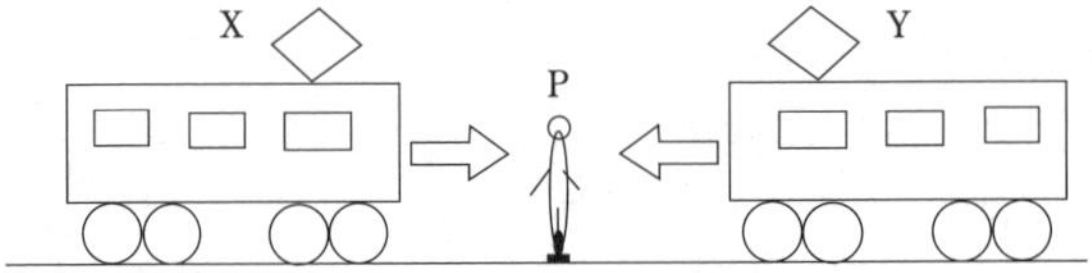

(1) 可聴音の振動数は，およそ何Hzの間と言われているか。次のうちから選び，記号で答えよ。

ア．2 ～ 2000Hz　　イ．20 ～ 20000Hz

ウ．200 ～ 20000Hz　　エ．2 ～ 20000Hz

(2) 列車Xが静止している時，振動数800Hzで発せられる波長を求めよ。

(3) XがPに近づく時，Pが聞く警笛の音の高さはどう変わるか。また，このような現象を何というか答えよ。

(4) XがPに近づく時，Pが聞く警笛の振動数を求めよ。

(5) YがXとすれ違ってから，Yの中にいる人が聞く警笛の振動数を求めよ。

〈宮城県・仙台市〉

6 ★★☆

音の伝わり方を調べるために，次の実験を行った。これについて，各問に答えよ。

〈実験1〉図1のように，モノコードの弦におもりを付け，ことじ（弦を支える木片）の位置を動かさないで，弦のAB間を同じ強さではじくことを繰り返した。

〈実験2〉図2のように，2つの紙コップの底を長さ2mの糸でつなぎ，たるまないように張った糸が音を伝えることを確認した。

図1

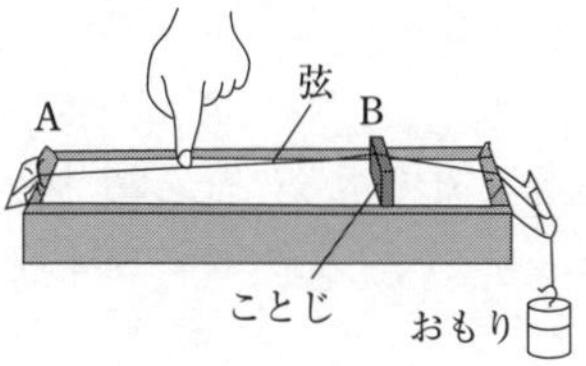

図2

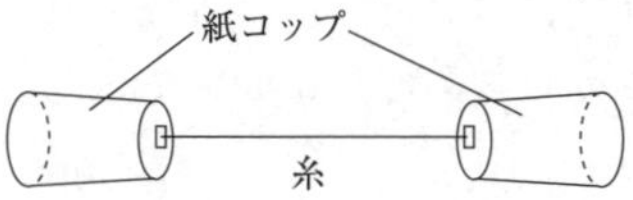

⑴　実験1において，おもりを重いものにかえると，音の高低はどのようになるか答えよ。また，その理由を説明せよ。

⑵　実験2において，糸の代わりに，糸と同じ太さで長さ2mの針金を使用すると，糸の場合と比べ，聞き手側ではどのように聞こえるか，次のうちから選び，記号で答えよ。ただし，送り手側の伝えた音は同じものとする。

ア．音がまったく聞こえない。　　　イ．音が途切れて聞こえる。

ウ．音が反響して聞こえる。　　　エ．音の高さが変化して聞こえる。

〈北海道・札幌市〉

7　★☆☆

振動数150Hzの音さの一端に弦を取り付け，その弦を水平に張って滑車にかけ，おもりMにより張力を与える。図に示すように，音さを水平にして鉛直方向に振動させたら，$L=80\,\mathrm{cm}$のとき，腹が4個できて弦がはげしく振動した。このときの弦を伝わる横波の速さは何m/sか。次のうちから正しいものを選び，番号で答えよ。

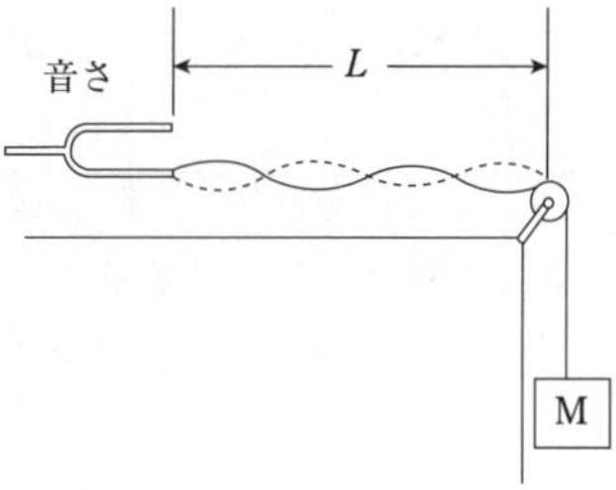

①　20m/s　　②　30m/s　　③　40m/s

④　50m/s　　⑤　60m/s

〈福岡県・福岡市・北九州市〉

8 ★☆☆

光の性質について，次の各問いに答えよ。

(1) 水やガラスの屈折について正しい光の進み方を選び，記号で答えよ。

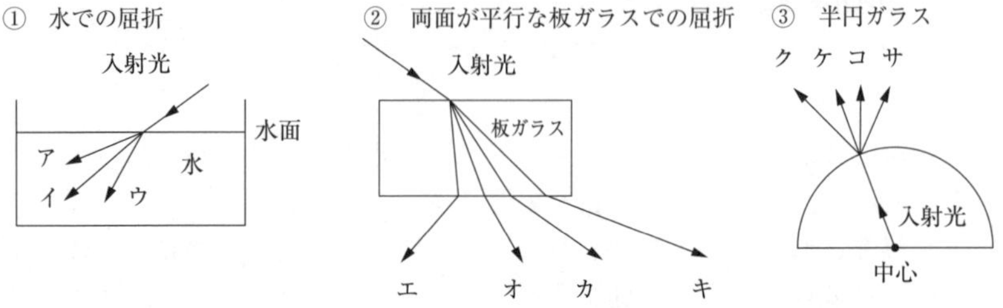

(2) 水中から空気中に放射される光は，入射角によっては，すべての光が反射され水面から出られない現象が起きる。この現象を何というか答えよ。

(3) 水の中で白色光で(2)の現象が起こる入射角（臨界角）は約何度か。次の中から最も近い値を選び記号で答えよ。(水の屈折率は1.33とする)

ア．40°　　イ．50°　　ウ．60°　　エ．70°　　オ．80°

(4) 光の屈折や反射の性質によって虚像ができる場合があるが，次の現象のうち，虚像によるものをすべて選び，記号で答えよ。

ア．虫めがねによる昆虫の正立した拡大像

イ．光軸上で，凸レンズの焦点距離の2倍の距離に置かれたロウソクの炎の像

ウ．屈折望遠鏡の投影版に映し出された太陽黒点の像

エ．顕微鏡によって見える微生物の拡大像

オ．鏡に映った自分の姿

〈三重県〉

9 ★★☆

1cmあたり1000本の筋をつけた回折格子に，垂直に単色光を当てたところ，30°の方向に5次の明線が生じた。単色光の波長は何mか。正しいものを1つ選び，番号で答えよ。

① 1.0×10^{-6}m　　② 1.3×10^{-6}m　　③ 1.4×10^{-6}m

④ 2.2×10^{-6}m　　⑤ 2.4×10^{-6}m

〈福岡県・福岡市・北九州市〉

10 ★☆☆

図1のような装置を使って，物体とスクリーンの位置を変えながら凸レンズによる像のでき方を調べる実験をした。表1はそのときの結果である。次の各問いに答えよ。

図1

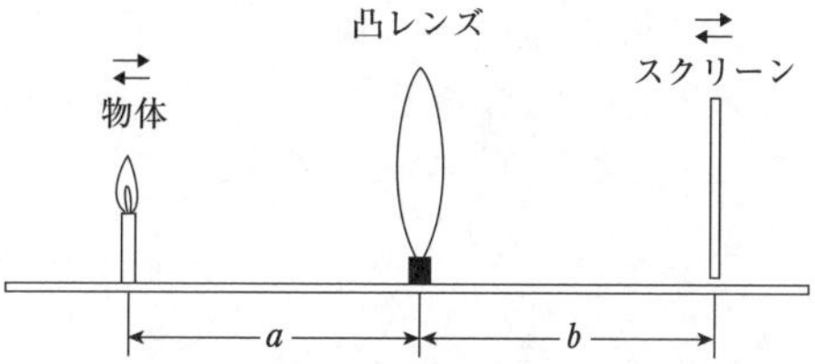

(1)　スクリーン上にできる像について，生徒に気付かせなければならないことは，像の大きさの違い以外に何があるか。簡潔に答えよ。

(2)　凸レンズの焦点距離 f，物体と凸レンズ間の距離 a，スクリーンと凸レンズ間の距離 b の間にある関係を式で表せ。

(3)　この凸レンズの焦点距離を求めよ。

(4)　物体と凸レンズ間の距離が8cmのとき，スクリーン上に像はできなかった。しかし，スクリーンをはずして，スクリーン側からレンズをのぞくと実物より大きな像が見えた。このように見える像の名称を答えよ。

表1

a〔cm〕	60	30	20	15	8
b〔cm〕	12	15	20	30	—
像の大きさ (実物の比較)	小さい	小さい	同じ	大きい	(像はできない)

〈山口県〉

11 ★☆☆

光について次の各問いに答えよ。

(1)　図1のように，スリットを通した幅のせまい白色光をプリズムに当てると，光が屈折し，白い紙の上に光の分散スペクトルが見られた。

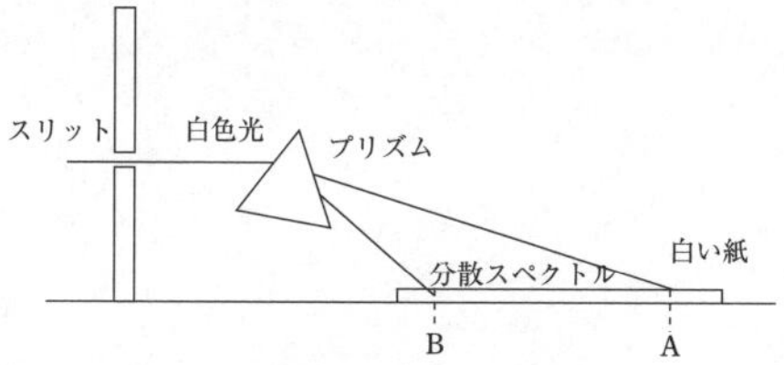

図1

問1　Aの部分に見られる色を次のうちから選び，記号で答えよ。

ア．青　　イ．　赤　　ウ．黄　　エ．紫　　オ．燈問２　Ａの部分の光の波長はＢの部分の光の波長に比べてどうか。次のうちから選び，記号で答えよ。

ア．長い　　イ．同じ　　ウ．短い

(2)　図２のように空気中に板ガラスを置き，光線が空気とガラスとの境界面へ入射角 θ_1 で入射し，屈折角 θ_2 でガラスに入った。ガラスの屈折率を表す式を答えよ。

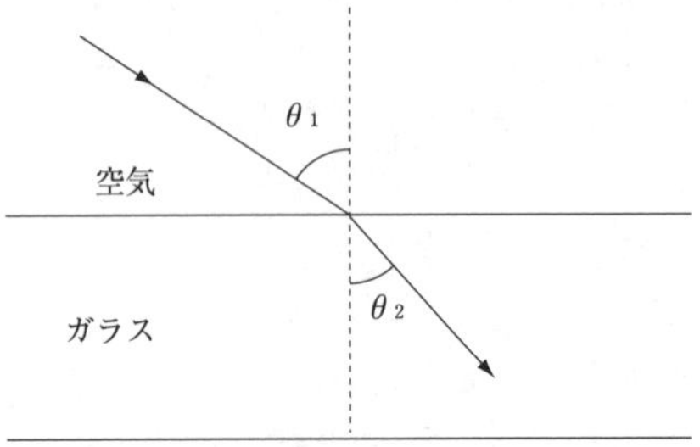

図２

(3)　図３のように焦点距離 f の凸レンズを光軸 AB 上の点Ｏに，また，物体Ｄを点Ｃに置いた。このとき，レンズを通して観察できる虚像を作図せよ。ただし，作図は物差しを用いて行うこと。また，作図に用いた線は消さずに残しておくこと。

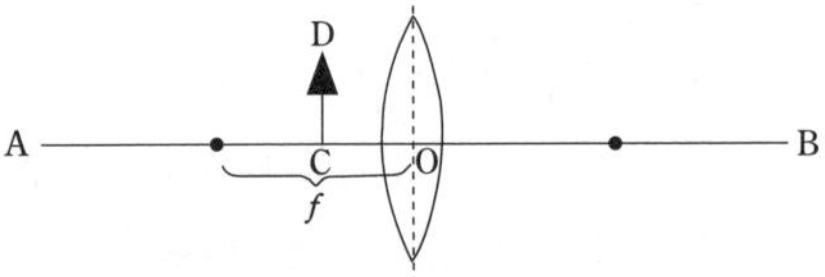

図３

(4)　十分暗い部屋の中で，点光源からでた光を物体に当て，白い紙の上に影をつくった。そのときにできた物体の影の縁は少しぼやけていた。その理由を簡潔に答えよ。

〈岡山県〉

12　★☆☆

地球で空が青く見えるのはなぜか，簡単に説明せよ。

〈徳島県改題〉

演習問題　解答・解説

1

(1)

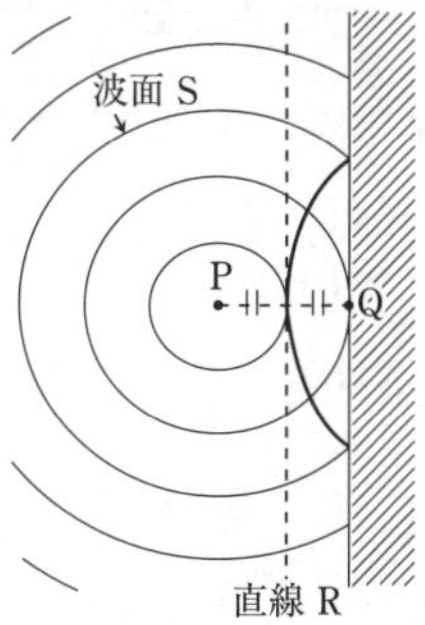

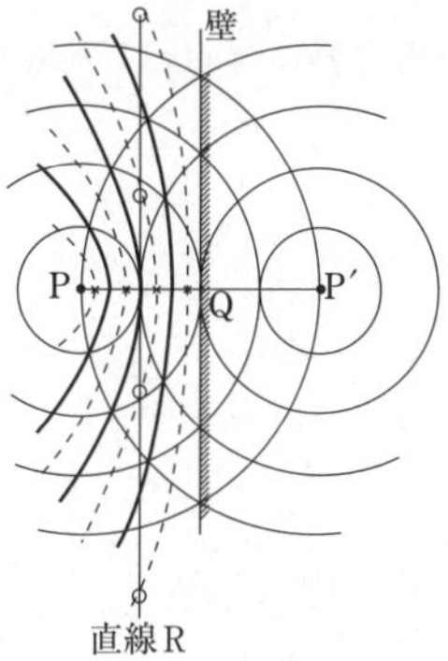

(2)　**$f\lambda$**　　　(3)　**4 個**

(4)　**4 個**

解 説

問題文に「水面波が壁で反射する際には，その位相は変わらないものとする。」とあるので，壁に関して点Pと対称な点をP′とすると，壁による反射波は，点P′からPと同位相で出たものを考えればよい。

P，P′からの距離の差が半波長の偶数倍のとき強め合い，半波長の奇数倍のとき弱め合うので，定常波では次図のように太実線が腹線，太破線が節線となる。

よって，線分PQ上には節が4個（P，Qは含めない）あり，直線R上にも節が4個あることがわかる。

2

(1)　**A．300 Hz**　　　**B．400 Hz**

(2)　**(400 ± 0.5) Hz**　　(3)　**485.7 Hz**

(4)　**鉄，水，空気**

(5)　**晴れた日の昼は地温が高く，上空の空気ほど冷たいので，音波は上向きに曲がって進み，遠くへ届きにくい。夜は，放射冷却のため地温が低く，上空ほど温かいので，音波は下向きに曲がって進み，遠くまで届くので，夜の方がよく聞こえる。**

解 説

(1)　A：0.01 秒間に3波長分だから，

周期 T_A は，$T_A = \dfrac{0.01}{3}$〔s〕

よって，振動数は，

$$\frac{1}{T_A} = \frac{3}{0.01} = 300\text{〔Hz〕}$$

B：0.01 秒間に4波長分だから，

同様にして

$$\frac{4}{0.01} = 400\text{〔Hz〕}$$

(3)　ドップラー効果の公式より，

$$\frac{340}{340+10}\times 500 \fallingdotseq 485.7〔\mathrm{Hz}〕$$

3

(1)　音さの振動に合わせて水面が振動する。

(2)　ウ

(3)

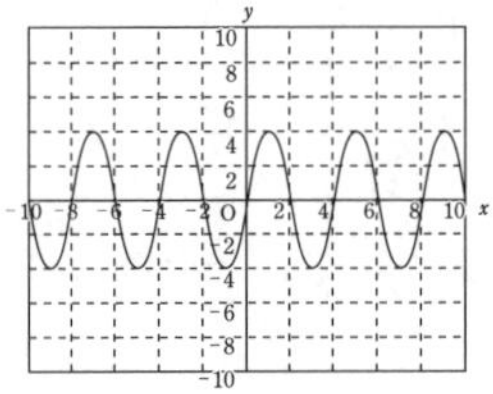

(4)　ウ　　　(5)　エ

解説

(2)　音速は340m/sなので，

$$\frac{110}{340}\fallingdotseq 0.3〔秒〕$$

(3)　振幅は変化せず，振動数が大きくなる。

4

(1)　**408Hz**　　(2)　**459Hz**

(3)　**459Hz**

解説

ドップラー効果の公式を用いる。

72km/h＝20m/sより，

(1)　$\frac{340}{340+20}\times 432=408〔\mathrm{Hz}〕$

(2)　$\frac{340}{340-20}\times 432=459〔\mathrm{Hz}〕$

(3)　反射の法則にしたがうため，振動数は変化せず(2)と同じである。

5

(1)　イ　　　(2)　**0.43m**

(3)　音：高くなる

現象：ドップラー効果

(4)　**8.5×10²Hz**　　(5)　**7.2×10²Hz**

解説

(2)　$\frac{340}{800}\fallingdotseq 0.43\mathrm{m}$

(4)　72km/h＝20m/s

よって，ドップラー効果の式より，

$$\frac{340}{340-20}\times 800=8.5\times 10^2〔\mathrm{Hz}〕$$

(5)　54km/h＝15m/s

ドップラー効果の式より，

$$\frac{340-15}{340+20}\times 800\fallingdotseq 7.2\times 10^2〔\mathrm{Hz}〕$$

6

(1)　高くなる

理由：弦を強く張るほど，弦の太さが細くなるほど，弦の振動の振動数が大きくなるため，音は高くなる。この場合，おもりを重いものにかえると弦が強く張られることになり，弦の振動数が大きくなるため，音は高くなる。

(2)　エ

解説

音の速さ：v，波長：λ，振動数：f，張力：s，線密度：ρ，物質の質量：M，重力加速度：gとすると，

$$f=\frac{v}{\lambda}=\frac{1}{\lambda}\sqrt{\frac{s}{\rho}}=\frac{1}{\lambda}\sqrt{\frac{Mg}{\rho}}$$

(2)　糸より針金の方が，線密度が大きいので，上式より，振動数は変化する。

7

⑤

解説

弦の波長λは，

$$\lambda=\frac{80}{2}=40〔\mathrm{cm}〕=0.4〔\mathrm{m}〕$$

よって，

$$v=f\lambda=150\times 0.4=60〔\mathrm{m/s}〕$$

8

(1)　①　ウ　　②　カ
　　③　ケ

(2)　全反射　　(3)　イ

(4)　ア，ウ，エ，オ

解説

(3)　入射角を θ としたとき，

$$\frac{\sin\theta}{\sin 90^\circ}=\frac{1}{1.33}$$

よって，$\sin\theta=\frac{1}{1.33}$

$\sin 45^\circ \fallingdotseq \frac{1}{1.41}$，$\sin 60^\circ \fallingdotseq \frac{1}{1.15}$ より，

$45^\circ<\theta<60^\circ$

ゆえに，θ は 50° と考えられる。

(4)　凸レンズ，凹面鏡の焦点より外側に物体を置いた場合は実像となるが，その他の場合は虚像となる。

9

①

解説

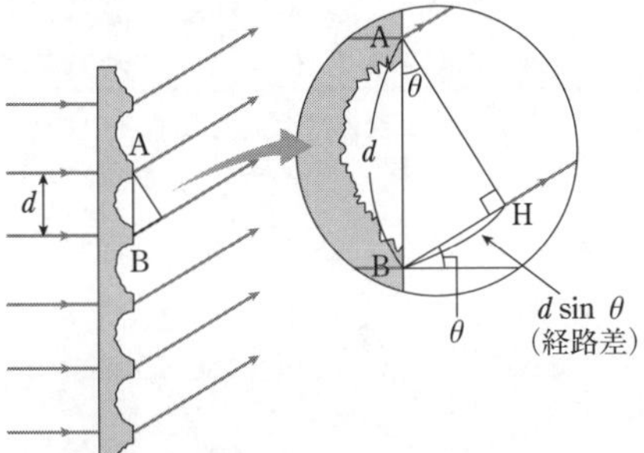

回折光が強め合う条件 $d\sin\theta=m\lambda$ において，

$d=0.01\times10^{-3}=1.0\times10^{-5}$〔m〕，

$\theta=30^\circ$，$m=5$ であるから，

$10^{-5}\times\sin 30^\circ=5\lambda$

$\therefore\ \lambda=1.0\times10^{-6}$〔m〕

10

(1)　像の向き（正立か倒立か）

(2)　$\frac{1}{a}+\frac{1}{b}=\frac{1}{f}$　　(3)　10cm

(4)　虚像

解説

(3)　(2)の式に，表1の結果を代入すると，

$$\frac{1}{f}=\frac{1}{20}+\frac{1}{20}=\frac{2}{20}=\frac{1}{10}$$

$\therefore\ f=10$〔cm〕

（別解）像の大きさが同じとき，焦点距離は $\frac{a}{2}$ であることを利用してもよい。

11

(1)　問1　イ　　問2　ア

(2)　$n=\frac{\sin\theta_1}{\sin\theta_2}$

(3)

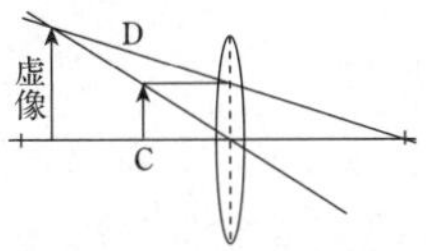

(4)　回折によって，光源から出た光が物体の影にまわり込んだから。

12

波長の短い光は，大気中の極めて小さいちりや大気分子による散乱を受けやすい。そのため，波長の短い青い光は，散乱され四方から地表に届くから。

4 電磁気

傾向と対策

物理分野の中で，力学の内容と同じく大きな部分を占める分野である。特に，オームの法則，キルヒホッフの法則を用いた直流回路についての出題が多い。内容的にはそれほど難解な問題はないため，まずは基本的な知識を押さえておくことである。また，磁界，電磁誘導についての問題も多く見られる。特に，右ねじの法則，レンツの法則，フレミングの左手の法則はしっかり理解しておく必要がある。なお，電流計・電圧計の使い方は頻出であるため，必ず確認しておくこと。

要点 Check!

1 電界

(1) 静電気力

電気には正（+）と負（−）の符号があり，帯電した物体の電気の量を電荷という。同種の電荷間には斥力が，異種の電荷間には引力がはたらく。このように，電荷間にはたらく力を**静電気力**という。距離が r だけはなれた位置に，q_1，q_2 の 2 つの正電荷が置かれているとき，比例定数を k とすると，これらの電荷間にはたらく静電気力の大きさ F は，次のように表わせる。これを**クーロンの法則**という。

$$F=k\frac{q_1q_2}{r^2}$$

(2) 電界

電荷が，静電気力を及ぼす空間を**電界**という。電界は，大きさと向きを持つベクトル量である。

① 電界の強さ

電界の強さは，ある点に +1C（クーロン：電荷の単位）の電荷をおいたとき，その電荷が受ける静電気力の大きさと等しく，電界の強さの単位は N/C である。q の電荷が距離 r 離れた位置につくる電界の強さ E は，比例定数を k としたとき，

$$E = k\frac{q}{r^2}$$

②　電界中で電荷にはたらく力

電界の向きは電界中に置かれた正電荷が受ける力の向きに等しく，電界 $\vec{E}$ の中に電気量が q の電荷を置いたとき，この電荷が電界から受ける静電気力 $\vec{F}$ は，

$$\vec{F} = q\vec{E}$$

(3)　**電位**

1Cの電荷を，基準点から任意の点まで移動させるのに必要な仕事を，その点の**電位**という。

①　電位

電気量 q の電荷を，基準点から点Pに移動させるのに必要な仕事が U であったとき，点Pの電位 V は，

$$V = \frac{U}{q}$$

②　点電荷による電位

電気量が q の点電荷から，距離 r 離れた位置の電位 V は，比例定数を k としたとき，

$$V = k\frac{q}{r}$$

③　電位差

2点P，Qの電位がそれぞれ V_P，V_Q のとき，この2点間の電位差 V は，

$$V = |V_P - V_Q|$$

④　電界と電位差

距離 d 離れた2点P，Qの電位差が V のとき，この2点間における電界の強さ E は，

$$E = \frac{V}{d}$$

⑤　外力がする仕事

電位が V_O の点Oから，電位が $V_P(V_O<V_P)$ の点Pまで q の電荷を運ぶときに必要な仕事量 W は，

$$W=q\,(V_P-V_O)$$

(4) 電気力線

次の図のように，電界の中では電界の方向が接線となる曲線群を描くことができる。これらの曲線を**電気力線**という。

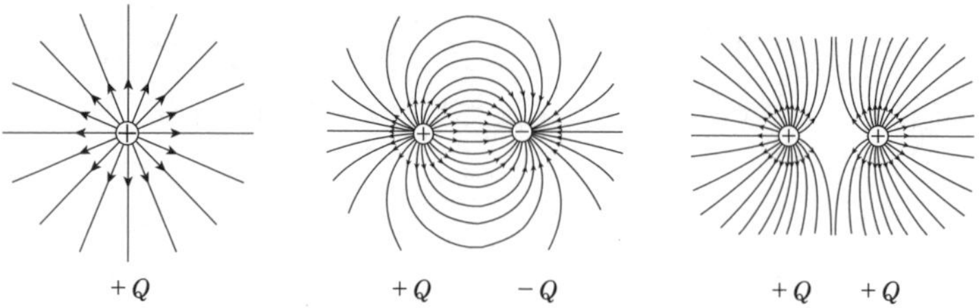

電気力線は，次のような特徴がある。

- 電気力線は，正の電荷から出て負の電荷に入るか，正の電荷から出て無限遠にいくか，無限遠からきて負の電荷に入るかのいずれかである。途中で互いに接したり，交わったり，枝分かれしたりしない。
- 電気力線が密に存在する点ほど，電界の強さが強い。
- 電気力線上の各点での接線は，その点での電界の方向を表す。

2 コンデンサー

(1) 蓄えられる電気量

電気容量（単位F：ファラド）が C のコンデンサーの極板間に V の電圧を加えたとき，このコンデンサーに蓄えられる電気量 Q は，

$$Q=CV$$

(2) 電気容量

コンデンサーの電気容量 C は，極板の面積 S，極板の間隔 d，極板の間の物質の誘電率 ε によって決まり，

$$C=\varepsilon\frac{S}{d}$$

である。ある物質の真空に対する誘電率を比誘電率 ε_r といい，真空の誘電率を ε_0 としたときその物質の誘電率 ε は $\varepsilon=\varepsilon_r\varepsilon_0$ である。

(3)　コンデンサーの接続

①　並列接続

電気容量がそれぞれ C_1，C_2，$C_3 \cdots C_n$ の n 個のコンデンサーを並列に接続したときの合成容量 C は，

$$C=C_1+C_2+C_3+\cdots+C_n$$

②　直列接続

電気容量がそれぞれ C_1，C_2，$C_3 \cdots C_n$ の n 個のコンデンサーを直列に接続したときの合成容量 C は，

$$\frac{1}{C}=\frac{1}{C_1}+\frac{1}{C_2}+\frac{1}{C_3}+\cdots+\frac{1}{C_n}$$

(4)　静電エネルギー

コンデンサーには，極板間の電位差にさからって電荷を運ぶ仕事がエネルギーとして蓄えられる。電気容量が C のコンデンサーの極板間に V の電位差を与えて，電気量 Q の電気量が蓄えられているとき，このコンデンサーがもつ静電エネルギー U は，

$$U=\frac{1}{2}CV^2=\frac{1}{2}QV=\frac{1}{2}\frac{Q^2}{C}$$

3　直流回路

(1)　オームの法則

導体の両端に電圧を加えると，導体に電流が流れる。電圧を V，電流を I，比例定数を R とすると，次のことが成り立つ。R を**電気抵抗**（または**抵抗**）という。

$$V=RI$$

(2)　電気抵抗

電気抵抗 R は，導体の長さ l に比例し，断面積 S に反比例する。ρ は抵抗率である。

$$R=\rho\frac{l}{S}$$

(3)　電気抵抗の接続

①　並列接続

R_1, R_2, $R_3 \cdots R_n$ の n 個の抵抗を並列に接続したときの合成抵抗 R は,

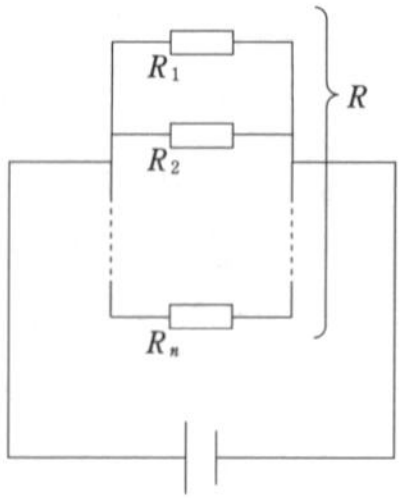

$$\frac{1}{R}=\frac{1}{R_1}+\frac{1}{R_2}+\frac{1}{R_3}+\cdots+\frac{1}{R_n}$$

②　直列接続

R_1, R_2, $R_3 \cdots R_n$ の n 個の抵抗を直列に接続したときの合成抵抗 R は,

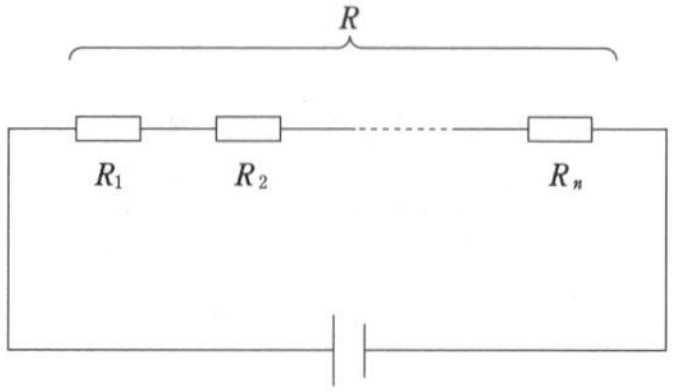

$$R=R_1+R_2+R_3+\cdots+R_n$$

(4)　キルヒホッフの法則

①　第1法則（電気量保存の法則）

回路上の任意の交点に流入する電流の和と，流出する電流の和は等しい。

②　第2法則

回路中の任意の閉じた経路に沿って1周するとき，起電力の和と，電圧降下の和は等しい。

(5)　電力

抵抗に電流が流れることによって熱（抵抗が発熱），運動エネルギー（モーターが回転），光エネルギー（電球が点灯）などが発生する。これは電流が仕事をしたためである。電流が1秒あたりにする仕事を**電力**という。電圧 V で電流 I が流れているときの電力 P は,

$$P=VI$$

(6)　半導体

電気抵抗が，導体と絶縁体の中間にある物質を**半導体**という。

①　p型半導体

価電子の欠損部分であるホール（正孔）が移動することによって，あたかも正電荷が移動しているかのように振舞う半導体。

②　n型半導体

自由電子が移動する半導体。

③　半導体ダイオード

p 型半導体と n 型半導体を接合したものの両端に電極をつけたもので，p 型が n 型より高電位になるように電圧を加えたとき電流が流れるが，p 型より n 型が高電位になるようにしたときには電流が流れない（**整流作用**）。

4　電流と磁界

(1)　電流がつくる磁界

導線に直流の電流が流れているとき，導線に垂直な面上に円形の磁界が生ずる。磁界の向きは，右ねじの法則により，電流の向きに右ねじを進ませるときにねじを回す向きとなる。

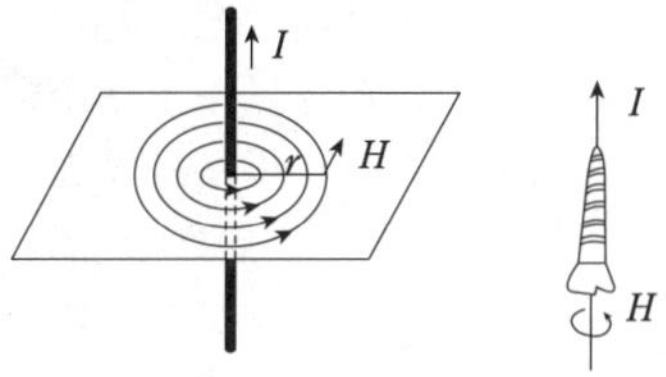

① 直線電流がつくる磁界

十分に長い導線に電流 I が流れているとき，導線から r の位置にできる磁界の強さ H は，

$$\boldsymbol{H=\frac{I}{2\pi r}}$$

② 円電流が円の中心につくる磁界

半径が r の円形の導線に電流 I が流れているとき，導線の中心にできる磁界の強さ H は，

$$\boldsymbol{H=\frac{I}{2r}}$$

③ コイル（ソレノイド）を流れる電流がつくる磁界

単位長さあたりの巻数が n のコイルに電流 I が流れているとき，コイルの内部にできる磁界の強さ H は，

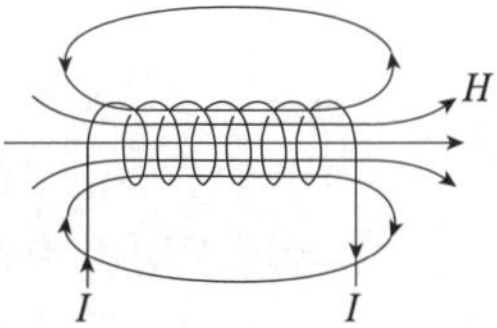

$$\boldsymbol{H=nI}$$

(2)　電流が磁界から受ける力

① 磁束密度

電流や荷電粒子が磁界から受ける力は，磁束密度に影響を受ける。透磁率 μ と磁界の強さ H のとき，磁束密度 B は，

$$\boldsymbol{B=\mu H}$$

② 電流が磁界から受ける力（電磁力）

磁束密度 B の磁界中で，長さ l の導線に電流 I が流れているとき，この電流が受ける磁界から受ける力 F は，

$$F=IBl$$

③ フレミングの左手の法則

図のように，電流が磁界から受ける力の向きは，中指が電流 I の向き，人差し指が磁界 H の向き，親指が力 F の向きを指すものとして，フレミングの左手の法則によって求められる。

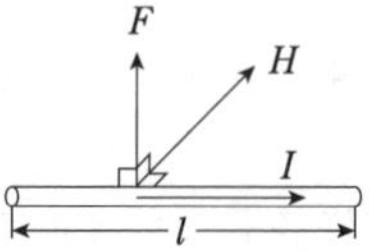

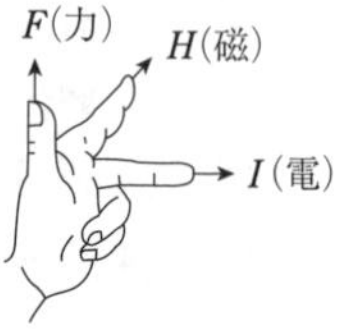

④ 平行に流れる電流が及ぼし合う力

距離が r 離れた位置を2つの電流 I_1，I_2 が流れているとき，長さ l の電流が互いに及ぼし合う力 F は，

$$F=\frac{\mu I_1 I_2 l}{2\pi r}$$

電流 I_1，I_2 の向きが同じときは**引力**，逆向きのときは**斥力**となる。

(3) ローレンツ力

磁束密度 B の磁界中で，電気量 q の電荷が，磁界と垂直方向に速さ v で運動しているとき，電荷が磁界から受ける力の大きさ F は，

$$F=qvB$$

(4) 電磁誘導

磁石をコイルに近づけたり，離したりするなどして，コイルを貫く磁界が時間的に変化すると，コイルに電流が流れる現象を**電磁誘導**という。また，電磁誘導によってコイルに生じた起電力を**誘導起電力**，流れる電流を**誘導電流**という。

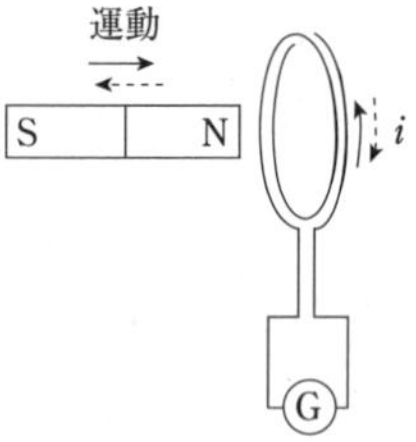

① **レンツの法則**

コイルに流れる誘導電流の向きは，コイル内の磁束の変化を妨げるように磁界を発生させる向きである。

②　ファラデーの法則

コイルにはたらく誘導起電力の大きさは，コイルを貫く磁束の変化の速さに比例する。巻数 N のコイル中の磁束が，微小時間 Δt の間に $\Delta\Phi$ 変化したときにコイルにはたらく誘導起電力 V は，

$$V=-N\frac{\Delta\Phi}{\Delta t}$$

また，コイル内の磁束密度が B，コイルの断面積が S のとき，

$$\Phi=BS$$

(5)　磁界を横切る導線に生じる誘導起電力

磁束密度が B の磁界内を，長さ l の導体が速さ v で横切るとき，この導線に生じる誘導起電力 V は，

$$V=Blv$$

(6)　自己誘導

コイルに電流が流れると，コイル内に磁界が生じる。このため，コイルを流れる電流が変化すると，コイル内の磁界も変化し，コイルに誘導起電力が生じる。これを自己誘導という。自己インダクタンスが L のコイルに流れる電流が，微小時間 Δt の間に ΔI 変化したときコイルにはたらく誘導起電力 V は，

$$V=-L\frac{\Delta I}{\Delta t}$$

(7)　相互誘導

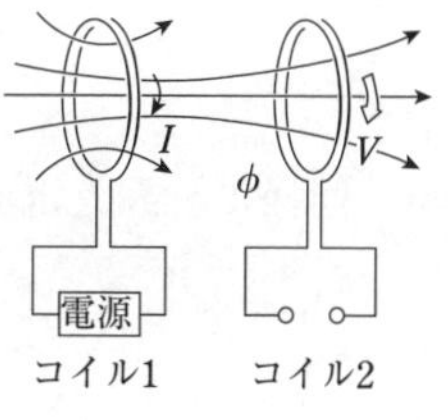

2つのコイル（コイル1，コイル2）が並べて置かれている。コイル1に電流が流れると磁界が生じるため，この影響を受けてもう1つのコイル（コイル2）内の磁界が変化すると，コイル2に誘導起電力が生じる。これを相互誘導という。コイル1に流れる電流が微小時間 Δt の間に ΔI 変化したとき，相互インダクタンスが M とすると，コイル2にはたらく誘導起電力 V は，

$$V=-M\frac{\Delta I}{\Delta t}$$

(8)　変圧器

図のような，相互誘導の現象を利用して電圧を上げたり下げたりする装置を変圧器という。巻数が N_1 のコイル1に交流電圧 V_1（実効値）をかけて電流 I_1（実効値）が流れたとき，相互誘導によって巻数が N_2 のコイル2に電圧 V_2（実効値）が生じ，電流 I_2（実効値）が流れた。このとき，

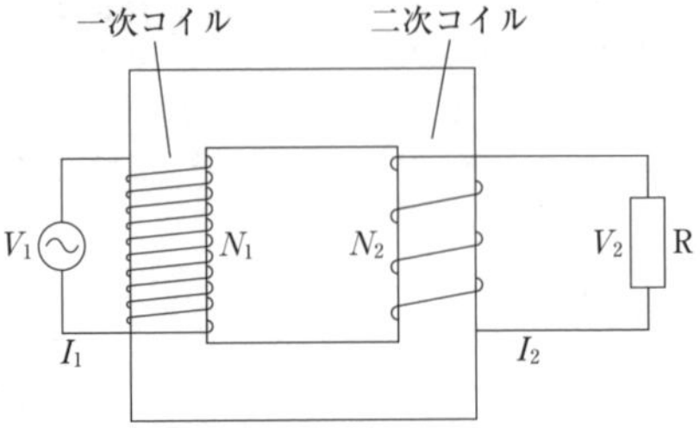

$$\frac{V_1}{V_2}=\frac{N_1}{N_2},\ \text{および}\ V_1I_1=V_2I_2$$

が成り立つ。なお，はじめに電圧をかけるコイルを**一次コイル**，相互誘導によって起電力が生じるコイルを**二次コイル**という。

(9)　交流

電圧，電流の向きが周期的に変化している電気を**交流**といい，電圧を**交流電圧**，電流を**交流電流**という。

①　交流電圧

最大電圧が V_0，角周波数 ω，周波数 f，周期 T の交流電圧の時刻 t における電圧 V は，

$$V=V_0\sin\omega t=V_0\sin 2\pi\frac{t}{T}$$

②　実効値

最大電圧が V_0 の交流電圧の実効値 V_e は，

$$V_e=\frac{V_0}{\sqrt{2}}$$

同様に，最大電流 I_0 の交流電流の実効値 I_e は，

$$I_e=\frac{I_0}{\sqrt{2}}$$

(10)　交流回路

①　抵抗を流れる交流電流

抵抗 R に，交流の電流 I_e（実効値）が流れているときに抵抗に生じる電圧 V_e は，次のとおりである。電圧と電流の位相の差は0である。

$$V_e=RI_e$$

② コイルを流れる交流電流

自己インダクタンスが L のコイルを含む回路に角周波数 ω の交流電圧が加えられ，コイルに交流電流 I_e（実効値）が流れているとき，コイルに生じる電圧 V_e は，次のとおりである。電圧の位相は電流の位相より $\frac{\pi}{2}$ 進んでいる。

$$V_e = \omega L I_e$$

③ コンデンサーを流れる交流電流

電気容量が C のコンデンサーを含む回路に角周波数 ω の交流電圧が加えられ，交流電流 I_e（実効値）が流れているとき，コンデンサーに生じる電圧 V_e は，次のとおりである。電圧の位相は電流の位相より $\frac{\pi}{2}$ 遅れている。

$$V_e = \frac{1}{\omega C} I_e$$

④ RLC 直列回路

図のような抵抗，コイル，コンデンサーが直列に接続されている回路のこと。

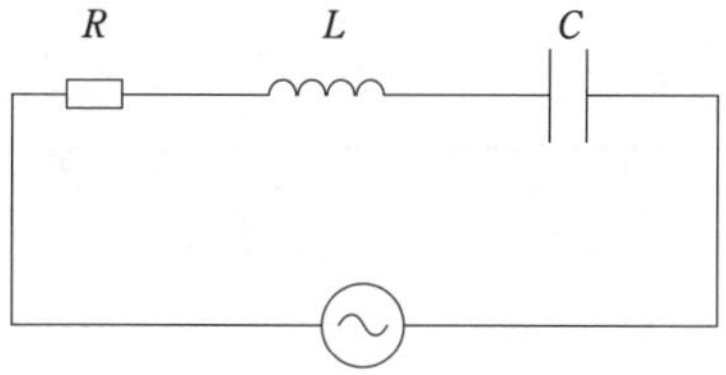

・インピーダンス

RLC 直列回路の回路全体の抵抗に相当するものをインピーダンスという。抵抗値 R の抵抗，自己インダクタンスが L のコイル，電気容量が C のコンデンサーが直列に接続されている回路に，角周波数 ω の電圧がかけられているとき，このインピーダンス Z は，

$$Z = \sqrt{R^2 + \left(\omega L - \frac{1}{\omega C}\right)^2}$$

・電流と電圧の位相差

RLC 直列回路においては，電圧と電流の位相差が生じる。位相差を ϕ とすると，

$$\tan\phi = \frac{\omega L - \dfrac{1}{\omega C}}{R}$$

が成り立ち，$\phi>0$ のとき電流は電圧に対して位相が遅れ，$\phi=0$ のとき同位相となり，$\phi<0$ のとき位相は進む。

⑤　固有周波数

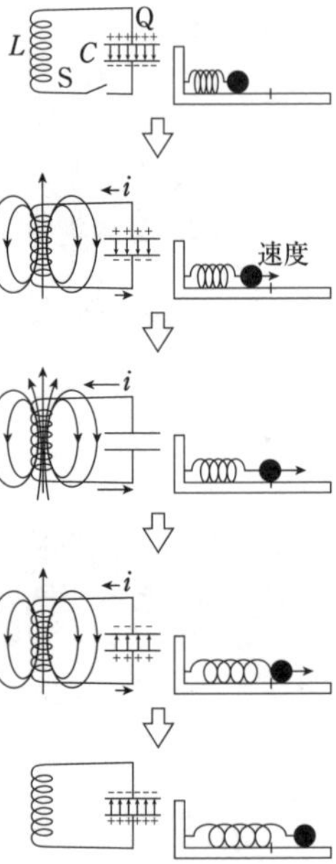

図のように，電荷が蓄えられたコンデンサーとコイルが接続された回路においては，回路を流れる電流，コイルによってつくられる磁界，コンデンサーに蓄えられる電荷に，ばねが振動するのと同じように，一定の周波数を持った電気的な振動が生じる。この現象を**電気振動**といい，周波数を**固有周波数**という。コンデンサーの電気容量が C，コイルの自己インダクタンスが L のとき，この回路に生じる電気振動の固有周波数 f は，

$$f = \frac{1}{2\pi\sqrt{LC}}$$

例題 1　静電気

図のような，はく検電器を用いた実験について，各問に答えよ。

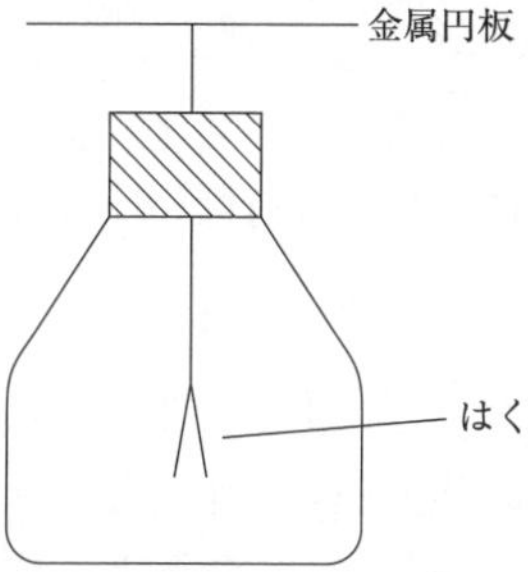

(1)　負に帯電したエボナイト棒を，はく検電器の金属円板にこすりつけた後，金属円板から遠ざけると，はくは開いていた。このとき，はくに帯電している電荷は正か負か。また，そう判断した理由を簡潔に述べよ。

(2)　(1)の後，金属円板を指で触ると，はくは閉じた。その理由を簡潔に述べよ。

(3)　次に，負に帯電したエボナイト棒を金属円板に接触しないように近づけ，そのままの状態で金属円板を指で触れた。この操作の間，はくの開きはどのように変化していくか。簡潔に述べよ。

(4)　(3)の後，指を金属円板から離し，その後，エボナイト棒を金属円板から遠ざけた。はくの開きはどうなるか。簡潔に述べよ。

(5)　(4)の後，正に帯電したガラス棒を金属円板に近づけていくと，はくの開きはどのように変化していくか。簡潔に述べよ。

〈鹿児島県〉

解答　(1)　電荷：負
理由：エボナイト棒に溜っていた電子が，金属円板にこすりつけることで検電器に移ったと考えられるから。

(2)　はくにあった電子が指から体を通って地面へ抜けたため。

(3)　エボナイト棒を近づけると，はくは開く。指で触れると，はくは閉じる。

(4)　開く

(5)　さらに開いていく。

解説　(4)　エボナイト棒を遠ざけることで金属円板に電子が集まる。そのため，はくは正に帯電して，はくは開く。

(5)　ガラス棒を近づけることで，金属円板にますます電子が集まる。そのため，はくはさらに正に帯電するので，はくはさらに開いていく。

例題2　コンデンサー

面積 S の金属極板を間隔 d で平行に置いてつくった電気容量 C_0〔F〕のコンデンサーがある。

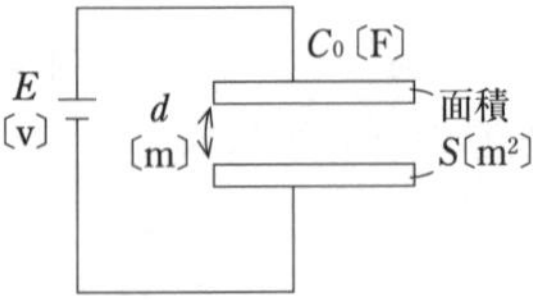

(1)　起電力 E〔V〕の電池で充電すると，極板にたまる電荷はいくらか答えよ。

(2)　次に，電池をつないだまま極板間に面積 S，厚さ $\dfrac{d}{3}$ の金属板を挿入すると，極板にたまる電荷はいくらか答えよ。

(3)　(1)の状態から，電池をはずした後，極板間に面積 S，厚さ d，比誘電率 ε_r の誘電体を挿入すると，両極板間の電位差はいくらか答えよ。

解答　(1)　C_0E〔C〕　　(2)　$\dfrac{3}{2}C_0E$〔C〕　　(3)　$\dfrac{E}{\varepsilon_r}$〔V〕

解説　コンデンサーの電気容量は，極板面積に比例し，極板間距離に反比例する。

(2)　平行板コンデンサーの電気容量は，極板間に誘電率 ε（比誘電率 $\varepsilon_r = \varepsilon/\varepsilon_0$，$\varepsilon_0$ は真空〔空気と同じと考えてよい〕の誘電率）の物質を満たしたとき，

$$C = \varepsilon\frac{S}{d} \quad \cdots\cdots①$$

である。

金属板はどこに挿入しても同じで一方の極板にくっつければ，空気の部分の厚みが $\dfrac{2}{3}d$ に減少したことになり，①より C は $\dfrac{3}{2}C_0$ となるので，

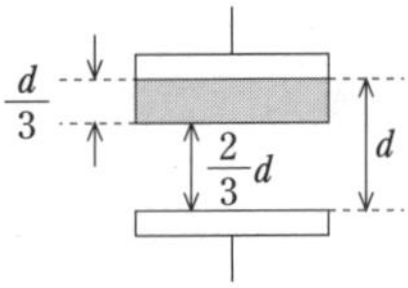

$$Q' = \frac{3}{2}C_0E\text{〔C〕}$$

(3)　電池をはずしたので電荷は C_0E〔C〕のまま。C は①より ε_r 倍となるので，

$$V'' = \frac{Q}{C} = \frac{C_0E}{\varepsilon_r C_0} = \frac{E}{\varepsilon_r}\text{〔V〕}$$

例題 3　電気回路

右の図のように，抵抗値が 8 Ω，20 Ω および 30 Ω の抵抗と，内部抵抗が無視できる起電力が 40 V の電池で右の図のような回路をつくった。これについて，次の各問いに答えよ。

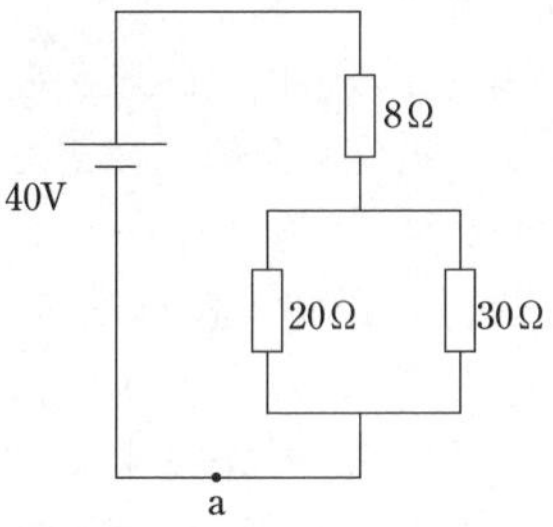

⑴　20 Ω の抵抗にかかる電圧を V_1〔V〕，30 Ω の抵抗にかかる電圧を V_2〔V〕，8 Ω の電圧にかかる電圧を V_3〔V〕としたとき，V_1，V_2，V_3 の関係を表すとどうなるか。次のうちから当てはまるものを 1 つ選び，記号で答えよ。

ア．$V_1+V_2+V_3=40$，$V_1:V_2=2:3$

イ．$V_1+V_2+V_3=40$，$V_1:V_2=3:2$

ウ．$V_1+V_2+V_3=40$，$V_1=V_2$

エ．$V_1+V_3=40$，$V_1=V_2$

⑵　20 Ω の抵抗を流れる電流の強さを I_1，30 Ω の抵抗を流れる電流の強さを I_2 としたとき，I_1 と I_2 の強さの比はいくらになるか求めよ。

⑶　図の点 a を流れる電流の強さは何 A になるか求めよ。

〈岩手県〉

解答　⑴　エ　　⑵　$I_1:I_2=3:2$　　⑶　2 A

解説　⑴　$V_1+V_3=V_2+V_3=40$ より，$V_1-V_2=0$

よって，

$$V_1+V_3=40,\quad V_1=V_2$$

⑵　20 Ω 及び 30 Ω の抵抗にかかる電圧は等しいので，

$$20I_1=30I_2 \qquad \therefore\ I_1:I_2=3:2$$

⑶　20 Ω と 30 Ω の抵抗の並列部分の合成抵抗を R とすると，

$$\frac{1}{R}=\frac{1}{20}+\frac{1}{30}=\frac{1}{12} \qquad \therefore\ R=12〔\Omega〕$$

全体の合成抵抗は，

$$8+12=20〔\Omega〕$$

であるから，オームの法則より，

$$\frac{40}{20}=2〔A〕$$

例題 4　磁界の強さ

次の各問いに答えよ。

(1) 10 Wb の磁極が磁界から 5 N の力を受けるとき，その磁界の強さはいくらか。単位も含めて答えよ。

(2) 2 つの 2 Wb の磁極を持った点電荷を 5.0×10^{-2} m の距離をとってそれぞれ置いた時，各点電荷にかかる力はいくらか求めよ。ただし，1 N，$1\,\mathrm{m}^2$，$1\,\mathrm{Wb}^2$ のときの磁界の強さを $6.3\times10^4\,\mathrm{N\cdot m^2/Wb^2}$ とする。

(3) 非常に長い導線を鉛直に張り，これに 10 A の電流を流した。導線の中心から，10 cm 離れた所での磁界の大きさを単位も含めて答えよ。ただし，$\pi=3.14$ で計算し，小数第 2 位を四捨五入して答えよ。地磁気の影響は受けないものとする。

(4) 半径 3.0×10^{-2} m の円形導線に 13.8 A の電流が流れている時，その中心の磁界の強さはいくらか。単位も含めて答えよ。

(5) 導線を長い円筒に均等に，しかも密に巻いたものを特にソレノイドという。2 m あたりに 10000 回巻いたソレノイドに 4 A の電流を流した時，ソレノイド内部の磁界の強さはいくらか。単位も含めて答えよ。

〈佐賀県〉

解答 (1) 0.5 N/Wb　(2) 1.008×10^8 N　(3) 15.9 N/Wb（または A/m）
(4) 2.3×10^2 N/Wb（または A/m）　(5) 2.0×10^4 A/m（または N/Wb）

解説 (1) $F=mH$ より，

$$5=10\times H \qquad \therefore\ H=0.5\,[\mathrm{N/Wb}]$$

(2) $F=k\dfrac{m_1m_2}{r^2}$ より，

$$F=6.3\times10^4\times\frac{2\times2}{(5.0\times10^{-2})^2}=1.008\times10^8\,[\mathrm{N}]$$

(3) $H=\dfrac{I}{2\pi r}$ より，

$$H=\frac{10}{2\times3.14\times10\times10^{-2}}\fallingdotseq15.9\,[\mathrm{N/Wb}]$$

(4) $H=\dfrac{I}{2r}$ より，

$$H=\frac{13.8}{2\times3.0\times10^{-2}}=2.3\times10^2\,[\mathrm{N/Wb}]$$

(5) $H=nI$ より，

$$H=\frac{10000}{2}\times4=2.0\times10^4\,[\mathrm{A/m}]$$

演習問題

1 ★☆☆

次の各問いに答えよ。

(1)　微小な等量の電荷を次の①～③のように置いたときの電気力線を図示せよ。

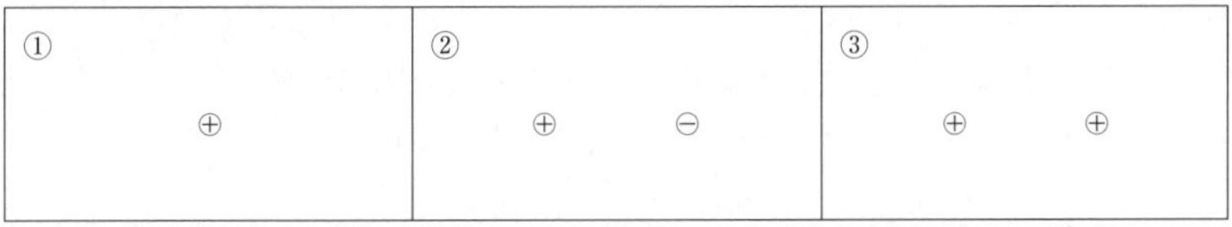

(2)　毛皮でこすって負に帯電させたビニル棒を図1のような器具に近づけると，はくが開く。

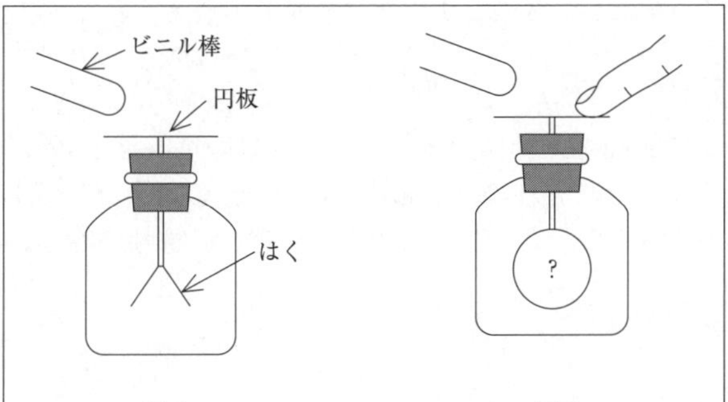

図1　　図2

問1　図1のような器具の名称を答えよ。

問2　はくが開くのはなぜか。簡潔に説明せよ。

問3　問2のはくが開いた状態で，図2のようにビニル棒を近づけたままで器具の円板に指を触れると，はくの状態はどうなるか。また，理由を説明せよ。

〈長崎県改題〉

2 ★★☆

図1のように，長さ l の伸び縮みしない2本の軽い糸の一端を天井の一点に固定し，他端に正に帯電した大きさの無視できる2個の小球P，Qを取り付けたところ，それぞれの糸は鉛直方向と45°の角をなして小球P，Qは静止した。糸は電気を通さない絶縁体でできており，クーロンの法則の比例定数を k，重力加速度の大きさを g，小球P，Qの質量はともに m とする。

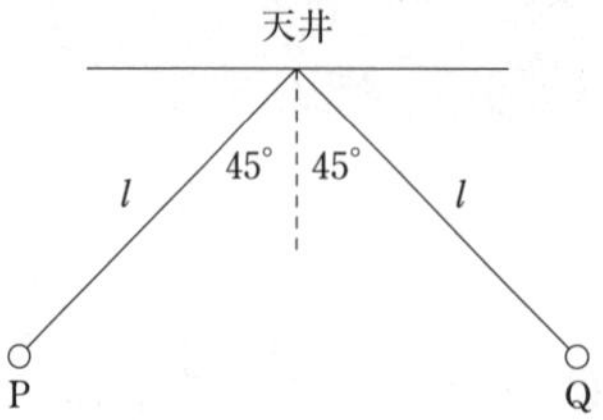

図1

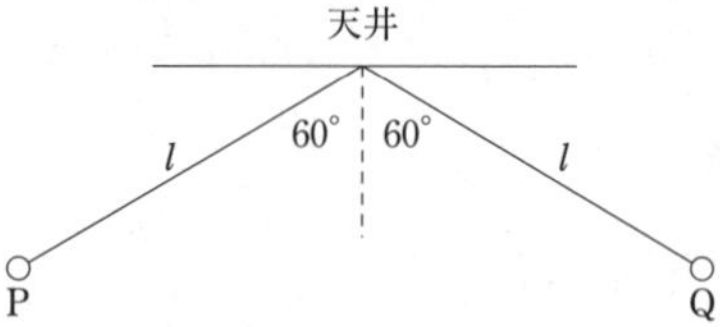

図2

(1) 図1において，小球PとQの間に働く静電気力の大きさをFとすると，Fはいくらか。正しいものを1つ選び，番号で答えよ。

① $\dfrac{mg}{2\sqrt{3}}$　② $\dfrac{mg}{\sqrt{3}}$　③ $\dfrac{mg}{3\sqrt{3}}$　④ $\dfrac{\sqrt{3}mg}{2}$　⑤ mg　⑥ $\sqrt{3}mg$

(2) 図1において，小球PとQに帯電している正の電気量を共にqとすると，qはいくらか。正しいものを1つ選び，番号で答えよ。

① $\dfrac{l}{2}\sqrt{\dfrac{F}{k}}$　② $\dfrac{2l}{3}\sqrt{\dfrac{F}{k}}$　③ $l\sqrt{\dfrac{2F}{3k}}$　④ $\dfrac{l}{2}\sqrt{\dfrac{3F}{k}}$　⑤ $l\sqrt{\dfrac{F}{k}}$　⑥ $l\sqrt{\dfrac{2F}{k}}$

(3) 次に，小球Pの電気量は変えずに，小球Qの電気量をnqにしたところ，図2のように，それぞれの糸は鉛直方向と60°の角をなして小球PとQは静止した。nはいくらか。正しいものを1つ選び，番号で答えよ。

① $\dfrac{3}{2}\sqrt{3}$　② $2\sqrt{3}$　③ $\sqrt{2}$　④ 2

〈愛知県〉

3 ★★☆

電気容量が20μF，30μF，40μFのコンデンサーC_1，C_2，C_3および20Vの直流電源Eを右図のように接続した。各コンデンサーは，電源Eを接続する前は電荷がないものとする。

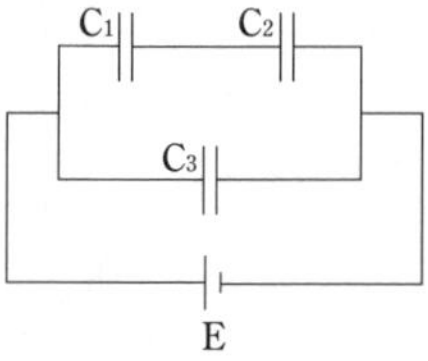

(1) C_1，C_2だけの合成容量は何μFか求めよ。

(2) C_1，C_2，C_3の合成容量は何μFか求めよ。

(3) C_1およびC_2の両端の電圧はそれぞれ何Vか求めよ。

(4) 各コンデンサーに蓄えられる電気量はそれぞれ何μC（クーロン）か求めよ。

〈福井県改題〉

4 ★★☆

C_1，C_2は電気容量がそれぞれ$1.0\mu F$，$2.0\mu F$のコンデンサー，S_1，S_2はスイッチ，Eは起電力が12Vの内部抵抗を無視できる電池である。はじめコンデンサーには電荷はなかったとする。

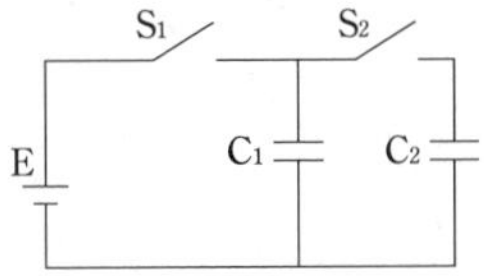

(1)　S_1だけ閉じてしばらくたった後のC_1に蓄えられている電荷はいくらか求めよ。

(2)　(1)のとき，C_1に蓄えられた静電エネルギーはいくらか求めよ。

(3)　(1)の後，S_1を開いてS_2を閉じた。しばらく時間がたった後，C_2に蓄えられている電荷はいくらか求めよ。

(4)　(3)のとき，C_2の極板間の電位差はいくらか求めよ。

5 ★☆☆

A，B，C 3本の抵抗線がある。次の図はそれぞれに電圧をかけて電流を流したときの電圧と電流の関係を表している。各抵抗線は同じ種類の金属でできており，AとBは長さは等しいが，断面積は，BはAの2倍である。また，AとCは，断面積は等しいが，長さはCはAの2倍である。抵抗線A，B，Cの電圧と電流の関係を表したグラフは図のP，Q，Rのどれか。適切な組み合わせを1つ選び，番号で答えよ。

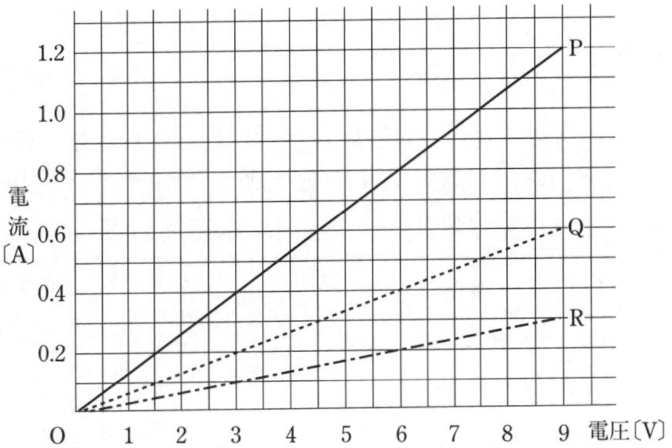

	A	B	C
①	P	Q	R
②	R	P	Q
③	Q	R	P
④	P	R	Q
⑤	Q	P	R
⑥	R	Q	P

〈神戸市〉

6 ★☆☆

抵抗 R_1～R_4 を用いて，図のような回路をつくった。ＡＢ間に 6V の電圧をかけたとき，AC 間の電位差は何Ｖか。正しいものを１つ選び，番号で答えよ。ただし，R_1，R_2，R_3，R_4 は，それぞれ，20Ω，40Ω，40Ω，80Ωの抵抗である。

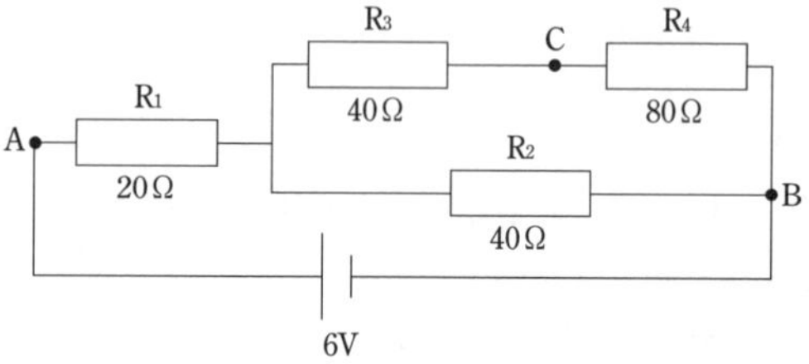

① 1.8V　② 2.2V　③ 2.8V
④ 3.6V　⑤ 4.2V

〈福岡県・福岡市・北九州市〉

7 ★★☆

値の分からない抵抗 R_x の電気抵抗の大きさを調べるために，電源，抵抗 R，電流計，電圧計を使って，図のような回路１，２をつくって測定したところ，表のような結果を得た。電流計の内部抵抗を 10Ωとして，各問いに答えよ。

〈回路１〉

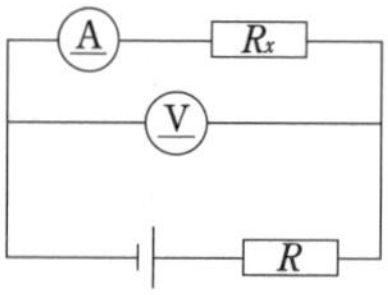

〈回路２〉

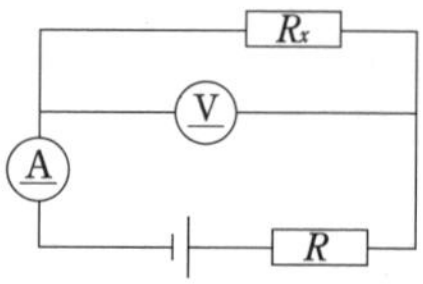

〈結果〉

測定値	回路１	回路２
電流計〔A〕	0.5A	0.6A
電圧計〔V〕	100V	95V

(1) R_x の大きさを求めよ。

(2) 電圧計の内部抵抗を求めよ。

(3) 回路２において，電流計の示す値は，抵抗 R_x を流れる電流に対して何％の相対誤差を持つか答えよ。

(4) 一般的には，電流計の内部抵抗は十分小さく，電圧計の内部抵抗は十分大きいので，電流計，電圧計のつなぎ方による測定誤差は無視できるが，精密な測定では無視できなくなる。回路１と回路２のどちらのつなぎ方を選択したらよいかは，測定する抵抗 R_x の大きさと，電流計，電圧計の内部抵抗の大きさとの関係によって変わる。その理由を述べよ。

〈福島県〉

8 ★☆☆

生徒が直流の電流計を使って回路を流れる電流を測定しようとしている。測定の方法，指導のポイントを箇条書きで簡潔に答えよ。

〈京都市〉

9 ★★☆

図のように５本の抵抗を使って組んだ回路がある。次の各問いに答えよ。

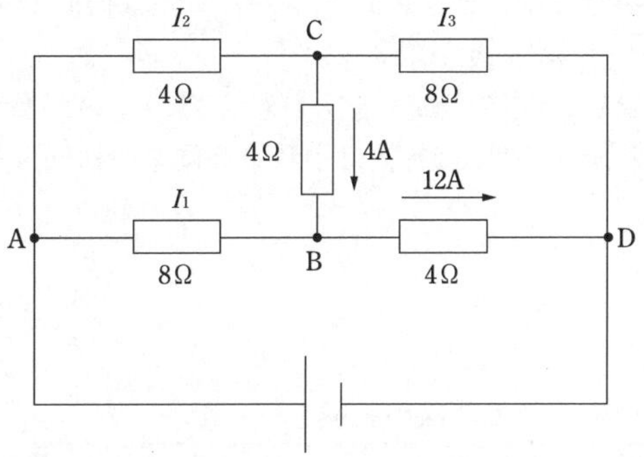

(1)　I_1 の電流の大きさはいくらか求めよ。

(2)　点Aと点Cの電位差はいくらか求めよ。

(3)　I_2 の電流の大きさはいくらか求めよ。

(4)　I_3 の電流の大きさはいくらか求めよ。

〈佐賀県〉

10 ★★☆

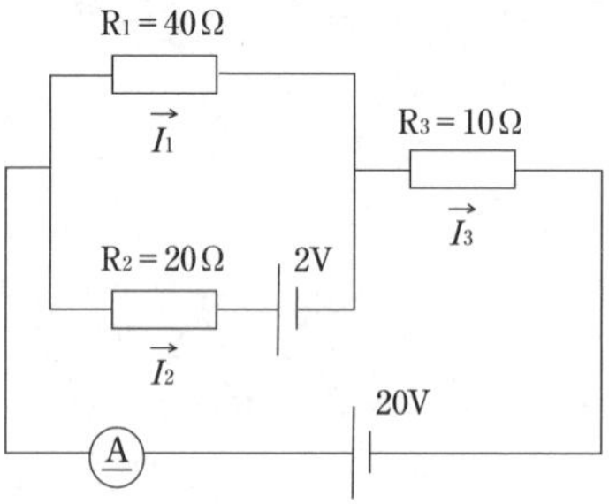

図のように，$R_1=40\,\Omega$，$R_2=20\,\Omega$，$R_3=10\,\Omega$ の抵抗と 2V，20Vの電源及び電流計を用いて回路をつくった。

次の各問いに答えよ。

(1) 回路を流れる電流を測定する際，電流計は図のように回路に直列に入れなければならない。電流計を並列につないではいけない理由を電流計の構造に関連づけて中学生に分かるように説明せよ。

(2) R_1，R_2，R_3 を流れる電流をそれぞれ I_1，I_2，I_3 としたとき，この 3 つの電流の強さの関係を I_1，I_2，I_3 を使った式で答えよ。

(3) 電流計の値が 0.8 A のとき，R_3 にかかる電圧は何 V か求めよ。

(4) I_1 と I_2 はそれぞれ何 A か求めよ。

(5) 回路にある 2V の電源の＋－を入れ替えてつないだ場合，R_3 を流れる電流は何 A になるか求めよ。（答えは小数第 2 位を四捨五入して書け。）

〈新潟県〉

11 ★☆☆

電熱線の発熱量について，次の実験を行った。

〈実験Ⅰ〉電熱線 a・b について，図 1 の装置を用い，電熱線に加える電圧とそのとき流れる電流の関係を調べた。グラフはその結果である。

図 1

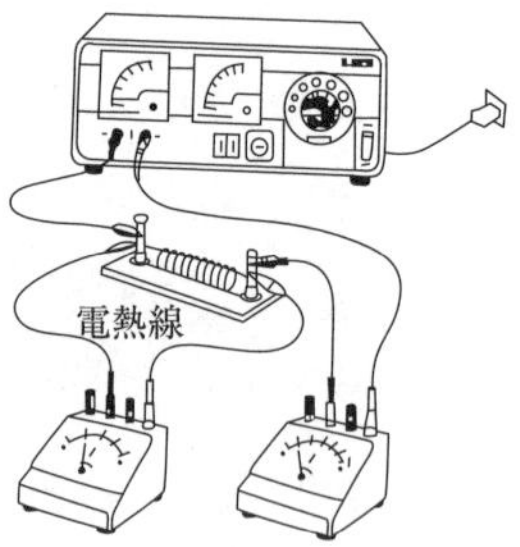

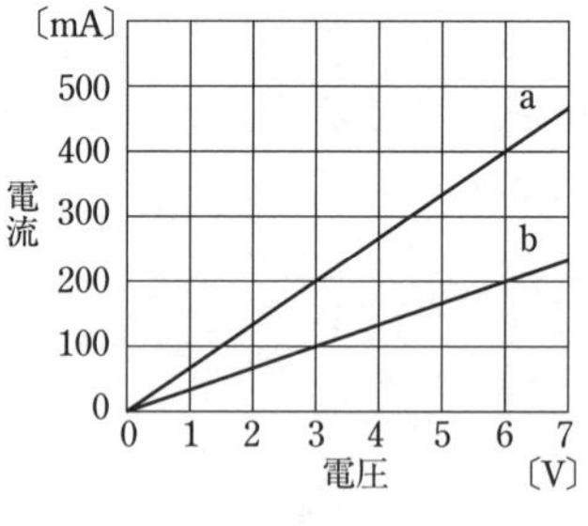

〈実験Ⅱ〉電熱線 a・b を用い，図 2・3 のような装置で，加熱時間と水の温度上昇を測定した。表は，熱量計Ⅰの結果の一部である。

加熱時間(分)	0	5
水の温度(℃)	21.5	32.5

図2

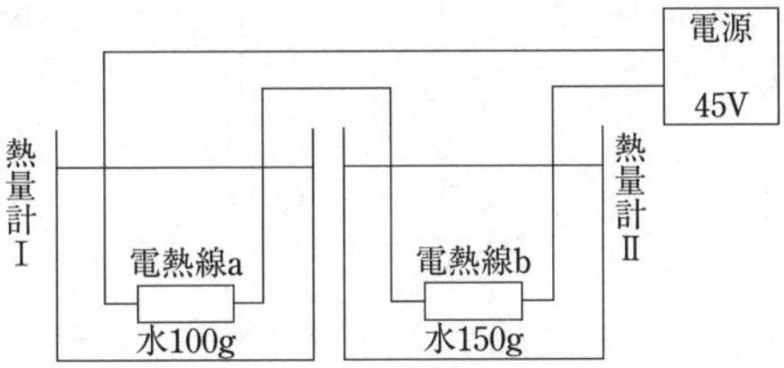

図3

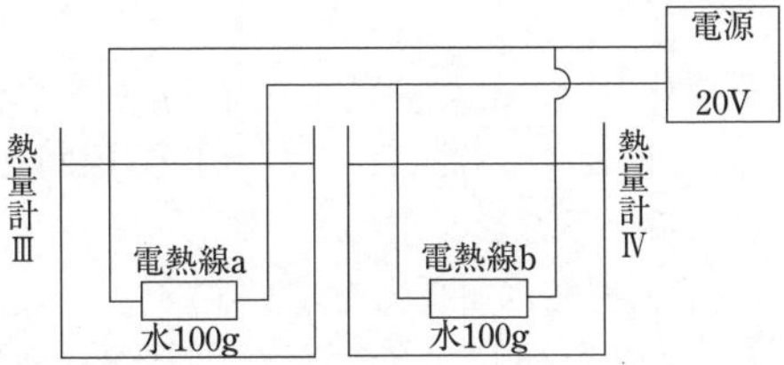

電熱線から発生した熱は水の温度上昇にすべて使われるものとして，次の各問いに答えよ。

(1)　実験Ⅰの結果より，電熱線に加わる電圧と流れる電流の間にはどのような関係があるか答えよ。また，この関係を示す法則名を答えよ。

(2)　実験Ⅱについて，答えよ。

①　熱量計Ⅱ内の電熱線bの消費電力はいくらか，単位をつけて答えよ。

②　同じ加熱時間で比べたとき，熱量計Ⅰ～Ⅳを，水の温度上昇が大きい順に並べよ。

(3)　実験Ⅱの熱量計Ⅰにおいて，水1gの温度を1℃上げるのに使われた熱量は何Jか，四捨五入して小数第1位まで求めよ。

〈鳥取県〉

12　★★☆

抵抗 R の両端に加わる電圧を0からゆっくり上げてそれを流れる電流との関係を調べたらグラフのようになった。この抵抗に抵抗値が R_1〔kΩ〕，R_2〔kΩ〕の抵抗 R_1，R_2 及び可変抵抗 R_3 を図のように接続し，内部抵抗の無視できる起電力 E〔V〕の電池Eに接続した。

抵抗 R_1，R_2 の周囲の温度は20℃で一定とし，その抵抗値は温度によって変化しないものとして，各問いに答えよ。

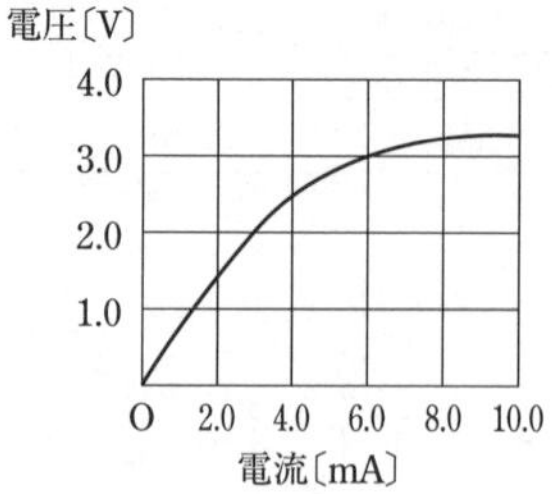

グラフ

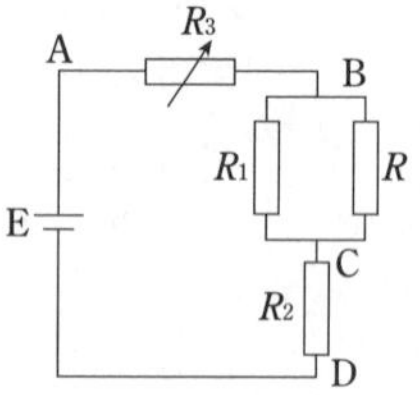

図

(1) BC 間の電圧を V〔V〕としたとき，R_1 を流れる電流の値を V と R_1 を用いて表せ。

ここで可変抵抗 R_3 の抵抗値を 0 にした。

(2) 抵抗 R に流れる電流を I〔mA〕，BC 間の電圧を V〔V〕としたとき，閉回路 ABCDA にキルヒホッフの第二法則を適用し，I，V，R_1，R_2，E の関係式を答えよ。

次に，可変抵抗を変化させ，しばらくしてからＢＤ間の電圧を測定したら 6.0〔V〕になった。ただし $R_1=2.0$〔kΩ〕，$R_2=1.0$〔kΩ〕とする。

(3) このとき抵抗 R に流れる電流を求めよ。

(4) このとき抵抗 R_2 で消費される電力を求めよ。

(5) このとき抵抗 R の温度は何〔℃〕か。ただし R から放散される熱量は周囲との温度差 1 ℃あたり毎秒 6.3×10^{-4}〔J〕である。

〈熊本県〉

13 ★★☆

図は，E＝12〔V〕の電源，$R_1=2$〔kΩ〕，$R_2=3$〔kΩ〕，$R_3=R_4=5$〔kΩ〕の抵抗，$C_1=20$〔μF〕，$C_2=40$〔μF〕のコンデンサー，S_1，S_2，S_3 のスイッチを用いた回路である。最初，コンデンサーに電荷はなく，スイッチはすべて開いていた。次の各問いに答えよ。ただし，R_1～R_4 以外の抵抗は無視できるものとする。

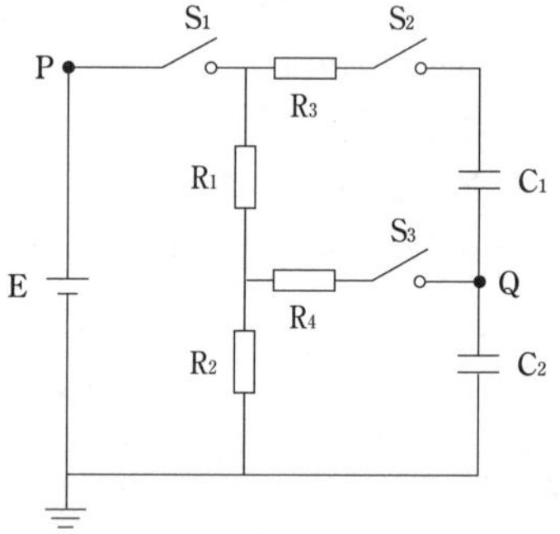

(1) スイッチ S_1 を閉じた。点Ｐを流れる電流はいくらか求めよ。

(2) スイッチ S_1 を閉じたまま，次に，スイッチ S_2 を閉じた。点Ｑの電位はいくらになるか求めよ。

(3) さらに，スイッチ S_3 を閉じた。コンデンサー C_1 に蓄えられる電気量はいくらになるか求めよ。

⑷　その後，スイッチS_3を開き，続いてスイッチS_1を開いた。コンデンサーC_2に蓄えられる電気量はいくらになるか。また，点Qの電位はいくらになるか求めよ。

〈和歌山県〉

14　★★☆

半導体ダイオードについて，次の各問いに答えよ。

⑴　p型半導体とn型半導体の違いを，「キャリア」の語を用いて簡潔に答えよ。

⑵　青色の発光ダイオードの実用化は，赤色や緑色の発光ダイオードの実用化からずいぶん遅れた。青色の発光ダイオードの実用化が遅れた理由を説明することとする。あなたならどのような説明をするか，簡潔に答えよ。

⑶　図1に示した特性をもつ半導体ダイオードを用いて，図2に示した回路をつくる。回路に流れる電流の大きさを求めよ。

図1

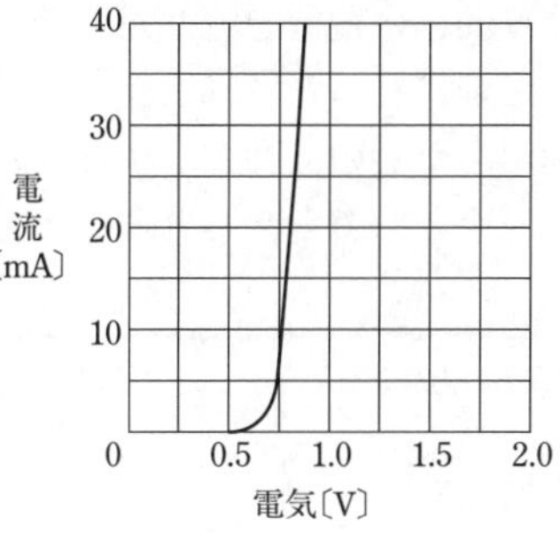

図2

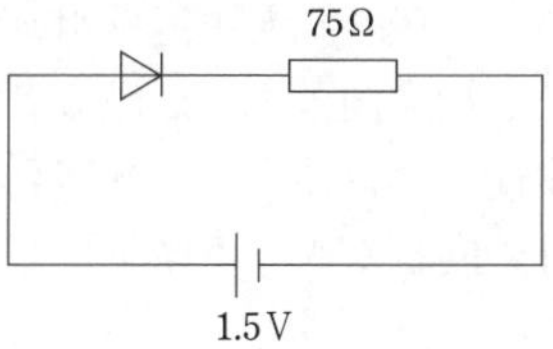

〈広島県・広島市〉

15　★☆☆

電流や磁石による磁界に関する実験について，各問いに答えよ。

⑴　図1のような装置を用いて，電流がU型磁石の磁界内で受ける力について実験を行った。図2は，図1の導線PQをQの側から見たところを模式的に表したものである。

図1

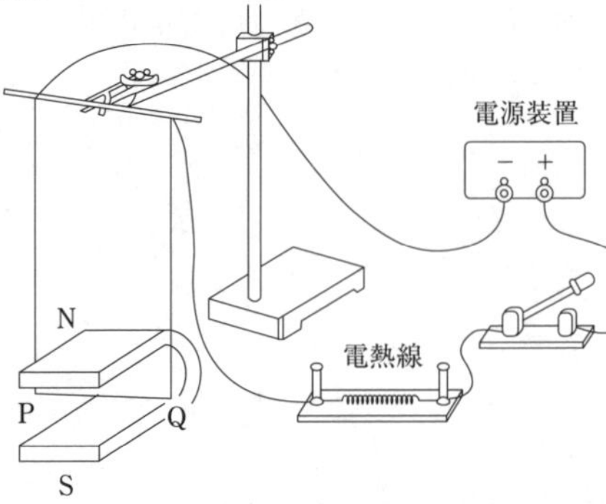

図2

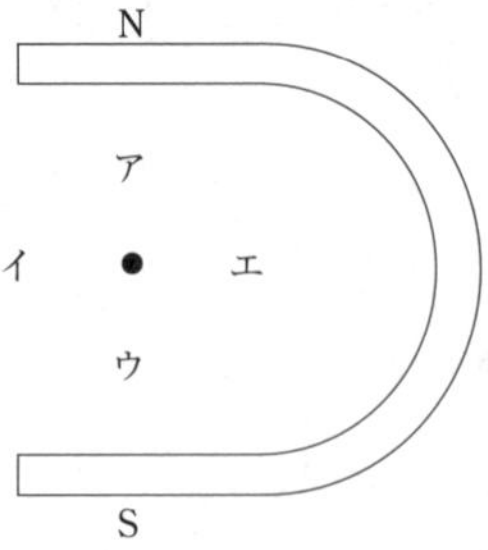

① U型磁石の磁界と導線PQのまわりに生じる磁界が互いに強め合うのはどの場所か，図2のア～エから1つ選び，その記号を答えよ。

② 導線PQは力を受けてどちら側に動くか，図2のア～エから1つ選び，その記号を答えよ。

(2) 電流の向きと電流によって生じる磁界の向きの関係を調べるために，方位磁針を導線の上に置き，乾電池を用いて違う向きに電流を流したときにそれぞれ方位磁針が指す向きを確かめる実験を個別に行った。

図3は，生徒Aと生徒Bの実験結果を図示したものである。生徒Aと生徒Bの方位磁針の向きが異なる結果になった原因として考えられることを答えよ。

図3　【生徒Aの実験結果】　【生徒Bの実験結果】

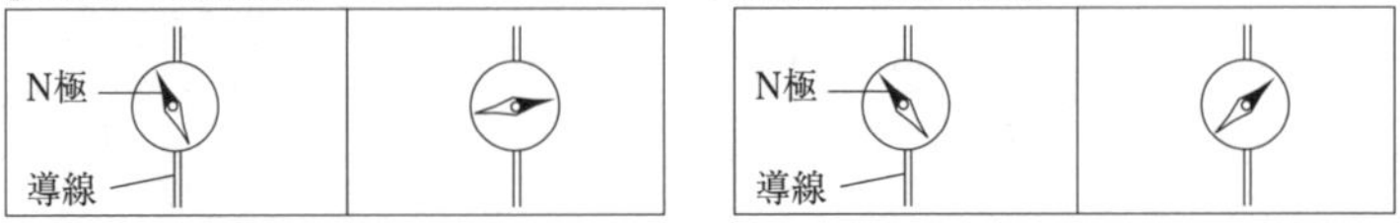

〈青森県〉

16 ★★☆

発電の原理を調べるために，棒磁石や全体が一様に巻かれているコイルなどを使って，図のような装置を組み立て，ばねの振動を利用して棒磁石を上下に動かすことで，コイル内に流れる電流の向きを検流計で調べた。これについて，各問いに答えよ。

(1) コイル内の磁界が変化することでコイルに電流が生じる現象を何というか答えよ。

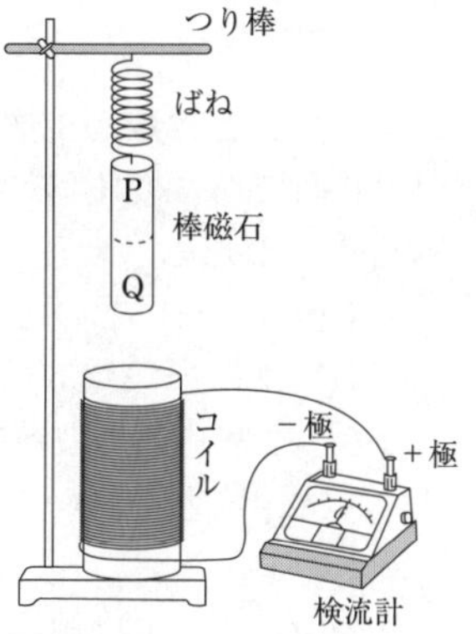

(2)　ばねを振動させ，その振動の幅を変えずにスタンドのつり棒を少し下げて，上下する棒磁石の中央部がコイルの上端に達するようにすると，検流計の指針は大きく振れた。その理由を簡潔に述べよ。

(3)　(2)以外の方法で，検流計の指針の振れを大きくする方法を述べよ。

(4)　棒磁石がコイルに近づいてくるとき，検流計の指針は−極側に振れた。このことから棒磁石の下端Qは何極と考えられるか。理由をつけて答えよ。

(5)　コイルと検流計をつないで回路を閉じた場合と回路を開いた場合において，それぞれ同じ幅でばねを振動させはじめた。すると，回路を開いた場合の方がばねの振動が長く続いた。その理由を生徒にわかりやすく説明せよ。ただし，つり棒の位置は変えないものとする。

〈山口県〉

17　★★☆

図に示すように，磁束密度 4.0 Wb/m^2 の磁界と垂直な平面上にコの字型の導体を置き，その上で長さ 2.0m の導体棒を速さ 10m/s で右側に動かしている。このとき発生する誘導起電力の大きさは何V か。正しいものを１つ選び，番号で答えよ。

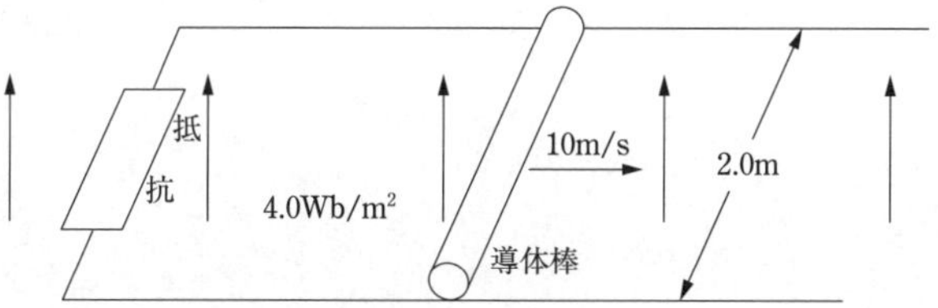

①　20V　　②　40V　　③　60V　　④　80V　　⑤　100V

〈福岡県・福岡市・北九州市〉

18 ★★☆

コイルの巻き数が1次側が600回，2次側が100回である変圧器に関する次の各問いに答えよ。ただし，変圧器そのものはエネルギーを消費しないものとする。

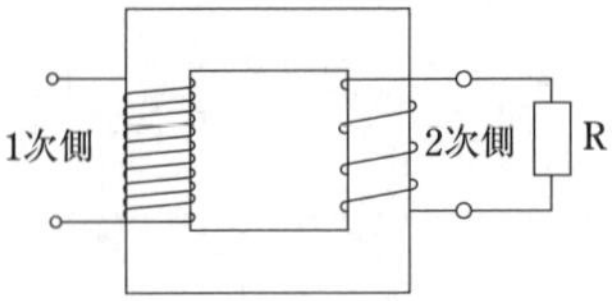

(1) 1次側に周波数60〔Hz〕の交流をかけたとき，2次側の周波数はいくらになるか求めよ。

(2) 1次側に電圧600〔V〕の交流をかけたとき，2次側の電圧はいくらになるか求めよ。

(3) (2)のとき，1次側に2.0〔mA〕の電流が流れていたとすると，2次側にはどれだけの電流が流れているか求めよ。

(4) (3)のとき，2次側の電気抵抗はいくらか求めよ。

(5) (3)のとき，2次側の電気抵抗では毎秒いくらの電気エネルギーが消費されているか求めよ。

(6) (3)のとき，2次側の電気抵抗を1次側から見た見かけの抵抗値は，実際の抵抗値の何倍になっているか求めよ。

〈富山県〉

19 ★★☆

家庭にきている電源は交流である。交流が実用上広く利用されている理由について，送電や配電の際の利点から簡単に述べよ。

〈名古屋市〉

演習問題　解答・解説

1

(1)　①

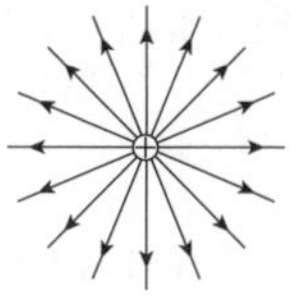

②

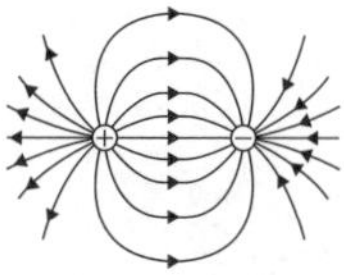

③

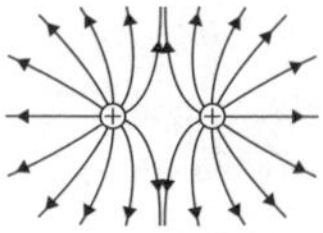

(2)　問1　はく検電器

問2　負に帯電させたビニル棒をはく検電器の円板に近づけると，静電誘導によって，円板は正，はくは負に帯電するので，はくは開く。

問3　はくの状態：閉じる

理由：円板を指で触れると，指を伝って，はく検電器から負の電気（自由電子）が逃げるため。

2

(1)　⑤　　(2)　⑥

(3)　①

解説

(1)　$F=mg\tan 45^\circ=mg$

(2)　$F=k\dfrac{q^2}{(\sqrt{2}l)^2}$　　$\therefore\ q=l\sqrt{\dfrac{2F}{k}}$

(3)　小球Qの電荷を nq にしたとき，

小球PとQの間にはたらく静電気力を F' とすると，

$$F'=k\frac{nq^2}{(\sqrt{3}l)^2}=mg\tan 60^\circ$$
$$=\sqrt{3}F$$

よって，$n=\dfrac{3}{2}\sqrt{3}$

3

(1)　**12 μF**　　(2)　**52 μF**

(3)　C_1：**12 V**　　C_2：**8 V**

(4)　C_1：**240 μC**　　C_2：**240 μC**

C_3：**800 μC**

解説

(1)　求める合成容量を C〔μF〕とすると，

$$\frac{1}{C}=\frac{1}{20}+\frac{1}{30}=\frac{1}{12}$$
$$\therefore\ C=12〔\mu F〕$$

(2)　求める合成容量を C'〔μF〕とすると，

$$C'=12+40=52〔\mu F〕$$

(3)　C_1，C_2 の両端の電圧をそれぞれ V_1〔V〕，V_2〔V〕とすると，

$$V_1+V_2=20$$

C_1，C_2 それぞれで蓄えられる電荷は等しいので，

$$20V_1=30V_2$$

よって，

$$V_1=12〔V〕,\ V_2=8〔V〕$$

(4)　C_1：$20\times 12=240$〔μC〕

C_2：$30\times 8=240$〔μC〕

C_3：$40\times 20=800$〔μC〕

4

(1) **$12\mu C$**

(2) **$7.2\times10^{-5}J\ (=72\mu J)$**

(3) **$8.0\mu C$**

(4) **$4.0V$**

解 説

(1) $Q=CV=1.0\times12$

$=12〔\mu C〕$

(2) $U=\dfrac{1}{2}QV=\dfrac{1}{2}\times12\times12$

$=72〔\mu J〕$

$=7.2\times10^{-5}〔J〕$

(3)

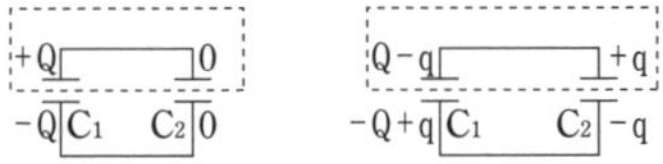

S_2を閉じた瞬間 ⇨ しばらくたった後

C_2の電荷をq〔C〕とすると，点線の部分の電荷の総量は変らないので，C_1の電荷は$Q-q$〔C〕である。並列なのでC_1，C_2にかかる電圧は等しい。$V=\dfrac{Q}{C}$より，

$$\frac{Q-q}{C_1}=\frac{q}{C_2}$$

$$\frac{12-q}{1.0}=\frac{q}{2.0}$$

$$\therefore\ q=8.0〔\mu C〕$$

(4) (3)より，

$$\frac{q}{C_2}=\frac{8.0}{2.0}=4.0〔V〕$$

5

⑤

解 説

抵抗の大きさは，抵抗線の長さに比例し，断面積に反比例する。抵抗線A，B，Cの抵抗をR_A，R_B，R_Cとすると，

$$R_B=\frac{1}{2}R_A,\quad R_C=2R_A$$

ここで，抵抗線A，B，Cに電圧Vがかかったときに流れる電流をI_A，I_B，I_Cとすると，オームの法則より，

$$I_A=\frac{V}{R_A}$$

$$I_B=\frac{V}{R_B}=\frac{2V}{R_A}$$

$$I_C=\frac{V}{R_C}=\frac{V}{2R_A}$$

よって，$I_C<I_A<I_B$となるため，抵抗線AはQ，BはP，CはRに対応する。

6

④

解 説

並列部の合成抵抗は，

$$\frac{1}{40+80}+\frac{1}{40}=\frac{1}{30}$$

より，30Ωである。

A点を流れる電流は，

$$\frac{6}{20+30}=0.12〔A〕$$

並列部にかかる電圧は等しいので，C点を流れる電流をiとすると，

$$40(0.12-i)=(40+80)i$$

$$i=0.03$$

よって，キルヒホッフの第2法則より，AC間の電位差は，

$$6-80\times0.03=3.6〔V〕$$

7

(1) **190Ω**　　(2) **950Ω**

(3) **20%**

(4) **R_xの抵抗値に対して電流計の内部抵抗が十分小さければ，R_xに直列につないだ電流計に電圧はかからないものとみなせるので，回路1のように接続した方が，R_xにかかる電圧を正確に測定することができる。また，R_xの抵抗値に対して電圧計の内部抵抗が**

十分大きければ，電圧計に電流が流れないものとみなせるので，回路２のように接続した方が R_x に流れる電流を正確に測定することができる。

解説

(1)　回路１の測定値で，電流計の内部抵抗と R_x との直列回路と考えると，R_x にかかる電圧は，

$100-10\times0.5=95$〔V〕

オームの法則より，

$\dfrac{95}{0.5}=190$〔Ω〕

(2)　回路２を電圧計の内部抵抗と R_x との並列回路と考えると，R_x に流れる電流は，

$\dfrac{95}{190}=0.5$〔A〕

よって，電圧計に流れる電流は，

$0.6-0.5=0.1$〔A〕

であるから，オームの法則より，

$\dfrac{95}{0.1}=950$〔Ω〕

(3)　(2)より，R_x に流れる電流との誤差は 0.1 (A) より，

$\dfrac{0.1}{0.5}\times100=20$〔%〕

8

・回路に対して直列に接続する。
・抵抗がない状態で電流計を接続しないようにする。
・回路の抵抗の値に対して，内部抵抗の十分小さいものを用いる。
・回路の電流の強さが予想できない場合は，まずは 5A 端子につなぎ，針のふれが小さければ，500mA，50mA とつなぎ変える。

など

9

(1)　**8A**　　(2)　**48V**
(3)　**12A**　　(4)　**8A**

解説

(1)　B点について，キルヒホッフの第一法則より，

$I_1+4=12\qquad\therefore\ I_1=8$〔A〕

(2)　B点を基準にしたときの点A，点Cの電位はそれぞれ，

$V_{AB}=8\times8=64$〔V〕

$V_{CB}=4\times4=16$〔V〕

$\therefore\ V_{AC}=V_{AB}-V_{CB}=64-16$
$=48$〔V〕

(3)　$4I_2=48\qquad\therefore\ I_2=12$〔A〕

(4)　C点について，キルヒホッフの第一法則より，

$12=4+I_3\qquad\therefore\ I_3=8$〔A〕

10

(1)　電流計の内部抵抗には極めて小さい抵抗が用いられていることから，並列に接続すると大きな電流が流れて，電流計が壊れてしまうため。

(2)　$\boldsymbol{I_1+I_2=I_3}$　　(3)　**8V**
(4)　$\boldsymbol{I_1}$**：0.3A**　　$\boldsymbol{I_2}$**：0.5A**
(5)　**0.9A**

解説

(3)　オームの法則より，

$0.8\times10=8.0$〔V〕

(4)　R_1 にかかる電圧は 12V，R_2 にかかる電圧は 10 V であるから，求める電流を I_1，I_2 とすると，

$I_1=\dfrac{12}{40}=0.3$〔A〕

$I_2=\dfrac{10}{20}=0.5$〔A〕

(5)　R_1 にかかる電圧を V_1' とすると，R_2 にかかる電圧は $V_1'+2$，また，R_3 にかかる電圧は $20-V_1'$ である。R_1 と R_2 を流れる電流の和は，R_3 を流れる電流と

等しいので，

$$\frac{V_1'}{40}+\frac{V_1'+2}{20}=\frac{20-V_1'}{10}$$

$$\therefore\ V_1'=10.9〔\mathrm{V}〕$$

ゆえに，

$$\frac{20-10.9}{10}\fallingdotseq 0.9〔\mathrm{A}〕$$

11

(1) **関係：比例（関係）**
法則：オームの法則

(2) ① **30W**
② **Ⅲ→Ⅱ→Ⅰ→Ⅳ**

(3) **4.1J**

解説

(2) ① グラフより，aの抵抗値は，

$6\div 0.4=15$〔Ω〕

bの抵抗値は，

$6\div 0.2=30$〔Ω〕

Ⅱ内のbを流れる電流は，

$45\div(15+30)=1.0$〔A〕

よって，Ⅱ内のbの消費電力は，

$1.0^2\times 30=30$〔W〕

② 水に与えられる熱量は，電熱線の消費電力に比例する。各電熱線の消費電力は，

Ⅰのa……$1.0^2\times 15=15$〔W〕

Ⅱのb……30W

Ⅲのa…$\dfrac{20^2}{15}\fallingdotseq 26.7$〔W〕

Ⅳのb…$\dfrac{20^2}{30}\fallingdotseq 13.3$〔W〕

なお，Ⅱの水100gでの消費電力は20Wとなるから，水の温度上昇を大きい順に並べると，Ⅲ→Ⅱ→Ⅰ→Ⅳとなる。

(3) 求める熱量をC〔J〕とすると，

$$C\times 100\times(32.5-21.5)=15\times 5\times 60$$

$$\therefore\ C\fallingdotseq 4.1〔\mathrm{J}〕$$

12

(1) $\boldsymbol{\dfrac{V}{R_1}}$

(2) $\boldsymbol{E-IR_2-\left(1+\dfrac{R_2}{R_1}\right)V=0}$

(3) **3.0mA**

(4) **1.6×10^{-2}W**　(5) **30℃**

解説

(1) R_1を流れる電流の値をI'〔mA〕とすると，

$$V=R_1I'\qquad \therefore\ I'=\frac{V}{R_1}\quad \cdots\ \text{(i)}$$

(2) 抵抗Rを通る経路でキルヒホッフの第二法則の式を立てると，

$$E-V-(I+I')R_2=0\quad \cdots\ \text{(ii)}$$

(i)，(ii)より，

$$E-V-\left(I+\frac{V}{R_1}\right)R_2=0$$

$$\therefore\ E-IR_2-\left(1+\frac{R_2}{R_1}\right)V=0$$

(3) BD間の電圧が6.0Vなので，(2)で求めた式に$E=6.0$，$R_1=2.0$，$R_2=1.0$を代入して整理すると，

$$V=-\frac{2}{3}I+4\quad \cdots\ \text{(iii)}$$

(iii)の直線と特性曲線の交点より，抵抗Rに流れる電流は，3.0mAである。

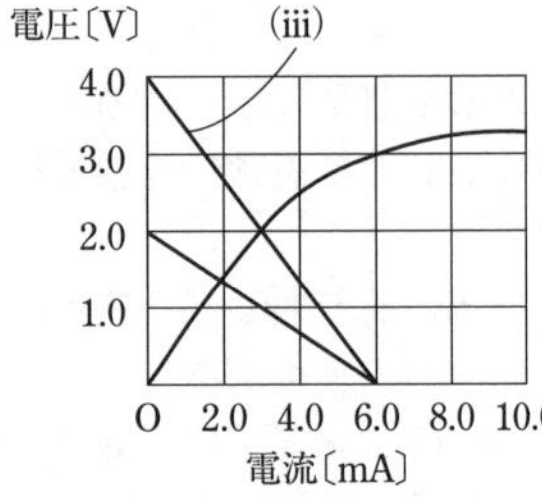

(4) (3)より，BC間の電圧は，

$$V=-\frac{2}{3}\times 3.0+4=2.0〔\mathrm{V}〕$$

よって，

$$I'=\frac{V}{R_1}=1.0〔\mathrm{mA}〕$$

ゆえに，抵抗 R_2 で消費される電力 P は，

$$P=R_2(I+I')^2$$
$$=1.0\times10^3\times(0.003+0.001)^2$$
$$=1.6\times10^{-2}〔\mathrm{W}〕$$

(5)　R から放散される熱量は，R の電力量と等しいので，R の温度を t〔℃〕とすると，

$$6.3\times10^{-4}\times(t-20)=2.0\times3.0\times10^{-3}$$
$$\therefore\ t\fallingdotseq30〔℃〕$$

13

(1)　**2.4×10^{-3} A**

(2)　**4 V**　　(3)　**96 μC**

(4)　**C_2：128 μC　Q：3.2 V**

解 説

(1)　$E=IR$ より，

$$12=(2+3)\times10^3\times I$$
$$I=2.4\times10^{-3}〔\mathrm{A}〕$$

(2)　$\dfrac{20}{40+20}\times12=4〔\mathrm{V}〕$

(3)　C_1 で蓄えられる電圧は R_1 での電位差に等しい。

$$R_1：12\times\frac{2}{2+3}=\frac{24}{5}〔\mathrm{V}〕$$

$Q=CV$ より，求める電気量は，

$$20\times\frac{24}{5}=96〔\mu\mathrm{C}〕$$

(4)　(3)の状態で C_2 に蓄えられた電荷は，

$$12\times\frac{3}{5}\times40=288〔\mu\mathrm{C}〕$$

S_3 を開いても C_1-C_2 の間の電荷は保存される。

電荷の和は，

$$-96+288=192〔\mu\mathrm{C}〕$$

C_1，C_2 に蓄えられる電荷をそれぞれ Q_1，Q_2 とすると，$Q_1+Q_2=192$

また，2つのコンデンサーの電位差は等しいので，

$$\frac{Q_1}{20}=\frac{Q_2}{40}=V_Q\ (\text{点 }Q\text{ の電位})$$

$$\begin{cases}Q_1+Q_2=192\\ \dfrac{Q_1}{20}=\dfrac{Q_2}{40}\end{cases}$$

これを解くと，

$Q_1=64〔\mu\mathrm{C}〕$，$Q_2=128〔\mu\mathrm{C}〕$

したがって，

$$V_Q=\frac{64}{20}=3.2〔\mathrm{V}〕$$

14

(1)　p型半導体は，正の電荷をもつホールがキャリアとなり動くとみなせるのに対し，n型半導体は，負の電荷をもつ電子（自由電子）がキャリアとなる。

(2)　青色の波長を放出するバンドギャップを持った半導体の材料が少なく，明るく発光するダイオードを開発するのに困難であったため。

(3)　**10 mA**

解 説

(3)　ダイオードに流れる電流を $\bar{I}$〔mA〕，両端の電圧を $\overline{V}$〔V〕とすると，

$$1.5=\overline{V}+75\bar{I}\times10^{-3}$$
$$\bar{I}=-\frac{40}{3}\overline{V}+20$$

問題のグラフに，この式のグラフを書き込んで交点を読めばよい。

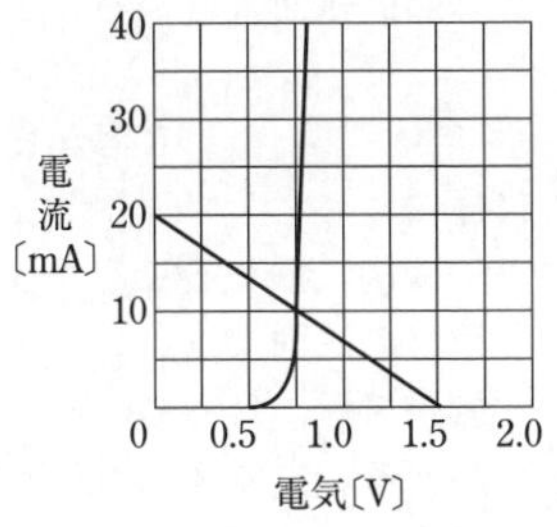

15

(1)　①　エ　　②　イ

(2) 生徒Bは，導線の向きを南北に合わせて実験を行ったが，生徒Aは南北に合わせていなかったため，地球の磁力の影響で，導線に対する，方位磁針の左右の振れの角度が変わったと考えられる。

解説

(1) ①

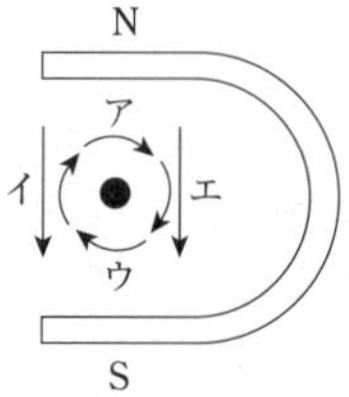

図のように磁界が発生する。ア，ウでは磁界が互いに垂直にできる。イでは磁界が反対向きにできるので弱め合う。エでは同じ向きなので強め合う。

② フレミングの左手の法則を用いる。

16

(1) 電磁誘導

(2) コイル内の磁束密度の変化が大きくなるため。

(3)・コイルの巻き数を多くする。
・棒磁石の振動幅を大きくする。
・磁力の強い磁石を用いる。
・コイルの断面積が大きいものを用いる。

などから1つ

(4) 極：N極
理由：一極側に振れることから，右ねじの法則より，コイルの上側がN極になっていることがわかる。電磁誘導は，近づく磁石による磁界を妨げる向きに起こるので，QはN極である。

(5) 回路が閉じている場合，回路に電流が流れるが，このとき，運動エネルギーが電気エネルギーとなって消費されてしまう。すると，電流は少しずつ小さくなり，電磁誘導による磁力も弱まるため，振動が早く止まる。それに対して，回路が開いている場合は，電流は流れずエネルギーが消費されないため，ばねの振動は長く続く。

17

④

解説

$V=vBl$ より，

$V=10\times4.0\times2.0$

$=80$〔V〕

18

(1) **60 Hz**	(2) **100 V**
(3) **12.0 mA**	(4) **8.3×10^3 Ω**
(5) **1.2 J**	(6) **36.1 倍**

解説

(1) コイルの巻き数に関係なく，同じ周波数になる。

(2) コイルにかかる電圧は，巻き数に比例するので，

$600:100=600:x$

$\therefore\ x=100$〔V〕

(3) 1次側と2次側で電力は等しいので，

$600\times2.0=100\times x$

$\therefore\ x=12.0$〔mA〕

(4) $100\div(12\times10^{-3})\fallingdotseq8.3\times10^3$〔Ω〕

(5) $W=V\times I$

$=100\times12\times10^{-3}$

$=1.2$〔J〕

(6) 見かけの抵抗値 R は，

$R=600\div(2.0\times10^{-3})$

$=3.0\times10^5$〔Ω〕

求める値は，

$3.0\times10^5\div(8.3\times10^3)\fallingdotseq36.1$〔倍〕

19

損失を少なく一定の電力を送るには，電圧を大きくして，電流を小さくした方が送電時の損失が小さくて済むため，よい。交流は，必要に応じて容易に電圧を変化させることができるが，直流は困難である。これらの理由により広く使われている。

5 電子と原子

傾向と対策

他の分野に比べて，この分野に関する出題は少なく，そのほとんどが電界中の電子についての内容，放射線の性質，放射性崩壊，半減期についての内容である。基礎的な知識は確認し，出題されても解答できる程度に学習しておくこと。

ただし，科目選択のある試験を実施する都道府県市の場合は，光電効果や電子の波動性などの内容は頻出である。該当の都道府県市を受験する場合は，内容をしっかりと理解しておく必要がある。

要点 Check!

1 電子と光

(1) 光の性質

光は，波として振舞う性質（波動性）と粒子として振舞う性質（粒子性）の両方の性質をもつ。

① 光の粒子性

プランク定数 h，光速を c としたとき，振動数 ν，波長 λ の光について考えると

光子のエネルギー (E)：$E = h\nu = \dfrac{hc}{\lambda}$

光子の運動量 (P)：$P = \dfrac{h\nu}{c} = \dfrac{h}{\lambda}$

② 光電効果

よくみがいた金属の表面に，振動数の大きい（波長が短い）光を当てると，金属から電子（光電子）が飛び出してくる現象を光電効果という。光が一定以上の振動数 ν_0 を有していなければ，光電効果は生じない。ν_0 を臨界振動数といい，このときに金属表面から1個の電子を外部に取り出すのに必要な最小のエネルギー W を仕事関数という。この値は金属ごとに決まっている。電子が振動数 ν の光を受けてエネルギー $h\nu$ を受け取り，光電効果によって生じた光電子の運動エネルギーを K とすると，

$$K = h\nu - W$$

(2)　ブラッグ反射（X線の波動性）

図のように，結晶などの物質に波長が λ のX線や電子線を当てると，ある条件に従った反射波が生じる。この反射を**ブラッグ反射**，このときの条件を**ブラッグの条件**といい，次の式で表される。d は，物質の格子間隔である。これより，波長のわかっているX線を用いれば，結晶中の原子の間隔がわかる。

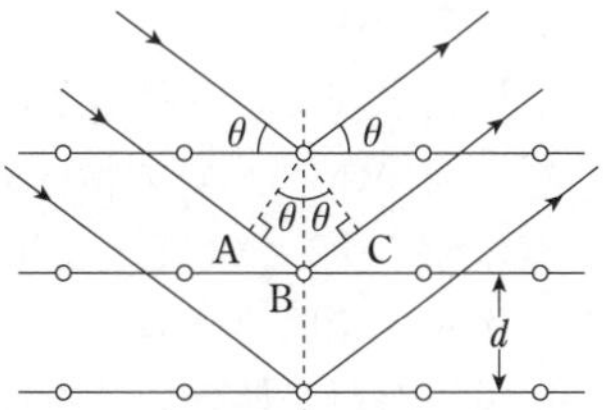

ブラッグ反射

$$2d\sin\theta = n\lambda\,(n=0,1,2\cdots)$$

(3)　コンプトン効果（X線の粒子性）

物質にX線を入射したとき，散乱X線の中に入射X線よりも長い波長をもつX線が含まれる現象を**コンプトン効果**という。コンプトン効果は，光子が電子をはね飛ばすときに，運動量とエネルギーの一部が電子に与えられ，散乱光子のエネルギーが減少することによって起こり，光の粒子性を示す現象の1つである。

(4)　光の波動性と粒子性を示す現象

光の波動性を示す現象として**回折**や**干渉**があり，粒子性を示す現象として**光電効果**や**コンプトン効果**がある。

(5)　物質波（ド・ブロイ波）

光やX線などの電磁波は，粒子として振舞う性質（**粒子性**）があるとともに，波として振舞う性質（**波動性**）がある。電子のような粒子も波動性をもち，粒子が波として振舞うときの波を**物質波（ド・ブロイ波）**という。運動量 p（電子の質量を m，速さを v とすると $p=mv$）をもつ電子の物質波の波長 λ は，

$$\lambda = \frac{h}{p} = \frac{h}{mv}$$

2　原子

(1)　原子の構造

①　原子の構成

原子は，中心に**原子核**があり，その周りを負の電荷を有する電子が回転している。原子核は，図のように，正の電荷をもつ**陽子**と，電荷をもたない**中性子**からなる。

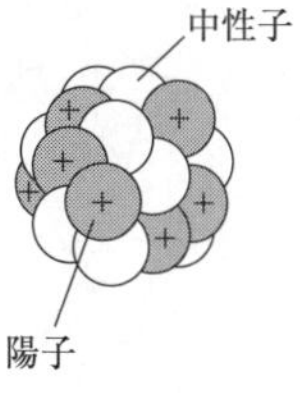

② 原子番号と質量数

ある原子Xに対して，原子核に含まれる陽子の数を**原子番号**(Z)，原子核に含まれている陽子及び中性子の数の和を**質量数**(A)といい，$^{A}_{Z}\mathrm{X}$と記す。

③ 同位体（アイソトープ）

原子番号は等しいが質量数が異なる原子どうしを**同位体**という。

⑵ ボーアの原子模型

電子が原子核の周りを回転するとき描く軌道は，必ず電子の波長の整数倍となる。これに応じて，原子内の電子がもつエネルギーは，とびとびの値のエネルギーE_1，E_2，…をもつ。

① 量子条件

原子には定常状態があり，定常状態では電磁波を出さない。質量m，速さvの電子が描く軌道の半径rは，次の条件を満たす。

$$2\pi r=\frac{h}{mv}\cdot n\,(n=0,1,2\cdots)$$

この条件を**ボーアの量子条件**という。

② 振動数条件

電子が，高いエネルギー準位E_nから低いエネルギー準位$E_n{}'$に移るとき，その差と等しいエネルギーをもつ光子を放出する。このとき放出する光子の振動数をυ，波長をλとすると，

$$E_n-E_n{}'=h\upsilon=\frac{hc}{\lambda}$$

この条件を**ボーアの振動数条件**という。なお，低いエネルギーから高いエネルギーに移るときは，その差と等しいエネルギーをもつ光子を吸収する。

⑶ 放射線

・放射線の種類…**α線**：He原子核，**β線**：電子，**γ線**：短波長の電磁波

・放射線の透過力（物質を透過する能力）：γ線＞β線＞α線

・放射線の電離作用（物質を電離する能力）：α線＞β線＞γ線

⑷ 放射性崩壊

・α崩壊…原子核がヘリウムの原子核（α線）を放出して，原子番号が2，質量数が4少ない別の原子核に変わる現象。

〈例〉 $^{226}_{88}\mathrm{Ra}\rightarrow{}^{222}_{86}\mathrm{Rn}+{}^{4}_{2}\mathrm{He}$（$\alpha$線）

・β 崩壊…原子核中の中性子が陽子に変化するとき，電子（β 線）が放出される現象。原子番号が1大きい別の原子核に変化する。質量数は変わらない。

〈例〉$^{210}_{82}\mathrm{Pb} \to {}^{210}_{83}\mathrm{Bi} + \mathrm{e}^{-}$（$\beta$ 線）

・γ 崩壊…α 崩壊や β 崩壊を行った原子核など，通常よりもエネルギーが高い状態（励起状態）にある原子核が，余分のエネルギーを電磁波（γ 線）として放出して安定な状態になる現象。γ 線を放出しても，原子番号及び質量数は変わらない。

(5)　半減期

放射性同位体が，原子核の崩壊によって他の原子核に変化するとき，もとの原子核の数が半分になるまでの時間を**半減期**という。はじめの原子核の数が N_0，この放射性同位体の半減期が T のとき，時間が t 経過したときの放射性元素の数 N は，

$$N = N_0 \left(\frac{1}{2}\right)^{\frac{t}{T}}$$

(6)　質量とエネルギーの等価性

アインシュタインの特殊相対性理論では，質量とエネルギーは等価であるとされている。光速を c〔m/s〕としたとき，質量 m〔kg〕とエネルギー E〔J〕の間には，次のことが成り立つ。

$$E = mc^2$$

(7)　質量欠損

原子核の質量は，それを構成している陽子及び中性子がばらばらで存在しているときの質量の和よりもわずかに小さい。これを**質量欠損**という。

例題1　電子と光

次図は，放電管の中の偏光板を模式的に表したものである。電圧は1500V，間隔は2cm，長さは3cmであった。このすき間に偏光板と平行に速さ 2.0×10^{7} m/sの電子が飛び込んだ。電子は偏光板のすき間を出るとき，何cm電界方向にふれているか。最も近い数値を1つ選び，番号で答えよ。ただし，電子の質量は 9.1×10^{-31} kg，電気素量は 1.6×10^{-19} Cとする。

① 0.6cm
② 0.9cm
③ 1.2cm
④ 1.5cm
⑤ 1.8cm

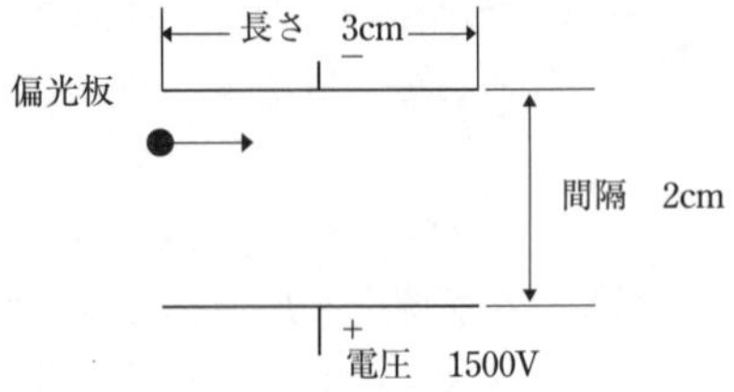

〈福岡県・福岡市・北九州市〉

解答 ④

解説 偏光板の間の電場の強さ E は,

$$E=\frac{1500}{2.0\times10^{-2}}=7.5\times10^{4}\text{〔N/C〕}$$

これより，電子にはたらく力 F は，電気素量を q〔C〕とすると $F=qE$ より,

$$F=1.6\times10^{-19}\times7.5\times10^{4}=1.2\times10^{-14}\text{〔N〕}$$

となるので，電子の電界方向の加速度を a〔m/s^2〕として，運動方程式 $ma=F$ は,

$$9.1\times10^{-31}a=1.2\times10^{-14}$$

$$\therefore\ a=\frac{1.2}{9.1}\times10^{17}\fallingdotseq1.3\times10^{16}\text{〔m/s}^2\text{〕}$$

電子は，偏光板平行方向には速さ 2.0×10^{7}m/s の等速直線運動をするから，電子が偏光板を出るのにかかる時間 t〔s〕は,

$$t=\frac{3.0\times10^{-2}}{2.0\times10^{7}}=1.5\times10^{-9}\text{〔s〕}$$

よって，求める距離 x〔m〕は,

$$x=\frac{1}{2}at^2=\frac{1}{2}\times1.3\times10^{16}\times(1.5\times10^{-9})^2$$

$$\fallingdotseq1.5\times10^{-2}\text{〔m〕}=1.5\text{〔cm〕}$$

例題 2　放射線の性質

放射線に関する記述として正しいものを１つ選び，番号で答えよ。

① α 線は水素原子核の流れで，厚い鉛板も通過する。
② α 線はヘリウム原子核の流れで，厚い鉛板も通過する。
③ α 線はヘリウム原子核の流れで，紙一枚で止まることがある。
④ β 線は水素原子核の流れで，厚い鉛板も通過する。
⑤ β 線は水素原子核の流れで，紙一枚で止まることがある。
⑥ β 線はヘリウム原子核の流れで，紙一枚で止まることがある。

〈神奈川県・横浜市・川崎市改題〉

解答　③

解説　放射線の性質をまとめると，次の通り。

線　種	α線	β線	γ線
粒　子	He 原子核	電子	電磁波
物質透過力	小	中	大

〈参考〉■放射線に関する単位■

・Bq（ベクレル）　放射性物質の放射能の強さを示す。

・Gy（グレイ）　物質の単位質量あたりに吸収される放射線のエネルギー（吸収線量）であり，物質が放射線から受ける影響を表す。

・Sv（シーベルト）　放射線の種類による人体に及ぼす影響を，等価線量で表したもの。

演習問題

1 ★★★

ミリカンは，図の実験装置で油滴の運動を観察することにより，電荷の最小単位である電気素量を求めた。装置には平行板電極 AB があり，A の中央に油滴を落下させるための穴があいている。電極 AB はある距離で置かれており，一定の電圧をかけることができる。次の各問いに答えよ。

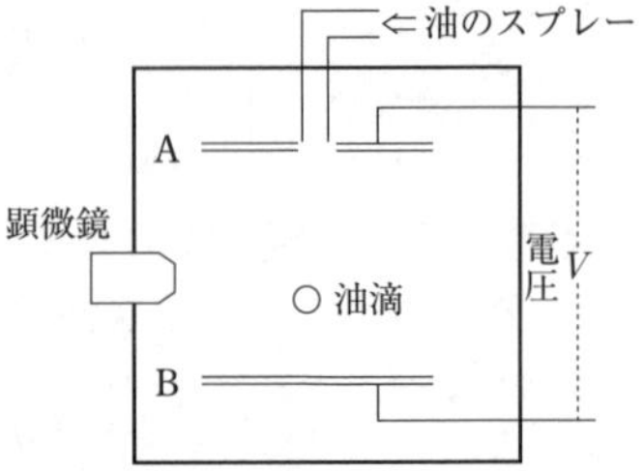

(1) 油滴の質量は，1.96×10^{-15}kg であり，電極の間を一定の速さで落下している。このとき，まわりの空気から受ける抵抗の大きさはいくらか。ただし，重力加速度を $9.80\,\mathrm{m/s^2}$ とする。

(2) 電極A，B間に，ある大きさの電圧をかけると，油滴が一定の速さで上昇するのが観測された。油滴が等速運動をしているのはなぜか。油滴にはたらいている力を具体的に挙げ，その理由を述べよ。

(3) (2)のとき，油滴は(1)と同じ速さで上昇していた。そのときの電極間の電場は $8.00 \times 10^4\,\mathrm{V/m}$ であった。油滴が持つ電荷の大きさはいくらか求めよ。

(4) この実験を繰り返すことにより，(3)の結果以外に，下記のデータを得ることができた。これらの測定値から電気素量を，有効数字３桁で求めよ。

① 8.16×10^{-19}C　　② 11.30×10^{-19}C　　③ 6.52×10^{-19}C

〈福島県〉

2 ★★★

図は，光電効果の実験の原理を示したものであり，真空容器内に金属板Kと電極Pが置かれ，KP 間には2.0V の電位差がある。次の各問いに答えよ。ただし，プランク定数を $6.6 \times 10^{-34}\,\mathrm{J{\cdot}s}$，真空での光速を $3.0 \times 10^{8}\,\mathrm{m/s}$，電子の電気量を -1.6×10^{-19}C とする。

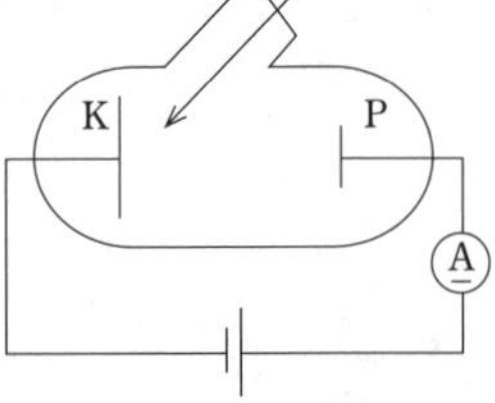

(1) 金属板Kに，いろいろな波長の単色光を当て実験を行ったところ，6.5×10^{-7}m より波長の短い光を当てると電流が流れ，それより長い波長の光では，たとえ光を強くしても電流が流れなかった。金属板Kの仕事関数は何eV か，求

めよ。

(2)　波長 3.3×10^{-7} m の光を当てるとき，電極 P に達する電子で最大の運動エネルギーを持つものについて，その運動エネルギーは何 eV か求めよ。

(3)　(1)の下線部の結果は，光を電磁波と考えると説明できない。その理由を簡単に答えよ。

〈石川県〉

3 ★★☆

物質に波長 λ の X 線を当てると，散乱 X 線が観測される。この散乱 X 線の波長を波長分析器で測定したところ，波長が λ より長い波長 λ' の X 線が含まれていた。次の各問いに答えよ。

(1)　波長の長くなった X 線の散乱光子について述べたものとして適切なものは，次の①～④のうちのどれか。

①　入射光子が電子の運動量の一部を得て，散乱光子の運動量が大きくなる。

②　入射光子が電子の運動量の一部を得て，散乱光子の振動数が大きくなる。

③　入射光子のエネルギーの一部が電子に与えられ，散乱光子の振動数が大きくなる。

④　入射光子のエネルギーの一部が電子に与えられ，散乱光子のエネルギーが小さくなる。

(2)　この実験結果から導かれることとして適切なものは，次の①～④のうちのどれか。

①　光の粒子性の根拠となっている。

②　電子の波動性の根拠となっている。

③　原子中の電子がとびとびのエネルギー順位をとることの根拠となっている。

④　光の波動性の根拠となっている。

〈東京都改題〉

4 ★★☆

水素原子に対して，電荷 $-e$ の電子が電荷 $+e$ の陽子からクーロン力 $k\dfrac{e^2}{r^2}$ を受けて半径 r の円運動をしている，という模型を考える。k はクーロン力の比例定数である。電子はとびとびのエネルギーの値しかとれないことが知られているが，低い方から n 番目のエネルギー E_n が

$$E_n = -\frac{a}{n^2} \qquad (a\text{ は正の比例定数})$$

で与えられるとして，この E_n に対応する電子の円運動の半径 r_n を k，e，a，n で表せ。

5 ★★☆

次の(1)〜(7)の文の空欄に当てはまる語句や数字を答えよ。

(1) 自然界に存在する銅の原子量は 63.55 である。自然界の銅の同位体は，$^{63}_{29}\mathrm{Cu}$ と $^{65}_{29}\mathrm{Cu}$ が存在するとしたとき，質量数 65 の銅は天然の銅の中に（ ① ）%含まれていると考えられる。

(2) X線は 1895 年に（ ② ）によって発見されたが正体不明であったため，未知の線という意味からX線と名付けられた。X線は，電界磁界の影響を受けない。また，X線は（ ③ ），干渉をする性質がある。

(3) α 線，β 線，γ 線は放射線であり，いずれも電離作用を持っているが，電離作用の最も強いのは（ ④ ）である。また，物体を透過する透過能が最も大きいのは（ ⑤ ）である。

(4) $^{14}\mathrm{C}$ の半減期は 5730 年である。17190 年後の $^{14}\mathrm{C}$ の量はもとの（ ⑥ ）倍になる。

(5) 原子炉の制御材は（ ⑦ ）を吸収しやすいものからできている。

(6) 原子核の崩壊には，α 崩壊，β 崩壊などがある。α 崩壊は，原子番号が（ ⑧ ）小さくなり，質量数は（ ⑨ ）減少する。また β 崩壊は原子番号が（ ⑩ ）大きくなる。

(7) $^{24}_{11}\mathrm{Na}$ は β 崩壊して（ ⑪ ）になる。また，$^{226}_{88}\mathrm{Ra}$ は α 崩壊を（ ⑫ ）回と β 崩壊を（ ⑬ ）回行って最後に安定な鉛 $^{206}_{82}\mathrm{Pb}$ になる。

〈京都市〉

6 ★★☆

次の各問いに答えよ。

(1)　図のように，放射性物質の入った容器に細い穴があいており，ここから3種類の放射線A，B，Cが出ている。図のように平行電極により電界をかけたところ，Bは直進し，A，Cは図のように曲がった。A，B，Cはそれぞれ何と呼ばれているか。その組み合わせとして最も適切なものを，次のうちから1つ選び，記号で答えよ。

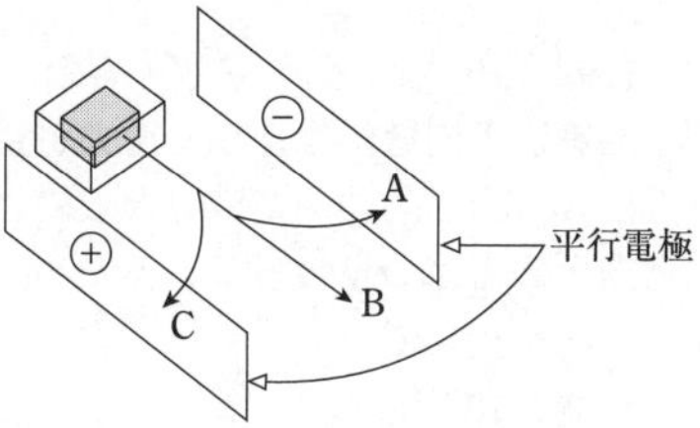

	A	B	C
ア．	α線	β線	γ線
イ．	α線	γ線	β線
ウ．	β線	γ線	α線
エ．	β線	α線	γ線
オ．	γ線	β線	α線

(2)　ある遺跡から出土した木材に含まれる${}^{14}_{6}\mathrm{C}$の${}^{12}_{6}\mathrm{C}$に対する割合を測ったところ，その割合は，現在生きている植物体の25％になっていた。

${}^{14}_{6}\mathrm{C}$の半減期を5700年とすると，この木材が伐採されたのは何年前になるか。最も適切なものを，次のうちから1つ選び，記号で答えよ。

ア．1425年前　　イ．2850年前　　ウ．5700年前

エ．11400年前　　オ．22800年前

〈高知県〉

演習問題　解答・解説

1

(1)　**1.92×10^{-14}N**

(2)　油滴に下向きにはたらく重力と空気抵抗の合力と，油滴が電界から受ける上向きの力がつり合っているため。

(3)　**4.80×10^{-19}C**

(4)　**1.62×10^{-19}C**

解説

(1)　油滴が一定の速さで落下するとき，油滴に上向きにはたらく空気抵抗 F_R と，下向きにはたらく重力 F_G がつり合っているので，

$$F_R=F_G$$

ここで，

$$F_G=1.96\times10^{-15}\times9.80\fallingdotseq1.92\times10^{-14}$$

$$\therefore\ F_R=1.92\times10^{-14}\text{〔N〕}$$

(3)　油滴が上昇する速さは(1)と同じ速さなので，ここでの空気抵抗の大きさは(1)の F_R に等しいと考えてよい。

油滴が一定の速さで上昇するとき，油滴に上向きにはたらく静電気力 F_E と，下向きにはたらく重力 F_G と空気抵抗 F_R の合力がつり合っているので，

$$F_E=F_R+F_G$$

ここで，求める電荷を q とすると，

$$q\times8.00\times10^4=(1.92\times10^{-14})\times2$$

$$\therefore\ q=4.80\times10^{-19}\text{〔C〕}$$

(4)　油滴の電荷の測定値の差を求めると，1.72，1.64，3.14，4.78〔$\times10^{-19}$C〕となり，各測定値は，1.6×10^{-19} の整数倍に近いとわかる。電気素量を e とおくと，4つの測定値は小さい方から，$3e$，$4e$，$5e$，$7e$ とおくことができる。

したがって，

$$3e+4e+5e+7e$$
$$=(4.80+6.52+8.16+11.30)\times10^{-19}$$

$$e=\frac{30.78\times10^{-19}}{19}=1.62\times10^{-19}\text{〔C〕}$$

2

(1)　**1.9eV**　　(2)　**1.9eV**

(3)　光を電磁波と考えると，振動数や波長に関係なく，弱い光より強い光の方がエネルギーは大きく，一般に光の強さは振幅の2乗に比例するので，光波の波長が大きくても，振幅が大きく光が強ければ，光電効果が生じるはずであるため。

解説

(1)　光子により得られるエネルギーは，

$$h\nu=\frac{hc}{\lambda}$$

より，これを単位〔eV〕にして，電気素量 e を用いると，

$$\frac{hc}{e\lambda_1}=W\quad(W\text{は仕事関数})$$

$$W=\frac{6.6\times10^{-34}\times3.0\times10^8}{1.6\times10^{-19}\times6.5\times10^{-7}}$$
$$\fallingdotseq1.9\text{〔eV〕}$$

(2)　波長 3.3×10^{-7}m のとき，電子の最大運動エネルギー K は，

$$K=\frac{hc}{e\lambda_2}-W$$
$$=\frac{6.6\times10^{-34}\times3.0\times10^8}{1.6\times10^{-19}\times3.3\times10^{-7}}-1.9$$
$$=3.75-1.9$$
$$=1.85\fallingdotseq1.9\text{〔eV〕}$$

3

(1)　④　　(2)　①

解説

この現象をコンプトン効果といい，光の粒子性を示すものである。

4

$$r_n = \frac{ke^2}{2a}n^2$$

解説

クーロン力が向心力となるから，電子の質量を m，円運動の速さを v とすると，

$$m\frac{v^2}{r_n} = k\frac{e^2}{r_n{}^2}$$

$$mv^2 = k\frac{e^2}{r_n} \quad \cdots\cdots①$$

全エネルギー E_n は，運動エネルギーとクーロン力による位置エネルギーとの和だから，

$$E_n = \frac{1}{2}mv^2 - k\frac{e^2}{r_n}$$

①を使うと，

$$E_n = \frac{1}{2}\left(k\frac{e^2}{r_n}\right) - k\frac{e^2}{r_n}$$

$$= -k\frac{e^2}{2r_n}$$

これが，$E_n = -\frac{a}{n^2}$ なのだから，

$$-k\frac{e^2}{2r_n} = -\frac{a}{n^2}$$

より，

$$r_n = \frac{ke^2}{2a}n^2$$

5

① **27.5**　② レントゲン
③ 回折　④ **α** 線
⑤ γ 線　⑥ $\frac{1}{8}$
⑦ 中性子　⑧ **2**
⑨ **4**　⑩ **1**
⑪ $^{24}_{12}\mathrm{Mg}$　⑫ **5**
⑬ **4**

解説

(1)　質量数 65 の銅の存在率を x〔%〕とすると，

$$65 \times \frac{x}{100} + 63 \times \frac{100 - x}{100} = 63.55$$

$$\therefore\ x = 27.5$$

(3)　α 線，β 線，γ 線の実体はそれぞれ，ヘリウム原子核，電子，電磁波である。

(4)　$17190 \div 5730 = 3$ なので，$\left(\frac{1}{2}\right)^3 = \frac{1}{8}$

(7)　$^{226}_{88}\mathrm{Ra}$ が α 崩壊を x 回，β 崩壊を y 回して，$^{206}_{82}\mathrm{Pb}$ になるとすると，

$$\begin{cases} 226 - 4x = 206 \\ 88 - 2x + y = 82 \end{cases}$$

$$\therefore\ x = 5,\ y = 4$$

6

(1)　イ　　(2)　エ

解説

(2)　初期時刻における原子核の個数を N_0，半減期を T とすると，時刻 t での原子核の残存個数 N は，

$$N = N_0\left(\frac{1}{2}\right)^{\frac{t}{T}}$$

で与えられる。

$^{12}_{6}\mathrm{C}$ の半減期は，$^{14}_{6}\mathrm{C}$ の半減期より十分に長いとすると，現在（時刻 t 年）における $^{14}_{6}\mathrm{C}$ の $^{12}_{6}\mathrm{C}$ に対する割合は 0.25 なので，

$$\frac{N}{N_0} = \left(\frac{1}{2}\right)^{\frac{t}{5700}} = 0.25 = \left(\frac{1}{2}\right)^2$$

$$\frac{t}{5700} = 2$$

$$\therefore\ t = 11400$$

よって，この木材が伐採されたのは，今から 11400 年前である。

6 実践問題

1 ★★☆

次の各問いに答えよ。

Ⅰ．図１のように，質量2.0kgの物体Ｐが直線上を矢印の方向に運動している。図２のグラフは物体Ｐが動き始めてからの時間と速さとの関係を表したものである。このことについて，各問いに答えよ。

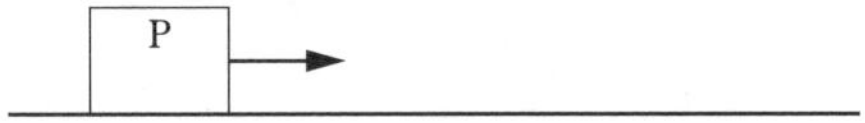

図１

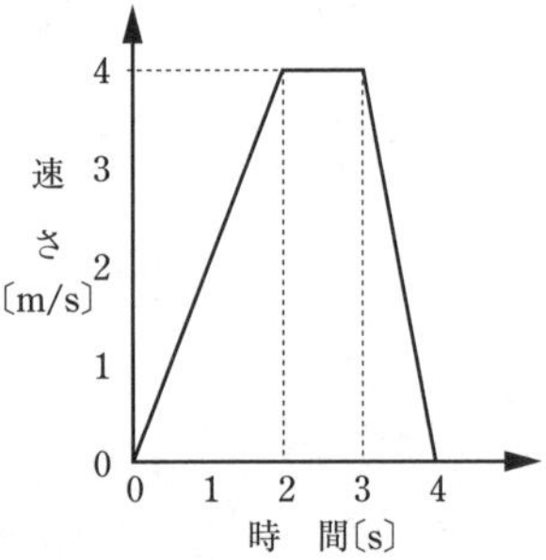

図２

⑴　動き始めてから２秒後までの物体Ｐの加速度の大きさを求めよ。

⑵　物体Ｐが等速直線運動をしているのは，動き始めてから何秒後から何秒後までか答えよ。

⑶　物体Ｐが減速しているとき，物体Ｐにはたらく力の大きさを求めよ。

⑷　物体Ｐが動き始めてからの時間と，移動した距離との関係を表すグラフをかけ。

Ⅱ．次の図１は，「だるま落とし」というおもちゃに力を加えたときの様子を示したものである。また，図２は物体Ｐ，Ｑの部分を拡大したものである。このことについて，各問いに答えよ。

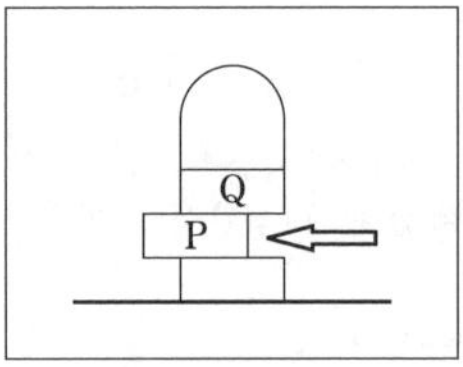

図１

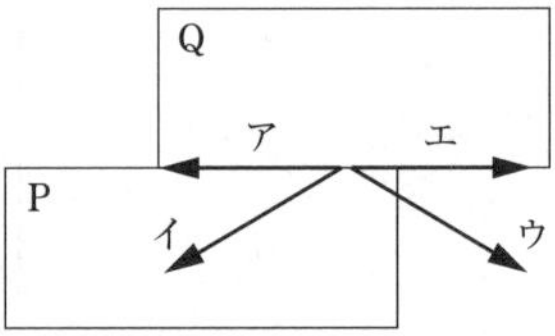

図２

⑴　図１に示した矢印は，物体Ｐに加えた力の向きを示している。このとき，物体Ｑが物体Ｐから受ける摩擦力の向きを示している矢印を，図２のア～エのうちから１つ選び，記号で答えよ。

⑵　物体Ｐを勢いよくたたくと物体Ｐは左方向に飛び出し，物体Ｑはほぼ真

下に落下する。これは，物体Qが何という性質をもっているためか答えよ。

Ⅲ．気球本体の質量が150kgの気球にヘリウムガスを入れたら，気球の体積が250m^3になった。しばらくして，気球は等速で上昇した。このことについて，次の各問いに答えよ。

(1)　気球全体にはたらく重力をG，浮力をF，空気抵抗の大きさをSとすると，G，F，Sの力の大きさの関係を式で答えよ。ただし，気球にはたらく他の力の大きさは無視できるものとする。

(2)　等速で上昇しているときの空気抵抗の大きさを求めよ。ただし，空気の密度は1.2kg/m^3とし，ヘリウムの密度は0.18kg/m^3，重力加速度は9.8m/s^2とする。

〈栃木県〉

2 ★☆☆

図のように，水平面ABと斜面BCとからなる台があり，この2つの面が接しているB端には，なめらかに回転する軽い滑車が取り付けられている。また，水平面AB上には軽くて伸びない糸をつけた質量mの小物体Pが置かれ，糸は滑車にかけられて，糸の他端は斜面BC上に置かれた質量Mの小物体Qにつながれている。初め，小物体Pが水平面AB上を滑り出さないように手で押さえておくと，糸の張力の大きさはFであった。次に，小物体Pから静かに手を放したところ，小物体Qが斜面BC上を滑り降り，高低差hだけ滑り降りたとき，ある速さになった。水平面AB，斜面BCと，物体P，Qとの間の摩擦はなく，糸は常に水平面AB及びBCに平行に張られているものとする。また，重力加速度の大きさをgとして，各問いに答えよ。

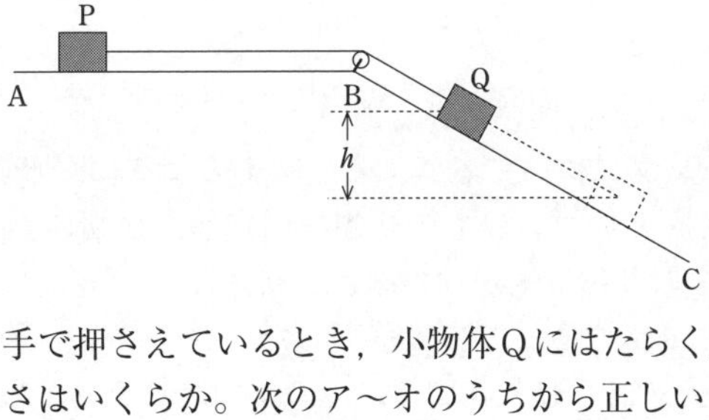

(1)　小物体Pを手で押さえているとき，小物体Qにはたらく重力Mgの斜面方向成分の大きさはいくらか。次のア～オのうちから正しいものを1つ選び，その記号で答えよ。

ア．$Mg-F$　　イ．$mg-F$　　ウ．$(M-m)g$　　エ．$(m-M)g$　　オ．F

(2)　次の①～③を，F，M，m，g，hのうちから必要なものを用いて表せ。

① 小物体P及びQが運動しているときの糸の張力の大きさ
② 小物体Qが滑り始めてから，高低差で h だけ滑り降りたときの小物体Qの速さ
③ 小物体Qが滑り始めてから，高低差で h だけ滑り降りた間に，小物体Pが水平面 AB 上を滑った距離

〈奈良県〉

3 ★☆☆

図のように，摩擦のある板を角度 θ だけ傾け，板の左端から距離 L の位置に質量 m の物体を置いた。最初，この物体は板の上で静止していた。次に，板の角度をゆっくりと大きくしていくと，角度が θ_0 になったとき，物体は板の上を滑り始めた。板の角度を θ_0 に保ったまま，物体が板の左端まで滑り下りる時間 T を測定した。この実験について，各問いに答えよ。ただし，物体と板との間の動摩擦係数を μ'，重力加速度の大きさを g とする。

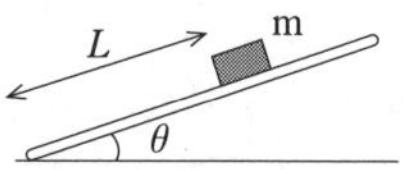

(1) 実験結果から，物体と板との静止摩擦係数を式で表せ。
(2) 物体が板の上を滑るときの加速度の大きさを，g，θ_0，μ' を用いて表せ。
(3) 物体が板の上を滑り始めてから，板の左端までくる間に，物体が失った力学的エネルギーを，g，L，m，θ_0，μ' を用いて表せ。
(4) 物体と板との間の動摩擦係数 μ' を，g，L，T，θ_0 を用いて表せ。

〈石川県〉

4 ★☆☆

次の文を読み，次の各問いに答えよ。

バンジージャンプについて考察する。図1のように，水面から高さ H のがけの端に，自然長 L のゴムひもの一端を固定し，他端に大きさが無視できる質量 m の物体を取り付け，がけの端から初速度0で落とした。物体は，がけの端から距離 L 降下するまで自由落下した。ゴムひもの弾性力は，ゴムひもの自然の長さからの伸びに比例する。その比例定数を k とし，重力加速度の大きさを g とする。また，物体は水面に衝突することなく運動し，空気抵抗やゴムひもの質量は無視できるものとする。

(1) 物体ががけの端から距離 L まで降下したときの物体の速さを求めよ。

⑵　図2のように，ゴムひもが自然長 L から x だけ伸びたときの物体の加速度を a として運動方程式を答えよ。ただし，鉛直下向きを正とする。

⑶　物体の速さが最大になるのは，物体にはたらく力がどのようなときか。次のうちから正しいものを1つ選び，記号で答えよ。

ア．重力だけがはたらいているとき

イ．ゴムひもの弾性力が重力の 0.5 倍のとき

ウ．ゴムひもの弾性力が重力とつり合うとき

エ．ゴムひもの弾性力が重力の 1.5 倍のとき

オ．ゴムひもの弾性力が重力の2倍のとき

⑷　図2のように，ゴムひもが自然長 L から x だけ伸びたときの物体の運動エネルギーを求めよ。

⑸　物体が落下する速さの最大値を求めよ。

⑹　水面に達する直前に物体の速さが0になった。ゴムひもの自然長 L を H, m，k，g で表せ。

図1

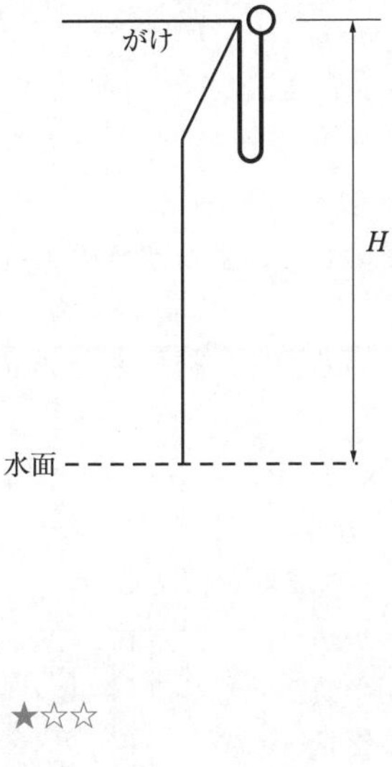

図2

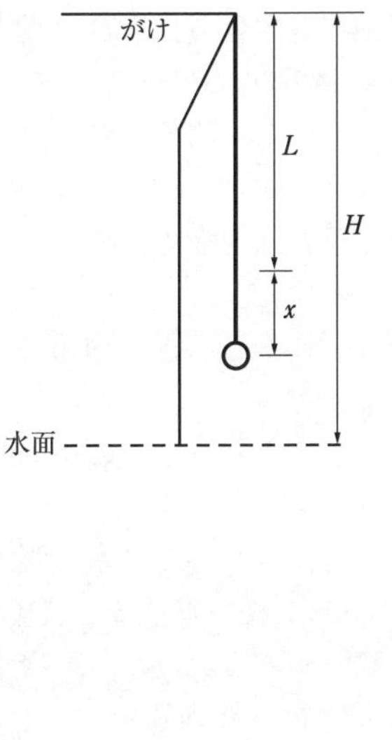

〈長崎県〉

5 ★☆☆

図は一端にばね定数 k のばねを固定した台と床の上をなめらかに動くことのできる質量 M の台車であり，台と台車の上面の高さは同じである。台は動くことはなく上面はなめらかである。このばねに質量 m の物体を押しつけ，ばねを x だけ縮めて離した。物体はばねから離れて台上を等速度で滑った後，台車の上をしばらく滑って台車に対して静止した。重力加速度の大きさを g,

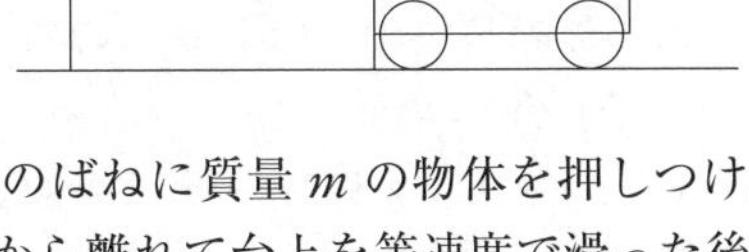

物体と台車との間の動摩擦係数を μ として，次の各問いに答えよ。

(1) 物体がばねから離れ，台上を等速度で滑っているときの速さ v を求めよ。

(2) 物体が台車上を滑っているときの物体の床に対する加速度の大きさを求めよ。

(3) 物体が台車上を滑っているときの台車の床に対する加速度の大きさを求めよ。

(4) 物体が台車に対して静止したときの台車の速さを v を用いて表せ。

(5) 物体が台車に対して滑った距離を v を用いて表せ。

〈愛知県〉

6 ★☆☆

次の各問いに答えよ。

Ⅰ．右図のように長さ l の糸に質量 m の物体が結び付けられ，固定点Oを中心とした鉛直面内で円運動をしている。運動の開始位置は点Oの真上のA点であり，この位置で水平方向に初速度 v_0 を与えることができるようになっている。物体がP点にあるときの糸と線分OAがなす角度を θ，このときの物体の速さを v とする。また，重力加速度の大きさを g とし，糸の質量および空気の抵抗は無視できるものとする。

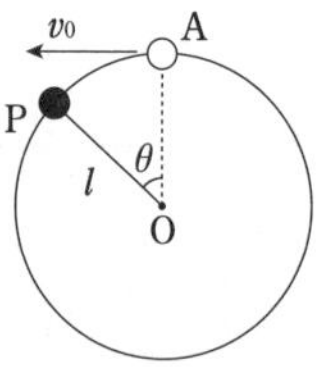

(1) 物体が点Pにあるとき，物体にはたらいている力を，慣性系と非慣性系で図示せよ。

(2) 物体が点Pにきた時点での糸の張力 S を m，l，θ，v，g を用いて表せ。

(3) 初速度 v_0 と点Pにおける速さ v との間に成り立つ関係を式で表せ。

(4) 物体が点Pにきた時点の糸の張力 S を，v を含まない式で表せ。

Ⅱ．図のように，3個の動滑車と1個の定滑車からなっている装置がある。ただし，滑車および綱の質量は無視する。物体Aの質量を m_1，物体Bの質量を m_2，床から物体Aまでの高さを y_1，床から物体Bまでの高さを y_2 とする。

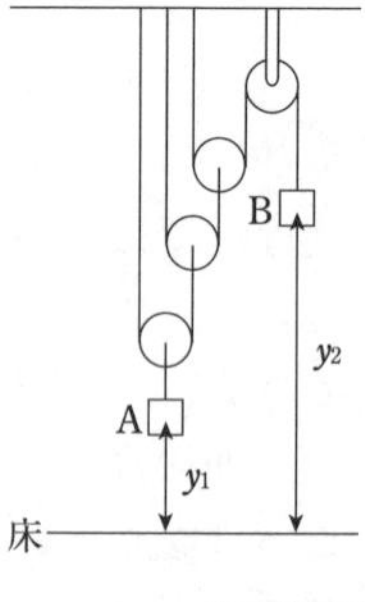

(1) この装置の，床面からの重心の高さを y_G として求めよ。

(2) つりあう条件を，m_1 と m_2 を用いて表せ。

〈長野県改題〉

7 ★☆☆

気体について，各問いに答えよ。

(1) 一定量の理想気体が圧力 p_1，絶対温度 T_1 のとき，密度が d_1 であった。圧力 p_2，絶対温度 T_2 のときの密度 d_2 を式で表せ。

(2) 気温21℃の地上に熱気球が置かれている。内部の空気を除いた質量は110kgで，気球の容積は500m^{3}である。21℃のときの空気の密度を1.2kg/m^{3}とすると，気球が浮き上がるためには，内部の空気の温度を何℃以上にすればよいか，求めよ。ただし，熱気球は内部と外部の圧力が等しく，気球内の気体は理想気体としてふるまうものとする。また，気球内の温度を変化させても気球の体積に変化はなく，気球内の空気以外の部分への浮力は無視できるものとする。

(3) 身近なものを利用して教室内で熱気球を浮上させる生徒実験を行う場合，あなたは，どのような材料および器具を準備し，生徒にどういった点に注意させるか答えよ。

〈石川県〉

8 ★☆☆

音源や観測者が運動しているときには，観測者が受ける音波の振動数は，音源が出している振動数と異なる。このような現象をドップラー効果という。

図は，振動数 f〔Hz〕の音を発しながら，u〔m/s〕の速さで一直線上を観測者に近づいている音源が，時刻 $t=0$ でSを通過した後，時刻 $t=1$〔s〕でS′に達したときの様子で，円はSで出た波の波面を示している。空気中の音速を $5u$〔m/s〕とし，無風状態であったとして，各問いに答えよ。

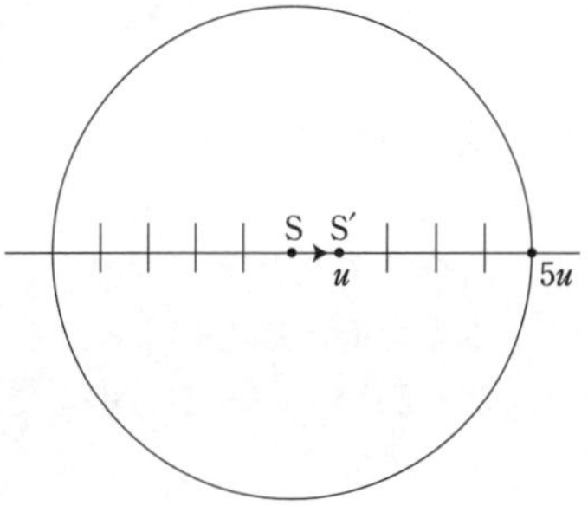

(1) 時刻 $t=0.5$〔s〕のとき音源から出た波は，時刻 $t=1$〔s〕において，音源の進行方向のどこに達しているか。波面の位置を図中に×印でかけ。

(2) 音源から出る波の観測者側の波長を求めよ。

(3) 静止している観測者が観測する，この波の振動数を求めよ。

(4) 音源が静止している場合でも，観測者が運動するときはドップラー効果が起こる。この理由を簡潔に述べよ。

〈鹿児島県〉

9 ★★☆

光の性質について，各問いに答えよ。

Ⅰ．光の反射について答えよ。

⑴　図１は，物体から出た光が鏡で反射して進むようすを示している。入射角・反射角を，Ａ～Ｆの記号を使って答えよ。

⑵　入射角・反射角の大きさの関係を，等号・不等号の記号を使って答えよ。

⑶　図２のように，Ｋ子さんが自分の姿を鏡で見ている。自分の頭から足の先まで全身を見るためには，少なくともどのくらいの大きさの鏡が必要と考えられるか。作図をするとともに，説明を加えながら答えよ。

⑷　図３は，90°に開いた鏡の前に置いた物体（矢印→）と鏡にできる像を，真上から見たときの様子を模式的に示したものである。矢印の先端から出た光が鏡で反射して目に届くまでの道すじを，入射角と反射角の大きさの関係に注意しながら作図せよ。

図１

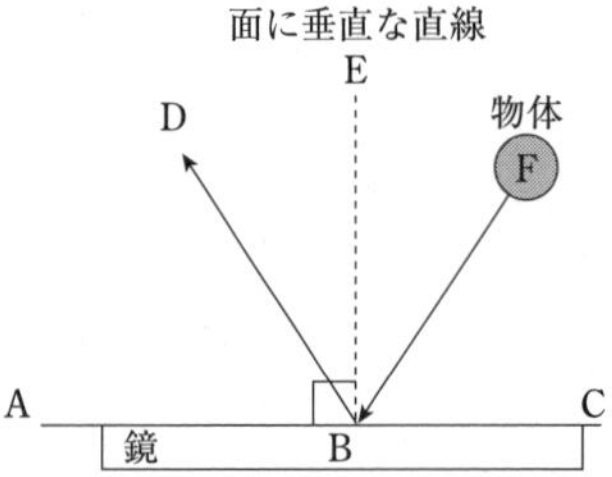

図２

図３

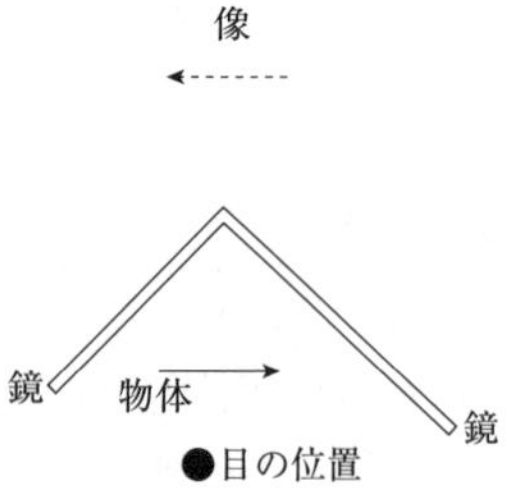

Ⅱ．光の屈折について答えよ。

⑴　図４のように，水槽の水に光をあてたとき，水の中に入る光はその後どのように進むか。図のア～エから選んで，記号で答えよ。

図４

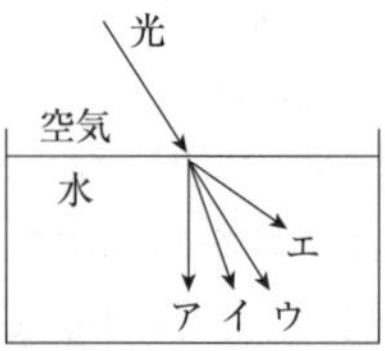

図５

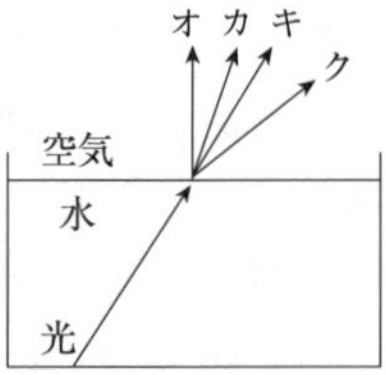

⑵　図５のように，水槽の水に光をあてたとき，空気中に出る光はその後どのように進むか。図のオ～クから選び，記号で答えよ。

⑶　次の文中の空欄に適切な語句を入れよ。

透明な物体に光がななめに入射すると，（　ア　）面で進む向きが変わる。面に（　イ　）に引いた線と屈折した光とがつくる角度を（　ウ　）といい，空気中から透明な物体に光が入射すると，（　ウ　）は入射角より（　エ　）なる。逆に，透明な物体から空気中に光が出ていくときは，（　ウ　）は入射角より（　オ　）なる。

(4)　図6のように，厚いガラスの向こうにチョークを置き，見る角度によって，ガラスを通して見える部分と直接見える部分がどのようになるのかを調べた。図中のA～Cからの見え方を図示せよ。

図6

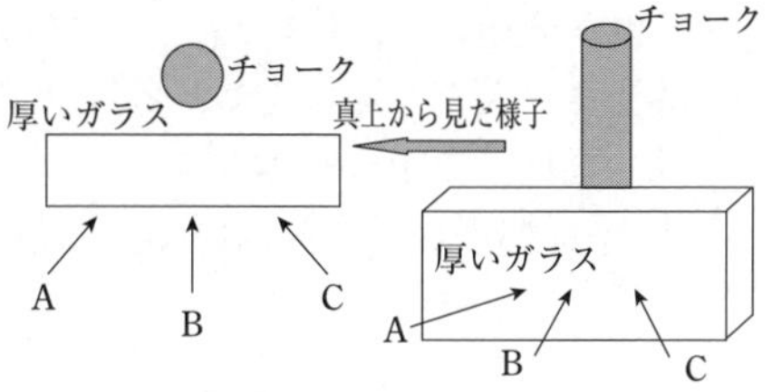

Ⅲ．図7のような装置で，凸レンズによってできる像と物体・凸レンズ・スクリーンとの位置関係について調べた。

図7

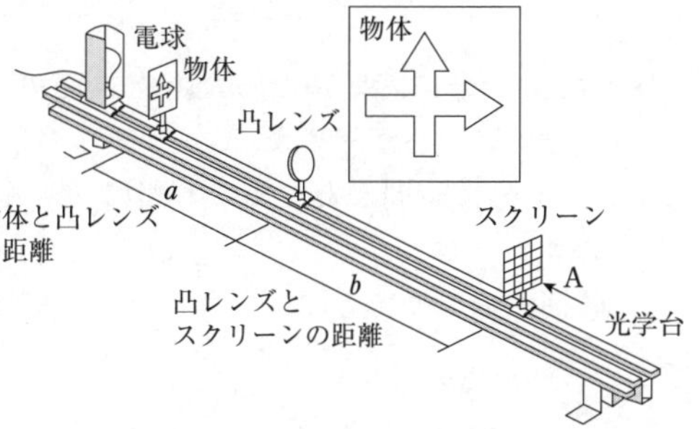

(1)　この実験において，使用した凸レンズの焦点距離の求め方を簡単に答えよ。

(2)　物体が，凸レンズの焦点の外側にあるとき，スクリーン（半透明）に映った像を，図のA側から見た場合を図示せよ。

(3)　物体を十分離れた位置から焦点に近づけた（図中の a を小さくしていく）とき，スクリーンに映る像の大きさはどのように変化するか。また，そのときの凸レンズとスクリーンの距離 b の変化についても答えよ。

(4)　物体が焦点の内側にあるとき，どのようにスクリーンを動かしても像を映すことができないが，凸レンズをとおして物体をのぞくと物体よりも大きい像が見えた。このような像を何というか，漢字で答えよ。

(5)　(4)において，物体を凸レンズに近づけると，見える像の大きさはどのように変化するか。

〈鳥取県〉

10 ★☆☆

電気容量が，それぞれ $10\mu F$ ($1\mu F = 10^{-6} F$)，$20\mu F$，$30\mu F$ および $40\mu F$ のコンデンサーを用いて，次の図 1 と図 2 の回路をつくった。これについて，各問いに答えよ。ただし，はじめ，各コンデンサーは電荷を蓄えていないものとし，電池の電位差を 10V とする。

(1) 図 1 の ac 間の合成容量はいくらになるか答えよ。

図 1

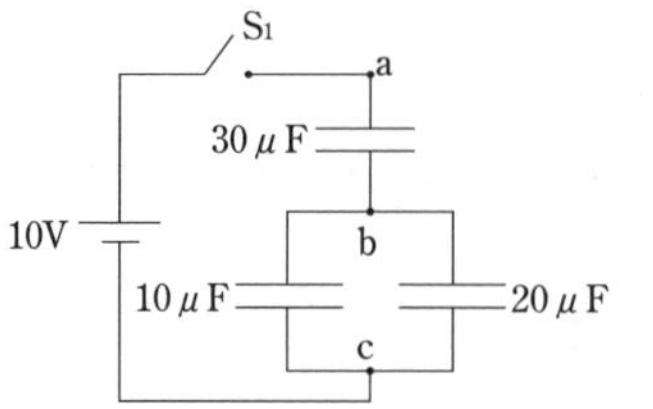

図 2

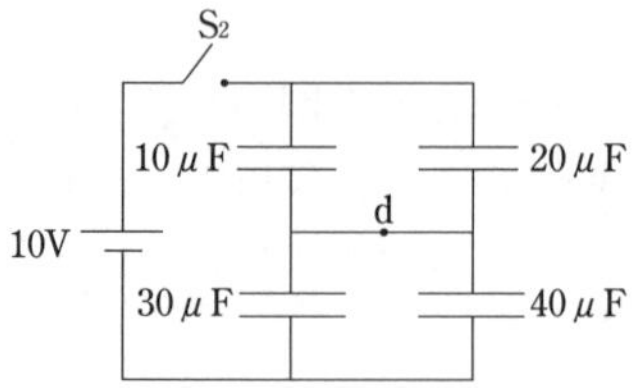

(2) 図 1 の S_1 を閉じて，十分に時間がたったあと，$30\mu F$ のコンデンサーに蓄えられている電気量はいくらか求めよ。

(3) 図 2 の S_2 を閉じ，十分に時間がたつまでの間に，S_2 を通って移動する電気量はいくらか求めよ。

(4) 図 2 で，十分に時間がたつまでの間に，点 d を通って移動する電気量はいくらか求めよ。

〈岩手県改題〉

11 ★☆☆

抵抗 R の直線状の抵抗線 10 本を，右の図のようにつないだ。起電力 V の電池を，点 A と点 F とに接続した場合について，次の各問いに答えよ。ただし，電池の内部抵抗は無視するものとする。

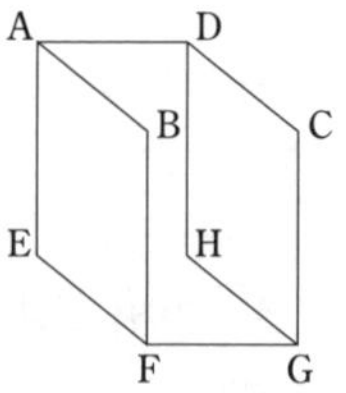

(1) 点 B と等電位の点を A～H からすべて選び，記号で答えよ。

(2) AF 間の合成抵抗を求めよ。

(3) 電池から流れる電流の大きさを求めよ。

〈京都府〉

12 ★★☆

「電流とその利用」の学習について，次の各問いに答えよ。

⑴　授業で次の図の①，②のような実験を行った。このとき，ストローAにどのような変化が見られるか答えよ。また，その原因は何か，静電気の発生するしくみを含めて答えよ。

①まち針をさしたストローAをティッシュペーパーでこすり，まち針を本の間にはさむ。

②同じように別のティッシュペーパーでこすったストローBをストローAに近づける。

⑵　自然界では，雷も静電気によって発生するといわれている。どのようなしくみで発生するのか答えよ。

⑶　ある家庭では，次の図のような回路で，6つの電気器具を同時に使う時間帯が30分あった。このとき，図のブレーカーに流れる電流は何Aになるか書け。また，このときの電力量を単位を含めて答えよ。ただし，コンセントには100Vの表示があるものとする。

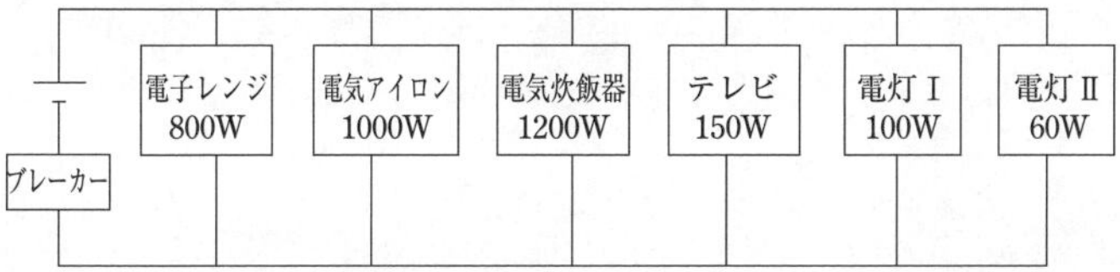

⑷　発電機のしくみを理解させるために，どのような実験を行えばよいか，図で示せ。また，発電機のしくみについて，「磁石」「誘導電流」の言葉を使って，簡潔に説明せよ。

〈群馬県〉

13 ★☆☆

次の①～④の変化のようすの概略を表すグラフとして最も適切なものを，次のア～クからそれぞれ１つずつ選び，その記号を答えよ。ただし，グラフの横軸を経過時間とする。

① 上向きを正とし空気抵抗を考えない場合の，小球を鉛直に投げ上げたときの速度の変化

② あらい水平面上で静止していた物体に，時間とともに一定の割合で大きくなる水平方向の力を加えて，物体を動かしたときの物体にはたらく摩擦力の変化

③ 電荷を蓄えていないコンデンサーを一定の電圧で充電したときの，コンデンサーに蓄えられる電荷量の変化

④ 放射性原子核の崩壊において，崩壊せずに残っている原子核数の変化

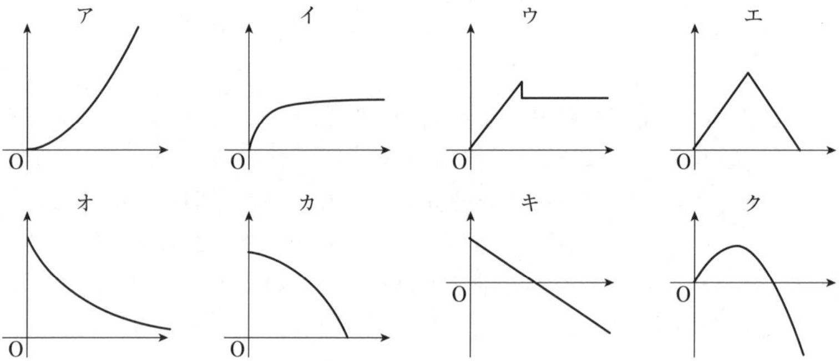

〈高知県〉

実践問題　解答・解説

1

Ⅰ．(1)　**$2\,\mathrm{m/s^2}$**

(2)　**2 秒後から 3 秒後**

(3)　**8N**

(4)

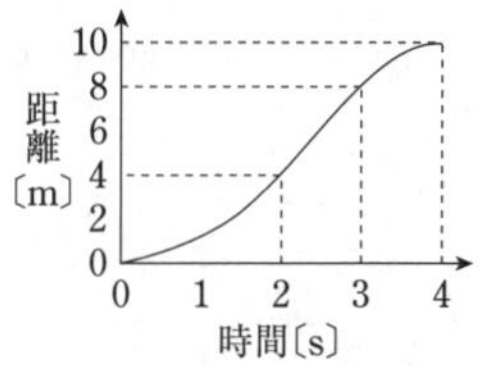

Ⅱ．(1)　**ア**　　(2)　**慣性**

Ⅲ．(1)　**$F=G+S$**

(2)　**1029N**

解説

Ⅰ．(1)　$\dfrac{4-0}{2-0}=2\,[\mathrm{m/s^2}]$

(3)　減速しているときの加速度は，

$\dfrac{0-4}{4-3}=-4\,[\mathrm{m/s^2}]$

求める力の大きさは，物体の運動方程式より，

$2\times4=8\,[\mathrm{N}]$

(4)　・$0\leqq t\leqq 2$ のとき

$x=\dfrac{1}{2}\times2\times t^2$

$=t^2$（下に凸の放物線）

・$2\leqq t\leqq 3$ のとき

$0\leqq t\leqq 2$ で移動した距離は，

$\dfrac{1}{2}\times2\times4=4\,[\mathrm{m}]$

であるから，

$x=4+4(t-2)=4t-4$（直線）

・$3\leqq t\leqq 4$ のとき

$0\leqq t\leqq 3$ で移動した距離は，

$4+4\times1=8\,[\mathrm{m}]$

であるから，

$x=8+\dfrac{1}{2}\times(-4)\times(t-3)^2+4(t-3)$

$=-2t^2+16t-22$（上に凸の放物線）

Ⅱ．(1)　PがQから受ける摩擦力の向きはエである。Qはこの力の反作用のアの向きの摩擦力をPから受ける。

Ⅲ．(2)　空気の密度を ρ，ヘリウムの密度を ρ'，重力加速度を g，気球の体積を V，気球全体の質量を M とすると，

$G=Mg+\rho' Vg$　…①

$F=\rho Vg$　…②

と表せる。

(1)より，空気抵抗 $S=F-G$ に，①，②を代入すると，

$S=\rho Vg-(Mg+\rho' Vg)$

$=(\rho-\rho')Vg-Mg$

ここで，それぞれの値を代入すると

$S=(1.2-0.18)\times250\times9.8-150\times9.8$

$=2499-1470$

$=1029\,[\mathrm{N}]$

2

(1)　**オ**

(2)　①　$\boldsymbol{\dfrac{m}{m+M}F}$　　②　$\boldsymbol{\sqrt{\dfrac{2Mgh}{M+m}}}$

③　$\boldsymbol{\dfrac{Mgh}{F}}$

解説

(2)　①　物体の加速度を a，張力の大きさを T として，運動方程式を考えると，

P：$T=ma$　…ⅰ）

Q：$F-T=Ma$　…ⅱ）

ⅰ），ⅱ）より，

$F-T=\dfrac{M}{m}T$

$$\therefore\ T=\frac{m}{m+M}F$$

② 力学的エネルギー保存則より，

$$Mgh=\frac{1}{2}Mv^2+\frac{1}{2}mv^2$$

$$\therefore\ v=\sqrt{\frac{2Mgh}{M+m}}\quad \cdots㋐$$

③ 小物体Qが高低差 h だけ滑り落ちるのに要する時間を t とする。このとき，斜面に沿ったQの運動に対して，加速度を a とすると，

$$v=at \qquad \therefore\ t=\frac{v}{a}$$

時間 t の間に小物体Pが水平面ABで移動した距離を L とすると，

$$L=\frac{1}{2}at^2=\frac{v^2}{2a}\quad \cdots㋑$$

i)，ii）より，$a=\dfrac{F}{M+m}$ …㋒

㋑に，㋐と㋒を代入して，

$$L=\frac{Mgh}{F}$$

3

(1) $\boldsymbol{\tan\theta_0}$　(2) $\boldsymbol{g(\sin\theta_0-\mu'\cos\theta_0)}$

(3) $\boldsymbol{\mu' mgL\cos\theta_0}$

(4) $\boldsymbol{\tan\theta_0-\dfrac{2L}{gT^2\cos\theta_0}}$

解説

(1) 角度 θ_0 のとき，重力の斜面に対して水平な成分と最大静止摩擦力がつり合うため，静止摩擦係数を μ とおくと，

$$mg\sin\theta_0=\mu mg\cos\theta_0$$

$$\therefore\ \mu=\tan\theta_0$$

(2) 物体の運動方程式は，

$$mg\sin\theta_0-\mu' mg\cos\theta_0=ma$$

より，

$$a=g(\sin\theta_0-\mu'\cos\theta_0)$$

(3) 物体の失った力学的エネルギーは，摩擦力のした仕事と等しいので，

$$\mu' mg\cos\theta_0\times L=\mu' mgL\cos\theta_0$$

(4) $L=\dfrac{1}{2}aT^2$

$$=\frac{1}{2}g(\sin\theta_0-\mu'\cos\theta_0)T^2$$

$$\therefore\ \mu'=\tan\theta_0-\frac{2L}{gT^2\cos\theta_0}$$

4

(1) $\boldsymbol{\sqrt{2gL}}$　(2) $\boldsymbol{ma=mg-kx}$

(3) **ウ**

(4) $\boldsymbol{mg(x+L)-\dfrac{1}{2}kx^2}$

(5) $\boldsymbol{\sqrt{2gL+\dfrac{mg^2}{k}}}$

(6) $\boldsymbol{H-\sqrt{\dfrac{2mgH}{k}}}$

解説

(1) $v^2-0^2=2gL$

$$\therefore\ v=\sqrt{2gL}$$

(2) 図のように，下向きには mg，上向きには kx の力がはたらく。この運動方程式をたてればよい。

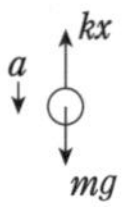

$$ma=mg-kx$$

(3) (2)の図で $(mg-kx)\geqq 0$ のときまで下に加速する。つまり，$kx=mg$ の点が最大である。

(4) 自然長から x だけ伸びた位置を通る水平面を基準とする。求める運動エネルギーを K とすると，力学的エネルギー保存則より，

$$K+\frac{1}{2}kx^2=\frac{1}{2}mv^2+mgx$$

$$\therefore\ K=mg(x+L)-\frac{1}{2}kx^2$$

(5) (3)より，$mg=kx$ のとき最速であるから，

$$x=\frac{mg}{k}\quad \cdots\cdots①$$

(4)の結果に①を代入し，このときの運動エネルギー $K=\dfrac{1}{2}mv'^2$ を，v' について解くと，

$$v'=\sqrt{2gL+\frac{mg^2}{k}}$$

(6)　水面を基準として，力学的エネルギー保存則より，

$$\frac{1}{2}k(H-L)^2=\frac{1}{2}mv^2+mg(H-L)$$

$$\frac{1}{2}k(H-L)^2=mgL+mg(H-L)$$

$$\therefore\ L=H-\sqrt{\frac{2mgH}{k}}$$

5

(1)　$\boldsymbol{x\sqrt{\frac{k}{m}}}$　　(2)　$\boldsymbol{\mu g}$

(3)　$\boldsymbol{\frac{\mu mg}{M}}$　　(4)　$\boldsymbol{\frac{m}{M+m}v}$

(5)　$\boldsymbol{\frac{Mv^2}{2(M+m)\mu g}}$

解説

(1)　力学的エネルギー保存則より，

$$\frac{1}{2}kx^2=\frac{1}{2}mv^2\qquad\therefore\ v=x\sqrt{\frac{k}{m}}$$

(2)　物体が台車を滑るとき，物体には図の左向きに摩擦力がはたらいているので，加速度を a とすると，物体の運動方程式は，

$$ma=-\mu mg\qquad\therefore\ a=-\mu g$$

よって，加速度の大きさは，μg である。

(3)　台車には，物体にはたらく摩擦力の反作用の力がはたらいているので，求める加速度を a' とすると，

$$Ma'=\mu mg\qquad\therefore\ a'=\frac{\mu mg}{M}$$

(4)　求める台車の速さを v' とすると，運動量保存則より，

$$mv=(M+m)v'\qquad\therefore\ v'=\frac{m}{M+m}v$$

(5)　台車に対しての物体の加速度は，

$$a-a'=-\mu g-\frac{\mu mg}{M}$$

$$=-\frac{(M+m)\mu g}{M}$$

となるので，求める距離を X とすると，

$$0^2-v^2=2\cdot\left\{-\frac{(M+m)\mu g}{M}\right\}\cdot X$$

$$\therefore\ X=\frac{Mv^2}{2(M+m)\mu g}$$

6

Ⅰ．(1)　〈慣性系〉

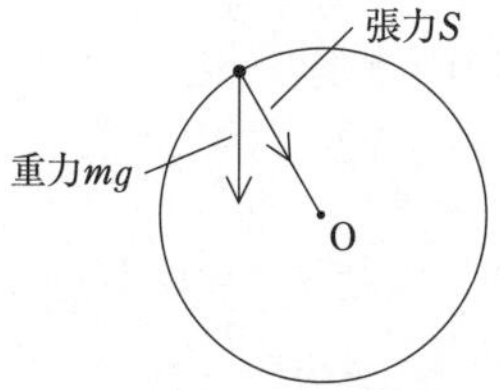

〈非慣性系〉

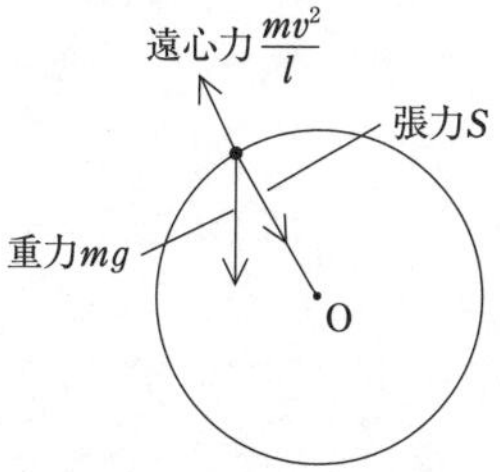

(2)　$\boldsymbol{S=\frac{v^2}{l}m-mg\cos\theta}$

(3)　$\boldsymbol{v^2={v_0}^2+2gl(1-\cos\theta)}$

(4)　$\boldsymbol{S=m\frac{{v_0}^2}{l}+mg(2-3\cos\theta)}$

Ⅱ．(1)　$\boldsymbol{y_G=\frac{m_1y_1+m_2y_2}{m_1+m_2}}$

(2)　$\boldsymbol{m_2=\frac{m_1}{8}}$

解説

Ⅰ．(2)　非慣性系（物体とともに運動する系）で考える。このとき，力のつり合いより，

$$S+mg\cos\theta=\frac{mv^2}{l}$$

$$\therefore\ S=\frac{v^2}{l}m-mg\cos\theta \quad \cdots(\mathrm{i})$$

(3) 力学的エネルギー保存則より，

$$\frac{1}{2}m{v_0}^2=\frac{1}{2}mv^2-mgl(1-\cos\theta)$$

$$\therefore\ v^2={v_0}^2+2gl(1-\cos\theta) \quad \cdots(\mathrm{ii})$$

(4) (i)，(ii)より，

$$S=m\frac{{v_0}^2}{l}+mg(2-3\cos\theta)$$

II．(2) 物体Bにかかる張力を T とすると，重力加速度を g として

Aの力のつり合いの条件

$$m_1g=8T \quad \cdots(\mathrm{iii})$$

Bの力のつり合いの条件

$$m_2g=T \quad \cdots(\mathrm{iv})$$

(iii)，(iv)より，

$$m_2=\frac{m_1}{8}$$

7

(1) $\dfrac{p_2T_1}{p_1T_2}d_1$　(2) 87℃以上

(3) 〔解答例〕

火のついたアルコールランプの上にビニル袋を開いてかぶせ，熱せられた空気の力を利用してビニル袋を上昇させる。

注意点：・アルコールランプの火がビニル袋に燃え移らないように注意させる。
・火を扱うため，やけどに注意させる。　など

解説

(1) この理想気体の質量を m とおく。圧力 p_1，絶対温度 T_1 のときの体積を V_1，また，圧力 p_2，絶対温度 T_2 のときの体積を V_2 とすると，

$$d_1=\frac{m}{V_1},\ d_2=\frac{m}{V_2}$$

より，$V_2=\dfrac{V_1d_1}{d_2}$ …①

また，物質量（モル数）は一定であるから，ボイル・シャルルの法則より，

$$\frac{p_1V_1}{T_1}=\frac{p_2V_2}{T_2}$$

$$\therefore\ V_2=\frac{p_1T_2}{p_2T_1}V_1$$

①を代入すると，

$$d_2=\frac{p_2T_1}{p_1T_2}d_1$$

(2) 熱気球が浮き上がるとき，気球内に入っていた気体の質量を x〔kg〕とおくと，浮力と重力がつりあうことより，重力加速度を g として

$$(1.2\times500)\times g=(110+x)\times g$$

$$\therefore\ x=490〔\mathrm{kg}〕$$

このとき，気球内の気体の密度は，

$$490\div500=0.98〔\mathrm{kg/m^3}〕$$

となっている。

n モルの気体の状態方程式 $PV=nRT$ を密度 d を用いて書き直すと，アボガドロ数 N_0，気体分子1個の質量を m_0 とおけば，$d=\dfrac{nN_0m_0}{V}$ より

$$P=\left(\frac{R}{m_0N_0}\right)dT$$

となる。$\dfrac{P}{dT}=$ 一定 ということが，気体の種類が変わらない限り成り立つ（m_0 が一定のとき）。これは(1)の結果と同じになっている。

気球外部の空気の圧力，温度，密度をそれぞれ P_1，T_1，d_1，気球内部の気体（＝空気）の圧力，温度，密度をそれぞれ P_2，T_2，d_2 とおくと，
(1)の結果と同様の式

$$\frac{P_1}{d_1T_1}=\frac{P_2}{d_2T_2}$$

が成立する。気球の外部と内部の圧力は等しいので，$P_1=P_2$ であるから

$d_2T_2 = d_1T_1$

となる。$d_1 = 1.2$〔kg/m^3〕,

$T_1 = 21 + 273 = 294$〔K〕,

$d_2 = 0.98$〔kg/m^3〕として,

$T_2 = 360$〔K〕

したがって，$360 - 273 = 87$〔℃〕以上であればよい。

8

(1)

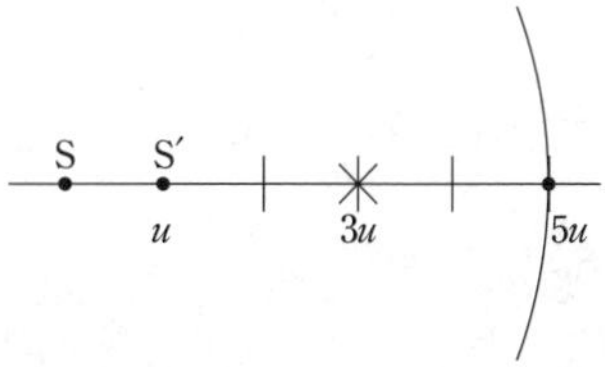

(2) $\frac{4u}{f}$〔m〕　　(3) $\frac{5}{4}f$〔Hz〕

(4) 観察者が運動することで，観察者を通過する波の個数が変化するため。

解説

(1) $(1 - 0.5) \times 5u = 2.5u$

したがって，Sから$0.5u$〔m〕離れた位置から$2.5u$〔m〕進んだ位置，つまりSから$3u$〔m〕の位置となる。

(2) (1)より，$5u - 3u$の中に$0.5 \times f$〔個〕の波が入っているので，

$$\lambda = \frac{2u}{0.5f} = \frac{4u}{f}〔m〕$$

(3) $f = \frac{v}{\lambda}$より，

$$f' = \frac{5u}{\frac{4u}{f}} = \frac{5}{4}f〔Hz〕$$

9

Ⅰ. (1) 入射角：∠FBE

反射角：∠DBE

(2) 入射角＝反射角

(3)

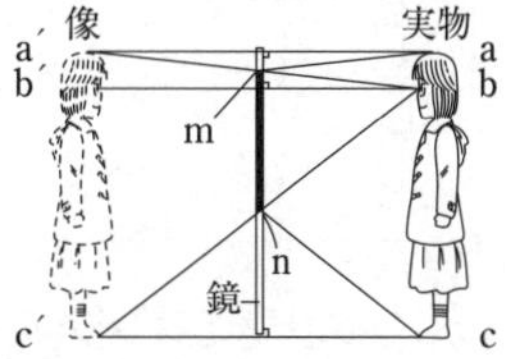

〈説明〉

abcを人とし，bを目の位置とする。

a′b′c′は人の像である。よって，鏡mnを図の位置に置けばよい。

△a′bc′においてmはa′bの中点でmn∥a′c′だから，中点連結の定理より，

$$\overline{mn} = \frac{1}{2}\overline{a'c'} = \frac{1}{2}\overline{ac}$$

よって，身長の$\frac{1}{2}$の長さの鏡が必要である。

(4)

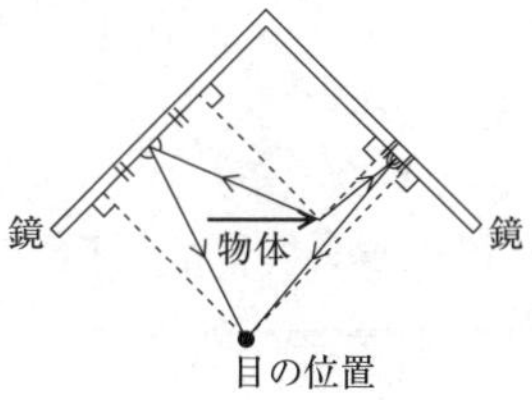

Ⅱ. (1) イ　　(2) ク

(3) ア．境界　　イ．垂直

ウ．屈折角　　エ．小さく

オ．大きく

(4)

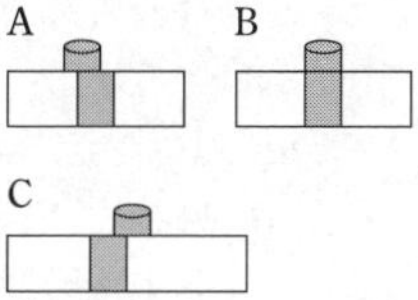

Ⅲ. (1) (物体と凸レンズの距離，凸レンズとスクリーンの距離が同じになるとき，焦点距離の2倍であるため,) $a = b$となる距離を探して2で割る。

(2)

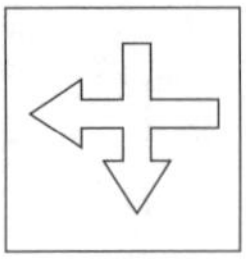

(3) 像の大きさ：大きくなる
距離 b：長くなる

(4) 虚像　　(5) 小さくなる

解説

Ⅱ. (4) 上から見た図で考える。

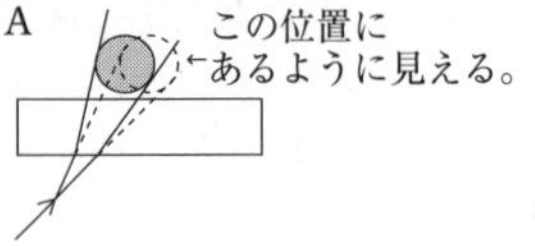

10

(1) **15μF**　　(2) **1.5×10^{-4}C**

(3) **2.1×10^{-4}C**　　(4) **2.0×10^{-5}C**

解説

(1) bc 間の合成容量は,

$10+20=30$〔μF〕

ac 間の合成容量を C とすると,

$$\frac{1}{C}=\frac{1}{30}+\frac{1}{30}$$

$\therefore\ C=15$〔μF〕

(2) 30μF のコンデンサーにかかる電圧は,

$$10\times\frac{30}{30+30}=5〔\mathrm{V}〕$$

$Q=CV$ より,

$30\times10^{-6}\times5=1.5\times10^{-4}$〔C〕

(3) 10μF と 20μF のコンデンサーに蓄えられている電荷の和は, S_2 を通った電荷の総量と等しい。10μF と 20μF のコンデンサーの並列部の電圧は,

$$10\times\frac{30+40}{(10+20)+(30+40)}=7〔\mathrm{V}〕$$

より, 7V であるから,

$7\times10\times10^{-6}+7\times20\times10^{-6}$
$=2.1\times10^{-4}$〔C〕

(4) 10μF と 30μF のコンデンサー間の電荷量の和を考える。

$-7\times10\times10^{-6}+3\times30\times10^{-6}$
$=2.0\times10^{-5}$〔C〕

これは d を通って, 2.0×10^{-5}C の電荷量が 10μF と 30μF のコンデンサーに供給されたということである。

よって, 2.0×10^{-5}〔C〕

11

(1) C, E, H　　(2) $\frac{3}{4}R$

(3) $\frac{4V}{3R}$

解説

(1)

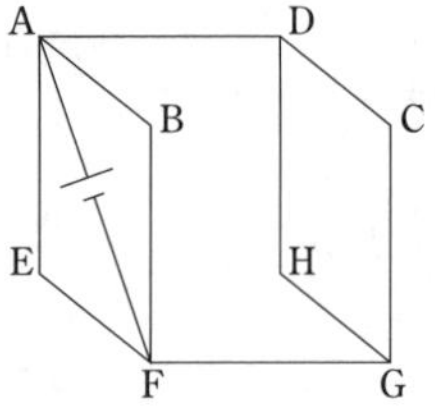

与えられた回路は, 次の回路と同じである。

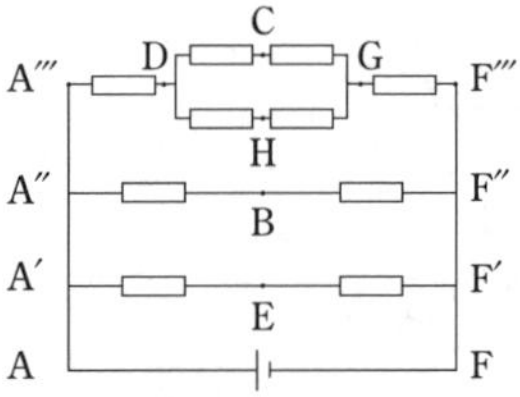

(抵抗の大きさはすべて R)

(2) A′F′ 間, A″F″ 間の合成抵抗はともに $2R$。

A‴F‴ 間の合成抵抗は,

$$R+\frac{1}{\frac{1}{2R}+\frac{1}{2R}}+R=3R$$

よって, AF 間の合成抵抗は,

$$\frac{1}{\frac{1}{2R}+\frac{1}{2R}+\frac{1}{3R}}=\frac{3}{4}R$$

(3)　$I=\dfrac{V}{\frac{3}{4}R}=\dfrac{4V}{3R}$

12

(1)　ストローAはBから遠ざかる方向に浮きあがる（Bに対して反発して振れる)。

理由：2つの物体をこすり合わせると，電子が片方の物体に移動して2つの物体は帯電する。したがって，こすったストローA，Bは同種の電気を帯びるため，お互い反発して遠ざかるため。

(2)　空気中の水や氷の粒子が空へ上昇する際に互いに擦り合うことで雲がマイナスに帯電する。地上のプラスの電気との間で放電が起こり雷が発生する。

(3)　電流：33.1 A　　電力量：1655 Wh

(4)　〈実験図〉

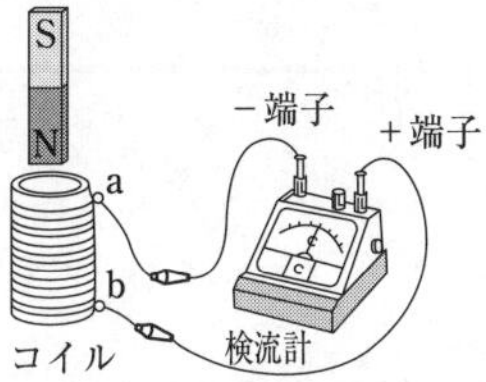

〈説明〉

コイルの中に棒磁石を出し入れし，コイルの中の磁界を変化させると，その変化を妨げる向きの磁界をつくる誘導電流が発生する。

解説

(3)　〈電流〉

$(800+1000+1200+150+100+60)\div 100$
$=33.1$〔A〕

〈電力量〉

$3310\times 30\div 60=1655$〔Wh〕

13

①　キ　　②　ウ
③　イ　　④　オ

解説

②　物体を押す力が大きくなるにつれて，物体にはたらく静止摩擦力は大きくなっていき，物体が動き出す瞬間最大値（最大静止摩擦力）となる。物体が動き出して以降，物体にはたらく動摩擦力は，最大静止摩擦力より小さく，一定となる。

④　初めの放射性原子核数 N_0，放射原子核の残存数 N，半減期 T，経過時間 t の間には，

$$N=N_0\left(\frac{1}{2}\right)^{\frac{t}{T}}$$

の式が成り立つ。

第3編

化学

1 物質の構成

傾向と対策

物質の構成では，化学の基本法則，周期表と元素の性質，同位体と原子量，結晶格子が重要項目である。中でも，結晶格子については出題頻度が非常に高いので，内容をしっかりと理解して十分な練習をしておく必要がある。この分野は，化学分野すべての内容の基本となるため，問題の難易度としてはそれ程高くはないが，正確な知識と理解が求められる。特に，化学の基本法則を中心に紛らわしい内容も見られるので注意したい。

要点 Check!

1 物質の構成

(1) 物質の分類

- 物質
  - 純物質
    - 単　体…１種類の元素のみからできている物質
      〈例〉鉄，酸素，ダイヤモンド など
    - 化合物…２種類以上の元素が結合してできている物質
      〈例〉水，二酸化炭素，塩化ナトリウム など
  - 混合物…２種類以上の純物質が混合している物質
    〈例〉空気，海水，塩酸 など（均一混合物）
    岩石，石油，牛乳 など（不均一混合物）

(2) 同素体

同じ元素からできているが性質が異なる単体

〈例〉酸素（O_2）とオゾン（O_3）など

(3) 混合物の分離

ろ過，蒸留，分留，再結晶，昇華 など

2 化学の基本法則

●質量保存の法則（1774 年）

フランスのラボアジエは，次の法則を発見した。

「化学反応の前後で，物質の総質量は変化しない。」

●定比例の法則（1799 年）

フランスのプルーストは，次の法則を発見した。

「ある化合物を構成する成分元素の質量比は一定である。」

●**原子説**（1803 年）

イギリスの**ドルトン**は，質量保存の法則や定比例の法則を説明するために，**原子**が物質の最小単位であるとする**原子説**を発表した。

●**倍数比例の法則**（1803 年）

ドルトンは原子説をもとに，次の法則を発見した。

「2種の元素ＡとＢからいくつかの化合物ができるとき，一定質量のＡと化合するＢの質量の間には，簡単な整数比が成り立つ。」

●**気体反応の法則**（1808 年）

フランスの**ゲーリュサック**は，次の法則を発見した。

「気体反応において，反応に関係する気体の体積の間には，同温・同圧のもとで，簡単な整数比が成り立つ。」

●**分子説**（1811 年）

イタリアの**アボガドロ**は，原子説と気体反応の法則との間の矛盾を説明するために，**分子説**を発表した。アボガドロは，物質をつくる基本粒子としての原子と，物質がその固有の性質を失わない最小の粒子としての分子をはじめて明確に区別した。

●**アボガドロの法則**

アボガドロは，分子説と同時に次の法則を発表した。

「すべての気体は，同温・同圧のもとで，同体積中に同数個の分子を含む。」

3　周期表と元素の性質

(1)　原子の構造

- **原子**
  - **原子核**
    - **陽子**……正電荷を帯びた粒子
    - **中性子**…電荷をもたない粒子で，質量は陽子とほぼ同じ
  - **電子**…負電荷を帯びた粒子で，質量は陽子の約 1840 分の 1

①　原子番号と質量数

原子番号＝陽子の個数＝電子の個数

質量数＝(陽子の個数)＋(中性子の個数)

②　同位体

原子番号は同じであるが，中性子の数が異なる原子どうしを**同位体**という。

③　電子殻

原子核のまわりをまわる電子は，いくつかの層に分かれて運動している。これらの層を**電子殻**という。電子殻は原子核に近いものから順に**K殻**，**L殻**，**M殻**，…とよばれる。各電子殻に収容できる電子の最大数は，K殻から順に**2個**，**8個**，**18個**，…である。(n 番目の電子殻に最大 $2n^2$ 個)。

(2)　元素の周期表

元素を原子番号の順に，化学的性質のよく似た元素が縦に並ぶように配置したもの。周期表において，左下へいくほど陽性が強い。

周期＼族	1	2	3	4	5	6	7	8	9	10	11	12	13	14	15	16	17	18
1	$_{1}$H																	$_{2}$He
2	$_{3}$Li	$_{4}$Be											$_{5}$B	$_{6}$C	$_{7}$N	$_{8}$O	$_{9}$F	$_{10}$Ne
3	$_{11}$Na	$_{12}$Mg											$_{13}$Al	$_{14}$Si	$_{15}$P	$_{16}$S	$_{17}$Cl	$_{18}$Ar
4	$_{19}$K	$_{20}$Ca	$_{21}$Sc	$_{22}$Ti	$_{23}$V	$_{24}$Cr	$_{25}$Mn	$_{26}$Fe	$_{27}$Co	$_{28}$Ni	$_{29}$Cu	$_{30}$Zn	$_{31}$Ga	$_{32}$Ge	$_{33}$As	$_{34}$Se	$_{35}$Br	$_{36}$Kr
5	$_{37}$Rb	$_{38}$Sr	$_{39}$Y	$_{40}$Zr	$_{41}$Nb	$_{42}$Mo	$_{43}$Tc	$_{44}$Ru	$_{45}$Rh	$_{46}$Pd	$_{47}$Ag	$_{48}$Cd	$_{49}$In	$_{50}$Sn	$_{51}$Sb	$_{52}$Te	$_{53}$I	$_{54}$Xe
6	$_{55}$Cs	$_{56}$Ba	ランタノイド 57～71	$_{72}$Hf	$_{73}$Ta	$_{74}$W	$_{75}$Re	$_{76}$Os	$_{77}$Ir	$_{78}$Pt	$_{79}$Au	$_{80}$Hg	$_{81}$Tl	$_{82}$Pb	$_{83}$Bi	$_{84}$Po	$_{85}$At	$_{86}$Rn
7	$_{87}$Fr	$_{88}$Ra	アクチノイド 89～103	$_{104}$Rf	$_{105}$Db	$_{106}$Sg	$_{107}$Bh	$_{108}$Hs	$_{109}$Mt	$_{110}$Ds	$_{111}$Rg	$_{112}$Cn	$_{113}$Nh	$_{114}$Fl	$_{115}$Mc	$_{116}$Lv	$_{117}$Ts	$_{118}$Og

遷移元素 ……………………

典型元素 { 金属元素 …………… / 非金属元素 ………

※原子番号104以降は詳細不明

※BeとMgをアルカリ土類金属元素に含めない場合がある。また，12族元素を遷移元素に含めない場合がある。

$_{1}$H から $_{20}$Ca までの元素は必ず覚えておくこと。

$_{1}$H $_{2}$He $_{3}$Li $_{4}$Be $_{5}$B $_{6}$C $_{7}$N $_{8}$O $_{9}$F $_{10}$Ne $_{11}$Na $_{12}$Mg $_{13}$Al $_{14}$Si $_{15}$P $_{16}$S $_{17}$Cl $_{18}$Ar $_{19}$K $_{20}$Ca

水兵　リーベ　ぼくの船，　ななまがり　シップス　クラーク　か

(loveのドイツ語)　(船の進路を何回も曲げること)　(船長の名)

(3)　原子のイオン化エネルギー

①　イオン化エネルギー

原子から電子1個を取り去って1価の陽イオンにするのに必要なエネルギーを**第1イオン化エネルギー**，あるいは単に**イオン化エネルギー**という。イオン化エネルギーが小さいほど陽イオンになりやすい（陽性が強い）。

②　電子親和力

原子が電子1個を取り入れて1価の陰イオンになるときに放出されるエネルギーを**電子親和力**という。電子親和力が大きいほど陰イオンになりやすい（陰性が強い）。貴ガス（希ガス）は電子配置が安定なため，電子親和力はほぼ0である。

4　原子量・分子量と物質量

①　相対質量

炭素の同位体の1つ ^{12}C 1個の質量を12と定め，これを基準とした各原子1個の相対的な質量を**原子の相対質量**あるいは単に**相対質量**という。

②　原子量

各元素に対して，その元素を構成する各同位体の相対質量にそれぞれの存

在比をかけて計算した平均値を，**元素の原子量**あるいは単に**原子量**という。

③　分子量

$^{12}C=12$ を基準とした分子１個の相対質量を**分子量**という。

④　式量

NaCl や NO_3^- などの組成式やイオン式中の元素の原子量の総和を**式量**という。分子という単位が存在しない物質の場合に用いられる。

⑤　物質量（モル：mol）

原子・分子・イオンから構成されているあらゆる物質について，その構成粒子の **6.02×10^{23}個**の集まりを**１モル（mol）**といい，１モルあたりの粒子の数 6.02×10^{23}/mol を**アボガドロ定数**という。物質１mol あたりの質量を**モル質量**といい，^{12}C 原子のモル質量は 12 g/mol である。

5　化学結合と物質の性質

(1)　粒子の結合

①　イオン結合

陽イオンと陰イオンが静電気的な引力（クーロン力）によって引き合ってできた結合を**イオン結合**という。

〈例〉NaCl，$CuSO_4$

②　共有結合

２つの原子がそれぞれの不対電子を共有してできた結合を**共有結合**という。

〈例〉Cl_2，H_2O

③　金属結合

自由電子を仲立ちとした金属原子間の結合を**金属結合**という。

〈例〉Cu，Ca

④　分子間力

分子間にはたらく弱い力を**分子間力（ファンデルワールス力）**という。

⑤　水素結合

H_2O，HF，NH_3など極性の大きい水素化合物では，分子中のＨは正に帯電し，Ｏ，Ｆ，Ｎなどは負に帯電している。正に帯電しているＨが他の分子の負に帯電しているＯ，Ｆ，Ｎなどと静電気的に引かれ合うときのように，水素原子を仲立ちとした結合を**水素結合**という。

(2) 化学結合と物質の性質

結晶の種類	イオン結晶	共有結合の結晶	金属結晶	分子結晶
結合	**イオン結合**	**共有結合**	**金属結合**	**分子間力**
構成粒子	陽イオンと陰イオン	原子	金属原子	分子
融点	比較的高い	非常に高い	いろいろ	低い
硬さ	硬い	極めて硬い	展性・延性あり	軟らかい
電導性	固体はなし，液体はあり	なし(黒鉛は例外)	あり	なし
例	NaCl，$CuSO_4$	ダイヤモンド(C)	Fe，Na	ドライアイス(CO_2)

(3) 結晶格子

金属の結晶格子における原子の配列には，**体心立方格子**，**面心立方格子**，**六方最密構造**の３種類がある。

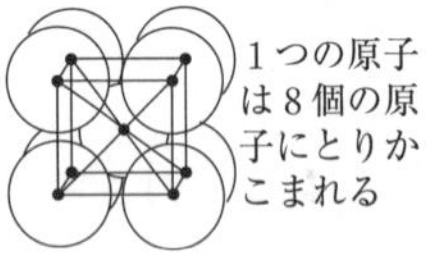

体心立方格子

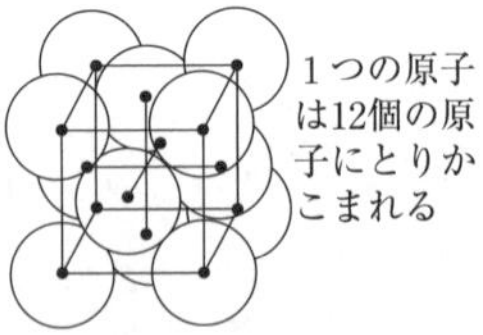

面心立方格子

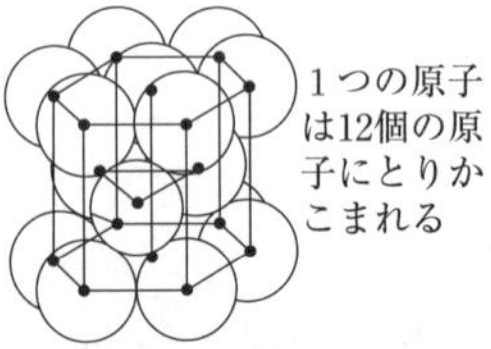

六方最密構造

単位格子中に含まれる原子の個数は，

体心立方格子：$\frac{1}{8}\times 8+1=2$〔個〕　　面心立方格子：$\frac{1}{8}\times 8+\frac{1}{2}\times 6=4$〔個〕

例題１　周期表と元素の性質

次の元素の周期表の一部について，各問いに答えよ。

周期＼族	1	2	3	4	5	6	7	8	9	10	11	12	13	14	15	16	17	18
1	H																	He
2	Li	Be											B	C	N	O	F	Ne
3	Na	Mg											Al	Si	P	S	Cl	Ar
4	K	Ca	Sc	Ti	V	Cr	Mn	Fe	Co	Ni	Cu	Zn	Ga	Ge	As	Se	Br	Kr
5	Rb	Sr	Y	Zr	Nb	Mo	Tc	Ru	Rh	Pd	Ag	Cd	In	Sn	Sb	Te	I	Xe

(1) 1869年に，このような現在の周期表の原型を発表した科学者は誰か。その名前を次のア～エから１つ選び，記号で答えよ。

ア．ドルトン　　イ．メンデレーエフ　　ウ．ベルセリウス

エ．プリーストリー

(2)　質量数 19 のフッ素原子の原子核には何個の中性子が含まれているか。その数を答えよ。

(3)　第 14 族では第 2 周期から第 3，第 4，第 5 周期になるにつれて，元素の性質はどのように変化するか。適切なものを次のア～エから 1 つ選び，その記号を答えよ。

ア．常温での状態が，気体から，次第に液体，固体になる。

イ．陽イオンになりやすいものから，次第に陰イオンになりやすいものになる。

ウ．非金属から，次第に金属性が顕著になる。

エ．同位体の種類が，次第に減少する。

(4)　第 18 族元素は「不活性ガス」とよばれ，他の元素と化合する性質がほとんど認められない。その理由を原子の構造にふれて簡潔に説明せよ。

〈埼玉県･さいたま市〉

解答　(1)　イ　　(2)　10 個　　(3)　ウ

(4)　第 18 族の元素の電子配置は，最外殻が閉殻または 8 電子（オクテット）になった極めて安定な電子配置となっているため。

解説　(1)　1869 年，ロシアの**メンデレーエフ**は，元素を原子量の順に並べた最初の周期表を発表した。その後の研究により，元素を原子番号の順に並べた今日の周期表へと改良が加えられた。

(2)　フッ素の原子番号（陽子の個数）は 9 であるから，質量数が 19 であれば，中性子の個数は，$19-9=10$〔個〕である。

(3)　周期表で左へ，また下へといくほど陽性が強くなる。

(4)　He，Ne は最外殻に最大収容数の電子がはいった**閉殻**の状態で，Ar，Kr，Xe は最外殻に 8 個の電子がはいった状態であり，どちらも極めて安定な電子配置である。

例題 2　同位体と原子量

塩素には，^{35}Cl，^{37}Cl の 2 つの同位体がある。これについて，次の各問いに答えよ。ただし，炭素原子 ^{12}C の質量を 12 としたときのそれぞれの相対質量をそれぞれ 35.0，37.0 とする。

(1)　^{35}Cl と ^{37}Cl の質量数が異なる理由として正しいものはどれか。次の①～⑤のうちから 1 つ選べ。

①　電子の数が異なるから。

②　中性子の数が異なるから。

③　陽子の数が異なるから。

④　質量の異なる中性子が含まれているから。

⑤　質量の異なる陽子が含まれているから。

(2)　塩素の原子量は，35.5 である。$^{35}\mathrm{Cl}$ と $^{37}\mathrm{Cl}$ の自然界での存在比はどのようになっているか。次の①～⑤のうちから 1 つ選べ。

①　1：1　　②　1：2　　③　2：3　　④　3：1　　⑤　4：3

〈神奈川県・横浜市・川崎市〉

解答　(1)　②　　(2)　④

解説　(1)　質量数とは，陽子の数と中性子の数の和である。

(2)　$^{35}\mathrm{Cl}:{}^{37}\mathrm{Cl}=x:(1-x)$ とおく。

塩素の原子量が 35.5 であることから，

$35\times x+37\times(1-x)=35.5$　　$\therefore\ x=0.75$

よって，

$^{35}\mathrm{Cl}:{}^{37}\mathrm{Cl}=0.75:0.25=3:1$

例題 3　原子量・分子量と物質量

原子量を，H = 1，C = 12，O = 16，N = 14，Pb = 207，またアボガドロ定数を 6.0×10^{23}/mol として，次の各問いに答えよ。

(1)　気体の窒素 1.2×10^{24} 分子の質量はいくらか。整数で答えよ。

(2)　硝酸鉛（Ⅱ）6.62g 中に含まれる窒素の原子数はいくらか求めよ。

(3)　ある容器に窒素を入れると，真空のときより 0.3g 増えた。次に同じ容器にある気体を入れたところ，同温・同圧で，真空の時より 0.47g 増えた。この気体の分子量はいくらか。四捨五入して小数第 1 位まで求めよ。

(4)　二酸化炭素 11g 中に含まれる酸素原子は全部で何 mol になるか求めよ。

〈茨城県〉

解答　(1)　56 g　　(2)　2.4×10^{22} 個　　(3)　43.9　　(4)　0.5 mol

解説　(1)　$28\times\dfrac{1.2\times10^{24}}{6.0\times10^{23}}=56$〔g〕

(2)　硝酸鉛（Ⅱ）：$Pb(NO_3)_2$ の式量は，

$207+(14+16\times3)\times2=331$

硝酸鉛（Ⅱ）1 mol あたりに窒素原子は 2 mol 含まれるので，

$\dfrac{6.62}{331}\times2\times(6.0\times10^{23})=2.4\times10^{22}$〔個〕

(3)　求める気体の分子量を M とする。同温・同圧のもとで，気体 1 mol の体

積は気体の種類によらず一定なので，

$$\frac{0.3}{28}=\frac{0.47}{M} \qquad \therefore\ M \fallingdotseq 43.9$$

(4)　二酸化炭素：CO_2 1分子あたりに酸素原子は2個含まれるので，

$$\frac{11}{44}\times 2=0.5\,[\mathrm{mol}]$$

例題4　結晶格子

次の図は，それぞれ金属の結晶構造を模式的に示している。これについて，各問いに答えよ。

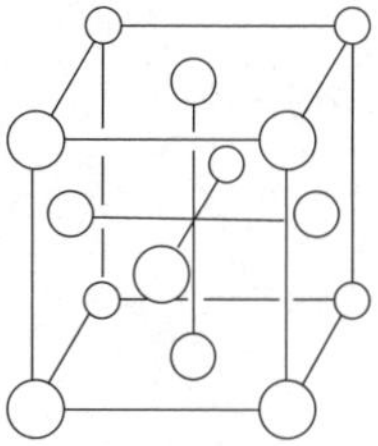

図1

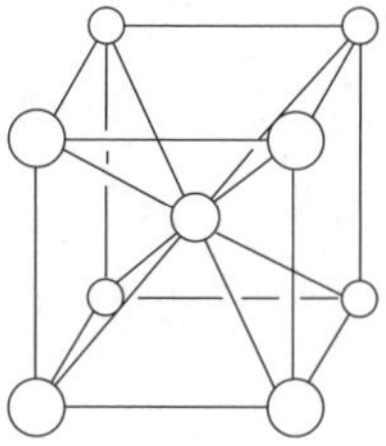

図2

(1)　図1の結晶構造の単位格子中の原子の個数として適切なものは，次の①～④のうちのどれか選べ。

①　1　　②　2　　③　4　　④　6

(2)　ある金属は，結晶構造が図1から図2に変化する。このときの図1の単位格子の一辺の長さを a，図2の単位格子の一辺の長さを b としたとき，$\dfrac{b}{a}$ の値として適切なものは，次の①～④のうちのどれか選べ。ただし，$\sqrt{2}=1.41$　$\sqrt{3}=1.73$　$\sqrt{5}=2.24$　$\sqrt{7}=2.65$　とする。

①　0.6　　②　0.8　　③　1.0　　④　1.2

(3)　図1の結晶構造をもつ金属で，単位格子の一辺の長さが 3.62×10^{-8} cm，密度が $9.00\,\mathrm{g/cm^3}$ である金属の原子量として適切なものは，次の①～④のうちのどれか選べ。ただし，アボガドロ定数を 6.0×10^{23}/mol とする。

①　32.0　　②　64.0　　③　128　　④　256

〈東京都〉

解答　(1)　③　　(2)　②　　(3)　②

解説　(1)　図1は面心立方格子，図2は体心立方格子である。

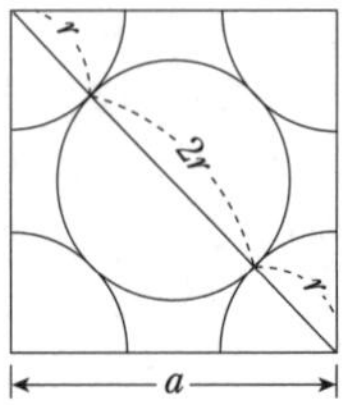

面心立方格子

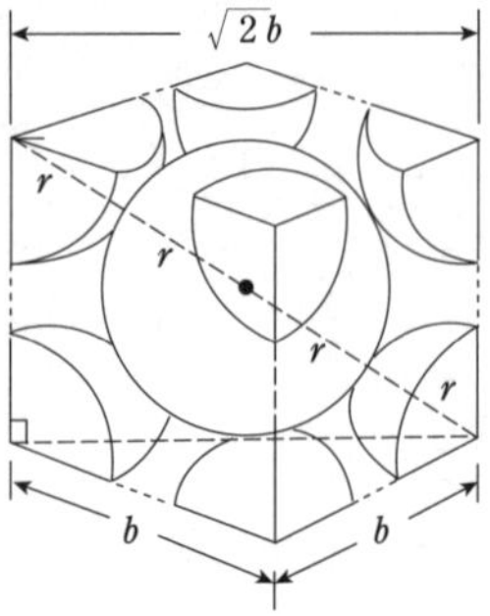

体心立方格子

面心立方格子の単位格子中に含まれる原子の個数は，

$\frac{1}{8}\times 8+\frac{1}{2}\times 6=4$〔個〕

ちなみに，体心立方格子中に含まれる原子の個数は，

$\frac{1}{8}\times 8+1=2$〔個〕

(2)　この金属の原子の半径を r とする。

$4r=\sqrt{2}a$ より，$a=\frac{4}{\sqrt{2}}r$

$4r=\sqrt{3}b$ より，$b=\frac{4}{\sqrt{3}}r$

よって，

$$\frac{b}{a}=\frac{\frac{4}{\sqrt{3}}r}{\frac{4}{\sqrt{2}}r}=\frac{\sqrt{2}}{\sqrt{3}}\fallingdotseq 0.8$$

(3)　求める原子量を M とすると，

$$M\times\frac{4}{6.0\times 10^{23}}=9.00\times(3.62\times 10^{-8})^{3}$$

$$\therefore\ M\fallingdotseq 64.0$$

演習問題

1 ★☆☆

次の記述のうち，正しいものを1つ選び，番号で答えよ。

① 周期表では，元素を原子量の小さいものから順に並べてある。

② 17族の元素では，原子番号が大きい元素ほど陰性が強い。

③ アルカリ金属元素では，原子番号が大きい元素ほど陽イオンになりやすい。

④ ヘリウム，ネオン，アルゴンのうち，イオン化エネルギーの最も大きいのはアルゴンである。

⑤ 13族～17族の元素はすべて非金属元素である。

⑥ ナトリウムイオンと塩化物イオンの電子配置は，いずれもアルゴンの電子配置と同じである。

〈愛知県〉

2 ★☆☆

元素の原子量について，次の文を読んで，各問いに答えよ。

現在使われている原子の相対質量の基準は，質量数12の（　①　）1個の質量を12として定めている。元素の原子量は，それぞれの元素の同位体の相対質量と存在比から求めた，平均の相対質量である。

(1) 文中の（　①　）に該当する原子は何か，その名称を答えよ。

(2) 文中の下線部の同位体について，簡潔に説明せよ。

〈高知県〉

3 ★☆☆

体積パーセントで，水素75%，窒素25%の混合ガスをつくった。この混合ガスの平均の分子量はいくらか。ただし，原子量は$H = 1.0$，$N = 14.0$とする。

① 4.3　② 7.5　③ 8.5　④ 15　⑤ 17

〈福岡県・福岡市・北九州市〉

4 ★★☆

0℃，1.01×10^5 Pa，2.24Lのアンモニア分子（NH_3）と同じ物質量であるものを，①～⑤から適切なものを選び，番号で答えよ。ただし，気体定数 $R = 8.31 \times 10^3$ Pa・L/(K·mol)，アボガドロ定数は 6.0×10^{23}/mol，原子量はH = 1.0，C = 12.0，N = 14.0，O = 16.0，S = 32.0とする。

① 4.4gのプロパン中の炭素原子
② 0℃，2.02×10^5 Pa，4.48Lに含まれるオゾン分子
③ 3.0×10^{22} 個の水素分子に含まれる電子
④ 2mol/L 硫酸水溶液 50mL 中の H^+（電離度 = 1.0）
⑤ 1mol/L　酢酸水溶液1L中に含まれる酢酸分子（電離度 = 0.1）

〈神戸市〉

5 ★☆☆

次の文a～cのそれぞれに当てはまる結晶の一般的な名称の組み合わせとして正しいものを，①～⑤の中から1つ選べ。

a．融点は低く，昇華性を示すものがある。電気伝導性はない。
b．融点は高く，硬いがもろい。電気伝導性はないが，融解すると電気を導くようになる。
c．融点は低いものから高いものまであり，幅が広い。展性や延性があり，電気をよく導く。

	a	b	c
①	共有結合の結晶	金属結晶	イオン結晶
②	分子結晶	共有結合の結晶	金属結晶
③	共有結合の結晶	イオン結晶	金属結晶
④	分子結晶	共有結合の結晶	イオン結晶
⑤	分子結晶	イオン結晶	金属結晶

〈三重県〉

6 ★★☆

フラーレンC_{60}は，図1のように炭素原子60個からなるサッカーボールのような形をした分子である。また，結晶状態では，図2のようにC_{60}分子が配列している。次の各問いに答えよ。

図１

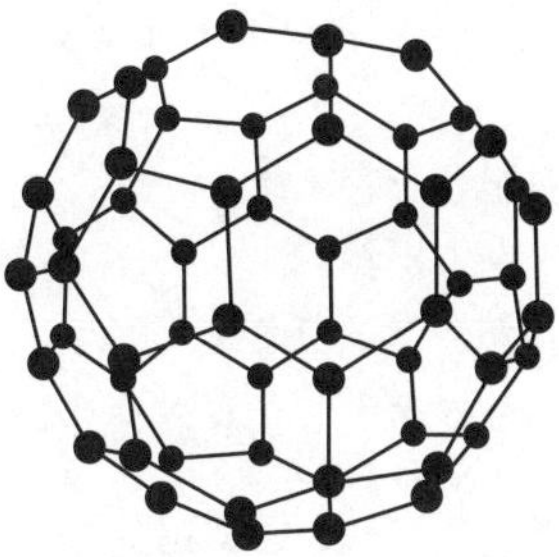

図２

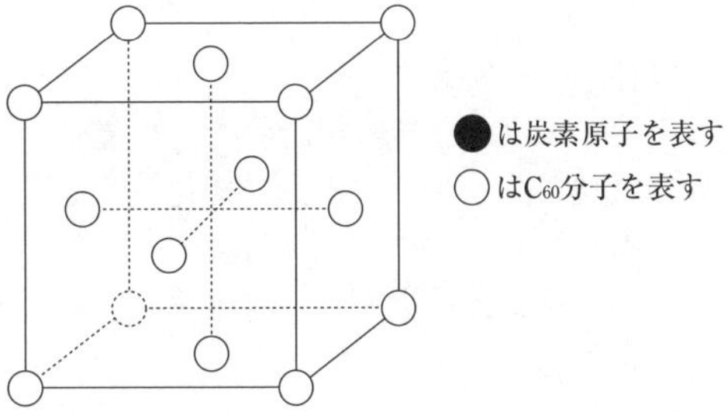

⑴　炭素の同素体をフラーレン以外に２つ答えよ。
⑵　図２のように分子が配列する結晶格子を何というか答えよ。
⑶　結晶格子内でC_{60}分子どうしを結びつけているものは何か。最も適当なものを次のア～オから選び，記号で答えよ。

ア．イオン結合　　イ．共有結合　　ウ．金属結合
エ．電子親和力　　オ．ファンデルワールス力

⑷　単位格子中に含まれるC_{60}分子の数を求めよ。

〈石川県〉

7 ★★☆

次の各問いに答えよ。

⑴　塩化ナトリウムの飽和水溶液をつくり，少しずつ温度を下げ塩化ナトリウムを析出させた。析出した塩化ナトリウムの量は，水溶液の温度を下げてもあまり増加しなかった。その理由を簡単に説明せよ。
⑵　塩化ナトリウムは，イオン結晶である。イオン結晶の性質として最も適するものを次の㋐～㋓のうちから１つ選び，記号で答えよ。

㋐　融点・沸点が低い。　　㋑　融解しても電気を通さない。
㋒　昇華しにくい。　　㋓　延性・展性がある。

⑶　図は，塩化ナトリウムの単位格子を示している。

問１　この単位格子に含まれているナトリウムイオンの数を答えよ。

問２　この単位格子の一辺を a〔cm〕，密度を b〔g/cm^3〕，アボガドロ定数を c〔/mol〕として，塩化ナトリウムの式量を答えよ。

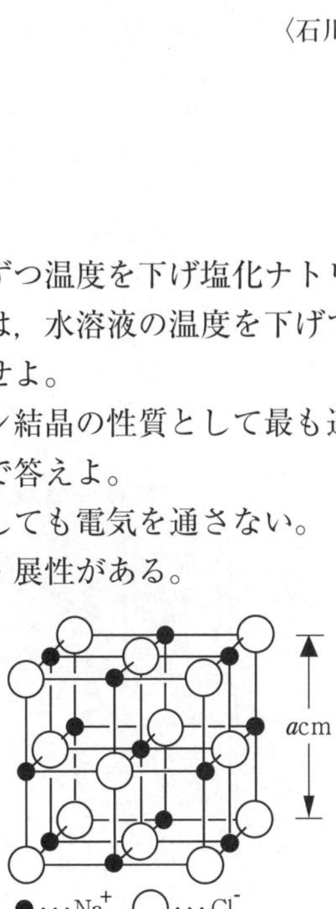

〈岡山県〉

8 ★☆☆

次の各問いに答えよ。

(1) 次のア～カのうち，混合物をすべて選び，その記号を答えよ。

ア．塩酸　　イ．二酸化炭素　　ウ．黒鉛
エ．赤リン　　オ．石油　　カ．アンモニア

(2) 次のア～エの単体から，常圧で融点が最も低いものを１つ選び，その記号を答えよ。

ア．窒素　　イ．酸素　　ウ．フッ素　　エ．ネオン

(3) 次のア～エの物質から，イオン結合と共有結合の２つの化学結合を含むものを１つ選び，その記号を答えよ。

ア．塩化ナトリウム　　イ．炭酸カルシウム
ウ．二酸化ケイ素　　エ．銀

(4) ナトリウムの単位格子は体心立方格子である。ナトリウムの原子量を M，単位格子の一辺の長さを a〔cm〕，アボガドロ定数を N〔/mol〕とすると，ナトリウムの結晶の密度〔g/cm^3〕を表すものはどれか，次のア～エから１つ選び，その記号を答えよ。

ア．$\dfrac{2N}{a^3M}$　　イ．$\dfrac{4N}{a^3M}$　　ウ．$\dfrac{2M}{a^3N}$　　エ．$\dfrac{4M}{a^3N}$

〈高知県〉

9 ★☆☆

次の図は，海水を蒸留して純水を得るために組み立てた装置を示している。(ア)～(ウ)の説明文について，正しいものには○，誤っているものには×をつけよ。

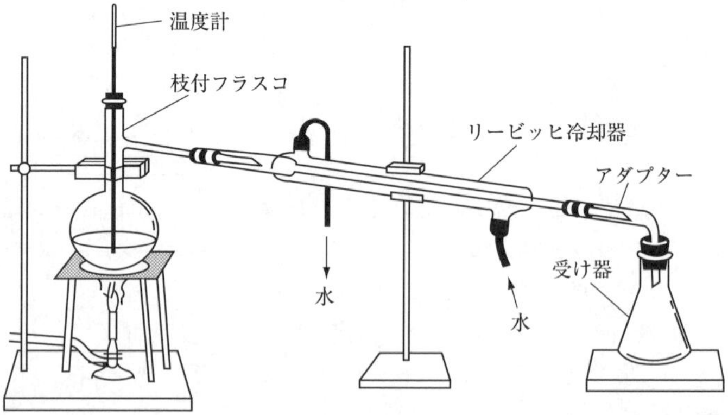

(ア)　穏やかに加熱すれば徐々に沸騰が起きるので，特に沸騰石を入れる必要はない。

(イ)　温度計の下端は沸騰している海水の温度を正確に測るため液につけるべきである。

(ウ)　アダプターと受け器は不純物が混入しないようにゴムで密栓して連結する。

〈神戸市改題〉

演習問題　解答・解説

1

③

解説

① 周期表は，ほぼ原子量の順に並んでいるが，Ar（原子番号 18，原子量 40）とK（原子番号 19，原子量 39）のような例外もある。

② 17 族ハロゲンでは，陰性の強さは F ＞ Cl＞ Br ＞ I の順である。

③ 一般に，イオン化エネルギーの小さい原子ほど陽イオンになりやすい。

④ 同族の原子では，イオン化エネルギーは原子番号が小さい原子ほど大きい。

⑤ アルミニウム Al やゲルマニウム Ge などの金属元素も含まれている。

⑥ ナトリウムイオンの電子配置は，ネオンと同じである。

2

(1) 炭素原子

(2) 同じ原子番号で，質量数が異なる原子どうし。

3

③

解説

$$2 \times \frac{75}{100} + 28 \times \frac{25}{100} = 8.5$$

4

③

解説

NH_3：$\dfrac{2.24}{22.4} = 0.1$〔mol〕

① プロパン C_3H_8 の分子量は 44 なので，

$$\frac{4.4}{44} \times 3 = 0.3〔\mathrm{mol}〕$$

② $\dfrac{4.48}{22.4} \times \dfrac{2.02 \times 10^5}{1.01 \times 10^5} = 0.4$〔mol〕

③ 水素分子 1 個あたり電子 2 個が含まれるので，

$$\frac{3.0 \times 10^{22}}{6.0 \times 10^{23}} \times 2 = 0.1〔\mathrm{mol}〕$$

④ $2 \times \dfrac{50}{1000} \times 1.0 \times 2 = 0.2$〔mol〕

⑤ $1 \times 1 \times (1 - 0.1) = 0.9$〔mol〕

5

⑤

6

(1) 黒鉛，ダイヤモンド，
カーボンナノチューブなどから 2 つ

(2) 面心立方格子

(3) オ　　(4) 4 個

解説

(1) 同じ元素からなる単体で，性質の異なる物質どうしを互いに同素体という。

(4) $\dfrac{1}{8} \times 8 + \dfrac{1}{2} \times 6 = 4$〔個〕

7

(1) 塩化ナトリウムの溶解度は，温度を下げてもあまり小さくならないため。

(2) (ウ)

(3) 問 1　4

問 2　$\dfrac{a^3bc}{4}$

解説

(3) 問 2　塩化ナトリウムの式量を x とすると，

$$x \times \frac{4}{c} = b \times a^3$$

$$\therefore\ x = \frac{a^3bc}{4}$$

8

(1)　ア，オ　　(2)　エ
(3)　イ　　(4)　ウ

解説

(1)　塩酸は塩化水素と水の混合物である。

(2)　各々の分子量は，
$N_2 = 28$，$O_2 = 32$，$F_2 = 38$，$Ne = 20$
分子量が最も小さいネオンの融点が最も低い。

(3)　炭酸カルシウム $CaCO_3$ は，カルシウムイオン Ca^{2+} と炭酸イオン CO_3^{2-} がイオン結合で結びついており，炭酸イオン CO_3^{2-} 自体は共有結合でできている。

(4)　求める密度を d〔g/cm^3〕とすると

$$M \times \frac{2}{N} = d \times a^3 \qquad \therefore d = \frac{2M}{a^3 N}$$

9

(ア)　×　　(イ)　×
(ウ)　×

解説

(ア)　突沸を防ぐため沸騰石は必要である。

(イ)　蒸気の温度をはかるため，温度計の球部は，フラスコの枝の高さにそろえる。

(ウ)　加熱するので，密栓はせず，脱脂綿を用いる。

2 物質の状態

傾向と対策

この分野では，まず濃度（質量パーセント濃度，モル濃度，質量モル濃度）についての理解が大切である。また，溶解度，気体の法則（ボイル・シャルルの法則，気体の状態方程式）に関する内容についても重要である。その他，気体の溶解や溶液の沸点上昇・凝固点降下の問題なども出題されるので注意したい。ほとんどの問題が計算問題であるため，１つ１つの公式や理論などをしっかりと理解して使いこなせるように十分に練習しておくことが重要である。

要点 Check!

1 濃度

(1) 質量パーセント濃度

溶液中に溶けている溶質の割合を百分率（パーセント）で表した濃度を**質量パーセント濃度**という。単位は〔%〕を用いる。

$$\text{質量パーセント濃度〔\%〕}=\frac{\text{溶質の質量〔g〕}}{\text{溶液の質量〔g〕}}\times100$$
$$=\frac{\text{溶質の質量〔g〕}}{\text{溶媒の質量〔g〕}+\text{溶質の質量〔g〕}}\times100$$

〈例〉水 100 g に砂糖 20 g を溶かした砂糖水の質量パーセント濃度は，

$$\frac{20}{100+20}\times100\fallingdotseq16.7\text{〔\%〕}$$

(2) モル濃度

溶液 1 L 中に溶けている溶質の物質量（モル数）で表した濃度を**モル濃度**という。単位は〔mol/L〕を用いる。

$$\text{モル濃度〔mol/L〕}=\frac{\text{溶質の物質量〔mol〕}}{\text{溶液の体積〔L〕}}$$

〈例〉0.03 mol の食塩を溶かした食塩水 100 mL のモル濃度は，

$$0.03\times\frac{1000}{100}=0.3\text{〔mol/L〕}$$

(3)　質量モル濃度

溶媒1kg中に溶けている溶質の物質量（モル数）で表した濃度を質量モル濃度という。単位は〔mol/kg〕を用いる。

$$質量モル濃度〔mol/kg〕=\frac{溶質の物質量〔mol〕}{溶媒の質量〔kg〕}$$

〈例〉0.03molの食塩を水100gに溶かしたときの質量モル濃度は,

$$0.03\times\frac{1000}{100}=0.3〔mol/kg〕$$

(4)　溶解度

一定量の溶媒に溶ける溶質の最大質量を溶解度という。固体の溶解度は，普通，溶媒100gに溶ける溶質の最大質量〔g〕で表す。溶解度は，溶媒や溶質の種類だけでなく，温度によっても変化する。

2　気体の法則

(1)　ボイル・シャルルの法則

一定の物質量の気体において，体積は圧力に反比例し，絶対温度に比例する。圧力をP，体積をV，絶対温度をTとするとき，次の式が成り立つ。

$$\frac{PV}{T}=（一定）$$

(2)　気体の状態方程式

圧力P，体積V，絶対温度T〔K〕，物質量n〔mol〕の気体について，次の関係が成り立つ。これを気体の状態方程式という。

$$PV=nRT$$

ここで，Rは気体定数と呼ばれ，圧力の単位に〔Pa〕，体積の単位に〔L〕を用いたときは$R=8.31\times10^3$〔Pa·L/(mol·K)〕であり，圧力の単位に〔Pa〕，体積の単位に〔m^3〕を用いたときは$R=8.31$〔Pa·m^3/(mol·K)〕である。

(3)　飽和蒸気圧

密閉容器に液体を入れ，しばらくすると，見かけ上，液体の蒸発が止まったような状態（気液平衡）になる。このときの蒸気の圧力を飽和蒸気圧あるいは単に蒸気圧という。蒸気圧は，温度と物質によって決まり，温度が高くなるほど大きくなる。

3　気体の溶解度

ヘンリーの法則：気体の溶解度と圧力との間には，次の関係が成り立つ。

「温度一定で，一定量の溶媒に溶ける気体の物質量（または質量）は，その気体の分圧に比例する。」

4 沸点上昇と凝固点降下

(1) 沸点上昇

不揮発性物質の溶けた溶液の沸点 T〔K〕が，純溶媒の沸点 T_0よりも高くなる現象を**沸点上昇**といい，$\Delta t = T - T_0$ を**沸点上昇度**という。

沸点上昇度を Δt〔K〕，溶液の質量モル濃度を m〔mol/kg〕とすると，

$$\Delta t = K_b m$$

が成り立つ。K_b は比例定数で**モル沸点上昇**とよばれる。

(2) 凝固点降下

不揮発性物質の溶けた溶液の凝固点 T〔K〕が，純溶媒の凝固点 T_0〔K〕より低くなる現象を**凝固点降下**といい，$\Delta t = T_0 - T$ を**凝固点降下度**という。

凝固点降下度を Δt〔K〕，溶液の質量モル濃度を m〔mol/kg〕とすると，

$$\Delta t = K_f m$$

が成り立つ。K_fは比例定数で**モル凝固点降下**とよばれる。

5 コロイド溶液

(1) コロイド溶液

物質の種類に関係なく，直径 10^{-9}m ～ 10^{-7}m 程度の大きさの粒子を**コロイド粒子**といい，コロイド粒子が均一に分散した溶液を**コロイド溶液**という。

① チンダル現象

コロイド溶液に横から強い光を当てると，光がコロイド粒子によって散乱され，光の進路が明るく輝いて見える。この現象を**チンダル現象**という。

② 透析

コロイド粒子を半透膜を使って分離する操作を**透析**という。

③ 電気泳動

コロイド溶液に電圧をかけると，コロイド粒子は一方の電極へ移動していく。この現象を**電気泳動**という。これはコロイド粒子が正または負に帯電しているためである。

④ 凝析

コロイドが少量の電解質で沈殿する現象を**凝析**といい，このようなコロイドを**疎水コロイド**という。

⑤ 塩析

水との親和力が大きいコロイドが，少量の電解質では沈殿しないが多量の電解質で沈殿する現象を**塩析**といい，このようなコロイドを**親水コロイド**と

いう。

例題1　モル濃度

ある温度で100gの水に硫酸銅（Ⅱ）五水和物 $CuSO_4 \cdot 5H_2O$ を20g溶かした。この水溶液のモル濃度〔mol/L〕として，最も適当な数値を①～⑤の中から1つ選べ。ただし，この水溶液の密度は1.2g/cm^{3}とする。（原子量：H＝1.0，O＝16，S＝32，Cu＝64）

①　0.67　　②　0.80　　③　0.96　　④　1.0　　⑤　1.3

〈三重県〉

解答　②

解説　硫酸銅（Ⅱ）五水和物 $CuSO_4 \cdot 5H_2O$　20gの物質量は，

$$\frac{20}{250}=0.08〔\mathrm{mol}〕$$

また，この水溶液の体積は，

$$\frac{100+20}{1.2}=100〔\mathrm{cm^3}〕，すなわち，0.1〔\mathrm{L}〕$$

よって，求めるモル濃度は，

$$\frac{0.08}{0.1}=0.80〔\mathrm{mol/L}〕$$

例題2　溶解度

硫酸銅（Ⅱ）の結晶は，水和水をもち，$CuSO_4 \cdot 5H_2O$ と表される。また，硫酸銅（Ⅱ）$CuSO_4$の水に対する溶解度は，20℃で20，60℃で40である。次の各問いに答えよ。

(1)　20℃の飽和水溶液400gに水100gを加えた。このとき，この溶液の質量パーセント濃度は何%か求めよ。

(2)　60℃の飽和水溶液100gを静かに加熱し，水の一部を蒸発させたのち，再び60℃にしたところ $CuSO_4 \cdot 5H_2O$ が25g析出した。このとき，蒸発させた水は何gか求めよ。

(3)　60℃の飽和水溶液200gを20℃に冷やした。このとき，析出した $CuSO_4 \cdot 5H_2O$ は何gか求めよ。

〈京都市〉

解答　(1)　13.3%　　(2)　31g　　(3)　50.3g

解説 (1) $\dfrac{溶質}{溶液}\times 100=\dfrac{400\times\dfrac{20}{100+20}}{400+100}\times 100\fallingdotseq 13.3$〔%〕

(2) 蒸発させた水を x〔g〕とする。

$CuSO_4\cdot 5H_2O$ が 25g 析出したことから，析出した $CuSO_4$ は，

$$25\times\frac{160}{250}=16\text{〔g〕}$$

よって，60℃における溶解度が 40 であることから，

$$\frac{100\times\dfrac{40}{100+40}}{100}=\frac{100\times\dfrac{40}{100+40}-16}{100-25-x}$$

$\therefore\ x=31$〔g〕

(3) 析出した $CuSO_4\cdot 5H_2O$ を x〔g〕とすると，

$$\frac{200\times\dfrac{40}{100+40}-\dfrac{160}{250}x}{200-x}=\frac{20}{100+20}$$

$\therefore\ x\fallingdotseq 50.3$〔g〕

例題 3　気体の法則

容積 10L の容器に 1.0×10^5Pa，27℃の窒素を入れて栓をしたのち，容器全体を 227℃にあたためた。このときの容器の中の窒素の圧力は何 Pa か。最も近い数値を 1 つ選べ。ただし，容器の容積は変わらないものとする。

① 1.3×10^5Pa　② 1.7×10^5Pa　③ 2.3×10^5Pa

④ 3.0×10^5Pa　⑤ 4.5×10^5Pa

〈福岡県・福岡市・北九州市〉

解答 ②

解説 求める圧力を P〔Pa〕とすると，ボイル・シャルルの法則より，

$$\frac{1.0\times 10^5\times 10}{273+27}=\frac{P\times 10}{273+227}$$

$\therefore\ P\fallingdotseq 1.7\times 10^5$〔Pa〕

演習問題

1 ★☆☆

濃度35.0％，密度1.18 g/cm^{3}である濃塩酸について，次の各問いに答えよ。ただし，HClの分子量は36.5とする。

(1)　この塩酸500 mLの質量は何gか求めよ。

(2)　この塩酸の濃度をモル濃度で表すと何mol/Lか求めよ。

(3)　2.00 mol/Lの塩酸を300 mLつくるには，この濃塩酸何mLを水で薄めればよいか求めよ。

〈京都市〉

2 ★☆☆

濃度が18 mol/Lの濃硫酸（密度1.8 g/cm^3）がある。次の各問いに答えよ。ただし，原子量をH＝1，O＝16，S＝32とする。

(1)　この濃硫酸を用いて，質量パーセント濃度が10％の希硫酸を500 gつくる。濃硫酸何mLと蒸留水（密度1.0 g/cm^3）何mLを混合すればよいか，整数で答えよ。

(2)　(1)の希硫酸をつくるときの濃硫酸の薄め方は，次のどれが正しいか記号で答えよ。

ア．濃硫酸をビーカーにとり，ガラス棒でよくかき混ぜながら蒸留水を少しずつ加える。

イ．蒸留水をビーカーにとり，ガラス棒でよくかき混ぜながら濃硫酸を少しずつ加える。

ウ．最初にビーカーにとるのは，濃硫酸でも蒸留水でもどちらでもよい。

(3)　(2)で答えた薄め方を選んだ理由を簡潔に答えよ。

〈名古屋市〉

3 ★★☆

次の各問いに答えよ。

(1)　塩化カリウムの水100 gに対する溶解度を0℃で28，80℃で51とする。
　80℃，600 gの飽和水溶液を0℃に冷やしたとき，何gの塩化カリウムが析出するか答えよ。ただし，小数第2位を四捨五入して小数第1位まで求めよ。

(2) 水1kgに結晶硫酸銅（$CuSO_4 \cdot 5H_2O$）150gを溶かした溶液について，次の①，②の各問いに答えよ。ただし，$CuSO_4$の式量を160，H_2Oの分子量を18とし，小数第1位を四捨五入して整数で答えよ。

① 45℃で硫酸銅の水100gに対する溶解度を30として，45℃で飽和水溶液をつくるには，この溶液から何gの水を蒸発させるとよいか求めよ。

② 45℃で飽和溶液にするには，この溶液にさらに結晶硫酸銅を何g加えればよいか求めよ。

(3) 5％の食塩水40g，8％の食塩水50g，および10％の食塩水150gを混合した。すべてを混合したとき，何％の食塩水となるか答えよ。

〈佐賀県〉

4 ★★☆

次の表は，各温度において水100gに溶ける塩化ナトリウムと硝酸カリウムのグラム数を示したものである。この表を用いて次の各問いに答えよ。原子量はH＝1，N＝14，O＝16，Na＝23，Cl＝35.5，K＝39とする。なお，有効数字3桁で答えよ。

温度(℃)	20	40	60	80
塩化ナトリウム	35.8	(ア)	37.1	38.0
硝酸カリウム	31.6	63.9	109	169

(1) 表中の(ア)について40℃の水50.0gに塩化ナトリウムを溶かせるだけ溶かしたら，その溶液が68.1gになった。40℃の水に対する塩化ナトリウムの溶解度を求めよ。

(2) 硝酸カリウムの化学式と式量を答えよ。なお，式量は整数で答えよ。

(3) 20℃のときの硝酸カリウム飽和水溶液の質量パーセント濃度（％）とモル濃度〔mol/L〕を求めよ。ただし，硝酸カリウムの飽和水溶液の密度を1.0 g/mLとする。

(4) 硝酸カリウム50.0gを60℃の水100gに溶かした。20℃まで冷却したときに析出する量を求めよ。

(5) 「溶けると融けるはどう違うのですか？」という生徒の質問があった。生徒が自分で確かめることができる演示実験の例を簡潔に述べよ。

〈宮城県・仙台市〉

5 ★☆☆

次の各問いに答えよ。

(1) 0℃，1.0×10^5 Pa における，次の(ア)〜(ウ)の気体の密度〔g/L〕を，四捨五入して，小数第2位まで求めよ。ただし，原子量は H＝1.0，C＝12.0，O＝16.0，N＝14.0 とする。

(ア) 水素　　(イ) アンモニア　　(ウ) 二酸化炭素

(2) 0℃，1.0×10^5 Pa で 10L の気体がある。この気体を 273℃，4.0×10^5 Pa にしたとき，その気体の体積は何 L になるか求めよ。

〈愛媛県〉

6 ★★☆

酸素を体積百分率で 40％含む，酸素，水素，アルゴンの混合気体がある。この混合気体 2.0 mol をあらかじめ真空にしておいた密閉容器に封入し，完全燃焼させたところ，残った混合気体は 0.80 mol になっていた。このとき生じた水はすべて液体になっているものとして，はじめの混合気体中のアルゴンの体積百分率は何％か。最も適当な数値を①〜⑤の中から１つ選べ。

① 10　　② 20　　③ 30　　④ 40　　⑤ 50

〈三重県〉

7 ★★☆

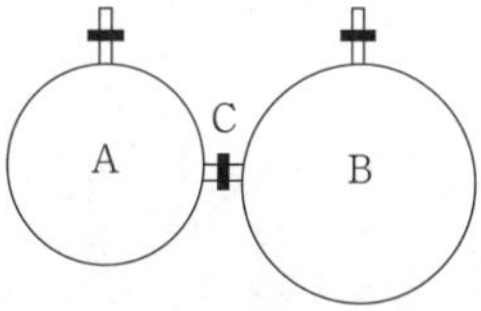

図のようにコック C で連結されている容器 A（容積 V_A〔L〕）と容器 B（容積 V_B〔L〕）を用いて以下の操作を行った。次の各問いに答えよ。ただし，コックの部位の容積は無視し，気体はすべて理想気体とみなす。なお，気体定数は R〔Pa·L/(K·mol)〕とする。

【操作１】コック C を閉じた状態で容器 A 及び容器 B を排気後，容器 A に n_A〔mol〕の一酸化炭素を，容器 B に n_B〔mol〕の酸素を充填したところ，容器 A の圧力は 1.0×10^5 Pa，容器 B の圧力は 2.0×10^5 Pa になった。絶対温度は T〔K〕であった。さらに，コック C を開いて A と B を連結したところ，温度変化は見られず，1.6×10^5 Pa になった。ただし，２種の気体は均一な混合物となり，また，この状態では一酸化炭素と酸素は反応しないものとする。

(1)　V_A を n_A，R，T を用いて表せ。

(2)　n_A と n_B の比（n_A：n_B）を整数の比で答えよ。

(3)　気体混合後の容器内の酸素の分圧〔Pa〕を有効数字２桁で答えよ。

【操作２】次に，コックＣを閉じ，触媒を用いて容器Ａの中に存在する一酸化炭素を完全に反応させて二酸化炭素とした。反応終了後，温度を T〔K〕にした。

(4)　反応前の容器Ａ内に一酸化炭素 a〔mol〕，酸素 b〔mol〕があったとして，反応終了後の容器Ａ内に存在する気体の総物質量〔mol〕を a，b を用いて表せ。

(5)　反応終了後の容器Ａ内の圧力は何 Pa か。有効数字２桁で答えよ。

〈愛知県〉

8　★☆☆

次の文は，コロイドの性質を表したものである。それぞれの操作や現象を何というか答えよ。

(1)　セロハン袋にコロイド溶液を入れて純水中に浸しておくと，小さな分子やイオンは袋の外へ出ていき，純粋なコロイド溶液をつくることができる。

(2)　コロイド溶液を限外顕微鏡で観察すると，コロイド粒子が不規則に運動しているのが見える。

(3)　牛乳などのコロイド溶液にレーザー光線を当てると，光の通路が輝いて見える。

(4)　豆腐をつくる過程で，豆乳に多量の海水を加えて沈殿させること。

(5)　コロイド粒子は，正または負の電荷を帯びているので，直流電圧をかけると陽極または陰極のどちらかに移動する。

〈沖縄県〉

演習問題　解答・解説

1

(1) **590 g**

(2) **11.3 mol/L**

(3) **53.1 mL**

解説

(1) $1.18 \times 500 = 590$〔g〕

(2) $1.18 \times 1000 \times \dfrac{35.0}{100} \times \dfrac{1}{36.5}$

$\fallingdotseq 11.3$〔mol/L〕

(3) 2.00 mol/L の塩酸 300 mL 中に含まれる HCl の物質量は，

$2.00 \times \dfrac{300}{1000} = 0.6$〔mol〕

濃塩酸を x〔mL〕とすると，(2)より，

$11.3 \times \dfrac{x}{1000} = 0.6$

$\therefore\ x \fallingdotseq 53.1$〔mL〕

2

(1) 濃硫酸：**28 mL**

蒸留水：**449 mL**

(2) イ

(3) 濃硫酸は溶解熱が非常に大きく，突沸することを防ぐため。

解説

(1) 必要な濃硫酸を x〔mL〕とすると，

$18 \times \dfrac{x}{1000} \times 98 = 500 \times 0.10$

$\therefore\ x \fallingdotseq 28.3$〔mL〕

濃硫酸の密度は $1.8\,g/cm^3$ より，

$28.3 \times 1.8 \fallingdotseq 50.9$

よって，必要な蒸留水は，

$500 - 50.9 \fallingdotseq 449$〔mL〕

3

(1) **91.4 g**

(2) ①　**734 g**　　②　**414 g**

(3) **8.75 %**

解説

(1) 析出量を x〔g〕とすると，

$\dfrac{x}{600} = \dfrac{51-28}{100+51}$　$\left(=\dfrac{析出量〔g〕}{飽和溶液〔g〕}\right)$

$\therefore\ x = 91.39 \fallingdotseq 91.4$〔g〕

(2) ①　水 x〔g〕を蒸発させると，

$\dfrac{30}{100+30} = \dfrac{150 \times \dfrac{160}{250}}{1000+150-x}$

$\left(=\dfrac{溶質〔g〕}{飽和溶液〔g〕}\right)$

$\therefore\ x = 734$〔g〕

②　結晶硫酸銅を y〔g〕加えるとすると，

$\dfrac{30}{100+30} = \dfrac{(150+y) \times \dfrac{160}{250}}{1000+150+y}$

$\left(=\dfrac{溶質〔g〕}{飽和溶液〔g〕}\right)$

$\therefore\ y \fallingdotseq 414$〔g〕

(3) $\dfrac{40 \times 0.05 + 50 \times 0.08 + 150 \times 0.10}{40+50+150}$

$\times 100 = 8.75$〔%〕

4

(1) **36.2**

(2) 化学式：**KNO_3**　　式量：**101**

(3) 質量パーセント濃度：**24.0 %**

モル濃度：**2.38 mol/L**

(4) 析出量：**18.4 g**

(5) 〔解答例〕

溶ける例：水に砂糖を加えると溶ける。

融ける例：砂糖を加熱すると融ける。

解説

(1) 求める溶解度を x とすると,

$$\frac{x}{100}=\frac{68.1-50.0}{50.0}$$

$$\therefore\ x=36.2$$

(3) 〈質量パーセント濃度〉

$$\frac{31.6}{100+31.6}\times 100 \fallingdotseq 24.0\text{〔\%〕}$$

〈モル濃度〉

$$\frac{\dfrac{1000}{1.0}\times\dfrac{31.6}{100+31.6}}{101}\fallingdotseq 2.38\text{〔mol/L〕}$$

(4) $50-31.6=18.4$〔g〕

5

(1) (ア) **0.09 g/L**　(イ) **0.76 g/L**

(ウ) **1.96 g/L**

(2) **5 L**

解説

(1) 標準状態では, 気体 1 mol は 22.4 L を占める。

(ア) $\dfrac{2}{22.4}\fallingdotseq 0.09$〔g/L〕

(イ) $\dfrac{17}{22.4}\fallingdotseq 0.76$〔g/L〕

(ウ) $\dfrac{44}{22.4}\fallingdotseq 1.96$〔g/L〕

(2) 求める体積を V〔L〕とすると, ボイル・シャルルの法則より,

$$\frac{1.0\times10^5\times10}{273+0}=\frac{4.0\times10^5\times V}{273+273}$$

$$\therefore\ V=5\text{〔L〕}$$

6

②

解説

燃焼前の酸素の物質量は,

$2.0\times0.40=0.80$〔mol〕

混合気体における反応は,

$$2H_2+O_2 \longrightarrow 2H_2O$$

であり, 明らかに H_2 は,

$0.80\times2=1.6$〔mol〕

より少ないので, すべての H_2 が反応する。

アルゴンの物質量を x〔mol〕とする。

〈燃焼前〉

$$\begin{cases} O_2 : 0.80\,\text{mol} \\ H_2 : (1.2-x)\,\text{mol} \\ Ar : x\,\text{mol} \end{cases}$$

〈燃焼後〉

$$\begin{cases} O_2 : \left(0.80-\dfrac{1.2-x}{2}\right)\text{mol} \\ Ar : x\,\text{mol} \end{cases}$$

より,

$$\left(0.80-\frac{1.2-x}{2}\right)+x=0.80$$

$$\therefore\ x=0.4\text{〔mol〕}$$

よって, アルゴンの体積百分率は,

$$\frac{0.4}{2.0}\times100=20\text{〔\%〕}$$

7

(1) $\boldsymbol{V_A=\dfrac{n_ART}{1.0\times10^5}}$

(2) $\boldsymbol{n_A : n_B=1:3}$

(3) **1.2×10^5 Pa**

(4) $\boldsymbol{\dfrac{1}{2}a+b}$〔mol〕

(5) **1.4×10^5 Pa**

解説

(2) $n_A=\dfrac{(1.0\times10^5)\times V_A}{RT}$

$n_B=\dfrac{(2.0\times10^5)\times V_B}{RT}$

AとBを連結した後の酸素の分圧を x〔Pa〕とおくと, ボイルの法則より,

$$(1.0\times10^5)\times V_A$$
$$=\{(1.6\times10^5)-x\}(V_A+V_B)$$

$$(2.0\times10^5)\times V_B=x(V_A+V_B)$$

$$\therefore\ V_A=\frac{2}{3}V_B$$

ゆえに,

$$n_A : n_B = \frac{1.0\times\frac{2}{3}V_B}{RT} : \frac{2.0\times V_B}{RT}$$
$$= 1 : 3$$

(3)　$n_A : n_B = 1 : 3$ より，酸素の分圧は，

$$(1.6\times10^5)\times\frac{3}{1+3} = 1.2\times10^5\,[\mathrm{Pa}]$$

(4)

	$2CO$	+	O_2	→	$2CO_2$	
前）	a		b		0	
後）	0		$b-\frac{1}{2}a$		a	[mol]

よって，総物質量は，

$$\left(b-\frac{1}{2}a\right)+a = \frac{1}{2}a+b\,[\mathrm{mol}]$$

(5)　$a : b = 1 : 3$ より，$b = 3a$

よって，圧力は，

$$1.6\times10^5\times\frac{\frac{1}{2}a+b}{a+b}$$
$$= 1.6\times10^5\times\frac{\frac{1}{2}a+3a}{a+3a}$$
$$= 1.4\times10^5\,[\mathrm{Pa}]$$

8

(1)　透析　　(2)　ブラウン運動

(3)　チンダル現象　　(4)　塩析

(5)　電気泳動

解説

(4)　疎水コロイドが少量の電解質によって沈殿する現象を凝析といい，親水コロイドが多量の電解質によって沈殿する現象を塩析という。

3 物質の変化

傾向と対策

化学の分野の中で出題頻度が最も高い重要な分野である。熱化学方程式，酸と塩基，酸化還元反応，電池と電気分解，化学平衡など実に内容が多いので，まずは，それぞれの内容についての基本的な知識をしっかりと学習すること。また，計算問題も多いので，十分な問題演習によって慣れておかなければならない。基本的な解法パターンを頭に入れておくことも必須である。実験器具について，特に中和反応に用いるものは名称や目的に応じた使い方も答えられるようにしておくこと。

要点 Check!

1 化学反応と熱（反応熱とエンタルピー▶ P.190 参照）

(1) 燃焼熱

1 mol の物質が完全燃焼するときに発生する熱量

〈例〉 CH_4 の燃焼熱は，891 kJ/mol（発熱）である。

$$CH_4 + 2O_2 = CO_2 + 2H_2O + 891\,\mathrm{kJ}$$

(2) 生成熱

1 mol の化合物がその成分元素の単体から生成するときに発生または吸収する熱量

〈例〉 CO_2 の生成熱は，394 kJ/mol（発熱）である。

$$C\,(\text{黒鉛}) + O_2 = CO_2 + 394\,\mathrm{kJ}$$

(3) ヘスの法則

化学反応において，反応熱は，反応の経路には関係なく，最初の状態と最後の状態だけで決まる。この法則を**ヘスの法則**という。この法則により，未知の反応熱を既知の反応熱から求めることができる。

(4) 結合エネルギー

ある共有結合 1 mol を切断するのに必要なエネルギー

（反応熱）＝（生成物の結合エネルギーの和）－（反応物の結合エネルギーの和）

2 酸と塩基

➤ 酸と塩基の反応

(1)　中和反応

酸の H^+ と塩基の OH^- とが反応して H_2O を生成する反応

> 中和は，酸のH^+の物質量と塩基のOH^-の物質量が等しくなると完了する。

(2)　水のイオン積

水は，$H_2O \rightleftarrows H^+ + OH^-$ のような電離平衡を保っており，次のような関係が成り立つ。

$K_W = [H^+] \times [OH^-] = 1.0 \times 10^{-14}\,(mol/L)^2$　(25℃のとき)

(3)　pH

水素イオン濃度$[H^+]$を 1×10^{-n}〔mol/L〕と表した場合の n の値のこと。酸性溶液では pH<7，中性溶液では pH=7，塩基性溶液では pH>7 である。

$pH = -\log_{10}[H^+]$

➤ 中和滴定

(1)　中和滴定

濃度がわからない酸または塩基の水溶液の濃度を，中和反応における酸と塩基の量的な関係から求める方法。

(2)　中和滴定における使用器具

・メスフラスコ　：正確な濃度の溶液を調製するために用いるガラス器具。室温で標線まで液体を入れるとその体積が表示体積になる。

・ホールピペット：一定量の液体を正確に測り取るために用いるガラス器具。標線まで溶液を吸い上げると，表示されている体積の溶液を測り取ることができる。

・ビュレット　　：滴下した溶液の体積を正確に測るために用いるガラス器具。

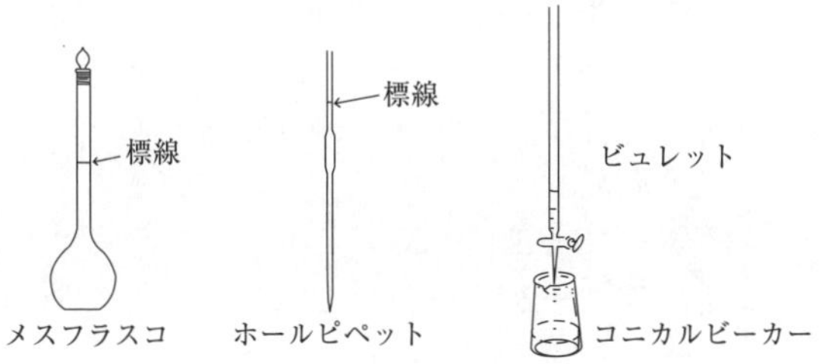

(3)　指示薬

中和滴定に際して，中和点を知るために加えられる試薬を指示薬という。中和点における pH は中和滴定で用いる酸・塩基の強弱の組合せによって異なるので，変色域が適当な指示薬を選ばなければならない。代表的な指示薬とその変色域は，次の通り。

指示薬（変色域のpH）	2　3　4　5　6　7　8　9　10　11　12　13
メチルオレンジ（3.1〜4.4）	赤　橙　橙黄　　が変色域
メチルレッド（4.2〜6.3）	赤　橙　黄
BTB（ブロモチモールブルー）（6.0〜7.6）	黄　緑　青
フェノールフタレイン（8.0〜9.8）	無　淡赤　赤

3　酸化還元反応

(1)　酸化還元の定義

	Oの授受	Hの授受	e^-の授受	酸化数の変化
酸化される	Oを得る	Hを失う	e^-を失う	増加
還元される	Oを失う	Hを得る	e^-を得る	減少

(2)　酸化剤と還元剤

酸化剤：相手を酸化する物質（自分自身は還元される）
還元剤：相手を還元する物質（自分自身は酸化される）
主な酸化剤，還元剤は次の通り。

〈酸化剤〉

$MnO_4^- + 8H^+ + 5e^- \longrightarrow Mn^{2+} + 4H_2O$

$Cl_2 + 2e^- \longrightarrow 2Cl^-$

$H_2O_2 + 2H^+ + 2e^- \longrightarrow 2H_2O$

HNO_3（希）$+ 3H^+ + 3e^- \longrightarrow NO + 2H_2O$

HNO_3（濃）$+ H^+ + e^- \longrightarrow NO_2 + H_2O$

〈還元剤〉

$H_2S \longrightarrow S + 2H^+ + 2e^-$

$H_2C_2O_4 \longrightarrow 2CO_2 + 2H^+ + 2e^-$

$H_2O_2 \longrightarrow O_2 + 2H^+ + 2e^-$

4　電池と電気分解

(1)　イオン化傾向

金属の単体が水溶液中でe^-を放出して陽イオンになろうとする性質をその金属の**イオン化傾向**という。代表的な金属をイオン化傾向の大きいものから並べたもの（イオン化列）は覚えておくこと。

イオン化	Li	K	Ca	Na	Mg	Al	Zn	Fe	Ni	Sn	Pb	(H_2)	Cu	Hg	Ag	Pt	Au	イオン化
傾向大	リッチに貸そう		か	な,	まだ	ある	あ	て	に	す	な,	ひ	ど	す	ぎる	借	金	傾向小

(2)　電池

ダニエル電池 (−) $Zn\|ZnSO_4aq\|CuSO_4aq\|Cu$ (+)	正極　$Cu^{2+} + 2e^- \longrightarrow Cu$ 負極　$Zn \longrightarrow Zn^{2+} + 2e^-$
鉛蓄電池 (−) $Pb\|H_2SO_4aq\|PbO_2$ (+)	正極　$PbO_2 + 4H^+ + 2e^- + SO_4^{2-} \xrightarrow{\text{放電}} PbSO_4 + 2H_2O$ 負極　$Pb + SO_4^{2-} \xleftarrow[\text{充電}]{} PbSO_4 + 2e^-$
燃料電池 (−) $H_2\|H_3PO_4aq\|O_2$ (+)	正極　$O_2 + 4H^+ + 4e^- \longrightarrow 2H_2O$ 負極　$H_2 \longrightarrow 2H^+ + 2e^-$
ボルタ電池 (−) $Zn\|H_2SO_4aq\|Cu$ (+)	正極　$2H^+ + 2e^- \longrightarrow H_2$ 負極　$Zn \longrightarrow Zn^{2+} + 2e^-$

(3)　電気分解

電気分解における陽極，陰極の反応は，次のようになる。

・陽極：電池の正極につないだ方の電極。電極に e^- を渡す反応が起こる。物質は酸化される。

〈例〉 $2Cl^- \longrightarrow Cl_2 + 2e^-$，$2H_2O \longrightarrow O_2 + 4H^+ + 4e^-$

・陰極：電池の負極につないだ方の電極。電極から e^- を奪う反応が起こる。物質は還元される。

〈例〉 $Cu^{2+} + 2e^- \longrightarrow Cu$，$2H^+ + 2e^- \longrightarrow H_2$

(4)　ファラデー定数

電子 1 mol あたりの電気量で，96500 C/mol である。

I〔A〕の電流をt〔秒〕流したときの電気量をQ〔C〕とすると，$Q = It$

5　化学平衡

(1)　化学平衡

可逆反応において，正反応（右向きの反応）と逆反応（左向きの反応）の速度が等しくなり，見かけ上，反応が停止したような状態を**化学平衡**という。

(2)　ルシャトリエの法則

可逆反応が平衡状態にあるとき，濃度・圧力・温度を変えると，その影響を打ち消す方向に平衡が移動する。この法則を**ルシャトリエの法則**という。

〈例〉 $N_2 + 3H_2 = 2NH_3 + 92.2\,kJ$

濃度 { N_2 または H_2 を加える ⟹ 右へ移動
　　 { NH_3 を加える ⟹ 左へ移動

圧力 { 圧力を大きくする ⟹ 右へ移動
　　 { 圧力を小さくする ⟹ 左へ移動

温度 { 温度を上げる ⟹ 左へ移動
　　 { 温度を下げる ⟹ 右へ移動

(3) **化学平衡の法則**

可逆反応が平衡状態にあるとき，反応物と生成物のモル濃度の間には，次のような関係が成り立つ。

$$aA + bB \rightleftarrows cC + dD \quad \text{において，} \quad \frac{[C]^c[D]^d}{[A]^a[B]^b} = \boldsymbol{K} \ (\text{一定})$$

この定数 K を**平衡定数**という。平衡定数 K は温度によって値が変化するが，濃度や圧力によって変化しない。

(4) **電離平衡**

水溶液中で電離する反応における平衡を**電離平衡**という。電離平衡における平衡定数を**電離定数**といい，$[H_2O]$ を定数として扱う。

〈例〉 $CH_3COOH + H_2O \rightleftarrows CH_3COO^- + H_3O^+$ における電離定数を K_a とすると，

$$\frac{[CH_3COO^-][H^+]}{[CH_3COOH]} = K_a$$

例題1　熱化学方程式

H—H 及び C—C の結合エネルギーをそれぞれ 436 kJ/mol，350 kJ/mol，黒鉛の昇華熱を 721 kJ/mol，エタン C_2H_6（気）の生成熱を 84 kJ/mol として，次の各問いに答えよ。

(1) エタン C_2H_6（気）の生成熱を熱化学方程式で示せ。

(2) C—H の結合エネルギーを求めよ。

(3) $2CH_4$（気）$= C_2H_6$（気）$+ H_2$（気）$+ Q$ kJの反応における Q の値を求めよ。

〈和歌山県〉

解答 (1) 2C（黒鉛）$+ 3H_2$（気）$= C_2H_6$（気）$+ 84$ kJ

(2) 414 kJ/mol　(3) -42

解説 (1) エタン C_2H_6（気）の生成熱とは，C_2H_6（気）1 mol がその成分元素の単体から生成するときの反応熱であるから，

$2C(黒鉛) + 3H_2(気) = C_2H_6(気) + 84\,kJ$

(2) C-H の結合エネルギーを x〔kJ/mol〕とすると，条件より，次のようなエネルギーの関係を得る。

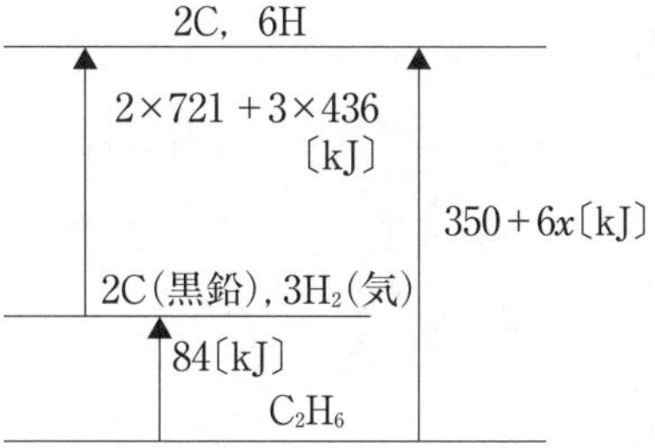

エネルギーの図より，

$350 + 6x = 2 \times 721 + 3 \times 436 + 84$

$\therefore\ x = 414$〔kJ/mol〕

(3) $Q > 0$ とすると，エネルギーの関係は，

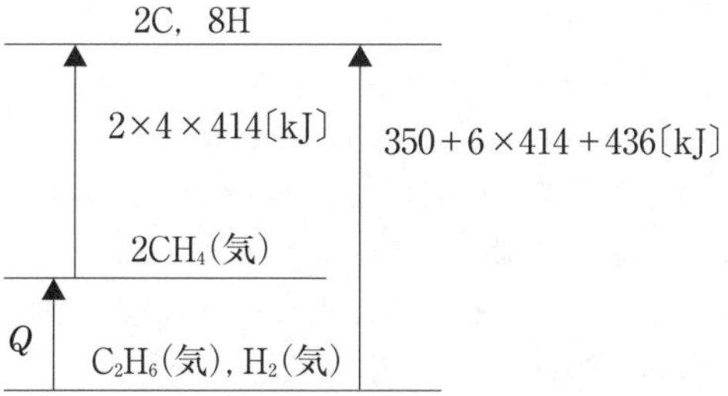

$Q = 350 + 6 \times 414 + 436 - 2 \times 4 \times 414$

$= -42$〔kJ〕

よって，エネルギーの関係は，次のようになっている。

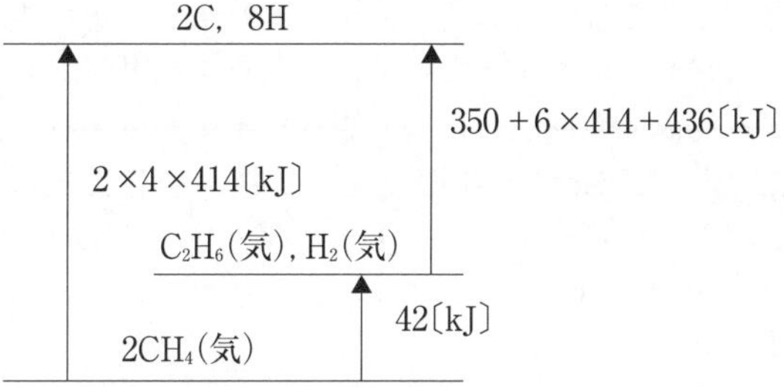

例題2　中和反応の量的関係

濃度が不明である水酸化ナトリウム水溶液 20.0mL を，シュウ酸 ($H_2C_2O_4 \cdot 2H_2O$) 0.100mol を水に溶かして 500mL とした水溶液で滴定したところ，ちょうど中和するまでに，40.0mL を要した。この水酸化ナトリウム水溶液の濃度は何 mol/L か。正しいものを1つ選び，番号で答えよ。

①　0.10　　②　0.20　　③0.40　　④0.80　　⑤1.0　　⑥1.2

〈愛知県〉

解答 ④

解説 シュウ酸の水溶液のモル濃度は，

$$0.100\times\frac{1000}{500}=0.200\text{〔mol/L〕}$$

よって，水酸化ナトリウム水溶液のモル濃度を x〔mol/L〕とすると，

$$0.200\times\frac{40.0}{1000}\times 2=x\times\frac{20.0}{1000}\times 1 \qquad \therefore\ x=0.800\text{〔mol/L〕}$$

例題 3　中和滴定

中和反応について，次の各問いに答えよ。

(1) 中和滴定に使用したあとのビュレット，コニカルビーカーを再び，前に使用した試薬とは異なる溶液を用いて使用するとき，その操作として適切なものを1つ選び，番号で答えよ。

① ビュレットもコニカルビーカーも，ともに使用する溶液で数回洗ったのち，濡れたまま使用する。

② ビュレットは使用する溶液で数回洗ったのち濡れたまま使用し，コニカルビーカーは純水で数回洗い濡れたまま使用する。

③ ビュレットは使用する溶液で数回洗ったのちに，コニカルビーカーは純水で数回洗ったのちに，それぞれ熱風等で乾かしてから使用する。

④ ビュレットは純水で数回洗ったのち濡れたまま使用し，コニカルビーカーは使用する溶液で数回洗ったのち濡れたまま使用する。

(2) 0.10 mol/L 酢酸に 0.10 mol/L 水酸化ナトリウム水溶液を滴下していったときの滴定曲線として適切なものを1つ選び，番号で答えよ。ただし，①～④の横軸の体積は 0.10 mol/L 水酸化ナトリウム水溶液の体積〔mL〕を示すものとする。

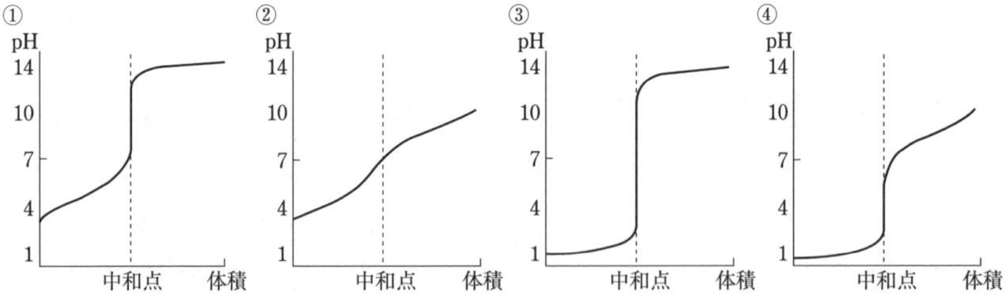

(3) ある濃度の酢酸を正確に 10 倍に希釈した溶液 10 mL を，0.10 mol/L の水酸化ナトリウム水溶液で中和するとき，誤って 0.20 mol/L の硫酸 1.0 mL を混入してしまった。そのまま中和したところ水酸化ナトリウム水溶

液 10mL を要した。はじめの酢酸の濃度〔mol/L〕の値として適切なものを 1 つ選び，番号で答えよ。

① 0.60　② 0.80　③ 1.0　④ 1.2

〈東京都〉

解答　(1) ②　(2) ①　(3) ①

解説　(1) ビュレットを使用する際，純水で洗うと内部に残った水滴のため，使用する溶液の濃度がうすくなってしまう。したがって，ビュレットは使用する溶液で洗ってそのまま使う。また，容積が変化してしまうため，熱風で乾かしてはいけない。一方，コニカルビーカーは測定するための器具ではないから，純水で洗ってそのまま使用してよい。

(2) 酢酸は弱酸で，水酸化ナトリウムは強塩基であるから，当量点では塩の加水分解により，塩基性を示す。したがって，pH は 7 より大きい方に偏っている。

(3) はじめの酢酸のモル濃度を x〔mol/L〕とすると，

$$\frac{x}{10}\times\frac{10}{1000}+0.20\times\frac{1.0}{1000}\times 2=0.10\times\frac{10}{1000}$$

$$\therefore\ x=0.60\text{〔mol/L〕}$$

例題 4　電離平衡

酢酸およびその塩の水溶液に関して，次の各問いに答えよ。

(1) 酢酸の濃度を C〔mol/L〕，電離度を α としたとき，電離定数（K_a）を C，α を用いて表せ。

(2) 酢酸の電離定数は 25℃で $K_a=2.8\times10^{-5}$〔mol/L〕である。ある酢酸水溶液の pH を測定したところ 3.0 であった。この酢酸溶液の電離度を求めよ。ただし，酢酸の電離度は 1 に比べて十分小さいものとする。

(3) 酢酸の水溶液に酢酸ナトリウムを溶解したとき，酢酸の電離平衡はどちらへ移動するか。酢酸の電離平衡式を用いて説明せよ。

(4) 酢酸ナトリウムの結晶を水に溶かすと，その水溶液は塩基性を示す。塩基性を示す理由を，電離平衡式を用いて説明せよ。

〈富山県〉

解答　(1) $K_a=\frac{C\alpha^2}{1-\alpha}$　(2) 2.8×10^{-2}

(3) 酢酸の電離平衡式は，

$$CH_3COOH \rightleftarrows CH_3COO^- + H^+$$

ここに酢酸ナトリウムを加えると，酢酸ナトリウムは，

$$CH_3COONa \longrightarrow CH_3COO^- + Na^+$$

のように電離して，$[CH_3COO^-]$ が大きくなる。

したがって，ルシャトリエの原理により，酢酸の電離平衡は酢酸イオンを減らす方向，すなわち左へ移動する。

(4) 酢酸ナトリウムを水に溶かすと，ほぼ完全に電離して，

$$CH_3COONa \longrightarrow CH_3COO^- + Na^+$$

一方，水の電離平衡は，

$$H_2O \rightleftarrows H^+ + OH^-$$

酢酸は電離度が小さいので，

$$CH_3COO^- + H^+ \longrightarrow CH_3COOH$$

の反応が進み $[H^+]$ が小さくなる。

したがって，ルシャトリエの原理より，水の電離平衡は右へ移動する。このため，$[OH^-]$ が大きくなり水溶液は塩基性を示すようになる。

解説 (1) $\underset{C(1-\alpha)}{CH_3COOH} \rightleftarrows \underset{C\alpha}{CH_3COO^-} + \underset{C\alpha}{H^+}$

$$K_a = \frac{[CH_3COO^-][H^+]}{[CH_3COOH]} = \frac{C\alpha \cdot C\alpha}{C(1-\alpha)} = \frac{C\alpha^2}{1-\alpha}$$

(2) $1-\alpha \fallingdotseq 1$ なので，$K_a \fallingdotseq C\alpha^2 = [H^+]\alpha$ $\therefore\ \alpha = \dfrac{K_a}{[H^+]}$

条件より，

$K_a = 2.8 \times 10^{-5}$，$[H^+] = 1 \times 10^{-3.0}$

$$\therefore\ \alpha = \frac{2.8 \times 10^{-5}}{1 \times 10^{-3.0}}$$
$$= 2.8 \times 10^{-2}$$

例題5 酸化還元反応

鉄と硫黄の混合物を加熱したときの変化を調べるために，次の実験を行った。各問いに答えよ。

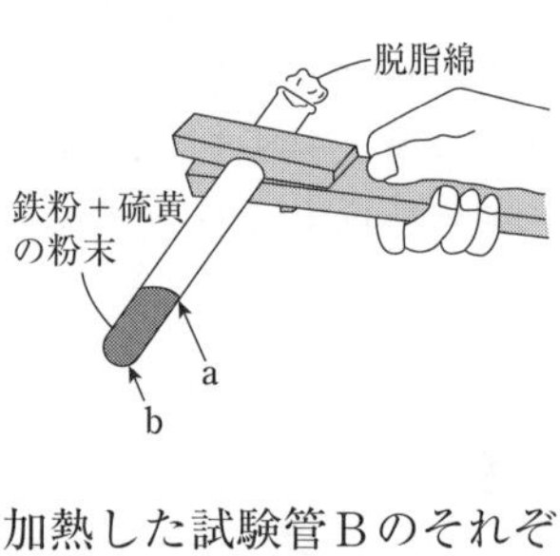

【実験1】鉄粉 7.0g と硫黄 4.0g を乳鉢の中でよく混ぜ合わせた後，2本の試験管A，Bに半分ずつに分けて入れ，試験管Bを加熱した。

【実験2】実験1で加熱していない試験管Aと，加熱した試験管Bのそれぞれに5％塩酸を適量加えた。

(1) 次の文の｛　　　｝に当てはまるものを，ア，イからそれぞれ選べ。

実験1で，試験管Bを加熱するときには，図の① {ア．a　イ．b} の部分をガスバーナーで加熱し，混合物の赤熱が始まったら② {ア．さらに強熱して　イ．加熱をやめて} 反応の様子を観察する。

(2) 実験1で，試験管Bを加熱したとき，鉄と硫黄が反応して硫化鉄（Ⅱ）ができた。このときの化学変化を，化学反応式で表せ。

(3) 実験2で，5％塩酸を加えた後の試験管A，Bでの反応について正しく説明しているのはどれか，次のうちから1つ選べ。

ア．試験管A，Bのそれぞれから気体が発生した。

イ．試験管Aでは気体が発生したが，試験管Bでは気体は発生しなかった。

ウ．試験管Aでは気体は発生しなかったが，試験管Bでは気体が発生した。

エ．試験管A，Bともに気体は発生しなかった。

〈北海道・札幌市〉

解答 (1) ①　ア　②　イ　　(2) $Fe + S \longrightarrow FeS$　　(3) ア

解説 (1) ①　bの部分を加熱すると，反応が急速に進み危険であるから，aの部分を加熱して反応をゆっくり進行させる。

②　この反応は発熱反応であり，いったん反応が進むと，あとは発生した熱により反応が進んでいく。

(2) この反応において，Feの酸化数は0から＋2へ，Sの酸化数は0から－2へ変化している。すなわち，Feは酸化されてSは還元されている。

(3)・試験管Aでは，次の反応が起こり，水素が発生する。

$$Fe + 2HCl \longrightarrow FeCl_2 + H_2$$

・試験管Bでは，次の反応が起こり，硫化水素が発生する。

$$FeS + 2HCl \longrightarrow FeCl_2 + H_2S$$

例題6　酸化還元滴定

次の文を読んで，各問いに答えよ。(原子量：H＝1.0，C＝12，O＝16)

過マンガン酸カリウム（$KMnO_4$）水溶液の濃度を滴定によって決めるための実験を行った。

(A) シュウ酸二水和物（$H_2C_2O_4 \cdot 2H_2O$）を用いて，0.100mol/L シュウ酸標準溶液500mL を調製した。この標準溶液10.0mL をホールピペットを用いてコニカルビーカーにとり，硫酸を加えて酸性にした。この溶液をかくはんしながら，ビュレットから過マンガン酸カリウム水溶液を滴下した。滴定の初期には，反応を促進するために溶液を温めた。溶液がかすかに赤紫色になったところを終点とし，終点までに要した過マンガン酸カリウム水溶液の体積は20.0mL であった。

ただし，過マンガン酸イオン（酸化剤）とシュウ酸（還元剤）の半反応式は以下の通りである。

$$MnO_4^- + 8H^+ + 5e^- \longrightarrow Mn^{2+} + 4H_2O$$

$$H_2C_2O_4 \longrightarrow 2CO_2 + 2H^+ + 2e^-$$

(1) 下線部（A）のシュウ酸標準溶液を調製する場合に，シュウ酸二水和物（$H_2C_2O_4 \cdot 2H_2O$）は何g必要であるかを有効数字2桁で答えよ。

(2) 過マンガン酸イオン（MnO_4^-）とシュウ酸（$H_2C_2O_4$）の反応をイオン反応式で答えよ。

(3) 上の結果から，用いた過マンガン酸カリウム水溶液のモル濃度〔mol/L〕を有効数字2桁で答えよ。

(4) ここで得られた過マンガン酸カリウム水溶液を標準溶液に用いてモル濃度を決めることのできるものを選択肢より2つ選び，記号で答えよ。

ア．硫酸鉄（Ⅲ）水溶液中のFe^{3+}

イ．硫酸鉄（Ⅱ）水溶液中のFe^{2+}

ウ．水酸化ナトリウム水溶液中のOH^-

エ．硫酸銅（Ⅱ）水溶液中のSO_4^{2-}

オ．過酸化水素水中のH_2O_2

〈愛知県〉

解答 (1) 6.3g

(2) $2MnO_4^- + 6H^+ + 5H_2C_2O_4 \longrightarrow 2Mn^{2+} + 8H_2O + 10CO_2$

(3) 0.020mol/L　　(4) イ，オ

解説 (1) $H_2C_2O_4 \cdot 2H_2O$の式量は126より，求める質量をx〔g〕とすると，

$$\frac{x}{126} = 0.100 \times \frac{500}{1000} \qquad \therefore\ x = 6.3\text{〔g〕}$$

(2) MnO_4^-の酸化作用を表す半反応式は，

$$MnO_4^- + 8H^+ + 5e^- \longrightarrow Mn^{2+} + 4H_2O \quad \cdots①$$

$H_2C_2O_4$の還元作用を表す半反応式は，

$$H_2C_2O_4 \longrightarrow 2CO_2 + 2H^+ + 2e^- \quad \cdots②$$

①×2＋②×5より，

$$2MnO_4^- + 16H^+ + 5H_2C_2O_4 \longrightarrow 2Mn^{2+} + 8H_2O + 10CO_2 + 10H^+$$

$$\therefore\ 2MnO_4^- + 6H^+ + 5H_2C_2O_4 \longrightarrow 2Mn^{2+} + 8H_2O + 10CO_2$$

(3) 求めるモル濃度をy〔mol/L〕とすると，

$$0.100 \times \frac{10.0}{1000} : y \times \frac{20.0}{1000} = 5 : 2 \qquad \therefore\ y = 0.0200\text{〔mol/L〕}$$

例題 7　電池と電気分解

図のように，硝酸銀水溶液を入れた電解槽Ⅰと硫酸ナトリウム水溶液を入れた電解槽Ⅱを直列につなぎ，各極板に白金電極を，電源に鉛蓄電池を使って電気分解したところ，電解槽ⅠのB極に4.32 gの物質が析出した。これについて，各問いに答えよ。ただし，流れた電気量はすべて電気分解に使われ，その他では消費されないものとする。また，ファラデー定数は，9.65×10^4 C/mol，原子量は，H＝1，O＝16，S＝32，Ag＝108，Pb＝207を用いよ。

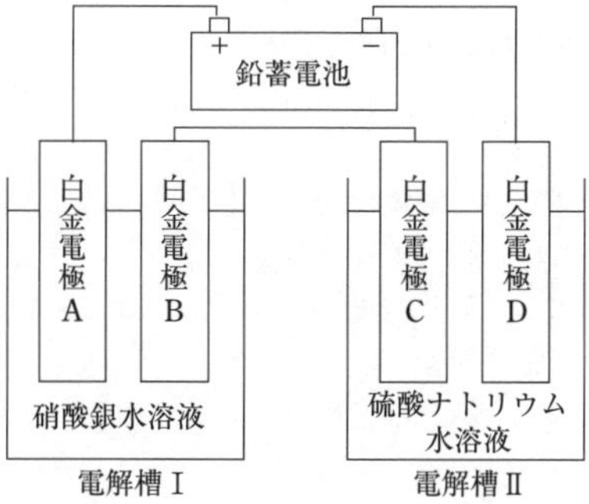

(1)　鉛蓄電池の正極及び負極で起こる変化を e^- を用いた反応式で表せ。

(2)　このとき流れた電気量は何Cか求めよ。

(3)　電解槽ⅡのC極で起こる変化を e^- を用いた反応式で表せ。

(4)　このとき電解槽Ⅰ及びⅡで発生した気体をすべて捕集すると，標準状態で何mLになるか求めよ。

〈和歌山県〉

解答　(1)　正極：$PbO_2 + 4H^+ + SO_4^{2-} + 2e^- \longrightarrow PbSO_4 + 2H_2O$

負極：$Pb + SO_4^{2-} \longrightarrow PbSO_4 + 2e^-$

(2)　3860 C　　(3)　$2H_2O \longrightarrow O_2 + 4H^+ + 4e^-$

(4)　896 mL

解説　(1)　正極では e^- を受け取る還元反応が起こり，負極では e^- を放出する酸化反応が起こる。

(2)　B極は陰極であり，次の反応が起こる。

$$Ag^+ + e^- \longrightarrow Ag$$

よって，流れた電気量は，

$$\frac{4.32}{108}\times9.65\times10^4 = 3860\,[\mathrm{C}]$$

(3)　C極は陽極である。水溶液中の陰イオンSO_4^{2-}は酸化されにくいため，水が陽極で酸化されて酸素を発生する。

(4)　NO_3^-やSO_4^{2-}は酸化されにくいため，AとCの陽極ではともに次の反応が起こる。

$$2H_2O \longrightarrow O_2 + 4H^+ + 4e^-$$

よって，発生するO_2の物質量は，合わせて，

$$\frac{1}{4} \times \frac{4.32}{108} \times 2 = 0.02\,[\mathrm{mol}]$$

B極では気体は発生せず，D極では次の反応が起こり水素が発生する。

$$2H_2O + 2e^- \longrightarrow H_2 + 2OH^-$$

よって，発生するH_2の物質量は，

$$\frac{1}{2} \times \frac{4.32}{108} = 0.02\,[\mathrm{mol}]$$

以上より，発生した気体の全体積は，

$$(0.02 + 0.02) \times 22.4 \times 10^3 = 896\,[\mathrm{mL}]$$

〈参考〉■反応熱とエンタルピー■

熱化学方程式では，右辺に反応熱を＋または－の符号をつけて記し，両辺のもつエネルギーのバランスをとっている。

エンタルピー（H）は，一定圧力で物質に出入りする熱エネルギーと関係する量であり，物質がもつエネルギーが増すとその物質のHの値は増加する。一定圧力での反応熱をQとし，そのときのエンタルピー変化をΔHと表すと，

$$Q = -\Delta H$$

の関係になっている。発熱反応（$Q>0$）では物質がもつエネルギーが減少し，$\Delta H<0$となる。一方，吸熱反応（$Q<0$）では$\Delta H>0$となる。

エンタルピー変化を併記した化学反応式の例（25℃）として，一酸化炭素COの燃焼と水H_2Oの蒸発について次に示す。

$$CO + O_2 \longrightarrow CO_2 \qquad \Delta H = -283\,\mathrm{kJ/mol}$$

$$H_2O\,(液) \longrightarrow H_2O\,(気) \qquad \Delta H = 44\,\mathrm{kJ/mol}$$

反応熱と同様にΔHにおいても，それぞれの化学変化や状態変化に応じて，燃焼エンタルピー，生成エンタルピー，溶解エンタルピー，融解エンタルピー，蒸発エンタルピーなどの分類も用いられる。

演習問題

1 ★☆☆

(A)は，プロパンの燃焼を表した熱化学方程式である。次の各物質の生成熱を表した表と(A)を参考にして，次の各問いに答えよ。ただし，25℃，1.01×10^5Pa の条件とする。なお，必要ならば，次の値を用いよ。

25℃，1.01×10^5Pa の 1mol の気体の体積：24.5L

原子量：H＝1.0，C＝12.0，O＝16.0

C_3H_8(気)＋$5O_2$(気)＝$3CO_2$(気)＋$4H_2O$(液)＋2221kJ……(A)

物質名	C_4H_{10}ブタン(気)	二酸化炭素(気)	水(液)
生成熱(kJ/mol)	126	394	286

(1)　ブタン 1mol が生成するときの熱化学方程式を，(A)の書き方に従って答えよ。

(2)　ブタン 1mol が燃焼するときの熱化学方程式を，(A)の書き方に従って答えよ。

(3)　プロパン及びブタン 1.00L を完全燃焼させるには，空気はそれぞれ何 L 必要か求めよ。ただし，空気は窒素：酸素の物質量の比が 4：1 の混合物とする。

(4)　プロパンとブタンだけからなる混合気体 2.50L を完全に燃焼させたところ，空気が 77.5L 必要であった。次の各問いに答えよ。

問 1　混合気体中のプロパンとブタンの体積比を求めよ。

問 2　発生する熱量は何 kJ か求めよ。

〈福島県〉

2 ★☆☆

熱化学に関して，各問いに答えよ。

(1)　次の文章中の空欄に適する語句を答えよ。

化学反応の進行にともなって，放出または吸収される熱量を（　A　）という。また，2 個の原子が共有結合をつくっているとき，その 2 つの原子を切り離し，ばらばらの原子状態にするのに必要なエネルギーを（　B　）という。

(2) プロパンの燃焼熱を利用して，1kgの水の温度を20℃から30℃にしたい。プロパンは何g必要か。次の熱化学方程式を用いて求めよ。ただし，プロパンの燃焼熱はすべて水の温度上昇に使われるとし，原子量はC＝12，H＝1.0，水の比熱は4.2J/(g·K) とする。

$$C_3H_8 + 5O_2 = 3CO_2 + 4H_2O + 2220\,kJ$$

(3) アンモニア分子1molのN—H結合をすべて切り離し，ばらばらの原子状態にするのに必要なエネルギーは何kJか。図の関係を用いて求めよ。

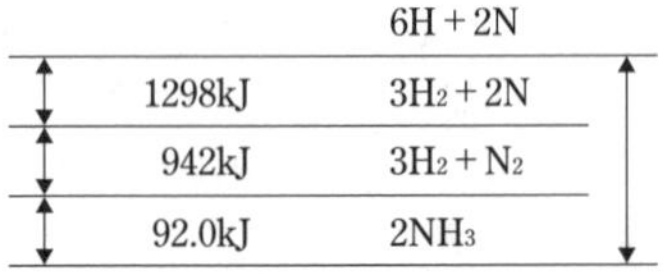

〈鹿児島県〉

3 ★☆☆

塩酸と水酸化ナトリウム水溶液の中和実験を授業で生徒に行わせるために，準備と予備実験を行った。次の各問いに答えよ。

(1) 一般に試薬として売られている濃塩酸の濃度は約何％か。次のア～オのうち最も適当なものを答えよ。

ア．100％　　イ．98％　　ウ．61％　　エ．35％　　オ．6％

(2) 2.0％の塩酸10mLをメートルグラスでビーカーに入れ，BTB溶液を2～3滴加えた。これにこまごめピペットで2.0％の水酸化ナトリウム水溶液を少しずつ加えていき，中性になるまでに加えた水酸化ナトリウム水溶液の体積を調べた。次の各問いに答えよ。

問1　溶液が中性になることは溶液の色が何色から何色になることで判断するか。

問2　塩酸，水酸化ナトリウム水溶液の濃度がいずれも2.0％である場合，塩酸10mLを中和するのに何mLの水酸化ナトリウム水溶液が必要か。答えは小数第1位を四捨五入し，整数値で答えよ。ただし，どちらの水溶液の密度も1.0g/cm^{3}で，原子量は次の値を用いよ。

H＝1.0，O＝16，Na＝23，Cl＝35.5

問3　ビーカー内の水溶液が中性になった後も水酸化ナトリウム水溶液をしばらく加え続けた。水酸化ナトリウム水溶液を加え始めてから，ビーカー内の水溶液中の次の①～④の各イオンの数はどのように変化したか。その概略を表すグラフとして最も適当なものを次のア～オのうちからそれぞれ1つ選び，記号で答えよ。ただし，グラフの縦軸はそれぞれのイオンの数，横軸は加えた水酸化ナトリウム水溶液の体積を表す。

① 水素イオン　　② 水酸化物イオン　　③ 塩化物イオン
④ ナトリウムイオン

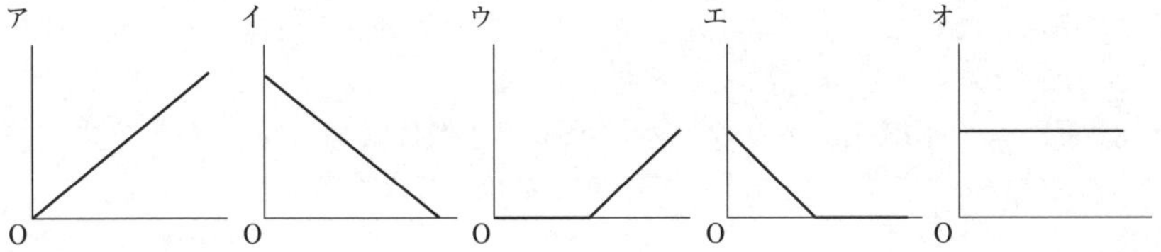

〈岡山県〉

4 ★☆☆

次のア～オの塩について，各問いに答えよ。

ア．$NaHCO_3$　　イ．Na_2SO_4　　ウ．CH_3COONa

エ．NH_4Cl　　オ．$BaSO_4$

(1) 水に溶かしたとき，水溶液が酸性を示すのはどれか。適当な塩を1つ選び，記号で答えよ。

(2) この塩に塩酸を加えると気体が発生し，パンなどをつくるときに用いられる塩はどれか。適当な塩を1つ選び，記号で答えよ。

(3) 胃を透視するときに，造影剤として用いられる塩はどれか。適当な塩を1つ選び，記号で答えよ。

(4) エに白い粉末固体を加えて熱すると，刺激臭のある気体が発生する。この気体を化学式で答えよ。

(5) 酸性塩はどれか。適当な塩を1つ選び，記号で答えよ。

〈沖縄県〉

5 ★☆☆

濃度不明の水酸化ナトリウム水溶液の濃度を決定するために，0.050mol/Lのシュウ酸水溶液を用いて操作A，Bを行った。次の各問いに答えよ。

A．シュウ酸水溶液10.0mLをコニカルビーカーに取り，少量の純水を加えた後，さらにフェノールフタレイン溶液を指示薬として加えた。

B．濃度不明の水酸化ナトリウム水溶液をビュレットに入れ，Aのコニカルビーカーに滴下したところ，中和点に達するまでに9.85mLを要した。

(1) シュウ酸の結晶 $(COOH)_2 \cdot 2H_2O$ を用いて，0.050mol/Lのシュウ酸水溶液を200mLつくりたい。必要なシュウ酸の結晶の質量は何gか求めよ。答えは，小数第２位を四捨五入して小数第１位まで書け。ただし，原子量を H＝1.0，C＝12，O＝16とする。

(2) 中和点に達したとき，コニカルビーカー内の水溶液の色はどのように変化したか答えよ。

(3) 濃度不明の水酸化ナトリウム水溶液のモル濃度は何 mol/L か求めよ。答えは，小数第３位を四捨五入して小数第２位までとする。

〈千葉県・千葉市〉

6 ★☆☆

中和滴定に関する次の各問いに答えよ。

市販の食酢を（　①　）で10mLはかりとり，100mLの（　②　）に入れて10倍に水で希釈した。この水溶液を10mLはかりとって三角フラスコに入れ，指示薬を加えた後，（　③　）を用いて，0.1mol/Lの水酸化ナトリウム水溶液で滴定したところ7.0mL滴下したとき淡桃色となり，中和した。

(1) 文中の（　①　），（　②　），（　③　）の実験器具の名称を答えよ。

(2) この実験で用いた指示薬は何か。その指示薬の名称を答えよ。

(3) この市販の食酢に含まれる酢酸のモル濃度を求めよ。

(4) この市販の食酢に含まれる酢酸の重量パーセント濃度を求めよ。ただし，食酢の密度は$1.0g/cm^3$とする。

〈奈良県〉

7 ★★☆

純水を大気中（25℃，1.01×10^5Pa）に開放状態で放置すると，二酸化炭素が溶解し炭酸が生成する。そのために放置した純水は中性ではなく，ごく弱い酸性を示す。このことについて，次の各問いに答えよ。ただし，炭酸の第２段階の電離は無視してよいものとする。

(1) 炭酸の第１段階の電離の電離定数K_a〔mol/L〕を表す式を$[H_2CO_3]$，$[H^+]$，$[HCO_3^-]$を用いて答えよ。

(2) この放置した純水中の炭酸の濃度をC〔mol/L〕として，炭酸の第１段階における電離度αをC，K_aを用いて答えよ。ただし，αは１よりはるかに小さいので，$1-\alpha\fallingdotseq1$として考えよ。

(3) この放置した純水に溶けた二酸化炭素は水1Lあたり何 mol か，有効数字２桁で答えよ。ただし，大気中の二酸化炭素の濃度を410ppm（体積百万分率)，二酸化炭素の水への溶解度を 25℃，1.01×10^5Pa のもとで 3.4×10^{-2}〔mol/L〕とする。

(4)　水に溶けた二酸化炭素はすべて炭酸になっているものとして，この放置した純水の水素イオン濃度 $[H^+]$〔mol/L〕を C，K_a を用いて答えよ。

(5)　以上のことから，この放置した純水の pH を有効数字 2 桁で答えよ。ただし，$K_a=4.3\times10^{-7}$〔mol/L〕とする。また，必要があれば，$\sqrt{6.0}=2.4$，$\log 1.4=0.15$，$\log 2=0.30$，$\log 2.4=0.38$ を用いよ。

〈千葉県・千葉市〉

8 ★☆☆

酸化銅（Ⅱ）の粉末 16.0 g と炭素の粉末 1.2 g をとり，十分に混合してからその全量を質量 5.0 g のステンレス板にのせ，次の図のように試験管に入れて加熱した。十分加熱した後火を止め，試験管が冷えてからステンレス板を取り出し，ステンレス板ごと全体の質量を測定した。その結果，質量は 17.8 g であった。このとき，次の各問いに答えよ。なお，酸化銅（Ⅱ）の粉末や炭素の粉末は，過不足なくすべて反応に使われたものとする。

(1)　試験管の中で起こった化学変化を化学反応式で表せ。また，酸化物が酸素を失う化学変化を何というか。漢字 2 字で答えよ。

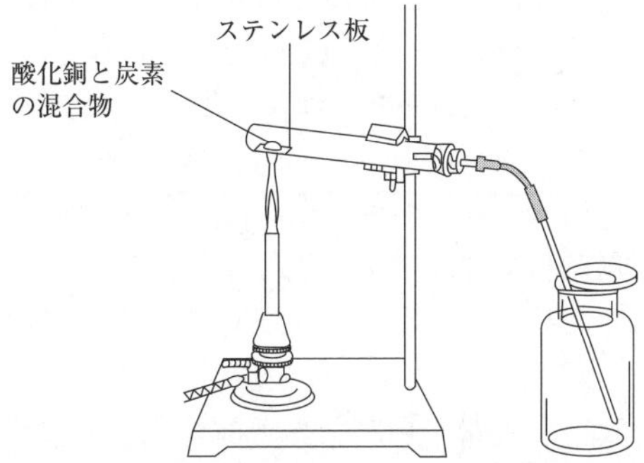

次に，上の実験と同じ方法で酸化銅（Ⅱ）粉末 12.0 g と炭素の粉末 0.6 g を混合して加熱し，十分反応させた。このとき，次の各問いに答えよ。

(2)　ステンレス板上に残った物質は何か。含まれるすべての物質を化学式で表せ。

(3)　ステンレス板ごと全体の質量を測定した。全体の質量は何 g か求めよ。

(4)　実際に実験を行うと前問(3)の理論値に対して誤差を生じる。考えられる誤差の原因を 1 つ挙げ，理論値より大きくなるか，小さくなるか，理由をつけて答えよ。

〈京都府〉

9 ★☆☆

炭酸水素ナトリウムを加熱する実験を行った。次の各問いに答えよ。

(1) 発生した気体は何か。

(2) この実験では，①石灰水からガラス管を抜いてから火をとめる，②試験管の口を下げる。このようにする理由を答えよ。

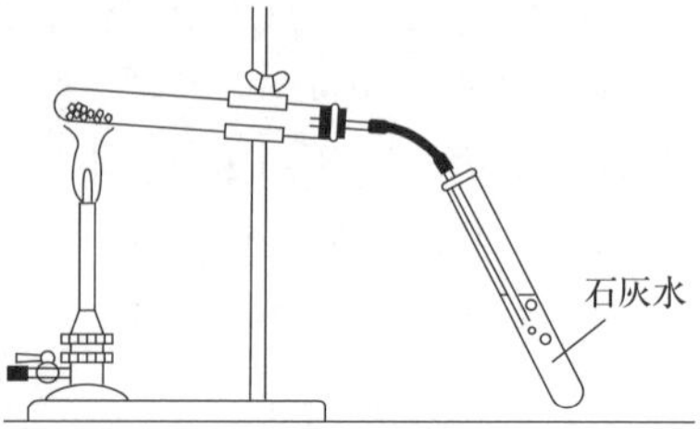

(3) この実験の化学反応式を答えよ。

(4) 炭酸水素ナトリウムはカルメラ焼きやパン菓子によく使われる。その理由を説明せよ。

〈熊本県〉

10 ★★☆

酸化還元反応に関して，次の各問いに答えよ。

(1) 次の化学式の下線を引いた原子の酸化数の値を，小さいものから大きいものへ順に並べたものとして適切なものは，次の①～④のうちのどれか。

ア．$H_2\underline{S}O_4$　　イ．$\underline{Cu}O$　　ウ．$\underline{Al}_2O_3$　　エ．$H\underline{S}O_3^-$

① イ→ウ→ア→エ　　② イ→ウ→エ→ア

③ ウ→イ→ア→エ　　④ ウ→イ→エ→ア

(2) 過マンガン酸カリウムは，硫酸酸性の水溶液中で次の式に示すように酸化剤としてはたらく。これについて，次の各問いに答えよ。

$$MnO_4^- + 8H^+ + 5e^- \longrightarrow Mn^{2+} + 4H_2O$$

問1　0.040mol/Lの過マンガン酸カリウム水溶液を200mLつくるのに必要な過マンガン酸カリウムの質量〔g〕として適切なものは，次の①～④のうちのどれか。ただし，過マンガン酸カリウムの化学式量を158とする。

① 6.3　　② 1.3　　③ 0.63　　④ 0.13

問2　オキシドール（過酸化水素水；密度1.0〔g/cm^3〕のもの）を20倍にうすめたものを20mLとり，硫酸酸性にして，0.040mol/Lの過マンガン酸カリウム水溶液を8.8mL滴下したところ，赤紫色が消えなくなった。うすめる前のオキシドール中の過酸化水素の質量パーセント濃度〔%〕として適切なものは，次の①～④のうちのどれか。

① 3.0　　② 4.0　　③ 5.0　　④ 6.0

〈東京都〉

11　★☆☆

酸化還元滴定について，次の文を読んで，各問いに答えよ。

ある濃度の過酸化水素水 10.0mL を純水で薄め，正確に 250mL とした。その中から①25.0mL を正確に取り，希硫酸で酸性として②0.100mol/L の過マンガン酸カリウム水溶液で滴定した。そのとき，③滴定の終点になるまでに要した過マンガン酸カリウム水溶液量は 4.80mL であった。ただし，過マンガン酸カリウムと過酸化水素は次のように反応する。

$$2KMnO_4 + 3H_2SO_4 + 5H_2O_2 \longrightarrow K_2SO_4 + 2MnSO_4 + 8H_2O + 5O_2$$

(1)　反応の前後において，マンガン原子の酸化数はどのように変化するか答えよ。

(2)　下線部①，②の操作で用いられる器具名をそれぞれ答えよ。

(3)　下線部③はどのようにして知ることができるのか答えよ。

(4)　酸を加え溶液を酸性にすることによって過マンガン酸カリウムの酸化力を高めることができる。しかし，その場合，塩酸を使用することはできない。その理由を簡単に説明せよ。

(5)　純水で薄める前の過酸化水素水のモル濃度を求めよ。

〈福島県〉

12　★☆☆

図のような実験装置を組み立て，ボルタの電池を用いて希塩酸の電気分解を行った。これについて，次の各問いに答えよ。

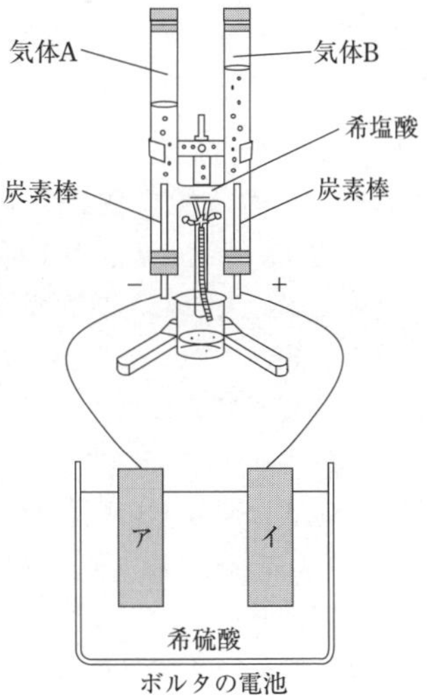

(1)　この実験で発生した気体Aと気体Bの名称を答えよ。

(2)　気体Aと気体Bは，電気分解によって発生した量は同じであるにもかかわらず，装置内にたまった気体の体積が異なる。発生する気体の性質に着目して，その理由を簡潔に述べよ。

(3)　図のボルタの電池の電極アとイについて，一方には銅板を，他方には亜鉛板を用いた。電極アに用いたのは銅板と亜鉛板のいずれか。銅と亜鉛の性質に着目して，理由も簡潔に示して答えよ。

⑷　この実験中に，ボルタの電池の希硫酸を誤って手の皮膚につけてしまった。どのような処置をすればよいか。簡潔に答えよ。

〈鹿児島県〉

13　★★☆

鉛蓄電池（正極：酸化鉛（Ⅳ），負極：鉛，電解質溶液：希硫酸）を用いて，硫酸銅水溶液の電気分解を行った。電気分解では，陽極及び陰極に白金を使用し，0.5 A の電流を 45 分 2 秒間流した。これについて，次の各問いに答えよ。ただし，ファラデー定数を9.65×10^4 C/mol，気体定数を8.31×10^3 Pa·L/(mol·K)とし，原子量を H＝1，O＝16，S＝32，Cu＝63.5 とする。

⑴　正極及び負極で起こる反応はそれぞれ酸化か還元か答えよ。

⑵　正極及び負極の表面には同じ物質ができる。この物質の名称と色を答えよ。

⑶　鉛蓄電池の放電反応を化学反応式で答えよ。

⑷　陽極及び陰極で起こる反応を，電子 e^- を用いた反応式で答えよ。

⑸　陰極の質量変化は何 g か求めよ。ただし，増加であれば＋，減少であれば－を付けよ。

⑹　陽極で発生する気体の 0℃，1.01×10^5 Pa における体積は何 mL か求めよ。

⑺　陽極の白金を銅に替えると，陽極ではどのような反応が起こるか答えよ。

〈石川県〉

14　★★☆

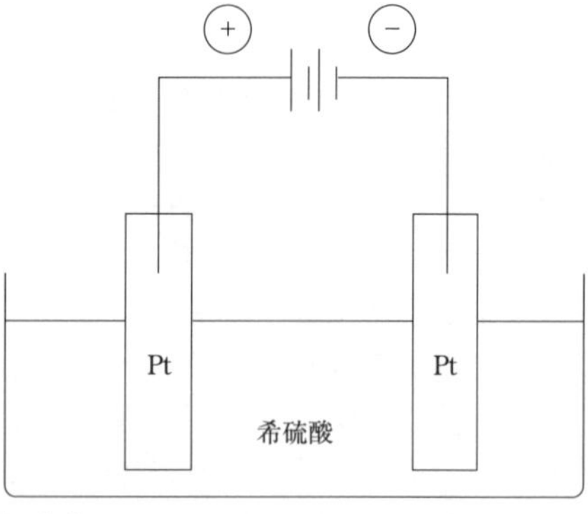

図のような白金電極を用いた電解装置で，希硫酸に 0.25 A の電流を 6 分 26 秒流した。次の各問いに答えよ。ただし，ファラデー定数を9.65×10^4 C/mol とする。

⑴　この装置に流れた電気量は何 mol か。

⑵　次の式は陽極での変化を表したものである。ア，イ，ウに適当な化学式あるいはイオンの記号を入れて，イオン反応式を完成させよ。

2（　ア　）$\longrightarrow$4（　イ　）+（　ウ　）+$4e^-$

⑶　陽極に発生する気体の物質量は何 mol か。

⑷　陰極から発生した気体の体積は標準状態で何 mL になるか。

〈茨城県〉

15　★★☆

電解質を水に溶かし，右図のような装置を用いて電気分解の実験を行い，陽極，陰極での反応を調べた。なお，電極は炭素棒を用いた。

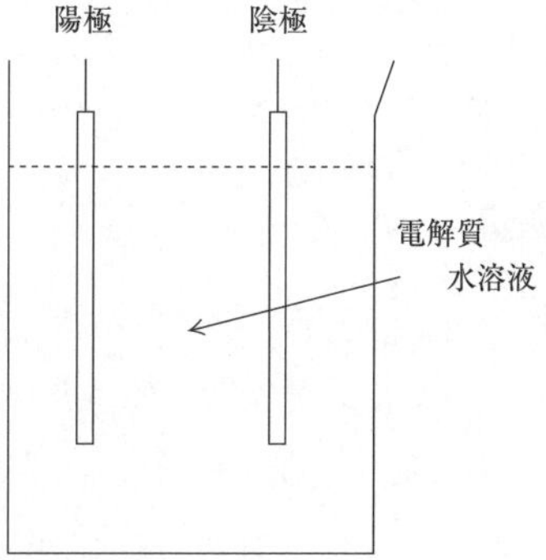

⑴　塩化銅（Ⅱ）を用いた実験に関して，次の各問いに答えよ。

問１　塩化銅（Ⅱ）を水に溶かして，濃度 0.50 mol/L の水溶液を 0.50 L つくるには，塩化銅（Ⅱ）を何 g 水に溶かせばよいか。ただし，原子量は，Cu＝63.5，Cl＝35.5 とする。

問２　問１でつくった塩化銅（Ⅱ）水溶液に，電流が 2.0 A，時間を 40 分間，直流電流を流したところ，陰極に銅が析出した。何 mol の銅が析出したか。ただし，ファラデー定数を 96500 C/mol とする。

⑵　水酸化ナトリウム水溶液の電気分解について次の各問いに答えよ。

問１　図の装置で実験を行ったところ，陽極で酸素が発生した。このときの化学反応について，次の化学反応式を完成させよ。ただし，ａ～ｃは係数，Ｘは化学式とする。

$(a)OH^- \longrightarrow (b)(X) + O_2 + (c)e^-$

問２　問１において，電気分解により，陰極でナトリウムが析出せず，水素が発生する理由は何か。

〈福島県〉

演習問題　解答・解説

1

(1)　4C (黒鉛)＋$5H_2$ (気)
＝C_4H_{10} (気)＋126 kJ

(2)　C_4H_{10} (気)＋$\frac{13}{2}O_2$ (気)
＝$4CO_2$ (気)＋$5H_2O$ (液)＋2880 kJ

(3)　プロパン：25 L　　ブタン：32.5 L

(4)　問1　プロパン：ブタン＝1：4
問2　280 kJ

解説

(2)　表より，
C (黒鉛)＋O_2 (気)
＝CO_2 (気)＋394 kJ…①
H_2 (気)＋$\frac{1}{2}O_2$ (気)
＝H_2O (液)＋286 kJ…②

(1)より，
4C (黒鉛)＋$5H_2$ (気)
＝C_4H_{10} (気)＋126 kJ…③

①×4＋②×5－③より，
C_4H_{10} (気)＋$\frac{13}{2}O_2$ (気)
＝$4CO_2$ (気)＋$5H_2O$ (液)＋2880〔kJ〕

(3)　プロパン 1.00 L に対し，酸素は 5.00 L，ブタン 1.00 L に対し，酸素は 6.50 L 必要である。
　空気は，窒素：酸素＝4：1 であるので，空気は，プロパン 1.00 L で 25 L，ブタン 1.00 L で 32.5 L 必要となる。

(4)　問1　プロパンの体積を x〔L〕とおくと，(3)より，
$25x+32.5(2.50-x)=77.5$
∴ $x=0.5$〔L〕
よって，ブタンの体積は，
$2.50-0.5=2.00$〔L〕
したがって，体積比は，
プロパン：ブタン＝0.5：2.0
＝1：4

問2　$2221\times\frac{0.5}{24.5}+2880\times\frac{2.0}{24.5}$
≒280〔kJ〕

2

(1)　A．反応熱　　B．結合エネルギー

(2)　0.83 g

(3)　1166 kJ

解説

(2)　1 kg の水の温度を 10℃上げるのに必要な熱量は，
$4.2\times1000\times10=4.2\times10^4$〔J〕＝42〔kJ〕
　プロパン 1 mol (＝44 g) の燃焼で 2220 kJ の熱量が発生するので，42 kJ の熱量を得るのに必要なプロパンの質量 x〔g〕は，
44：2220＝x：42
∴ $x=0.83$〔g〕

(3)　図より，$2NH_3$ が 6H＋2N になるまでには 2332 kJ の熱量が必要である。したがって，NH_3 1 mol が N－H 結合をすべて切り離して N＋3H になるには，1166 kJ のエネルギーが必要となる。

3

(1)　エ

(2)　問1　黄色→緑色　問2　11 mL
問3　①　エ　　②　ウ
③　オ　　④　ア

解説

(2)　問1　BTB 溶液は，酸性で黄色，中性で緑色，塩基性で青色となる指示薬。
問2　必要な水酸化ナトリウム水溶液を x〔mL〕とすると，

$$1.0\times 10\times \frac{2.0}{100}\times \frac{1}{36.5}$$
$$=1.0\times x\times \frac{2.0}{100}\times \frac{1}{40}$$
$$\therefore\ x=10.9\cdots \fallingdotseq 11\ \text{〔mL〕}$$

4

(1)　エ　　(2)　ア
(3)　オ　　(4)　NH_3
(5)　ア

解説

(1)　水溶液が酸性を示すものは，強酸と弱塩基の塩である。
(2)　$NaHCO_3 + HCl \longrightarrow NaCl + H_2O + CO_2$
(4)　$2NH_4Cl + Ca(OH)_2 \longrightarrow CaCl_2 + 2H_2O + 2NH_3\uparrow$
$NH_4Cl + NaOH \longrightarrow NaCl + H_2O + NH_3\uparrow$
(5)　酸性塩とは，化学式中に酸のHが残っている塩のこと。

5

(1)　**1.3g**
(2)　無色透明の水溶液がわずかに赤色に変化し，少し振っても消えなかった。
(3)　**0.10mol/L**

解説

(1)　シュウ酸二水和物 0.05mol には，シュウ酸 0.05mol，水 0.10mol が含まれる。したがって，0.05mol/L のシュウ酸水溶液 200mL をつくるには，

$$126\times 0.05\times \frac{200}{1000}=1.26\fallingdotseq 1.3\ \text{〔g〕}$$

(3)　水酸化ナトリウム水溶液の濃度を x〔mol/L〕とすると，

$$2\times 0.05\times \frac{10}{1000}=1\times x\times \frac{9.85}{1000}$$
$$\therefore\ x=0.1015\cdots \fallingdotseq 0.10\ \text{〔mol/L〕}$$

6

(1)　①　ホールピペット
②　メスフラスコ
③　ビュレット
(2)　フェノールフタレイン
(3)　**0.7mol/L**
(4)　**4.2%**

解説

(3)　市販の食酢に含まれる酢酸のモル濃度を x〔mol/L〕とおくと，

$$1\times \left(x\times \frac{1}{10}\right)\times \frac{10}{1000}=1\times 0.1\times \frac{7.0}{1000}$$
$$\therefore\ x=0.7\ \text{〔mol/L〕}$$

(4)　CH_3COOH の分子量は 60 なので，

$$\frac{0.7\times 60}{1.0\times 1000}\times 100=4.2\ \text{〔\%〕}$$

7

(1)　$K_a=\dfrac{[H^+][HCO_3^-]}{[H_2CO_3]}$
(2)　$\alpha=\sqrt{\dfrac{K_a}{C}}$
(3)　**1.4×10^{-5}mol**
(4)　$[H^+]=\sqrt{K_aC}$
(5)　**pH5.6**

解説

(1)・(2)　第1段階の反応とそれぞれの物質の濃度は

$$H_2CO_3 \rightleftarrows H^+ + HCO_3^-$$
〔mol/L〕　$C-C\alpha$　　$C\alpha$　　$C\alpha$

$$K_a=\frac{(C\alpha)^2}{C-C\alpha}=\frac{C\alpha^2}{1-\alpha}\fallingdotseq C\alpha^2$$
$$\therefore\ \alpha=\sqrt{\frac{K_a}{C}}$$

(3)　$(410\times 10^{-6})\times (3.4\times 10^{-2})$
$\fallingdotseq 1.4\times 10^{-5}$〔mol〕

(4)　$[H^+]=C\alpha=C\sqrt{\dfrac{K_a}{C}}=\sqrt{K_aC}$

(5)　$C=1.4\times 10^{-5}$〔mol/L〕，$K_a=4.3\times 10^{-7}$ より，

$$pH=-\log[H^+]$$
$$=-\log\sqrt{4.3\times 10^{-7}\times 1.4\times 10^{-5}}$$

$$\fallingdotseq -\log\sqrt{6.0\times10^{-12}}$$
$$=6-\log 2.4\fallingdotseq 5.6$$

8

(1) 化学反応式：

$$2CuO+C \longrightarrow 2Cu+CO_2$$

名称：還元

(2) **CuO，Cu**　(3) **15.4g**

(4) **$CuO+C \longrightarrow Cu+CO$ の反応も起こるため，生成する気体の質量は理論値より小さくなる。したがって，ステンレス板ごと全体の質量は理論値より大きくなる。**

解説

(3) このとき，CO_2 が $0.6\times\dfrac{44}{12}=2.2$ g 発生している。したがって，ステンレス板ごと全体の質量は，

$$(12.0+0.6-2.2)+5.0=15.4〔\mathrm{g}〕$$

9

(1) **二酸化炭素**

(2) ① **石灰水が逆流するのを防ぐため。**

② **生成した水によって試験管が割れるのを防ぐため。**

(3) **$2NaHCO_3 \longrightarrow Na_2CO_3+H_2O+CO_2$**

(4) **熱を加えることによって気体である二酸化炭素が発生し，生地の体積が増すため。**

10

(1) **②**

(2) **問1　②　　問2　①**

解説

(1) 各々の酸化数は，次の通り。

ア．+6　　イ．+2

ウ．+3　　エ．+4

(2) 問1　$KMnO_4=158$ より，

$$0.04\times\frac{200}{1000}\times158=1.264$$
$$\fallingdotseq 1.3〔\mathrm{g}〕$$

問2　オキシドールを20倍に薄めたものの濃度を x〔mol/L〕とすると，

$$5\times0.040\times\frac{8.8}{1000}=2\times x\times\frac{20}{1000}$$
$$\therefore\ x=0.044$$

したがって，もとのオキシドールの濃度は，0.88〔mol/L〕。

これを質量パーセント濃度に換算すると，

$$\frac{0.88\times34}{1000\times1.0}\times100=2.992$$
$$\fallingdotseq 3.0〔\%〕$$

11

(1) **反応前：+7　　反応後：+2**

(2) ① **ホールピペット**

② **ビュレット**

(3) **滴下した MnO_4^- による色がわずかに現われて，薄く赤色がつくようになる。**

(4) **塩酸が酸化されて，塩素が発生してしまうため。**

(5) **1.2mol/L**

解説

(5) 求めるモル濃度を x〔mol/L〕とすると，

$$x\times\frac{10.0}{1000}\times\frac{25.0}{250}:0.100\times\frac{4.80}{1000}=5:2$$
$$\therefore\ x=1.2〔\mathrm{mol/L}〕$$

12

(1) **気体A：水素　　気体B：塩素**

(2) **気体Bは水に溶けるため，発生した量は気体Aと同じでも体積は少なくなる。**

(3) **亜鉛板**

理由：亜鉛は銅よりイオン化傾向が大きいので，負極に用いる。

(4) **すぐに大量の水で洗い流す。**

解説

(1)　$2HCl \longrightarrow H_2 + Cl_2$

(3)　各電極における反応は次の通り。

$$\begin{cases} 負極：Zn \longrightarrow Zn^{2+} + 2e^- \\ 正極：2H^+ + 2e^- \longrightarrow H_2 \end{cases}$$

13

(1)　**正極：還元　　　負極：酸化**

(2)　**名称：硫酸鉛（Ⅱ）　色：白**

(3)　$\mathbf{Pb + PbO_2 + 2H_2SO_4 \longrightarrow 2PbSO_4 + 2H_2O}$

(4)　**陽極：$\mathbf{2H_2O \longrightarrow O_2 + 4H^+ + 4e^-}$**

陰極：$\mathbf{Cu^{2+} + 2e^- \longrightarrow Cu}$

(5)　$\mathbf{+4.45 \times 10^{-1}g}$

(6)　**78.6 mL**

(7)　**電極の銅が溶け出す。**

($\mathbf{Cu \longrightarrow Cu^{2+} + 2e^-}$)

解説

(5)　$$\frac{0.5 \times (45 \times 60 + 2)}{9.65 \times 10^4} \times \frac{1}{2} \times 63.5 \fallingdotseq 4.45 \times 10^{-1} \text{〔g〕}$$

(6)　求める体積を V〔mL〕とすると，

$$1.01 \times 10^5 \times \frac{V}{10^3} = \left(\frac{0.5 \times (45 \times 60 + 2)}{9.65 \times 10^4} \times \frac{1}{4}\right) \times 8.31 \times 10^3 \times 273$$

$\therefore\ V \fallingdotseq 78.6$〔mL〕

14

(1)　$\mathbf{1.0 \times 10^{-3}mol}$

(2)　**ア．$\mathbf{H_2O}$　　イ．$\mathbf{H^+}$**

ウ．$\mathbf{O_2}$

(3)　$\mathbf{2.5 \times 10^{-4}mol}$　　(4)　**11.2 mL**

解説

(1)　$$\frac{0.25 \times (6 \times 60 + 26)}{9.65 \times 10^4} = 1.0 \times 10^{-3} \text{〔mol〕}$$

(3)　(1)，(2)より，

$$1.0 \times 10^{-3} \times \frac{1}{4} = 2.5 \times 10^{-4} \text{〔mol〕}$$

(4)　陰極での変化は，

$$2H^+ + 2e^- \longrightarrow H_2$$

よって，陰極で発生した気体の体積は，

$$1.0 \times 10^{-3} \times \frac{1}{2} \times 22.4 \times 10^3 = 11.2 \text{〔mL〕}$$

15

(1)　問1　**33.6 g**

問2　$\mathbf{2.5 \times 10^{-2}mol}$

(2)　問1　**a．4　　　b．2**

c．4　　　X．$\mathbf{H_2O}$

問2　**ナトリウムはイオン化傾向が大きいため，イオンとして溶液中に残り，ナトリウムよりイオン化傾向の小さい水素が発生するため。**

解説

(1)　問1　$0.50 \times 0.50 \times 134.5 \fallingdotseq 33.6$〔g〕

問2　$$\frac{2.0 \times 40 \times 60}{96500} \times \frac{1}{2} \fallingdotseq 2.5 \times 10^{-2} \text{〔mol〕}$$

4 無機物質

傾向と対策

この分野では，気体の製法と性質，金属イオンに関する内容が頻出である。また，炭酸カルシウムや炭酸水素ナトリウムに関連した問題は，実験の手順を含めた形式でも中学理科ではよく出題されている。多くの物質が無機物質の範囲に含まれ，物質ごとにさまざまな性質があるが，出題されている内容としては限られている。したがって，無機物質に関する基本的な内容を身に付けた上で，定番となっている問題を中心に数多く取り組んでいくことが重要である。

要点 Check!

1 気体の製法と性質

(1) 主な気体の製法

気体	製法	色	臭い	液性	その他
H_2	$Zn + H_2SO_4 \longrightarrow ZnSO_4 + H_2$	—	—	—	可燃性
NH_3	$2NH_4Cl + Ca(OH)_2$ $\longrightarrow CaCl_2 + 2H_2O + 2NH_3$	—	刺激臭	弱アルカリ性	高濃度では有毒
CO	$HCOOH \xrightarrow{(H_2SO_4)} H_2O + CO$	—	—	—	有毒※
O_2	$2H_2O_2 \xrightarrow{(MnO_2)} 2H_2O + O_2$	—	—	—	助燃性
H_2S	$FeS + 2HCl \longrightarrow FeCl_2 + H_2S$	—	腐卵臭	弱酸性	有毒
HCl	$NaCl + H_2SO_4$ $\longrightarrow NaHSO_4 + HCl$	—	刺激臭	強酸性	有毒
CO_2	$CaCO_3 + 2HCl$ $\longrightarrow CaCl_2 + H_2O + CO_2$	—	—	弱酸性	—
NO	$3Cu + 8HNO_3$（希） $\longrightarrow 3Cu(NO_3)_2 + 4H_2O + 2NO$	—	—	—	—

気体	製法	色	臭い	液性	その他
NO_2	$Cu + 4HNO_3$（濃） $\longrightarrow Cu(NO_3)_2 + 2H_2O + 2NO_2$	赤褐	刺激臭	強酸性	有毒
SO_2	$2NaHSO_3 + H_2SO_4$ $\longrightarrow Na_2SO_4 + 2H_2O + 2SO_2$	—	刺激臭	酸性	有毒
Cl_2	$MnO_2 + 4HCl$（濃） $\longrightarrow MnCl_2 + 2H_2O + Cl_2$	黄緑	刺激臭	酸性	有毒

※ CO は有機物が不完全燃焼したときなどに発生し，中毒事故の原因物質の1つである。

(2)　気体の乾燥剤

乾燥剤	性質	乾燥に適さない気体
十酸化四リン（P_4O_{10}）	酸性	NH_3（塩基性）
濃硫酸（H_2SO_4）	酸性	NH_3（塩基性），H_2S（還元性）
塩化カルシウム（$CaCl_2$）	中性	NH_3（$CaCl_2 \cdot 8NH_3$となって反応）
シリカゲル	中性	特になし
酸化カルシウム（CaO）	塩基性	Cl_2，HCl，H_2S，SO_2，CO_2，NO_2（酸性）
ソーダ石灰	塩基性	Cl_2，HCl，H_2S，SO_2，CO_2，NO_2（酸性）

2 金属イオンの分離・推定

(1) 金属イオンの系統分離

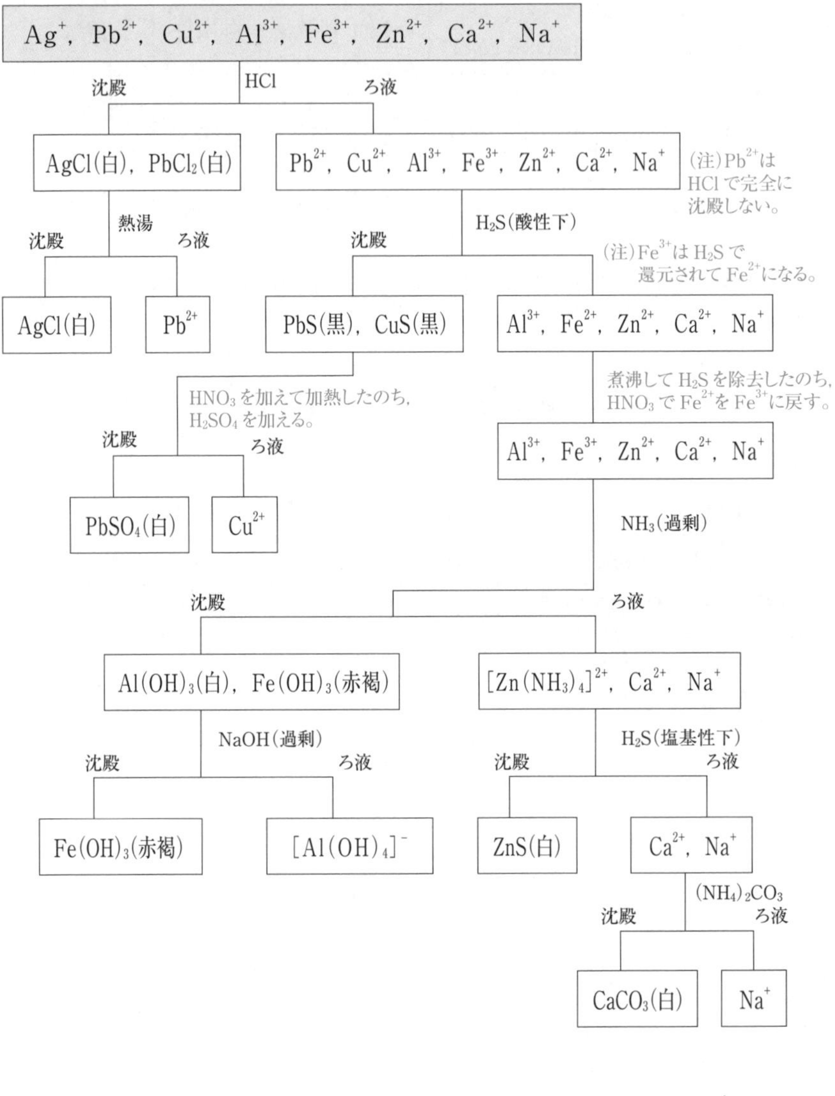

(2)　過剰の NaOH や NH_3 での沈殿の再溶解

沈殿	過剰の NaOH	過剰の NH_3
$Al(OH)_3$（白）	$[Al(OH)_4]^-$（無）	変化なし
$Zn(OH)_2$（白）	$[Zn(OH)_4]^{2-}$（無）	$[Zn(NH_3)_4]^{2+}$（無）
$Cu(OH)_2$（青白）	変化なし	$[Cu(NH_3)_4]^{2+}$（濃青）
$Fe(OH)_3$（赤褐）	変化なし	変化なし
Ag_2O（褐）	変化なし	$[Ag(NH_3)_2]^+$（無）

(3)　CO_3^{2-}，SO_4^{2-} による沈殿

$CaCO_3$，$BaCO_3$，Ag_2CO_3，$ZnCO_3$（すべて白）

$CaSO_4$，$BaSO_4$，$PbSO_4$（すべて白）

3　無機物質の反応

(1)　炭酸水素ナトリウム $NaHCO_3$

①　工業的には，アンモニアソーダ法（ソルベー法）の中間生成物としてつくられる。

$$NaCl + H_2O + NH_3 + CO_2 \longrightarrow NaHCO_3 + NH_4Cl$$

②　加熱分解によって，CO_2 を発生し，炭酸塩になる。

$$2NaHCO_3 \longrightarrow Na_2CO_3 + H_2O + CO_2$$

③　酸と反応して CO_2 を発生する。

$$NaHCO_3 + HCl \longrightarrow NaCl + H_2O + CO_2$$

(2)　主なカルシウムの化合物

①　酸化カルシウム CaO を水と反応させると，水酸化カルシウムが生成する。

$$CaO + H_2O \longrightarrow Ca(OH)_2$$

②　水酸化カルシウム水溶液（石灰水）に CO_2 を吹き込むと，炭酸カルシウム $CaCO_3$ の沈殿が生成する。さらに CO_2 を吹き込むと沈殿が溶ける。

$$Ca(OH)_2 + CO_2 \longrightarrow CaCO_3 + H_2O$$

$$CaCO_3 + H_2O + CO_2 \rightleftarrows Ca(HCO_3)_2$$

例題 1　アンモニアソーダ法

アンモニアソーダ法（ソルベー法）による炭酸ナトリウムの製造は，ほぼ次のような工程からなっている。これについて，次の各問いに答えよ。

〔工程 1〕　原料塩（粗製塩化ナトリウム）を海水に溶かし，石灰乳

$Ca(OH)_2$を加えて不純物のマグネシウム分を除き，次にアンモニアを通じ，さらに二酸化炭素を通じてカルシウム分を除く。

〔工程2〕　上で得られた溶液をアンモニア吸収塔の上から流し，アンモニアを飽和させる。この溶液をソルベー塔の上から流し，二酸化炭素を飽和させると沈殿を生じる。

〔工程3〕　この沈殿を溶液から分離し，水洗後，約200℃で加熱する。

〔工程4〕　沈殿を分離した溶液からアンモニアを回収する。

(1)　工程1で，マグネシウム及びカルシウムは，どのような化合物として除かれるか化学式で答えよ。

(2)　工程2を1つの化学反応式で答えよ。

(3)　工程3の加熱によって起こる変化を化学反応式で答えよ。

(4)　精製した塩化ナトリウム1.0tから無水炭酸ナトリウムが何t得られるか求めよ。ただし，原子量をC＝12，O＝16，Na＝23，Cl＝35.5とする。

(5)　アンモニアソーダ法についての理解を深めるために，次のような実験を考えた。空欄ア～ウにあてはまる語句を答えよ。

〔操作1〕　300mLの三角フラスコに50mLの濃アンモニア水を入れ，食塩を底に溶け残りができるぐらい溶かして，冷蔵庫に入れておく。

〔操作2〕　冷蔵庫から三角フラスコを取り出し，砕いたドライアイスを入れると，激しく白煙が出るが，やがて（　ア　）色の沈殿を生じる。

〔操作3〕　これをろ過すると，ろ紙には（　イ　）が残り，ろ液には（　ウ　）が含まれる。ろ液を温めると，水で湿らせた赤色リトマス紙を青く変える気体が発生する。

〈石川県〉

解答　(1)　$Mg(OH)_2$，$CaCO_3$

(2)　$NaCl + NH_3 + H_2O + CO_2 \longrightarrow NH_4Cl + NaHCO_3$

(3)　$2NaHCO_3 \longrightarrow Na_2CO_3 + H_2O + CO_2$

(4)　0.91t

(5)　ア．白　　イ．炭酸水素ナトリウム　　ウ．アンモニア

解説　(1)～(3)　工程1～4を経てNa_2CO_3をつくる製法をアンモニアソーダ法という。

(4)　NaCl，Na_2CO_3の式量は，それぞれ58.5，106であり，NaCl 1molからNa_2CO_3 $\frac{1}{2}$molつくられるので，求めるNa_2CO_3の質量は，

$$\frac{1.0\times10^6}{58.5}\times\frac{1}{2}\times106\times10^{-6}\fallingdotseq0.91〔t〕$$

例題2　気体の性質

次のＡ～Ｊは，実験室レベルでの気体発生方法を示したものである。また，①～⑩にはそのとき発生する気体を示している。これについて，各問いに答えよ。

《気体発生方法》

Ａ．亜硫酸ナトリウムに希硫酸を加える。

Ｂ．ギ酸に濃硫酸を加え熱する。

Ｃ．亜鉛に希硫酸を加える。

Ｄ．硫化鉄（Ⅱ）に希硫酸を加える。

Ｅ．塩化ナトリウムに濃硫酸を加えて熱する。

Ｆ．酸化マンガン（Ⅳ）に濃塩酸を加えて熱する。

Ｇ．過酸化水素水に酸化マンガン（Ⅳ）を加える。

Ｈ．塩化アンモニウムに水酸化カルシウムを加え熱する。

Ｉ．銅に濃硝酸を加える。

Ｊ．大理石に塩酸を加える。

《気体》

①　水素　②　酸素　③　塩素　④　一酸化炭素

⑤　二酸化炭素　⑥　二酸化窒素　⑦　二酸化硫黄　⑧　塩化水素

⑨　硫化水素　⑩　アンモニア

(1)　Ａ～Ｊの実験により発生する気体のうち，気体発生方法のＣ，Ｇ，Ｊで起こる変化を化学反応式で答えよ。

(2)　有色の気体２種を化学式で答えよ。

(3)　気体発生方法のＡ～Ｅでの硫酸の働きは，どのような性質・作用によるか次の(ア)～(オ)から選び記号で答えよ。同じ記号を繰り返し用いてもよい。

(ア)　酸　(イ)　酸化剤　(ウ)　脱水作用　(エ)　吸湿作用　(オ)　不揮発性

(4)　気体発生方法のＦ，Ｇの酸化マンガン（Ⅳ）の働きを答えよ。

(5)　気体発生方法のＪでは，塩酸の代わりに希硫酸を用いることはできない。その理由を述べよ。

〈長崎県改題〉

解答　(1)　Ｃ：$Zn + H_2SO_4 \longrightarrow ZnSO_4 + H_2$

Ｇ：$2H_2O_2 \longrightarrow 2H_2O + O_2$

Ｊ：$CaCO_3 + 2HCl \longrightarrow CaCl_2 + H_2O + CO_2$

(2)　Cl_2，NO_2

(3)　Ａ．(ア)　Ｂ．(ウ)　Ｃ．(ア)　Ｄ．(ア)　Ｅ．(オ)

(4)　F．酸化剤　　G．触媒

(5)　生成する不溶性の硫酸カルシウムが大理石の表面を被い，二酸化炭素の発生が妨げられるため。

解説　(1)　C，G，J 以外の反応は，次の通り。

A：$2NaHSO_3 + H_2SO_4 \longrightarrow Na_2SO_4 + 2H_2O + 2SO_2$

B：$HCOOH \longrightarrow H_2O + CO$（濃硫酸は触媒）

D：$FeS + H_2SO_4 \longrightarrow FeSO_4 + H_2S$

E：$NaCl + H_2SO_4 \longrightarrow NaHSO_4 + HCl$

F：$MnO_2 + 4HCl$（濃）$\longrightarrow MnCl_2 + 2H_2O + Cl_2$

H：$2NH_4Cl + Ca(OH)_2 \longrightarrow CaCl_2 + 2H_2O + 2NH_3$

I：$Cu + 4HNO_3$（濃）$\longrightarrow Cu(NO_3)_2 + 2H_2O + 2NO_2$

（注）銅に希硝酸を加えたときは，次の反応である。

$3Cu + 8HNO_3$（希）$\longrightarrow 3Cu(NO_3)_2 + 4H_2O + 2NO$

(2)　Cl_2 は黄緑色，NO_2 は赤褐色。実験で扱う他の気体はすべて無色。

例題 3　無機物質の推定

5本の試験管A～Eがあり，それぞれに Ag^+，Al^{3+}，Ba^{2+}，Cu^{2+}，Fe^{2+}，Pb^{2+}，Zn^{2+} の各イオンのいずれかを含んでいる。それについて，実験1～5を行った結果，次の結果が出た。試験管A～Eのイオンを答えよ。ただし，それぞれの操作は十分に行われているものとする。

実験1：水溶液に塩酸を加えると，Aの試験管には白色の沈殿が生じた。

実験2：A～Eの試験管に塩酸を加え，硫化水素を通じたところA，C，Eで黒色の沈殿が生じた。

実験3：希硝酸を加えた後，さらにアンモニア水を加えてアルカリ性にすると，Dの試験管に赤褐色の沈殿が生じた。

実験4：Cの試験管に塩酸を加えると沈殿ができ，さらに熱湯を加えると沈殿が溶けた。

実験5：Bの試験管にアンモニア水を加えると白色沈殿ができた。さらにアンモニア水を過剰に加えたら沈殿が溶けた。

〈沖縄県〉

解答　A．Ag^{+}　B．Zn^{2+}　C．Pb^{2+}　D．Fe^{2+}　E．Cu^{2+}

解説　〈実験１について〉

Aの試験管には，塩酸により白色沈殿を生じるAg^{+}またはPb^{2+}が含まれる。

〈実験２について〉

塩酸を加えたのち，硫化水素を通じて黒色沈殿を生じる反応としては，次のものがある。

$Ag^{+} \longrightarrow Ag_2S$，$Cu^{2+} \longrightarrow CuS$，$Pb^{2+} \longrightarrow PbS$

よって，試験管A，C，Eには，Ag^{+}，Cu^{2+}，Pb^{2+}のいずれかが入っている。

〈実験３について〉

試験管Dに生じた赤褐色の沈殿とは，$Fe(OH)_3$である。まず，希硝酸の酸化作用により，Fe^{2+}がFe^{3+}になる。次に，アルカリ性にすることで，$Fe(OH)_3$の沈殿を生じる。よって，Dに含まれるイオンはFe^{2+}である。

〈実験４について〉

塩酸を加えて沈殿が生じたのち，熱湯で沈殿が溶けたことから，試験管Cに含まれるイオンはPb^{2+}であることがわかる。したがって，試験管AにはAg^{+}が含まれる。すると，実験２より，試験管Eに含まれるのはCu^{2+}と定まる。

〈実験５について〉

アンモニア水で白色沈殿を生じ，過剰のアンモニア水で沈殿が溶けたことから，試験管Bに含まれるイオンはZn^{2+}とわかる。はじめに生じた白色沈殿は$Zn(OH)_2$であり，過剰のアンモニア水により錯イオン$[Zn(NH_3)_4]^{2+}$となって溶ける。Al^{3+}はアンモニア水で白色沈殿$Al(OH)_3$を生じるが，アンモニア水を過剰に加えても錯イオンをつくらないので，沈殿は溶けない。また，Ba^{2+}はアンモニア水で沈殿しない。

例題 4　金属イオンの分離

次の図は，Na^{+}，Ag^{+}，Cu^{2+}，Zn^{2+}，Fe^{3+} の５種類の金属イオンを含んだ水溶液から，操作①〜④によって各金属イオンを分離する様子を示したものである。これについて，各問いに答えよ。

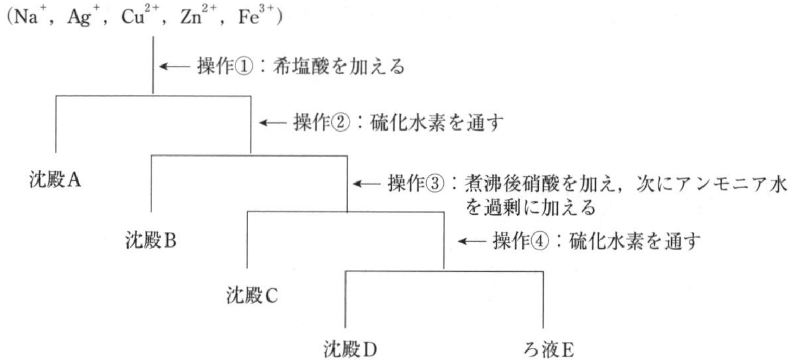

(1)　沈殿Bをつくる金属イオンには，次のような性質がある。

この金属イオンにアンモニア水を加えていくと，沈殿を生じるが，さらにアンモニア水を過剰に加えると，その沈殿は溶解し錯イオンが生じる。錯イオンを構成する金属イオンの配位数，及びこのときの錯イオンの形に関する記述として適切なものを１つ選び，番号で答えよ。

①　金属イオンの配位数は２であり，錯イオンの形は直線である。
②　金属イオンの配位数は４であり，錯イオンの形は正方形である。
③　金属イオンの配位数は４であり，錯イオンの形は正四面体である。
④　金属イオンの配位数は６であり，錯イオンの形は正八面体である。

(2)　沈殿Cをつくる金属イオンを確認する方法として適切なものを１つ選び，番号で答えよ。

①　ヘキサシアノ鉄(Ⅱ)酸カリウム水溶液を加えると，濃青色の沈殿を生じる。
②　水酸化ナトリウム水溶液を加えると，淡緑色の沈殿を生じる。
③　硝酸銀水溶液を加えると，白色の沈殿を生じる。
④　食塩水を加えると，白色の沈殿を生じる。

(3)　ろ液Eに含まれる金属イオンを確認するため，炎色反応を行った。このとき，この金属イオンが示す色として適切なものを選び，番号で答えよ。

①　黄色　　②　赤色　　③　赤紫色　　④　青緑色　　〈東京都〉

解答　(1)　②　　(2)　①　　(3)　①

解説　各操作の結果は，次のようになる。

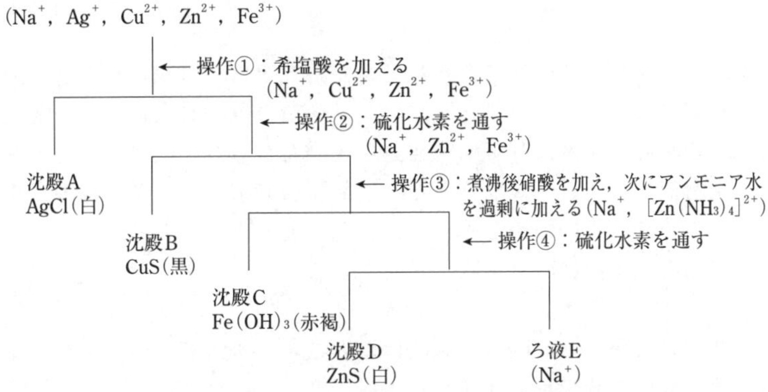

(1)　沈殿Bをつくる金属イオンはCu^{2+}である。Cu^{2+}の水溶液にアンモニア水を加えると青白色沈殿$Cu(OH)_2$を生じるが，過剰のアンモニア水を加えると深青色の錯イオン$[Cu(NH_3)_4]^{2+}$をつくって溶ける。$[Cu(NH_3)_4]^{2+}$の形は正方形である。これに対して，$[Zn(NH_3)_4]^{2+}$の形は正四面体である。

(2)　沈殿CをつくるイオンはFe^{3+}である。Fe^{3+}の水溶液にヘキサシアニド鉄(Ⅱ)酸カリウム$K_4[Fe(CN)_6]$水溶液を加えると濃青色の沈殿を生じる。一方，Fe^{2+}の水溶液にヘキサシアニド鉄(Ⅲ)酸カリウム$K_3[Fe(CN)_6]$水溶液を加えると濃青色の沈殿を生じる。選択肢②の水酸化ナトリウム水溶液で淡緑色の沈殿を生じるのはFe^{2+}である。

演習問題

1 ★☆☆

炭酸カルシウムを強熱した後，できた物質を水に溶かし水溶液をつくった。この水溶液の一部にフェノールフタレイン溶液を数滴入れ，色の変化を調べた。また，残りの水溶液に呼気を吹き込む実験を行った。次の各問いに答えよ。

(1) 水溶液にフェノールフタレイン溶液を数滴入れたときの色の変化を答えよ。また，色の変化の原因となるイオン名を答えよ。

(2) 残りの水溶液に呼気を吹き込んだところ，白く濁った。この化学変化を化学反応式で答えよ。

(3) (2)で呼気をさらに吹き込み続けたところ，水溶液は再び透明になった。この化学変化を化学反応式で答えよ。

(4) 炭酸カルシウムが主成分であり，かつ，中学校理科の実験に適した材料を2つ答えよ。

(5) 理科の実験では，予備実験が重要である。この実験を行う際に，どのような点に留意して予備実験を行うか。主な観点を3つ答えよ。　〈新潟県〉

2 ★☆☆

試験管に炭酸水素ナトリウムを入れて試験管全体の質量を測った。次に，この試験管を十分に加熱した後乾燥させて，再び試験管全体の質量を測った。次の各問いに答えよ。

(1) 次の式は，この実験の化学変化を化学反応式で表したものである。次の空欄に当てはまる化学式を答えよ。

$$2(\ \text{ア}\ ) \longrightarrow (\ \text{イ}\ ) + (\ \text{ウ}\ ) + CO_2$$

(2) 加熱前の試験管全体の質量は24.00g，加熱後の試験管全体の質量は23.69gであった。この結果を基にして発生した二酸化炭素の質量を求めよ。ただし，原子量は $H=1$，$C=12$，$O=16$，$Na=23$ とする。

(3) 発生した二酸化炭素の標準状態における体積は何mLか求めよ。

(4) 加熱後試験管に残った物質を水に溶かし，再結晶させると無色透明な結晶が得られるが，この結晶を空気中に放置すると再び白色粉末になる。この現象を何というか，また，現象が起こる理由を答えよ。

(5) 日常の家庭生活の中で，炭酸水素ナトリウムを用いている例を1つ答えよ。また，炭酸水素ナトリウムのどのような性質を利用したものか答えよ。

〈新潟県〉

3 ★☆☆

次の文中の空欄に該当する物質を化学式で答えよ。

(1)　銅に濃硝酸を加えると，刺激臭のある褐色の気体（　ア　）が発生した。

(2)　硫化鉄（Ⅱ）に塩酸を滴下すると，腐卵臭のある気体（　イ　）が発生した。この気体を硫酸銅水溶液に通すと，黒色の沈殿（　ウ　）を生じた。

(3)　水酸化カルシウム水溶液に，二酸化炭素を通すと，白色の沈殿（　エ　）が生じ，さらに二酸化炭素を通すと，沈殿は化合物（　オ　）に変化し溶解した。

(4)　炭化カルシウム（カーバイド）に水を加えると，無色の気体（　カ　）が発生した。この気体は酸素中，高温度で激しく燃焼するので鉄の溶接などに用いられる。

〈愛媛県〉

4 ★☆☆

黒色の酸化銅からもとの銅を取り出す生徒実験を，図のような装置を用いて行った。これについて，次の各問いに答えよ。

(1)　この実験では，酸化銅に黒い粉を加え加熱した。加えた物質名を答えよ。

(2)　(1)の実験による酸化銅の還元を化学反応式で表せ。

(3)　この実験で発生する気体を確かめるためには，どのような水溶液を用意すればよいか答えよ。

(4)　発生する気体を(3)の液に通したとき起こる反応を化学反応式で表せ。

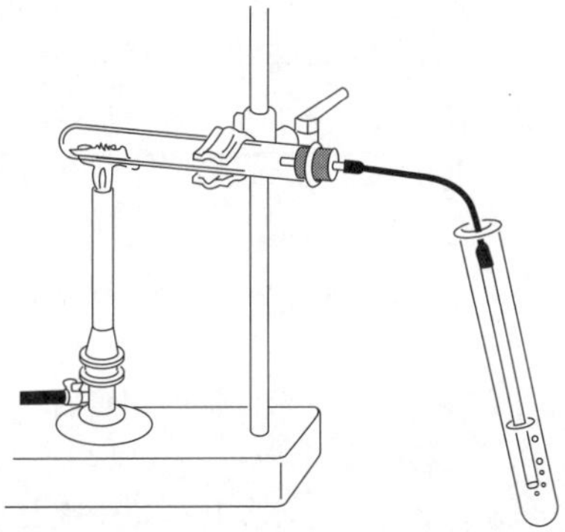

(5)　この実験を終えるためにガスバーナーの火を消すとき，予め生徒に注意をすることを簡潔に答えよ。またその理由も答えよ。

〈三重県〉

5 ★☆☆

図は，ある気体の発生装置を示している。次の各問いに答えよ。

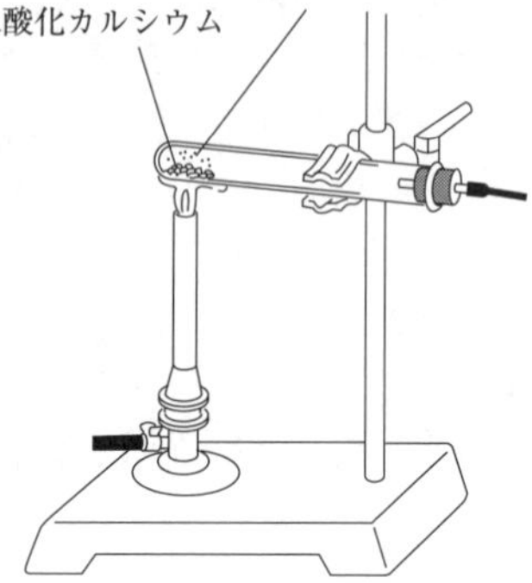

(1) 図で起こる反応を化学反応式で示せ。

(2) 適する気体の捕集法を答えよ。また，その捕集法をとる理由を答えよ。

(3) 塩化アンモニウム 0.10g と過剰の水酸化カルシウムを反応させたときに発生する気体の体積は標準状態(0℃，1.0×10^5Pa) で何 mL か。四捨五入して整数で答えよ。ただし，H＝1，N＝14，Cl＝35.5 とする。

〈茨城県〉

6 ★☆☆

気体の生成や性質について，各問いに答えよ。

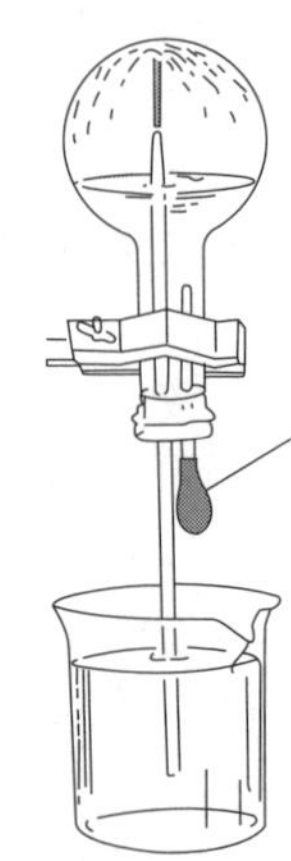

(1) 次の①，②は気体の生成方法を示してある。

① 炭酸水素ナトリウムを加熱する。

② 塩化アンモニウムと水酸化カルシウムを混合し加熱する。

問１ ①，②のそれぞれの変化を，化学反応式で示せ。

問２ ①でできた固体の物質名とその物質の色を答えよ。

問３ ②で生じる気体の乾燥剤として最も適切なものは次のア～エのどれか，その記号を答えよ。

ア．濃硫酸　　イ．十酸化四リン

ウ．酸化カルシウム　　エ．塩化カルシウム

(2) アンモニアを満たしたフラスコを使って，図のような装置を組み立て，スポイトの水をフラスコの中に入れると，ビーカーの水が勢いよく上がってきた。

問1　ビーカーの水が上がってくる理由を詳細に説明せよ。

問2　この実験で，ある指示薬をビーカーの水に加えておくと，フラスコに入ってきた水が赤くなった。この指示薬の名称を答えよ。また，指示薬を赤くしたイオンは何か。イオン名を答えよ。

〈和歌山県〉

7 ★☆☆

塩素，アンモニア，塩化水素，一酸化窒素，酸素の5種類の気体を発生させたい。それぞれの気体を発生させるための試薬の組み合わせをA欄の中から選び，またその気体の発生及び捕集に適当と思われる装置をB欄の中から選び，それぞれ記号で答えよ。

〈A欄〉

(ア) 銅と濃硝酸　　(イ) 銅と希硝酸

(ウ) 大理石と希塩酸　　(エ) エタノールと濃硫酸

(オ) さらし粉と塩酸　　(カ) ギ酸と濃硫酸

(キ) 塩化アンモニウムと水酸化カルシウム

(ク) 塩素酸カリウムと酸化マンガン（Ⅳ）　　(ケ) カーバイドと水

(コ) 塩化ナトリウムと濃硫酸　　(サ) 硫化鉄（Ⅱ）と希硫酸

〈B欄〉

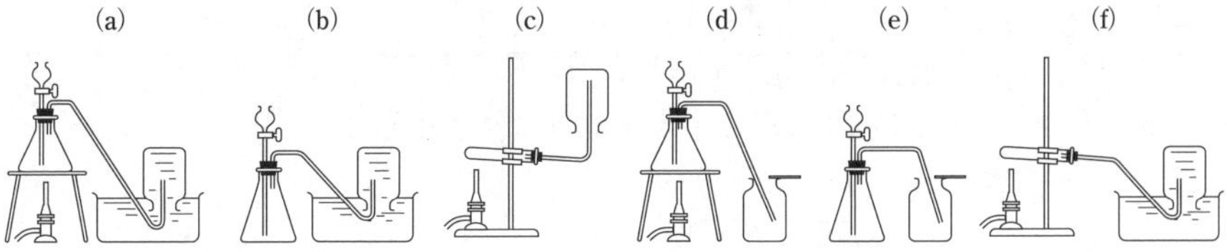

〈愛知県〉

8 ★★☆

5種類の陽イオン（Ba^{2+}，Al^{3+}，Pb^{2+}，Zn^{2+}，Fe^{3+}）のうち，いずれか1種類を含む5つの水溶液(a)〜(e)について，次の（Ⅰ）〜（Ⅴ）の実験を行った。次の各問いに答えよ。

（Ⅰ）希硫酸を加えると(a)と(e)に沈殿が生じた。

（Ⅱ）少量のアンモニア水を加えると(a)，(b)，(c)，(d)に沈殿が生じ，さらに過剰のアンモニア水を加えると(d)の沈殿が溶解した。

（Ⅲ）希塩酸を加えると(a)に沈殿が生じた。

（Ⅳ）炎色反応を行うと(e)が炎色反応を示した。

（Ⅴ）少量の水酸化ナトリウム水溶液を加えると(a)，(b)，(c)，(d)に沈殿が生じ，さらに過剰の水酸化ナトリウム水溶液を加えると(a)，(b)，(d)の沈殿が溶解した。

(1) 水溶液(c)に含まれる陽イオンを化学式で答えよ。

(2) 実験（Ⅱ）の水溶液(d)について，沈殿が溶解したときに生じた錯イオンのイオン式と名称を答えよ。

(3) 実験（Ⅳ）の炎色反応の色を答えよ。

(4) 実験（Ⅴ）で生じた(b)の沈殿が溶解するときの化学反応式を答えよ。

〈愛知県〉

9 ★★☆

5種類のイオンCu^{2+}，Fe^{3+}，Na^{+}，Ag^{+}，Ba^{2+}を含む水溶液に（Ⅰ），（Ⅱ），（Ⅲ），（Ⅳ）の順で操作を行った。

（Ⅰ）希塩酸を加える。

（Ⅱ）（Ⅰ）のろ液に硫化水素ガスを通じる。

（Ⅲ）（Ⅱ）のろ液を煮沸して希硝酸を加えた後，アンモニア水を加えアルカリ性とする。

（Ⅳ）（Ⅲ）のろ液に炭酸アンモニウム水溶液を加える。

各操作で沈殿して分離されるイオンの組み合わせとして，正しいものを1つ選び，番号で答えよ。

	（Ⅰ）	（Ⅱ）	（Ⅲ）	（Ⅳ）
①	Ba^{2+}	Fe^{3+}	Cu^{2+}	Ag^{+}
②	Ag^{+}	Cu^{2+}	Fe^{3+}	Ba^{2+}
③	Cu^{2+}	Na^{+}	Fe^{3+}	Ag^{+}
④	Fe^{3+}	Ba^{2+}	Ag^{+}	Na^{+}
⑤	Ba^{2+}	Ag^{+}	Na^{+}	Cu^{2+}
⑥	Ag^{+}	Cu^{2+}	Ba^{2+}	Na^{+}

〈愛知県〉

演習問題　解答・解説

1

(1)　色の変化：無色→赤色
　　イオン名：水酸化物イオン

(2)　$Ca(OH)_2 + CO_2 \longrightarrow CaCO_3 + H_2O$

(3)　$CaCO_3 + CO_2 + H_2O \longrightarrow Ca(HCO_3)_2$

(4)　石灰石(大理石，方解石)，貝殻，卵の殻　　などから２つ

(5)　・安全面への配慮の確認
　　・適切な結果を導き出せるかの確認
　　・実験時間の確認　　など

解説

(1)　$CaCO_3 \longrightarrow CaO + CO_2$
　　$CaO + H_2O \longrightarrow Ca(OH)_2$

2

(1)　ア．$NaHCO_3$　イ．Na_2CO_3
　　ウ．H_2O
　　(イとウは順不同)

(2)　0.22 g　　(3)　112 mL

(4)　現象：風解
　　理由：水和水を失うため。

(5)　使用例：ベーキングパウダー　など
　　性質：加熱すると二酸化炭素を発生する。

解説

(2)　加熱前の試験管全体の質量と加熱後の試験管全体の質量の差は，

$$24.00 - 23.69 = 0.31\text{〔g〕}$$

　試験管を十分加熱した後乾燥させているので，この差は生成した水と二酸化炭素の質量である。

　したがって，このうち二酸化炭素の質量は，

$$0.31 \times \frac{44}{18+44} = 0.22\text{〔g〕}$$

(3)　$\frac{0.22}{44} \times 22.4 \times 1000 = 112\text{〔mL〕}$

3

ア．NO_2　　イ．H_2S
ウ．CuS　　エ．$CaCO_3$
オ．$Ca(HCO_3)_2$　　カ．C_2H_2

解説

　各反応式は，次の通り。

ア．$Cu + 4HNO_3 \longrightarrow Cu(NO_3)_2 + 2H_2O + 2NO_2$

イ．$FeS + 2HCl \longrightarrow FeCl_2 + H_2S$

ウ．$CuSO_4 + H_2S \longrightarrow CuS + H_2SO_4$

エ．$Ca(OH)_2 + CO_2 \longrightarrow CaCO_3 + H_2O$

オ．$CaCO_3 + CO_2 + H_2O \longrightarrow Ca(HCO_3)_2$

カ．$CaC_2 + 2H_2O \longrightarrow Ca(OH)_2 + C_2H_2$

(注)C_2H_2 はアセチレンである。

4

(1)　炭素

(2)　$2CuO + C \longrightarrow 2Cu + CO_2$

(3)　石灰水

(4)　$Ca(OH)_2 + CO_2 \longrightarrow CaCO_3 + H_2O$

(5)　火を消す前に，試験管からガラス管を抜いておくこと。
　　理由：試験管内の溶液の逆流を防ぐため。

5

(1)　$2NH_4Cl + Ca(OH)_2 \longrightarrow CaCl_2 + 2H_2O + 2NH_3$

(2)　捕集法：上方置換法
　　理由：アンモニアは水に溶けやすく，空気より軽いため。

(3)　42 mL

解説

(3)　$\frac{0.10}{53.5} \times 22.4 \times 10^3 \fallingdotseq 41.86$

$$\fallingdotseq 42\text{〔mL〕}$$

6

(1) 問1 ① $2NaHCO_3$

$\longrightarrow Na_2CO_3 + H_2O + CO_2$

② $2NH_4Cl + Ca(OH)_2$

$\longrightarrow CaCl_2 + 2H_2O + 2NH_3$

問2 物質名:炭酸ナトリウム

色:白色

問3 ウ

(2) 問1 スポイトから入れた水にアンモニアが溶けることによって，フラスコ内の圧力が下がり，ガラス管から水が吸い上げられる。

問2 指示薬名：フェノールフタレイン

イオン名：水酸化物イオン

解説

(1) 問3 ア・イ．酸性の乾燥剤なので不適当。

エ．NH_3と反応するので不適当。

7

塩素：(オ)，(e)

アンモニア：(キ)，(c)

塩化水素：(コ)，(d)

一酸化窒素：(イ)，(b)

酸素：(ク)，(f)

解説

(ア) $Cu + 4HNO_3$

$\longrightarrow Cu(NO_3)_2 + 2H_2O + 2NO_2$ (下方)

(イ) $3Cu + 8HNO_3$

$\longrightarrow 3Cu(NO_3)_2 + 4H_2O + 2NO$ (水上)

(ウ) $CaCO_3 + 2HCl$

$\longrightarrow CaCl_2 + H_2O + CO_2$ (下方)

(エ) $C_2H_5OH \xrightarrow[\text{加熱}]{H_2SO_4} H_2O + C_2H_4$ (水上)

$2C_2H_5OH \xrightarrow[\text{加熱}]{H_2SO_4} C_2H_5OC_2H_5 + H_2O$ (液体)

(オ) $CaCl(ClO) \cdot H_2O + 2HCl$

$\longrightarrow CaCl_2 + 2H_2O + Cl_2$ (下方)

(カ) $HCOOH \xrightarrow[\text{加熱}]{H_2SO_4} H_2O + CO$ (水上)

(キ) $2NH_4Cl + Ca(OH)_2$

$\xrightarrow[\text{加熱}]{} CaCl_2 + 2H_2O + 2NH_3$ (上方)

(ク) $2KClO_3 \xrightarrow[\text{加熱}]{MnO_2} 2KCl + 3O_2$ (水上)

(ケ) $CaC_2 + 2H_2O$

$\longrightarrow Ca(OH)_2 + C_2H_2$ (水上)

(コ) $NaCl + H_2SO_4$

$\xrightarrow[\text{加熱}]{} NaHSO_4 + HCl$ (下方)

(サ) $FeS + H_2SO_4 \longrightarrow FeSO_4 + H_2S$ (下方)

8

(1) Fe^{3+}

(2) イオン式：$[Zn(NH_3)_4]^{2+}$

名称：テトラアンミン亜鉛(Ⅱ)イオン

(3) 黄緑色(緑色)

(4) $Al(OH)_3 + NaOH$

$\longrightarrow Na[Al(OH)_4]$

($Al(OH)_3 + NaOH$

$\longrightarrow Na^+ + [Al(OH)_4]^-$ も可

$Al(OH)_3 + NaOH$

$\longrightarrow NaAlO_2 + 2H_2O$ も可)

解説

(Ⅰ)(Ⅲ)より，

(a)はPb^{2+}，(e)はBa^{2+}

さらに，(Ⅱ)(Ⅴ)より，

(d)はZn^{2+}，(b)はAl^{3+}

よって，(c)はFe^{3+}

9

②

解説

(Ⅰ) $Ag^+ + Cl^- \longrightarrow AgCl\downarrow$

(Ⅱ) $Cu^{2+} + S^{2-} \longrightarrow CuS\downarrow$

(Ⅲ) $Fe^{3+} + 3OH^- \longrightarrow Fe(OH)_3\downarrow$

(Ⅳ) $Ba^{2+} + CO_3^{2-} \longrightarrow BaCO_3\downarrow$

5 有機化合物

傾向と対策

この分野における重要な内容としては，元素分析による分子式の決定，有機化合物の推定，有機化合物の分離などの内容が挙げられる。有機化合物も無機化合物と同様，覚えるべきことが多いが，まずはアルコール，アルデヒド，カルボン酸，芳香族化合物の基本的な性質をしっかりと覚えておくことが重要である。その上で，問題演習を十分に行い，力をつけていくことが大切である。

要点 Check!

Check!

1 有機化合物の基礎

(1) 炭化水素の分類

			〈例〉	〈一般式〉
鎖式炭化水素	アルカン……単結合のみ		メタン	C_nH_{2n+2}
	アルケン……C＝Cを１つ含む		エチレン	C_nH_{2n}
	アルキン……C≡Cを１つ含む		アセチレン	C_nH_{2n-2}
環式炭化水素	芳香族炭化水素…ベンゼン環を含む		トルエン	
	脂環式炭化水素	シクロアルカン	シクロヘキサン	C_nH_{2n}
		シクロアルケン	シクロヘキセン	C_nH_{2n-2}

(2) 官能基

官能基の種類		分類名	例
ヒドロキシ基	—OH	アルコール フェノール類	エタノール　C_2H_5OH フェノール　C_6H_5OH
ホルミル基 (アルデヒド基)	—CHO	アルデヒド	アセトアルデヒド　CH_3CHO
カルボニル基	$>C=O$	ケトン	アセトン　CH_3COCH_3
カルボキシ基	—COOH	カルボン酸	酢酸　CH_3COOH
アミノ基	$—NH_2$	アミン	アニリン　$C_6H_5NH_2$
ニトロ基	$—NO_2$	ニトロ化合物	ニトロベンゼン　$C_6H_5NO_2$
スルホ基	$—SO_3H$	スルホン酸	ベンゼンスルホン酸 $C_6H_5SO_3H$
エーテル結合	—O—	エーテル	ジメチルエーテル　CH_3OCH_3
エステル結合	—COO—	エステル	酢酸エチル　$CH_3COOC_2H_5$

(3)　異性体

異性体とは，分子式は同じであるが，互いに構造の重なる化合物のこと。

- 構造異性体
- 立体異性体
  - 幾何異性体（シス－トランス異性体）
  - 光学異性体（鏡像異性体）

〈構造異性体〉

ブタン　$CH_3-CH_2-CH_2-CH_3$

2－メチルプロパン（イソブタン）

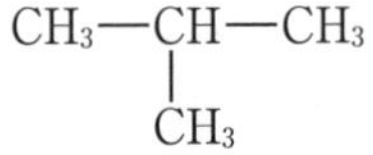

〈幾何異性体〉

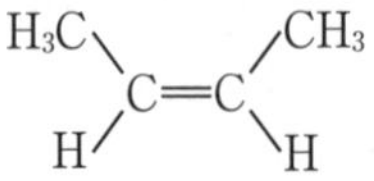

シス２ブテン

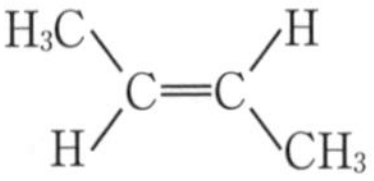

トランス２ブテン

〈光学異性体〉

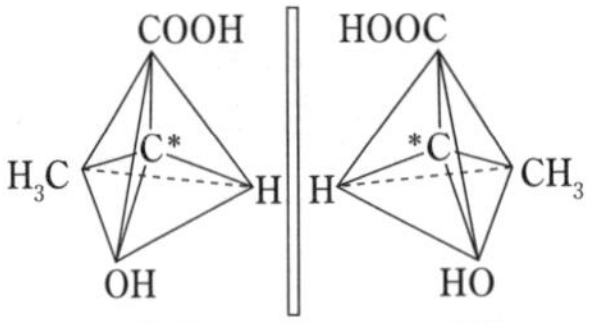

L-乳酸　鏡　D-乳酸

*Cは不斉炭素原子

2　アルコール・アルデヒド・カルボン酸

➤　アルコールとエーテル

(1)　アルコールの分類

OH の数による分類		OH と結合した C が何個の炭化水素基と結合しているかによる分類	
1 価アルコール	CH_3OH　メタノール C_2H_5OH　エタノール	第一級アルコール	H ｜ R—C—OH ｜ H
2 価アルコール	CH_2—OH ｜　　エチレングリコール CH_2—OH	第二級アルコール	R' ｜ R—C—OH ｜ H
3 価アルコール	CH_2—OH ｜ CH —OH　グリセリン ｜ CH_2—OH	第三級アルコール	R' ｜ R—C—OH ｜ R''

(2)　アルコールの性質

①　ナトリウムと反応して H_2 を発生し，アルコキシドになる。

〈例〉 $2C_2H_5OH + 2Na \longrightarrow 2C_2H_5ONa + H_2$

ナトリウムエトキシド

②　酸化反応

- 第一級アルコール→アルデヒド→カルボン酸
- 第二級アルコール→ケトン
- 第三級アルコール→酸化されにくい

③　脱水反応（濃硫酸を加えて加熱）

- 低温（130 ～ 140℃）の場合：$2C_2H_5OH \longrightarrow C_2H_5OC_2H_5 + H_2O$（分子間脱水）
- 高温（160 ～ 170℃）の場合：$C_2H_5OH \longrightarrow CH_2 = CH_2 + H_2O$（分子内脱水）

➤　アルデヒドとケトン

(1)　アルデヒドの性質

還元性をもち，**フェーリング反応**や**銀鏡反応**を示す。

(2)　ヨードホルム反応

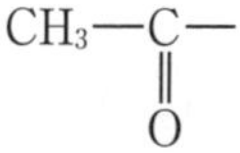（アセチル基）または 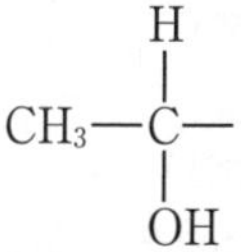 の構造（酸化によりアセチル基を生じる基）をもつ化合物は**ヨードホルム反応**を示す。

➤　カルボン酸とエステル

(1)　カルボン酸の性質

弱酸であるが，炭酸よりは強い酸。アルコールと縮合反応し，水分子が取れてエステルを生じる。

(2)　いろいろなカルボン酸

酢酸

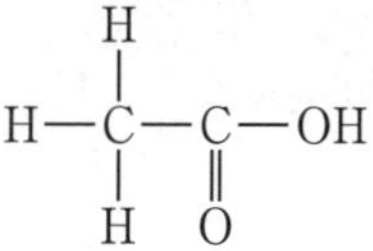

ギ酸（還元性あり）

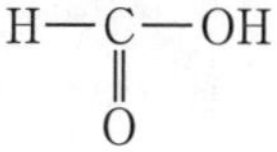

シュウ酸

マレイン酸

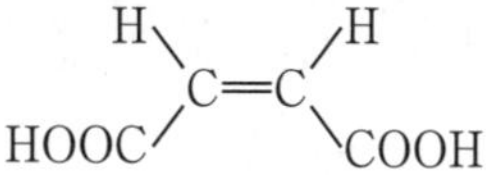

フマル酸

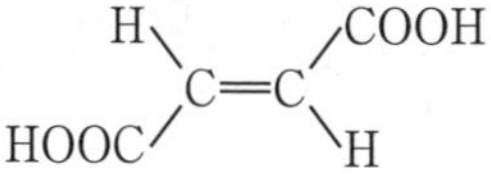

(3) 他の酸との強弱関係

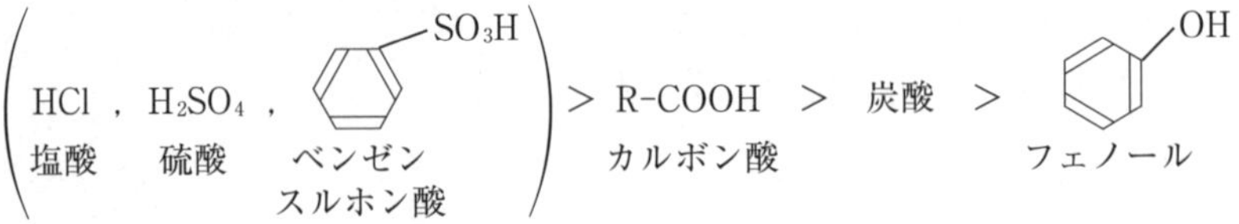

3 芳香族化合物

▶ 芳香族化合物の基礎

(1) 反応性

ベンゼン環は比較的安定で，付加反応をしにくく**置換反応**を起こしやすい。

〈例〉

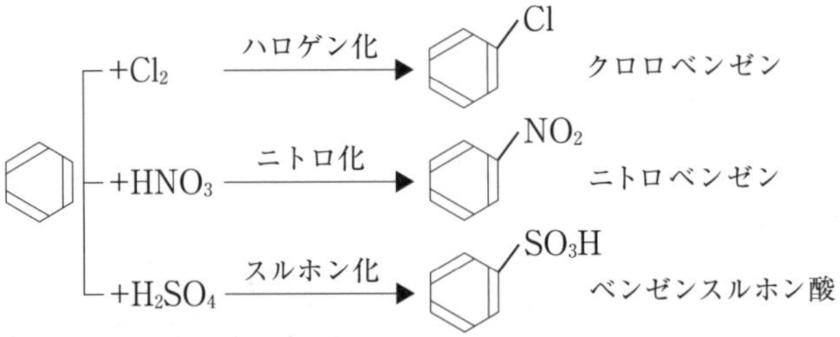

(2) オルト，メタ，パラ－異性体

ベンゼンの2置換体には次の3種類がある。

〈オルト o－〉　〈メタ m－〉　〈パラ p－〉

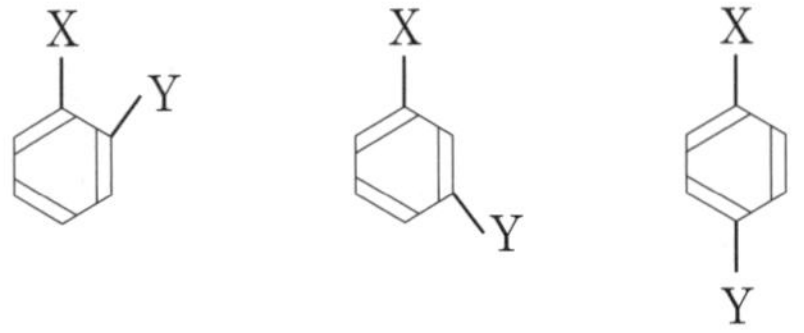

▶ フェノール類

(1) 構造

ベンゼン環の炭素原子に—OH基（ヒドロキシ基）が直接結合した構造をもつ。

〈例〉

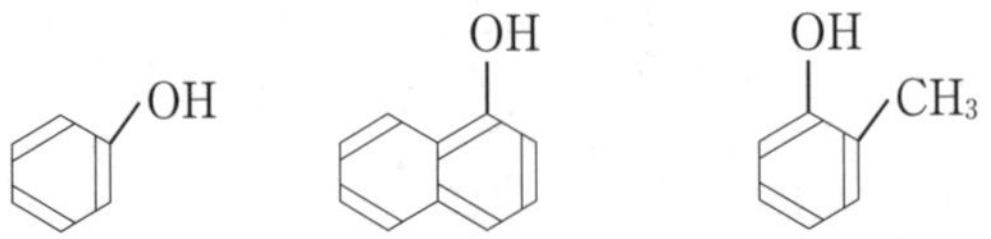

フェノール　1－ナフトール　o－クレゾール

(2)　性質

①　弱酸性(炭酸よりも弱い)。

②　塩化鉄(Ⅲ)$FeCl_3$により青～紫色に呈色（フェノール類の検出に用いる)。

③　酸無水物と反応してエステルを生成する。

〈例〉

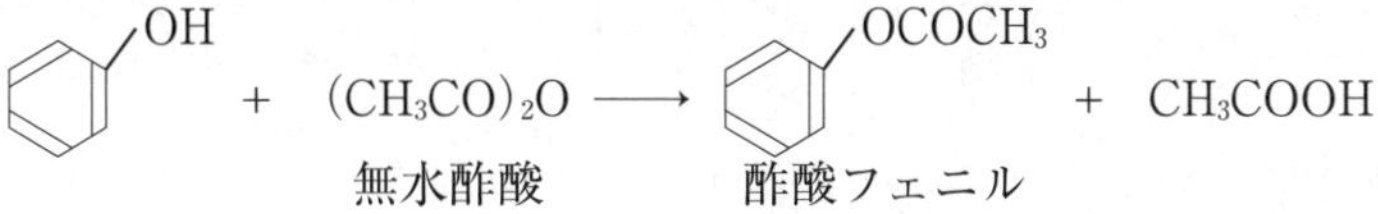

④　金属ナトリウムと反応して水素H_2を発生する。

〈例〉

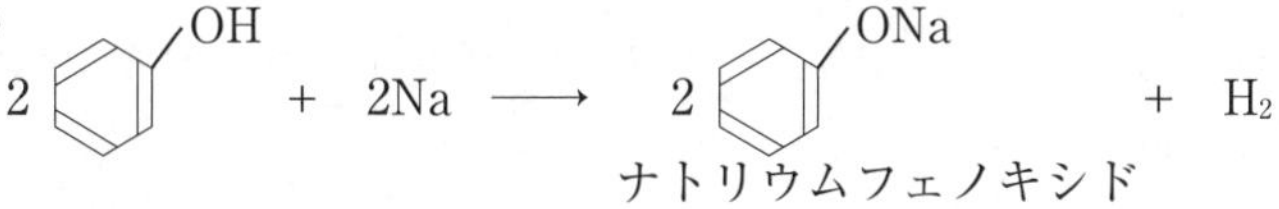

▶ 芳香族カルボン酸

(1)　構造

ベンゼン環の炭素原子に—COOH(カルボキシ基)が直接結合した構造をもつ。

〈例〉

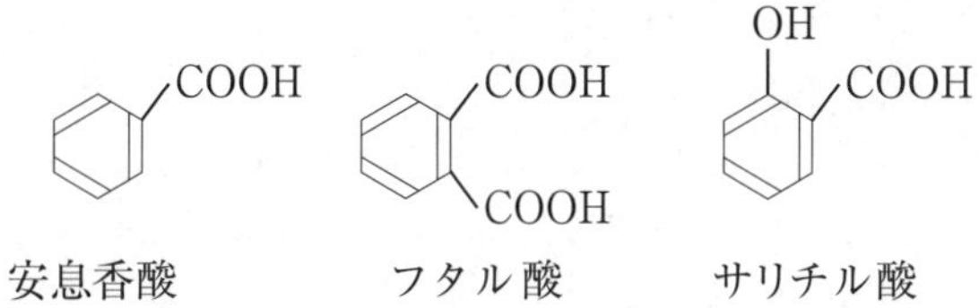

(2)　性質

①　弱酸性（炭酸よりも強い)。

②　アルコールやフェノール類とエステルを生成する。

〈例〉サリチル酸のカルボン酸としての反応

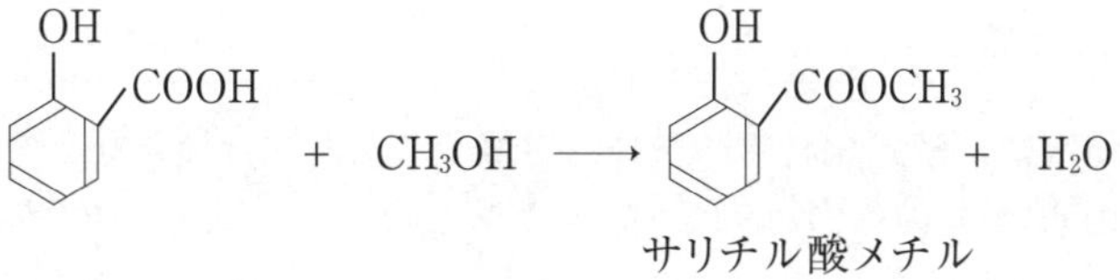

4　糖類とアミノ酸・タンパク質

(1)　糖類（炭水化物)

①　**単糖類**：一般式$C_6H_{12}O_6$で，これ以上加水分解されない糖の最小単位。
還元性をもつので，**銀鏡反応**や**フェーリング反応**を示す。
〈例〉**グルコース**（ブドウ糖)，**フルクトース**（果糖)，**ガラクトース**

② 二糖類：加水分解されると２分子の単糖類を生じる。

〈例〉

名称	還元性	加水分解による生成物
スクロース（ショ糖）	なし	グルコース＋フルクトース
マルトース（麦芽糖）	あり	グルコース＋グルコース
ラクトース（乳糖）	あり	グルコース＋ガラクトース

③ 多糖類：多数の単糖類分子が縮重合したもの。

〈例〉デンプン，セルロース，グリコーゲン

(2) アミノ酸・タンパク質

① アミノ酸：分子内に—NH_2（アミノ基）と—COOH（カルボキシ基）をもつ両性物質。

〈例〉

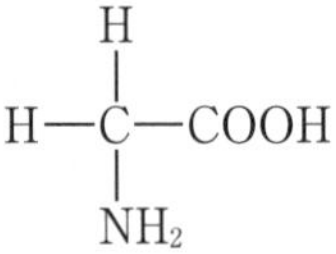

グリシン

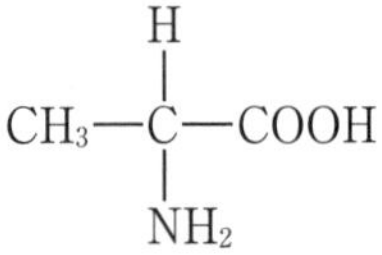

アラニン

② タンパク質：多数の α-アミノ酸分子が縮重合して，ペプチド結合—CO—NH—で結合したもの。加水分解により α-アミノ酸に分かれる。

〈タンパク質の性質〉

・熱，酸，塩基，アルコール，重金属イオンなどの作用により凝固する（変性）。

・塩基性で $CuSO_4$ aq を加えると赤紫色に呈色する（ビウレット反応）。

・濃硝酸と加熱すると黄色になる（キサントプロテイン反応）。

例題1　炭水化物

不飽和炭化水素で鎖式化合物の気体Ａ 2.0L に水素を付加させたところ，同温・同圧の水素 4.0L と反応し，アルカンとなった。また，1.0g の気体Ａは 8.0g の臭素と反応して，飽和化合物となった。気体Ａの分子式として最も適当なものを１つ選び，番号で答えよ。（原子量：H＝1.0，C＝12，Br＝80）

① C_2H_2　② C_2H_4　③ C_3H_4　④ C_3H_6　⑤ C_4H_8

〈愛知県〉

解答 ③

解説　不飽和の鎖式炭化水素 A1 mol に水素 2 mol が付加することから，気体 A の分子式を C_nH_{2n-2} とおける。このとき，気体 A の分子量は，$14n-2$ である。気体 A1 mol には臭素も 2 mol 付加することから，次の関係が成り立つ。

$$\frac{1.0}{14n-2} : \frac{8.0}{160} = 1 : 2$$

$$\therefore\ n = 3$$

よって，求める気体 A の分子式は，C_3H_4 である。

例題 2　アルデヒド

次の文を読んで，各問いに答えよ。

エタノールを試験管にとり，コイル状に巻いた銅線をガスバーナーで赤熱する。それを，試験管に入ったエタノールの液面上で図のように出し入れをし，これを数回行う。その後，3つの試験管 A，B，C に分け，A にはフェーリング液を加えあたためると赤色の沈殿ができた。また，B には過マンガン酸カリウム水溶液を加えると無色となり，C にはアンモニア性硝酸銀水溶液を加えあたためると，銀色の膜が試験管の壁にできた。

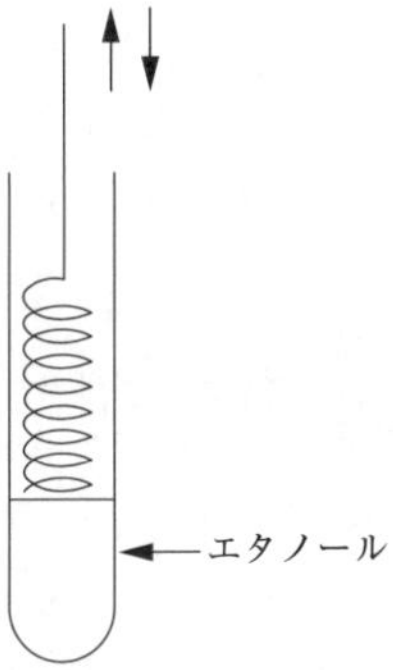

(1)　エタノールを示性式で答えよ。

(2)　エタノールに赤熱した銅線を出し入れしてできた化合物は何か。名称を答えよ。

(3)　A の試験管にできた赤色沈殿を化学式で答えよ。

(4)　B の試験管では，(　　　) イオンが還元される。(　　　) 内に入れるイオン名を答えよ。

(5)　C の試験管の壁に銀色の化合物ができる反応を何というか答えよ。

〈沖縄県〉

解答　(1)　C_2H_5OH　　(2)　アセトアルデヒド

(3)　Cu_2O　　(4)　過マンガン酸　　(5)　銀鏡反応

解説　(1)　エタノールの構造式は，次の通りである。

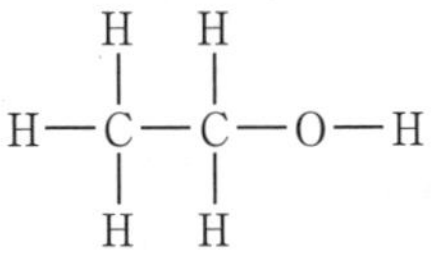

⑵　エタノールは，酸化されてアセトアルデヒドになる。

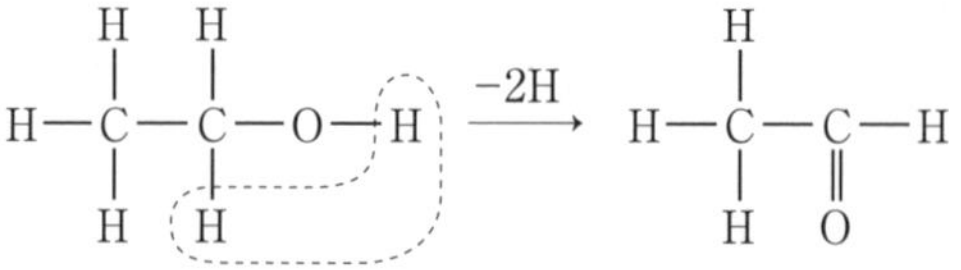

(CH_3CHO)

⑶　ホルミル基（アルデヒド基）は酸化されやすいので，アルデヒドは還元性をもつ。フェーリング液にアルデヒドを加えて熱すると，Cu^{2+} が還元されて酸化銅(Ⅰ)Cu_2O の赤色沈殿を生じる。

⑷　過マンガン酸イオンが還元される反応は，

$$MnO_4^- + 8H^+ + 5e^- \longrightarrow Mn^{2+} + 4H_2O$$

アセトアルデヒドは酸化されて，カルボン酸の酢酸になる。

⑸　アンモニア性硝酸銀水溶液中の錯イオン $[Ag(NH_3)_2]^+$ が還元されて，銀 Ag が析出する。

フェーリング反応，**銀鏡反応**は，アルデヒドの重要な検出方法である。

例題3　有機化合物の推定

化合物A～Eは，トルエン，アニリン，ベンゼン，安息香酸，フェノールのいずれかである。A～Eの混合物をジエチルエーテルに溶かし，次の①～④の操作を行った。次の各問いに答えよ。なお，構造式は次の例のように示せ。

［構造式の例］

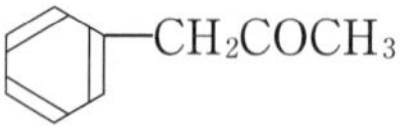

① 塩酸を加えてよく振り混ぜると，A～Eの化合物のうち，化合物Aは水層に移行した。

② ①の操作で得られたジエチルエーテル層を取り出し，そこに水酸化ナトリウム水溶液を加えてよく振り混ぜると，化合物BとCが水層に移行した。

③ ②の操作で得られた水層を取り出し，塩酸で中和した後，さらに炭酸水素ナトリウム水溶液を加えてよく振り混ぜて静置すると，化合物Bは水層の表面に油状になって浮かんだ。

④ ②の操作で得られたジエチルエーテル層を取り出し蒸留すると，低沸点側から順に，最初にジエチルエーテル，二番目に化合物D，最後に化合物Eが得られた。

⑴　化合物A～Eの構造式をそれぞれ示せ。

⑵　化合物Aに亜硝酸ナトリウムと塩酸を加えて，氷で冷やしながら反応させ，化合物Fを得た。この化合物Fと化合物Bを塩基性の条件下で反応さ

せると，橙赤色沈殿の化合物Gが生成した。化合物FとGの名称を答えよ。

〈富山県〉

解答 (1)

A. 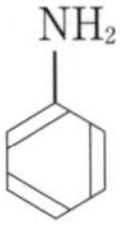　B. 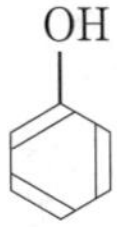　C. 

D. 　E. 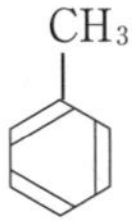

(2)　F．塩化ベンゼンジアゾニウム

G．*p*-ヒドロキシアゾベンゼン（*p*-フェニルアゾフェノール）

解説 (1)　①　アニリン 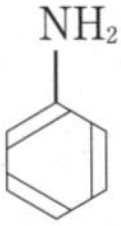 のみ塩基であるから，塩酸と中和反応して，アニリン塩酸塩  を生成して溶ける。

②　安息香酸  とフェノール 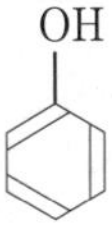 は酸であるから，水酸化ナトリウムと中和反応して，それぞれ塩 ，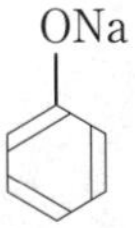 を生成して溶ける。

③　カルボン酸は炭酸より強い酸，フェノール類は炭酸より弱い酸であるから，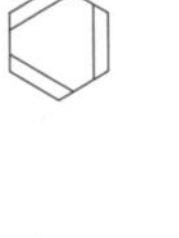 は $NaHCO_3$ と次のように反応して水に溶ける。

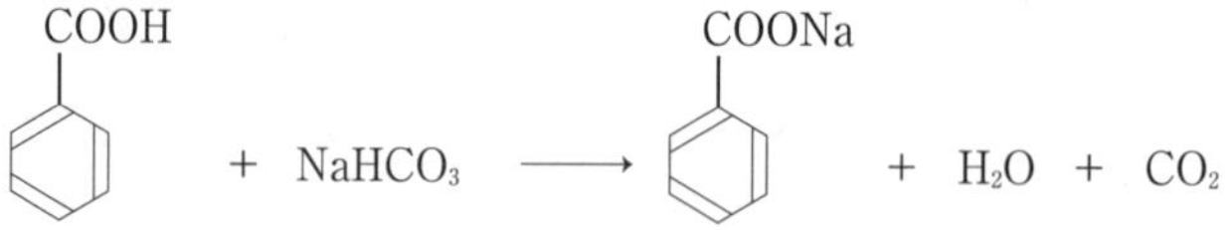

一方，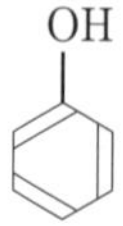 は $NaHCO_3$ と反応せず遊離する。

④　分子量の小さいベンゼンの方が沸点が低い。

(2)　F，Gが生成する反応は，次の通り。

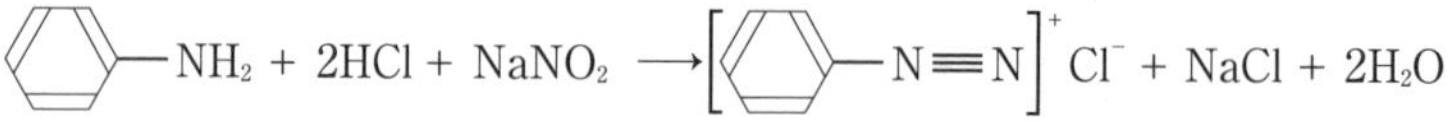

（ジアゾ化）

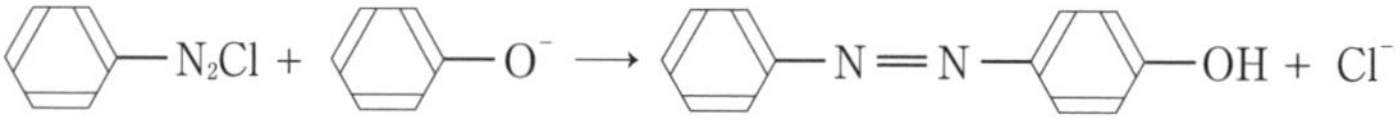

（カップリング）

例題 4　有機化合物の分離

o-クレゾール，安息香酸，ナフタレン，アニリンの混合エーテル溶液がある。この溶液から各物質を分離するため，分液ろうとを用いて次の図の操作を行った。操作①～③で起こる変化を化学反応式で表し，その操作の目的を簡潔に説明せよ。

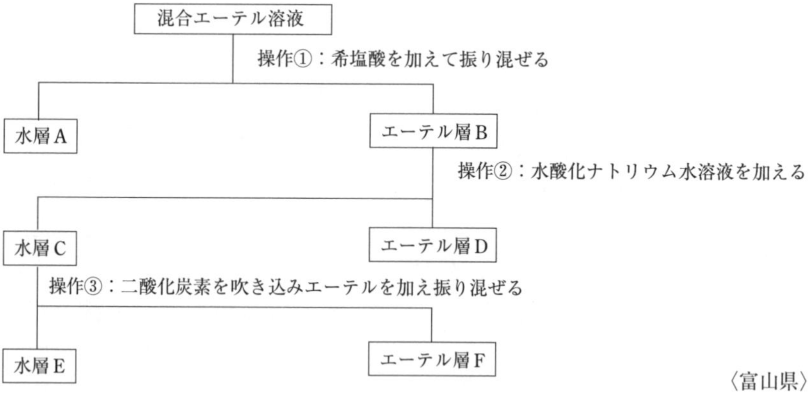

〈富山県〉

解答　①

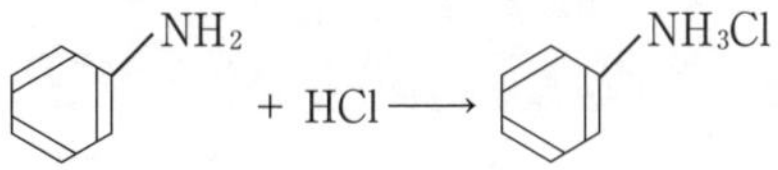

塩基であるアニリンを塩酸で中和して塩とし，水層Aに分離する。

②

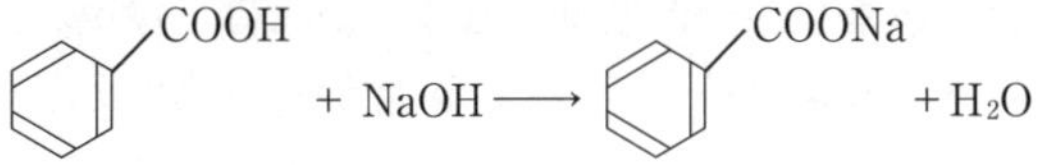

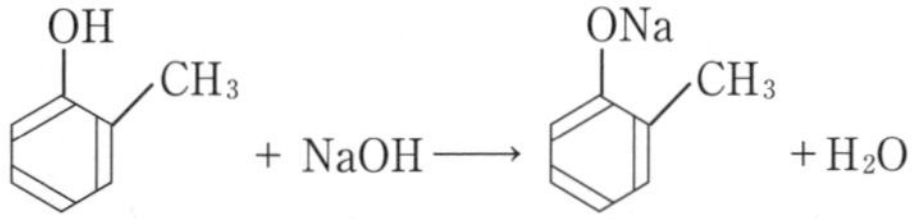

酸である安息香酸と *o*-クレゾールを水酸化ナトリウム水溶液で中和して塩とし，水層Cに分離する。

③

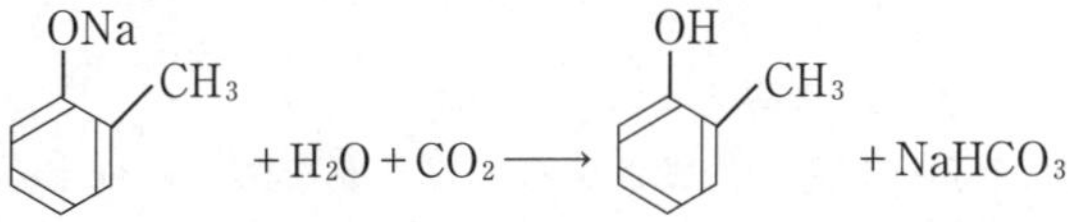

o-クレゾールは炭酸より弱い酸であるから，この塩に炭酸を加えると，*o*-クレゾールが遊離する。これをエーテル層Fに分離する。

解説　カルボン酸＞炭酸＞フェノール類の順に弱い酸となっていく。

最終的に4つの有機化合物は，次のように分離された。

水層A

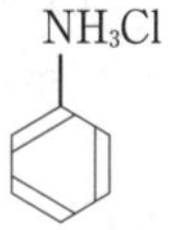

エーテル層D

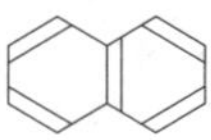

水層E

エーテル層F

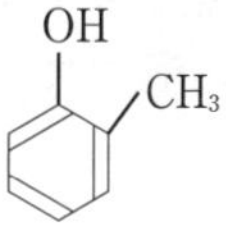

水層に分離された物質は，適当な酸あるいは塩基を加えて取り出す。

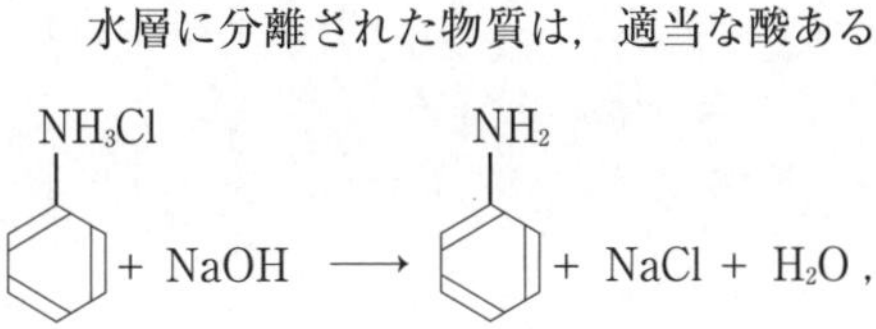

，

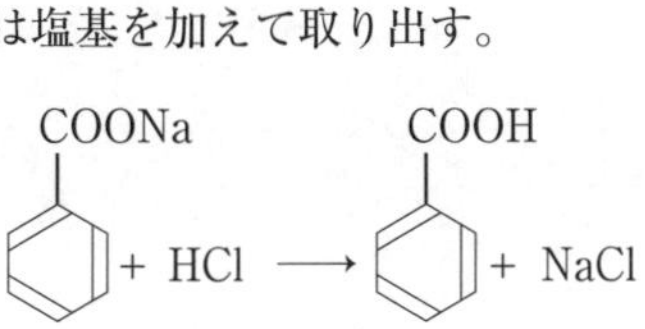

演習問題

1 ★☆☆

気体の飽和鎖状炭化水素を完全に燃焼させるためには，標準状態で比較してその体積の3.5倍の量の酸素が必要である。この炭化水素の分子式を答えよ。

〈京都市〉

2 ★☆☆

炭素，水素，酸素からなる分子量が74の有機化合物Xがある。有機化合物Xを1mol完全燃焼させたところ，二酸化炭素4molと水5molが発生した。また，有機化合物Xに金属ナトリウムを反応させたところ，水素が発生した。

これについて，次の各問いに答えよ。

(1) 有機化合物Xの分子式を答えよ。

(2) 有機化合物Xを1mol完全燃焼させるのに必要な酸素は何molか求めよ。

(3) 有機化合物Xには光学異性体が存在する。有機化合物Xの構造式を答えよ。

〈京都府〉

3 ★☆☆

次の略式構造式で示した化合物のうちフェーリング液を還元し，またヨードホルム反応が陽性であるものはどれか。正しいものを①～⑥より1つ選び，番号で答えよ。

① $H—CHO$　② $CH_3—CH_2—OH$　③ $CH_3—CHO$

④ $CH_3—\underset{\underset{OH}{|}}{CH}—CH_3$　⑤ $CH_3—CH_2—CHO$　⑥ $CH_3—CH_2—CO—CH_3$

〈愛知県〉

4 ★☆☆

次の(ア)〜(ウ)の文は，構造式（または示性式）で示した(a)〜(h)の物質についての説明である。正しいものには○，誤っているものには×をつけよ。

(a) 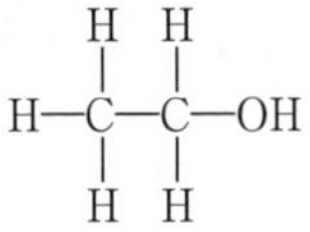
(b) 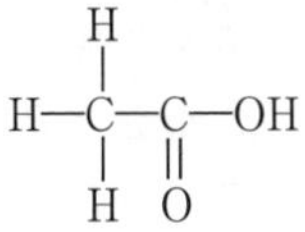
(c) 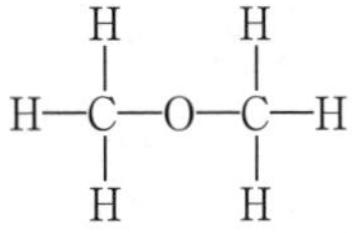

(d) 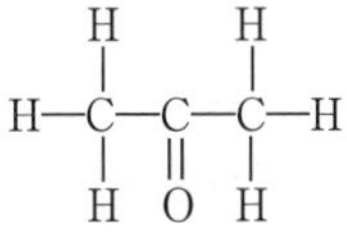
(e) 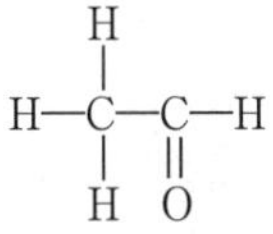

(f) 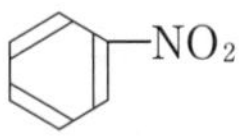
(g) 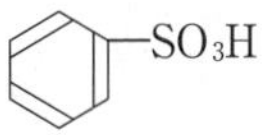
(h) 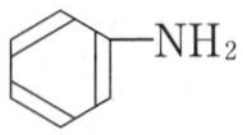

(ア)　これら８種類の化合物のうち，酸性を示す化合物は４種類ある。

(イ)　これら８種類の化合物のうち，水に任意の割合で溶ける化合物は３種類ある。

(ウ)　これら８種類の化合物のうち，常温，常圧で常に気体である化合物は１種類だけである。

〈神戸市改題〉

5 ★☆☆

次の有機化合物に関する記述で誤っているものはどれか。次の①〜⑤のうちから１つ選び，番号で答えよ。

①　サリチル酸と無水酢酸を反応させるとサリチル酸メチルができる。

②　アンモニア性硝酸銀水溶液の入った試験管にグルコースを加え，湯浴中で温めると試験管の内壁に銀が析出する。

③　ジエチルエーテルには引火性があり，火気の取り扱いに気をつけなければならない。

④　エチレンはアルケンの代表的化合物で分子の構造は平面形である。また，植物の成熟促進作用がある。

⑤　メタノールを酸化するとホルムアルデヒドができ，それをさらに酸化するとギ酸になる。

〈神奈川県・横浜市・川崎市〉

6 ★☆☆

フェノール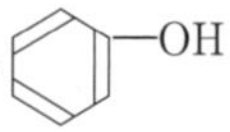の性質として誤りを含むものを１つ選び，番号で答えよ。

① 水酸基をもつのでアルカリ性を示す。
② 金属ナトリウムと反応して水素を発生する。
③ 無水酢酸と反応させるとエステルを生成する。
④ 塩化鉄（Ⅲ）水溶液を加えると青紫色を示す。
⑤ ホルムアルデヒドと縮合重合させると合成樹脂が得られる。
⑥ 炭酸水素ナトリウム水溶液には溶けないが，水酸化ナトリウム水溶液には水溶性の塩をつくって溶解する。

〈愛知県〉

7 ★☆☆

化合物Ａ，Ｂ，Ｃ，Ｄは，いずれも$C_4H_{10}O$という分子式で表される異性体である。これらの化合物について次の実験を行った。その実験結果に基づいて，次の各問いに答えよ。ただし，構造式は例にならって，略式構造式で記せ。（原子量：H＝1.0，C＝12，O＝16）

〈例〉

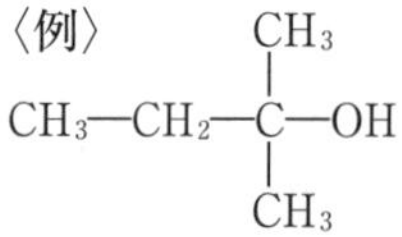

〈実験１〉

化合物Ａ，Ｂ，Ｃ，Ｄそれぞれに金属ナトリウムを加えたところ，Ａ，Ｂ，Ｃは反応して水素ガスを発生したが，Ｄは反応しなかった。

〈実験２〉

化合物Ａ，Ｂ，Ｃ，Ｄそれぞれを，硫酸酸性で二クロム酸カリウム水溶液を用いて注意深く酸化したところ，Ａからは化合物Ｅが，Ｂからは化合物Ｆが得られた。ＣとＤは酸化されなかった。Ｅ，Ｆそれぞれにアンモニア性硝酸銀水溶液を作用させたところ，Ｅは銀鏡反応を示し，Ｆは銀鏡反応を示さなかった。

〈実験３〉

化合物Ｅをさらに酸化すると，化合物Ｇが生成した。

(1) Ｅが銀鏡反応を示すのは，分子内にどのような官能基が存在するからか。官能基の名称を答えよ。

(2)　Gの分子量はいくらか答えよ。

(3)　Dの性質を示すものとして可能な異性体はDを含めていくつあるか答えよ。

(4)　Bの構造式を記せ。

(5)　Cの構造式を記せ。

〈愛知県〉

8　★☆☆

卵白水溶液を用いた次の①～③の実験について，次の各問いに答えよ。

①　卵白水溶液に，水酸化ナトリウム水溶液と硫酸銅（Ⅱ）水溶液を加えると，（　a　）色になった。

②　卵白水溶液に，濃硝酸を加えて加熱すると，黄色になった。冷却後，アンモニア水を加えると，（　b　）色になった。

③　卵白水溶液に，水酸化ナトリウムを加えて加熱した後，酢酸鉛（Ⅱ）水溶液を加えると，黒色の沈殿が生じた。

(1)　文中の（　a　），（　b　）に入る適当な語句を記せ。

(2)　実験①および②で起こった反応名を記せ。

(3)　実験①での色の変化は，卵白中のある結合が銅（Ⅱ）イオンと錯イオンをつくることによって起こる。この結合の名称を記せ。

(4)　実験②より，卵白中に含まれていると考えられる構造は次のどれか。記号を記せ。

(ア)　—NH_2　　(イ)　—COOH　　(ウ)　—OH

(エ)　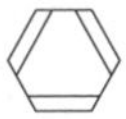　　(オ)　—NH—CO—

(5)　実験③より，卵白中に含まれていると考えられる元素は何か。元素記号を記せ。

〈富山県改題〉

演習問題　解答・解説

1

C_2H_6

解説

求める分子式を C_nH_{2n+2} とすると，このときの反応式は，

$$C_nH_{2n+2}+\frac{7}{2}O_2 \longrightarrow nCO_2+\frac{2n+2}{2}H_2O$$

となる。よって，両辺のOの数を比較して，

$$2\times\frac{7}{2}=2\times n+\frac{2n+2}{2}$$

$$\therefore\ n=2$$

よって，分子式は C_2H_6

2

(1)　**$C_4H_{10}O$**　　(2)　**6 mol**

(3)

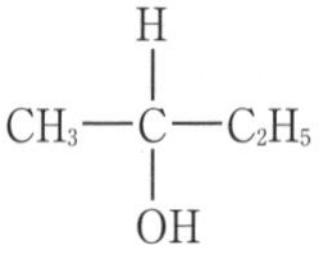

解説

(1)　有機化合物Xを 1 mol 完全燃焼させると，CO_2 が 4 mol，H_2O が 5 mol 発生するので，1 mol のXには，C原子が 4 個，H原子が 10 個含まれる。Xの分子量が 74 より，O原子は，

$$(74-12\times4-1\times10)\times\frac{1}{16}=1〔個〕$$

より，1 個含まれる。したがって，Xの分子式は，$C_4H_{10}O$ である。

(2)　$C_4H_{10}O+xO_2 \longrightarrow 4CO_2+5H_2O$

とする。

反応の前後で原子の種類と数は等しいので，Oの数に着目すると，

$$1+2x=4\times2+5$$

$$\therefore\ x=6$$

したがって，Xを 1 mol 完全燃焼させるのに必要な酸素は 6 mol である。

(3)　次の 2 つが光学異性体である。

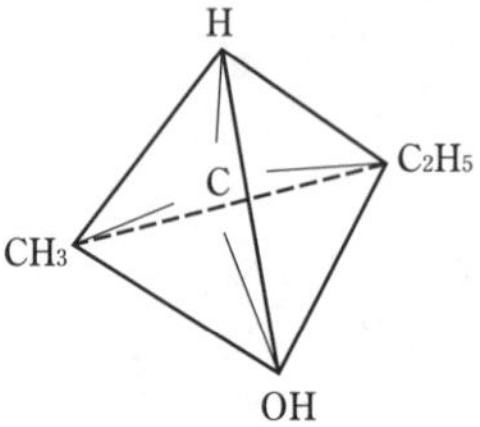

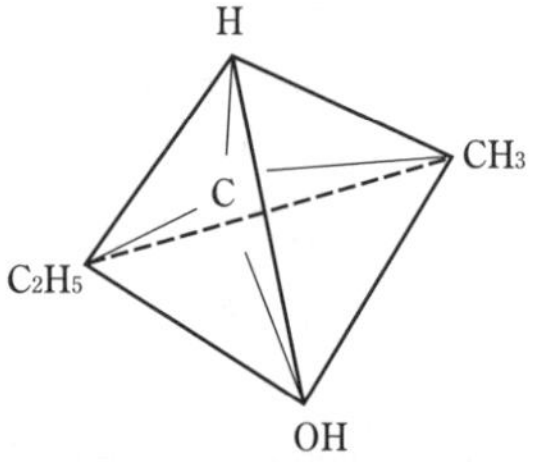

3

③

解説

フェーリング液を還元することより，

ホルミル基 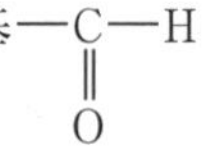

を有する。

また，ヨードホルム反応が陽性であることより，

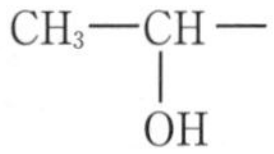

または，
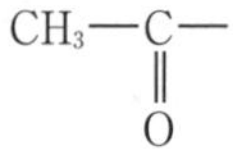

を有する。

4

(ア)　×　　(イ)　×

(ウ)　○

解説

(ア)　酸性を示す化合物は，(b)酢酸と(g)ベンゼンスルホン酸の２種類である。

(イ)　水に任意の割合で溶ける化合物は，(a)エタノールと(b)酢酸と(d)アセトンと(e)アセトアルデヒドの４種類である。

(ウ)　常温，常圧で気体である化合物は，(c)ジメチルエーテルだけである。

5

①

解説

①　アセチル酸がフェノール類として反応するので，アセチルサリチル酸が生成する。

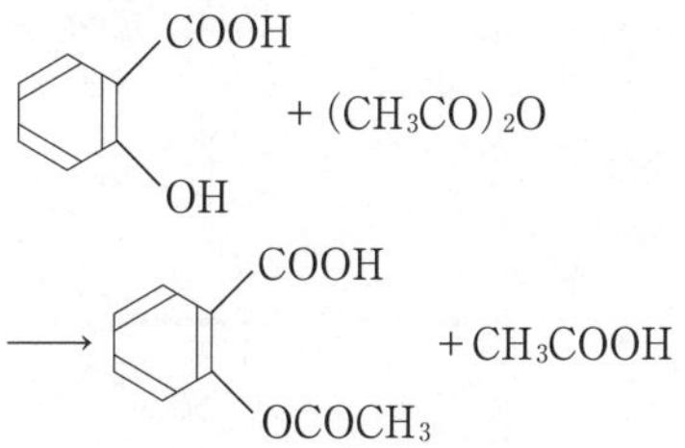

アセチルサリチル酸

②　グルコースは鎖式構造においてホルミル基をもつので還元性を示す。

⑤

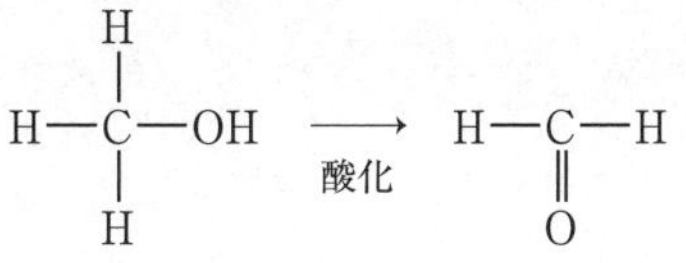

メタノール　　ホルムアルデヒド

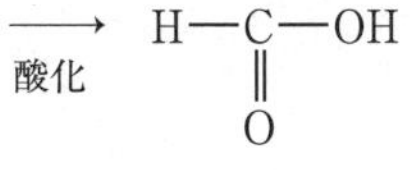

ギ酸

6

①

解説

①　フェノール性水酸基は，わずかに電離して弱酸性を示す。

②

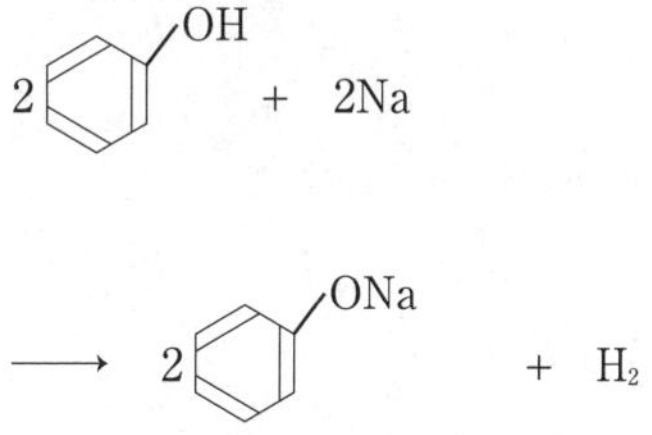

ナトリウムフェノキシド

③

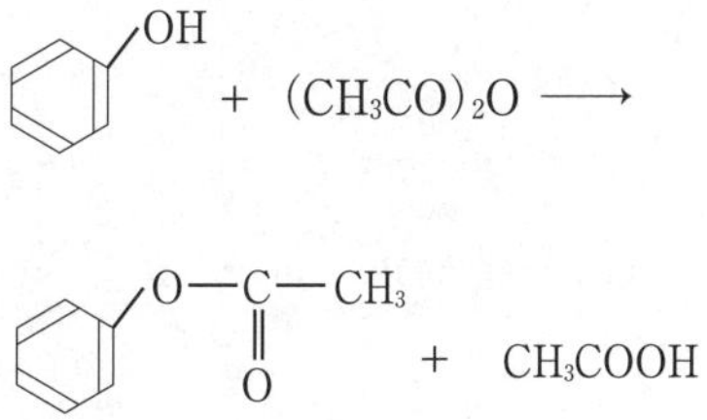

酢酸フェニル

⑤　フェノール樹脂が生成する。

⑥　フェノールは炭酸より弱い酸なので，炭酸水素ナトリウムと反応しない。

7

(1)　ホルミル基（アルデヒド基）

(2)　88　　　　(3)　3

(4)

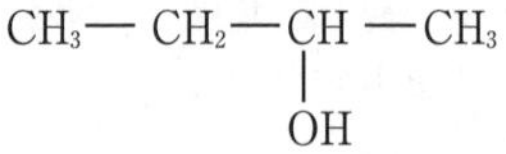

(5)

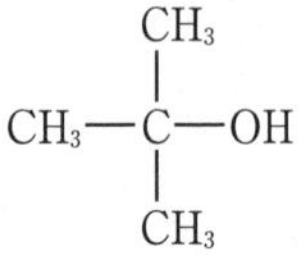

解 説

Aは第一級アルコール，Bは第二級アルコール，Cは第三級アルコール，Dはエーテルである。

(2)　(A)　　　　　　(E)

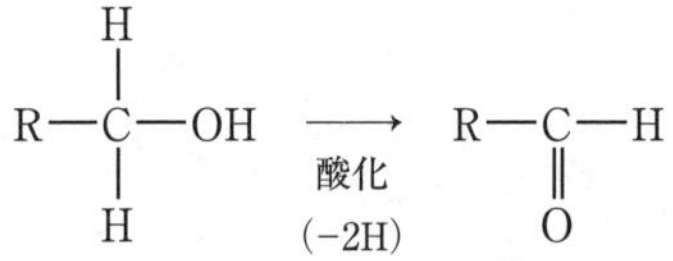

(G)

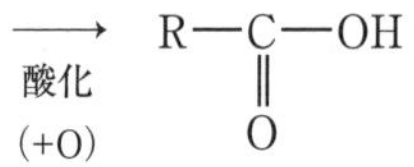

よって，Gの分子量は，

$74-2+16=88$

8

(1)　a．赤紫　　　b．橙（橙黄）

(2)　①　ビウレット反応

　　②　キサントプロテイン反応

(3)　ペプチド結合　　　(4)　(エ)

(5)　S

6 実践問題

1 ★☆☆

次の表は，元素の周期表の一部を表したものである。各問いに答えよ。

周期＼族	1	2	3	4	5	6	7	8	9	10	11	12	13	14	15	16	17	18
1	H																	2
2	3	4											5	6	7	8	9	10
3	11	12											13	Si	15	16	17	18
4	19	20	Sc	Ti	V	Cr	Mn	Fe	Co	Ni	Cu	Zn	Ga	Ge	As	Se	35	Kr

(1)　1族に属する元素は，原子番号1の元素を除いて一般に何と呼ばれているか答えよ。

(2)　原子番号17の元素と原子番号20の元素からできる化合物を化学式で答えよ。

(3)　K殻に2個，L殻に7個の電子配置をもつ原子の元素記号を答えよ。

(4)　原子番号1～20の中で，最も陽イオンになりやすい元素の元素記号を答えよ。

(5)　ハロゲン族は銀と化合物をつくりやすい。写真のフィルム等に使われている化合物を化学式で答えよ。

(6)　18族の元素は，原子番号2の元素のK殻や原子番号10の元素のL殻のように，最大数の電子が収容されている。そのような電子殻を何というか答えよ。

(7)　原子番号1～20の中で，第1イオン化エネルギーの最も大きいのはどれか。元素記号で答えよ。

(8)　原子番号12の原子が2価の陽イオンになったとき，総電子数は何個になるか答えよ。

(9)　原子番号8の元素の水素化合物は，原子番号7，原子番号9の元素の水素化合物に比べて沸点が高い理由を簡潔に答えよ。

(10)　原子番号7の元素（Xとする）の酸化物 XO_2 が，雨水に溶けると何という酸になるか。化学式で答えよ。

〈沖縄県〉

2 ★☆☆

次の各問いに答えよ。

(1) 次のa～gの物質について，①～③の各問いに答えよ。

a．ダイヤモンド　　b．食塩水　　c．ブドウ糖のかたまり

d．酸化カルシウム　　e．オゾン　　f．融解した塩化ナトリウム

g．塩酸

① a～gのうち，純物質をすべて記号で答えよ。

② a～gのうち，単体をすべて記号で答えよ。

③ a～gのうち，分子とイオンが混合しているものをすべて記号で答えよ。

(2) 25℃，1気圧で1.0Lの一酸化炭素を完全燃焼させる実験を行った。次の①，②の各問いに答えよ。

① 一酸化炭素が完全燃焼するときの化学反応式を答えよ。

② 25℃，1気圧で1.0Lの一酸化炭素をすべて完全燃焼させるには，同温同圧で何Lの空気が最低必要となるか答えよ。ただし，空気は窒素と酸素の体積比が4：1の混合気体とする。

(3) 30％のブドウ糖水溶液100g中のブドウ糖の分子数を有効数字2ケタで答えよ。ただし，ブドウ糖の分子量を180とし，アボガドロ数を6.0×10^{23}とする。

(4) アセチレンC_2H_2の完全燃焼の化学反応式を答えよ。

(5) 次の(ア)～(エ)の結晶について，①～③の各問いに答えよ。

(ア) 分子性結晶　(イ) 共有結合結晶　(ウ) イオン結晶　(エ) 金属結晶

① (ア)の分子間にはたらく力を何というか答えよ。

② (ウ)のイオン間にはたらく力を何というか答えよ。

③ (ア)～(エ)のうちで，一般的に最も融点が低い結晶はどれか，記号で答えよ。

(6) 1gの炭素に含まれる原子数は，1gのアルミニウムに含まれる原子数の何倍か答えよ。ただし，炭素の原子量を12，アルミニウムの原子量を27とする。

〈佐賀県〉

3 ★☆☆

次の各問いに答えよ。

(1) 硫黄のコロイド溶液は，直流電圧をかけると硫黄粒子が陽極へ移動する。次の中で最も少量で凝析させることのできるイオンをア～エから1つ選び，

記号で答えよ。

ア．Na^{+}　　イ．Al^{3+}　　ウ．Cl^{-}　　エ．SO_4^{2-}

⑵　アボガドロの法則は「同温・同圧のもとで，同体積の気体は，（　　　）の種類に関係なく同数個の分子を含む。」（　　　）内に当てはまる適当な語句を答えよ。

⑶　ある金属の結晶を調べたところ，1辺が4.3×10^{-8}cmの体心立方格子であり，密度が$0.97\,g/cm^3$であることがわかった。単位格子中の原子1個の質量を求めよ。

⑷　原子量とは各元素の原子の（　　　）をいう。（　　　）内に当てはまる語句を答えよ。

⑸　シクロヘキセン1分子内の水素原子の数は（　　　）個である。（　　　）内に当てはまる適当な数を答えよ。

〈沖縄県〉

4 ★★★

次の各問いに答えよ。

⑴　0℃で3.0×10^5Paの水素4L，0℃で2.0×10^5Paの酸素3L，0℃で4.0×10^5Paの窒素2Lの3種類の気体がある。物質量〔mol〕の大きい順に分子式で並べよ。ただし，気体はすべて理想気体とする。

⑵　10℃，1.0×10^5Paのもとで，100gの水に酸素はV〔mL〕溶ける。10℃，4.0×10^5Paにおいて，水300gに溶ける酸素の体積を答えよ。ただし，酸素はヘンリーの法則にしたがって水に溶けるものとする。

⑶　異性体に関する次の各問いに答えよ。

問1　C_4H_8炭化水素には，構造異性体と幾何異性体を含め何種類の異性体があるか答えよ。

問2　C_7H_8Oの芳香族化合物には，何種類の構造異性体があるか答えよ。

⑷　金属ナトリウムの結晶は，ナトリウム原子が体心立方格子をつくって並んでいる。格子間の距離をa〔cm〕，結晶の密度をd〔g/cm^3〕，アボガドロ定数をN〔/mol〕として，次の各問いに答えよ。

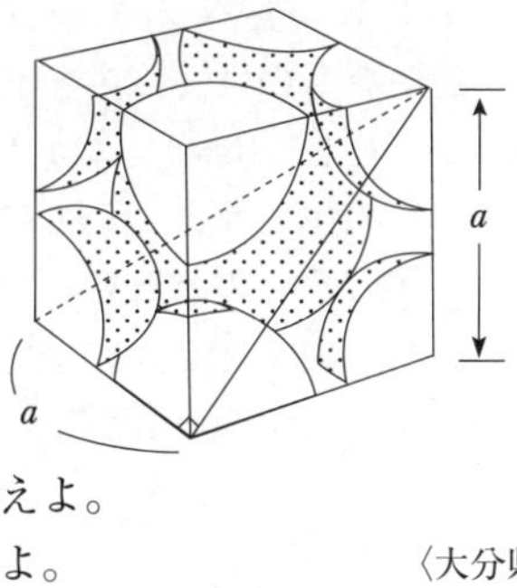

問1　ナトリウム原子の原子半径を表す式を答えよ。

問2　ナトリウム原子の原子量を表す式を答えよ。

〈大分県〉

5 ★★☆

次の各問いに答えよ。ただし，原子量はH＝1.0，C＝12，N＝14，O＝16，Ca＝40とする。

(1) ある元素（元素記号X）と酸素からなる化合物がある。この化合物の分子式はXO_2で，化合物40g中のXの質量を調べたところ20gであった。Xの原子量を答えよ。

(2) 温度50℃の硝酸カリウムの飽和溶液930gを20℃まで冷却した。このとき何gの結晶が析出するか答えよ。ただし，硝酸カリウムの溶解度は50℃で86，20℃で31である。

(3) 炭酸カルシウムを含む混合物が100gある。これに十分な塩酸を加えたところ，標準状態で16.8Lの二酸化炭素が得られた。混合物中の炭酸カルシウムの割合は何％か答えよ。ただし，混合物に含まれている炭酸カルシウム以外の物質は二酸化炭素を発生しないものとする。

(4) ある濃度の過酸化水素水10.0mLに希硫酸を数mL加え，0.100mol/L過マンガン酸カリウム水溶液を滴下したところ，25.0mLを加えたところで終点に達したことがわかった。次の反応式を参考にして次の各問いに答えよ。

$$MnO_4^- + 8H^+ + 5e^- \longrightarrow Mn^{2+} + 4H_2O$$

$$H_2O_2 \longrightarrow O_2 + 2H^+ + 2e^-$$

問1　この滴定の終点はどのようにして判断できるか答えよ。

問2　この過酸化水素水のモル濃度を有効数字3桁で答えよ。　〈大分県〉

6 ★★☆

次の各問いに答えよ。

(1) 20℃において，3.0×10^5Pa，8.0Lの酸素と2.0×10^5Pa，2.0Lの窒素を10Lの容器に混合した。このときに混合気体の示す全圧〔Pa〕の値として適切なものは，次の①～④のうちのどれか。

①　1.4×10^5　②　2.8×10^5　③　5.0×10^5　④　14×10^5

(2) 次のア～ウについて凝固点の高い順に並べたものとして適切なものは，①～④のうちのどれか。

ア．純水250mLに食塩を11.7g完全に溶かした水溶液

イ．純水500mLにショ糖を171g完全に溶かした水溶液

ウ．純水

①　ア＞イ＞ウ　②　イ＞ア＞ウ　③　ウ＞ア＞イ　④　ウ＞イ＞ア

(3)　炭素と水素からなる有機化合物Xを完全燃焼させたところ，二酸化炭素11.0mgと水4.50mgを得た。また，Xは気体であり，標準状態での密度は1.25g/Lであった。有機化合物Xに関する記述として適切なものは，次の①～④のうちのどれか。

①　炭化カルシウムに水を加えると得られる。

②　エタノールに酢酸，濃硫酸を加えて加熱すると得られる。

③　エタノールに濃硫酸を加え，160～170℃に加熱すると得られる。

④　酢酸ナトリウムにソーダ石灰を加え，加熱すると得られる。

〈東京都〉

7 ★☆☆

次の文は，シュウ酸（$(COOH)_2\cdot 2H_2O$）を水に溶かして0.50mol/L水溶液100mLをつくるときの実験操作である。各問いに答えよ。ただし，水の密度は1.00g/cm^3，できたシュウ酸水溶液の密度は1.02g/cm^3，原子量はH＝1.0，C＝12.0，O＝16.0とする。

〈実験操作〉

上皿てんびんの左右の皿にそれぞれ（　ア　）をのせ，調節ねじをまわしてつりあわせる。（　イ　）gの分銅を一方の皿にのせる。分銅の重さとつりあうようになるまで，薬さじを用いてシュウ酸（$(COOH)_2\cdot 2H_2O$）を他方の皿にのせる。計りとったシュウ酸をビーカーに入れ，$_{a}$少量の水（30mL程度）で溶かしたのち，100mLの（　ウ　）にすべてを移し，水を加えていく。

(1)　空欄ア～ウに当てはまる語句，数値，器具名を答えよ。

(2)　下線部aについて正しい操作を①～⑤から1つ選び，番号で答えよ。

①　ビーカーの溶液を（　ウ　）に移したのち，水70mLを加える。

②　ビーカーの溶液を（　ウ　）に移したのち，水93.7mLを加える。

③　ビーカーの溶液を（　ウ　）に移したのち，水100mLを加える。

④　ビーカーの溶液を（　ウ　）に移したのち，水を加えて全体を100mLとする。

⑤　水100mL（100g）からシュウ酸の水和水分だけひいた量を用意して，（　ウ　）に加えていく。

(3)　できたシュウ酸溶液の質量パーセント濃度を求めよ。ただし，解答は小数点以下2桁まで求めよ。

(4)　シュウ酸（$(COOH)_2\cdot 2H_2O$）を計りとったあとの，上皿てんびんの片付け方について簡単に説明せよ。

〈神戸市〉

8 ★★☆

熱化学方程式について，次の各問いに答えよ。

(1) 次の熱化学方程式を使って，過酸化水素 H—O—O—H の O—O 結合の結合エネルギーを求めると何 kJ/mol になるか。次の①～⑤のうちから 1 つ選べ。ただし，過酸化水素の O—H の結合エネルギーは 463kJ/mol とする。

H_2 (気体) + O_2 (気体) = H_2O_2 (気体) + 142kJ　　(生成熱)

H_2 (気体) = 2H − 436kJ　　(結合エネルギー)

O_2 (気体) = 2O − 494kJ　　(結合エネルギー)

① 4kJ/mol　② 146kJ/mol　③ 294kJ/mol

④ 325kJ/mol　⑤ 788kJ/mol

(2) A～E の各反応が平衡状態にある。これらの反応に関する記述のうち誤っているものはどれか。次の①～⑤のうちから 1 つ選べ。ただし，物質の状態はすべて気体である。

A．$CO + H_2O = CO_2 + H_2 + 41.4kJ$

B．$2CO + 2NO = 2CO_2 + N_2 + 747kJ$

C．$2HI = H_2 + I_2 - 9.3kJ$

D．$2SO_2 + O_2 = 2SO_3 + 197kJ$

E．$N_2 + 3H_2 = 2NH_3 + 92.2kJ$

① A の反応では，温度を一定にして圧力を上げても平衡は移動しない。

② B の反応では，左から右への反応の活性化エネルギーは，右から左への反応の活性化エネルギーより小さい。

③ C の反応では，HI が生成する速度と，HI が分解する速度は等しい。

④ D の反応では，圧力を上げても，温度を低くしても，平衡が右へ移動する。

⑤ E の反応では，良好な触媒を使うと，反応熱は 92.2kJ より小さくなる。

〈神奈川県・横浜市・川崎市〉

9 ★☆☆

市販されている濃塩酸（密度 $1.18g/cm^3$）の濃度は 37.0% である。ただし，% で示した濃度は質量パーセント濃度，HCl = 36.5 とする。

次の各問いに答えよ。

(1) 10.0% の希塩酸（密度 $1.05g/cm^3$）を 1000mL 調製するのに必要な濃塩酸は何 g か。四捨五入して整数で答えよ。

(2)　1.0 mol の塩化水素を溶解させて 500 mL の希塩酸を調製するのに必要な濃塩酸は何 mL か。四捨五入して小数第 1 位まで求めよ。

(3)　ある濃度の水酸化ナトリウム水溶液 20 mL に，(2)で調製した塩酸 15 mL を加えたところちょうど中和した。この水酸化ナトリウム水溶液の濃度は何 mol/L か求めよ。

(4)　濃塩酸の保存法で正しいものを 1 つ選び，記号で答えよ。

ア．自然発火の可能性があるので，水中に保存する。

イ．光で変質分解するおそれがあるので褐色瓶内で保存する。

ウ．潮解性があり，また，空気中の二酸化炭素と反応するので密栓して保存する。

エ．揮発性で引火しやすいので，密栓して火気に注意する。

〈茨城県〉

10　★☆☆

次の文を読み，各問いに答えよ。ただし，Na = 23.0，C = 12.0，H = 1.00，O = 16.0 とする。

水酸化ナトリウムと炭酸ナトリウムとの混合物約 10 g を水に溶かして 1.00 L にし，<u>その 10.00 mL をコニカルビーカーにとり</u>，次の操作を行った。

操作Ⅰ：フェノールフタレインを数滴加え，指示薬の色が変化するまで 0.100 mol/L の塩酸で滴定すると，19.00 mL を要した。このときには，次の二種類の反応が起こっている。

$NaOH + HCl \longrightarrow NaCl + H_2O$

$Na_2CO_3 + HCl \longrightarrow NaHCO_3 + NaCl$

操作Ⅱ：さらに，メチルオレンジを数滴加え，滴定を続けると，指示薬の色が変化するまでに 3.00 mL を要した。

(1)　下線部で使用するガラス器具として，最も適当なものを次の(ア)～(オ)の中から選び，記号で答えよ。

(ア)　メスフラスコ　　(イ)　メスシリンダー　　(ウ)　ホールピペット

(エ)　ビュレット　　(オ)　駒込ピペット

(2)　操作Ⅰのときの，フェノールフタレインの色の変化として，最も適切なものを次の(ア)～(エ)の中から選び，記号で答えよ。

(ア)　赤色→橙色　　(イ)　無色→赤色　　(ウ)　黄色→橙色　　(エ)　赤色→無色

(3)　操作Ⅱのときの，炭酸水素ナトリウムと塩酸の反応式を書け。

(4) 試料溶液 10.00 mL 中の水酸化ナトリウムを中和するのに 0.100 mol/L の塩酸が何 mL 必要か。有効数字 2 桁で答えよ。

(5) この混合物中に含まれている炭酸ナトリウムの質量パーセントは何％か。有効数字 2 桁で答えよ。

〈愛知県〉

11 ★★☆

酢酸水溶液について，次の各問いに答えよ。

(1) 酢酸は水溶液中で，次式のように電離平衡が成り立っている。

$$CH_3COOH \rightleftarrows CH_3COO^- + H^+$$

これについて，次の各問いに答えよ。

問 1 酢酸の電離定数を K_a とするとき，K_a を $[CH_3COOH]$，$[CH_3COO^-]$，$[H^+]$ を用いた式で答えよ。ただし，[X] は，化学種 X のモル濃度を表すものとする。

問 2 酢酸水溶液のモル濃度を C〔mol/L〕，電離度を α とするとき，電離定数 K_a を C と α を用いた式で答えよ。また，α が 1 に比べて十分小さいとき，この酢酸水溶液の pH を C と K_a を用いた式で答えよ。

(2) 0.10 mol/L の酢酸水溶液 20 mL に，0.10 mol/L の水酸化ナトリウム水溶液 10 mL を加えた。このとき，次の各問いに答えよ。

問 1 このとき起こる反応の化学反応式を答えよ。

問 2 この反応後の水溶液の pH を答えよ。

ただし，このときの酢酸の電離定数 $K_a = 1.8 \times 10^{-5}$〔mol/L〕，$\log 2 = 0.301$，$\log 3 = 0.477$ とし，数値は四捨五入により，小数第 2 位まで求めよ。

問 3 この反応後の水溶液のように，弱酸と弱酸の塩が共存している水溶液のことを何というか答えよ。また，このような水溶液の化学的性質を答えよ。

(3) 酢酸水溶液を水酸化ナトリウム水溶液で中和したときの水溶液の液性はアルカリ性となっている。この理由をイオン反応式を用いて答えよ。

〈石川県〉

12 ★☆☆

次の図と文は，炭酸水素ナトリウムを加熱する実験の様子を表したものである。次の各問いに答えよ。

図のような装置で，試験管Aに炭酸水素ナトリウムを入れて熱したら，気体と液体（水）が発生した。発生した気体を試験管Bの石灰水に通し，観察した。気体の発生が止まったところで火を消したが，試験管Aには白い固体が残った。

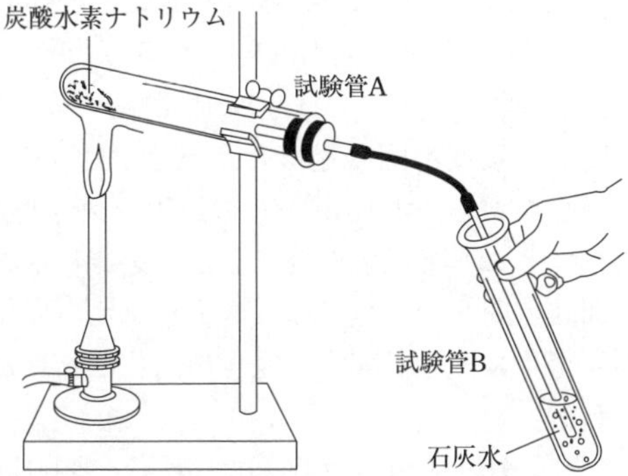

⑴　この実験で，①試験管Aに残った固体と炭酸水素ナトリウムの違いを比べる方法と結果を1つ答えよ。②また，両方の物質にナトリウムが含まれることを，中学校の標準的な設備の中で確かめる方法と結果を1つ答えよ。

⑵　この実験で，炭酸水素ナトリウム2.1gがすべて反応したとき，試験管Aに残った固体は何gか。小数第2位を四捨五入して求めよ。ただし，原子量をH＝1，C＝12，O＝16，Na＝23とする。

⑶　この実験で石灰水は白く濁ったが，気体を石灰水に通し続けていたら，濁りが消えた。このときの変化を説明せよ。

⑷　中学校において，熱による物質の分解を学習する際に，炭酸水素ナトリウム以外を用いる例を1つ挙げ，そのときの化学反応式を答えよ。

⑸　水がさらに分解されるかどうかを調べるために，水酸化ナトリウムを加えて電流を流した。このとき，水酸化ナトリウムは分解されていないことを確かめる方法を1つ答えよ。

〈秋田県〉

13 ★★☆

次の(1)，(2)の文を読み，各問いに答えよ。ただし，原子量は，H＝1，C＝12，O＝16とする。

(1) 過マンガン酸カリウムは赤紫色をしており，硫酸酸性のもとで酸化剤として反応すると，①式のように変化し，過酸化水素は還元剤として反応するときは②式のように変化する。

$MnO_4^- + (a)H^+ + 5e^- \longrightarrow Mn^{2+} + (b)H_2O$ …①

$H_2O_2 \longrightarrow (c)H^+ + O_2 + 2e^-$ …②

問1 ①，②式の(a)～(c)に係数を入れよ。

問2 濃度不明の過酸化水素水25.0mLをビーカーにとり，硫酸酸性にしてから，0.10mol/Lの過マンガン酸カリウム水溶液を20.0mL加えたところで反応が終了した。過酸化水素水のモル濃度はいくらか求めよ。

問3 問2の終点ではどのような色の変化が起きるか，簡単に説明せよ。

(2) グルコースが酸素で完全に酸化されたときの熱化学方程式は，次式で表される。

$C_6H_{12}O_6 + 6O_2 = 6CO_2 + 6H_2O + 2800\,kJ$

問1 2.0×10^4個のグルコースが縮重合したグリコーゲン162gは，何モルか求めよ。

問2 162gのグリコーゲンが分解されてグルコースになり，すべて酸素で完全に酸化されたとき，発生する熱量は何kJか求めよ。

問3 グリコーゲンは還元性を示さないのに，グルコースが還元性を示す理由はなぜか，簡単に説明せよ。

問4 還元性を調べる反応の名前を2つ答えよ。

〈福井県〉

14 ★☆☆

化学変化によって電気を取り出すことができる例として，次の実験を行った。これについて，次の各問いに答えよ。

〔実験〕図1の金属板Aを銅板，金属板Bを鉄板にして間にろ紙をはさみ，発泡樹脂板に差し込み，これを図2のように塩化ナトリウム水溶液が入ったビーカーにセットして導線を小型モーターにつないだら，Y方向に回転した。

図1

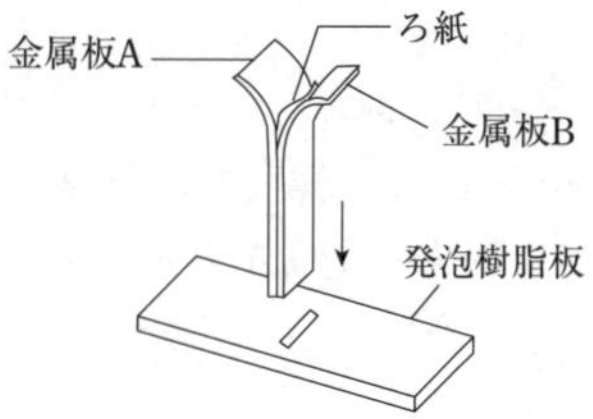

図2

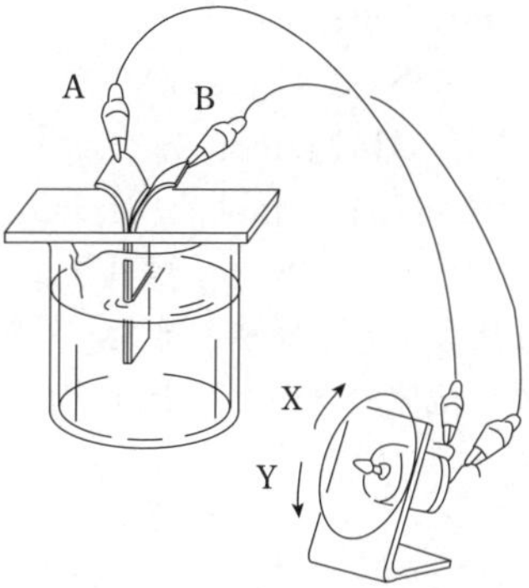

(1)　小型モーターをX方向に回転させるためには，金属板Aを何に替えればよいか，ア～エから該当するものをすべて選び，その記号を答えよ。

ア．亜鉛板　　イ．ニッケル板　　ウ．スズ板　　エ．アルミニウム板

(2)　小型モーターの回転速度が，実験よりも速くなるのはどれか，ア～エから１つ選び，その記号を答えよ。ただし，金属板の表面積はすべて同じものとする。

ア．金属板Aが銅板，金属板Bがニッケル板

イ．金属板Aがスズ板，金属板Bが鉄板

ウ．金属板Aがニッケル板，金属板Bが亜鉛板

エ．金属板Aが鉛板，金属板Bがマグネシウム板

(3)　小型モーターを長時間回し続けるために，過酸化水素水を塩化ナトリウム水溶液に滴下した。過酸化水素水のはたらきを簡潔に述べよ。

(4)　実験に用いた塩化ナトリウム水溶液は，塩化ナトリウム 11.7 g を水に溶かして 250 mL にしたものである。この溶液のモル濃度は何 mol/L か求めよ。ただし，原子量；Na＝23.0，Cl＝35.5 とする。

〈青森県〉

15 ★☆☆

次の各問いに答えよ。

(1)　白金電極を用い，硫酸銅（Ⅱ）水溶液に一定の電流を流して 30 分間電気分解を行った。電解後，陰極の質量を測定したところ，0.3175 g 増加していた。これについて，次の各問いに答えよ。ただし，Cu＝63.5とする。

問１　この電気分解に要した電気量を求めよ。

問２　電気分解中に流れた電流は何 mA か求めよ。

問3　陽極に発生した気体を全部捕集したとすると，その体積は標準状態で何 mL か求めよ。

(2)　メタンの燃焼熱〔kJ/mol〕を次の結合エネルギーの値から求めよ。

C—H　414 kJ/mol　　O=O　494 kJ/mol

C=O　794 kJ/mol　　H—O　464 kJ/mol

(3)　0℃，1.0×10^5 Pa の一酸化炭素 10 L と酸素 10 L を容積 25 L の容器に取り，一酸化炭素を完全燃焼させた。燃焼後の混合気体の温度を 0℃として，容器内の混合気体の全圧と，それぞれの気体の分圧を求めよ。

〈大分県〉

16 ★★☆

次の各問いに答えよ。

(1)　次の分子のうち，無極性分子として適切なものは，次の①～④のうちのどれか。

①　H_2O　　②　NH_3　　③　HCl　　④　CO_2

(2)　アルミニウムは，純粋な酸化アルミニウムを氷晶石（$Na_3[AlF_6]$）と混合し，融解した状態で電気分解をすることによってつくられる。

酸化アルミニウムは次の式のようにイオンに解離している。

$$Al_2O_3 \longrightarrow 2Al^{3+} + 3O^{2-}$$

融解した状態で 96.5 (A) の電流を 45.0 分間流すとき，析出するアルミニウムの質量 (g) として適切なものは，次の①～④のうちのどれか。ただし，アルミニウムの原子量は 27 とし，ファラデー定数を 9.65×10^4 C/mol とする。

①　0.405　　②　1.22　　③　24.3　　④　72.9

(3)　1 mol の四酸化二窒素はある温度で解離して，次の平衡が成り立っている。

$$N_2O_4 \rightleftarrows 2NO_2$$

全圧を P，圧平衡定数を K としたとき，解離度 α を表す式として適切なものは，次の①～④のうちのどれか。

①　$\alpha=\dfrac{K}{K+2}$　　②　$\alpha=\dfrac{1}{2K+1}$

③　$\alpha=\sqrt{\dfrac{1}{4PK+1}}$　　④　$\alpha=\sqrt{\dfrac{K}{4P+K}}$

〈東京都〉

17 ★☆☆

右の図のような装置を用いて，試験管に炭酸アンモニウムを入れ加熱実験を行った。三角フラスコＡ・Ｂには緑色のBTB液が入れてある。各問いに答えよ。

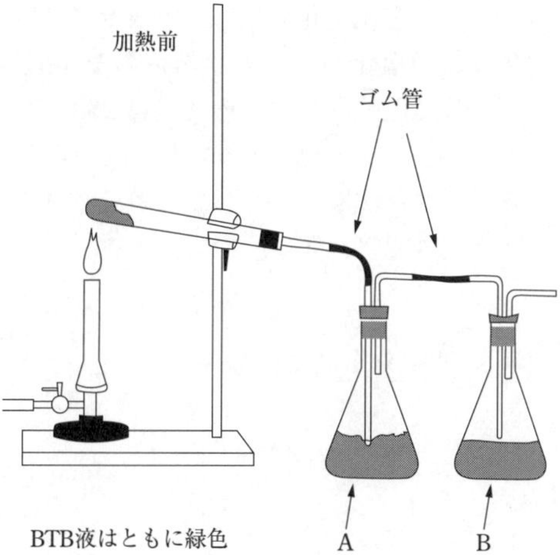

(1)　試験管の口を少し下げて装置を組み立てるのはなぜか，その理由を答えよ。

(2)　加熱が進むにつれて，三角フラスコＡ・Ｂ内のBTB液の色が変化をしていく。最終的にどのように変化するかそれぞれ答えよ。

(3)　(2)の結果を生徒に説明する際，どのように行うか。ポイント（既習内容）を押さえて答えよ。

(4)　加熱が進むにつれ，試験管の口に液体がたまった。液体の物質名は何か。また，その液体を調べる方法とその結果を答えよ。

(5)　この化学変化の化学反応式を答えよ。

(6)　加熱をやめる前にしなければいけない操作とその理由を答えよ。

(7)　この実験の片づけに際して，指導（注意）する点を５つ答えよ。

〈鳥取県〉

18 ★★☆

次の各問いに答えよ。

(1)　原子番号19，質量数40のカリウム原子１個に含まれる中性子の数は何個あるか答えよ。

(2)　ある温度・圧力で，一酸化炭素4.0Lに酸素3.0Lを加えて完全燃焼させたあと，気体を反応前と同じ温度・圧力にもどすと体積は何Lになるか答えよ。

(3)　濃度が未知の塩化バリウム水溶液 50.0 mL に，十分な量の硫酸を加えると，4.66 g の硫酸バリウムの沈殿を生じた。

問 1　この変化を化学反応式で表せ。

問 2　この塩化バリウム水溶液のモル濃度〔mol/L〕はいくらか求めよ。ただし，硫酸バリウムの式量は 233 とする。

(4)　Cu^{2+}，Zn^{2+}，Fe^{3+} を含む水溶液から，各イオンを次のように分離した。ろ液（C）と沈殿（D）に含まれるイオンまたは沈殿の化学式を(ア)～(オ)から選び，記号で答えよ。

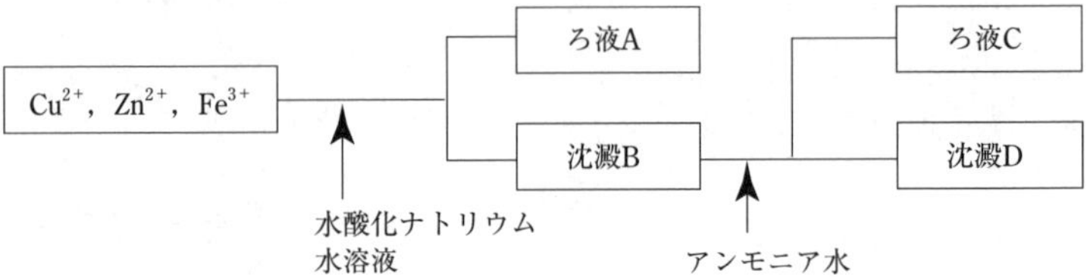

(ア)　$Cu(OH)_2$　　(イ)　$Fe(OH)_3$　　(ウ)　$Zn(OH)_2$

(エ)　$[Cu(NH_3)_4]^{2+}$　　(オ)　$[Zn(NH_3)_4]^{2+}$

(5)　酢酸とエタノールの混合物に濃硫酸を少量加え加熱すると，化合物Aが得られた。化合物Aの示性式を答えよ。また，このとき用いられた濃硫酸のはたらきについて簡単に説明せよ。

〈福井県〉

19 ★☆☆

次の各問いに答えよ。

(1)　次のA～Cについて，各問いに答えよ。

A：希塩酸に硫化鉄（Ⅱ）を入れる。

B：過酸化水素水に二酸化マンガンを入れる。

C：希塩酸に石灰石を入れる。

問 1　A，Bで発生する気体の化学式をそれぞれ答えよ。

問 2　Bの反応における二酸化マンガンのはたらきを何というか答えよ。

問 3　Cで起こる反応を，化学反応式で表せ。

⑵　次のア～オから混合物をすべて選び，記号で答えよ。

ア．黄銅　　　　イ．塩酸　　　　ウ．ミョウバン

エ．鋼　　　　　オ．硫酸銅（Ⅱ）五水和物

⑶　ろ過を行う際の留意点を3つ答えよ。

⑷　100gの水にアンモニアを溶かしたところ，10.0％のアンモニア水ができ，その密度は0.960g/cm^{3}であった。このアンモニア水の体積は何cm^{3}か求めよ。ただし，答えの数値は整数で書くこと。

〈山形県〉

20 ★★☆

次の各問いに答えよ。

⑴　水素や塩素等には何種類かの同位体が存在する。同位体とは何かを「陽子」と「中性子」の用語を用いて説明せよ。

⑵　水酸化ナトリウム水溶液が500cm^{3}ある。この水溶液の質量パーセント濃度は10％，密度は1.2g/cm^{3}であった。この水溶液にとけている水酸化ナトリウムは何molか求めよ。このとき，原子量はH＝1.0，O＝16.0，Na＝23.0とする。

⑶　0.0050mol/Lの水酸化カルシウム水溶液があり，液の温度は25℃である。この水溶液のpHはいくらか求めよ。

⑷　濃硝酸に銅を反応させると，二酸化窒素が発生する。このときの化学反応式を下記にしたがって，⒜に係数を，⒝に化学式を入れて完成させよ。

$$Cu + (\quad a \quad)HNO_3 \longrightarrow Cu(NO_3)_2 + 2(\quad b \quad) + 2NO_2$$

⑸　石灰水に二酸化炭素を吹き込むと白濁する。白濁がつくられる反応の化学反応式を答えよ。

⑹　酢酸とエタノールの混合物に濃硫酸を加えて加熱すると縮合反応により2種類の物質ができる。それぞれの物質の名称を答えよ。

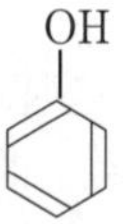

⑺　フェノールの構造式を右図のように示したとき，アニリンの構造式を示せ。

〈福島県〉

21 ★★☆

次のア～コの気体について，各問いに答えよ。

ア．硫化水素　イ．塩素　ウ．アセチレン　エ．アンモニア
オ．水素　カ．二酸化窒素　キ．二酸化炭素　ク．二酸化硫黄
ケ．酸素　コ．エチレン

(1) 水に最もとけやすい気体はどれか。ア～コから１つ選び，記号で答えよ。

(2) 工業的な方法であるハーバー・ボッシュ法でつくることのできる気体はどれか。ア～コから１つ選び，記号で答えよ。

(3) アとクの気体を反応させると，水以外にできる物質は何か答えよ。

(4) ウとケを反応させるとき，酸素の係数を求めよ。

(5) エタノールを触媒に濃硫酸を加えて160℃～180℃で反応させると発生する気体はどれか。ア～コから１つ選び，記号で答えよ。

〈沖縄県〉

22 ★★★

次の各問いに答えよ。

(1) 芳香族化合物Aは，分子式$C_{10}H_{12}O_2$で表されるエステルである。Aに水酸化ナトリウム水溶液を加え加熱して加水分解し，反応後の溶液を蒸留すると，中性の化合物Bが得られた。さらに，残りの溶液に希硫酸を加えると，白色の固体Cが析出した。

化合物Bは，ヨードホルム反応を示し，穏やかに酸化すると化合物Dに変化した。Dはフェーリング液を還元した。化合物Cは，炭酸水素ナトリウム水溶液にも，水酸化ナトリウム水溶液にも溶けた。

化合物Cを過マンガン酸カリウムで酸化するとフタル酸が得られた。

問１　化合物A～Dの構造式を答えよ。

〈例〉

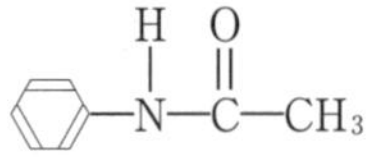

問２　化合物B，Dの名称を答えよ。

問３　化合物Cと同じ分子式で炭酸水素ナトリウム水溶液にも，水酸化ナトリウム水溶液にも溶ける芳香族化合物は，C以外に何種類あるか答えよ。

(2) 濃度がc〔mol/L〕，電離度がαの酢酸水溶液がある。

問１　酢酸の電離定数K_aをcとαを用いて表せ。

問２　電離度αが１に比べて非常に小さい場合，水素イオン濃度をcとK_aを用いて表せ。

〈福井県〉

実践問題　解答・解説

1

⑴　アルカリ金属　⑵　$CaCl_2$

⑶　F　⑷　K

⑸　AgBr　⑹　閉殻

⑺　He　⑻　10 個

⑼　水 H_2O は，他の分子（アンモニア NH_3，フッ化水素 HF）に比べて，1 分子当たりで，より多くの水素結合を形成するから。

⑽　HNO_3

解説

⑵　原子番号 17 の元素は Cl，原子番号 20 の元素は Ca である。原子番号 20 までは元素を覚えておくこと。

⑷　最も左下にあるものが最も陽性が強い。

⑺　最も右上の元素のこと。

2

⑴　①　a，c，d，e，f

②　a，e

③　b，g

⑵　①　$2CO + O_2 \longrightarrow 2CO_2$

②　2.5L

⑶　1.0×10^{23} 個

⑷　$2C_2H_2 + 5O_2 \longrightarrow 4CO_2 + 2H_2O$

⑸　①　分子間力（ファンデルワールス力）

②　静電気力（クーロン力）

③　㋐

⑹　2.25 倍

解説

⑵　②　①式より，1.0L の CO を完全燃焼させるために必要な O_2 は，0.5L。したがって，最低必要な空気は，

$$0.5 \times \frac{5}{1} = 2.5〔L〕$$

⑶　100g 中に含まれるブドウ糖は，

$$100 \times \frac{30}{100} = 30〔g〕$$

したがって，ブドウ糖 30g に含まれる分子数は，

$$\frac{30}{180} \times 6.0 \times 10^{23} = 1.0 \times 10^{23}〔個〕$$

⑹　炭素 1g 中に含まれる原子の数は，

$$\frac{1}{12} \times 6.0 \times 10^{23}〔個〕$$

アルミニウム 1g 中に含まれる原子の数は，

$$\frac{1}{27} \times 6.0 \times 10^{23}〔個〕$$

したがって，炭素の原子数は，アルミニウムの原子数の $\frac{27}{12} = 2.25$〔倍〕

3

⑴　イ　⑵　気体

⑶　3.9×10^{-23} g

⑷　相対質量の平均値

⑸　10

解説

⑴　硫黄粒子が陽極へ移動したことから負に帯電していることがわかる。したがって，凝析させるのに最も効果が大きいのは価数の大きい陽イオンである。

⑶　$\frac{(4.3 \times 10^{-8})^3 \times 0.97}{2} \fallingdotseq 3.9 \times 10^{-23}$〔g〕

4

⑴　$H_2 > N_2 > O_2$

⑵　$12V$ mL

⑶　問 1　6 種類　問 2　5 種類

⑷　問 1　$\frac{\sqrt{3}}{4}a$　問 2　$\frac{a^3dN}{2}$

解説

(1) $PV=nRT$ より，

水素：$3.0\times10^5\times4=n_{\mathrm{H_2}}\times R\times273$

$$n_{\mathrm{H_2}}=\frac{12.0}{273R}\times10^5$$

酸素：$2.0\times10^5\times3=n_{\mathrm{O_2}}\times R\times273$

$$n_{\mathrm{O_2}}=\frac{6.0}{273R}\times10^5$$

窒素：$4.0\times10^5\times2=n_{\mathrm{N_2}}\times R\times273$

$$n_{\mathrm{N_2}}=\frac{8.0}{273R}\times10^5$$

よって，$n_{\mathrm{H_2}}>n_{\mathrm{N_2}}>n_{\mathrm{O_2}}$

(2) $V\times4\times\frac{300}{100}=12V$〔mL〕

(3) 問1　異性体は次の通り。

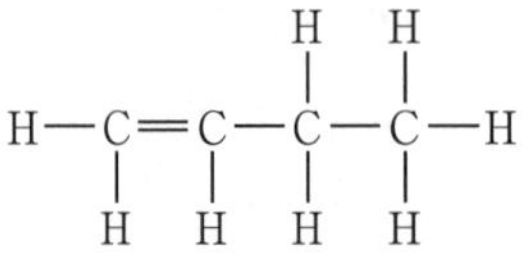

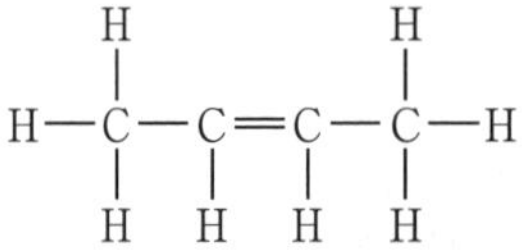

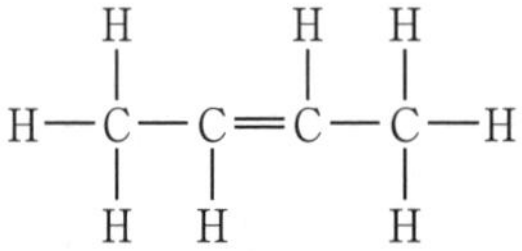

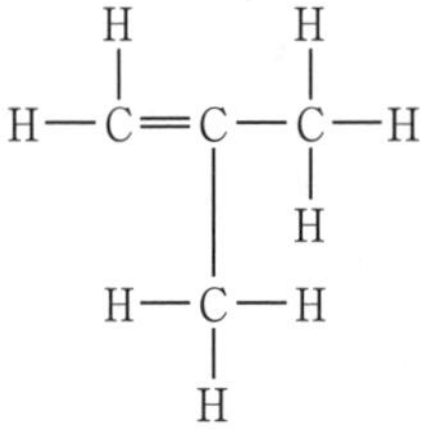

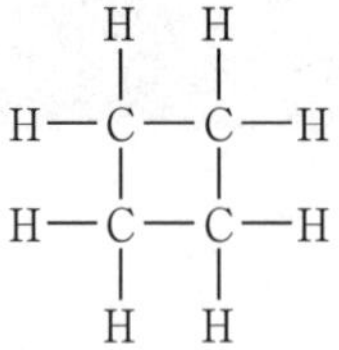

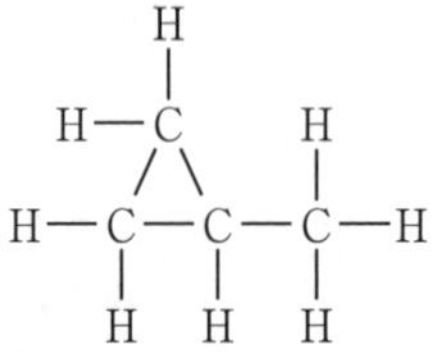

問2　異性体は次の通り。

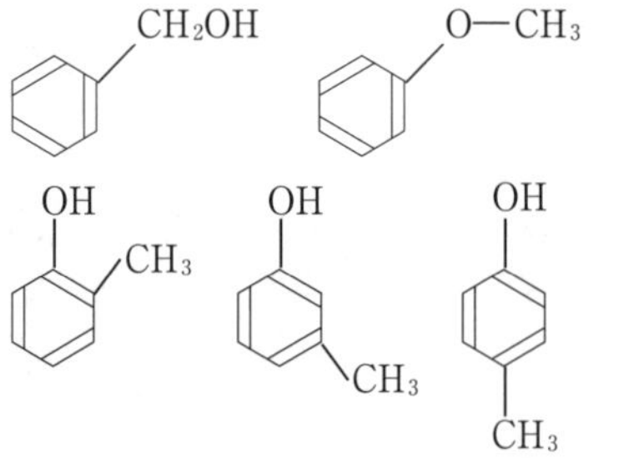

(4) 問1　ナトリウムの原子半径を r とすると，

$4r=\sqrt{3}a$　　∴ $r=\frac{\sqrt{3}}{4}a$〔cm〕

問2　ナトリウムの原子量を M とすると，

$$M\times\frac{2}{N}=d\times a^3$$

$$\therefore\ M=\frac{a^3dN}{2}$$

5

(1) **32**　　(2) **275 g**

(3) **75 %**

(4) 問1　溶液の色が無色だったのが淡赤色を呈したとき。

問2　**0.625 mol/L**

解説

(1)　Xの原子量をMとして$XO_2$1molの物質量の比は,

$$XO_2 : X = (M+32) : M = 40 : 20$$

$$\therefore\ M = 32$$

(2)　(飽和溶液質量)：(析出量)より，求める量をx〔g〕とすると,

$$186 : (86-31) = 930 : x$$

$$\therefore\ x = 275\,〔g〕$$

(3)　$CaCO_3 + 2HCl \longrightarrow CaCl_2 + H_2O + CO_2$

得られた二酸化炭素は,

$$\frac{16.8}{22.4} = 0.75\,〔mol〕$$

より，混合物中の$CaCO_3$の割合は,

$$\frac{0.75 \times 100}{100} \times 100 = 75\,〔\%〕$$

(4)　問2　$0.100 \times \frac{25.0}{1000} : C \times \frac{10.0}{1000} = 2 : 5$

$$\therefore\ C = 0.625\,〔mol/L〕$$

6

(1)　②　　(2)　④

(3)　③

解説

(1)

$$n_{O_2} = \frac{3.0 \times 10^5 \times 8}{RT} = \frac{24 \times 10^5}{RT}\,〔mol〕$$

$$n_{N_2} = \frac{2.0 \times 10^5 \times 2}{RT} = \frac{4.0 \times 10^5}{RT}\,〔mol〕$$

よって，全圧Pは,

$$P = \frac{(n_{O_2} + n_{N_2})RT}{V}$$

$$= \frac{\frac{28 \times 10^5}{RT}RT}{10} = 2.8 \times 10^5\,〔Pa〕$$

(2)　純水のモル凝固点降下をk〔K·kg/mol〕とすると，各凝固点〔℃〕は次のように表される。

ア．$t_{NaCl} = 0 - k \times \frac{11.7}{58.5} \times \frac{1000}{250} \times 2$

$$= 0 - 1.6k\,〔℃〕$$

イ．$t_{C_{12}H_{22}O_{11}} = 0 - k \times \frac{171}{342} \times \frac{1000}{500}$

$$= 0 - k\,〔℃〕$$

ウ．$t_{H_2O} = 0\,〔℃〕$

よって凝固点を高い順に並べると，ウ＞イ＞ア となる。

(3)　X中に含まれるC原子は,

$$11.0 \times \frac{12}{44} = 3.0\,〔mg〕$$

X中に含まれるH原子は,

$$4.50 \times \frac{2}{18} = 0.50\,〔mg〕$$

各原子の物質量の比は,

$$C : H = \frac{3.0}{12} : \frac{0.50}{1} = 1 : 2$$

よって，Xの組成式はCH_2である。

また，気体Xの分子量は,

$$1.25 \times 22.4 = 28$$

よって，XはエチレンC_2H_4である。

7

(1)　ア．**薬包紙**　　イ．**6.3**

ウ．**メスフラスコ**

(2)　④　　(3)　**4.41%**

(4)　**上皿を片側に寄せてから片付ける。**

解説

(1)　イ．$(COOH)_2 \cdot 2H_2O = 126$

$$0.50 \times \frac{100}{1000} \times 126 = 6.3\,〔g〕$$

(3)　$\frac{90 \times 0.50}{1.02 \times 1000} \times 100 \fallingdotseq 4.41\,〔\%〕$

8

(1)　②　　(2)　⑤

解説

(1)　O—O結合の結合エネルギーをQ〔kJ/mol〕とおく。

H_2(気)$+ O_2$(気)$= H_2O_2$(気)$+ 142\,kJ$　……①

H_2(気)$= 2H - 436\,kJ$　…………②

O_2 (気) $= 2O - 494\,kJ$ …………③

H_2O_2 (気) $= 2H + 2O - (463 \times 2 + Q)$ ……④

②，③，④を①に代入すると，

$Q = 146$〔kJ/mol〕

9

(1) **284 g**　(2) **83.6 mL**

(3) **1.5 mol/L**　(4) **イ**

解説

(1) 必要な濃塩酸を x〔g〕とすると，

$$x \times \frac{37}{100} = 1000 \times 1.05 \times \frac{10}{100}$$

$\therefore\ x \fallingdotseq 284$〔g〕

(2) 必要な濃塩酸を y〔mL〕とすると，

$$\frac{y \times 1.18 \times \frac{37}{100}}{36.5} = 1.0$$

$\therefore\ y \fallingdotseq 83.6$〔mL〕

(3) 水酸化ナトリウム水溶液の濃度を z〔mol/L〕とすると，

$$1 \times z \times \frac{20}{1000} = 1 \times 2.0 \times \frac{15}{1000}$$

$\therefore\ z = 1.5$〔mol/L〕

10

(1) (ウ)　(2) (エ)

(3) $\mathbf{NaHCO_3 + HCl \longrightarrow NaCl + H_2O + CO_2}$

(4) **16 mL**　(5) **33 %**

解説

(4) 化学反応式より，操作Ⅰの Na_2CO_3 の反応と操作Ⅱの反応では，同量の HCl を必要とする。したがって，水酸化ナトリウムを中和するのに必要な塩酸は，

$19.00 - 3.00 = 16$〔mL〕

(5) NaOH = 40，$Na_2CO_3 = 106$

試料溶液 10.0 mL 中に含まれている NaOH と，Na_2CO_3 の質量をそれぞれ求めると，

$$NaOH \cdots 0.100 \times \frac{16}{1000} \times 40 = 0.064〔g〕$$

$$Na_2CO_3 \cdots 0.100 \times \frac{3}{1000} \times 106 = 0.0318〔g〕$$

となる。

よって，Na_2CO_3 の質量パーセントは，

$$\frac{0.0318}{0.064 + 0.0318} \times 100 \fallingdotseq 33〔\%〕$$

11

(1) 問1　$K_a = \dfrac{[CH_3COO^-][H^+]}{[CH_3COOH]}$

問2　$K_a = \dfrac{C\alpha^2}{1-\alpha}\ (\fallingdotseq C\alpha^2)$

$\mathrm{pH} = -\dfrac{1}{2}\log(CK_a)$

(2) 問1　$\mathbf{CH_3COOH + NaOH \longrightarrow CH_3COONa + H_2O}$

問2　**4.75**

問3　緩衝溶液

化学的性質：少量の酸や塩基が加わっても，pH が大きく変化しない。

(3) 中和後生成する酢酸ナトリウムは，電離度が大きいため電離して酢酸イオンを生じる。また，酢酸イオンはわずかに電離している水の H^+ と反応して，電離度の小さい酢酸を生じる。したがって，電離した水の OH^- は残るため，水溶液はアルカリ性を示す。

$CH_3COONa + H_2O \longrightarrow CH_3COOH + Na^+ + OH^-$

解説

(2) 問2　中和後，残った CH_3COOH の濃度は，

$$\left(0.10 \times \frac{20}{1000} - 0.10 \times \frac{10}{1000}\right) \times \frac{1000}{30} = \frac{1}{30}〔mol/L〕$$

また，生じた CH_3COO^- の濃度は，

$$0.10\times\frac{10}{1000}\times\frac{1000}{30}$$

$$=\frac{1}{30}\,\text{〔mol/L〕}$$

CH_3COOHの電離によって生じる$[H^+]$をx〔mol/L〕とすると，平衡状態におけるモル濃度は次のようになる。

$$CH_3COOH \rightleftarrows H^+ + CH_3COO^-$$

$$\frac{1}{30}-x \qquad x \qquad \frac{1}{30}+x$$

〔mol/L〕

ここで，xの値が小さいので，

$$\frac{1}{30}-x\fallingdotseq\frac{1}{30},\quad \frac{1}{30}+x\fallingdotseq\frac{1}{30}$$

とみなすと，$K_a=[H^+]$となることから，

$$\begin{aligned}pH&=-\log[H^+]\\&=-\log(1.8\times10^{-5})\\&=6-\log(3^2\times2)\\&=4.745\fallingdotseq4.75\end{aligned}$$

12

(1) ① 方法：各々を水に溶かして，フェノールフタレイン溶液を加える。

結果：試験管Aに残った固体(Na_2CO_3)は赤色に呈色し，塩基性を示すが，炭酸水素ナトリウムはわずかに赤色に呈色し，弱い塩基性を示す。

② 方法：各々の物質の炎色反応を調べる。

結果：ナトリウムが含まれていれば黄色を示す。

(2) **1.3g**

(3) 初めは，発生した気体(CO_2)と石灰水($Ca(OH)_2$)が反応して$CaCO_3$が生じて石灰水は白く濁ったが，さらに通し続けると，

$$CaCO_3 + H_2O + CO_2 \longrightarrow Ca(HCO_3)_2$$

の反応が起きて溶解し，濁りが消える。

(4) 例：酸化銀(Ⅰ)を加熱分解する。

化学反応式：$2Ag_2O \longrightarrow 4Ag + O_2$

(5) ・炎色反応を調べる。

・水溶液のpHを調べる。　など

解説

(2) 炭酸水素ナトリウムの熱分解の反応は，

$$2NaHCO_3 \longrightarrow Na_2CO_3 + H_2O + CO_2$$

したがって，加熱後試験管Aに残った固体は，

$$\frac{2.1}{84}\times\frac{1}{2}\times106=1.325\fallingdotseq1.3\text{〔g〕}$$

13

(1) 問1 (a) **8**　(b) **4**　(c) **2**

問2 **0.20mol/L**

問3 過マンガン酸カリウム水溶液を混ぜても，赤紫色は消えないでわずかに残る。

(2) 問1 **5.0×10^{-5}mol**

問2 **2800kJ**

問3 グルコースは鎖式構造で，還元性を示すホルミル基をもつため。

問4 銀鏡反応，フェーリング反応

解説

(1) 問2 求めるモル濃度をx〔mol/L〕とすると，

$$2\times x\times\frac{25}{1000}=5\times0.1\times\frac{20}{1000}$$

$$\therefore\ x=0.20\text{〔mol/L〕}$$

(2) 問1 グリコーゲンは$(C_6H_{10}O_5)_n$であるから，$n=2.0\times10^4$より，

$$\frac{162}{162\times2.0\times10^4}=5.0\times10^{-5}\text{〔mol〕}$$

問2 $5.0\times10^{-5}\times2.0\times10^4\times2800$

$$=2800\text{〔kJ〕}$$

14

(1) ア，エ　　(2) エ

(3) 分極を防ぐための酸化剤（減極剤）としてはたらき，正極に生じたH_2を酸化する。

(4) **0.8 mol/L**

解説

(4) $\dfrac{11.7}{58.5}\times\dfrac{1000}{250}=0.8\,〔\mathrm{mol/L}〕$

15

(1) 問1　**965 C**　　問2　**536 mA**
　問3　**56.0 mL**

(2) **800 kJ/mol**

(3) 全圧：**6.0×10^4 Pa**
　分圧：**CO_2　4.0×10^4 Pa**
　　　O_2　2.0×10^4 Pa

解説

(1) 問1　陰極　$Cu^{2+}+2e^-\longrightarrow Cu$

$$\frac{0.3175}{63.5}\times2\times9.65\times10^4=965\,〔\mathrm{C}〕$$

問2　$\dfrac{965}{30\times60}\times1000\fallingdotseq536\,〔\mathrm{mA}〕$

問3　陽極　$2H_2O\longrightarrow O_2+4H^++4e^-$

$$\frac{0.3175}{63.5}\times2\times\frac{1}{4}\times22400$$
$$=56.0\,〔\mathrm{mL}〕$$

(2) CH_4（気）$+2O_2$（気）
　　$=CO_2$（気）$+2H_2O$（液）$+Q\,\mathrm{kJ}$

$Q=2\times794+4\times464-4\times414-2\times494$
$\fallingdotseq800\,〔\mathrm{kJ}〕$

(3)

	$2CO$	$+\ O_2$	$\longrightarrow 2CO_2$
燃焼前	$\dfrac{10^6}{RT}$ mol	$\dfrac{10^6}{RT}$ mol	0 mol
燃焼後	0 mol	$\dfrac{10^6}{2RT}$ mol	$\dfrac{10^6}{RT}$ mol

燃焼後の混合気体の圧力P〔Pa〕は，

$$P\times25=\left(\frac{10^6}{2RT}+\frac{10^6}{RT}\right)\times RT$$

$\therefore\ P\fallingdotseq6.0\times10^4\,〔\mathrm{Pa}〕$

O_2とCO_2のモル比は，1：2より，

$$P_{O_2}=\frac{1}{3}\times6.0\times10^4=2.0\times10^4\,〔\mathrm{Pa}〕$$

$$P_{CO_2}=\frac{2}{3}\times6.0\times10^4=4.0\times10^4\,〔\mathrm{Pa}〕$$

16

(1) ④　　(2) ③

(3) ④

解説

(2) 流れた電子は，

$$\frac{96.5\times(45.0\times60)}{9.65\times10^4}=2.7\,〔\mathrm{mol}〕$$

したがって，電極でアルミニウムが析出するときの反応は，

$Al^{3+}+3e^-\longrightarrow Al$より，

$$27.0\times2.7\times\frac{1}{3}=24.3\,〔\mathrm{g}〕$$

(3) 平衡状態での各気体の物質量は，

$$N_2O_4\rightleftarrows2NO_2$$
$$1-\alpha\,〔\mathrm{mol}〕\quad2\alpha\,〔\mathrm{mol}〕$$

また各気体の分圧は，

$$P_{N_2O_4}=P\times\frac{1-\alpha}{1+\alpha}$$

$$P_{NO_2}=P\times\frac{2\alpha}{1+\alpha}$$

したがって，

$$K=\frac{{P_{NO_2}}^2}{P_{N_2O_4}}=P\times\frac{4\alpha^2}{1-\alpha^2}$$

$$\therefore\ \alpha=\sqrt{\frac{K}{4P+K}}$$

17

(1) 試験管の口にできる水滴が，加熱している所に流れると，試験管が割れる恐れがあるので，これを防ぐため。

(2) A．青色　　B．黄色

(3) 〔解答例〕
　BTB液は，酸性のとき黄色，中性のとき緑色，アルカリ性のとき青色に

なる。今回の実験でAは青色，Bは黄色となった。したがって，Aはアルカリ性の物質が，Bは酸性の物質がそれぞれ取り出された。

(4)　液体：水

方法と結果：塩化コバルト紙をつけると，青色から赤色に変わる。

(5)　$(NH_4)_2CO_3 \longrightarrow 2NH_3 + H_2O + CO_2$

(6)　操作：ガラス管を液体の中から抜いておく。

理由：逆流を防ぐため。

(7)　〔解答例〕

・ガスバーナーの火を消すときは，空気調節ネジ，ガス調節ネジの順で閉めた後，元栓を閉める。

・廃液等は流さずに，定めた場所に集める。

・試験管やフラスコなどは洗って，さかさまにしてかわかしておく。

・アンモニアは刺激臭なので，換気に注意する。

・実験器具は熱をもっているので，火傷に注意する。

など

18

(1)　21個　　(2)　5L

(3)　問1　$BaCl_2 + H_2SO_4 \longrightarrow BaSO_4 + 2HCl$

問2　0.4mol/L

(4)　ろ液C：(エ)　　沈殿D：(イ)

(5)　示性式：$CH_3COOC_2H_5$

はたらき：触媒として作用する。

解説

(2)

	CO	+	$\frac{1}{2}O_2$	→	CO_2	
前）	4		3		0	
変）	−4		−2		+4	
後）	0		1		4	〔L〕

(3)　問2　$\frac{4.66}{233} \times \frac{1000}{50} = 0.4$〔mol/L〕

(4)　各ろ液，沈殿の内容は次の通り。

ろ液A：$[Zn(OH)_4]^{2-}$

沈殿B：$Cu(OH)_2$, $Fe(OH)_3$

ろ液C：$[Cu(NH_3)_4]^{2+}$

沈殿D：$Fe(OH)_3$

19

(1)　問1　A．H_2S　　B．O_2

問2　触媒

問3　$2HCl + CaCO_3 \longrightarrow CaCl_2 + H_2O + CO_2$

(2)　ア，イ，エ

(3)　・ろ紙を溶媒でぬらし，ろうとに密着させる。

・ろうとの脚の先をビーカーの内壁につける。

・ガラス棒を伝わらせて，試料をろ紙に静かに注ぐ。

など

(4)　116cm³

解説

(4)　アンモニア水の体積をx〔cm³〕とすると，アンモニア水の質量は$0.960x$〔g〕となるので，

$$\frac{0.960x - 100}{0.960x} \times 100 = 10.0$$

$\therefore\ x \fallingdotseq 116$〔cm³〕

20

(1)　同一元素の原子において，陽子の数（＝原子番号）は等しいが，中性子の数が異なる原子どうしのこと。

(2)　1.5mol　　(3)　12

(4)　a．4　　b．H_2O

(5)　$Ca(OH)_2 + CO_2 \longrightarrow CaCO_3 + H_2O$

(6)　酢酸エチル，水

(7)

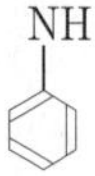

解説

(2) $500\times1.2\times\dfrac{10}{100}\times\dfrac{1}{40}=1.5$〔mol〕

(3) $[OH^-]=0.0050\times2=0.01$

$$[H^+]=\frac{K_W}{[OH^-]}=\frac{1.0\times10^{-14}}{0.01}$$
$$=1.0\times10^{-12}$$
$$pH=-\log[H^+]$$
$$=-\log(1.0\times10^{-12})=12$$

21

(1) エ　(2) エ

(3) 硫黄　(4) 5

(5) コ

解説

(3) 硫化水素と二酸化硫黄を反応させると，単体の硫黄が遊離する。

$$2H_2S+SO_2\longrightarrow 3S+2H_2O$$

(5) アルコールの脱水反応には，分子間脱水と分子内脱水の2種類がある。

(i) 130℃～140℃の場合(分子間脱水)

$$C_2H_5{-}O\boxed{H+HO}{-}C_2H_5$$
$$\longrightarrow C_2H_5{-}O{-}C_2H_5+H_2O$$

ジエチルエーテル

(ii) 160℃～180℃の場合(分子内脱水)

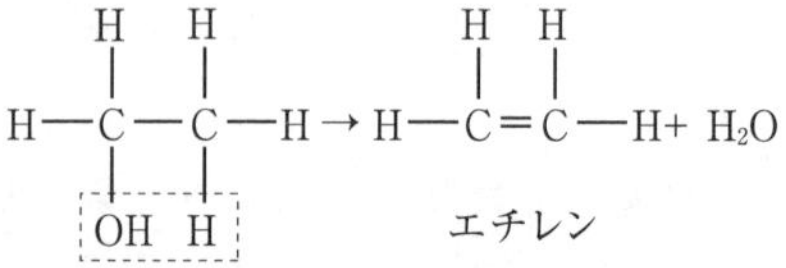

エチレン

22

(1) 問1　A.

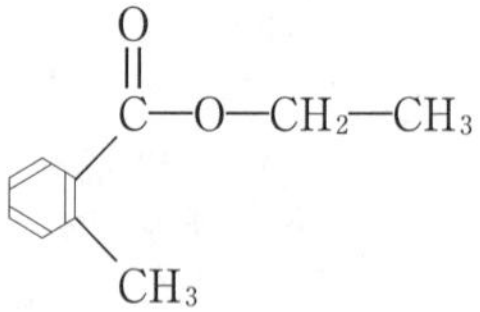

B. $CH_3{-}CH_2{-}OH$

C.

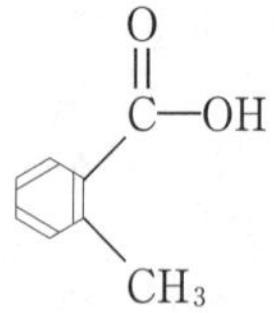

D.

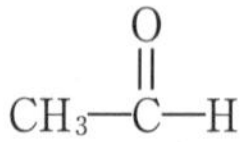

問2　B. エタノール

D. アセトアルデヒド

問3　3種類

(2) 問1　$\boldsymbol{K_a=\dfrac{c\alpha^2}{1-\alpha}}$

問2　$\boldsymbol{\sqrt{cK_a}}$

解説

(1) 問1　ベンゼン環に結合している炭化水素基は酸化されるとカルボキシ基になる。

問3　Cのメタ，パラの他

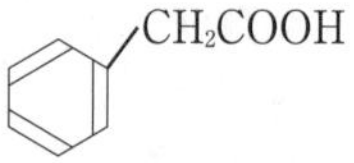

(2) 濃度c〔mol/L〕，電離度αの酢酸水溶液が電離すると，

	CH_3COOH	$\rightleftarrows$	H^+	+	CH_3COO^-	
平衡時	$c(1-\alpha)$		$c\alpha$		$c\alpha$	〔mol/L〕

したがって，

$$K_a=\frac{[H^+][CH_3COO^-]}{[CH_3COOH]}$$
$$=\frac{(c\alpha)^2}{c(1-\alpha)}=\frac{c\alpha^2}{1-\alpha}$$

電離度αが1に比べて非常に小さいとき，$1-\alpha\fallingdotseq1$とみなせるので，

$$K_a=c\alpha^2$$

両辺にcをかけると，

$$c\cdot K_a=c^2\alpha^2=[H^+]^2$$

したがって，水素イオン濃度は，

$$[H^+]=c\alpha=\sqrt{cK_a}$$

第 4 編

生物

1 植物の生活と種類

傾向と対策

この分野では，顕微鏡の操作，光合成のしくみ，植物の分類がよく出題される。特に，顕微鏡の取り扱いとミクロメーターを用いての大きさの測定，アサガオの葉を使った光合成の実験，光の強さと光合成の関係を表したグラフ，ＢＴＢ溶液を使用しての光合成と呼吸の実験，被子植物と裸子植物の特徴などをはじめとした植物の分類について，基礎知識を整理し，確実に覚えておく必要がある。さらに，オーキシンによる屈性，植物の開花の調整のしくみなども学習しておく必要がある。

要点 Check!

1 顕微鏡

(1) 顕微鏡操作の手順

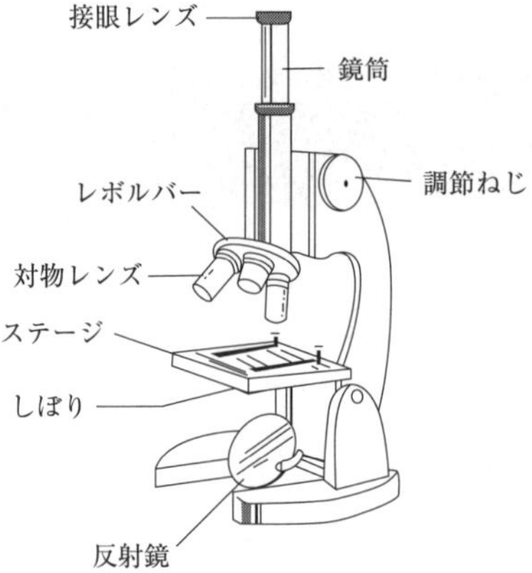

①接眼レンズをつけ，次にいちばん低倍率の対物レンズをつける。

②接眼レンズをのぞきながら，反射鏡を調節し，視野全体を明るくする。

③プレパラートをステージにのせ，クリップで止める。

④真横から見ながら調節ねじを回し，対物レンズとプレパラートを近づける。

⑤接眼レンズをのぞきながら調節ねじを回し，対物レンズとプレパラートを遠ざけながらピントを合わせる。

⑥しぼりを調節し，目的物をはっきり見えるようにし，視野の中央へ動かす。一般的に顕微鏡の像は実際とは反転して見えるため，プレパラートを動かす方向は，像を動かす方向とは逆になる。

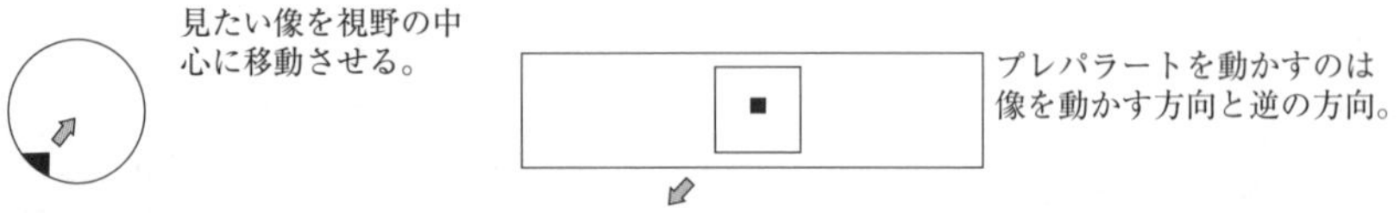

⑦倍率を上げて観察するときは，レボルバーを回して高倍率の対物レンズにする。

(2)　顕微鏡の倍率

顕微鏡の倍率＝接眼レンズの倍率×対物レンズの倍率

顕微鏡の倍率	低倍率		高倍率
視野の広さ	広い	←→	狭い
視野の明るさ	明るい	←→	暗い
対物レンズとプレパラートとの距離	長い	←→	短い
反射鏡	平面鏡		凹面鏡

2　水中の微小生物

	葉緑体をもち，光合成を行う		動物的特徴をもつ (動く，ほかの生物や有機物を食べる)
単細胞	ハネケイソウ 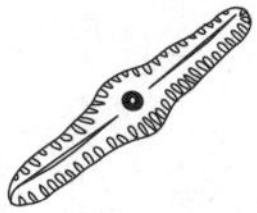 ミカヅキモ 	ミドリムシ 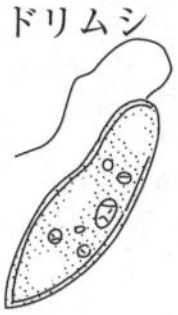	アメーバ  ゾウリムシ 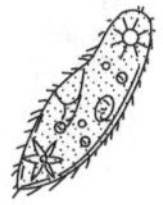 （原生動物）
多細胞	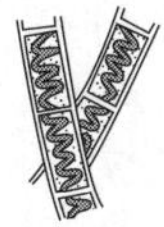 アオミドロ		ミジンコ  （節足動物）

3　根・茎・葉の構造

(1)　根と茎の構造

①根

・主根と側根…タンポポ，アブラナ，エンドウなど

・ひげ根…イネ，ススキ，ユリ，スズメノカタビラなど

②茎

道管や師管の集まりをまとめて**維管束**という。

・**道管**：根から吸収した水や無機養分を運搬する。

・**師管**：葉で作られた栄養分を運搬する。

・**形成層**：茎の肥大・成長にかかわる組織。双子葉類のみにみられる。

(2)　葉の構造

・葉脈：平行脈（単子葉類），網状脈（双子葉類）

・**気孔**：主に葉の裏側にあり，酸素，二酸化炭素などの気体の出入りや水蒸気

の放出（蒸散）などが行われる。

・葉緑体：さく状組織，海綿状組織とよばれる葉肉の細胞と孔辺細胞，茎などの緑色の部分にある。

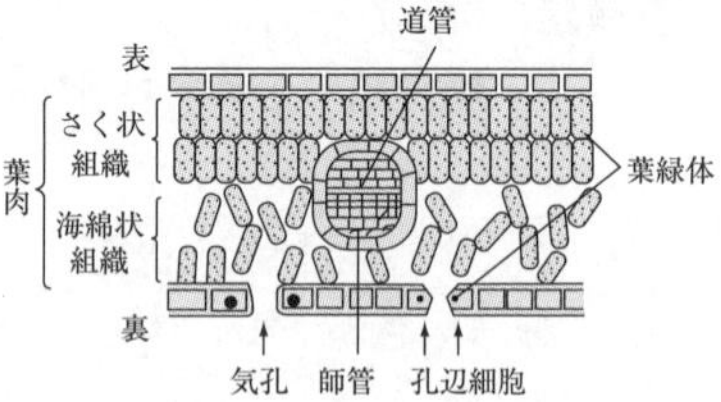

(3) 蒸散

植物に含まれる水が水蒸気となって失われること。蒸散は主に葉にある気孔で行われ，蒸散がさかんになると根からの水の吸い上げがさかんになり，茎，葉へと運ばれる。水は光合成の原料になるが，大部分は蒸散によって失われる。

〈蒸散の実験〉

試験管に水をいっぱいに入れ，同じような枝ぶりの枝を使い，条件を変えて蒸散の様子を調べると図のような結果になる。この結果から，葉の裏からの蒸散量が最も多いことがわかる。

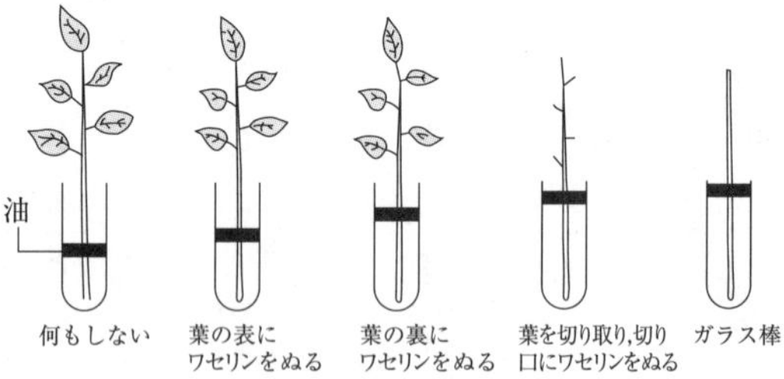

※水面からの蒸発をふせぐため，油を少量浮かせておく。

4 光合成

(1) 光合成のしくみ

葉緑体に含まれるクロロフィルなどは，光エネルギーを吸収して電子を放出し（反応Ⅰ：光化学反応），NADPH を生成する。また，水が水素イオンと酸素に分解され電子を生じる（反応Ⅱ）。酸素は，葉の気孔から放出される。さらに，ADP から ATP が合成される（反応Ⅲ：光リン酸化）。NADPH と ATP を使い二酸化炭素を還元してデンプンなどの有機物を合成する（反応Ⅳ）。反応Ⅳの過程をカルビン回路という。光合成は反応Ⅰ～Ⅳが連続して起こり，反応Ⅰ～Ⅲは葉緑体のチラコイドで，反応Ⅳはストロマで起こる。

光合成の反応式

$$6CO_2 + 12H_2O + \text{光エネルギー} \longrightarrow \underset{\text{有機物}}{(C_6H_{12}O_6)} + 6H_2O + 6O_2$$

生物が二酸化炭素を取り込み，ATP のエネルギーを使ってデンプンなどの有機物につくりかえるはたらきを炭酸同化（炭素同化）という。

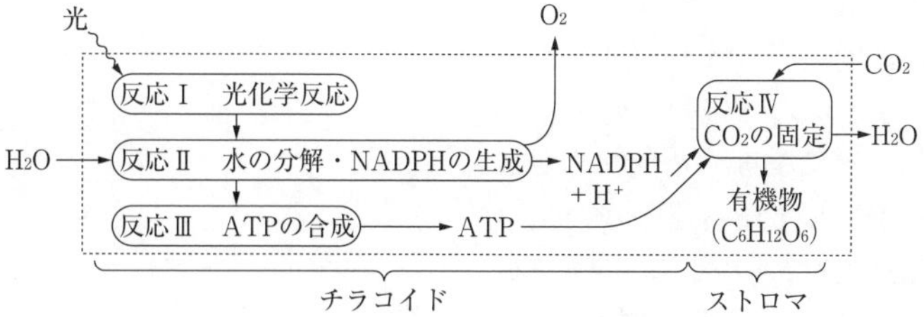

〈光合成に光が必要であることを確かめる実験〉

ふ（葉の白い部分，葉緑体がない）入りのアサガオの葉の一部をアルミニウム箔で覆い，十分日光を当てる（図1）。その後，この葉を熱湯であたためた温エタノールで脱色する。葉を水洗いしヨウ素溶液に浸すと，ふの部分とアルミニウム箔で覆われていた部分以外にヨウ素デンプン反応が現れ青紫色になる（図2）。

（図1）

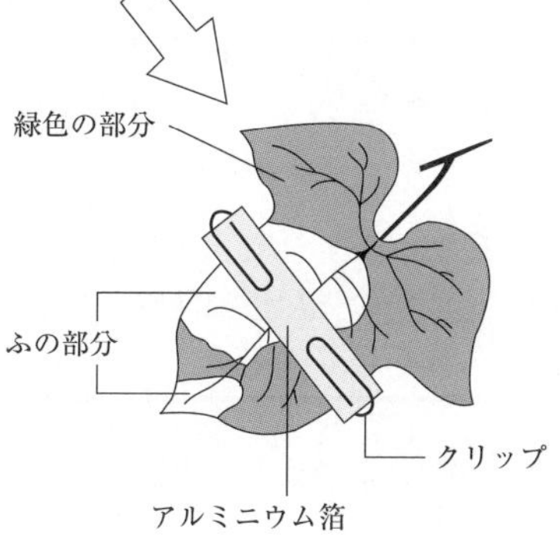

（図2）

(2)　光合成と呼吸

試験管A～Cを準備して，AとBには水草を入れる。アルカリ性のBTB溶液（青色）に十分二酸化炭素をふき込んで緑色にしたものを，3本の試験管に加えてゴム栓をする。Bはアルミニウム箔で覆う。その後，3本とも十分に日光に当てた後，色の変化を観察すると，Aは青色，Bは黄色に変化し，Cは変化せず緑色のままである。これは，Aでは光合成により二酸化炭素が減少して，BTB溶液がはじめのアルカリ性になったことを示している。また，Bでは光合成が行われず，水草の呼吸によって二酸化炭素が増え，BTB溶液が酸性になったことを示している。

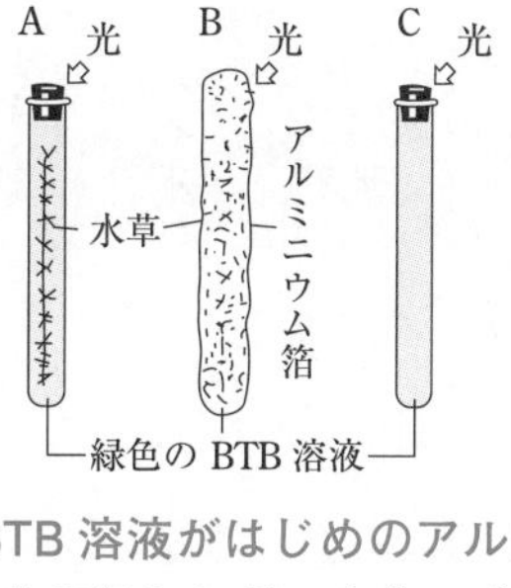

(3) 光合成と環境要因

光合成速度は光の強さが増すと大きくなるが，ある一定の光の強さに達すると一定になる。光合成速度と呼吸速度が等しくなったときの光の強さを**光補償点**といい，光の強さが増しても，光合成速度が増加しなくなる光の強さを**光飽和点**という。

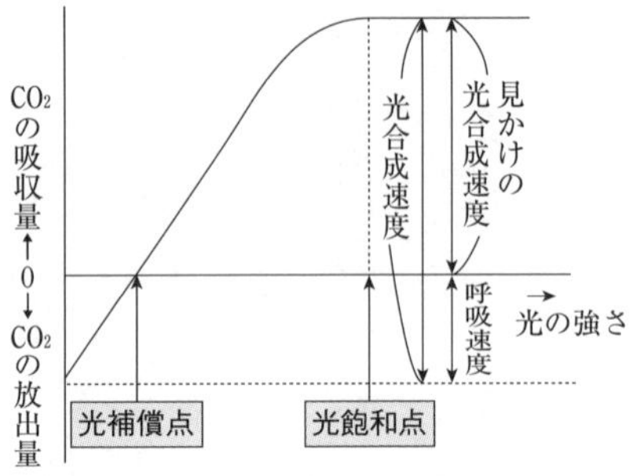

光合成速度は，**光の強さ**，**温度**，**二酸化炭素濃度**の影響を受ける。

・温度：温度の上昇によって光合成速度が増大し，約30℃で最大となる。

・光の強さ：ある光量までは，光の強さが強くなるほど光合成速度は大きくなる。

・二酸化炭素濃度：ある二酸化炭素濃度までは，濃度が高くなるほど光合成速度は大きくなる。

5 植物の反応と調節

(1) 植物ホルモンによる成長の調節

オーキシンは，植物の成長を促進する植物ホルモンで，インドール酢酸という物質である。次のような性質があり，幼葉鞘の**光屈性**に関与している。

・茎や根の先端部で作られて基部の方向へ移動して作用する。

・光の当たらない側へかたよる。

・寒天片は通過できるが，雲母片は通れない（水溶性）。

・最適濃度は植物の器官により異なる。

〈光屈性の実験〉

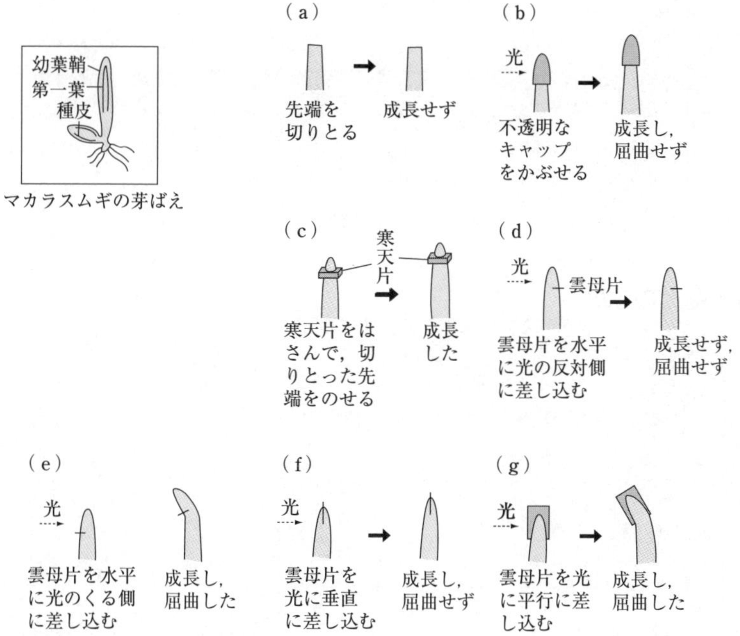

(2)　花芽形成（開花）の調節

日長時間の変化によって，花芽形成など生物が影響を受ける性質を**光周性**という。花芽形成の光周性は連続した暗期の長さの影響を受ける。花芽形成の境界となる暗期の長さを**限界暗期**という。暗期の途中で短時間でも光照射を行うことを光中断といい，例えば短日植物ではその後の連続した暗期が限界暗期に達しないと花芽形成しない。

・**長日植物**

暗期が限界暗期以下で花芽形成する植物。春に開花する。

〈例〉アブラナ，ホウレンソウ，ダイコン，コムギ　など

・**短日植物**

暗期が限界暗期以上で花芽形成する植物。夏から秋に開花する。

〈例〉アサガオ，キク，コスモス，ダイズ，イネ，オナモミ　など

・**中性植物**

日長時間に関係なく花芽形成する植物。

〈例〉トマト，タンポポ，ハコベ，エンドウ，トウモロコシ　など

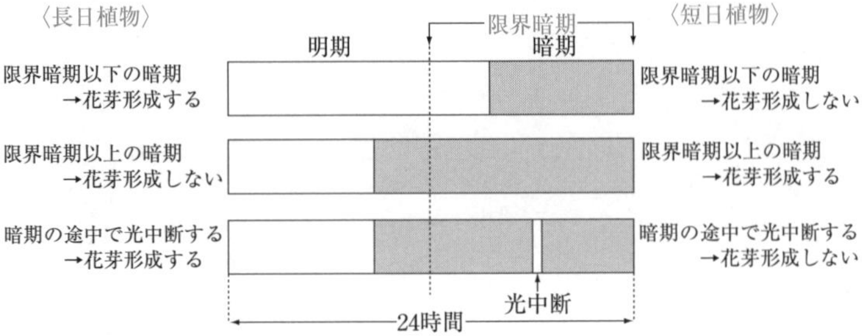

6 植物などの分類

<table>
<tr><th colspan="3">種類</th><th colspan="3">特徴</th><th>例</th></tr>
<tr><td rowspan="3">種子でふえる</td><td rowspan="2">被子植物</td><td>双子葉類</td><td rowspan="2">・根・茎・葉が発達
・胚珠が子房に包まれている</td><td>子葉2枚</td><td rowspan="5">葉緑体あり</td><td>アサガオ，アブラナ，エンドウ，キク，スイカ，サクラ，タンポポ，ヒマワリ</td></tr>
<tr><td>単子葉類</td><td>子葉1枚</td><td>イネ，サトイモ，スイセン，タケ，チューリップ，トウモロコシ，ムギ，ユリ</td></tr>
<tr><td colspan="2">裸子植物</td><td colspan="2">・根・茎・葉が発達
・子房がなく，胚珠はむき出し
・雄花と雌花の区別がある</td><td>イチョウ，スギ，ソテツ，ヒノキ，マツ，モミ</td></tr>
<tr><td rowspan="2">胞子でふえる</td><td colspan="2">シダ植物</td><td colspan="2">・根・茎・葉の区別がある
・維管束がある
・湿ったところに多く生育</td><td>イヌワラビ，スギナ（ツクシ），ゼンマイ，ノキシノブ，ベニシダ</td></tr>
<tr><td colspan="2">コケ植物</td><td colspan="2">・根・茎・葉の区別がない
・維管束はない
・雄株と雌株の区別がある</td><td>スギゴケ，ゼニゴケ，ミズゴケ</td></tr>
<tr><td rowspan="2">胞子でふえる</td><td rowspan="2">原生生物</td><td>藻類</td><td colspan="2">・根・茎・葉の区別がない
・水中で生活する
・多くのものが胞子でふえる</td><td>葉緑体あり</td><td>アオサ，アオミドロ，クロレラ，ケイソウ，テングサ，ワカメ</td></tr>
<tr><td>菌類</td><td colspan="2">・からだは菌糸でできている
・寄生生活をする</td><td rowspan="2">葉緑体なし</td><td>アオカビ，クロカビ，シイタケ，マツタケ，ミズカビ</td></tr>
<tr><td>分裂</td><td colspan="2">細菌類</td><td colspan="2">・単細胞で非常に小さい
・寄生生活をする</td><td>大腸菌，結核菌，乳酸菌，ブドウ球菌，ネンジュモ</td></tr>
</table>

例題1　顕微鏡の使い方

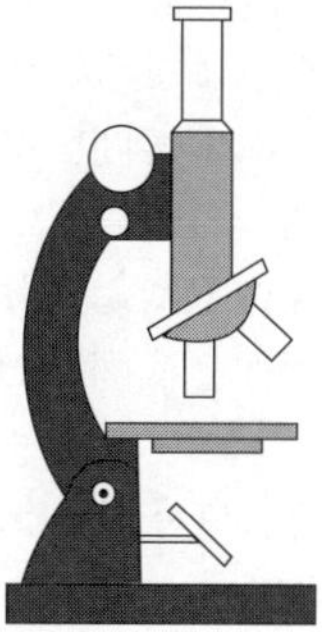

次の文は，図のような鏡筒上下式光学顕微鏡に関して述べたものである。適切なものを①～⑨から選び，番号で答えよ。

① 光学顕微鏡の分解能は，およそ20μmである。
② 格納庫から取り出すとき，鏡筒を利き手で握り，もう一方の手を鏡台に添える。
③ レンズを装着するとき，対物レンズを先にし，接眼レンズは後にする。
④ 焦点を合わせるとき，接眼レンズを覗きながら調節ねじを大きく上下に動かして合わせる。
⑤ 通常低倍率から観察を始めるが，高倍率に変えるとき，レボルバーを回して対物レンズを変えると，微調整をするだけでほぼ焦点は合う。
⑥ 反射鏡は通常凹面鏡を用いるが，倍率を上げた時には平面鏡を使用すると良い。
⑦ 高倍率で観察しているときは，絞りを絞った状態にすると良い。
⑧ 視野の右上端にあるものを中央に来るようにするには，スライドガラスを左下の方に移動させると良い。
⑨ スライドガラスに書かれた文字「b」は，真上から見てこの向きにセットすると，レンズを通して観察した時には「p」のように見える。

〈神戸市〉

解答　⑤

解説　① 光学顕微鏡の分解能は，およそ0.2μmである。
② 格納庫から取り出すとき，アームを利き手で握り，もう一方の手を鏡台に添える。
③ 接眼レンズを先につけ，その後対物レンズをつける。
④ 焦点を合わせるとき，調節ねじを回して対物レンズとプレパラートを遠ざけながら合わせる。
⑥ 通常は平面鏡を用いるが，高倍率のときは凹面鏡を用いる。
⑦ 高倍率で観察するときは，絞りを開いた状態にする。
⑧ スライドガラスを右上の方へ移動させる。
⑨ レンズを通して観察すると「q」のように見える。

例題2　植物の葉のはたらき

十分に光が当たった図1のようなふ入りのアサガオの葉をとり，栄養分をつくるはたらきが葉のどこで行われているか調べる実験をした。これについて，次の各問いに答えよ。

〈実験〉

操作1：ふ入りのアサガオの葉を熱湯につけた。

操作2：図2のようにして，温めたエタノールに葉を入れ，葉の緑色が抜けるまでつけておいた。

操作3：葉をエタノールから取り出し，水ですすいだ。

操作4：葉をうすいヨウ素液につけた。

図1

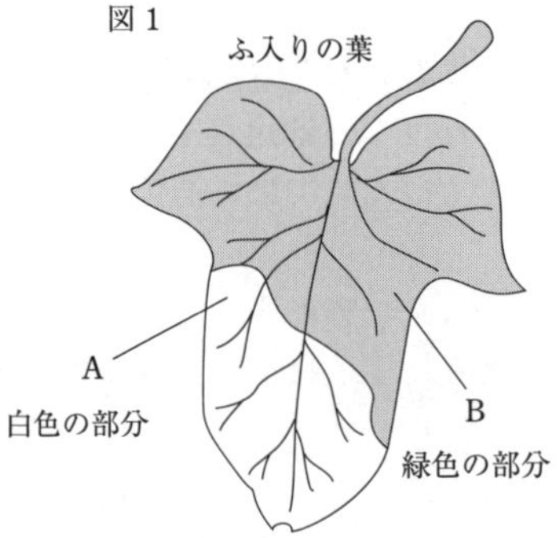

図2

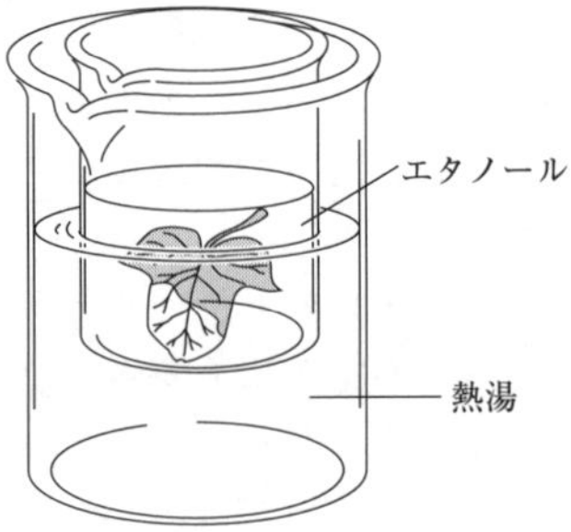

(1)　操作2で，図2のようにして湯せんする理由を簡潔に述べよ。

(2)　操作4で，葉のA，Bのどちらが青紫色に変化したか。理由を付して答えよ。

(3)　植物が光を受けて，栄養分をつくるはたらきを何というか答えよ。

(4)　この実験から(3)のはたらきには次のア～エのどれが必要であることがわかるか。ア～エから1つ選び，記号で答えよ。

ア．光　　イ．二酸化炭素　　ウ．水　　エ．葉緑体

〈山口県〉

解答　(1)　エタノールは沸点が約78℃と気化しやすく，火でビーカーを直接加熱すると引火しやすいため。

(2)　記号：B　理由：デンプンがあるため。

(3)　光合成　　(4)　エ

例題 3　光合成の反応

葉緑体で行われる光合成の反応は，チラコイド膜で行われる反応とストロマで行われる反応がある。ストロマで行われる反応をａ～ｅから選んだときの正しい組合せはどれか１つ選び，番号で答えよ。

ａ．水が分解される　　　　　　ｂ．ATP が生成する

ｃ．酸素が発生する　　　　　　ｄ．有機物が生成する

ｅ．二酸化炭素が固定される

①　ｄ，ｅ　　②　ｂ，ｃ　　③　ａ，ｂ，ｄ　　④　ｂ，ｃ，ｅ

⑤　ｃ，ｄ，ｅ

〈福岡県・福岡市・北九州市〉

解答　①

例題 4　植物の分類

次の図は，体のつくりの特徴をもとに，植物を分類したものである。これについて，各問いに答えよ。

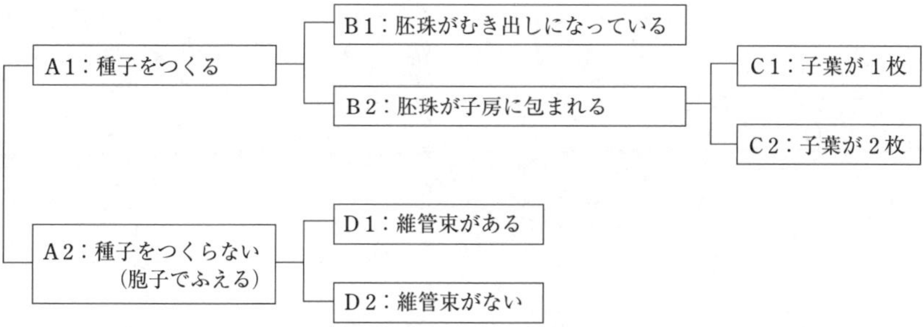

(1)　Ｂ１，Ｂ２のグループは，それぞれ何植物と呼ばれるか。その名称を漢字で答えよ。

(2)　次の(ア)～(コ)の植物は，Ｂ１，Ｃ１，Ｃ２，Ｄ１，Ｄ２のどのグループに分類されるか。グループごとに２つずつ選び，記号で答えよ。

(ア)　ツツジ　　(イ)　イヌワラビ　　(ウ)　スギ　　(エ)　トウモロコシ

(オ)　スギゴケ　　(カ)　イネ　　(キ)　ワカメ　　(ク)　サクラ

(ケ)　イチョウ　　(コ)　ベニシダ

(3)　Ｃ１とＣ２の植物は，子葉の枚数の違い以外にも，体のつくりで違う点がいくつかある。根のつくりと葉脈のつくりを取り上げ，両者の違いを説明せよ。

〈京都府〉

解答 (1) Ｂ１：裸子植物　Ｂ２：被子植物

(2) Ｂ１：(ウ)，(ケ)　Ｃ１：(エ)，(カ)　Ｃ２：(ア)，(ク)　Ｄ１：(イ)，(コ)
Ｄ２：(オ)，(キ)

(3) Ｃ１の植物は単子葉類で，根はひげ根で葉脈は平行脈である。一方，Ｃ２の植物は双子葉類で，根は主根と側根からなり，葉脈は網状脈である。

演習問題

1 ★☆☆

図のような顕微鏡を使って生物を観察した。次の各問いに答えよ。

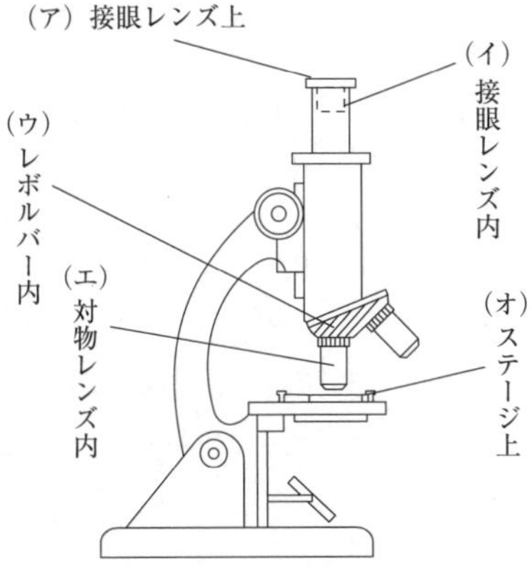

(1) 顕微鏡観察に関する次の各文のうち，正しいものには○，誤っているものには×を記せ。

① 顕微鏡観察では，まず低倍率で観察し，必要に応じて高倍率にする。

② 高倍率の対物レンズほどレンズとプレパラート間の距離が長くなるので，観察には注意を要する。

③ 接眼レンズは変えず，対物レンズを 10 倍から 40 倍にすると，視野の明るさは変わらないが広さはせまくなる。

④ 焦点を合わせるときは，対物レンズをプレパラートから遠ざけながら行う。

⑤ 光量が多いときには，反射鏡は平面鏡を用いる。

⑥ 視野の左端に見える物体を視野中央に移動させるためには，プレパラートを右に移動させれば良い。

(2) 10 倍の接眼レンズと 10 倍の対物レンズの組み合わせで，ミクロメーターを用いて，この生物の長さを測定することにした。このとき接眼ミクロメーターの 20 目盛が，対物ミクロメーターの 24 目盛と一致した。また，この生物の体長は接眼ミクロメーターの 16 目盛分であった。対物ミクロメーターの 1 目盛は 1mm を 100 等分してある。次の各問いに答えよ。

問 1　対物ミクロメーターは図のどこに設置するか。記号で答えよ。

問 2　この倍率での接眼ミクロメーターの 1 目盛は何 μm か。

問 3　この生物の体長は何 μm か。

問 4　対物レンズを 40 倍に変えたとき，接眼ミクロメーターの 1 目盛は何 μm になるか。

(3) 次の観察に適した材料を，語群から 1 つ選び，記号で答えよ。

A．体細胞分裂　　B．減数分裂　　C．原形質流動　　D．原形質分離
E．だ腺染色体

〈語群〉

ア．ムラサキツユクサの若いやく　　イ．ユキノシタの表皮細胞
ウ．タマネギの根端細胞　　エ．オオカナダモの葉
オ．ユスリカの幼虫

〈沖縄県〉

2 ★☆☆

次のａ～ｄは，水中の微小な生物である。これらの生物について，各問いに答えよ。

ａ．ハネケイソウ　　ｂ．ミジンコ　　ｃ．ミドリムシ　　ｄ．アオミドロ

⑴　単細胞生物であるものをすべて選び，その記号を答えよ。
⑵　葉緑体を持つ生物をすべて選び，その記号を答えよ。

〈高知県〉

3 ★★☆

植物のはたらきやその仕組みについて，次の各問いに答えよ。

⑴　光合成とは，植物などが二酸化炭素を還元して炭水化物をつくるはたらきのひとつである。

問１　～～～部で示したはたらきを何というか名称を答えよ。

問２　～～～部のはたらきには，光エネルギーを利用する光合成とともに，もうひとつある。そのはたらきの名称としくみを簡単に答えよ。

⑵　次の図は，緑色植物の光合成の仕組みを示した模式図である。

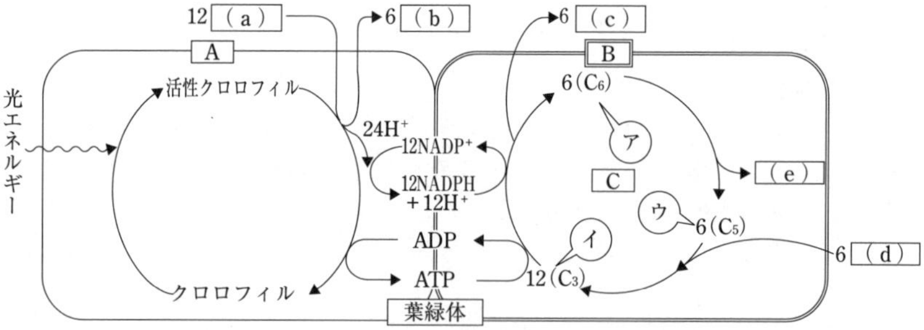

問１　(a)～(e)にあてはまる各物質を化学式で答えよ。

問２　Ａ，Ｂの反応過程が行われる葉緑体の部分の名称を答えよ。

問３　Ｃの反応回路の名称を答えよ。

問4　Cの反応回路の化合物ア，イ，ウのうち，光を遮断した直後に濃度が高くなる化合物はどれか。適切なものを選び，ア，イ，ウの記号で答えよ。また，その理由を答えよ。

〈長野県改題〉

4 ★☆☆

カナダモの茎を水中で切って図のように切り口を小型水槽中の試験管に入れ，暗室で光源からの距離をさまざまに変えて，1分間に発生する気泡の数を調べる実験を計画した。次の各問いに答えよ。

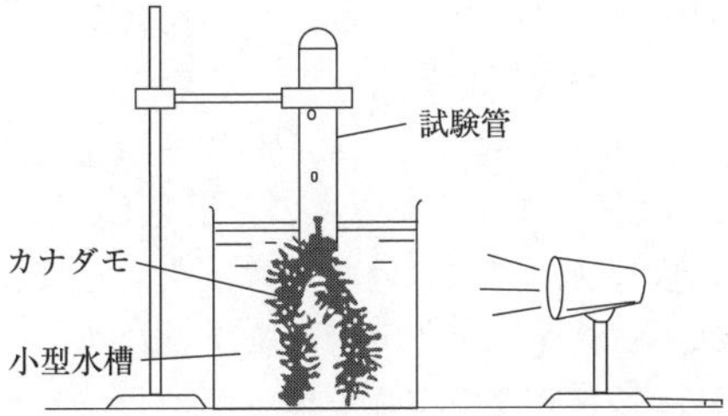

(1)　この実験で光の強さ以外に光合成速度に影響を与える要因を2つ答えよ。

(2)　(1)の2つの要因から受ける影響を防ぐためには，実験装置や実験操作に工夫が必要である。どのような工夫を行うか，具体的に2つ答えよ。

(3)　(2)の工夫を行い，実験したところ，次の表の様な結果を得た。光源からの距離が20cmのときと，30cmのときでは，1分間の気泡数が変わらないのはなぜか答えよ。

光源からの距離（cm）	20	30	40	50	60	70	80	90
1分間の気泡数	18	18	16	12	8	4	2	0

(4)　(3)の表で，光源からの距離が90cmのとき，カナダモの茎から気泡が出なくなるのはどのようなことが原因か答えよ。

〈新潟県〉

5 ★☆☆

光合成について調べるために，次のような実験１，２を行った。各問いに答えよ。

〈実験１〉

操作１：アサガオのふ入りの葉の一部にアルミ箔を巻き，暗所に数時間おいた。

操作２：暗所から出して日光を十分当てたのち，アルミ箔を巻いていた葉をつみとった。

操作３：アルミ箔をはずして湯につけた後，エタノールにつけた。

操作４：葉を湯で洗った後，ある薬品につけたところ，葉の一部が青紫色になった。

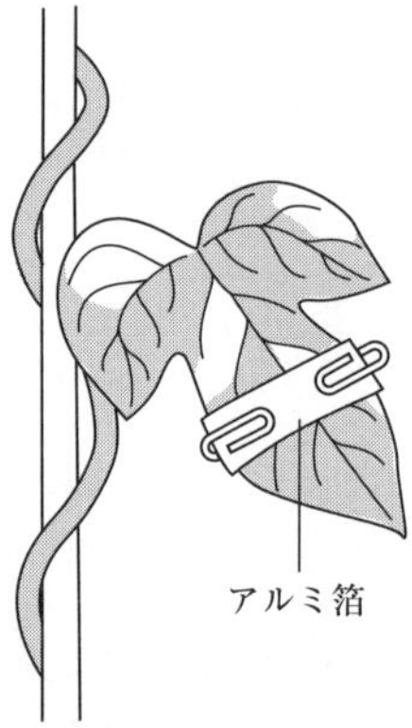

〈実験２〉

操作１：BTB液に呼気を吹き込んだものを用意し，２本の試験管A，Bに分けた。

操作２：それぞれの試験管にオオカナダモを入れ，試験管Bはアルミ箔で全体を覆った。

操作３：試験管A，Bを日光に当てたところ，試験管Aの液の色は変化したが，Bの液の色は変化しなかった。

(1)　実験１の操作１で暗所に数時間おいたのはなぜか，簡潔に答えよ。

(2)　実験１の操作３でエタノールにつけたのはなぜか，簡潔に答えよ。

(3)　実験１の操作４のある薬品とは何か。適当なものを答えよ。

(4)　実験１の操作４で葉の一部が青紫色になったのはなぜか，簡潔に答えよ。

(5)　実験１で青紫色になった部分はどこか。右の葉の図に色をつけよ。

(6)　実験１からわかることを，根拠を示して２点答えよ。

(7)　実験２から「光合成により二酸化炭素が吸収される」と結論づけたところ，この実験では結論づけることはできないと反論があった。そのような反論の余地をなくすための実験を簡潔に答えよ。

〈兵庫県〉

6 ★★★

図は，ある緑色植物の光合成と光の強さの関係を，この植物が放出または吸収する CO_2 量で表したものである。次の各問いに答えよ。

(1)　グラフの点Aに示される光の強さは何と呼ばれるか，漢字で答えよ。

(2)　40000 ルクスの照度のとき，葉面積 $100\,cm^2$ で，1時間あたりの真の光合成量と呼吸量は，CO_2量でそれぞれいくらか答えよ。

(3)　40000 ルクスの照度のとき，5時間でつくられるグルコースの量は，葉面積 $100\,cm^2$ あたりいくらか求めよ。ただし，原子量を C = 12，H = 1，O = 16 とする。

(4)　光合成において，光の影響を受けない反応（回路反応）について説明せよ。

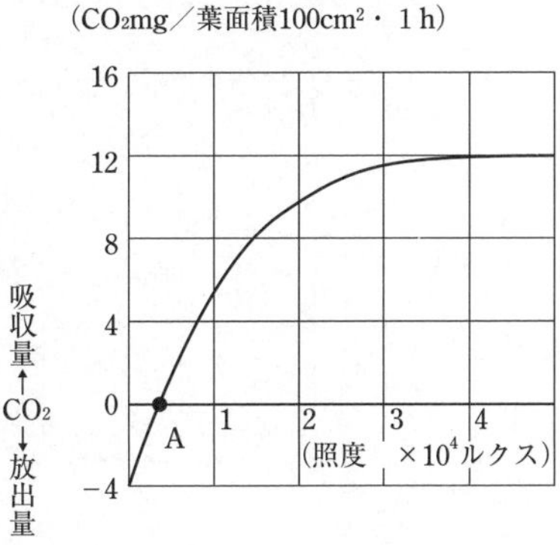

〈山梨県〉

7 ★★☆

ある植物の葉の光合成速度と光の強さ及び温度の関係を調べたところ，右図のようなグラフが得られた。光合成速度と光の強さの関係の説明として適切なものを1つ選び，番号で答えよ。

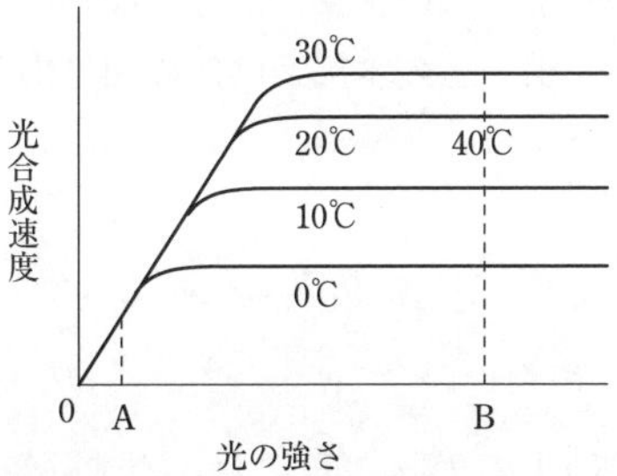

①　光の強さが図のAのとき，光の強さと温度の両方が光合成速度の限定要因となる。

②　光の強さが図のAのとき，光の強さが光合成速度の限定要因となる。

③　光の強さが図のAのとき，温度が光合成速度の限定要因となる。

④　光の強さが図のAのとき，光の強さも温度も光合成速度に影響を与えない。

〈東京都〉

8 ★☆☆

葉のつくりについて，次の各問いに答えよ。

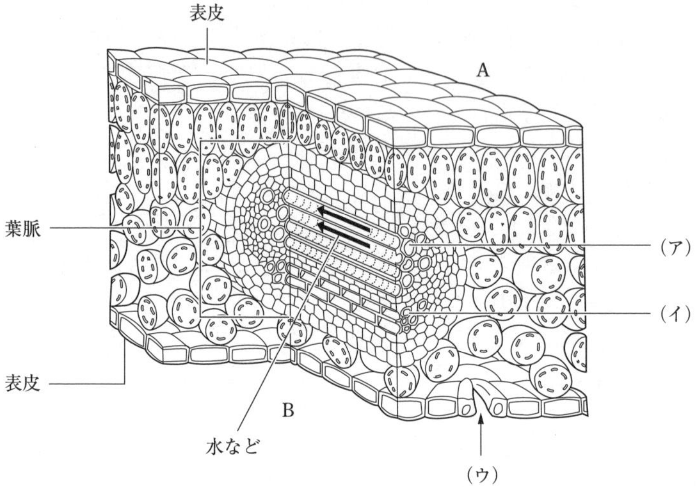

(1) 葉の断面の(ア)～(ウ)の名称を答えよ。
(2) 通常，直射日光を受ける側はどちら側か。図中の記号Ａ，Ｂで答えよ。
(3) 気孔は通常，葉の表裏どちらの面に多いか答えよ。
(4) 気孔は昼夜のどちらに開いていることが多いか答えよ。
(5) 根・茎の先端にあり，植物の伸長成長を担う分裂組織とは何か答えよ。
(6) 根・茎の木部と師部の間にあり，植物の肥大成長を担う分裂組織とは何か答えよ。

〈佐賀県〉

9 ★☆☆

図１のように同じ太さの試験管Ａ～Ｅにそれぞれ20cm^{3}の水を入れ，葉の大きさと数が同じ枝を４本準備した。Ａにはそのままの枝を，Ｂには葉の表側にワセリンをぬった枝を，Ｃには葉の裏側にワセリンをぬった枝を，Ｄには葉をぜんぶ切り取りその切り口にワセリンをぬった枝をそれぞれ刺した。また，Ｅには水面での太さが枝と同じガラス棒を刺した。５本の試験管を同じ条件の場所に置き，10時間後の各試験管の水の量を調べたところ，表１のような結果になった。この実験について，次の各問いに答えよ。

図1

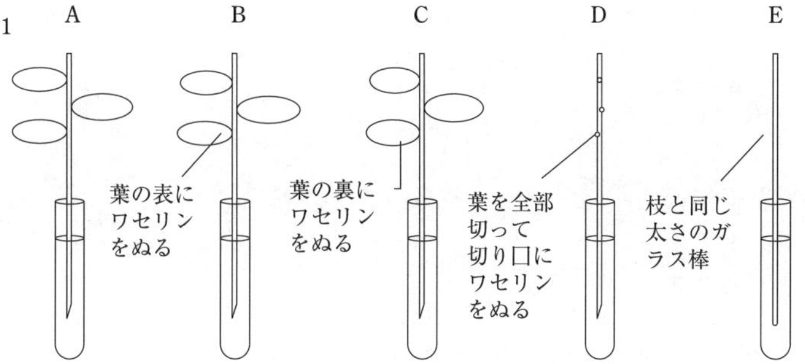

表1

試験管	A	B	C	D	E
水の量（cm^3）	12.3	13.2	①	19.4	19.8

(1)　植物体内の水が水蒸気となって空気中に放出される現象を何というか。その言葉を答えよ。

(2)　葉の表側から失われた水の量は何 cm^3 か。最も適当なものを次のア～エから１つ選び，記号で答えよ。

ア．0.4cm^3　　イ．0.9cm^3　　ウ．0.2cm^3　　エ．0.1cm^3

(3)　表１のA，B，D，Eの水の量から，①の値はどうなると考えられるか。最も適当なものを次のア～エから１つ選び，記号で答えよ。

ア．14.1cm^3　　イ．18.5cm^3　　ウ．18.9cm^3　　エ．19.0cm^3

(4)　試験管Eを準備した理由を答えよ。

(5)　植物は実験のような働きによって，多量の水を根から吸い上げているが，それはどのようなことに役立っているか，２つ答えよ。

〈岩手県〉

10　★★☆

植物ホルモンについて，次の各問いに答えよ。

(1)　以下の実験は，オーキシンのはたらきを調べるため暗室内で育てたマカラスムギの幼葉鞘を用いて行ったものである。幼葉鞘が右に屈曲しながら成長すると予想されるのはどれか。次の①～⑤のうちから１つ選び，番号で答えよ。

①　先端部に不透明なキャップをかぶせ，左側より光を当てる。なお，キャップの重みは成長に影響を与えないものとする。

② 先端部を切り取り，左側より光を当てる。

③ 先端付近の左側に雲母片をはさみ，左側より光を当てる。

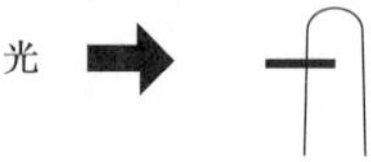

④ 暗黒中で雲母片を図のように垂直にはさみこむ。

⑤ 暗黒中で先端付近の右側に雲母片をはさみこむ。

(2) ある短日植物に図のようないろいろな明暗周期を与え，花芽形成の有無を調べた。明暗周期Ａ～Ｄで開花するのはどれか。次の①～⑤のうちから１つ選び，番号で答えよ。

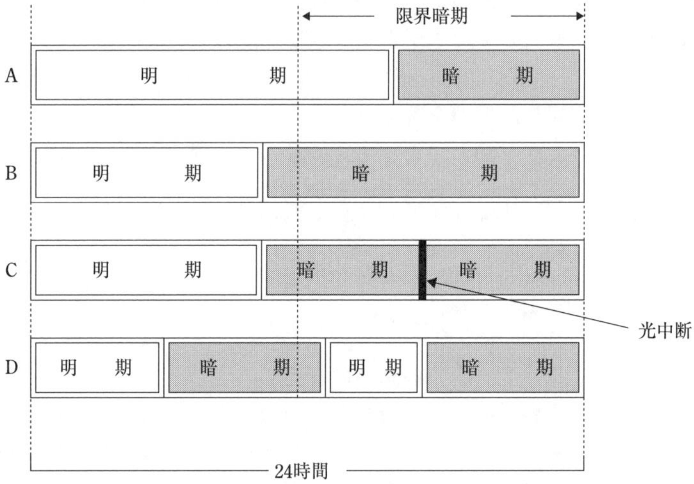

① Ａ　② Ｂ　③ ＢとＤ　④ ＢとＣとＤ　⑤ ＡとＣとＤ

〈神奈川県・横浜市・川崎市〉

11 ★☆☆

次の表は，植物のなかま分けを示したものである。表を参考にして，各問いに答えよ。

<table>
<tr><td rowspan="6">葉緑体あり，
光合成を
おこなう</td><td rowspan="3">花が咲き，
種子でふえる
(A)植物</td><td rowspan="2">胚珠は子房に包まれる
(B)植物</td><td>葉脈は網状脈，子葉は2枚</td><td>(C)類</td></tr>
<tr><td>葉脈は平行脈，子葉は1枚</td><td>(D)類</td></tr>
<tr><td colspan="2">子房はなく，胚珠はむきだしである</td><td>(E)植物</td></tr>
<tr><td rowspan="3">花は咲かない</td><td colspan="2">根・茎・葉の区別があり，胞子でふえる</td><td>(F)植物</td></tr>
<tr><td rowspan="2">根・茎・葉の区別がない</td><td>陸上生活をおこなう</td><td>(G)植物</td></tr>
<tr><td>水中生活をおこなう</td><td>(H)類</td></tr>
<tr><td rowspan="2">葉緑体なし，
光合成も
しない</td><td colspan="3">体は菌糸でできており，胞子でふえる</td><td>(I)類</td></tr>
<tr><td colspan="3">体は単細胞で，分裂でふえる</td><td>(J)類</td></tr>
</table>

(1)　表中の(A)～(J)に最も適切な語句を答えよ。ただし，(I)類と(J)類は，植物とは別の分類群に分ける学者もいる。

(2)　次にあげる植物は，表中の(C)～(H)のどの植物群に属するか。

ア．カンヒザクラ　　イ．ヒカゲヘゴ　　ウ．サトウキビ

エ．リュウキュウマツ　　オ．ヒトエグサ

〈沖縄県〉

演習問題　解答・解説

1

(1)　①　○　　②　×　　③　×
　　④　○　　⑤　○　　⑥　×

(2)　問1　(オ)　　問2　$12\mu m$
　　問3　$192\mu m$　　問4　$3\mu m$

(3)　A．ウ　　B．ア　　C．エ
　　D．イ　　E．オ

解説

(1)　②　高倍率ほど対物レンズは長くなるので，レンズとプレパラートの距離は短くなる。

③　視野の明るさは暗くなる。

⑥　像は反転して見えているため，プレパラートを左へ移動させる。

(2)　問2　$\frac{10\times24}{20}=12$〔μm〕

問3　$12\times16=192$〔μm〕

問4　対物レンズを10倍から40倍に変えると，接眼ミクロメーターの1目盛りの長さは$\frac{1}{4}$倍になる。

$12\times\frac{1}{4}=3$〔μm〕

2

(1)　a，c　　(2)　a，c，d

3

(1)　問1　炭酸同化（炭素同化）

問2　化学合成

しくみ：無機物の酸化によって得られた化学エネルギーを使って炭酸同化を行う。

(2)　問1　(a)　H_2O　　(b)　O_2
　　(c)　H_2O　　(d)　CO_2
　　(e)　$(C_6H_{12}O_6)$

問2　A．チラコイド
　　B．ストロマ

問3　カルビン回路

問4　イ

〈理由〉

イの化合物がアの化合物に変化するためには，Aの反応で生成したATPやNADPHが必要であるが，光を遮断するとAの反応が停止し，それらが供給されなくなるから。

解説

(1)　問2　細菌の中には，光エネルギーのかわりに，化学エネルギーを用いてATPなどを合成し，炭酸同化を行うものがある。そのはたらきを化学合成という。

4

(1)　二酸化炭素濃度，温度

(2)・水槽に炭酸水素ナトリウム（炭酸水素カリウム）を入れる。

・光源と水槽の間に水を入れた小型水槽を置く。

(3)　光飽和になっているため。

(4)　光合成速度と呼吸速度が等しくなったため。

5

(1)　葉に蓄積されていたデンプンを呼吸によって消費させるため。

(2)　クロロフィルを脱色して，ヨウ素デンプン反応をわかりやすくするため。

(3)　ヨウ素液（ヨウ素ヨウ化カリウム溶液）

(4)　ヨウ素デンプン反応によって，デンプンが形成された部分が青紫色になったため。

(5)

(6)・ふの部分ではデンプンが生成されなかったので，光合成にはクロロフィルが必要である。

・緑色の部分でも光があたらないとデンプンが生成されなかったので，光合成には光が必要である。

(7)　BTB液だけを試験管に入れて日光を当てる実験

6

(1)　光補償点

(2)　真の光合成量：16mg
　　呼吸量：4mg

(3)　54.5mg

(4)　ATPとNADPHを用いて，二酸化炭素を還元し，有機物を合成する反応。

解説

(3)　$180 \times \dfrac{16 \times 5}{44 \times 6} \fallingdotseq 54.5$〔mg〕

7

②

解説

光の強さがAのとき，光が強くなると光合成速度が増加するので，限定要因は光の強さである。また，光の強さがAのとき，温度が0～40℃の範囲で変化しても光合成速度は同じだから，温度は限定要因ではない。

8

(1)　(ア)　道管　　(イ)　師管
　　(ウ)　気孔

(2)　A　　(3)　裏面

(4)　昼

(5)　頂端分裂組織（成長点）

(6)　形成層

9

(1)　蒸散　　(2)　イ

(3)　イ

(4)　植物の蒸散以外で失われる水の量を測定するため。

(5)・水に溶けている無機物を吸収する。
　・光合成に使われる。

解説

(2)　$B - A = 13.2 - 12.3 = 0.9$〔$\text{cm}^3$〕

(3)　葉の表側からの蒸散量は0.9cm^3，茎からの蒸散量は，

$E - D = 19.8 - 19.4 = 0.4$〔$\text{cm}^3$〕

よって，①は，

$19.8 - (0.9 + 0.4) = 18.5$〔$\text{cm}^3$〕

10

(1)　⑤　　(2)　②

解説

(1)　①　まっすぐ伸長する。
　②　ほとんど伸長しない。
　③　左側に屈曲する。
　④　まっすぐ伸長する。
　⑤　右側に屈曲する。

(2)　短日植物は連続した暗期の長さが限界暗期より長くなると花芽を形成する。

11

(1)　(A)　種子　　(B)　被子
　　(C)　双子葉　　(D)　単子葉
　　(E)　裸子　　(F)　シダ
　　(G)　コケ　　(H)　藻
　　(I)　菌　　(J)　細菌

(2)　ア．(C)　　イ．(F)　　ウ．(D)
　　エ．(E)　　オ．(H)

2 動物の生活と種類

傾向と対策

酵素のはたらき，消化と吸収，呼吸のしくみ，血液の循環，刺激の受容と反応，中枢神経のはたらき，動物の分類がよく出題される。ヒトの消化のしくみ，血液の循環経路，腎臓と肝臓のはたらき，免疫のしくみ，ホルモンによる調節，目の構造とはたらき，脊髄と脳のはたらき，セキツイ動物の特徴などの動物の分類については基礎知識を整理して，確実に覚えておく必要がある。また，実験手順を通しての出題も見られるので，ヨウ素デンプン反応とベネジクト反応によってだ液アミラーゼのはたらきを調べる実験など流れをおさえ考察できるようにしよう。

要点 Check!

1 消化と吸収

(1) 酵素

① 酵素の組成

主成分はタンパク質でできている。酵素の中には，作用するために補酵素とよばれる低分子の有機物を必要とするものがある。

② 酵素のはたらき

生体内で起こる化学反応を促進する触媒である。触媒自身は変化せずに化学反応を促進させる物質で，微量で効果があり何回でもはたらく。

③ 酵素の性質

- 酵素が作用する物質を基質といい，酵素は特定の基質だけに作用する。これを酵素の基質特異性という。
- 酵素が最もよくはたらく温度（最適温度）は 35 ～ 40℃である。高温（60 ～ 70℃以上）になると，主成分のタンパク質の立体構造が変化して変性し，はたらきを失う。
- 酵素は一般に中性付近（pH6 ～ 8）でよくはたらく（最適 pH）。しかし，胃液に含まれるペプシンのように pH2 付近（強酸性）でよくはたらく酵素もある。

④ だ液のはたらきを調べる実験

うすいデンプン溶液を６本の試験管Ａ～Ｆに入れ，ＡとＢは０℃，Ｃと

Dは40℃，EとFは80℃にし，A，C，Eにはだ液，B，D，Fには水を加える。しばらくしてから，ヨウ素デンプン反応とベネジクト反応を調べる。ヨウ素デンプン反応はヨウ素溶液がデンプンと反応して青紫色を示し，ベネジクト反応はベネジクト液がマルトース（麦芽糖）と反応して赤褐色の沈殿が生じる。

	A	B	C	D	E	F
ヨウ素デンプン反応	青紫色	青紫色	反応なし	青紫色	青紫色	青紫色
ベネジクト反応	反応なし	反応なし	赤褐色	反応なし	反応なし	反応なし

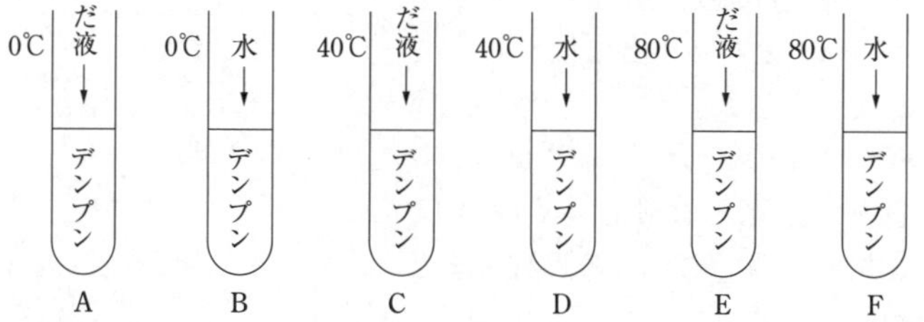

Cの試験管では，だ液アミラーゼがはたらき，デンプンがマルトースに分解されたことがわかる。

(2)　消化と吸収

①　消化器官と消化のしくみ

各消化器官から分泌される消化液に含まれる消化酵素がデンプン，タンパク質，脂肪を分解し，吸収しやすくする。胆汁は消化酵素を含まないが，脂肪を乳化し酵素をはたらきやすくする。

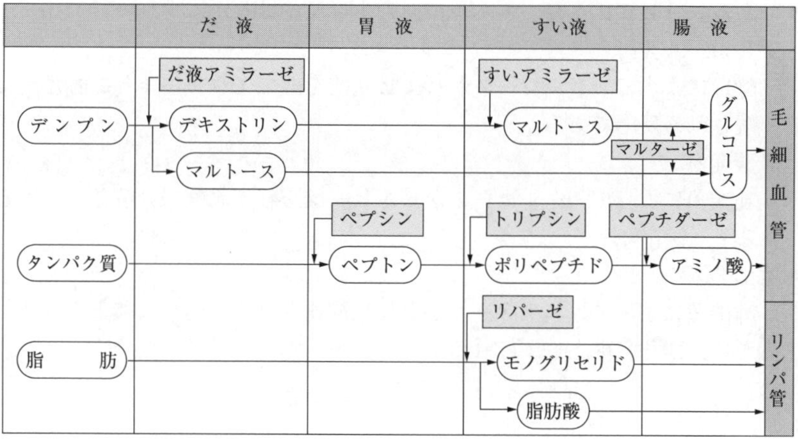

② 吸収のしくみ

消化された栄養分は，小腸の柔突起（柔毛）で，グルコース（ブドウ糖），アミノ酸は毛細血管，モノグリセリドと脂肪酸はリンパ管(乳び管)に吸収される。

2 呼吸と発酵

(1) 呼吸（細胞呼吸）

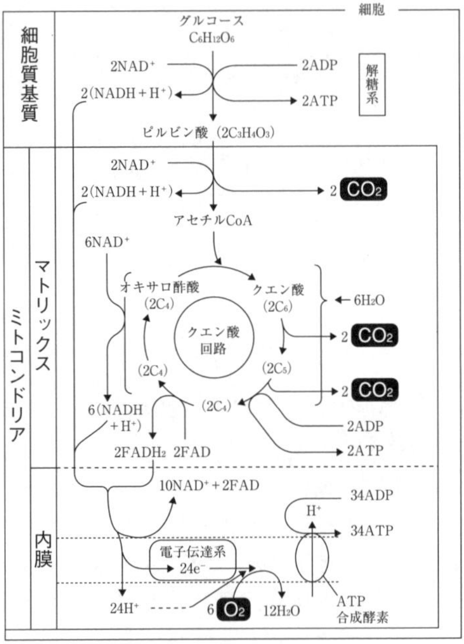

ほとんどすべての生物が行っており，細胞内で有機物を分解し，生命活動に必要なエネルギーをATPの形で取り出すはたらきである。解糖系，クエン酸回路，電子伝達系の3つの反応系からなり，電子伝達系では最も多くのATPを生成する。これらの過程をまとめた反応式は，

$$C_6H_{12}O_6 + 6O_2 + 6H_2O \longrightarrow 6CO_2 + 12H_2O + \text{エネルギー}$$

(2) 発酵

微生物が（酸素を用いずに）炭水化物を分解して，生命活動に必要なエネルギーを取り出すはたらきである。呼吸に比べて，エネルギーの生産量がはるかに少ない。

・アルコール発酵

酵母によって，グルコースがピルビン酸を経てエタノールと二酸化炭素に分解される反応である。

・乳酸発酵

乳酸菌によって，グルコースがピルビン酸を経て乳酸に分解される反応である。

・酢酸発酵

酢酸菌によって，エタノールが酢酸に酸化される反応で，酸素を必要とするため，酸化発酵ともよばれる。

3　体液の恒常性と調節

(1)　血液

①　血液の組成とはたらき

血液の成分		形状	直径（μm）	数（血液1mm^{3}中）	はたらき
有形成分（血液の45％）	赤血球	中央のくぼんだ円盤状，無核	7～8	450万（女）～500万（男）	ヘモグロビンを含み，O_2を運搬する。
	白血球	不定形，有核	8～15	6000～8000	アメーバ運動を行う。食作用などにより免疫に関与する。
	血小板	不定形，無核	2～3	20万～40万	血管が傷つくと，壊れて血液の凝固に関係する。
液体成分（血液の55％）	血しょう	薄い黄色の透明に近い液体			栄養分・老廃物（CO_2，尿素）・ホルモン・抗体・熱などを運搬する。

②　心臓のつくりとはたらき

ヒトの心臓は2心房2心室の4つの部屋からなる。

- 心房

静脈から戻った血液を心室に送る。

- 心室

心房から送られてきた血液を強い圧力で動脈へ送り出す。壁の筋肉は心房よりも厚い。

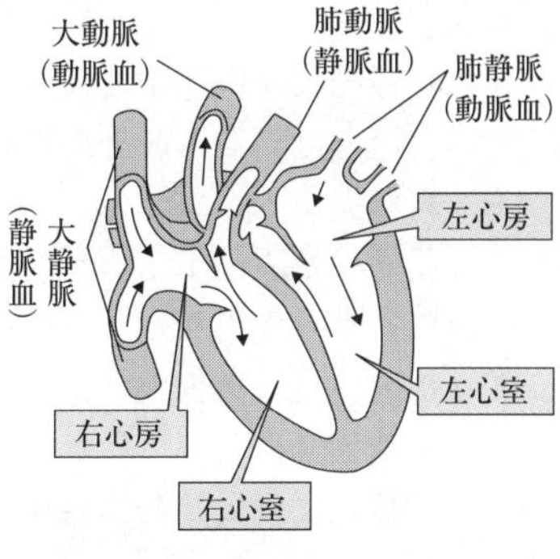

③　血液の循環

- 肺循環

血液が心臓から送り出され，肺をめぐり心臓へ戻る経路。肺胞で血液中に酸素を取り込み，二酸化炭素を放出する。

右心室→肺動脈→肺→肺静脈→左心房

- 体循環

血液が心臓から送り出され，全身をめぐり心臓へ戻る経路。血液はこの間に全身の細胞に酸素や栄養分を与え，細胞から二酸化炭素や不要物を受け取る。

左心室→大動脈→全身の毛細血管→大静脈→右心房

・動脈血：酸素を多く含む血液
・静脈血：二酸化炭素を多く含む血液

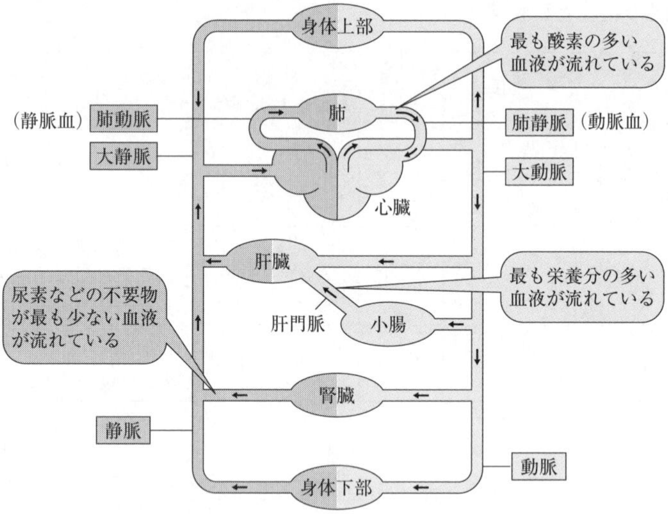

(2) 免疫

生物体内に病原体が侵入するのを防いだり，体内に侵入した病原体や毒素などの自己とは異なる成分を排除するしくみである。

① 自然免疫

皮膚や粘膜による物理的防御，涙や汗，胃液などによる化学的防御，食細胞による食作用など。

② 適応免疫（獲得免疫）

・**体液性免疫**

体内に侵入した病原体や毒素などの異物は**樹状細胞**に捕食され，その情報は**抗原**としてリンパ球**T細胞**に提示される。抗原を認識したT細胞は，リンパ球**B細胞**を刺激する。刺激されたB細胞は抗体産生細胞へと分化し，抗原と特異的に結合する**抗体**（免疫グロブリン）を生産し，体液中に放出する。抗体は種類によってアミノ酸配列の異なる可変部をもち，この構造の違いにより抗原と特異的に結合し，抗原を排除する。この反応を**抗原抗体反応**という。T細胞とB細胞の一部は**記憶細胞**となって，再び同じ抗原が侵入したとき直ちに多量の抗体を作る。例えば，ヒトは一度はしかにかかると再びかからないか，かかっても軽くすむ。

・細胞性免疫

体内に侵入した異物は樹状細胞やマクロファージに捕食され，その情報はリンパ球T細胞に提示される。T細胞は増殖し，異物を直接攻撃し破壊する。臓器移植の拒絶反応では，おもに細胞性免疫がはたらく。

③　アレルギー

免疫が過敏に起こり，ヒトにとって不都合な影響を与えることである。花粉症はアレルギーの一例である。

(3)　腎臓のつくりとはたらき

腹腔内の背側に1対2個あるそらまめのような形をした臓器で，血液中の老廃物をこしとり尿をつくるとともに，体内の水分量や浸透圧を調節する。

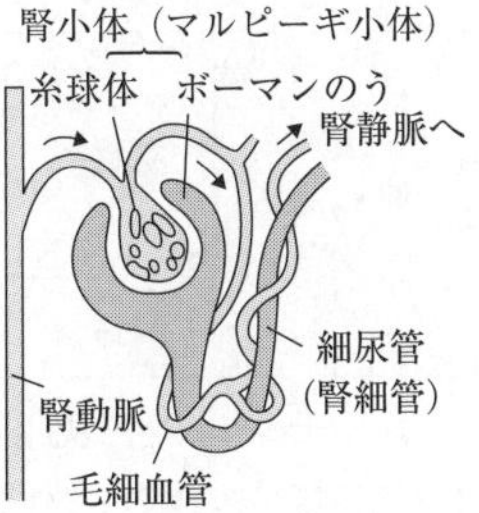

血液が糸球体を流れるとき，血液中の成分のうち血球とタンパク質を除くほとんどの成分が糸球体からボーマンのうへろ過され原尿となる。原尿が細尿管（腎細管）を流れる間に，原尿に含まれる有用な物質であるグルコースや水，一部の無機塩類などが細尿管からそれをとりまく毛細血管に再吸収される。このようにして原尿は濃縮されて尿となり，輸尿管を経てぼうこうに蓄えられ体外に排出される。

(4)　肝臓のはたらき

・グリコーゲン，タンパク質，脂肪を合成，貯蔵，分解し，ビタミンや血液を貯蔵する。また，これらを必要に応じて全身へ送り出す。

・胆汁を生成する。

・代謝を盛んに行い，多量の熱を発生し，体温の保持に役立つ。

・食物中の毒物や有害細菌によって生じた有毒物質を無毒化，低毒化する。これを解毒作用という。

・タンパク質の分解で生じた毒性の高いアンモニアからオルニチン回路によって毒性の低い尿素を合成する。

4　自律神経系とホルモンによる調節

(1)　神経系

- 神経系
  - 中枢神経系
    - 脳（大脳，間脳，中脳，小脳，延髄）
    - 脊髄
  - 末しょう神経系
    - 体性神経系――感覚神経，運動神経
    - 自律神経系――交感神経，副交感神経

(2) ホルモン

内分泌腺		ホルモン	はたらき
脳下垂体	前葉	成長ホルモン	成長の促進
		甲状腺刺激ホルモン	チロキシンの分泌促進
		副腎皮質刺激ホルモン	糖質コルチコイドの分泌促進
	後葉	バソプレシン	腎臓の集合管での水分の再吸収促進
甲　状　腺		チロキシン	代謝（異化）の促進，両生類の変態促進
すい臓（ランゲルハンス島）	A細胞	グルカゴン	グリコーゲンの分解促進→血糖量増加
	B細胞	インスリン	グリコーゲンの合成促進→血糖量減少
副　腎	皮質	糖質コルチコイド	タンパク質の糖化促進→血糖量増加
		鉱質コルチコイド	腎臓の細尿管での Na^+ の再吸収と K^+ の排出の促進
	髄質	アドレナリン	グリコーゲンの分解促進→血糖量増加

ホルモンは内分泌腺で作られ，血液中に分泌され，血液によって全身に運ばれて，特定の器官や細胞に作用する。即効性があり，微量で大きな生理作用をもち自律神経系と協調してはたらく。ホルモンの分泌量の調節は，内分泌腺相互の**フィードバック**によって行われる。

(3) 血糖量の調節

血液中のグルコースを血糖といい，ヒトでは約 0.1％に保たれている。

高血糖になると間脳視床下部が刺激され，副交感神経を通じて**すい臓ランゲルハンス島B細胞**から**インスリン**が分泌される。インスリンは組織での糖の消費を促し，グルコースを二酸化炭素と水に分解する。また，グルコースからグリコーゲンへの合成を促進し，筋肉や肝臓に貯えることによって血糖量を減少させる。

低血糖になると間脳視床下部が刺激され，交感神経を通じて**副腎髄質**から**アドレナリン**が分泌される。また，**すい臓ランゲルハンス島A細胞**から**グルカゴン**が分泌される。これらは肝臓に貯えられているグリコーゲンをグルコースに分解して血糖量を増加させる。また，間脳視床下部が脳下垂体前葉にはたらきかけると，**脳下垂体前葉**から**副腎皮質刺激ホルモン**が分泌され，**副腎皮質**から**糖質コルチコイド**が分泌される。糖質コルチコイドは組織のタンパク質をグルコースに分解して血糖量を増加させる。

また，すい臓自体も高血糖・低血糖を直接関知してホルモンを分泌する。

5　感覚と運動のしくみ

(1)　受容器（感覚器）

①　眼の構造と視覚

光刺激→眼〔角膜→瞳孔（こう彩による入射光量調節）→水晶体（光を屈折させる）→網膜（像を結ぶ）→視細胞〕→視神経→視覚中枢（大脳）→視覚

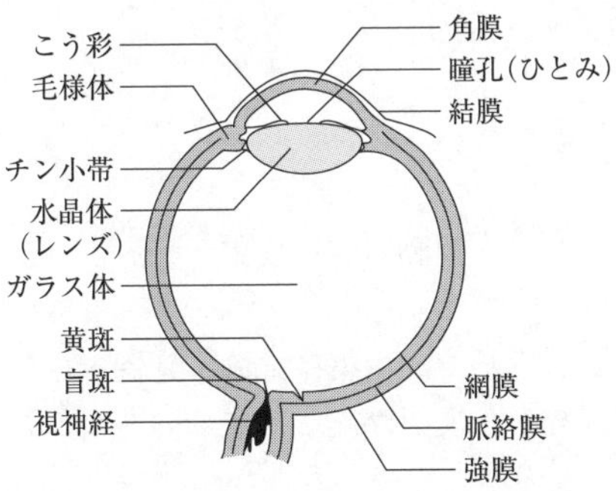

〈網膜と視細胞〉

	分布	特徴
桿体細胞	網膜周辺部に多い	明暗を区別，薄暗い所でよくはたらく ロドプシン（視紅）を含む
錐体細胞	網膜中央部（黄斑）に多い	色彩を区別，明るい所でよくはたらく

②　耳

耳には，聴覚と平衡覚の受容器がある。聴覚発生の経路は次のとおり。

音（空気の振動）の刺激→耳〔鼓膜→耳小骨→うずまき管→聴神経〕→聴覚神経（大脳）→聴覚

平衡覚の受容器は，前庭と半規管にある。

傾きの感覚：前庭

回転の感覚：半規管

(2)　脳・脊髄の構造とはたらき

①　脳

大脳：視覚，聴覚など感覚を引き起こす。各種の随意運動の中枢。理解，記憶，思考，判断などの高度な精神活動の中枢。よろこび，おそれ，怒りなどの情動の中枢。

間脳：自律神経系と内分泌系の中枢（体温調節，血圧調節，血糖量の調節など）。本能的な活動の調節。嗅覚以外の感覚の中継。

中脳：姿勢を保つ中枢。眼球の運動や瞳孔を調節する中枢。

小脳：体の平衡を保つ中枢。筋肉運動の調節。

延髄：呼吸運動や血液循環（心臓拍動など）を調節する中枢。消化液の分泌，かむ，のみこむ，くしゃみ，まばたきなどの反射の中枢。大脳からの神経が交さし，脊髄へ出ていく。

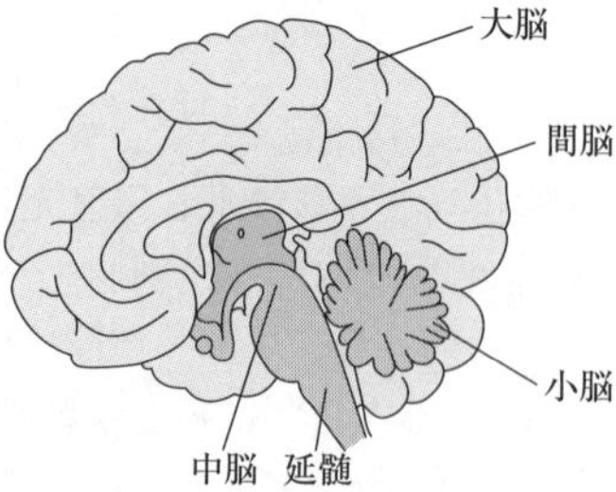

② 脊髄　膝蓋けん反射や排便などの反射の中枢。

(3) 刺激や命令の伝わり方

刺激→感覚器官 $\xrightarrow{\text{(感覚神経)}}$ 脳や脊髄 $\xrightarrow{\text{(運動神経)}}$ 運動器官→反応

・反射

刺激に対して意識とは無関係に起こる行動で，中枢は脊髄・延髄・中脳であり，大脳は関係しない。刺激を受けてから反射が起こるまでの興奮伝達の経路を反射弓という。

〈例〉熱いものに触れると，思わず手を引っ込める。
突然顔の前にものが飛んでくると，思わず目を閉じる。

6 動物の行動

(1) 生得的行動

生まれつき備わっている行動

・走性

刺激に対して一定の方向に移動する性質で刺激源に近づく正の走性と刺激源から遠ざかる負の走性がある。

〈例〉ガやカブトムシが電灯に集まる。(正の光走性)
メダカが水の流れに逆って泳ぐ。(正の流れ走性)

・定位

動物が太陽・星座・電気・化学物質などの刺激を目印にして，特定の方向を定めること。

〈例〉渡り鳥が渡りの季節になると，一定の方向に移動する。

・ミツバチのダンス

ミツバチは円形ダンスや８の字ダンスで仲間に餌場の方向と距離を伝える。

(2) 習得的行動

生まれた後の経験によって得られる行動

・慣れ

刺激が無害であると，感覚神経から放出される神経伝達物質の放出量が減少していき，反応しなくなる。

〈例〉軟体動物のアメフラシの水管に触ると，えらを引っ込めるが，これをくり返すと，次第にえらを引っ込めなくなる。

・**条件づけ**

反射を起こす刺激と，その反射と直接関係のない刺激（条件刺激）を同時にくり返し与えると，そのうちに条件刺激だけでその反射が起こるようになる。

〈例〉パブロフの犬の実験（古典的条件づけ）

・**学習**

経験をくり返すことによって，適切な行動がとれるようになる。

〈例〉ネズミの迷路実験（試行錯誤）
アヒルのヒナはふ化後最初に見た動くものを親とみなし，後をついて歩く。（刷込み）

・**知能行動**

経験や学習を基礎にして，未経験のことに対して状況を判断，推理し，結果を予測して行動する。

〈例〉チンパンジーは手の届かないところにあるバナナを棒を使って引き寄せる。

7 動物の分類

<table>
<tr><th colspan="3">種類</th><th colspan="6">特　徴</th><th>例</th></tr>
<tr><td rowspan="6">セキツイ動物</td><td colspan="2">哺乳類</td><td>２心房２心室，体内受精，毛でおおわれる</td><td rowspan="4">陸上</td><td>胎生</td><td rowspan="4">肺呼吸</td><td rowspan="2">恒温</td><td rowspan="6">背骨がある</td><td>イルカ，クジラ，コウモリ，ラッコ</td></tr>
<tr><td colspan="2">鳥類</td><td>２心房２心室，体内受精</td><td rowspan="5">卵生</td><td>カラス，フクロウ，ペンギン</td></tr>
<tr><td colspan="2">は虫類</td><td>２心房２心室（不完全），体内受精，うろこやこうら</td><td rowspan="11">変温</td><td>イグアナ，カメ，ヤモリ，ワニ</td></tr>
<tr><td colspan="2" rowspan="2">両生類</td><td rowspan="2">２心房１心室，体外受精，皮膚が裸出，子はえらで，親は肺で呼吸</td><td rowspan="2">イモリ，カエル，サンショウウオ</td></tr>
<tr><td rowspan="2">水中</td><td rowspan="2">えら呼吸</td></tr>
<tr><td colspan="2">魚類</td><td>１心房１心室，体外受精</td><td>サメ，ナマズ，フナ，メダカ</td></tr>
<tr><td rowspan="7">無セキツイ動物</td><td colspan="2">棘皮動物</td><td colspan="4">からだは放射状で，殻やとげをもつものが多い。</td><td rowspan="7">背骨がない</td><td>ウニ，ナマコ，ヒトデ</td></tr>
<tr><td rowspan="4">節足動物</td><td>昆虫類</td><td>からだは頭部・胸部・腹部に分かれ，胸部に３対のあしと羽をもつ（羽がないものもある）。卵生</td><td rowspan="2">変態する</td><td>羽がある</td><td rowspan="4">外骨格をもつ</td><td>アリ，カブトムシ，セミ，チョウ，トンボ，ハチ，バッタ</td></tr>
<tr><td>甲殻類</td><td>外骨格でおおわれる。卵生</td><td rowspan="3">羽がない</td><td>エビ，カニ，ヤドカリ</td></tr>
<tr><td>ヤスデ類・ムカデ類（多足類）</td><td>各体節に２対または１対のあしをもつ</td><td rowspan="2">変態しない</td><td>ゲジ，ムカデ</td></tr>
<tr><td>クモ類</td><td>からだは頭胸部・腹部に分かれる。書肺という気管の変化したもので呼吸する。</td><td>クモ，サソリ，ダニ</td></tr>
<tr><td rowspan="2">軟体動物</td><td>頭足類</td><td colspan="3" rowspan="2">からだが外とう膜でおおわれ，節も外骨格ももたない。貝殻をもつものもある。卵生</td><td rowspan="2">外骨格がない</td><td>イカ，タコ</td></tr>
<tr><td>貝類</td><td>アサリ，ナメクジ，ハマグリ，マイマイ</td></tr>
</table>

例題１　酵素のはたらき

食物は，消化液に含まれる酵素のはたらきで，比較的小さな分子に分解され，小腸の柔突起で吸収される。次の図は，酵素のはたらきで食物が分解され，吸収されるしくみを表したものである。図中のA，C，Fの消化液に含まれる酵素の組み合わせとして正しいものを，①～⑤の中から１つ選べ。

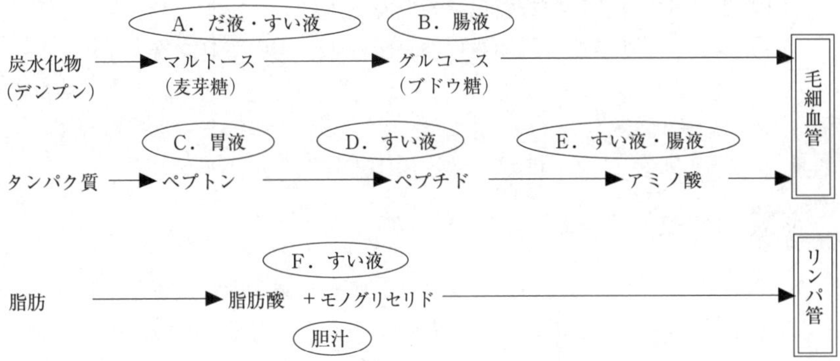

	A	C	F
①	ペプシン	アミラーゼ	リパーゼ
②	マルターゼ	ペプシン	リパーゼ
③	アミラーゼ	ペプシン	リパーゼ
④	アミラーゼ	リパーゼ	マルターゼ
⑤	マルターゼ	ペプシン	トリプシン

〈岐阜県改題〉

解答　③

解説　Bにはマルターゼ，Dにはトリプシン，Eにはペプチダーゼの各酵素が消化液に含まれている。

例題2　呼吸のしくみ

次の図は，グルコースが分解されていく過程を模式的に示したものである。これについて，各問いに答えよ。

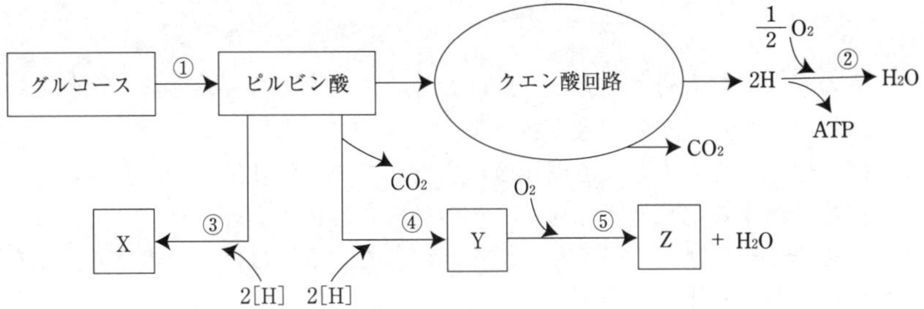

(1)　図のX，Zに当てはまる物質の名称を答えよ。

(2) 図のYに当てはまる物質の化学式を答えよ。
(3) 電子伝達系と呼ばれる反応過程は，図の①～⑤のどれか答えよ。
〈山梨県〉

解答 (1) X．乳酸　Z．酢酸　(2) C_2H_5OH　(3) ②

例題 3　ヒトのからだのしくみ

次の図は，ヒトのからだのおもな器官と血液の循環のようすを，ヒトのからだの正面から見て模式的に示したものである。A～Eは心臓，肺，小腸，肝臓，腎臓のいずれかの器官，a～hは血管である。これについて，各問いに答えよ。

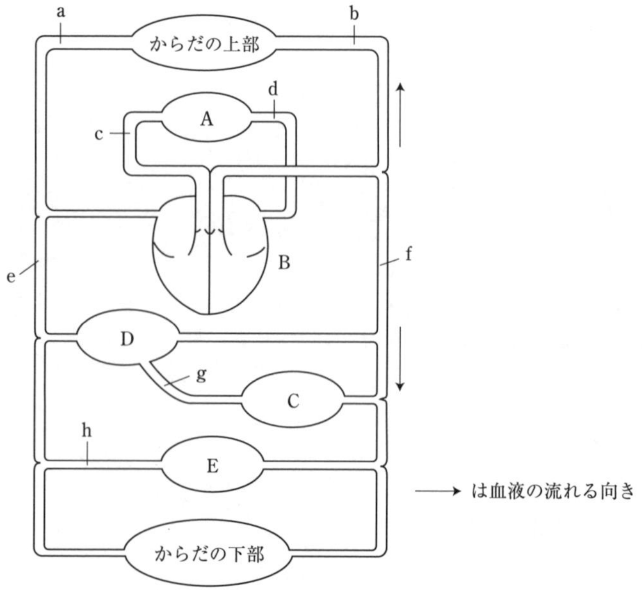

(1) 図のa～hの血管のうち，一般に養分を最も多く含んだ血液が流れている血管はどれか。その記号を答えよ。
(2) 図の器官Cから出される消化液に含まれている消化酵素のうち，タンパク質を分解する消化酵素は何か。その名称を答えよ。
(3) 図の器官Dにはいろいろなはたらきがある。そのはたらきのうち，主なものを1つ答えよ。
(4) ヒトの器官には，表面積を大きくすることで，物質の交換や吸収を効率よく行うことができるようなつくりを持つものがいくつかある。図のA～Eから，そのようなつくりを持った器官をすべて選んで，その記号を答えよ。また，その器官において，表面積を大きくしているつくりの名称を答えよ。

〈香川県〉

解答 (1)　g　　(2)　ペプチダーゼ

(3)　血液成分の調節。アンモニアから尿素を合成する。胆汁を生成する。解毒作用。体温の維持。　などから1つ

(4)　A．肺胞　　C．柔突起（柔毛）　　E．ネフロン（腎単位）

解説 Aは肺，Bは心臓，Cは小腸，Dは肝臓，Eは腎臓である。ネフロンは尿生成の基本単位で，腎小体と細尿管からなる。

例題4　ホルモンのはたらき

次の文を読んで，各問いに答えよ。

生物を取り巻く外部の環境を外部環境というのに対して，体内の大部分の細胞を取り巻く体液を（　ア　）という。この体液の状態を一定に保つ性質を（　イ　）といい，（　イ　）を保つための指令を出す中枢は間脳の（　a　）にある。自律神経と共に（　イ　）を保つように働くホルモンは，（　ウ　）でつくられて体液によって運ばれ，ごく微量で各々特定の器官や組織の働きを調整する化学物質であり，タンパク質系のものと（　エ　）系のものがある。

脊椎動物では種が違っても，同じホルモンなら同様の作用を持つ場合が多く，器官特異性はあるが（　オ　）特異性はないといえる。ホルモンは多過ぎても少な過ぎても身体に異常が起こるため，ホルモン量は常に適量に調節されている。血液中に放出されたホルモン濃度により，間脳の（　a　）や（　b　）が反応して（　ウ　）に働きかけ，ホルモン量を調節する仕組みを（　カ　）調節という。

(1)　空欄ア～カに当てはまる適切な語句を答えよ。

(2)　空欄a，bに当てはまる適切な語句の組合せを①～⑥から1つ選び，番号で答えよ。

①　a―松果体　　b―視床下部
②　a―松果体　　b―延髄
③　a―脳下垂体　　b―松果体
④　a―脳下垂体　　b―延髄

⑤　a ― 視床下部　　b ― 脳下垂体
⑥　a ― 視床下部　　b ― 延髄

(3)　体内において過剰にあるとバセドウ病を，また不足するとクレチン病を引き起こすホルモンを①～⑨から1つ選び，番号で答えよ。

①　成長ホルモン　　②　テストステロン　　③　エストロゲン
④　プロゲステロン　　⑤　プロラクチン　　⑥　バソプレシン
⑦　アドレナリン　　⑧　鉱質コルチコイド　　⑨　チロキシン

(4)　(3)の①～⑨のうち，緊急時に心拍数を増加させるホルモンを分泌する部分の名称を，漢字4文字で答えよ。

(5)　(3)の①～⑨のうち，脳下垂体後葉から分泌されるホルモンは，別の臓器に運ばれてどのようなはたらきを促すか。簡潔に説明せよ。

(6)　2匹のマウス「A」と「B」を用いて，膵臓の静脈血が「A」の膵静脈から「B」の大腿静脈へ，および「B」の大腿動脈から「A」の大腿静脈へ，互いの間を血液が循環するように血管を結合した。その後，「A」に次の①～③を投与した時，「A」→「B」→「A」と循環した血液により最終的に「A」の血糖値が上昇するものを2つ選び，番号で答えよ。

①　インスリン　　②　グルコース　　③　グルカゴン

〈神戸市改題〉

解答　(1)　ア．内部環境　　イ．恒常性（ホメオスタシス）　　ウ．内分泌腺
エ．ステロイド　　オ．種　　カ．フィードバック

(2)　⑤　　(3)　⑨

(4)　副腎髄質

(5)　腎臓に運ばれ，集合管での水の再吸収を促進する。

(6)　②，③

解説　(3)　チロキシンは甲状腺から分泌される。ホルモンは多すぎても少なすぎても体に異常が起こる。

(4)　副腎髄質から分泌されるアドレナリンは交感神経のはたらきを促進する。

(5)　ホルモンはバソプレシンである。

例題 5　中枢神経系

次の文は，ヒトの中枢神経系に関して述べたものである。(1)～(7)のそれぞれと最も深い関わりのある中枢神経系はどこか，図中のア～カから1つずつ選び，記号で答えよ。

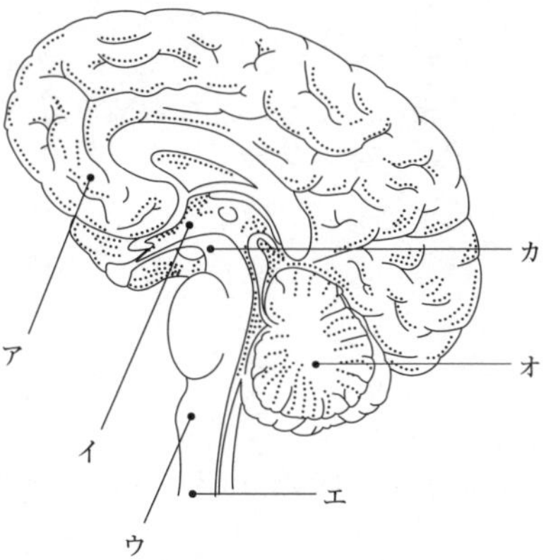

(1)　眼球の運動や瞳孔収縮の反射に関係している。
(2)　体温調節と関係している。
(3)　思考や記憶などの精神作用と関係している。
(4)　呼吸や心臓の拍動の調節と関係している。
(5)　汗の分泌や排便と関係している。
(6)　運動の調節や平衡の保持に関係している。
(7)　睡眠に関係している。

〈京都市〉

解答　(1)　カ　(2)　イ　(3)　ア　(4)　ウ　(5)　エ　(6)　オ　(7)　イ

例題 6　動物の分類

次の表は，いろいろな動物をその動物がもつ特徴をもとにa～gのグループに分類したものである。これについて，各問いに答えよ。

グループ	a	b	c	d	e	f	g
動物名	シジミ タコ	カマキリ ムカデ	カツオ コイ	カエル イモリ	ヤモリ ワニ	ペンギン フクロウ	クジラ ネズミ

(1)　a～gのグループを，a，bとc～gの2つのグループに分けた。a，bのグループを何というか，その名称を答えよ。
(2)　完全な2心房2心室の心臓をもつ動物のグループを，a～gからすべて選んで，その記号を答えよ。
(3)　c～gのグループのうち，eとfの両方のグループだけがもっている特徴を1つ答えよ。
(4)　a～gのグループそれぞれについて，次の①～⑤の特徴が当てはまるかどうかを調べた。当てはまる場合には，その特徴につき１点を与えるとすると，最も点数の高いグループはａ～ｇのどれか，その記号を答えよ。また，そのグループの分類上の名称を答えよ。

① 背骨がある。

② 呼吸は，子もおとなも肺で行う。

③ 水中に卵を産む。

④ 胎生である。

⑤ 外界の温度が変わっても，体温はほぼ一定である。

〈香川県〉

解答 ⑴ 無セキツイ動物　⑵ ｆ，ｇ

⑶ 卵に殻がある。陸上に卵を産む。　などから１つ

⑷ ｇ，哺乳類

演習問題

1 ★☆☆

酵素の性質に関する記述のうち，誤っているものを１つ選び，番号で答えよ。

① 酵素の種類は非常に多いが，個々の酵素はある限られた基質にのみ作用し，特定の化学反応を促進する。

② 酵素はアミノ酸が多数結合してできたタンパク質の一種である。

③ 酵素は細胞質中で水に溶けて存在することもあるが，細胞膜に結合していることもある。

④ ある種のビタミンは酵素を助ける補酵素の一成分になっている。

⑤ 酵素は細胞外へ取り出すと，そのはたらきを示さない。

〈福岡県・福岡市・北九州市〉

2 ★★☆

ご飯やパンを口の中で長い間かんでいると，しだいに甘くなっていく。これは，だ液のはたらきによりご飯やパンに含まれているデンプンが糖に分解されるからである。次の実験に関する記述を読み，各問いに答えよ。

【実験】

だ液のはたらきについて調べるために，次のような生徒実験を行った。

【操作手順】

① 口の中に水を少し含み，１～２分間舌の下で水をころがすようにして，だ液を薄め，紙コップにとりだす。

② 試験管を６本準備し，３本にデンプン溶液を，残りの３本の試験管に薄めただ液を適量とる。

③ デンプン溶液，だ液の入った試験管を，それぞれ１本ずつ，熱湯（90℃以上），温水（40℃程度），冷水（0℃程度）に入れる。（図１）

④ ２～３分後に，それぞれの試験管のデンプン溶液とだ液を混ぜる。混ぜた試験管を再びもとの熱湯，温水，冷水にもどす。（図２）

⑤ ７～８分後にそれぞれの試験管の中身を，別の試験管に半分ほど分ける。一方に，ヨウ素ヨウ化カリウム溶液を加え，ヨウ素デンプン反応を調べ，他方には，ベネジクト液を加えて呈色反応を調べる。（図３）

⑥ それぞれの結果を観察し，記録する。

図 1

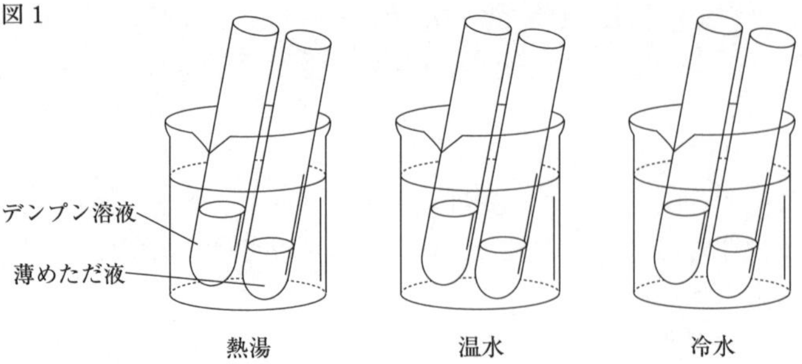

図 2

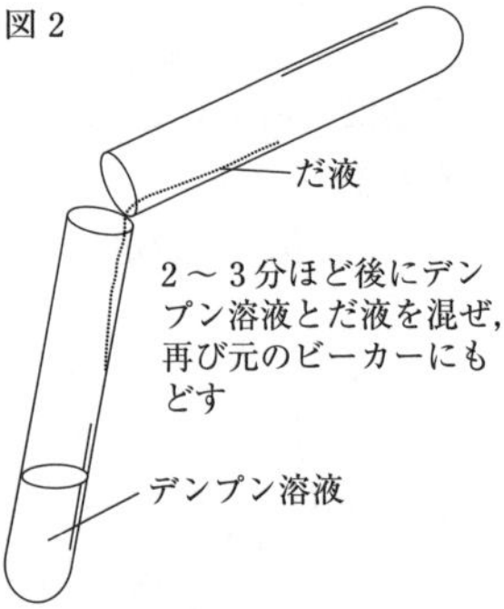

図 3

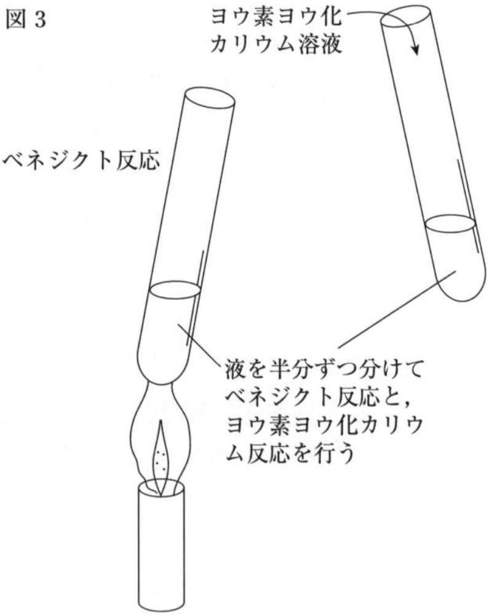

【結果】

温度条件	ヨウ素反応	ベネジクト反応
冷水	＋＋＋	＋
温水	−	＋＋＋
熱湯	＋＋＋	−

反応あり：＋　＋＋　＋＋＋　　反応なし：−

(1)　だ液に含まれる，デンプンを分解する酵素の名称を答えよ。

(2)　操作手順の⑤のベネジクト液による呈色反応を安全に行わせる上で，生徒に注意させることはどのようなことか，簡潔に答えよ。

(3)　操作手順④の後，それぞれの試験管をビーカーごと室温 30℃の部屋に 1 時間以上放置した。この後⑤にあるようにヨウ素デンプン反応とベネジクト液による呈色反応を調べると，結果はどのようになると予想されるか。次の表を完成させよ。

温度条件	ヨウ素反応	ベネジクト反応
冷水		
温水		
熱湯		

反応あり：＋　＋＋　＋＋＋　　　反応なし：－

(4)　この実験結果から，「だ液には，デンプンを糖に変えるはたらきがある。」と結論付けるには，実験の内容が不十分である。さらに，どのような実験を行う必要があるか。簡潔に答えよ。

(5)　ヒトの体で，デンプンが消化・吸収され，個々の細胞に行き渡るまでを説明した文の空欄に当てはまる最も適当な語句を答えよ。

デンプンは，グルコース（ブドウ糖）にまで消化分解されてから，小腸の毛細血管へと吸収される。その後，門脈を通って（　①　）にはいり（　②　）として蓄えられる。個々の細胞でグルコースが必要になると，（　②　）は再びグルコースに分解され，血流によって細胞に運ばれる。

〈千葉県・千葉市〉

3 ★★☆

呼吸に関する次の文（Ⅰ・Ⅱ）を読んで，各問いに答えよ。

Ⅰ．生物は，生命活動を営むためにエネルギーが必要である。呼吸は，体内の有機物を分解してエネルギーを取りだし，生命活動に利用できるエネルギー物質を生成するはたらきである。この呼吸について，次の(a)～(c)はグルコース（$C_6H_{12}O_6$）が呼吸基質として利用された場合の反応式であり，図は反応過程を要約し，模式的に示したものである。

〈反応式〉

(a)　$C_6H_{12}O_6 \longrightarrow 2C_3H_6O_3$＋エネルギー

(b)　$C_6H_{12}O_6 \longrightarrow 2C_2H_5OH + 2CO_2$＋エネルギー

(c)　$C_6H_{12}O_6 + 6O_2 + 6H_2O \longrightarrow 6CO_2 + 12H_2O$ ＋エネルギー

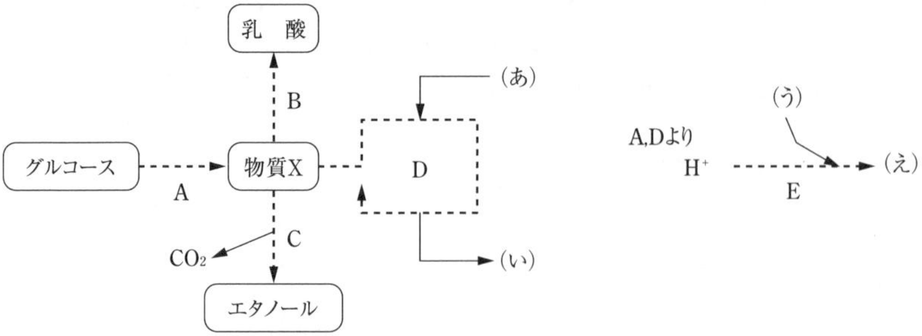

＊A～Eの矢印の示す反応について

A：グルコースが物質Xに分解される反応。

B：物質Xが乳酸に変化する反応。

C：物質Xがエタノールに変化する反応。この過程でCO_2が生じる。

D：物質Xが完全に分解される回路反応。この過程で，(あ)が加わり，(い)が生じる。

E：AとDの過程で切り離された水素が，電子伝達系と呼ばれる反応系で次々と受け渡されていく過程。最後に(う)と結合して(え)になる。

(1)　文中の下線部のエネルギー物質の名称を答えよ。

(2)　図の物質Xの名称を答えよ。

(3)　図の(あ)～(う)に当てはまる物質は何か，正しく組み合わせたものを次のア～カのうちから1つ選び，記号で答えよ。

	(あ)	(い)	(う)
ア．	酸素	二酸化炭素	水
イ．	酸素	水	二酸化炭素
ウ．	二酸化炭素	酸素	水
エ．	二酸化炭素	水	酸素
オ．	水	酸素	二酸化炭素
カ．	水	二酸化炭素	酸素

(4)　AとDの過程で水素が切り離される反応に関与する酵素を一般に何というか答えよ。

(5)　〈反応式〉の(b)の呼吸は特に何と呼ばれるか答えよ。また，1molのグルコースからできるエネルギー物質は何molか求めよ。

(6)　A→Bの反応が筋肉内で行われるとき，これを何と呼ぶか答えよ。

(7)　A～Eのなかで(1)のエネルギー物質が生成されない過程がある。それらをすべてあげ，その記号で答えよ。

Ⅱ．酵母は培養条件により，図のA→CとA→D→Eの２種類の呼吸を行う。
表は，酵母を異なる条件下で培養したときの気体の出入りを調べたものである。

実験	O_2吸収量（mL）	CO_2排出量（mL）
a	0	6.0
b	2.0	6.0
c	6.0	6.0
d	6.0	12.0
e	9.0	12.0

(8)　A→D→Eの呼吸しか行われていないと考えられるものはどれか。実験a～eのうちから１つ選び，記号で答えよ。

(9)　実験dにおいてA→D→Eの呼吸で消費されたグルコースは何mgか。ただし，グルコースの分子量を180，この実験が行われた条件下において気体1molの体積は24.0Lとして計算せよ。（小数第１位まで答えよ。）

〈愛知県〉

4　★☆☆

次の図を見て，各問いに答えよ。

(1)　大動脈はA～Dのどれか。

(2)　静脈で静脈血なのはA～Dのどれか。

(3)　C→肺→Aの血液の流れを何というか。

(4)　次の文の空欄に適語を入れよ。

タンパク質を消化すると（　①　）が生じる。それは，（　②　）に変えられ，体外に排出される。

(5)　(4)で①から②への変化が起こる器官はどこか。

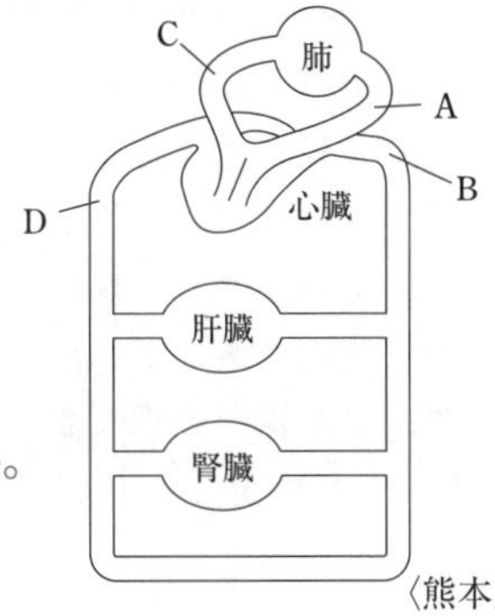

〈熊本県〉

5　★☆☆

次の文を読んで，各問いに答えよ。

免疫のうち適応免疫は，白血球を中心としたからだを守るしくみであり，外部から侵入してきた細菌や異物を，自分自身の成分と異なる非自己として認識し排除する，生物が生存していくために必要な重要なしくみである。

非自己として認識される物質や生物は抗原と呼ばれ，抗原が皮膚や粘膜などの障壁を突破すると，顆粒球（好中球など）が食作用により抗原を取り込み，細胞質に存在する（　A　）で処理し除去する。

しかし，これで防ぎきれなかった異物に対しては，マクロファージとリンパ球が働く。リンパ球にはB細胞とT細胞があり，さらにT細胞には（　B　）と（　C　）がある。

脊椎動物の体内に抗原が侵入すると，まず，マクロファージが食作用により異物を細胞内に取り込み，（　A　）で処理した後，取り込んだ異物の断片を細胞表面に出し，（　B　）に提示する。（　B　）はさらにB細胞を刺激する。この結果，B細胞はさかんに増殖・分化し，一部は身体の種々の部位に運ばれて（　D　）になる。また，一部は細胞分裂を停止し，記憶細胞となって①脾臓などのリンパ組織に蓄えられる。（　D　）が生産する抗体は血液などによって運ばれる。このような抗体による免疫反応は体液性免疫と呼ばれる。これに対し，②異なる動物の組織などを移植した際に起こる急性拒絶反応のような（　C　）による免疫反応は細胞性免役と呼ばれる。抗体は血清に多く含まれ，その本体は免疫グロブリンと呼ばれるタンパク質の一種である。

(1)　文中の空欄に当てはまる語句を答えよ。

(2)　文中の下線部①の脾臓の位置を，図に●印で記入せよ。

(3)　文中の下線部②と類似するものを次のア～オから1つ選び，記号で答えよ。

ア．花粉に対するアレルギー反応

イ．赤血球の凝集反応

ウ．ツベルクリン反応

エ．マムシ毒などに対する毒素中和反応

オ．アレルギー性喘息

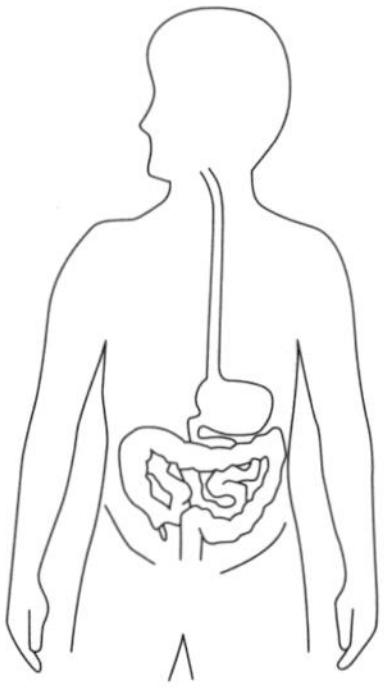

〈宮城県・仙台市改題〉

6 ★★☆

ヒトの腎臓について，次の各問いに答えよ。

ヒトの腎臓は，腹腔の（　ア　）側にあるソラマメに似た形をした左右1対の器官である。腎臓には多くの（　イ　）という構造単位が散在している。（　イ　）はボーマンのうと（　ウ　）から構成される腎小体と細尿管を合わせたものをいう。腎臓の主たるはたらきは（　エ　）にある（　オ　）回路という反応系でつくられた尿素を血液からこし取り，体外に排出することである。また，尿素以外の物質や水についても排出，再吸収を行い，体液の恒常性を保つ重要なはたらきをしている。

(1)　文中の空欄に適する語句を答えよ。

(2)　右図は，文中の（　オ　）回路の模式図である。

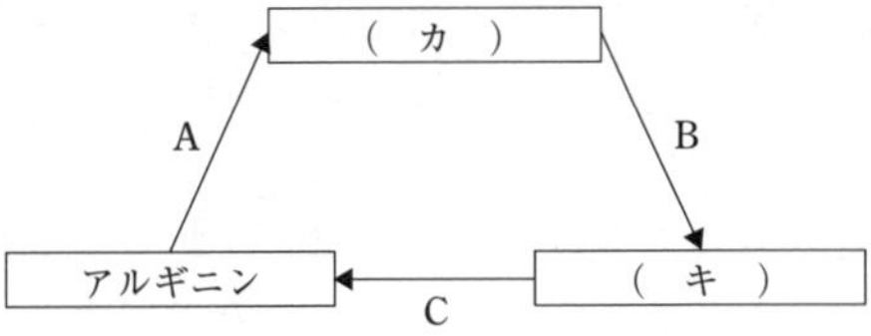

問1　図中の空欄カ・キに適する物質名を答えよ。

問2　アンモニアが取り込まれる過程をA～Cの中からすべて選び，記号で答えよ。

問3　尿素が切り離される過程をA～Cの中からすべて選び，記号で答えよ。

(3)　文中の下線部で，水の再吸収を促進するホルモンがある。

問1　このホルモンの名称を答えよ。

問2　このホルモンはどこから分泌されるか答えよ。

(4)　健康なヒトの血しょう，原尿，尿の成分について調べたところ，表のようになった。イヌリンは血中濃度が一定になるように注射されたもので，ボーマン嚢ですべてろ過され，再吸収されずに尿中に排出されるものとする。また，このヒトの1分間の尿生成量は1.0〔mL〕であった。

成分	血しょう	原尿	尿
	〔mg/mL〕	〔mg/mL〕	〔mg/mL〕
グルコース	1.0	1.0	0.0
（　ク　）	80.0	0.0	0.0
尿素	0.3	0.3	20.0
イヌリン	0.1	0.1	12.5

問1　表中の空欄クの成分の名称を答えよ。

問2　このヒトの1日にろ過される血しょう量は何Lか求めよ。

問3　このヒトの場合，1時間でマルピーギ小体（腎小体）でろ過されたグルコース量は何mgか求めよ。

問4　このヒトの場合，再吸収される尿素の割合は何％か求めよ。

〈富山県〉

7 ★☆☆

次のア～コのうち，ヒトの肝臓のはたらきについて述べているものをすべて選び，記号で答えよ。
ア．赤血球をつくる。
イ．古い赤血球を壊す。
ウ．白血球をつくる。
エ．アルブミンなどの血清タンパク質をつくる。
オ．十二指腸内へ分泌する胆汁をつくる。
カ．アドレナリンをつくる。
キ．体内に生じた毒素を無害な物質にする。
ク．アンモニアと二酸化炭素から尿素をつくる。
ケ．小腸で吸収したブドウ糖を貯蔵する。
コ．リパーゼを分泌する。

〈京都市〉

8 ★☆☆

右図はヒトの目の模式図である。次の各問いに答えよ。

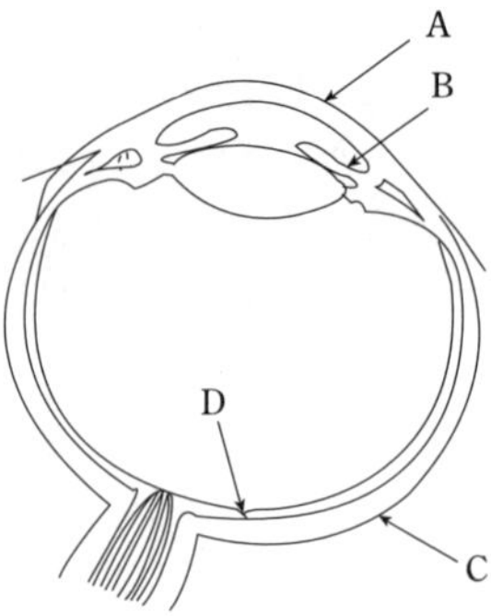

⑴ 右図の記号A～Dに該当する部分のそれぞれの名称を答えよ。
⑵ 錐体細胞と桿体細胞という２種類の視細胞により光を受容している部分の名称を答えよ。
⑶ 夜盲症（とり目）は①～⑤のどのビタミン不足により起こるか。番号で答えよ。
① ビタミンA　② ビタミンB_1
③ ビタミンB_2　④ ビタミンC
⑤ ビタミンD

〈佐賀県〉

9 ★☆☆

図は，ヒトの中枢神経系について，模式的に示したものである。これについて，各問いに答えよ。
⑴ Aの部位は，呼吸運動の中枢である。Aの部位の名称を答えよ。
⑵ 意識とは無関係に起こる反応を反射という。Aを中枢として起こる反射に

ついて，具体的な例をあげよ。

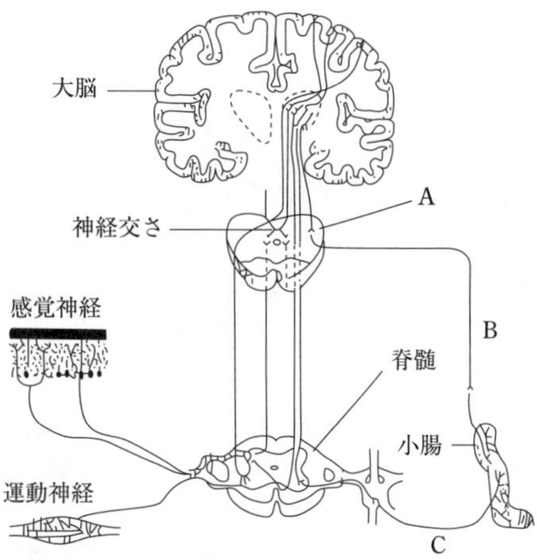

(3)　B，Cは自律神経系を示している。一般にヒトが緊張したときにはたらくのはB，Cのどちらの神経か。記号と名称を答えよ。また，そのときの小腸に対するはたらきを答えよ。

(4)　神経系を興奮が伝わるときの伝導と伝達の違いについて，簡潔に説明せよ。

(5)　熱いやかんに触れると思わず手を引っ込める。このときの反射弓（伝達経路）を，次のア～オに適切な語句を入れて完成せよ。

刺激→［ア］→［イ］→［ウ］→［エ］→［オ］→反応

〈山口県〉

10　★☆☆

次の動物の行動を最も適切に表している言葉を語群から選び，a～hの記号で答えよ。

(1)　生まれて間もないアヒルは生まれて最初に見る動く物体を親と見ます。親の代わりに動くおもちゃを見せてやると，この動くおもちゃの後を追う行動に出ます。

(2)　ウサギの眼球に空気を素早く吹き付けると，ウサギは目を閉じます。

(3)　軟体動物のアメフラシの水管に繰り返し触ると，はじめは引っ込めていたえらを，やがて引っ込めなくなります。

(4)　チンパンジーが，手の届かないところにあるバナナを，近くにあったいすを利用して取りました。この時，前にいすを使った経験のあるチンパンジーは，いすの利用が早くなります。

(5)　ネズミを迷路に入れると，何度も挑戦してついに迷路を出てしまいました。

(6)　ある種のガが光に集まります。

〈語群〉

a．試行錯誤　　b．傾性　　c．条件づけ　　d．刷込み　　e．知能行動
f．走性　　g．慣れ　　h．反射

〈名古屋市改題〉

11　★☆☆

動物の体のつくりと分類について，次の各問いに答えよ。

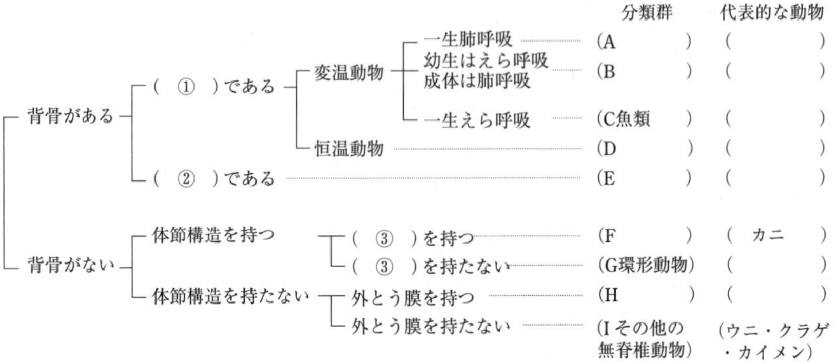

(1)　空欄①～③に動物の特徴を表す適切な語句を答えよ。

(2)　A，B，D，E，F，Hに適切な分類群を記入せよ。

(3)　次の動物は，A～Iのいずれの分類群の代表的な動物か，A～Iから適切なものを１つ選び，記号で答えよ。

ア．イモリ　　イ．トンボ　　ウ．タイ　　エ．ヤモリ
オ．ミミズ　　カ．スズメ　　キ．クジラ　　ク．カタツムリ

(4)　生徒から，「A～Eの分類群は○○類といい，F～Hの分類群は○○動物というが，ここで使われている類と動物は何が違うのですか。」という質問があった。どのように説明すればよいか答えよ。

〈兵庫県〉

演習問題　解答・解説

1

⑤

2

(1)　アミラーゼ

(2)　加熱するときに突沸が予想されるので，次のことに注意する。

・液の量を試験管の $\frac{1}{4}$ 以下にする。
・沸騰石を入れる。
・試験管を小刻みに振りながら加熱する。
・試験管の口を人のいる方に向けない。

(3)

温度条件	ヨウ素反応	ベネジクト反応
冷水	−	＋＋＋
温水	−	＋＋＋
熱湯	＋＋＋	−

(4)　デンプン溶液に水を加えた実験を行い糖ができないことを確認する。

(5)　①　肝臓　　②　グリコーゲン

3

(1)　ATP　　(2)　ピルビン酸

(3)　カ

(4)　脱水素酵素（デヒドロゲナーゼ）

(5)　名称：アルコール発酵
　　物質：2mol

(6)　解糖　　(7)　B，C

(8)　c　　(9)　7.5mg

解説

(1)　細胞内で起こる呼吸では，有機物が分解されて生じるエネルギーで，ATP（アデノシン三リン酸）とよばれるエネルギー物質が合成される。

(8)　A→D→Eでは O_2 吸収量と CO_2 排出量が等しくなる。

(9)　A→D→Eの呼吸で消費された O_2 は 6.0mL であるから，

$$\frac{180\times6.0}{24.0\times6}=7.5〔mg〕$$

4

(1)　B　　(2)　D

(3)　肺循環

(4)　①　アンモニア　　②　尿素

(5)　肝臓

5

(1)　A．リソソーム
　　B．ヘルパーT細胞
　　C．キラーT細胞
　　D．抗体産生細胞（形質細胞）

(2)

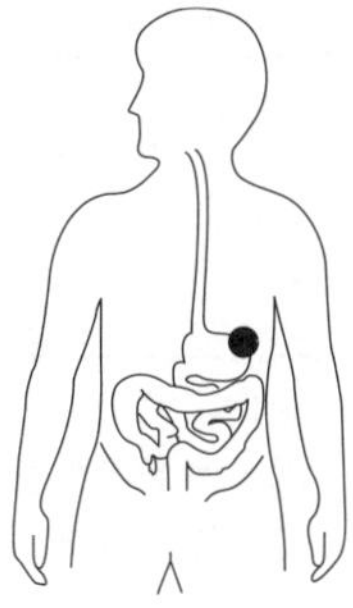

(3)　ウ

6

(1)　ア．背
　　イ．ネフロン（腎単位）
　　ウ．糸球体　　エ．肝臓
　　オ．オルニチン

(2)　問1　カ．オルニチン
　　　　　キ．シトルリン
　　問2　B，C　　問3　A

(3)　問1　バソプレシン
　　問2　脳下垂体後葉

(4) 問1　タンパク質　　問2　180L
問3　7500mg　　問4　46.7%

解説

(4) 問2　$\frac{1.0\times125\times60\times24}{1000}=180〔L〕$

問3　$1.0\times125\times60=7500〔mg〕$

問4　$\frac{0.3\times125-20.0}{0.3\times125}\times100\fallingdotseq46.7〔\%〕$

7

イ，エ，オ，キ，ク，ケ

8

(1) A．角膜　B．こう彩（虹彩）
C．強膜　D．黄斑
(2) 網膜　(3) ①

9

(1) 延髄
(2) かむ・飲み込むなどの運動，せき，くしゃみ，消化液の分泌　など
(3) 記号：C
名称：交感神経
はたらき：小腸の運動を抑制する。
(4) 伝導は電気的変化によるもので，1つのニューロン内を刺激部から両方向へ興奮が伝わっていく現象である。伝達はニューロンの軸索の末端まで伝わった興奮が化学物質によって隣接するニューロンに一方向へ伝えられる現象である。
(5) ア．皮膚　イ．感覚神経
ウ．脊髄　エ．運動神経
オ．骨格筋（筋肉）

10

(1) d　(2) h
(3) g　(4) e
(5) a　(6) f

11

(1) ①　卵生　②　胎生
③　外骨格
(2) A．は虫類　B．両生類
D．鳥類　E．哺乳類
F．節足動物　H．軟体動物
(3) ア．B　イ．F
ウ．C　エ．A
オ．G　カ．D
キ．E　ク．H
(4) ○○動物は門の分類群を表し，○○類は門の中の綱の分類群を表している。

3 生物の細胞と生殖

傾向と対策

体細胞分裂のしくみ，植物の生活環，生物のふえ方と遺伝，被子植物の重複受精がよく出題される。遺伝では，メンデルが発見した遺伝についての性質を理解し，基礎ともいえるエンドウの遺伝について理解して確実に解けるようにする必要がある。さらに，ＡＢＯ式血液型の遺伝，補足遺伝子，致死遺伝子，伴性遺伝，連鎖と組換えなども考え方を整理しておくこと。また，タマネギの根の先端を材料とするプレパラートの作り方と体細胞分裂のしくみ，コケ植物とシダ植物の生活環，有性生殖と無性生殖，原基分布図と交換移植実験といった動物の発生なども学習しておく必要がある。

要点 Check!

1 細胞と個体

(1) 生物の共通性

生物の体は細胞からできている。

・単細胞生物：体が1つの細胞でできている。ゾウリムシ，アメーバなど。

・多細胞生物：体が多くの細胞でできている。ムラサキツユクサ，ヒトなど。

(2) 真核細胞の構造とはたらき

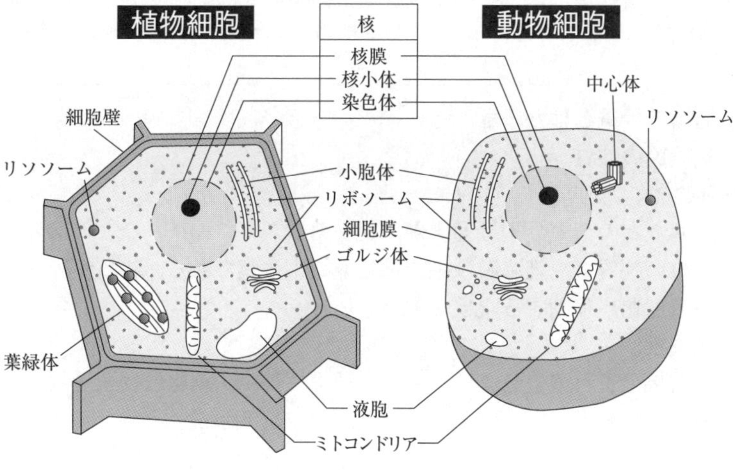

原形質	核		核膜で包まれDNAを含む遺伝子が存在し，遺伝情報を保持するとともに，細胞質で起こる代謝を支配する。
原形質	細胞質	細胞膜	細胞を包む膜で半透性だが，選択的透過性を示す。タンパク質とリン脂質からなり，細胞への物質の出入りを調節する。
原形質	細胞質	ミトコンドリア	呼吸を行い，エネルギー物質（ATP）を生産する。
原形質	細胞質	葉緑体（植物のみ）	植物細胞だけに見られ，光合成色素であるクロロフィルやカロテノイドを含む。
原形質	細胞質	小胞体	表面にリボソームが付着し，細胞質での物質が移動する通路である。
原形質	細胞質	リボソーム	小胞体の表面やその付近にある小さい粒子で，タンパク質の合成を行う。
原形質	細胞質	ゴルジ体	物質の分泌と貯蔵に関与する。
原形質	細胞質	中心体	動物細胞と下等植物の細胞に見られ，高等植物の細胞には見られない。核のそばに存在し，細胞分裂のとき，星状体と紡錘体の形成に関与する。
原形質	細胞質	リソソーム	細胞内で不要になった物質を分解する（細胞内消化）。
原形質	細胞質	液胞	特に植物細胞で発達している。糖，有機酸，アントシアン（花びらや紅葉の色素）などを含む細胞液で満たされ，浸透圧の調節や代謝によって生じた不要な物質を貯蔵する。
原形質	細胞質	細胞質基質	細胞質中の細胞小器官のないところで，解糖や発酵などの代謝によるエネルギー物質（ATP）の生産などを行う。
細胞壁（植物のみ）			植物細胞だけに見られる。細胞膜の外側を包むセルロースからなる丈夫な膜で，全透性を示す。細胞の形を保ち保護する。

(3) 細胞膜の性質とはたらき

① 細胞膜の性質

・半透性

水などの溶媒分子は通すが，ショ糖（スクロース）などの溶質分子は通さない性質で，細胞膜は半透性をもつ半透膜である。物質が膜を通過して，高濃度側へ移動する現象を浸透という。

・全透性

溶媒分子，溶質分子のどちらも通す性質で，細胞壁は全透性の全透膜である。

②　動物細胞と浸透

動物細胞を**高張液**（濃度の濃い溶液）に浸すと細胞は水を失って収縮する。**低張液**（濃度の薄い溶液）に浸すと細胞は吸水して膨張し，破裂することもある。**等張液**（濃度が等しい溶液）に浸すと細胞膜を通しての水の移動が見かけ上見られないので，細胞の体積は変化しない。

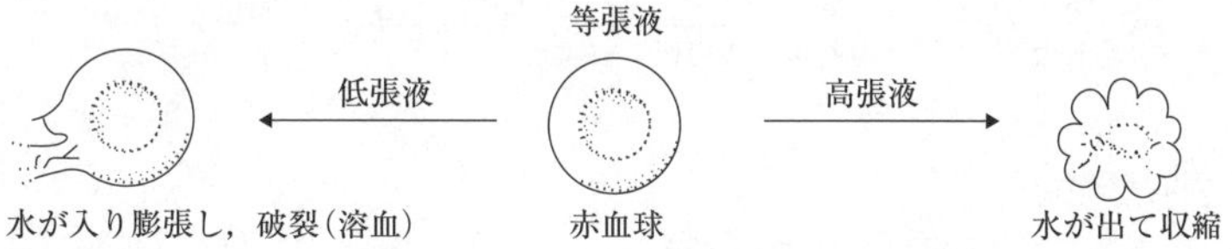

③　植物細胞と浸透

植物細胞を高張液に浸すと細胞は水を失って，細胞膜に囲まれた原形質の体積が小さくなるため，原形質が細胞壁から分離し収縮する。この現象を**原形質分離**という。低張液に浸すと，細胞は吸水して膨張するが，丈夫な細胞壁をもつため破裂することはない。

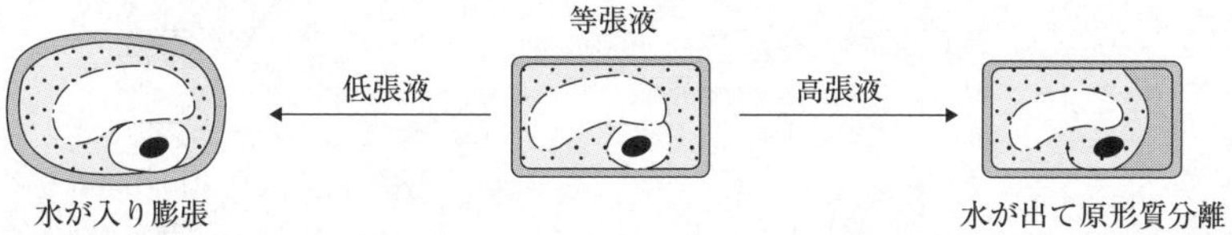

(4)　体細胞分裂

体細胞をつくるときの分裂で，成長の盛んな組織で観察され，母細胞１個から，娘細胞２個が生じる。体細胞分裂が繰り返される場合，１回の分裂を終えてから次の分裂を終えるまでを**細胞周期**という。分裂後も染色体数は変わらない。

〈細胞周期〉

①間期：分裂に先立って染色体が複製される。

②前期：糸状の染色体が折りたたまれて，縦裂した２本の染色体がくっついた太く短い棒状になる。核膜や核小体が消失する。動物細胞では中心体が２つに分かれて両極へ移動し星状体になる。

③中期：染色体が中央の面（赤道面）に並ぶと，紡錘糸がそれぞれの染色体の動原体に付着して紡錘体が完成する。

④後期：染色体が縦裂面で分かれて，紡錘糸に引かれるように両極へ移動する。

⑤終期：染色体は両極に達し，再び糸状にもどる。核膜，核小体が現れる。植物細胞では細胞板ができて，細胞質が二分される。動物細胞では細胞膜がくびれ，細胞質が二分される。

植物細胞

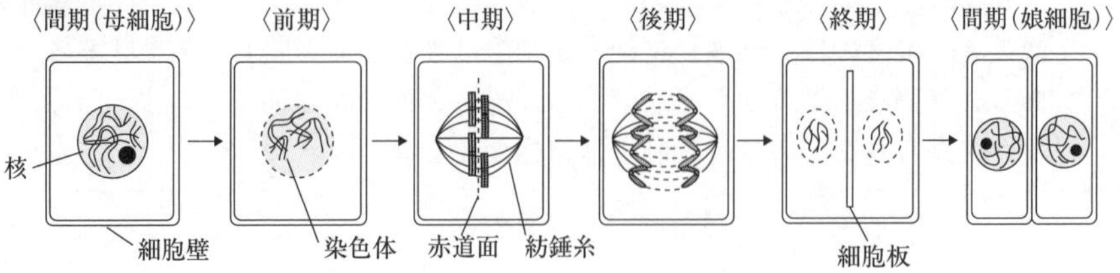

2 生殖と発生

(1) 被子植物の生殖細胞の形成と受精

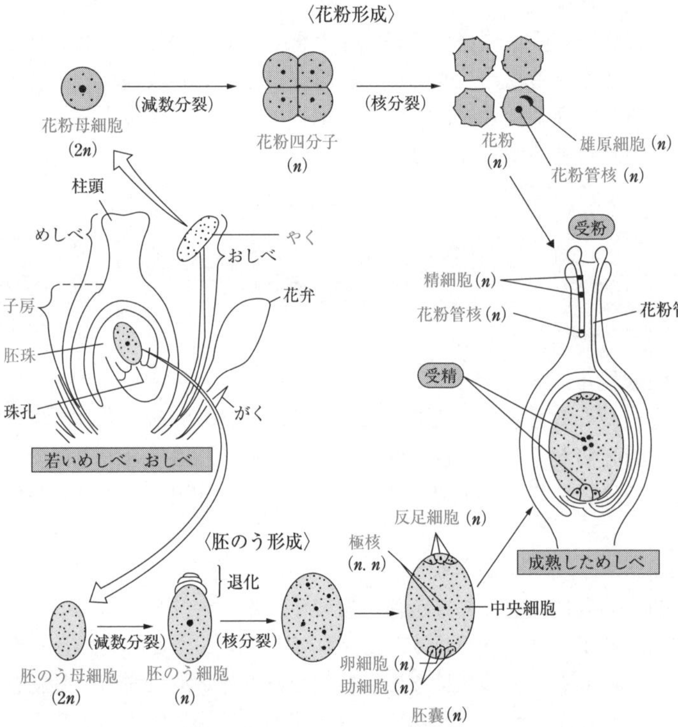

① 花粉形成

おしべのやくの中には多数の花粉母細胞があり，それぞれ減数分裂を経て未熟な花粉四分子になる。花粉四分子は核分裂して雄原細胞と花粉管核をもつ成熟した花粉になる。

② 胚のう形成

めしべの子房内部には胚珠がある。胚珠の中にある胚のう母細胞は減数分裂を経て4個の細胞になり，そのうち1個が**胚のう細胞**になる。胚のう細胞は3回の核分裂を行い，8個の核ができる。1個の核は**卵細胞**となり，これをはさんで2個の**助細胞**ができる。卵細胞の反対側には3個の**反足細胞**ができる。残された2個は中央細胞の**極核**となる。

③　重複受精

花粉はめしべの柱頭で発芽し，**花粉管**を胚珠に向かって伸ばす。雄原細胞は花粉管の中で分裂して2個の**精細胞**になる。花粉管が胚のうに達すると，先端から2個の精細胞が放出される。このうち1個の精細胞は卵細胞と合体して**受精卵**になり，分裂をくり返して**胚**になる。もう1個の精細胞は**中央細胞**（2個の極核をもつ）と合体して**胚乳核**となり，分裂をくり返して**胚乳**になる。

(2)　**生活環**

生物が生まれてから死ぬまでを，生殖細胞を仲立ちとして1つの環に表したもの。

〈シダ植物の生活環〉

シダ植物の本体は**胞子体**である。これに**胞子のう**ができ，減数分裂によって胞子がつくられる。胞子は地上に落ちると発芽して，**前葉体**になる。前葉体の裏面に**造精器**と**造卵器**をつくり，ここで，**精子**と**卵細胞**ができる。これが受精して**受精卵**となり，成長してシダ植物の本体である胞子体になる。

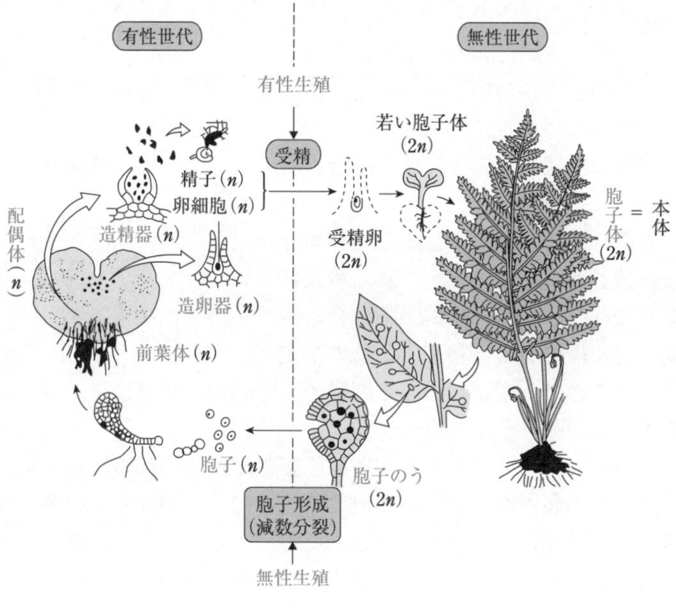

(3) 動物の発生のしくみ

① ウニとカエルの発生

・ウニ（等黄卵・等割）

受精卵→（卵割）→桑実胚→胞胚→原腸胚→プリズム幼生

→プルテウス幼生→（変態）→成体

・カエル（端黄卵・不等割）

受精卵→（卵割）→桑実胚→胞胚→原腸胚→神経胚→尾芽胚

→幼生（オタマジャクシ）→（変態）→成体

② フォークトは，イモリの胞胚の表面の各部を無害な色素で局所生体染色し，将来どこの部分がどのような器官になるかを追跡調査したものを図に表した。これを原基分布図（予定運命図）という。

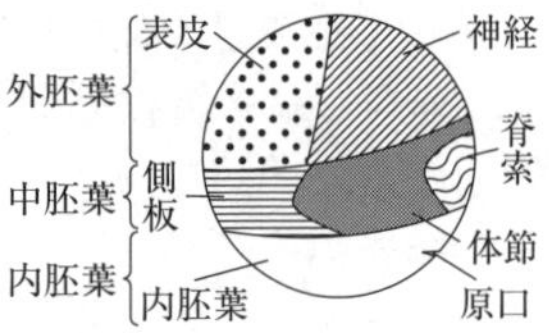

③ 予定胚域の交換移植実験

シュペーマンは，イモリの初期原腸胚と初期神経胚で予定神経域と予定表皮域の交換移植実験を行い，予定運命の決定の時期を調べた。

1） 初期原腸胚の予定神経域と予定表皮域との交換移植

初期原腸胚の時期に移植した移植片は移植された場所の予定された組織になる。移植された先の予定域になるので，初期原腸胚の細胞の予定運命は決まっていない。

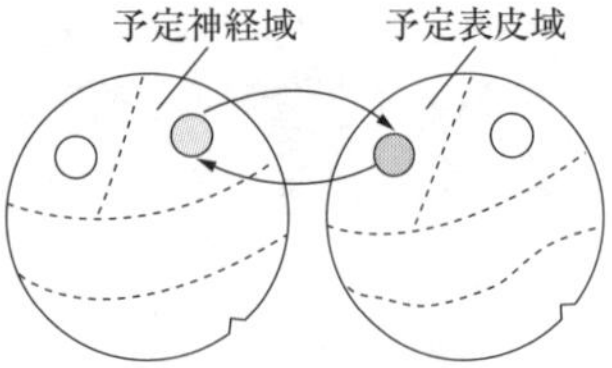

2） 初期神経胚の予定神経域と予定表皮域との交換移植

初期神経胚の時期に移植した移植片は移植された場所の予定された組織にならないで，移植される前の予定に従った組織になる。移植する前の予定域になるので，初期神経胚の細胞の予定運命はすでに決まっている。

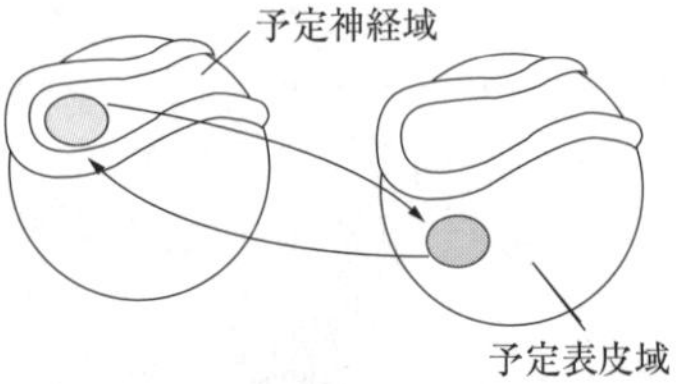

③ 形成体（オーガナイザー）と誘導

シュペーマンは，イモリの初期原腸胚の原口背唇部の一部を切り取り，同じ時期の他の胚の胞胚腔内に移植することで，移植片のその後の発生運命を調べた。移植片は予定通りに脊索になるばかりでなく，表皮になるべき外胚葉にはたらきかけて，そこに移植片を中心とする小さな二次胚が形成された。このように原口背唇部は他の部分にはたらきかけ，そこに一定の組織や器官を形成させるはたらきがある。こうしたはたらきをもった胚の領域を**形成体**（**オーガナイザー**）といい，このような作用を**誘導**という。

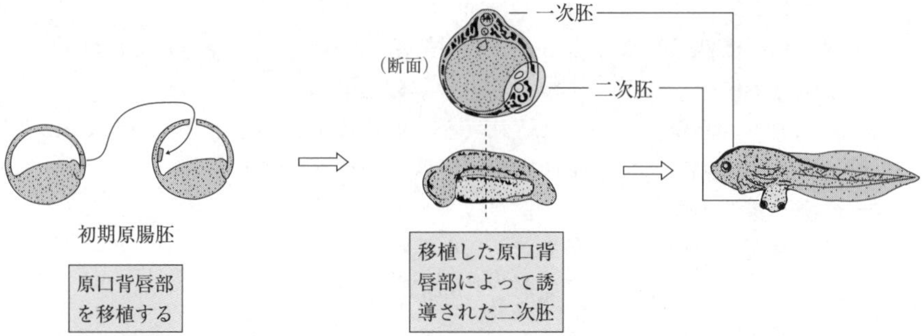

3　遺伝の法則

(1)　遺伝用語の基礎知識

対立形質：種子の形が丸形・しわ形のように，互いに対をなす形や性質。

遺伝子：形質を表すもとになる要素で，親から子へと形質を伝え，それを発現するもととなるもの。核の染色体に存在する。

遺伝子型と**表現型**：遺伝子の組み合わせ（AA，Aa，aa など）を遺伝子型，これがもとになって外に現れる形質を表現型という。

ホモ接合体：AA，aa のように，同じ遺伝子の組み合わせをもつ個体。

ヘテロ接合体：Aa のように，異なる遺伝子の組み合わせをもつ個体。

顕性（優性）と潜性（劣性）：着目する形質の遺伝子がヘテロ接合である個体で，形質が発現するほうを**顕性**（**優性**），発現しないほうを**潜性**（**劣性**）という。

自家受精：同一個体の配偶子間での受精。

純系：親子，孫と自家受精をくり返しても，その形質がすべて親と同じになる子孫。すべて共通のホモの遺伝子型をもつ。

雑種：交雑によって生じた子孫（親：P，雑種第一代：F_1，雑種第二代：F_2…で示す）。

検定交雑：顕性（優性）形質を現す個体に潜性（劣性）ホモ接合体との交雑を行い，遺伝子型がホモ接合かヘテロ接合かを判別すること。

(2) メンデルが発見した遺伝についての性質

・雑種第一代（F_1）では親のもつ顕性（優性）形質が現れ，潜性（劣性）形質は現れない。

・生殖細胞（配偶子）ができるとき，対立遺伝子は互いに分離して，別々の生殖細胞（配偶子）に１つずつ入る（**分離の法則**）。

・２組以上の対立遺伝子がそれぞれ異なる染色体上にあるとき，それぞれの遺伝子は互いに独立して各生殖細胞（配偶子）に配分される。

(3) 一遺伝子雑種の遺伝

一対の対立形質について考えたときの遺伝。

〈例〉エンドウの種子の形（丸形としわ形）

丸形が顕性(優性)形質で遺伝子記号をA，しわ形が潜性(劣性)形質で遺伝子記号をaとする。

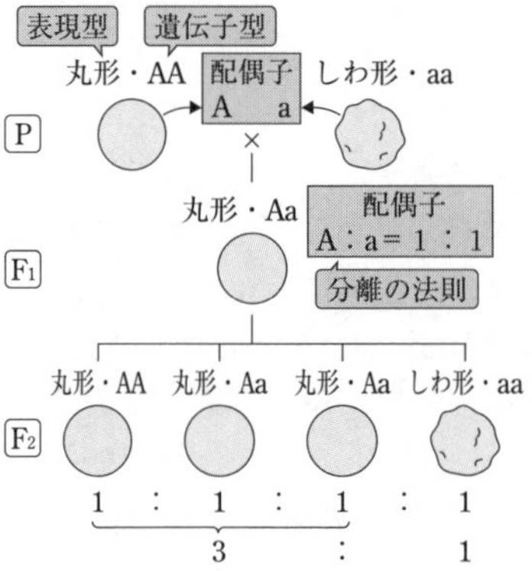

種子が丸形のエンドウ AA としわ形のエンドウ aa を交雑する。

F_1 はすべて丸形の種子 Aa が生じる。
この F_1 の自家受精によって，F_2 を作る。

種子が丸形のもの AA と Aa としわ形のもの aa が現れる。その表現型の分離比は，
丸形：しわ形＝３：１

(4) 二遺伝子雑種の遺伝

二対の対立形質について考えたときの遺伝。

〈例〉エンドウの種子の形（丸形としわ形），子葉の色（黄色と緑色）

種子の形は丸形が顕性（優性）形質で遺伝子記号をＡ，しわ形が潜性（劣性）形質で遺伝子記号をａ，子葉の色は黄色が顕性（優性）形質で遺伝子記号をＢ，緑色が潜性（劣性）形質で遺伝子記号をｂとする。

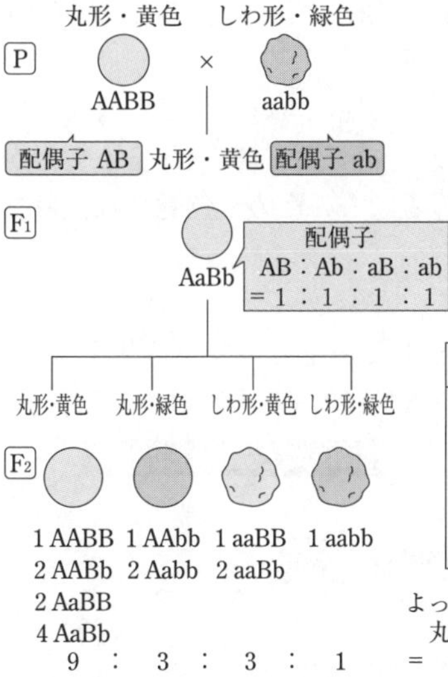

種子が丸形で子葉の色が黄色のエンドウ AABB（配偶子は AB）と，しわ形で緑色のエンドウ aabb（配偶子は ab）を交雑する。

F_1において，2組の対立遺伝子 A(a) と B(b) は異なる染色体上にあるので，それぞれの遺伝子は互いに独立して各配偶子に配分される。
その組合せは右の①～④の4通り。
よって，
AB：Ab：aB：ab＝1：1：1：1

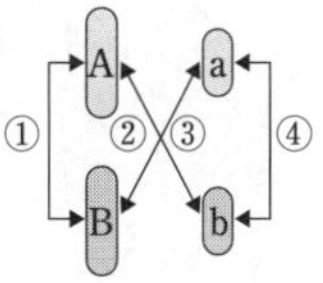

	AB	Ab	aB	ab
AB	AABB	AABb	AaBB	AaBb
Ab	AABb	AAbb	AaBb	Aabb
aB	AaBB	AaBb	aaBB	aaBb
ab	AaBb	Aabb	aaBb	aabb

■ 丸形・黄色
■ 丸形・緑色
■ しわ形・黄色
■ しわ形・緑色

よって，F_1の自家受精によってできるF_2の表現型の分離比は，
丸形・黄色：丸形・緑色：しわ形・黄色：しわ形・緑色
＝　9　：　3　：　3　：　1

(5)　複対立遺伝子の遺伝

1つの形質の発現に3つ以上の遺伝子が関係している遺伝。

〈例〉ＡＢＯ式血液型

Ａ，Ｂ，Ｏの3種類の遺伝子が関係し，ＡとＢはＯに対して顕性（優性）である。

表現型	A型	B型	AB型	O型
遺伝子型	AA AO	BB BO	AB	OO

(6)　性の決定

性の決定に関する遺伝子をもつ染色体を性染色体という。性染色体には，Ｘ染色体，Ｙ染色体，Ｚ染色体，Ｗ染色体の4種類がある。

性決定様式		性染色体の組合せ	生物例
雄ヘテロ型	XY型	雄（♂）XY　雌（♀）XX	ヒト，キイロショウジョウバエ
	XO型	雄（♂）X　雌（♀）XX	バッタ，コオロギ，トンボ，ヘリカメムシ
雌ヘテロ型	ZW型	雄（♂）ZZ　雌（♀）ZW	ニワトリ，カイコガ
	ZO型	雄（♂）ZZ　雌（♀）Z	ミノガ，トビゲラ

(7)　伴性遺伝

性以外の形質の遺伝子が性染色体上に存在する場合，その形質は性と深い関連をもって遺伝する。このような遺伝現象を**伴性遺伝**という。性決定様式が

XY 型の場合，原因となる遺伝子はX染色体上にあってY染色体上にはない。

① ヒトの色覚の遺伝

色覚に関わる遺伝子はX染色体上にある。女性はこの遺伝子が変異しても，ヘテロ接合ならば色覚はほとんど変わらない。男性はX染色体を1個しかもたず，変異した遺伝子をもつと色覚が変わる。このため，色覚多様性は男性に多く見られる。

② キイロショウジョウバエの眼色の遺伝

性決定はXY型で，顕性（優性）の赤眼遺伝子をもつX染色体を X^A，潜性（劣性）の白眼遺伝子をもつX染色体を X^a とすると，次のようになる。

赤眼の雄と白眼の雌の交雑

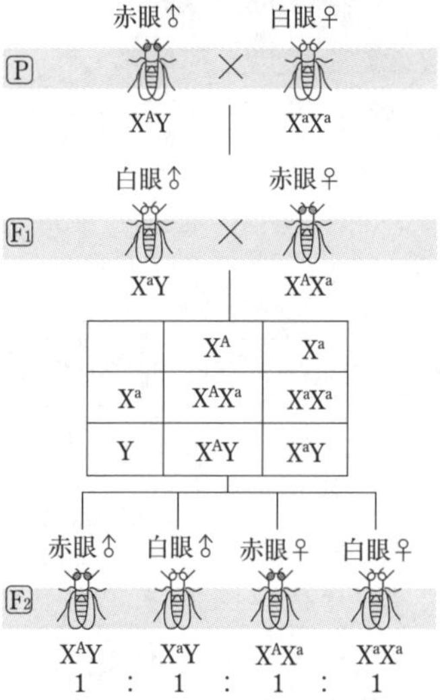

●雌雄とも赤眼：白眼＝1：1に現れる

白眼の雄と赤眼の雌の交雑

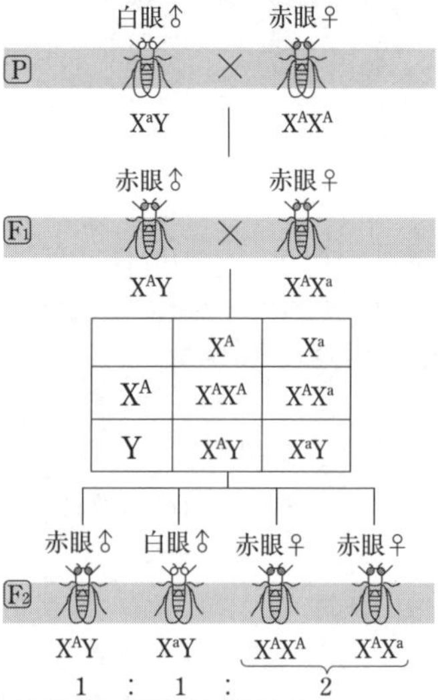

●雌では赤眼だけが現れる
雄では赤眼：白眼＝1：1に現れる

(8) 連鎖と組換え

① 連鎖

遺伝子の数は多いが，それに比べて染色体の数は少ない。そのため，1本の染色体上に多数の遺伝子が存在している。2個以上の遺伝子が同一染色体上に存在していることを**連鎖**という。生殖細胞（配偶子）ができるとき，同一染色体上に存在し，連鎖している遺伝子は同じ生殖細胞に入るので，この場合は互いに独立して配偶子に配分されるわけではない。

② 乗換え（交さ）と組換え

減数分裂のとき，染色体の**乗換え**が起こることがあり，その結果遺伝子の組換えが起こる。染色体の乗換えとそれに伴う遺伝子の組換えは，減数分裂第一分裂前期で相同染色体が対合するときに起きる現象である。

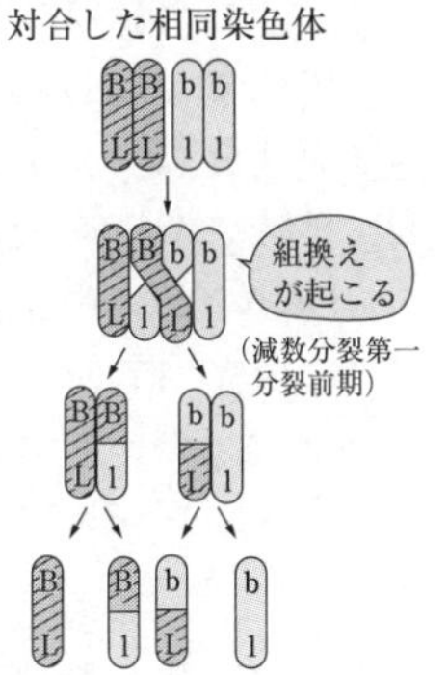

$$\text{組換え価（\%）}=\frac{\text{組換えの起こった配偶子数}}{\text{全配偶子数}}\times 100$$

実際には，F_1に検定交雑を行い，そこで得られる組換えによって生じた個体数をとる。この場合，

$$\text{組換え価（\%）}=\frac{\text{組換えによって生じた個体数}}{\text{検定交雑によって得られた全個体数}}\times 100$$

4　遺伝子

(1)　細菌の形質転換

〈グリフィスの実験〉

肺炎双球菌 ｛S型菌：病原性。菌体のまわりに被膜をもっている。
R型菌：非病原性。菌体のまわりに被膜をもっていない。

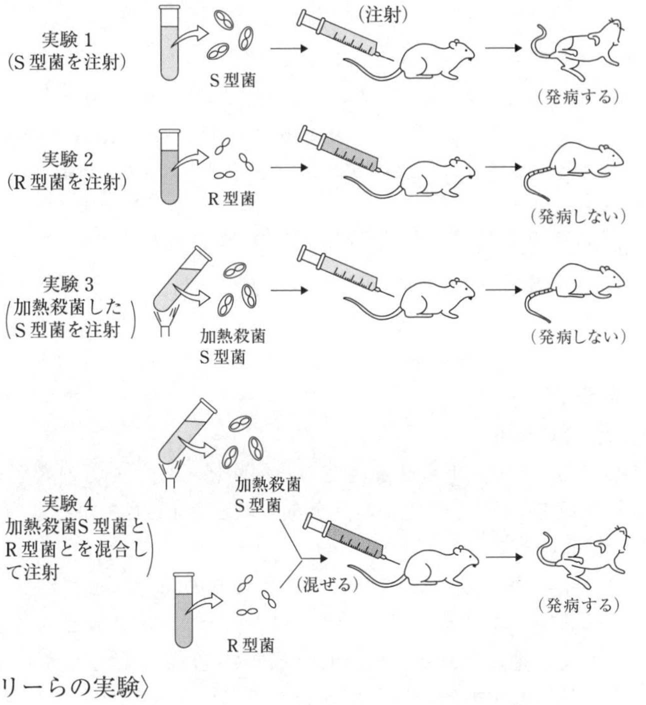

〈エイブリーらの実験〉

S型菌をすりつぶし，DNA，RNA，タンパク質，多糖類などの成分に分けて抽出し，それぞれを生きたR型菌と混合して培養したところ，DNAを

混合したものだけから生きたＳ型菌が検出された。この結果からＳ型菌に含まれていたDNAがＲ型菌の中に取り込まれ，それにより被膜が形成され病原性をもつようになった（**形質転換**）ことが実証された。

⑵　**核酸**

・**DNA（デオキシリボ核酸）**

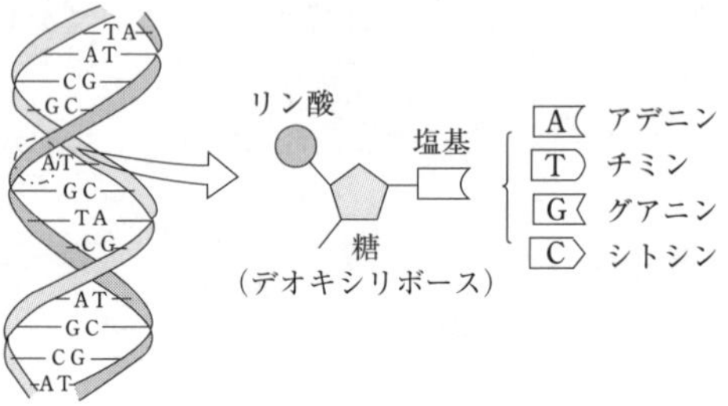

塩基（アデニン（A），グアニン（G），シトシン（C），チミン（T）），糖（デオキシリボース），リン酸が１分子ずつ結合したヌクレオチドが多数結合した鎖状の高分子化合物である。

２本のポリヌクレオチド鎖が塩基の部分で，アデニンとチミン，グアニンとシトシンの組み合わせで水素結合して長いはしご状になり，これがねじれて二重らせん構造となっている。

・RNA（リボ核酸）

RNAもDNAと同様，ヌクレオチドが鎖状につながってできた化合物であるが，１本のヌクレオチド鎖からできている。RNAを構成する糖はリボース，塩基はアデニン，グアニン，シトシン，ウラシル（U）である。

〈RNAの種類〉

・**mRNA（伝令RNA）**：DNAの遺伝情報を写しとる。

・**tRNA（転移RNA）**：特定のアミノ酸と結合し，それをリボソームまで運ぶ。

・**rRNA（リボソームRNA）**：リボソームを構成するRNA

⑶　**遺伝情報の発現**

①　遺伝情報の転写

核内のDNAの二重らせん構造の一部がほどけ，一方のヌクレオチド鎖が鋳型となって，DNAの塩基配列を写し取ったmRNAができる。

②　遺伝情報の翻訳

mRNAは，細胞質に出てタンパク質合成の場であるリボソームに付着する。細胞質中にあるtRNAはそれぞれ特定のアミノ酸と結合し，これをリボソームまで運ぶ。リボソームは，mRNA上を移動しながら塩基配列を読みとり，これと相補的な塩基配列をもつtRNAを次々と結合させる。tRNAによってリボソームに運ばれたアミノ酸は，ペプチド結合によって互いにつながり，DNAの塩基配列（遺伝情報）に従ったアミノ酸配列をもつタンパク質が合成される。

例題 1　細胞分裂

細胞分裂について，次の各問いに答えよ。

(1)　植物の体細胞分裂の各時期に関する記述のうち，DNA の複製が行われているのと同じ時期を表すものを１つ選び，番号で答えよ。

①　赤道面に染色体が並び，動原体には紡錘糸が付着している。
②　染色体は縦裂面に沿って二分され，両極に移動する。
③　染色体は糸状から棒状に変形してはっきりした形をなす。
④　核膜や核小体が存在し，染色体は核内にある。
⑤　細胞板が形成され，細胞質分裂が起こる。

(2)　減数分裂についての記述のうち，正しいものの組み合わせを１つ選び，番号で答えよ。

a．相同染色体が対合することはない。
b．母細胞にも生殖細胞にも相同染色体が存在する。
c．第一分裂と第二分裂の間に DNA は複製されない。
d．第一分裂と第二分裂の間に細胞の大きさは，第一分裂直後の２倍になる。
e．染色体数 $2n$ の母細胞から染色体数 n の生殖細胞が生じる。

①　a と c　　②　a と d　　③　b と d　　④　b と e
⑤　c と e

〈神奈川県・横浜市・川崎市〉

解答　(1)　④　　(2)　⑤

例題 2　被子植物の受精

図１は，被子植物の受精について，また，図２は，胚のうの様子について示したものである。これについて，各問いに答えよ。

〈図１〉

(おしべ) 花粉母細胞 $\xrightarrow{\text{ア}}$ 花粉四分子 $\xrightarrow{\text{イ}}$ 雄原細胞 $\xrightarrow{\text{ウ}}$ 精細胞 ┐

(めしべ) 胚のう母細胞 $\xrightarrow{\text{エ}}$ 胚のう細胞 $\xrightarrow{\text{オ}}$ 胚のう $\xrightarrow{\text{カ}}$ 卵細胞 ┘ $\xrightarrow{\text{キ}}$ 胚

(1) 図1で，減数分裂が行われるのはア～キのどの時期か。すべて選び，その記号を答えよ。

(2) 雄原細胞では受精のために2個の細胞ができる。何という細胞か答えよ。

(3) 図2のa～hのうち，卵細胞はどれか。また胚のう細胞から卵細胞が形成されるまでに行われる核分裂は何回か答えよ。

(4) 被子植物の受精が重複受精と呼ばれるのはなぜか答えよ。

〈図2〉

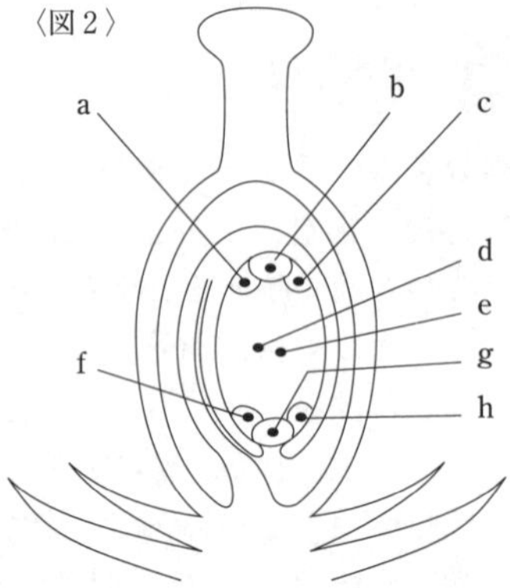

(5) この植物の染色体数が $2n = 12$ とすると，胚および胚乳の細胞1個あたりの染色体数はそれぞれ何本か答えよ。

〈和歌山県改題〉

解答 (1) ア，エ　(2) 精細胞　(3) 記号：g　回数：3回

(4) 卵細胞と精細胞，中央細胞の極核と精細胞の2組の受精が同時に起こるから。

(5) 胚：12本　胚乳：18本

例題3 動物の発生

発生について，次の各問いに答えよ。

(1) ウニとカエルの発生に関する記述のうち，正しいものを1つ選び，番号で答えよ。

① ウニの卵は，卵黄が卵全体に均等に分布しているので等割するが，カエルの卵は，卵黄が片寄っているので不等割する。

② ウニの胞胚では胞胚腔が卵内部全体に広がるが，カエルの胞胚では胞胚腔は植物極側に片寄る。

③ ウニの卵では，2細胞期に割球を2つに分けてもそれぞれが完全な幼生になることができるが，カエルの卵では，2細胞期に割球を2つに分けると，どちらも完全な幼生になることができない。

④ ウニもカエルも原腸胚の次に幼生になる。

⑤ ウニでは原口が肛門になるが，カエルでは原口が口になる。

(2) 次の図は，イモリの初期原腸胚の原基分布図である。これについて述べ

た文のうち正しいものを1つ選び，番号で答えよ。

① 初期原腸胚のA（予定神経域）の一部を切り取り，同じ時期の他の胚のB（予定表皮域）に移植すると移植片は神経に分化する。

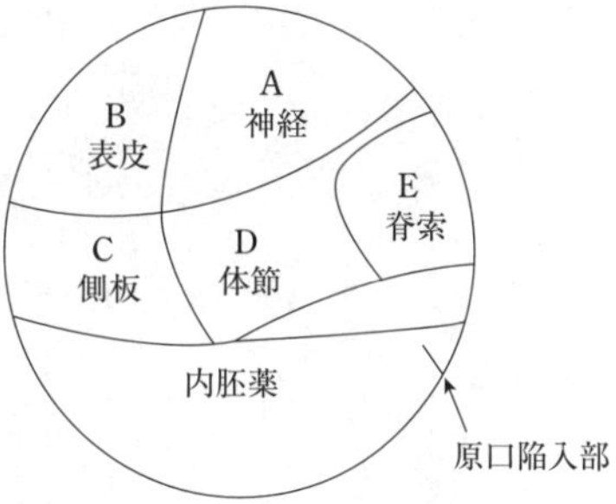

② 心臓はCの予定胚域から分化する。

③ 肺はDの予定胚域より生じる。

④ 初期原腸胚のAの部分の細胞を一部切り取り，他の同じ時期の胞胚腔に移植すると二次胚を形成する。

〈神奈川県・横浜市・川崎市〉

解答 (1) ①　(2) ②

解説 (1) ③ ウニとカエルはともに調節卵である。

例題 4　遺伝の法則

エンドウの種子の形が丸形で子葉の色が黄色のものと，種子の形がしわ形で子葉の色が緑色のものとを親として交雑したところ，F_1はすべて種子の形が丸形で子葉の色が黄色になった。種子の形を発現する遺伝子と子葉の色を発現する遺伝子は異なる染色体上に存在し，種子の形に関する遺伝子をRとr，子葉の色に関する遺伝子をYとyとして，各問いに答えよ。

(1) F_1の自家受精によって得られるF_2の表現型を丸形・黄色，丸形・緑色，しわ形・黄色，しわ形・緑色として，その分離比を答えよ。

(2) F_2の種子の形が丸形で子葉の色が黄色のものから1個体を選んで検定交雑を行ったところ，得られた個体の表現型とその分離比は，丸形・黄色：丸形・緑色：しわ形・黄色：しわ形・緑色＝1：1：1：1であった。F_2から選んだ個体の遺伝子型を答えよ。

(3) F_1とある個体を交雑したところ，次代は，丸形・黄色：丸形・緑色：しわ形・黄色：しわ形・緑色＝3：1：3：1になった。ある個体の遺伝子型を答えよ。

〈奈良県〉

解答 (1) 9：3：3：1　(2) RrYy　(3) rrYy

解説 (1) P　丸形・黄色 × しわ形・緑色

RRYY　rryy

配偶子　RY　配偶子　ry

F_1　丸形・黄色

RrYy

配偶子　RY：Ry：rY：ry ＝ 1：1：1：1

F_2

	RY	Ry	rY	ry
RY	RRYY	RRYy	RrYY	RrYy
Ry	RRYy	RRyy	RrYy	Rryy
rY	RrYY	RrYy	rrYY	rrYy
ry	RrYy	Rryy	rrYy	rryy

丸形・黄色：丸形・緑色：しわ形・黄色：しわ形・緑色

＝ 9 ： 3 ： 3 ： 1

(2) 種子の形について考えると，

丸形：しわ形＝ 2：2 ＝ 1：1

であるから，親の遺伝子型は，Rr × rr である。

子葉の色について考えると，

黄色：緑色＝ 2：2 ＝ 1：1

であるから，親の遺伝子型は，Yy × yy である。

F_2 の丸形・黄色の遺伝子型は，RrYy である。

(3) 種子の形について考えると，

丸形：しわ形＝ 4：4 ＝ 1：1

であるから，親の遺伝子型は，Rr × rr である。

子葉の色について考えると，

黄色：緑色＝ 6：2 ＝ 3：1

であるから，親の遺伝子は，Yy × Yy である。

F_1 と交雑したある個体の遺伝子型は，rrYy である。

例題 5　複対立遺伝子

次の図は，ある家系を調査してその血液型の結果をまとめたものである。○は女性を，□は男性を表し，番号で個々人を区別している。また，○□内は ABO 型の血液型を示している。これについて，各問いに答えよ。

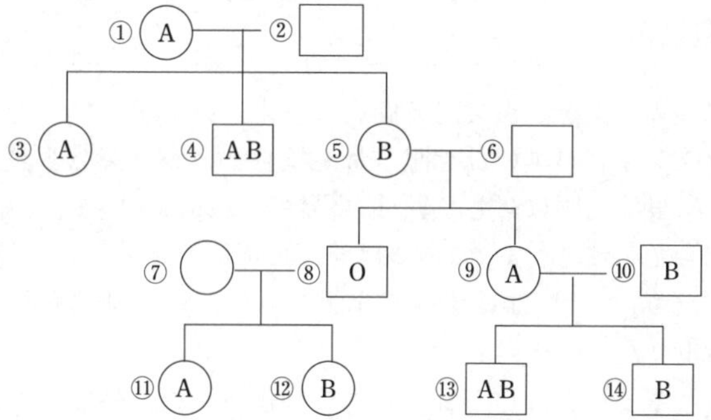

(1)　この調査結果で，血液型が判明していない②，⑥，⑦の3人のうち，確定できる血液型を答えよ。また，この調査結果だけでは血液型を確定できない人は×を付けよ。

(2)　この調査結果で，⑤～⑭のうち，遺伝子型を確定できない人は誰か，記号で答えよ。

(3)　この調査結果で，①の人の遺伝子型はAAかAOのどちらか。AAかAOで答えよ。

〈名古屋市〉

解答　(1)　②　×　　⑥　A型　　⑦　AB型　　(2)　⑩　　(3)　AO

解説

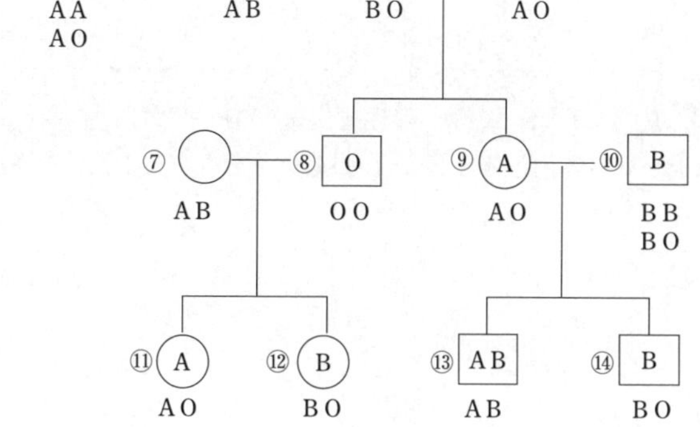

例題6　伴性遺伝

遺伝に関する次の文を読んで，各問いに答えよ。

キイロショウジョウバエには赤眼（野生型）と白眼（突然変異型）の対立形質があり，赤眼は白眼に対して顕性（優性）である。いま，赤眼の雌と白眼の雄を交配したところ，F_1 の個体はすべて赤眼であった。さらに，F_1 どうしを交配した F_2 では，雌はすべて赤眼であったが，雄は赤眼と白眼の個体が半数ずつ現れた。

(1)　次の図は，キイロショウジョウバエの染色体の模式図である。この場合の眼の色に関する遺伝子は，１～８のどの染色体上にあると考えられるか。その番号を答えよ。

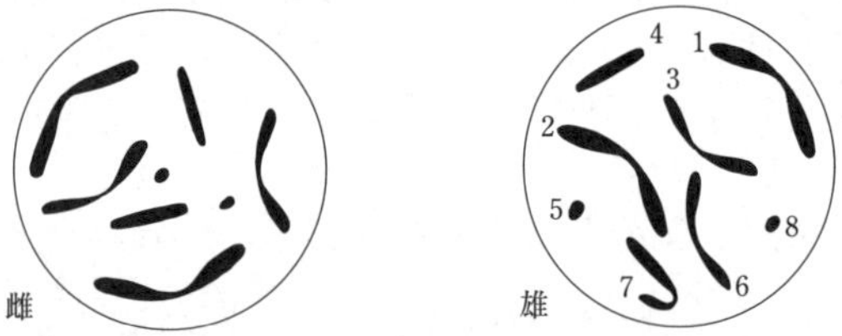

(2)　文中の F_1 の雌と F_2 の白眼の雄を交配した場合，次代には赤眼の雌：白眼の雌：赤眼の雄：白眼の雄がどのような比で得られると考えられるか。その比を答えよ。

(3)　このような遺伝の様式を一般に何というか答えよ。

(4)　キイロショウジョウバエと同じ性決定の様式をもつ動物を１つ選び，記号で答えよ。

ア．ニワトリ　　イ．バッタ　　ウ．ヒト　　エ．カイコガ
オ．トンボ

〈大分県〉

解答　(1)　4　　(2)　1：1：1：1　　(3)　伴性遺伝　　(4)　ウ

解説　(2)　赤眼遺伝子をもつX染色体を X^A，白眼遺伝子をもつX染色体を X^a とする。

P　赤眼・雌　×　白眼・雄
X^AX^A　　X^aY

F_1　赤眼・雌　×　赤眼・雄
X^AX^a　　X^AY

F_2　赤眼・雌　赤眼・雌　赤眼・雄　白眼・雄
X^AX^A　X^AX^a　X^AY　X^aY

P　F_1・雌　×　F_2・白眼・雄
X^AX^a　　X^aY

子　赤眼・雌　白眼・雌　赤眼・雄　白眼・雌
X^AX^a　X^aX^a　X^AY　X^aY

(4)　雄と雌とで形の異なる染色体で性の決定に関係するものを性染色体とよび，キイロショウジョウバエとヒトはともにＸＹ型である。

例題 7　遺伝子の連鎖

ある植物の品種に，花が紫色で花粉が長いものと，花が赤色で花粉が丸いものがある。この両系統はいずれも純系（ホモ）で，前者の遺伝子型をBBLL，後者をbbllで表す。B，bは花色を現す遺伝子，L，lは花粉の形を現す遺伝子で，Bはbに対し，またLはlに対しそれぞれ顕性（優性）である。この両者を交配して雑種第一代（F_1）をつくり，さらにこれを検定交雑したところ下の表のような結果が得られた。

表現型	紫花・長花粉	紫花・丸花粉	赤花・長花粉	赤花・丸花粉
個体数	2095	303	297	2105

次の各問いに答えよ。

(1)　F_1 の表現型と遺伝子型を答えよ。

(2)　２つの遺伝子の組換え価はいくつになるか。四捨五入して小数第１位まで求めよ。

(3)　F_1 を自家受粉した場合，雑種第二代（F_2）に分離する表現型の比を，簡単な整数で答えよ。

〈茨城県〉

解答 (1) 表現型：紫花・長花粉　遺伝子型：BbLl　(2) 12.5％

(3) 紫花・長花粉：紫花・丸花粉：赤花・長花粉：赤花・丸花粉

= 177：15：15：49

解説 (1) P　紫花・長花粉　×　赤花・丸花粉

BBLL　　　bbll

F_1　　紫花・長花粉

BbLl

(2)
$$\frac{303+297}{2095+303+297+2105}\times 100 = 12.5〔\%〕$$

(3) F_1がつくる配偶子をBL：Bl：bL：bl＝n：1：1：nとすると，(2)より，

$$\frac{1+1}{n+1+1+n}\times 100 = 12.5 \qquad \therefore\ n = 7$$

よって，F_1がつくる配偶子は，BL：Bl：bL：bl＝7：1：1：7である。

F_2

	7BL	Bl	bL	7bl
7BL	49BBLL	7BBLl	7BbLL	49BbLl
Bl	7BBLl	BBll	BbLl	7Bbll
bL	7BbLL	BbLl	bbLL	7bbLl
7bl	49BbLl	7Bbll	7bbLl	49bbll

例題8　遺伝子の構造

核酸にはDNAとRNAが存在するが，RNAのヌクレオチドを構成する分子の特徴を正しく述べたものを1つ選び，番号で答えよ。なお，Aはアデニン，Tはチミン，Cはシトシン，Gはグアニン，Uはウラシルを表している。

① 糖の種類はデオキシリボース，塩基の種類はA・T・C・Gである。
② 糖の種類はデオキシリボース，塩基の種類はA・U・C・Gである。
③ 糖の種類はリボース，塩基の種類はA・T・C・Gである。
④ 糖の種類はリボース，塩基の種類はA・U・C・Gである。
⑤ 糖の種類はリボース，塩基の種類はA・C・Gである。

〈福岡県・福岡市・北九州市〉

解答 ④

演習問題

1 ★☆☆

細胞について，次の各問いに答えよ。

(1)　光学顕微鏡では観察できないが，電子顕微鏡では観察できる細胞小器官を語群から２つ選び，記号で答えよ。

(2)　二重膜を持つ細胞小器官を語群からすべて選び，記号で答えよ。

(3)　物質の合成に関係する細胞小器官を語群から２つ選び，記号で答えよ。また，それぞれが合成する物質の名称を答えよ。

(4)　光学顕微鏡で観察してわかる，動物細胞と植物細胞の相違点を２つ答えよ。

〈語群〉

a．核	b．細胞質基質	c．細胞膜	d．ミトコンドリア
e．中心体	f．小胞体	g．葉緑体	h．リボソーム
i．ゴルジ体	j．細胞壁	k．液胞	l．リソソーム

〈石川県改題〉

2 ★☆☆

次の図は，ある植物の細胞を濃度２％，７％，15％のスクロース（ショ糖）溶液，および，蒸留水のそれぞれに時間をかけて浸し，光学顕微鏡で観察してスケッチしたものである。これについて，各問いに答えよ。

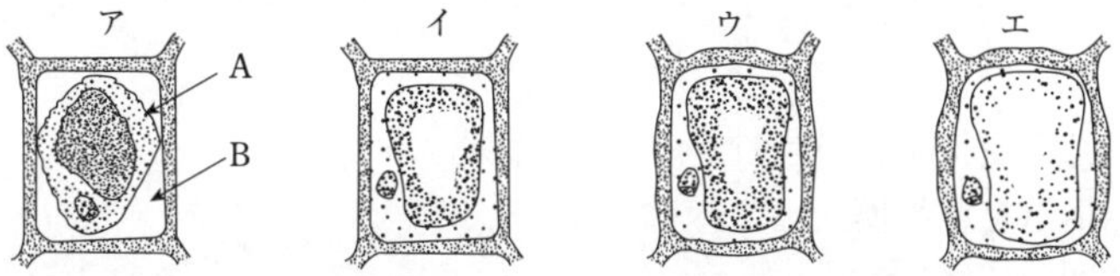

(1)　７％のスクロース溶液に浸したと考えられる細胞はどれか。ア～エから１つ選び，記号で答えよ。

(2)　アの細胞で，A，Bの部分の浸透圧をそれぞれa，bとし，細胞の外側のスクロース溶液の浸透圧をcとするとa，b，cの関係はどのようになるか。①～④から１つ選び，番号で答えよ。

①　$a = b = c$　　②　$a > b > c$　　③　$a < b < c$　　④　$a = b - c$

(3)　ウの細胞で，細胞の浸透圧（P），膨圧（T），吸水力（S）について，P，T，Sの関係を表す式を答えよ。

〈新潟県改題〉

3 ★☆☆

細胞分裂の様子を観察するために，タマネギの根の先端部分を切り取り，うすい塩酸に入れて湯で1分間温める。水洗いをしてから，スライドガラスにのせ，ある薬品をかけ数分後にカバーガラスをかける。その時に見えた細胞を顕微鏡で観察し，模式図で示したものを順番に並べたものである。次の各問いに答えよ。

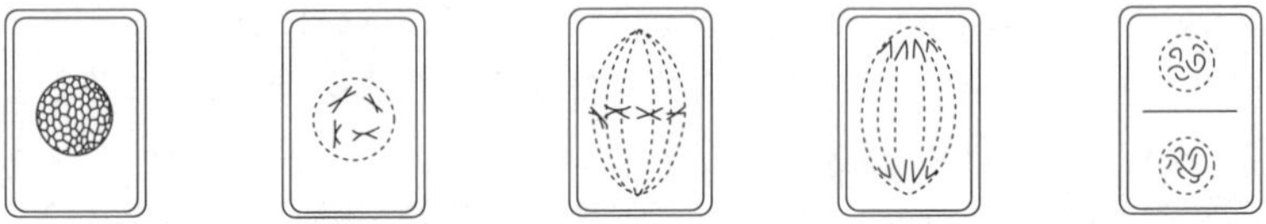

A　　B　　C　　D　　E

(1)　根の先端を使うのはなぜか，簡単に説明せよ。

(2)　Bの中心付近に見られるひも状のものを何というか答えよ。

(3)　(2)のひも状のものを見やすくするためにある薬品をかける必要があるが，その薬品名を答えよ。

(4)　スライドガラスの上に，観察したいものをのせ，水などを数滴かけた後カバーガラスをかけたものを何というか答えよ。

(5)　実際にタマネギの細胞を観察する場合，(4)で作成したものに，ろ紙などをかぶせて上から力を加えるのはなぜか簡潔に答えよ。

〈静岡県・静岡市改題〉

4 ★☆☆

右の図は，受精が行われる直前の被子植物のめしべの構造を示す模式図である。次の文を読んで，各問いに答えよ。

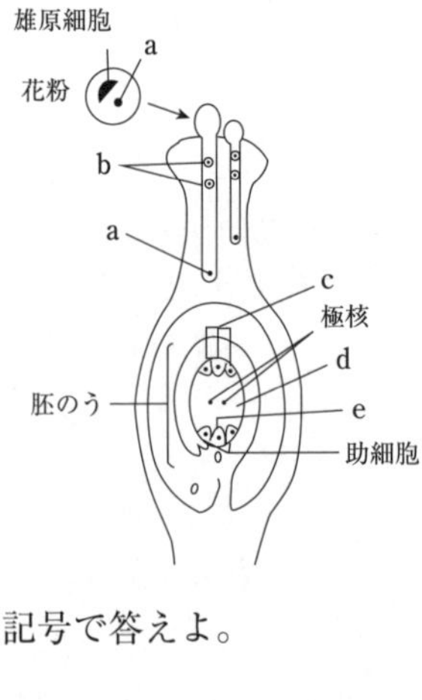

花粉はめしべの柱頭につくと発芽して（　①　）をのばし，その中で雄原細胞は分裂して，2個の（　②　）となる。

そのうち1個は胚のう中の（　③　）と受精して受精卵になり，他の1個は中央細胞と受精して（　④　）となる。

このように，被子植物では2つの受精が同時に行われ，これを重複受精という。

(1)　①～④に当てはまる語句をア～カから選び，記号で答えよ。

ア．精細胞　　イ．花粉管　　ウ．胚乳　　エ．卵細胞　　オ．胚珠
カ．子房

(2)　文中の受精卵は，やがて何に変化するか答えよ。

(3)　文中の中央細胞は図中のどれか，ａ～ｅから選び，記号で答えよ。

〈青森県〉

5　★☆☆

次の図は，シダ植物の生活環を模式的に示している。これについて，各問いに答えよ。

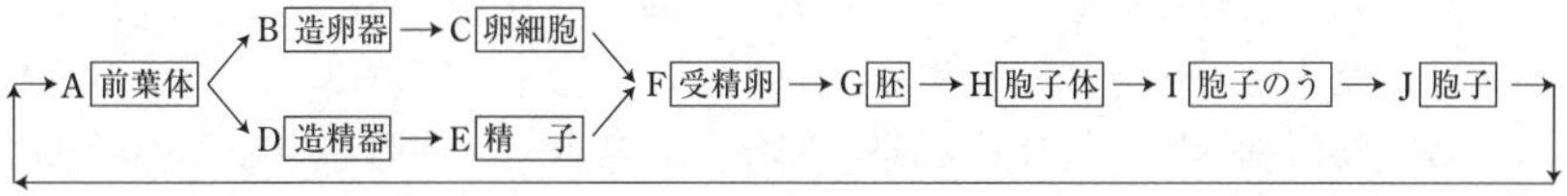

(1)　減数分裂が起こるのはどこか，例のように答えよ。例：F→G

(2)　無性世代に属するものは，図中のＡ～Ｊのどれか，該当するものをすべて選び，記号で答えよ。

(3)　生活環の中で，Ａ 前葉体 のことを一般に何というか，その名称を答えよ。

(4)　次の①～③に相当するものは，図中のＡ～Ｊのどれか，最も適当なものを１つずつ選び，記号で答えよ。

①　緑藻植物の遊走子　②　コケ植物の雌株・雄株　③　アオミドロの本体

(5)　被子植物の生活環の中で，次の①，②に相当するものの名称をそれぞれすべて答えよ。

①　図中のＡ 前葉体 　　②　図中のＪ 胞子

〈富山県〉

6　★☆☆

次の各問いに答えよ。

(1)　次の図は，イモリの胚の原基分布図（予定運命図）である。図のａ～ｅで示した各領域と予定運命の組み合わせとして正しいものを１つ選び，番号で答えよ。

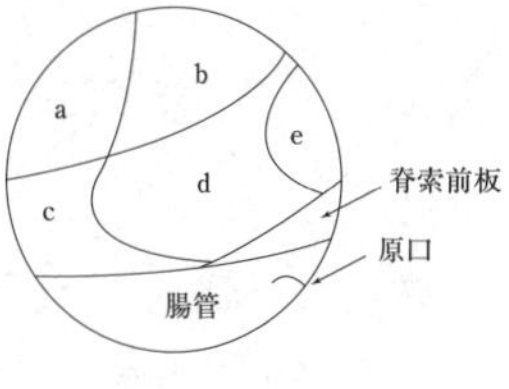

	a	b	c	d	e
①	神経板	表皮	体節	側板	脊索
②	表皮	神経板	側板	体節	脊索
③	表皮	神経板	体節	脊索	側板
④	神経板	表皮	側板	脊索	体節
⑤	表皮	神経板	脊索	体節	側板

(2) (1)において，イモリの原腸胚および神経胚を用いて，次のA～Dの移植実験を行うと，移植片は〈実験結果〉ア～エのどれになるか。組み合わせとして正しいものを１つ選び，番号で答えよ。

〈移植実験〉

A．初期原腸胚のａに相当する部分を切り取り，同時期の別の原腸胚のｂに相当する部分に移植する。

B．初期神経胚のａに相当する部分を切り取り，同時期の別の神経胚のｂに相当する部分に移植する。

C．初期原腸胚のｅに相当する部分を切り取り，同時期の別の原腸胚のａに相当する部分に移植する。

D．初期原腸胚のｅに相当する部分を切り取り，同時期の別の原腸胚の卵割腔内に移植する。

〈実験結果〉

ア．移植片は，表皮に分化する。

イ．移植片は，神経板に分化する。

ウ．移植片は陥入して脊索となり，外胚葉に作用して神経管を誘導する。

エ．移植片は脊索になり，外胚葉に作用して神経管を誘導する。

	実験A	実験B	実験C	実験D
①	イ	ア	ウ	エ
②	ア	イ	ウ	エ
③	イ	イ	ウ	エ
④	イ	ア	エ	ウ
⑤	ア	イ	エ	ウ

〈三重県〉

7 ★☆☆

次の〔実験１〕，〔実験２〕はメンデルが遺伝のしくみを調べるために行った実験の一部である。また，右の図は，この実験を模式的に表したものである。これについて，各問いに答えよ。

〔実験１〕

代々丸い種子をつくるエンドウと代々しわのある種子をつくるエンドウを両親として受粉させた。その結果，できた種子はすべて丸い種子であった。

〔実験２〕

実験１でできた丸い種子をまいて育て，同じ株についた花どうしで受粉させた。その結果，できた種子のうち，丸い種子としわのある種子の数の比は３：１であった。

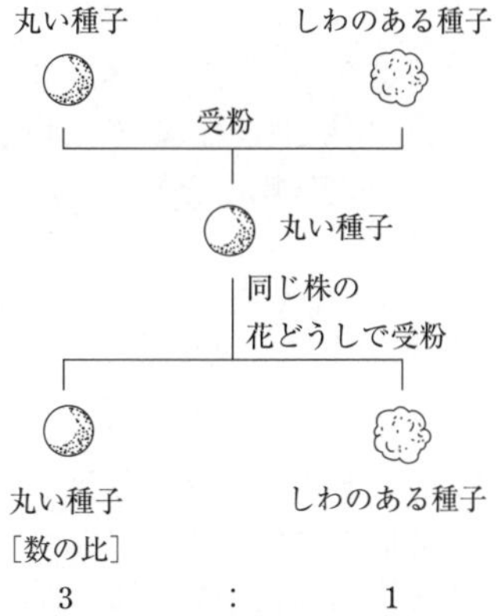

⑴　次の文の空欄①，②に当てはまる語句を答えよ。

〔実験１〕では，両方の親の形質のうち，一方の形質だけが子に現れている。このとき，子に現れる方を（　①　）の形質といい，子に現れない方を（　②　）の形質という。

⑵　丸い種子をつくる遺伝子をＡ，しわのある種子をつくる遺伝子をａとすると，〔実験２〕でできた種子の遺伝子の組み合わせはＡＡ，Ａａ，ａａの３通りになる。〔実験２〕でできたすべての種子において，これらの遺伝子の組み合わせをもつ種子の数の比はどうなるか。最も簡単な整数比で表せ。

⑶　〔実験１〕でできた丸い種子をまいて育てたエンドウと，代々しわのある種子をつくるエンドウを，両親として受粉させると，丸い種子としわのある種子ができる。この場合，できる種子のうち，丸い種子としわのある種子の数の比はどうなるか。最も簡単な整数比で表せ。

〈岩手県〉

8　★★☆

次の文を読んで，各問いに答えよ。

エンドウを用いて交雑実験を行った。①<u>丸い種子で緑色の子葉の個体</u>と，②<u>しわのある種子で黄色の子葉の個体</u>とを交雑すると，F_1（雑種第一代）はすべて同じ形質になった。さらに，F_1を自家受精すると，F_2（雑種第二代）の各個体数はほぼ，丸･黄：丸・緑：しわ･黄：しわ・緑＝９：３：３：１の分離比となった。なお，遺伝子記号は次のとおりとする。

〔種子の形〕丸：Ａ，しわ：ａ　〔子葉の色〕黄：Ｂ，緑：ｂ

⑴　下線部①と②の個体の遺伝子型をそれぞれ答えよ。

⑵　F_1の個体の表現型と遺伝子型を答えよ。

⑶　F_1がつくる配偶子の遺伝子型と，その分離比を答えよ。

(4) このような交雑実験により，メンデルは，２組以上の対立遺伝子は互いに独立して配偶子に配分されるということを発見した。これは常に成り立つわけではないが，それは，どのような場合だと考えられるか。簡潔に述べよ。

(5) F_2の丸･黄の個体が，自家受精をして生じるF_3（雑種第三代）の表現型と，その分離比を答えよ。

〈鹿児島県改題〉

9 ★☆☆

遺伝について，次の各問いに答えよ。

(1) メンデルの研究結果としてまとめられた，遺伝についての３つの性質について簡潔に答えよ。

(2) エンドウの種子の形がしわ形で子葉が緑色のもの（しわ・緑）と種子の形が丸形で子葉が黄色のもの（丸・黄）とを親として交配したところ，丸形・黄色（丸・黄）の遺伝子型の違いによって，その子の表現型の分離比は表のようになった。この表の①と③の遺伝子型をもつエンドウを親として交配した場合，得られる子の種子の形と子葉の色について，(丸・黄)：(丸・緑)：(しわ・黄)：(しわ・緑）の分離比を答えよ。

なお，種子の丸形としわ形，及び子葉の黄色と緑色はそれぞれ対立形質である。

	子の表現型の分離比						
	丸・黄	：	丸・緑	：	しわ・黄	：	しわ・緑
①	1	：	1	：	1	：	1
②	1	：	1	：	0	：	0
③	1	：	0	：	1	：	0
④	1	：	0	：	0	：	0

(3) エンドウのような配偶子による生殖方法を有性生殖といい，配偶子によらない生殖方法を無性生殖という。次のア～エの生殖方法のうち，無性生殖に当てはまるものをすべて選び，その記号を答えよ。また，無性生殖では，個体の形質の現れ方にどのような特徴があるか簡潔に答えよ。

ア．分裂　　イ．接合　　ウ．栄養生殖　　エ．出芽

〈新潟県改題〉

10 ★★☆

ある種類のオシロイバナの花の色は２対の対立遺伝子Ａ，ａとＢ，ｂにより支配されており，Ａはａに対して，またＢはｂに対してそれぞれ顕性（優性）である。ＡとＢが両方とも存在する場合は花の色は赤色になり，ＡまたはＢの

どちらか一方だけが存在する場合は花の色は桃色になる。そしてA，B共に存在しない場合には花の色は白色になる。

赤色の純系の個体と白色の純系の個体を交雑したF_1はすべて赤色になったが，F_1を自家受精して得られたF_2の花の色の分離比は，赤色：桃色：白色＝9：6：1になった。次の各問いに答えよ。

(1)　この交配の結果から考えられる記述として正しいものはどれか。次の①～⑤のうちから1つ選び，番号で答えよ。

①　この2対の対立遺伝子は複対立遺伝子である。

②　この2対の対立遺伝子は補足遺伝子として桃色の花を生じさせている。

③　この2対の対立遺伝子は互いに独立して配偶子に配分されている。

④　この2対の対立遺伝子は連鎖しているが，組換えは生じていない。

⑤　この2対の対立遺伝子は連鎖しており，組換えを生じている。

(2)　F_2のうち桃色の花をつける個体の遺伝子型は何種類あると考えられるか。次の①～⑥のうちから1つ選び，番号で答えよ。

①　1種類　　②　2種類　　③　3種類　　④　4種類

⑤　5種類　　⑥　6種類

〈神奈川県·横浜市·川崎市改題〉

11　★☆☆

遺伝の仕組みについて，次の各問いに答えよ。

白色花を咲かせるスイートピーの品種には2つの系統がある。これらを交配させるとF_1（第一代）はすべて紫色花を咲かせるものばかりとなった。F_1同士を交配させF_2（第二代）をつくると，紫色花を咲かせるものと，白色花を咲かせるものが，9：7の比であらわれた。この場合，2組の対立遺伝子を，それぞれAとa，Bとbとし，F_1の遺伝子型をAaBbとする。

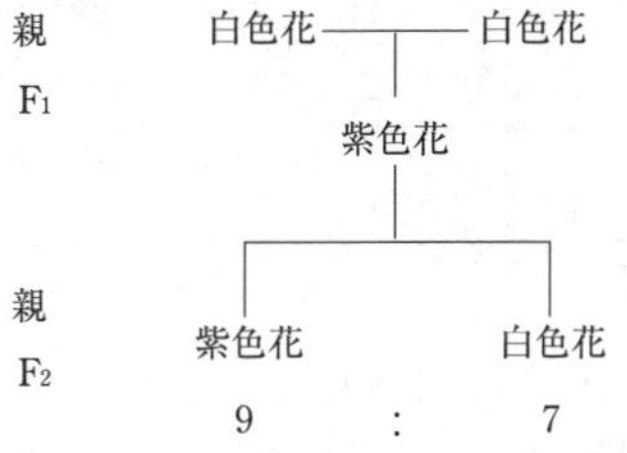

(1)　F_2の分離比について

①　紫色花にあると考えられるすべての遺伝子型は，AABB，AABb，AaBB，AaBbである。この4種類の遺伝子型の分離比を答えよ。

②　遺伝子型がAaBbの花とAABbの花とを交配したとき，紫色花：白色花の分離比を答えよ。

③　このスイートピーのように単独に遺伝する2個の遺伝子の共同作用によって，ある1つの形質が発現するような関係にある遺伝子を何というか。

その名称を答えよ。

(2) 親の遺伝子型について

① どの遺伝子型の花と交配しても，すべて紫色花となる遺伝子型を答えよ。

② 白色花同士の交配で，紫色花と白色花の数が1：3に分離する親の遺伝子型をそれぞれ答えよ。

〈長野県〉

12 ★☆☆

2対の対立遺伝子Aとa，Bとbに関して，A，Bは顕性（優性）遺伝子で，a，bは潜性（劣性）遺伝子である。また，AとB，aとbはそれぞれ連鎖しており，遺伝子型AABBの個体と遺伝子型aabbの個体を交雑して得られたF_1（雑種第一代）の表現型は，すべて〔AB〕であった。また，F_1の検定交雑によって得られた子にあらわれる表現型の分離比から求めた組換え価は，雌雄とも12.5％であった。これについて，次の各問いに答えよ。ただし，表現型は〔AB〕，〔Ab〕，〔aB〕，〔ab〕など〔　　〕で表すものとする。

(1) F_1を検定交雑して得られた子にあらわれる表現型の分離比（〔AB〕：〔Ab〕：〔aB〕：〔ab〕）を答えよ。

(2) F_1どうしを交雑して得られたF_2にあらわれる表現型の分離比（〔AB〕：〔Ab〕：〔aB〕：〔ab〕）を答えよ。

(3) F_1どうしを交雑して得られたF_2について，それぞれの形質について表現型の分離比（〔A〕：〔a〕及び〔B〕：〔b〕）を答えよ。

〈京都府〉

13 ★☆☆

肺炎双球菌には，病原性があって被膜を持つS型菌と，病原性がなく被膜を持たないR型菌がある。この菌を適当な培地を用いて培養して次のような実験を行い，表のような結果を得た。次の各問いに答えよ。（病原性，被膜の有無は遺伝する。また，コロニーとは菌の1つの集落を示す。）

実験	培地にうえた菌	培地にできたコロニー数と型
1	R型菌のみ	R型がほとんどで，極めてわずかな確率でS型が発生した。
2	加熱して殺したS型菌	コロニーは発生しなかった。
3	R型菌と同数の加熱して殺したS型菌	S型約1に対して，その百倍近いR型
4	加熱して殺したS型菌からDNAを取り出して同数のR型菌と混合	S型約1に対して，その百倍近いR型

(1)　実験1で観察された現象を何というか答えよ。

(2)　実験3で観察された現象を何というか答えよ。

(3)　これら一連の実験で，実験1を実施した理由を簡潔に述べよ。

〈名古屋市〉

14　★☆☆

タンパク質の合成について，次の文中の空欄に当てはまる適切な語句を1つずつ答えよ。ただし，同一番号には同じ語句が入る。

ヒトが食べた牛肉などのタンパク質は消化され，構成単位である（　ア　）に分解されてから吸収され，細胞に運びこまれる。そして，細胞質にある（　イ　）という小粒子の上で，ヒト独特のタンパク質に再構成される。ある種の細胞でヒトのあるタンパク質が正確に作られる理由は，ヒトの細胞の核にある（　ウ　）という分子構造の中に，ヒトのあるタンパク質の分子構造が記録されているためである。（　ウ　）には，それが支配するタンパク質分子の（　ア　）の配列が，（　エ　）種類の（　オ　）のさまざまな配列により記録されている。核にあるこの（　ウ　）の情報を細胞質に伝えるはたらきは，伝令RNAとよばれる一種の核酸が担っている。

〈佐賀県〉

演習問題　解答・解説

1

⑴　e，f，h，l から2つ
⑵　a，d，g
⑶　記号：g　　物質：グルコース
　　記号：h　　物質：タンパク質
⑷・植物細胞には細胞壁があるが，動物細胞にはない。
　・植物細胞には葉緑体があるが，動物細胞にはない。

2

⑴　イ　　　　⑵　①
⑶　$S = P - T$

解説

⑶　植物細胞に水が浸透したときに細胞壁を押し広げようとする圧力を膨圧，細胞が内液の浸透圧により水を吸いこむ力（圧力）を吸水力（吸水圧）という。

3

⑴　根の先端には分裂組織があり，盛んに体細胞分裂が行われているから。
⑵　染色体
⑶　酢酸カーミン（酢酸オルセイン）
⑷　プレパラート
⑸　重なり合っている細胞を広げて観察しやすくするため。

4

⑴　①　イ　　　②　ア
　　③　エ　　　④　ウ
⑵　胚　　　　⑶　d

5

⑴　I→J　　　⑵　F，G，H，I
⑶　配偶体
⑷　①　J　　　②　A
　　③　A
⑸　①　胚のう，花粉
　　②　胚のう細胞，花粉四分子

6

⑴　②　　　　⑵　①

7

⑴　①　顕性（優性）
　　②　潜性（劣性）
⑵　AA：Aa：aa＝1：2：1
⑶　丸：しわ＝1：1

解説

⑵　P　　丸　×　しわ
　　　　AA　｜　aa
F_1　　　丸
　　　　　Aa
　　　　　｜
F_2

	A	a
A	AA	Aa
a	Aa	aa

AA：Aa：aa＝1：2：1

⑶　P　F_1・丸　×　しわ
　　　　Aa　｜　aa
子

	A	a
a	Aa	aa

丸：しわ＝1：1

8

⑴　①　AAbb　　②　aaBB
⑵　表現型：丸・黄
　　遺伝子型：AaBb
⑶　AB：Ab：aB：ab＝1：1：1：1

(4)　同一染色体上に2組以上の対立遺伝子が存在する場合。

(5)　丸·黄：丸·緑：しわ·黄：しわ·緑
= 25：5：5：1

解説

(1)〜(3)

P　丸・緑 × しわ・黄
AAbb　|　aaBB
配偶子 Ab　|　配偶子 aB

F_1　丸・黄
AaBb
配偶子 AB：Ab：aB：ab = 1：1：1：1

F_2

	AB	Ab	aB	ab
AB	AABB	AABb	AaBB	AaBb
Ab	AABb	AAbb	AaBb	Aabb
aB	AaBB	AaBb	aaBB	aaBb
ab	AaBb	Aabb	aaBb	aabb

(5)　F_2の丸・黄の遺伝子型は，
AABB：AaBB：AABb：AaBb
=1：2：2：4である。自家受精によって，F_3が生じるので，

AABB × AABB

	AB	AB	AB	AB
AB	AABB	AABB	AABB	AABB
AB	AABB	AABB	AABB	AABB
AB	AABB	AABB	AABB	AABB
AB	AABB	AABB	AABB	AABB

16〔AB〕

AaBB × AaBB

	AB	AB	aB	aB
AB	AABB	AABB	AaBB	AaBB
AB	AABB	AABB	AaBB	AaBB
aB	AaBB	AaBB	aaBB	aaBB
aB	AaBB	AaBB	aaBB	aaBB

12〔AB〕，4〔aB〕
× 2（2個体）
24〔AB〕，8〔aB〕

AABb × AABb

	AB	AB	Ab	Ab
AB	AABB	AABB	AABb	AABb
AB	AABB	AABB	AABb	AABb
Ab	AABb	AABb	AAbb	AAbb
Ab	AABb	AABb	AAbb	AAbb

12〔AB〕，4〔Ab〕
× 2（2個体）
24〔AB〕，8〔Ab〕

AaBb × AaBb

	AB	Ab	aB	ab
AB	AABB	AABb	AaBB	AaBb
Ab	AABb	AAbb	AaBb	Aabb
aB	AaBB	AaBb	aaBB	aaBb
ab	AaBb	Aabb	aaBb	aabb

9〔AB〕，3〔Ab〕，3〔aB〕，〔ab〕
× 4（4個体）
36〔AB〕，12〔Ab〕，12〔aB〕，4〔ab〕

下線部を合計すると，
〔AB〕：〔Ab〕：〔aB〕：〔ab〕
= 100：20：20：4
= 25：5：5：1

9

(1)・両親のいずれか一方の形質が現れる。

・1対の対立遺伝子が互いに分かれて別々の配偶子に入る（分離の法則）。

・2対以上の対立遺伝子が互いに独立して配偶子に分配される。

(2)　**3：0：1：0**

(3)　記号：ア，ウ，エ

特徴：もとの個体と同じ形質をもつ。

解説

(2)　丸型をA，しわ形をa，黄色をB，緑色をbとすると，①の遺伝子型はAaBb，③の遺伝子型はAaBBである。

P　　AaBb × AaBB

子

	AB	Ab	aB	ab
AB	AABB	AABb	AaBB	AaBb
aB	AaBB	AaBb	aaBB	aaBb

丸・黄：しわ・黄＝6：2

＝3：1

10

(1)　③　　　(2)　④

解説

(2)　〔Ab〕，〔aB〕が桃色になるので，桃色の遺伝子型は，AAbb，Aabb，aaBB，aaBbの4種類である。

11

(1)　①　**AABB：AABb：AaBB：AaBb**

＝1：2：2：4

②　**3：1**　　③　**補足遺伝子**

(2)　①　**AABB**　　②　**Aabb，aaBb**

解説

(1)　①　紫色花　〔AB〕

白色花　〔Ab〕，〔aB〕，〔ab〕

F_1　AaBb × AaBb

F_2

	AB	Ab	aB	ab
AB	AABB	AABb	AaBB	AaBb
Ab	AABb	AAbb	AaBb	Aabb
aB	AaBB	AaBb	aaBB	aaBb
ab	AaBb	Aabb	aaBb	aabb

②　AaBb × AABb

	AB	Ab	aB	ab
AB	AABB	AABb	AaBB	AaBb
Ab	AABb	AAbb	AaBb	Aabb

紫色花：白色花＝6：2

＝3：1

(2)　②　Aabb × aaBb

	Ab	ab
aB	AaBb	aaBb
ab	Aabb	aabb

紫色花：白色花＝1：3

12

(1)　**7：1：1：7**

(2)　**177：15：15：49**

(3)　**〔A〕：〔a〕＝3：1**

〔B〕：〔b〕＝3：1

解説

(1)　F_1がつくる配偶子の遺伝子型の分離比を

$$AB : Ab : aB : ab = n : 1 : 1 : n$$

とすると，組換え価が12.5％であるから，

$$\frac{1+1}{n+1+1+n} \times 100 = 12.5$$

$$\therefore\ n = 7$$

したがって，F_1がつくる配偶子の分離比は

AB：Ab：aB：ab ＝ 7：1：1：7

である。

P　　AaBb × aabb

子

	7AB	Ab	aB	7ab
ab	7AaBb	Aabb	aaBb	7aabb

〔AB〕：〔Ab〕：〔aB〕：〔ab〕

＝　7　：　1　：　1　：　7

(2)　F_1　AaBb × AaBb

F_2

	7AB	Ab	aB	7ab
7AB	49AABB	7AABb	7AaBB	49AaBb
Ab	7AABb	AAbb	AaBb	7Aabb
aB	7AaBB	AaBb	aaBB	7aaBb
7ab	49AaBb	7Aabb	7aaBb	49aabb

〔AB〕：〔Ab〕：〔aB〕：〔ab〕

＝ 177　：　15　：　15　：　49

(3)　〔A〕：〔a〕＝(177 ＋ 15)：(15 ＋ 49)

＝ 3：1

〔B〕：〔b〕＝(177 ＋ 15)：(15 ＋ 49)

＝ 3：1

13

(1)　突然変異　　(2)　形質転換

(3)　R型菌が突然変異でS型菌になることはほとんどないことを証明するため。

14

ア．アミノ酸　　イ．リボソーム

ウ．DNA　　エ．4

オ．塩基

4 人間と自然

傾向と対策

生態系，植生の遷移がよく出題される。生産者・消費者・分解者という生物群集，炭素と窒素の循環について基本的な知識を理解し，生産者・消費者の総生産量，呼吸量などのエネルギーの量的関係を理解し，生態系内のつながりを学習しておく必要がある。乾性遷移を中心とした植生の遷移の過程，植物の分布と気候との関連，さらに，地球の温暖化，オゾン層の破壊，酸性雨などの環境問題，成長曲線，生存曲線などの動物の個体数も学習しておく必要がある。

要点 Check!

1 動物集団の構造

(1) 個体群の成長

食物や空間などの資源に制限がない場合，個体数は指数関数的に増加するが，実際には，個体数がある程度増えると成長速度は小さくなり，個体群密度はやがて一定になる。このように個体数の無制限な増加が抑制されたり個体の性質に変化が生じたりすることを**密度効果**といい，密度効果を起こさせる要因を**環境抵抗**という。環境抵抗には餌の不足，生活空間の不足，排出物の蓄積などが考えられる。

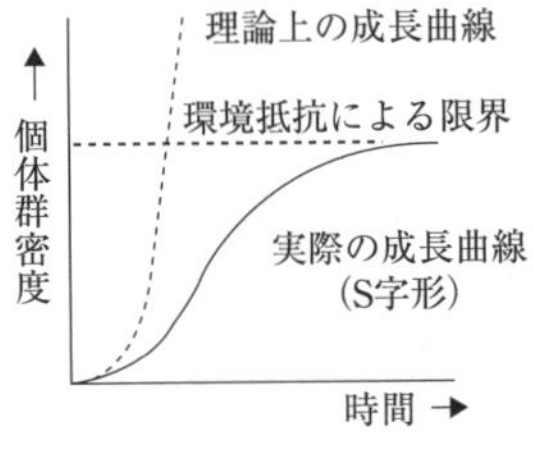

〈個体群の成長曲線〉

(2) 個体数の変動

同時に生まれた動物の個体数の変動を時間の経過とともにグラフに表したものを**生存曲線**という。生存曲線は親が子を保護する程度によって，3つに大別される。

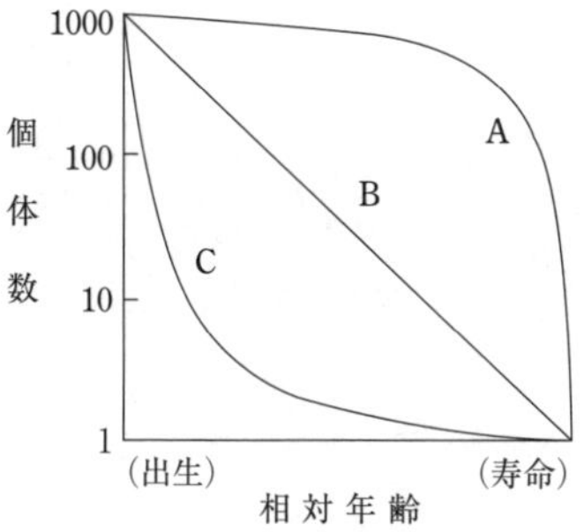

〈生存曲線〉

A：幼い時期の死亡率が低い。
〈例〉哺乳類
B：各時期の死亡率が一定。
〈例〉鳥類，ハ虫類，ヒドラ
C：幼い時期の死亡率が高い。
〈例〉無脊椎動物，魚類

(3)　異種個体群間の関係

① 捕食と被食

食う食われるの関係で，被食者となる動物が増加すると，少し遅れて捕食者も増加する。このような周期的変動は生態系の調和には重要で，これによって個体群密度の調整が行われている。

〈例〉ウサギ（被食者）とオオヤマネコ（捕食者）

② 種間競争

生活要求のよく似た異種個体群間で，食物や生活空間をめぐって起こる争いである。どちらか一方の種は生き残るが，他方の種は競争に負けて滅びる(競争的排除)。

〈例〉ゾウリムシとヒメゾウリムシ

③ すみわけ

生活様式がよく似た2種以上の生物が，競争の結果，生息場所を違えている現象。

〈例〉イワナとヤマメ

④ 共生

・相利共生：互いに利益を得て生活している。
〈例〉クマノミとイソギンチャク，アリとアブラムシ（アリマキ）

・片利共生：一方だけが利益を受け，他方は利益も害も受けない。
〈例〉カクレウオとナマコ, コバンザメとサメ

⑤ 寄生

栄養を他の生物体からとって生活し，寄生された宿主は害を受ける。

〈例〉寄生虫とヒト

⑥ 中立

互いに有利，不利の関係が生じない。

〈例〉シマウマとダチョウ

2　バイオームの分布

(1)　世界の気候とバイオームの分布

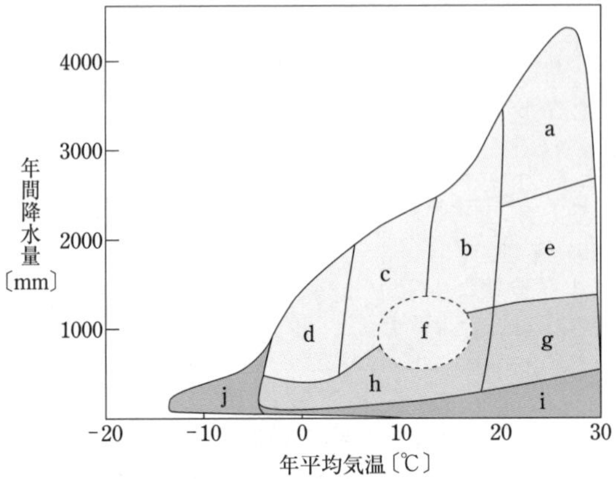

森林	a　熱帯・亜熱帯多雨林	ラワン，ヤシ，マングローブ（オヒルギ，メヒルギなど），ビロウ，フタバガキ
	b　照葉樹林	シイ，カシ，クスノキ，タブノキ，ツバキ
	c　夏緑樹林	ブナ，ミズナラ，クリ，ケヤキ，カエデ
	d　針葉樹林	エゾマツ，トドマツ，カラマツ，コメツガ，シラビソ，トウヒ，モミ
	e　雨緑樹林	チーク
	f　硬葉樹林	オリーブ，ゲッケイジュ
草原	g　サバンナ	イネ科，カヤツリグサ科草本
	h　ステップ	イネ科，カヤツリグサ科草本
荒原	i　砂漠（乾燥荒原）	サボテン
	j　ツンドラ（寒地荒原）	地衣類，コケ植物

(2)　バイオームの垂直分布

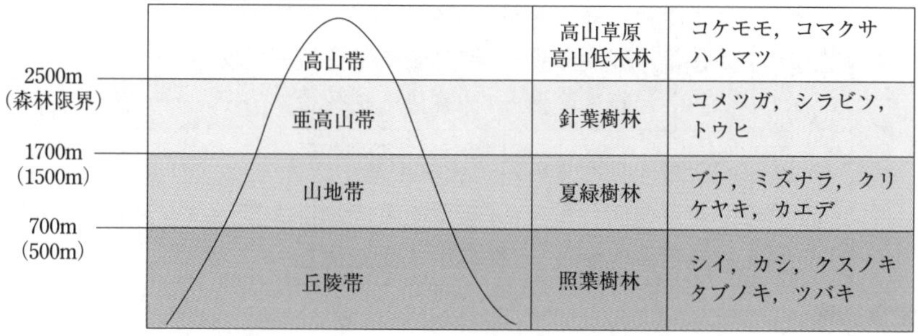

〈バイオームの垂直分布（本州中部地方）〉

3　生態系の成り立ち

(1)　生態系の構成

生態系
- 非生物的環境…光，温度，水，大気，土壌など
  - ↑環境形成作用　↓作用
- 生物群集
  - **生産者**…緑色植物，植物プランクトン（ケイソウ）など
  - **消費者**
    - 一次消費者…植物食性動物，動物プランクトン（ミジンコ）など
    - 二次消費者…小形動物食性動物
    - 三次消費者…大型動物食性動物
  - **分解者**…細菌類，菌類

・生産者：無機物から有機物を生産する独立栄養生物。
・消費者：生産者の作った有機物を食べる従属栄養生物。
・分解者：消費者のうち，動植物の遺体や排出物に含まれる有機物を再び無機物に分解する微生物。

(2)　生態系内のつながり

①　食物連鎖

捕食者と被食者の「食う－食われる」という一連のつながりを**食物連鎖**という。

生産者→一次消費者→二次消費者→三次消費者→……→高次消費者

②　生態ピラミッド

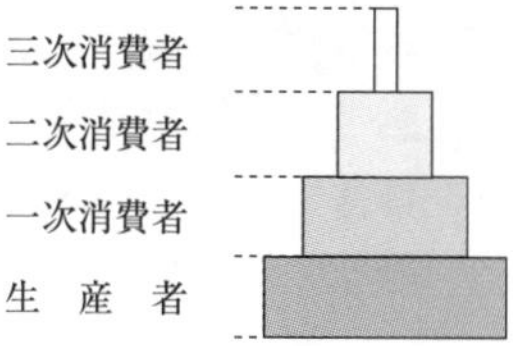

栄養段階の順に，個体数，生体量（単位面積上での生物の体重），エネルギー量（一定期間に得るエネルギー量）を積み上げると，栄養段階が上位のものほど少なくなっており，ピラ

ミッド形となる。

生産者
- 純生産量＝総生産量－呼吸量
- 成長量＝総生産量－（被食量＋枯死量＋呼吸量）
  ＝純生産量－（被食量＋枯死量）

消費者
- 同化量＝摂食量－不消化排出量
- 生産量＝同化量－（呼吸量＋老廃物排出量）
- 成長量＝生産量－（被食量＋死滅量）

(3) 物質循環

① 炭素（C）の循環

光合成によって生物に取り込まれた炭素は，呼吸によって二酸化炭素の形に戻され，大気中に放出される。また，動植物の遺体や排出物は，分解者によって分解され，その中に含まれていた炭素は二酸化炭素の形で大気中に放出される。さらに石炭・石油などの化石燃料も燃焼されることによって二酸化炭素の形で大気中に放出される。

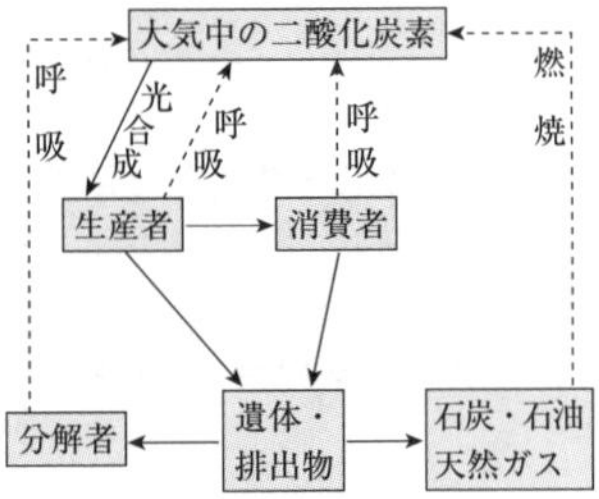

② 窒素（N）の循環

動植物の遺体や排出物は，分解者によってアンモニウムイオンや硝酸イオンに変えられ，緑色植物に吸収されて窒素同化に利用される。また，大気中の窒素（N_2）は根粒菌やアゾトバクター，クロストリジウムなどの窒素固定細菌やシアノバクテリアなどによって窒素化合物になり，植物体に利用される。そのほか，雷などの空中放電によって大気中の窒素から硝酸塩などの窒素化合物ができる。

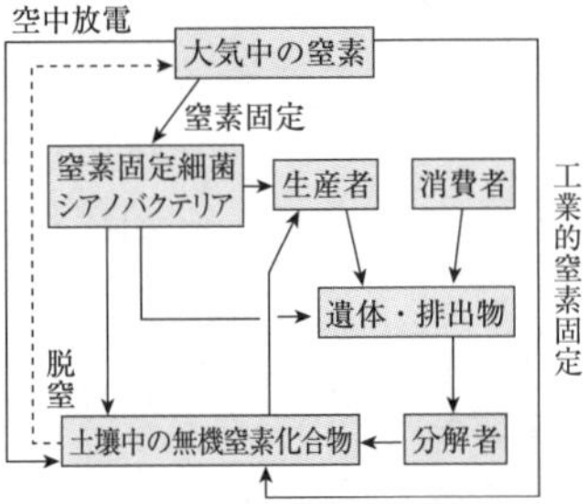

③ エネルギーの流れ

太陽の光エネルギーは光合成によって化学エネルギーに変換された後，食物連鎖を通して移動しながら熱エネルギーとなって自然界へ放出される。

(4) 人間の活動と生態系

① 熱帯林の破壊

熱帯林の破壊は大気中の二酸化炭素濃度を増加させるため，地球の温暖化や異常気象の一因となっている。

② 地球の温暖化

大気中の二酸化炭素や水蒸気などの気体には，赤外線を吸収して大気を暖めるはたらきがある。これを温室効果という。近年の地球の年平均気温の上昇のおもな原因は，化石燃料の大量消費によって大気中の二酸化炭素濃度が増加したことであると考えられている。

③　オゾン層の破壊

地球大気の成層圏にはオゾン層があり，生物に有害な紫外線を吸収している。かつてスプレーなどに使われていたフロンガスが蓄積し，上空で紫外線によって分解され，生じた塩素原子によってオゾンが破壊される。

④　酸性雨

硫黄酸化物（SO*x*）や窒素酸化物（NO*x*）が大気中で硫酸塩や硝酸塩に酸化され，雨滴に溶け込んで雨水のpHが5.6以下になることがある。このような雨を酸性雨といい，これにより森林の枯死，湖沼での魚介類の死滅などの被害が出ている。

⑤　水質汚濁

河川や湖沼などに自然浄化（自浄作用）を上回る汚水が流入すると，窒素，リンなどの栄養塩類が増加し，水が富栄養化する。これが進行するとプランクトンが異常に増殖し，赤潮やアオコ（水の華）とよばれる現象が起こり，溶存酸素が不足したり有毒物質が発生したりして，魚介類が大量死する。

⑥　生物濃縮

農薬や殺虫剤などは生体内で分解・排出されないため，生物が食物として取り込むと体内に蓄積され，生物濃縮が起こる。そのような物質は食物連鎖によってさらに濃縮され，栄養段階が高次の消費者になるほど高濃度で体内に蓄積される。

⑦　外来生物

もともとその生態系に含まれていなかった生物を外来生物という。日本では，外来生物法により，生態系や人類の生命，農林水産業などに被害を及ぼす，またはそのおそれのある外来生物を特定外来生物に指定し，輸入・栽培・飼育を規制している。

例題１　異種個体群間の関係

生物の異種個体群は，利益の受け方によってさまざまな関係に分類できる。表は，ＡとＢの２種の個体群が，別々にすむ場合といっしょにすむ場合の利害関係が示してあり，利益を受ける場合を○，不利益または害を受ける場合を×，影響のない場合を△で表している。表をもとにして，(あ)〜(お)に示される個体群間の相互関係の名称と実例の組み合わせとして正しいものを１つ選び，番号で答えよ。

	別々にすむ場合		いっしょにすむ場合	
	A	B	A	B
(あ)	×	×	○	○
(い)	△	△	×	×
(う)	×	△	○	△
(え)	×	△	○	×
(お)	△	△	△	△

〈名称〉
ア．中立
イ．競争
ウ．寄生
エ．片利共生
オ．相利共生

〈実例〉
a．カクレウオ　と　フジナマコ
b．ホンソメワケベラ　と　クエ
c．シマウマ　と　キリン
d．フジツボ　と　カキ
e．カイチュウ　と　ヒト

	(あ)		(い)		(う)		(え)		(お)	
	名称	実例	名称	実例	名称	実例	名称	実例	名称	実例
①	オ	b	イ	d	エ	a	ウ	e	ア	c
②	エ	a	イ	d	オ	b	ア	c	ウ	e
③	オ	d	イ	b	ウ	e	ア	a	エ	c
④	エ	b	ウ	e	イ	d	オ	c	ア	a
⑤	ウ	e	イ	b	ア	c	オ	d	エ	a

〈三重県〉

解答　①

例題２　食物連鎖

右の表は，湖沼生態系に見られる食物連鎖の例である。これを見て，次の各問いに答えよ。

A	三次消費者	ウナギ，ナマズ
	↑	
B	二次消費者	ドジョウ，フナ
	↑	
C	一次消費者	イトミミズ，スジエビ，ミジンコ
	↑	
D	（　ア　）	クロモ，マコモ，ケイソウ

⑴　表中（　ア　）に入る適切な語句を答えよ。

⑵　メダカは，A～Dのどのグループに入るか，記号で答えよ。

⑶　植食性動物と呼ばれるのは，どのグループか。次の①～⑤から選び，番号で答えよ。

①　B　　②　BとC　　③　C　　④　CとD　　⑤　D

⑷　ある年，この湖でスジエビが大発生した。このとき起こる個体数の変化を述べた次の文中の（　　）内に当てはまる生物の組み合わせで正しいのはどれか。次の①～④から選び，番号で答えよ。

スジエビの大発生にともない，（　イ　）は減少，（　ウ　）は増大した。続いて（　エ　）も増大したが，やがて（　オ　）が減少し始め，次第にすべてのグループの個体数が元の状態に戻り安定した。

①　イ：B　ウ：D　エ：A　オ：D
②　イ：D　ウ：C　エ：B　オ：A
③　イ：D　ウ：B　エ：A　オ：C
④　イ：B　ウ：D　エ：A　オ：B

⑸　生態系の平衡が崩れる例として，赤潮の発生があげられるが，その理由について述べよ。

⑹　生態系の構造を表す３種類の生態ピラミッドのうち，逆ピラミッドの形になりうるものを１つあげ，その名称を答えよ。また，その例を簡単に述べよ。

〈宮城県・仙台市〉

解答　⑴　生産者　⑵　B　⑶　③　⑷　③

⑸　赤潮は特定のプランクトンが大発生する現象だが，このプランクトンのもつ毒素の作用やそれ自身がえらにつまることによって，多くの魚介類が死滅する。一般的に低次消費者の増加は高次消費者の増加を促すが，赤潮では逆に高次消費者を減少させるため。

⑹　名称：個体数ピラミッド　　例：サクラとその葉を食べるガの幼虫

例題3 バイオームの垂直分布

次の図は，中部日本のある地域における，異なる3種の樹種が優占するバイオームの分布と標高との関係を模式的に示したものである。標高500m以下の地域では開発が進み，本来あるべき植生がほとんど失われている。次の各問いに答えよ。

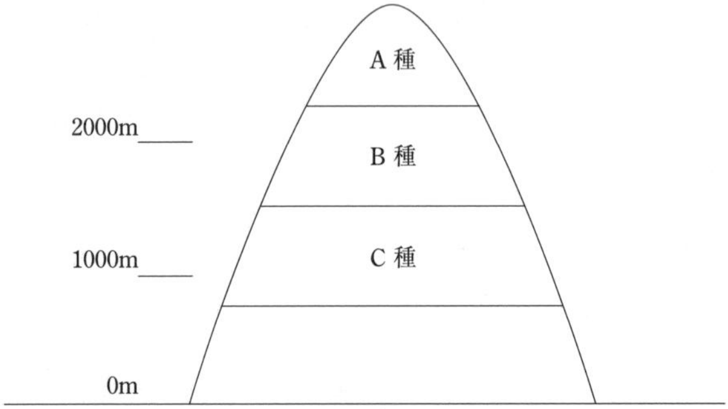

(1) 図中のA種，B種，C種に当てはまる樹種の組み合わせとして，最も適切なものを1つ選び，番号で答えよ。

	A種	B種	C種
①	ハイマツ	ブナ	シラビソ
②	ハイマツ	シラビソ	ブナ
③	ブナ	シラビソ	ハイマツ
④	ブナ	ハイマツ	シラビソ
⑤	シラビソ	ブナ	ハイマツ
⑥	シラビソ	ハイマツ	ブナ

(2) 標高500m以下の地域で，開発が行われる以前に成立していたと考えられる極相林での優占樹種として，最も適切なものを1つ選び，番号で答えよ。

① シラカンバ　② コルクガシ　③ フタバガキ
④ スダジイ　⑤ エゾマツ　⑥ クロマツ

〈神奈川県・横浜市・川崎市〉

解答 (1) ②　(2) ④

演習問題

1 ★☆☆

右図は，生存曲線の３型を模式的に示したものである。図の横軸において，相対年齢の最大値は各個体群の生理的寿命をあらわしている。

平均寿命が生理的寿命に最も近い生存曲線の型とその型に該当する動物の組合せを１つ選び，番号で答えよ。

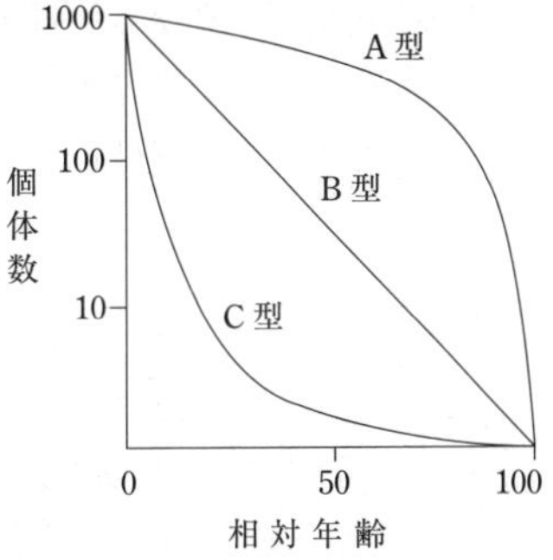

① A型で，ヒグマやニホンザル
② A型で，シシャモやサバ
③ B型で，スズメやカナヘビ
④ C型で，ヒグマやニホンザル
⑤ C型で，シシャモやサバ

〈福岡県・福岡市・北九州市〉

2 ★☆☆

図は，バイオームと気候の関係を表している。次の各問いに答えよ。

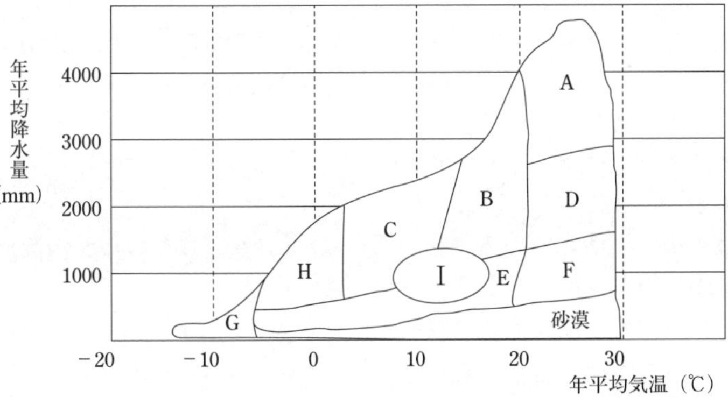

(1) Ｃのバイオームの代表樹種は，次のグループのうちどれか。記号で答えよ。

ア．トドマツ，エゾマツ，シラビソ　　イ．ブナ，ミズナラ，クリ
ウ．シイ，タブ，カシ　　エ．タコノキ，ヤシ類

(2) Dのバイオームは次のうちどれか。記号で答えよ。

ア．夏緑樹林　　イ．熱帯多雨林　　ウ．照葉樹林

エ．針葉樹林　　オ．雨緑樹林　　カ．硬葉樹林

(3) 図のA～Iのうち，草原のバイオームはどれか。すべて記号で答えよ。

(4) 図のA～Iのうち，日本に広く分布しているバイオームを北から順に3つ選んで，記号で答えよ。

〈茨城県〉

3 ★☆☆

次の各問いに答えよ。

Ⅰ．日本のある地域の河川や沼には，ナマズ，フナ，メダカなどの魚類が生息している。また，底には水生植物が生え，貝類，水生昆虫，甲殻類なども見られる。水中にはクロレラ，ケイソウ，ゾウリムシ，ミジンコ，ミドリムシなどの植物プランクトンや動物プランクトンが多数見られる。

近年，この地域には生息していなかった外来生物が人為的に持ち込まれて繁殖し，在来種や生態系に影響を及ぼしていることが問題となっている。このことについて，次の各問いに答えよ。

(1) 次のア～エのプランクトンのうち，多細胞生物を1つ選び，記号で答えよ。

ア．クロレラ　　イ．ゾウリムシ　　ウ．ミジンコ　　エ．ミドリムシ

(2) ケイソウは，生態系の中でどの栄養段階にあたるか。次のア～エのうちから1つ選び，記号で答えよ。

ア．生産者　　イ．一次消費者　　ウ．二次消費者　エ．三次消費者

(3) 次のア～エの生物のうち，日本に人為的に持ち込まれて繁殖している外来生物を1つ選び，記号で答えよ。

ア．ヒラタカゲロウ　　イ．アユ　　ウ．カワニナ

エ．オオクチバス

(4) 自然の中で生活している生物の間には，「食う・食われる」の関係がある。この生物のつながりを何というか答えよ。

Ⅱ．近年，大気中の二酸化炭素濃度の上昇が世界各地で観測されている。①この上昇の主な要因は人間の産業活動によるものと考えられている。このままのペースで大気中の二酸化炭素濃度が上昇していくと，②地球規模で生態系に大きな影響を与えるような現象が起こると予測される。このことについて，次の各問いに答えよ。

(1) 現在の大気中に含まれる二酸化炭素濃度に最も近い値を，次のア～オのうちから1つ選び，記号で答えよ。

ア．0.4ppm　　イ．1ppm　　ウ．100ppm

エ．410ppm　　オ．1100ppm

⑵　下線部①について，熱帯雨林をはじめとする森林の大規模な破壊の他にどのような要因があるか答えよ。

⑶　下線部②の現象として最も適切なものを，次のア〜オのうちから一つ選び，記号で答えよ。

ア．オゾン層の破壊　　イ．酸性雨の降下　　ウ．寒冷化

エ．光化学オキシダントの増加　　オ．海水面の上昇

〈栃木県改題〉

4 ★☆☆

次の図は，自然界における物質の循環を模式的に示したものである。

図中の矢印⇒は有機物の流れを，また，矢印→は無機物の流れを示している。これをもとに，次の各問いに答えよ。

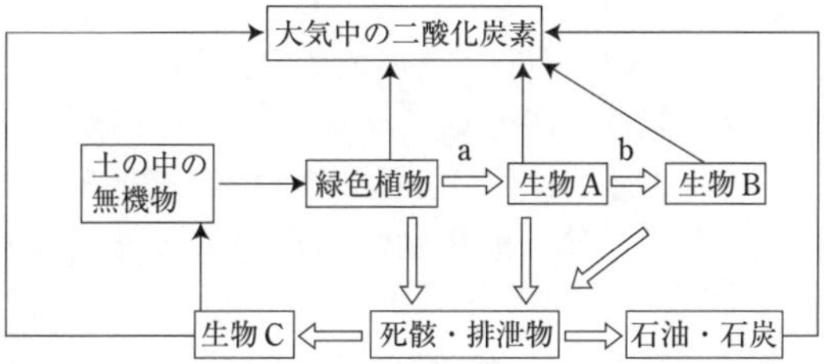

⑴　矢印a，bの流れは，生物どうしの食べる，食べられるというつながりを表している。このような生物どうしのつながりを何というか答えよ。

⑵　自然界で緑色植物を生産者というのに対して，生物Cを何というか答えよ。また，生物Cに当てはまらないものを，次のア〜エから1つ選び，その記号を答えよ。

ア．キノコ　　イ．ゼニゴケ　　ウ．アオカビ　　エ．ブドウ球菌

⑶　土の中の無機物のうち，窒素を含む無機物は，緑色植物の体内で有機物に合成される。その有機物を何というか答えよ。

〈岩手県〉

5 ★☆☆

生態系のはたらきに関して，次の各問いに答えよ。

Ⅰ．次の図は，生態系における窒素の循環をまとめたものである。

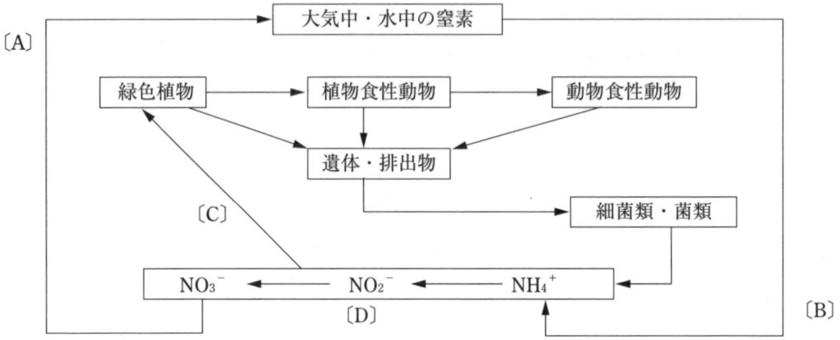

(1) この図に関して述べた次の各文の（　　）内に適する語句を語群から選び，記号で答えよ。

① 生態系における生物の役割から，緑色植物のことを（　ア　），植物食性動物・動物食性動物のことを（　イ　），細菌類・菌類のことを（　ウ　）という。

② 緑色植物→植物食性動物→動物食性動物という一連のつながりは，食う・食われるの関係を示している。この一連のつながりを（　エ　）という。

③ 〔A〕の矢印は，土中・水中の硝酸塩を還元し，窒素（N_2）を発生させる作用である。この作用には（　オ　）が関与している。

④ 〔B〕の矢印に従って窒素を取り込む作用には，マメ科植物と共生する（　カ　）や嫌気性のバクテリアである（　キ　），好気性のバクテリアである（　ク　）などが関与しており，この作用を（　ケ　）とよぶ。

⑤ 〔C〕の矢印は，土中・水中の無機窒素化合物を緑色植物が吸収し，有機窒素化合物に変える作用を示している。この作用を（　コ　）とよぶ。

⑥ 〔D〕は，土中・水中の無機窒素化合物が，バクテリアのはたらきで変化する過程を示している。このバクテリアは（　サ　）で，この作用を（　シ　）という。また，このバクテリアはこの作用によって得られるエネルギーを用いて（　ス　）を行う独立栄養生物である。

〈語群〉

a．硝化菌	b．脱窒素細菌	c．硫黄細菌
d．根粒菌	e．アゾトバクター	f．クロストリジウム
g．硝化作用	h．窒素固定	i．光合成
j．窒素同化	k．自然浄化	l．炭酸同化
m．富栄養化	n．食物連鎖	o．栄養段階
p．生産者	q．分解者	r．消費者

Ⅱ．次の表は，ある森林生態系で緑色植物の１年間の単位面積あたりの有機物量変化を調査してまとめたものである。

調　査　項　目	有機物量（kg/m^2）
１年間の初めの植物体量	62.6
１年間の終わりの植物体量	63.4
植物の地上部の呼吸量	4.2
植物の地下部の呼吸量	0.4
枯死した植物体（落葉・落枝）	1.7
動物に食べられた植物体量	0.6

⑵　この調査区における緑色植物の，１年間の次の量（$1m^2$あたり）を求めよ。

①　成長量　　②　純生産量　　③　総生産量

⑶　森林は一般に草原や荒原よりも総生産量は大きいが，純生産量はよく発達した草原よりも小さいことがある。その理由を簡単に述べよ。

〈長崎県〉

演習問題　解答・解説

1

①

2

(1) イ　　(2) オ

(3) E，F　　(4) H，C，B

3

Ⅰ. (1) ウ　　(2) ア

(3) エ　　(4) 食物連鎖

Ⅱ. (1) エ

(2) 石炭，石油などの化石燃料の大量消費

(3) オ

4

(1) 食物連鎖

(2) 名称：分解者　　記号：イ

(3) 有機窒素化合物

5

(1) ア. p　　イ. r

ウ. q　　エ. n

オ. b　　カ. d

キ. f　　ク. e

ケ. h　　コ. j

サ. a　　シ. g

ス. l

(2) ① **0.8kg/m^2**

② **3.1kg/m^2**

③ **7.7kg/m^2**

(3) 単位面積あたりの植物体量は草原より森林の方が大きいので，総生産量が大きい。しかし，同化を行わない植物体量は草原より森林の方が大きく，呼吸量が大きいので，純生産量は小さくなる。

解説

(2) ① $63.4 - 62.6 = 0.8$〔kg/m^2〕

② $1.7 + 0.6 + 0.8 = 3.1$〔kg/m^2〕

③ $3.1 + 4.2 + 0.4 = 7.7$〔kg/m^2〕

5 実践問題

1 ★★☆

次の各問いの空欄に適当な語句を入れよ。

(1) 顕微鏡のしぼりをひらくと視野の明るさは（　ア　）くなり，しぼりをしぼると焦点深度は（　イ　）くなる。

(2) 一般的に，高倍率で観察する場合は，低倍率で観察する場合より焦点深度は（　ア　）く，視野の明るさは（　イ　）くなる。

(3) 顕微鏡の接眼レンズの筒長は，高倍率のものの方が低倍率のものより（　ア　）い。また，対物レンズの筒長は，高倍率のものの方が低倍率のものより（　イ　）い。

(4) 焦点を適切に合せたとき，対物レンズとプレパラートの距離は，一般に高倍率のときの方が（　　　）い。

(5) 顕微鏡の解像力は，原則としては（　　　）レンズに依存する。

(6) 顕微鏡の倍率は，対物レンズの倍率と接眼レンズの倍率の（　　　）である。

(7) 一般的な顕微鏡の場合，プレパラートを左下に動かしたら，視野の中の像は（　　　）に移動する。

(8) 空気の泡ができるだけ少ないプレパラートを授業中に生徒につくらせ観察させたい。このとき，どんなことを指導すればよいか。簡潔に答えよ。

(9) 次の①～③のうち，正しいものを選べ。

① 顕微鏡を使ってスケッチするとき，右利きの生徒は左目で接眼レンズをのぞき，右目でスケッチする。

② 双眼実体顕微鏡のステージは，白い面を常時使用する。

③ 17 世紀半ばの生物学に衝撃を与えた近代的な顕微鏡としては，レーウェンフックのものがよく知られている。

〈佐賀県〉

2 ★★☆

植物細胞の観察について，次の各問いに答えよ。

(1) 接眼ミクロメータを用いてタマネギの鱗葉表皮細胞の大きさを測定したい。測定の手順を，図 1 および図 2 を参考にして，簡潔に述べよ。

図1　接眼ミクロメータと
対物ミクロメータの目盛り

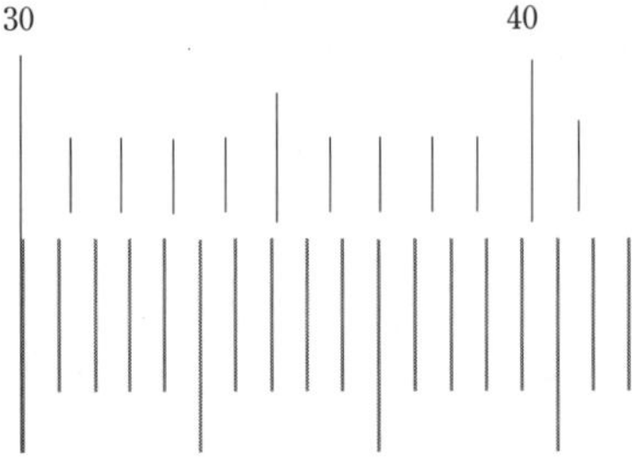

図2　タマネギの鱗葉表皮細胞
（水で封じたものを観察した）

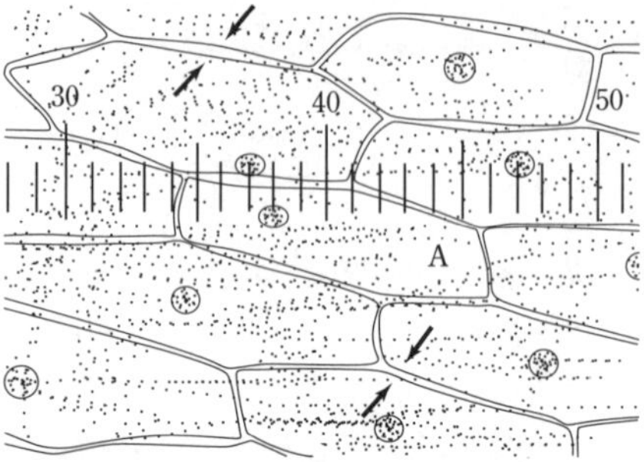

⑵　図2の中央の細胞Aの大きさ（長径）を求めよ。ただし，対物ミクロメータ1目盛りの長さを10μmとする。単位はμmとし，小数第1位を四捨五入し，整数で答えよ。

⑶　図2の中央の細胞Aの短径を測定したい。どのようにすればよいか。簡潔に述べよ。

⑷　図2の矢印のように細胞の周囲が二重に見えたが，核は二重には見えなかった。この理由はなぜか。また，顕微鏡の倍率を変えずに，二重に見えるのを解消するためにはどのような方法をとればよいか。簡潔に述べよ。

〈徳島県〉

3 ★★☆

光合成の実験を行うために，試験管A，Bを図のような状態にして，それらを日当たりのよい所に数時間置いて，水溶液の色の変化を調べた。次の各問いに答えよ。

○試験管A

呼気を吹き込んだ水にインジゴカーミン溶液を加えたあと，ハイドロサルファイト溶液（亜ニチオン酸ナトリウム溶液）を加えると黄色の水溶液になった。その後，その水溶液に，オオカナダモを入れて空気が入らないように栓をした。

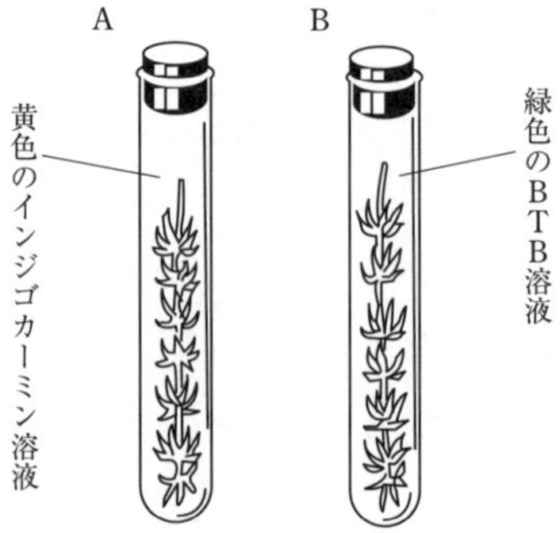

○試験管B

BTB溶液を加えた水に呼気を吹き込んで緑色の水溶液にした。その後，その水溶液に，オオカナダモを入れて，空気が入らないように栓をした。

(1)　試験管Aに，ハイドロサルファイト溶液を入れた理由を答えよ。

(2)　試験管Aを日当たりのよい所に置くと，水溶液の色が変化した。その色は何色になったか，次のア～エから選び，記号で答えよ。

ア．青色　　イ．白色　　ウ．赤褐色　　エ．茶色

(3)　試験管Bを日当たりのよい所に置くと，水溶液の色は，何色に変化したか答えよ。また，その理由を，「呼吸」と「光合成」の用語を使って答えよ。

(4)　光合成で得た有機物から生活活動のエネルギーを取り出すために，植物は「ADP」と「リン酸」からどのような物質をつくるか答えよ。

(5)　光合成速度は限定要因により決定される。限定要因について説明せよ。

〈愛媛県〉

4 ★★☆

校庭や学校周辺にどのような植物が見られるのかを調べるために，野外観察を行った。植物名が分からなかった植物は標本にして，後日，図鑑で調べた。次に挙げた各植物は，観察した主なものである。各問いに答えよ。

〔セイヨウタンポポ，シロツメクサ，アラカシ，ウツギ，クズ，アジサイ，コナラ，ケヤキ〕

(1)　セイヨウタンポポの1つの花の絵を描け。ただし，絵には花の各部の名称を記入すること。

(2)　殻斗《かくと》ができる植物を2つ選び，その植物名を答えよ。また，それらの植物の殻斗《かくと》の絵を描け。

(3)　ある樹木の葉と花のついた枝を剪定ばさみで切り，採集した。この採集した植物の乾燥標本を作る手順を箇条書きで答えよ。

(4)　次の①，②の用語について，中学生に分かるように，それぞれ図を用いて説明せよ。ただし，説明には，上の植物のうちから2種類以上の植物名を用い，必要があれば，図を用いてもかまわない。

①　複葉　　②　対生

〈奈良県〉

5 ★★☆

スクロースをグルコースとフルクトースに分解する酵素（スクラーゼ）を用いて，次のような実験を行った。

〈実験〉

ある濃度のスクロース溶液に一定濃度のスクラーゼを加えて，pH，温度を最適にして反応させた。一定時間ごとに反応生成物量を測定したところ，図のような結果になった。

図

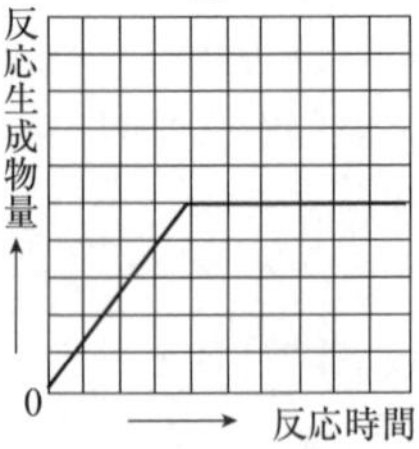

次に，(1)～(4)のように条件を変え，その他の条件は〈実験〉と同じにしたときの実験結果が〈グラフA〉～〈グラフF〉のいずれかになったとする。この場合の実験結果の組み合わせとして最も適当なものを1つ選び，番号で答えよ。ただし，すべてのグラフの縦軸・横軸の目盛りは，それぞれ図と同じである。

(1)　スクロース溶液の濃度を2倍にする。

(2)　加える酵素およびスクロース溶液の濃度を2倍にする。

(3)　加える酵素の濃度を1/2にする。

(4)　スクロース溶液のかわりに，同濃度のラクトース溶液を用いる。

＜グラフA＞

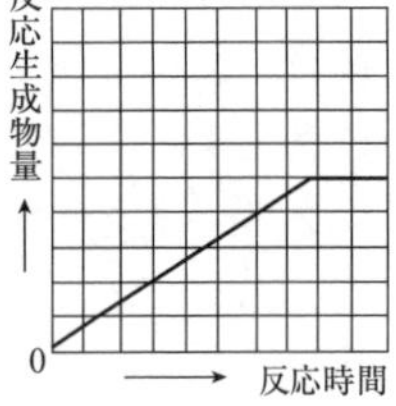

＜グラフB＞

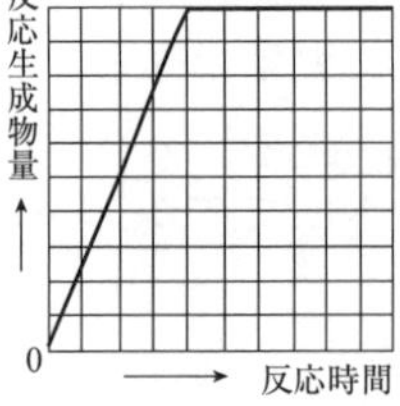

＜グラフC＞

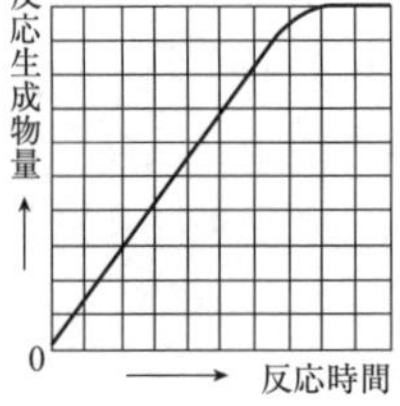

＜グラフD＞

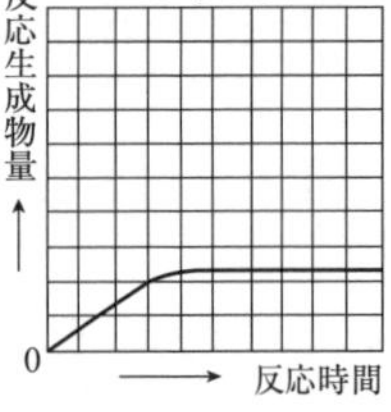

＜グラフE＞

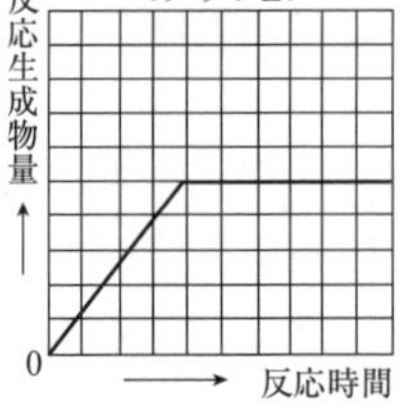

＜グラフF＞

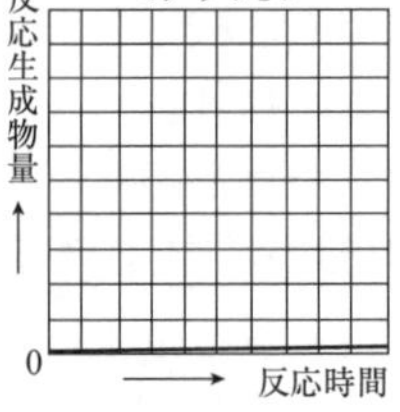

	(1)	(2)	(3)	(4)
①	グラフC	グラフB	グラフD	グラフF
②	グラフB	グラフC	グラフD	グラフF
③	グラフC	グラフB	グラフA	グラフF
④	グラフB	グラフC	グラフA	グラフE
⑤	グラフC	グラフB	グラフD	グラフE

〈愛知県〉

6 ★★★

酵母を用いた次の実験について，次の各問いに答えよ。

酵母の呼吸や発酵について，図1のワールブルグ検圧計を用いて実験を行った。装置のアの部分に酵母を含んだ液を入れ，ア，イ，ウの各部分に，表に示すような組み合わせで各物質を入れ，実験A～Eを行ったところ，図2に示すような結果を得た。

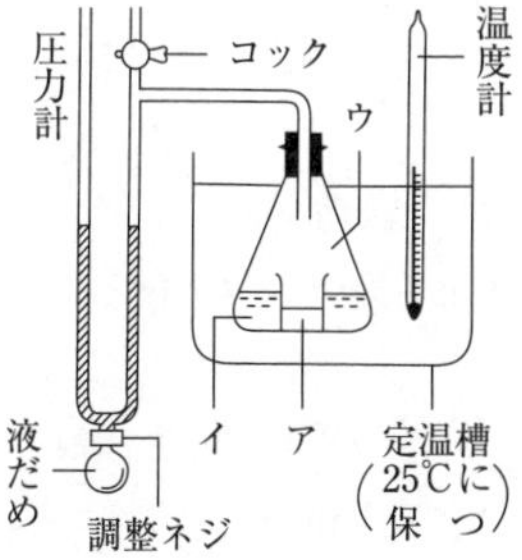

図1

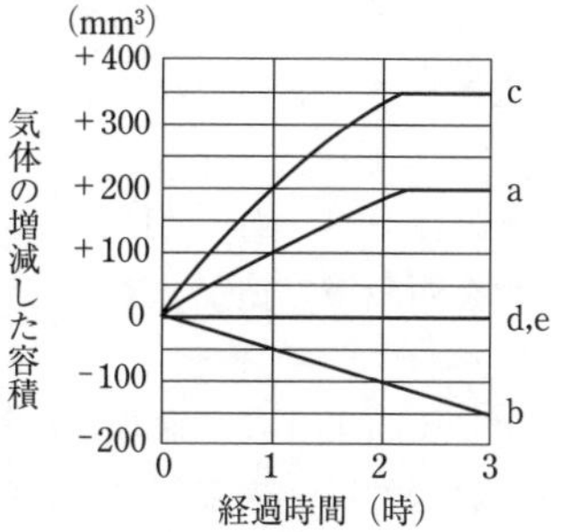

図2

実験	A	B	C	D	E
アの液	グルコース溶液	グルコース溶液	グルコース溶液	グルコース溶液	蒸留水
イの液	蒸留水	水酸化カリウム溶液	蒸留水	水酸化カリウム溶液	蒸留水
ウの気体	空気	空気	窒素	窒素	窒素
図2の曲線	a	b	c	d	e

(1)　実験Cで起こった反応として適切なものを1つ選び，番号で答えよ。

①　呼吸（酸素呼吸）

②　酢酸発酵

③　乳酸発酵

④　アルコール発酵

(2)　反応時間の変化に伴って図2の曲線aが示しているものとして適切なものを1つ選び，番号で答えよ。

①　発生した二酸化炭素量－消費した酸素量

②　発生した酸素量

③　消費した酸素量－発生した二酸化炭素量

④　消費した二酸化炭素量

(3)　酵母の発酵ではグルコース1分子から2分子の二酸化炭素が発生する。ある条件下で酵母を培養したところ，酸素96mgを吸収し，二酸化炭素220mgを放出した。酵母の発酵によって放出された二酸化炭素の量（mg）の値として適切なものを1つ選び，番号で答えよ。ただし，原子量はH＝1.0，C＝12.0，O＝16.0とする。

① 62　　② 88　　③ 110　　④ 132

〈東京都〉

7 ★★☆

生きたメダカの尾びれを顕微鏡で観察し，血液の流れの様子を調べた。次の文は，その観察レポートの一部である。これについて，各問いに答えよ。

〔観察方法〕

① メダカの体を（　あ　），スライドガラスの上に置く。

② 尾びれを顕微鏡で検鏡して，血管の中を血液が流れる様子を調べる。

〔観察結果〕

右のスケッチのように，血球が血管A，Bの中を矢印の向きに流れていた。また，尾びれの骨は，先端部になるほど細くなっていた。

〔考察〕

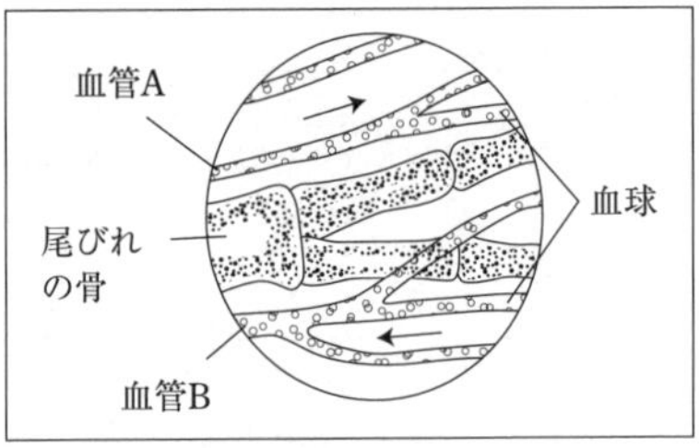

① 観察した血球は，その色から見て，赤血球と思われる。血球の動く向きから見て，血管Aには心臓からからだの各部に送られる血液が，血管Bにはからだの各部から心臓にもどる血液が，それぞれ流れていると仮定した。この仮定にもとづけば，一定の体積の血液中に含まれている酸素の量は，（　い　）と考えられる。

(1) （　あ　）に当てはまる操作は何か。次のア～エから1つ選び，その記号を答えよ。

ア．ポリエチレンシートで包み　　イ．純粋なエタノールで十分濡らし

ウ．水で濡らした脱脂綿で包み　　エ．酢酸オルセイン溶液で十分濡らし

(2) （　い　）に当てはまる言葉は何か。次のア～エから1つ選び，その記号を答えよ。

ア．血管Aの方が血管Bの方より多い

イ．血管Bの方が血管Aの方より多い

ウ．血管Aも血管Bもほとんど変わらない

エ．血管によって決まっていない

(3)　赤血球の中には，酸素を運ぶはたらきをする色素があるが，この色素は何というか。その名称を答えよ。また，メダカでこの色素と酸素とが最も多く結びつく器官は何か。その名称を答えよ。

(4)　血液の成分のうち，毛細血管からしみ出て，養分や酸素を細胞に渡したり，細胞から二酸化炭素や不要物を受け取るはたらきをするものを何というか。その成分の名称を答えよ。

〈岩手県〉

8 ★★★

次の文を読んで，各問いに答えよ。

ゾウリムシの浸透圧調節のしくみを調べるため，ゾウリムシの収縮胞の動きを顕微鏡で観察し，収縮胞の動きと外液の濃度との関係を調べた。以下は，その実験方法と結果である。

①　時計皿に蒸留水及び各濃度の食塩水（0.2，0.4，0.6，0.8％）をそれぞれ0.2mLずつ入れる。

②　0.01％塩化ニッケル溶液を加えたゾウリムシの培養液をそれぞれの時計皿に0.2mL加える。（したがって，ゾウリムシの外液濃度は，はじめの食塩水濃度の1/2になる。）

③　数分間放置した後，それぞれのゾウリムシをスライドガラスに取り検鏡する。

④　収縮胞が5回収縮するのに要した時間を測定する。これを3回くり返して平均値を求め，収縮周期を算出した。

図1は，その結果を示したものである。また，図2は，検鏡観察したゾウリムシの模式図である。

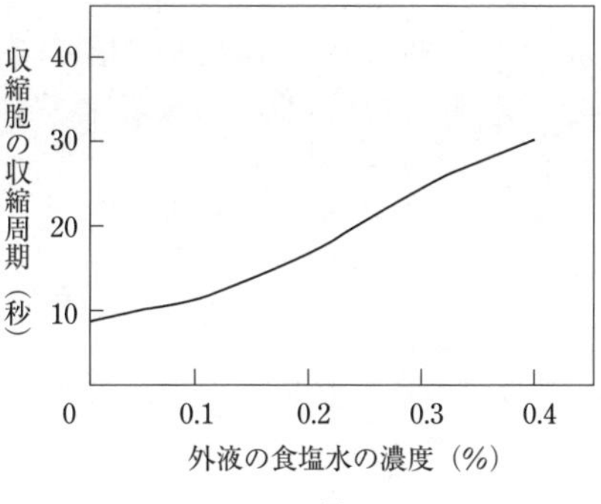

図1

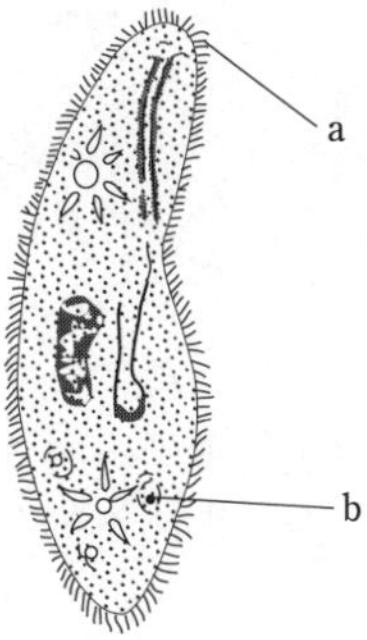

図2

(1)　ゾウリムシは，系統分類上何とよばれる門に属すか。その門の名称を答えよ。

(2)　ゾウリムシの長径の大きさとして適するものを選び，記号で答えよ。

ア．2 〜 3μm　　　イ．20 〜 30μm

ウ．200 〜 300μm　　エ．2 〜 3mm

(3)　図2のa，bの名称を答えよ。

(4)　実験②において，塩化ニッケル溶液を加えるのはなぜか。その理由を答えよ。

(5)　外液の濃度が高くなるにつれて収縮胞の収縮周期が長くなるのはなぜか。その理由を50字程度で説明せよ。

〈大分県〉

9 ★☆☆

動物の体と生活について，次の(1)〜(3)のそれぞれに該当する動物を，ア〜オからすべて選び，その記号を答えよ。

(1)　成虫の体は，頭部，胸部，腹部の三部分に分かれている。

(2)　変態の過程でさなぎになる。

(3)　成虫では，複眼をもっている。

ア．トンボ　　イ．ハエ　　ウ．カブトムシ

エ．クモ　　オ．モンシロチョウ

〈愛媛県〉

10 ★☆☆

生物の生殖や細胞のつくりについて，次の各問いに答えよ。

(1)　生殖にはいろいろな方法があるが，無性生殖の中で，さし木，株分けなどのように体の一部から新個体をつくるふえ方を何というか，その名称を答えよ。

(2)　右の図は，動物細胞の模式図である。図のア〜ウの細胞小器官の名称を書け。また，ア〜ウの特徴について述べた文を，次のa〜eのうちからそれぞれ1つずつ選び，記号で答えよ。

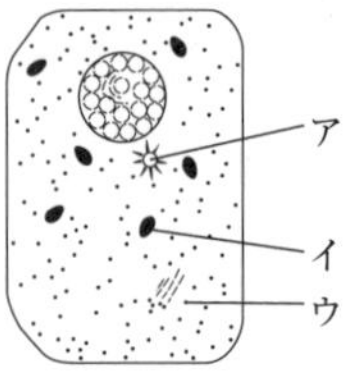

a．内部にあるチラコイドの膜にはクロロフィルやカロテノイドなどの光合成色素が含まれている。

b．扁平な袋状の構造が層状に重なった形をしていて，物質の分泌や貯蔵に関係している。

c．ここでは呼吸が営まれていて，内膜では生命活動に必要なエネルギー源である ATP が合成される。

d．細胞分裂のとき，紡錘体の形成に関係する重要な役割を果たしている。

e．細胞の生命活動を調節する中心である。また，細胞の形質を決めたり，次世代にいろいろな形質を伝える重要なはたらきをしている。

(3)　減数分裂では，第一分裂の前期に，染色体の動きに関して，体細胞分裂では見られない現象が起きる。その現象について簡潔に答えよ。

〈香川県〉

11 ★☆☆

右の図は，植物細胞を蒸留水または濃度を変えたスクロース溶液に 30 分間浸したときの，浸透圧，膨圧，体積の関係を示している。これについて，各問いに答えよ。

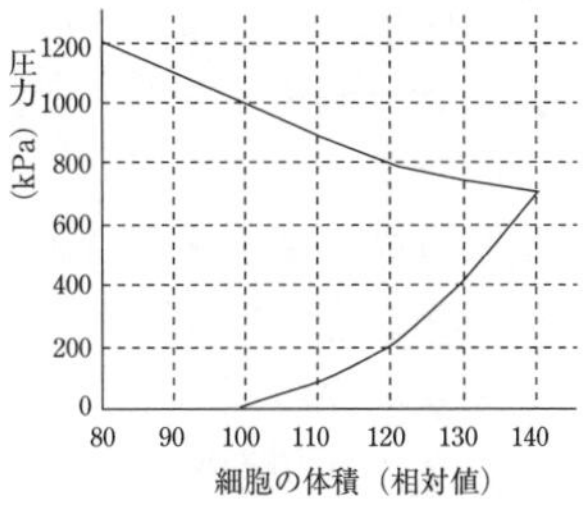

(1)　次のA～Cの数値はどうなるか。正しい組合せを１つ選び，番号で答えよ。

A．吸水力（吸水圧）が 600 kPa のときの細胞の体積（相対値）

B．限界原形質分離状態の細胞の浸透圧

C．細胞の体積（相対値）が 140 のときの吸水力（吸水圧）

	A	B	C
①	120	0 kPa	700 kPa
②	137	700 kPa	0 kPa
③	120	1000 kPa	700 kPa
④	120	1000 kPa	0 kPa
⑤	140	700 kPa	700 kPa

(2)　限界原形質分離を起こすスクロースの溶液のモル濃度（mol/L）はいくらになるか。最も適当なものを１つ選び，番号で答えよ。ただし，温度は 27℃，気体定数（R）は 8.3 kPa・L/(mol・K) とする。

①　0.040 mol/L　　②　0.28 mol/L　　③　0.40 mol/L

④　0.44 mol/L　　⑤　4.4 mol/L

〈愛知県〉

12 ★★☆

細胞分裂の観察の実験について，次の各問いに答えよ。

〔実験〕

A．タマネギの根の先端を5mmほど切り取る。

B．60℃に温めたうすい塩酸に約1分間つける。

C．根の先端をスライドガラスに載せて，染色液を1，2滴加える。

D．カバーガラスをかけて，その上から親指で軽く押しつぶして顕微鏡で観察する。

(1) Bの操作の目的は何か答えよ。

(2) Cで用いる染色液として適切なものを1つ答えよ。

(3) Dの操作を行うときの注意点を2つ答えよ。

(4) 植物細胞の細胞質分裂と動物細胞の細胞質分裂の相違点を1つ答えよ。

(5) 細胞分裂後，細胞が分裂前と同じ大きさまで成長せずに直ちに次の細胞分裂を行う例を1つ答えよ。

(6) バッタの精巣を用いて細胞分裂を観察するとき，前述の実験で観察される細胞分裂のようすとはどのような点が異なるか答えよ。また，植物細胞で同様の分裂を観察するのに適切な部位を次のア～エより選び，記号で答えよ。

ア．茎の先端　　イ．めしべの柱頭　　ウ．おしべの葯《やく》

エ．葉の孔辺細胞

〈兵庫県〉

13 ★☆☆

黄色の毛のネズミと黒色の毛のネズミについて，体毛が黄色になる遺伝子は顕性（優性）であるが，同時に潜性（劣性）の致死遺伝子でもある。黄色の毛のネズミどうしを親としてかけ合わせたところ，生まれた子のうち，体毛が黄色の個体の数と体毛が黒色の個体の数の割合（体毛が黄色の個体数：体毛が黒色の個体数）はどのようになるか。最も適切なものを1つ選び，番号で答えよ。

① 3：1　　② 2：1　　③ 1：1　　④ 1：2　　⑤ 1：3

〈福岡県・福岡市・北九州市〉

14 ★★★

ハツカネズミの毛色は独立に遺伝する2対の遺伝子によって支配されている。Aは毛色を黒色にする顕性（優性）遺伝子，aは毛色を白色にする潜性（劣

性）遺伝子である。また，BはAの存在を条件に毛色を灰色にする顕性（優性）遺伝子，bはその作用がない潜性（劣性）遺伝子である。ハツカネズミの黒色の個体（遺伝子型 AAbb）と白色の個体（遺伝子型 aaBB）を交配させてできた子 F_1 は，全て灰色になる。F_1 どうしを交配させてできた個体には黒色の毛色の個体がどのくらいの割合で発現するか。最も適当なものを１つ選び，番号で答えよ。

① 6.25％　② 18.75％　③ 25.0％
④ 50.0％　⑤ 56.25％

〈愛知県〉

15 ★★☆

キイロショウジョウバエには，野生型（赤眼・丸眼）の他に，多くの突然変異体が知られている。その突然変異体のうちの１つと野生型を用いて交配実験を行った。実験で用いた突然変異体の形質は以下のようであった。

・眼の色は，赤眼に対して潜性（劣性）となる白眼の形質であった。
・眼の形は，丸眼に対して，小さく細長い棒眼の形質であった。ただし，眼の形の遺伝子がヘテロ接合の個体は，丸眼と棒眼の中間型の形質になることが知られている。

キイロショウジョウバエの性決定の型は XY 型で，眼の色および眼の形の遺伝子は，いずれもX染色体上にあるものとして，次の各問いに答えよ。

(1) キイロショウジョウバエなどのように性決定が XY 型の生物の場合，X染色体上にある遺伝子によって形質の発現が決定される遺伝を何というか。正しいものを１つ選び，番号で答えよ。

① 遅滞遺伝　② 細胞質遺伝　③ 限性遺伝　④ 伴性遺伝
⑤ 独立遺伝　⑥ 従性遺伝

(2) 赤眼の雄と白眼の雌を交配したとき，生まれてくる個体の眼の色はどうなるか。表現型の分離比として正しいものを１つ選び，番号で答えよ。

① 雄，雌ともすべて赤眼
② 雄，雌ともすべて白眼
③ 雄は白眼，雌は赤眼
④ 雄は赤眼，雌は白眼
⑤ 雄，雌とも赤眼と白眼が１：１
⑥ 雄は赤眼，雌は赤眼と白眼が１：１
⑦ 雄は赤眼と白眼が１：１で，雌は赤眼
⑧ 雄は赤眼と白眼が１：１で，雌は白眼

(3)　丸眼の雄と中間型の雌を交配したとき，生まれてくる個体の眼の形はどうなるか。雄，雌の表現型の分離比として正しいものをそれぞれ選び，番号で答えよ。

①　丸眼と中間型が 1：1　　②　丸眼と棒眼が 1：1
③　中間型と棒眼が 1：1　　④　すべて丸眼
⑤　すべて棒眼　　⑥　すべて中間型
⑦　丸眼と棒眼が 2：1　　⑧　棒眼と丸眼が 2：1

〈愛知県〉

16 ★★★

次の文を読んで，各問いに答えよ。

ある昆虫の同一染色体上に存在する 3 つの遺伝子 a，b，d がある。これら 3 つの遺伝子に対して，顕性（優性）遺伝子を A，B，D とする。この昆虫の雄では組換えは起こらない。

遺伝子型が$\frac{ABD}{abd}$であるヘテロ接合体の雌を検定交雑して得られた 1000 個体の表現型を調べたところ，右の表のようになった。

表　現　型	個体数
[A]・[B]・[D]	337
[A]・[B]・[d]	11
[A]・[b]・[D]	80
[A]・[b]・[d]	70
[a]・[B]・[D]	70
[a]・[B]・[d]	80
[a]・[b]・[D]	9
[a]・[b]・[d]	343

ただし，遺伝子型の遺伝子記号の記載順序は実際の染色体における配列順序とは無関係である。

(1)　検定交雑に用いた雄の遺伝子型を答えよ。

(2)　雌雄ともに組換えが起こらないとした場合，3 つの遺伝子のすべてがヘテロ接合体であるものどうしを交配すると，どのような表現型がどんな比で現れるか答えよ。

(3)　二重組換えによって生じた表現型はどれか答えよ。

(4)　a，b，d の遺伝子は図の染色体にどのような順番で，配列しているか。

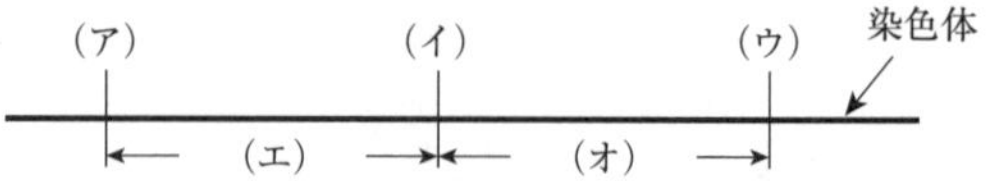

ア〜ウには遺伝子記号を，エ，オには組換え価を答えよ。ただし，配列の方向はどちらでもよい。

(5)　検定交雑を行ったヘテロ接合体の雌の遺伝子型を，対立遺伝子の配列順序もわかるように示せ。

〈福島県〉

17 ★★★

アカパンカビを用いて次の実験を行った。これについて，各問いに答えよ。

A．アカパンカビは，真正子のう菌類タマカビ目に属する。菌糸は，分生胞子をつくって無性的に増殖する。菌糸が接合すると接合子を生じる。接合子の核は，８個の子のう胞子を作る。

B．野生株のアカパンカビは，最少培地で育つ。

C．野生株の分生胞子にX線を照射したところ，最少培地に各種の養分を加えた完全培地では育つが，最少培地では育たない変異株が得られた。

D．変異株の中のアルギニン要求株について，栄養要求性を調べたところ，３種類の変異株（α株，β株，γ株）に分類できた。

E．これら３種の変異株を，最少培地にシトルリン，アルギニン，オルニチンを加えて培養したところ，表のような結果を得た。＋は成長したことを，－は成長できなかったことを示す。

F．これらの結果から，アカパンカビの体内では，図のような一連の反応を経て，アミノ酸が合成されるものと考えられる。なお，Aは最初のアミノ酸を合成する前駆物質である。

〈表〉変異株の栄養要求性

	シトルリン	アルギニン	オルニチン
野　生　株	＋	＋	＋
変異株 α	－	＋	－
変異株 β	＋	＋	＋
変異株 γ	＋	＋	－

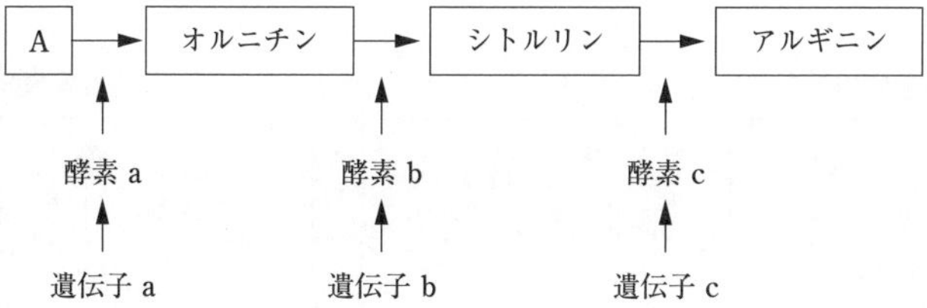

〈図〉　アミノ酸合成の経路

⑴　変異株γは，どの遺伝子に突然変異が生じたものか，次のうちから１つ選び，番号で答えよ。

①　遺伝子 a と c　②　遺伝子 b と c　③　遺伝子 b　④　遺伝子 c

⑵　変異株と野生株が接合して生じた８個の子のう胞子から成長した株の変異株と野生株の分離比として適切なものを１つ選び，番号で答えよ。

① 変異株：野生株＝1：0　② 変異株：野生株＝3：1
③ 変異株：野生株＝1：3　④ 変異株：野生株＝1：1

(3) 中部アフリカには，赤血球の形が通常とは異なり，鎌形になる鎌形赤血球貧血症が知られている。この鎌形赤血球貧血症の原因として適切なものを1つ選び，番号で答えよ。

① 染色体の一部が欠失したため，ヘモグロビン分子のβ鎖に異常が生じた。
② DNAの1つの塩基が欠けたため，ヘモグロビン分子のβ鎖に異常が生じた。
③ DNAの数個の塩基が他の塩基に置き換わったため，ヘモグロビン分子のβ鎖に異常が生じた。
④ DNAの1つの塩基が他の塩基に置き換わったため，ヘモグロビン分子のβ鎖に異常が生じた。

〈東京都〉

18 ★★☆

個体群について，次の各問いに答えよ。

(1) 次の図1，図2，図3は，6種類の原生動物A，B，C，D，E，Fを2種類ずつ別々の水槽（1～3）で飼育し，一定時間ごとに，それぞれの生存個体数を調べた結果を示したものである。捕食者と被食者の関係にある種と，同じえさをめぐって共存関係にある種の組合せとして適切なものを1つ選び番号で答えよ。ただし，各水槽とも，ある1種類のえさを一定量ずつ，一定時間ごとに与え，捕食者などから身を隠す場所はないものとする。

図1

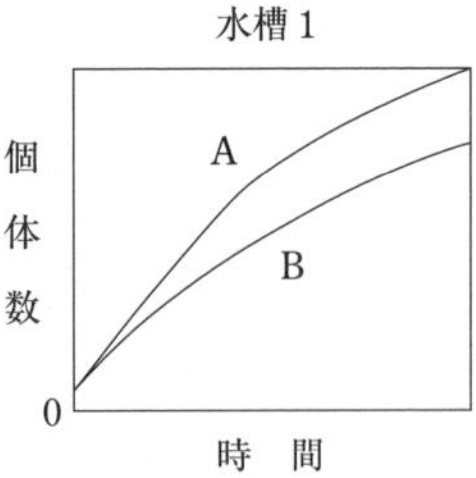

図2

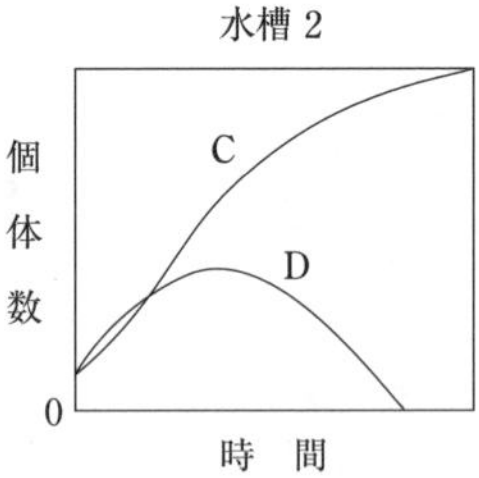

図3

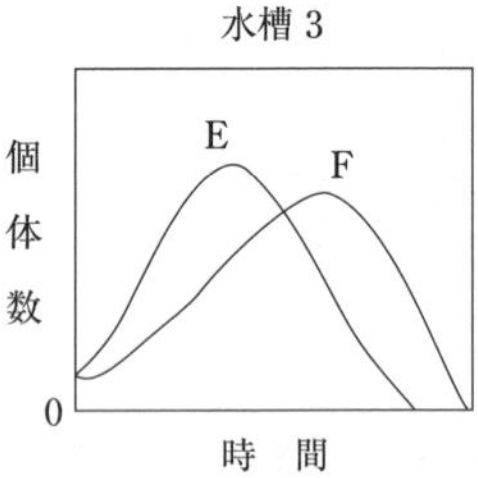

① 捕食者：C　被食者：D　共存関係にある2種：AとB
② 捕食者：C　被食者：D　共存関係にある2種：EとF
③ 捕食者：F　被食者：E　共存関係にある2種：AとB
④ 捕食者：F　被食者：E　共存関係にある2種：CとD

⑵　個体群の相互作用のうち，相利共生の例として適切なものを1つ選び，番号で答えよ。

①　アリとアリマキ　　②　カクレウオとフジナマコ

③　ゾウリムシとミズケムシ　　④　ゾウリムシとヒメゾウリムシ

⑶　ある池のメダカの個体群の大きさを調べるため，標識再捕法を用いて推定を行った。捕獲したメダカのうち20匹に標識を付けて放逐した。翌日，同じ捕獲方法で再びメダカを捕らえる実験を3回繰り返したところ，結果は平均で80匹あたり8匹の割合で標識が付いていた。この池のメダカの全数（推測値）として適切なものを1つ選び，番号で答えよ。

①　160　　②　200　　③　640　　④　1600

〈東京都〉

19 ★★☆

次の文章を読んで，各問いに答えよ。

火山から溶岩が流出し形成された裸地は乾燥しており，有機物もほとんど含まれていない。このような場所では，はじめに地衣類やコケ類が定着して，風化が促進され土壌が形成される。次に草本や陽樹が侵入し，優占種となる。さらに，陽樹林では，林床に届く光量が減少するため，陽樹の幼木は成長できないが，かわりに陰樹の種子が芽ばえ，成長する。最終的には，陽樹と陰樹の混交林をへて，陰樹の極相林となる。このような植生の変化を一次遷移というが，特に湖や沼から始まる一次遷移を（　①　）というのに対して，火山の溶岩上での一次遷移を（　②　）という。また，（　③　）で始まる植生の変化は二次遷移という。

⑴　文中の空欄に適切な語句を入れよ。

⑵　植物が非生物的環境を変化させることを何というか答えよ。

⑶　極相林では，植物の現存量はほとんど変化しなくなる。その理由を簡潔に述べよ。

⑷　極相林でも部分的な遷移が見られる。そのしくみを簡潔に述べよ。

⑸　桜島や伊豆大島は植物の遷移を研究するのによいフィールドである。その理由を簡潔に述べよ。

〈鹿児島県〉

20 ★★☆

生態系に関して，次の各問いに答えよ。

表は，ある安定した湖の生態系における各栄養段階の同化量とその内訳を示している。なお，内訳の中で消費者の不消化排出量は無視するものとする。

各栄養段階の同化量とその内訳　　　単位：〔cal/(cm²・年)〕

栄養段階		太陽エネルギー	生産者	一次消費者	二次消費者
同化量		118872	（　イ　）	14.8	3.1
内訳	呼吸量	—	23.4	（　エ　）	1.8
	（　ア　）	—	（　ウ　）	（　オ　）	0.0
	死滅量	—	2.8	0.3	0.0
	成長量	—	70.3	7.0	1.3
エネルギー利用効率（%）		—	0.1	（　カ　）	20.9

(1)　表中の空欄アに適する語を答えよ。

(2)　表中の空欄イ～カに適する数値を求めよ。

(3)　この湖に，一時的に有機物や(A)化学肥料等を多く含む汚水が流れ込み，藻類が増加し透明度が低下したが，やがて透明度も回復して，(B)もとの安定した湖の生態系にもどった。

①　下線部(A)で，化学肥料等が流れ込み，栄養塩類の異常な増加を起こすことを何というか答えよ。

②　下線部(B)の，湖の生態系がもつ作用を何というか答えよ。

(4)　(3)において，汚水の流れ込んだ後，まず $NH_4{}^+$ の増加が起こり，やがて(C)$NH_4{}^+$が減少し，$NO_3{}^-$が増加するという変化がみられた。

①　下線部(C)の生物学的はたらきを何というか答えよ。

②　下線部(C)に関わる生物の名称を２つ答えよ。

〈富山県〉

21 ★★☆

次の各問いに答えよ。

次の図は，ある貯水池における捕食被食関係の一例を示す。矢印の先の魚は捕食者で，数値は捕食者を成長させる被食者の重量の転換効率（%）を示す。また，この貯水池には，農薬Xが微量に含まれていることがわかっている。

エビ類 ―― 10 ――→ 小　魚 ―― 30 ――→ 肉食魚

⑴　エビ類→小魚→肉食魚の順に捕食するとき，肉食魚の体重が6 (kg)増加するのに必要なエビ類の重量はどれだけか求めよ。

⑵　農薬Xが重量あたり0.02 (ppm) 含まれるエビ類を小魚が捕食し，さらにその小魚を捕食した肉食魚の体内では，農薬Xの濃度はいくらになるか，小数第2位を四捨五入して求めよ。ただし，農薬Xはすべて捕食者の体内に蓄積され，分解や排出はないものとする。　〈富山県〉

22 ★★★

次の①～③は，有機物を分解する生物のはたらきを確かめる実験の手順を示している。これについて，各問いに答えよ。

①　林から採取した表土を，水の入ったビーカーに入れてよくかき混ぜた後，布でこした液を，2つのビーカーに分け，一方を煮沸し，もう一方はそのままにした。

②　①とは別に，煮沸してから十分冷ました1％のデンプンのりの入ったフラスコａ～ｃを用意し，ａには①の煮沸した液体を，ｂには①のそのままの液体を，ｃには水をそれぞれ入れ，ゴム栓で密閉した。

③　フラスコを数日間放置した後，ａ～ｃをそれぞれ試験管にとり，ヨウ素液を使って反応を調べた。

⑴　手順②で，ｃのフラスコを用意する理由を，中学生にどのように説明するか答えよ。

⑵　また，フラスコをゴム栓で密閉する理由を答えよ。

⑶　手順③のａとｂの試験管における反応結果と，その結果が生じた理由を答えよ。

⑷　次の文中の空欄ア～クに当てはまる語句を答えよ。

生態系を構成している生物群集は，生態系で果たしている役割によって，(　ア　)・(　イ　)・(　ウ　)に分けられる。(　ア　)は独立栄養を営む(　エ　)などで，(　オ　)から有機物を合成する。(　イ　)は従属栄養を営む(　カ　)などで，(　ア　)の有機物を，直接・間接に栄養源にする。(　ウ　)は(　ア　)や(　イ　)の枯死体・遺体・排出物の中の有機物を(　オ　)に変えるはたらきをする(　キ　)などで，有機物の1つのタンパク質を(　ク　)などに変えるはたらきもする。(　ク　)は再び(　ア　)に吸収されてタンパク質に再合成される。　〈新潟県〉

実践問題　解答・解説

1

(1)　ア．明る　　イ．深

(2)　ア．浅　　イ．暗

(3)　ア．短　　イ．長

(4)　短　　(5)　対物

(6)　積　　(7)　右上

(8)　カバーガラスの一辺をスライドガラスにつけ，ゆっくりと下ろす。

(9)　①，③

2

(1)　①接眼ミクロメーターを接眼レンズに入れ，対物ミクロメーターをステージに載せる。

②接眼ミクロメーターと対物ミクロメーターの目盛りが平行になるように調整する。

③接眼ミクロメーターと対物ミクロメーターの目盛りが一致しているところを探す。

④接眼ミクロメーターと対物ミクロメーターの目盛り数を数える。

⑤接眼ミクロメーターの1目盛りの長さを求める。

⑥接眼ミクロメーターを用いて細胞の大きさを測定する。

(2)　171 μm

(3)　接眼レンズを 90° 回転する。

(4)　〈理由〉

細胞が立体であるため，細胞の上端と下端の両方が見えているため。

〈方法〉

絞りを開くと焦点深度が浅くなり，細胞の上端または下端のどちらか一方だけに焦点が合う。

解説

(2)　$\frac{10\times10}{7}\times12 \fallingdotseq 171$〔$\mu$m〕

3

(1)　水溶液中の酸素を取り除くため。

(2)　ア

(3)　色：青色

〈理由〉オオカナダモは呼吸より光合成を盛んに行ったため，水溶液中の二酸化炭素が減少し，BTB溶液は青色になった。

(4)　ATP

(5)　光合成速度に影響を及ぼす外的要因のうち，最小の要因によって，光合成速度は決定される。この最小の要因を限定要因という。

解説

(3)　呼吸を吹き込んでBTB溶液を加えた水が緑色（中性）になったので，吹き込む前は青色（アルカリ性）であった。

4

(1)

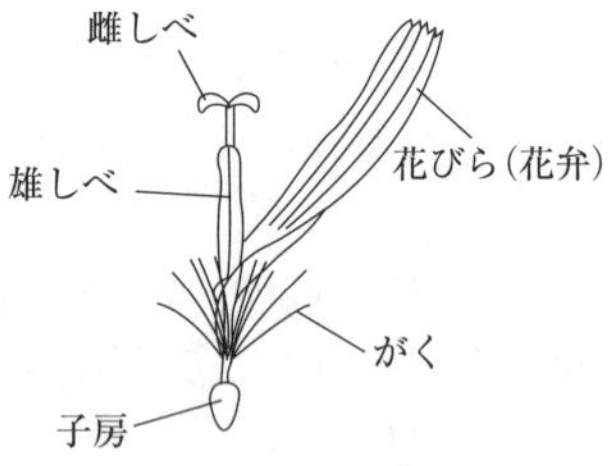

(2)

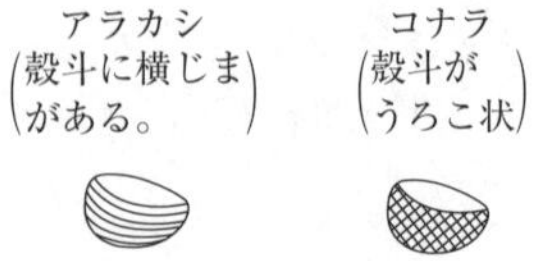

(3)　①葉や花をきれいに広げて，新聞紙に剪定した枝を挟む。葉の一部は裏向きにする。また，名前や特徴を記したメモも一緒に挟む。
②新聞紙が湿ったら，新しい紙に取り替え，乾燥するまでそれをくり返す。
③乾燥したものを台紙にとめ，ラベルを貼る。

(4)　①

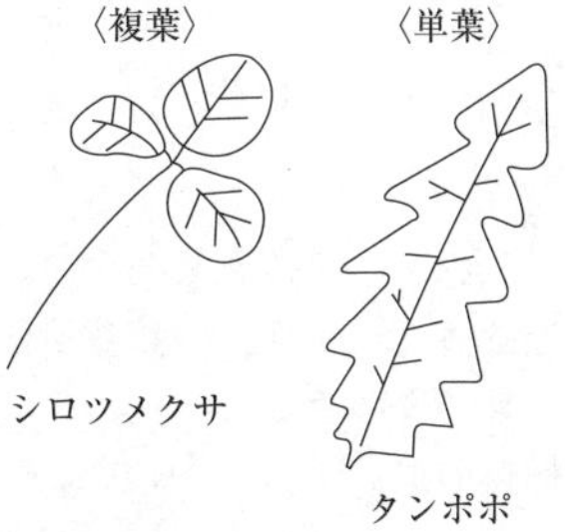

シロツメクサのように，1つの葉が2枚以上の小葉からなる葉を複葉という。それに対して，1つの葉が1枚の葉からできている葉を単葉という。

②

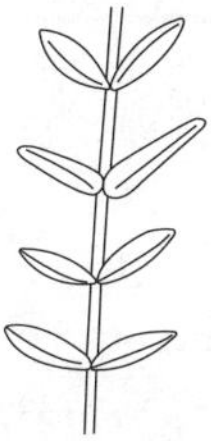

対生とは，葉の付き方のことで，図のように葉がそれぞれの位置で左右対称に2枚ついているものをいう。ウツギやアジサイがそれにあたる。

5

③

解説

(1)　基質濃度が2倍になったので，グラフの傾きはそのままで反応生成物量の水平部の値が2倍になる。

(2)　酵素濃度が2倍になったので，反応速度が2倍になる。反応速度はグラフの傾きで表されるので，グラフの傾きが2倍になる。また，基質濃度が2倍になったので，反応生成物量の水平部の値が2倍になる。

(3)　酵素濃度が$\frac{1}{2}$になったので，反応速度が$\frac{1}{2}$になる。よって，グラフの傾きは$\frac{1}{2}$になる。

(4)　スクラーゼはラクトースを加水分解しないので，反応しない。

6

(1)　④　　(2)　①

(3)　②

解説

(1)　ウの気体が窒素であるから，酵母はアルコール発酵だけを行っている。

(2)　実験Aではウの気体は空気であるから，酸素が存在する。したがって酵母は呼吸とアルコール発酵を同時に行っているので，酸素の吸収量より二酸化炭素の放出量の方が多い。よって，曲線aは発生した二酸化炭素量と消費した酸素量の差になる。

(3)　呼吸で放出した二酸化炭素量を求めると，

$$44 \times 6 \times \frac{96}{32 \times 6} = 132〔\mathrm{mg}〕$$

酵母は呼吸とアルコール発酵を行い二酸化炭素を220mg放出したので，アルコール発酵で放出した二酸化炭素量を求めると，

$$220 - 132 = 88〔\mathrm{mg}〕$$

である。

7

(1)　ウ　　(2)　ア

(3)　色素：ヘモグロビン
　　器官：えら

(4)　血しょう

8

(1)　繊毛虫門　　(2)　ウ

(3)　a．繊毛　　b．食胞

(4)　塩化ニッケルで麻酔して，ゾウリムシの動きを止めるため。

(5)　体内に入ってくる水の量が減るので，水を排出するために収縮胞をはたらかせる間隔が長くなるから。

9

(1)　ア，イ，ウ，オ

(2)　イ，ウ，オ

(3)　ア，イ，ウ，オ

10

(1)　栄養生殖

(2)　ア．名称：中心体　記号：d
　　イ．名称：ミトコンドリア
　　　　記号：c
　　ウ．名称：ゴルジ体　記号：b

(3)　相同染色体が対合する。

11

(1)　④　　(2)　③

解説

(2)　ファントホッフの浸透圧の公式
$P = cRT$ より，

$$1000 = c \times 8.3 \times (27 + 273)$$

$$\therefore c \fallingdotseq 0.40\,[\mathrm{mol/L}]$$

12

(1)　細胞の解離

(2)　酢酸カーミン（酢酸オルセイン）

(3)・カバーガラスを割らない。
　・まっすぐ上から押しつぶし，気泡が入らないようにする。

(4)　動物細胞：細胞膜がくびれて細胞質が二分される。
　　植物細胞：細胞板が形成されて細胞質が二分される。

(5)　卵割

(6)　減数分裂が見られる。
　　記号：ウ

13

②

解説

黄色をY，黒色をyとする。

Yは潜性（劣性）の致死遺伝子であるから，YYは死産である。したがって，黄色の個体の遺伝子型はYyである。

P　黄色　×　黄色
　　Yy　|　Yy

F_1　YY：Yy：yy = 1：2：1
　↑
　死

黄色：黒色 = 2：1

14

②

解説

灰色〔AB〕　黒色〔Ab〕
白色〔aB〕，〔ab〕

P　黒色　×　白色
　　AAbb　|　aaBB

F_1　灰色
　　AaBb
　　|

F_2　〔AB〕：〔Ab〕：〔aB〕：〔ab〕
　= 9 : 3 : 3 : 1

灰色：黒色：白色 = 9：3：4

黒色の個体の割合は，

$$\frac{3}{16} \times 100 = 18.75\,[\%]$$

である。

15

(1)　④　　(2)　③

(3)　雄：②　　雌：①

解説

(2)　赤眼遺伝子をA，白眼遺伝子をaとする。

P　赤眼・雄　×　白眼・雌

X^AY　　X^aX^a

F_1　白眼・雄　　赤眼・雌

X^aY　　X^AX^a

(3)　丸眼遺伝子をB，棒眼遺伝子をbとする。

P　丸眼・雄　×　中間型・雌

X^BY　　X^BX^b

F_1　丸眼・雄　　丸眼・雌

X^BY　　X^BX^B

棒眼・雄　　中間型・雌

X^bY　　X^BX^b

16

(1)　$\dfrac{\mathbf{abd}}{\mathbf{abd}}$

(2)　**〔A〕・〔B〕・〔D〕：〔a〕・〔b〕・〔d〕= 3:1**

(3)　**〔A〕・〔B〕・〔d〕，〔a〕・〔b〕・〔D〕**

(4)　**ア．a　　イ．d　　ウ．b**

エ．16　　オ．18

(5)　$\dfrac{\mathbf{ADB}}{\mathbf{adb}}$

解説

(2)

♀＼♂	ABD	abd
ABD	AABBDD	AaBbDd
abd	AaBbDd	aabbdd

〔A〕・〔B〕・〔D〕：〔a〕・〔b〕・〔d〕

= 3：1

(4)　2組ずつの遺伝子に着目して組換え価を求める。

ｉ）A(a) − B(b)

〔AB〕337 + 11 = 348

〔Ab〕80 + 70 = 150

〔aB〕70 + 80 = 150

〔ab〕9 + 343 = 352

$\dfrac{150+150}{1000} \times 100 = 30$〔%〕

ii）B(b) − D(d)

〔BD〕337 + 70 = 407

〔Bd〕11 + 80 = 91

〔bD〕80 + 9 = 89

〔bd〕70 + 343 = 413

$\dfrac{91+89}{1000} \times 100 = 18$〔%〕

iii）A(a) − D(d)

〔AD〕337 + 80 = 417

〔Ad〕11 + 70 = 81

〔aD〕70 + 9 = 79

〔ad〕80 + 343 = 423

$\dfrac{81+79}{1000} \times 100 = 16$〔%〕

遺伝子の配列は，次のようになる。

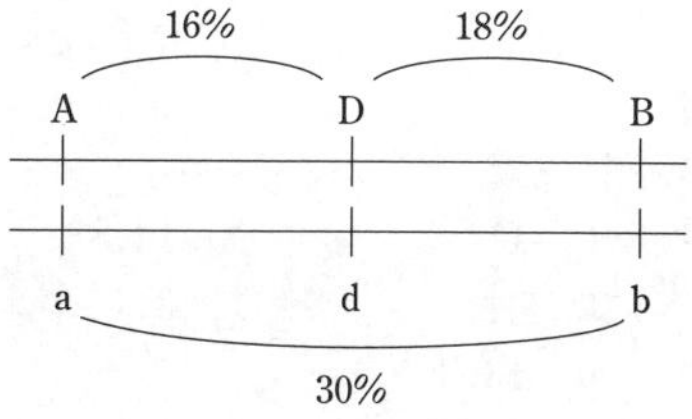

17

(1)　③　　(2)　④

(3)　④

解説

(1)　変異株γは最少培地にオルニチンを加えても成長できないが，アルギニンまたはシトルリンを加えると成長したので，オルニチンからシトルリンを合成する酵素bが欠けている。したがって，変異株γは遺伝子bに突然変異が生じたものである。

18

(1)　③　　(2)　①　　(3)　②

解説

(3)　$20\times\dfrac{80}{8}=200$〔匹〕

19

(1)　①　湿性遷移　　②　乾性遷移
　③　自然破壊，森林伐採，放棄農地など

(2)　環境形成作用（反作用）

(3)　極相林では成長量がほぼ0になるため。

(4)　高木が倒れたり枯れたりすると，その部分だけ林床へ光が届くようになり，新しい高木の幼樹や他の植物が生えてくる。

(5)　噴火の年代が分かっているので，その後の植物群落の遷移が調べやすいから。

20

(1)　被食量

(2)　イ．**111.3**　　ウ．**14.8**
　エ．**4.4**　　オ．**3.1**
　カ．**13.3**

(3)　①　富栄養化　　②　自然浄化

(4)　①　硝化作用
　②　亜硝酸菌，硝酸菌

解説

(2)　ウ．一次消費者の同化量が14.8〔cal/(cm^2・年)〕であるから，生産者の被食量は14.8〔cal/(cm^2・年)〕である。

イ．$23.4+14.8+2.8+70.3$
　$=111.3$〔cal/(cm^2・年)〕

オ．二次消費者の同化量が3.1〔cal/(cm^2・年)〕だから，一次消費者の被食量は3.1〔cal/(cm^2・年)〕である。

エ．$14.8-(3.1+0.3+7.0)$
　$=4.4$〔cal/(cm^2・年)〕

カ．$\dfrac{14.8}{111.3}\times 100 \fallingdotseq 13.3$〔%〕

21

(1)　**200 kg**　　(2)　**0.7 ppm**

解説

(1)　エビ類の重量をx〔kg〕とすると，

$$x\times\frac{10}{100}\times\frac{30}{100}=6$$

$$\therefore\ x=200\text{〔kg〕}$$

(2)　$\dfrac{0.02}{0.1\times0.3}\fallingdotseq 0.7$〔ppm〕

22

(1)　土以外の要素でデンプンに変化が見られないことを確かめるため。

(2)　空気中の生物や物質がフラスコ内に混入して，実験結果に影響するのを防ぐため。

(3)　a．結果：青紫色に変化する
　　理由：煮沸により，土の中の微生物が死滅し，デンプンが変化しなかったため。
　b．結果：変化なし
　　理由：土の中の微生物がデンプンを分解したため。

(4)　ア．生産者　　イ．消費者
　ウ．分解者　　エ．緑色植物
　オ．無機物　　カ．動物
　キ．細菌類・菌類
　ク．アンモニウムイオン（アンモニウム塩）

第 5 編

地学

1 地球の構造

傾向と対策

出題頻度が高いのは，地震波，地震に関する問題である。特にＰ波とＳ波といった地震波の特徴は必ず覚えておくこと。また，グラフや表などのデータから，地震波の速度や地震発生時刻を求める問題，大森公式を導いて震源までの距離を求める問題もよく出題されるため理解し練習しておくこと。出題頻度の高い語句であるジオイド，地磁気の３要素，モホロビチッチ不連続面，マグニチュードと震度，緊急地震速報などもチェックしておくとよい。その他，アイソスタシーの計算問題，太陽の南中高度の差から地球の半径を求める問題も，要点を整理して基本事項を押さえておくこと。

要点 Check!

1 地球の概観

(1) 地球の形

① 地球楕円体

自転による遠心力のため，赤道半径が極半径に比べてやや長い。

赤道半径＝約 6378 km　　極半径＝約 6357 km

$$偏平率 = \frac{a-b}{a} \fallingdotseq \frac{1}{298}$$

a：赤道半径　　b：極半径

② 地球の表面

海：陸 ≒ 7 ： 3

ジオイド：平均海水面で地球の形を表したもの。

(2) 重力と地磁気

① 重力

万有引力と遠心力の合力を重力という。重力の向きは，ほぼ地球の中心を向く。重力の大きさは，赤道（遠心力は最大）＜極（遠心力＝0）となる。

② 地磁気の３要素

- 全磁力：地球上のある地点での地磁気の強さ。磁力計によって測定される。
- 伏角　：地磁気の向きと水平面のなす角度。
- 偏角　：水平分力（全磁力の水平成分）が地理上の真北からずれている角度。

2　地球の内部構造

(1)　地震

・震度：ある地点における地震のゆれの強さの尺度。

・マグニチュード(M)：地震の規模を表す尺度。マグニチュードが1大きくなるとエネルギーは約32倍，2大きいと約1000倍になる。

(2)　地震波

・震源：地震が発生した場所。

・震央：震源の真上の地点。

・余震：大きな地震（本震）の後に引き続き起こる多くの地震。

・P波（縦波)：固体・液体・気体中を伝わる。S波より速い。初期微動。

・S波（横波)：固体中のみを伝わる。P波より遅い。主要動。

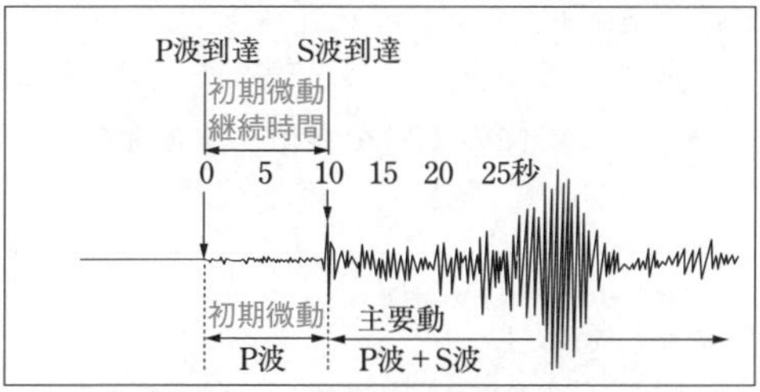

〈地震波の記録〉

・初期微動継続時間（P-S時間)：P波が到達してからS波が到達するまでの時間。震源までの距離に比例する。

・緊急地震速報：地震の発生直後に，各地での強いゆれの情報を可能な限り素早く知らせるもの。震源近くのP波の情報から地震の発生時間・震源・大きさを予想し，S波が到達する前に警報を出すこともできる。

・大森公式：$D = kT$　　D：震源までの距離　　T：初期微動継続時間

k：比例定数（日本付近ではおよそ6〜8km/s）

P波の速度をV_P，S波の速度をV_Sとすると，

$$T = \frac{D}{V_S} - \frac{D}{V_P}$$

・走時曲線：地震波の到達時刻(走時)と震央距離との関係を示すグラフ。

(3)　地震波と地球の内部構造

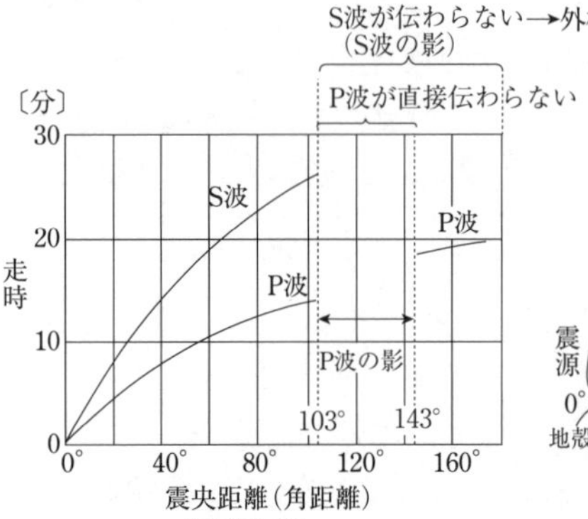

〈走時曲線〉

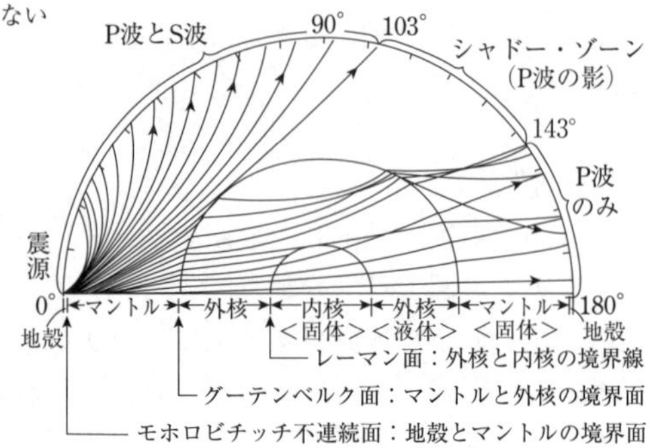

①　モホロビチッチ不連続面

地殻とマントルとの境界面をモホロビチッチ（の）不連続面（モホ不連続面，モホ面）という。この面の上層を地殻，下面をマントルという。

②　地殻

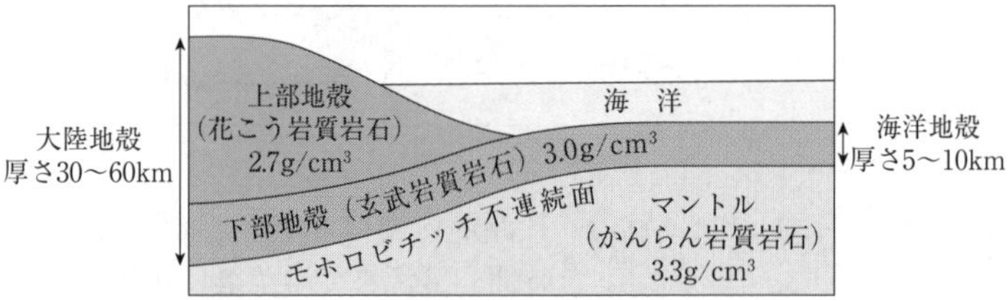

〈大陸地殻と海洋地殻〉

(4)　プレート

①　プレートテクトニクス

地球表面は，プレートとよばれる十数枚の硬い岩盤でおおわれており，プレートが1年に数 cm の速さでそれぞれ別の方向に移動することで，さまざまな地殻変動が起こるという考え方。

②　リソスフェアとアセノスフェア

・リソスフェア：プレートの実体。地殻とマントル最上部からなり，低温で硬い層。

・アセノスフェア：リソスフェアの下の高温でやわらかいマントルの層。流動しやすい。

③　アイソスタシー

流動するアセノスフェアのある深さにおいて，そこに浮くリソスフェアの一定面積当たりの重量が等しくなって安定している状態。

Aでの圧力 $= 2.7a + 3.0b$…①
Bでの圧力 $= 2.7c + 3.0d + 3.3e$…②
Cでの圧力 $= 1.0f + 3.0g + 3.3h$…③

アイソスタシーが成り立っているとすれば，①＝②＝③である。

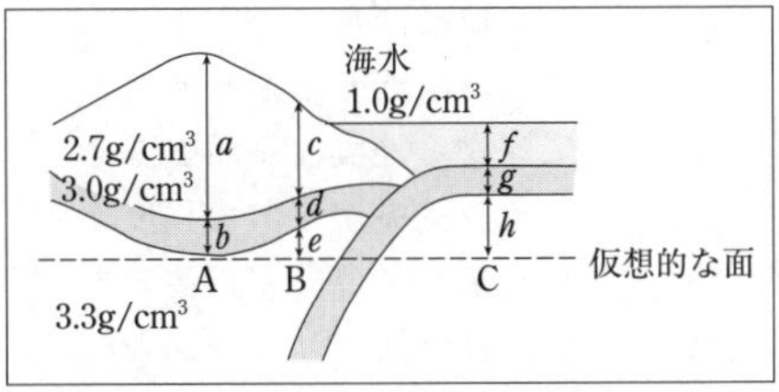

例題　地震波

次の図は，ある地震の震央距離と地震波の到達時間との関係を示したグラフである。これについて，次の各問いに答えよ。

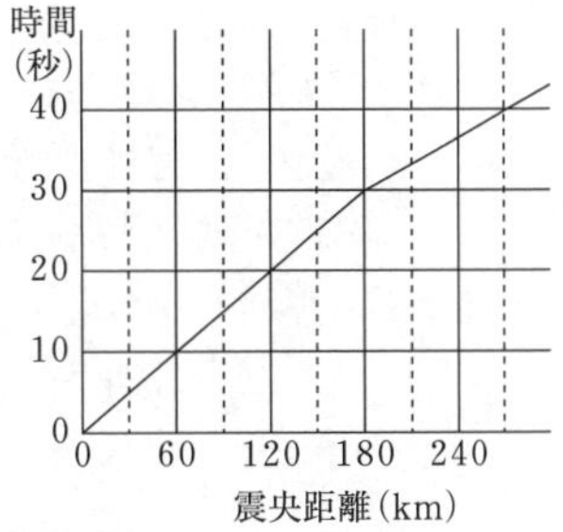

(1)　このような震央距離と地震波の到達時間との関係を示したグラフを何というか答えよ。

(2)　次の文は，グラフが途中で折れ曲がっている理由を説明したものである。文中の空欄に当てはまる語句・数値を入れよ。

折れ曲がっているのは，地下で地震波の速度が急に変化する境界があるためである。この境界を（　①　）と呼び，この境界より上を（　②　），下を（　③　）と呼ぶ。また，このグラフから（　②　）を伝わる地震波の速さは（　④　）km/s であることがわかる。

〈徳島県改題〉

解答　(1)　走時曲線

(2)　①　モホロビチッチ不連続面
②　地殻
③　マントル
④　6

解説　(1)　地震波が観測点に到達するまでの時間を走時という。地震波には，地震が起こって最初に到達する波であるP波と，その後に到達するS波，及び表面波がある。

(2)　地下にある地震波の伝わる速さが不連続に変わる面をモホロビチッチ不連続面といい，その上の層が地殻，下の層がマントルである。

地震波は，地殻内よりマントル内を速く伝わる。地殻だけを通って地表に達する地震波を**直接波**といい，地殻からマントルに入り，再び地殻を通って地表に達する地震波を**屈折波**という。震央からある程度離れた地点では，屈折波の方が，直接波より先に地表に到達する。つまり，グラフが折れ曲がる地点は直接波と屈折波が同時に到達する地点である。

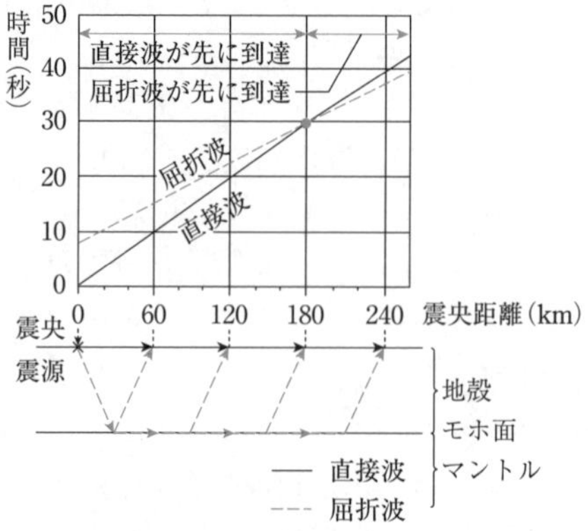

〈走時曲線の折れ曲がり〉

④　地殻内のみを伝わる地震波は，直接波である。

震央に近い地点では，直接波が屈折波より先に到達する。

直接波の速さは，震央から 180 km までの走時曲線の傾きに等しいので，

$$\frac{180}{30}=6\,〔\mathrm{km/s}〕$$

演習問題

1 ★☆☆

地球の形は回転楕円形に近いが，古代には球と考えられていた。紀元前230年頃，エラトステネスは地球を球であるとして，2地点の距離と，太陽の南中高度の差によって地球の半径を求めた。この方法で，同一子午線上にある2地点間の距離をd〔km〕，太陽の南中高度の差をθ〔°〕，円周率をπとするとき，地球の半径r〔km〕を式で表せ。

〈福岡県・福岡市・北九州市〉

2 ★★☆

あるA～Dの4つの地点で観測した結果は右の表の通りである。このとき，次の各問いに答えよ。

地点	震源から観測地点までの距離	aのゆれの始まった時刻	bのゆれの始まった時刻
A	7km	8時3分6秒	8時3分7秒
B	28km	8時3分9秒	8時3分13秒
C	49km	①	②
D	③	8時3分13秒	8時3分21秒

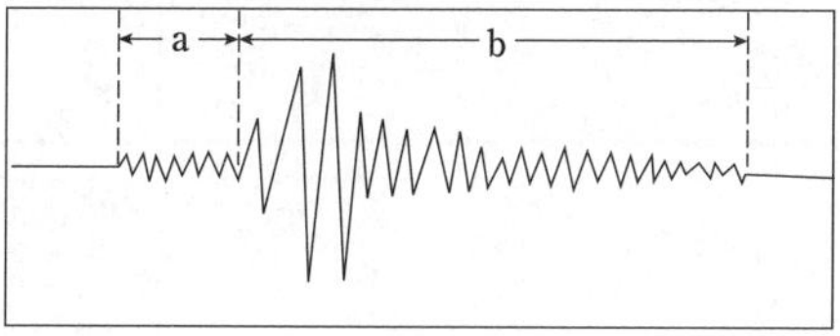

(1)　図のaのゆれのことを何というか答えよ。

(2)　この地震計の記録から，震源から観測地点までの距離を推定することができる。その理由を「P波の速度」「S波の速度」という言葉を用いて答えよ。

(3)　この地震において，bのゆれをもたらした地震波の速さを求めよ。

(4)　表中の空欄①～③に，当てはまる値を求めよ。

3 ★★☆

氷河で覆われた地域がある。この氷河が100mの厚さだけ融けさったとすると，地殻は何m隆起するか。ただし，アイソスタシーが成り立っているものとし，氷の密度を$0.9g/cm^3$，地殻の密度を$2.7g/cm^3$，マントルの密度を$3.3g/cm^3$とする。

演習問題　解答・解説

1

$r = \dfrac{180d}{\pi\theta}$〔km〕

解 説

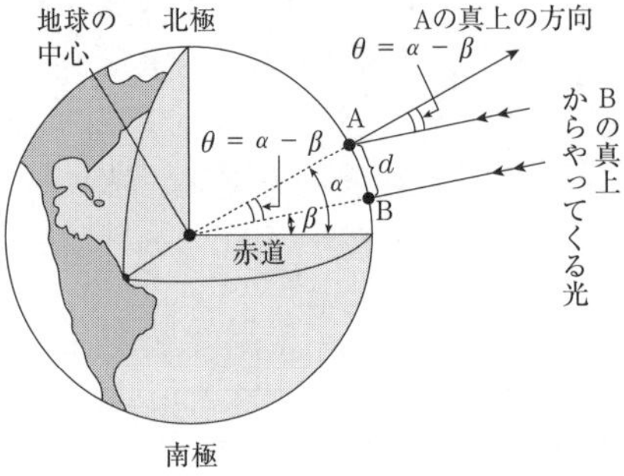

同一子午線上にある 2 地点の太陽の南中高度の差は，2 地点の緯度の差に等しい。地球の半径を r とすると，

$$d = 2\pi r \times \frac{\theta}{360}$$

$$\therefore\ r = \frac{180d}{\pi\ \theta}\text{〔km〕}$$

2

(1)　初期微動

(2)　P 波の速度は S 波の速度より速いので，P 波と S 波の到着時間に差が生じ，これを初期微動継続時間という。初期微動継続時間は，震源までの距離に比例するので，震源までの距離を求めることができる。

(3)　3.5km/秒

(4)　①　8 時 3 分 12 秒
　②　8 時 3 分 19 秒
　③　56km

解 説

(3)　b のゆれは A 地点から B 地点まで 21 km 進むのに，6 秒かかっているから，b のゆれの速さは，

$$\frac{21}{6} = 3.5\text{〔km/秒〕}$$

(4)　B 地点から C 地点まで 21km 離れており，A 地点から B 地点までの距離に等しいから，B 地点から C 地点までの a のゆれは 3 秒，b のゆれは 6 秒かかる。

A 地点から D 地点まで進むのに，b のゆれは 14 秒かかっている。b のゆれの速さは(3)より 3.5km/秒だから，$3.5 \times 14 = 49$ より A 地点から D 地点までは，49km 離れているとわかる。震源から A 地点まで 7km だから震源から D 地点まで $49 + 7 = 56$ より，56km 離れている。

3

27.3m

解 説

氷が厚さ 100m 融けさったために，地殻が x〔m〕上昇したとすると，その下のマントルも x〔m〕上昇することになる。アイソスタシーの原理より，100m の氷と x〔m〕のマントルの重さが等しいので，

$$0.9 \times 100 = 3.3x$$

$$\therefore\ x \fallingdotseq 27.3\text{〔m〕}$$

2 地殻

傾向と対策

この分野における頻出の内容は，マグマの性質と火山地形の関係，火成岩の組織・岩石名である。まずは，マグマの性質はSiO_2の量で決まることを押さえた上で，マグマの性質の違いによってできる火山地形，造岩鉱物を含めた火成岩の分類をその生成要因と絡めて覚えておくこと。また，堆積岩の分類や堆積岩と堆積作用との関係なども確認しておきたい内容である。その他，地表の変化についても，さまざまな地形の成因を河川や海水などの作用と関連づけて覚えておくこと。

要点 Check!

1 火成活動

(1) マグマ

マグマは，マントル上部や地殻下部などで，マントルや地殻を構成する岩石が融けて生成される。地下深くのマグマが浮力によって上昇し，地下数 km の所に周囲の岩石の密度とマグマの密度がつり合うマグマだまりをつくる。ここからマグマが地表に噴出する現象を噴火といい，火山が形成されることが多い。

(2) 火山

・火山噴出物：噴火によって放出されたもの。溶岩（マグマが地表に流れ出たものとそれが固結したもの），火山ガス，火山砕屑物（火山灰，軽石やスコリア，火山岩塊，火山弾など）など。

・火山の形

マグマの性質	SiO_2	粘性	噴火	火山の特徴	火山の例
玄武岩質 ↑	少ない（黒） ↑	小さい ↑	穏やか ↑	盾状火山・溶岩台地 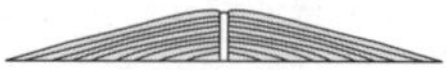	マウナロア山，キラウェア山（ハワイ），デカン高原（インド）
↓ 安山岩質 ↑				成層火山 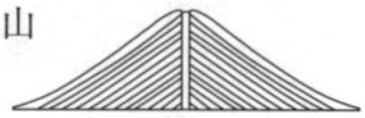	富士山，桜島
↓ デイサイト質～流紋岩質	↓ 多い（白）	↓ 大きい	↓ 爆発的	溶岩円頂丘（溶岩ドーム） 	雲仙普賢岳，有珠山，昭和新山

(3) マグマの分化

マグマ生成後に何らかのプロセスによりマグマの化学組成が変化すること。

・結晶分化作用：玄武岩質マグマが，冷えて固まっていくとき，鉱物が晶出するごとに，残液（マグマ）の成分が次々に変化していく。
玄武岩質マグマ→安山岩質マグマ→デイサイト質マグマ→流紋岩質マグマ

(4) 火成岩

・**火山岩**：マグマが地表または地表近くで，急に冷やされてできる。
・**深成岩**：マグマが地下深くで，ゆっくり冷やされてできる。

〈火山岩〉
斑状組織
石基の中に**斑晶**が散らばっている。

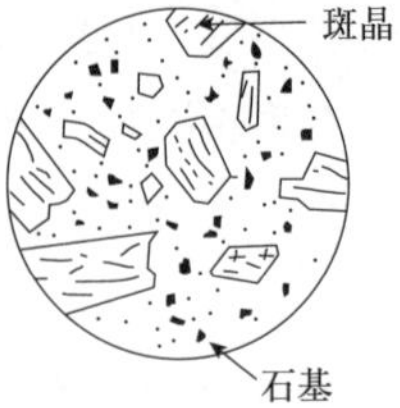

〈深成岩〉
等粒状組織
粒径が大きくほぼそろった結晶が組み合わさっている。

・火成岩の鉱物組成

火山岩 （急冷 斑状組織）		玄武岩	安山岩	デイサイト・流紋岩
深成岩 （徐冷 等粒状組織）	かんらん岩	斑れい岩	閃緑《せんりょく》岩	花こう岩
岩石の分類	超苦鉄質岩	苦鉄質岩（塩基性岩）	中間質岩（中性岩）	ケイ長質岩（酸性岩）
SiO_2の割合〔質量%〕	㊛少 45	52	66	多
主な造岩鉱物の量（体積比）	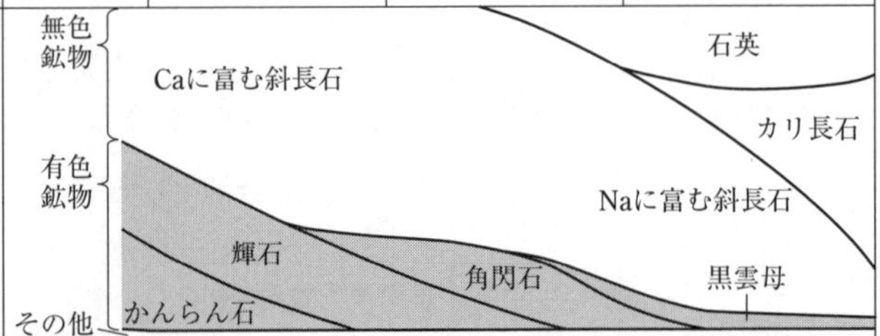			
色調	黒っぽい ←→ 白っぽい			
色指数〔体積%〕	約70	約35	約10	
岩石の密度〔g/cm³〕	（約3.3）大きい ←→ 小さい（約2.7）			

2　地表の変化

(1)　風化

岩石が，太陽からの熱や光，気象作用によって破壊されたり，性質が変化して分解されたりすること。岩石の風化には，物理的風化と化学的風化がある。

(2)　河川の地形

流水の３作用：侵食作用，運搬作用，堆積作用

・V字谷：上流で流速がはやく，川底がV字型に深く侵食されてできる。
・扇状地：山間部から平地にでるところで，運搬力低下によるれきや砂の堆積
・三角州：河口付近で流速が急に遅くなり，砂泥が堆積してできる。

(3)　氷河地形

・U字谷：氷河により，谷の両側が削りとられてできた谷
・フィヨルド：U字谷に海水が入り込んだ深い入り江
・その他，カール（馬蹄形の凹地），モレーン（岩片・砂などの堆積物）　など

(4)　海水の作用による地形

・海水の侵食作用：海食台，海食崖　など
・海水の運搬・堆積作用：砂し，砂州，陸けい島　など

(5)　カルスト地形

地下水や雨水に溶けている二酸化炭素が石灰岩を溶かして侵食し（化学的風化作用），カレンフェルトやドリーネなどを形成する。地下には鍾乳洞ができる。

(6)　変動地形

寒冷化→海水面低下→海底が陸化

温暖化→海水面上昇→海水が陸地に侵入

・河岸段丘：河岸に見られる階段状の地形。地殻変動により土地が隆起すると，川は河床を削り込んで低くなり，元の川原に水が来ないようになって，川の側面に段丘ができる。下段の段丘ほど新しい。
・海水準の変動：海岸段丘，リアス海岸，フィヨルド，大陸棚など
・タービダイト：海底で起きた地すべりで混濁流が発生し，形成された堆積物。

3　堆積作用

(1)　続成作用

堆積物が固まり堆積岩になるはたらき。

(2) 堆積岩

<table>
<tr><th>種　類</th><th colspan="2">特　　　　徴</th></tr>
<tr><td>泥岩</td><td>平均粒径 $\frac{1}{16}$mm 未満の泥が固まったもの。</td><td rowspan="3">岩石が風化・侵食によって生じた砕せつ物が堆積。</td></tr>
<tr><td>砂岩</td><td>平均粒径 $\frac{1}{16}$ ～ 2 mm の砂が固まったもの。</td></tr>
<tr><td>れき岩</td><td>れき（粒径 2 mm 以上）を主構成物とする。</td></tr>
<tr><td>石灰岩</td><td colspan="2">サンゴやフズリナなどの遺がいが堆積したものや，海水中に溶けている石灰岩が沈殿し固まったもの。炭酸カルシウムが主成分で，希塩酸をかけると二酸化炭素が発生する。</td></tr>
<tr><td>チャート</td><td colspan="2">放散虫やケイソウなどの遺がいが堆積したものや，海水中に溶けている二酸化ケイ素が沈殿し固まったもの。二酸化ケイ素が主成分。非常に硬い。</td></tr>
<tr><td>凝灰岩</td><td colspan="2">火山灰や軽石などの火山噴出物が堆積して固まった岩石。</td></tr>
</table>

4 変成作用

岩石が地下で熱や圧力を受けて，鉱物どうしが化学反応を起こし，新しい温度や圧力のもとで安定な鉱物に変化し，別の岩石になる現象。変成作用によって形成された岩石を**変成岩**という。

(1) 接触（熱）変成作用

マグマの貫入により，その熱を受ける変成作用

・泥岩・砂岩→**ホルンフェルス**

・石灰岩→結晶質石灰岩（**大理石**）　など

(2) 広域変成作用

造山運動が起こる場所やプレート境界などで，広範囲にわたり圧力や熱を受けることで起こる変成作用

・結晶片岩，**片麻岩**，粘板岩，千枚岩

(3) 多形

化学組成が同一で結晶構造が異なる鉱物どうしの関係

・ダイヤモンドと石墨（グラファイト）：炭素Cからなる鉱物で多形

例題　**火成岩**

次の図は，２種類の火成岩を顕微鏡で観察し，組織を模式的に示したものである。図１の火成岩には，長石，石英，黒雲母などの結晶が入っており，図２の火成岩には，長石，角閃石の大きな結晶が入っている。

図1

図2

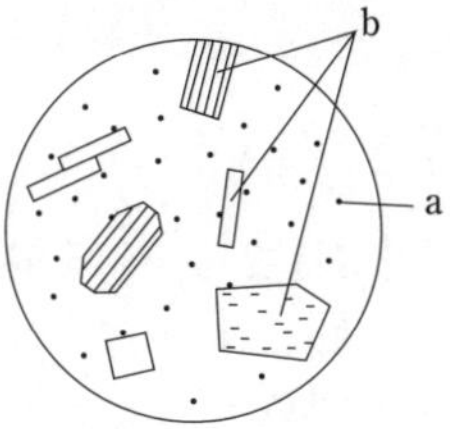

(1) 図1，2の火成岩の組織をそれぞれ何というか答えよ。

(2) 図2のa，bの部分をそれぞれ何というか答えよ。

(3) 図1の火成岩の名称として最も適切なものを次の中から選べ。

ア．斑れい岩　　イ．安山岩　　ウ．花こう岩　　エ．玄武岩

解答 (1) 図1：等粒状組織　　図2：斑状組織

(2) a．石基　　b．斑晶

(3) ウ

解説 (1) マグマが冷える場所により，火成岩は2つに大別される。図1の火成岩は，ほぼ同じ大きさの鉱物が集まっている（このような組織を等粒状組織という）ので，地下深くでゆっくり冷やされてできた深成岩である。図2の火成岩は，細かな結晶やガラス質の中に大きな結晶が点在している（このような組織を斑状組織という）ので，急に冷却されてできた火山岩である。

(3) 石英，黒雲母が含まれることから，ケイ長質岩であることがわかる。長石はほとんどの火成岩にみられるが，ケイ長質岩ではNaを多く含み，苦鉄質岩ではCaを多く含む。このように，結晶するときの条件に応じて，2つ以上の原子がいろいろな割合で混ざり合い，連続的に変化している鉱物を固溶体という。

演習問題

1 ★☆☆

次の文の空欄に当てはまる語句を答えよ。

火山の噴火の形式は火山の形にも現れてくる。すなわち溶岩の中に含まれる（　①　）が多いと，粘性が（　②　）くなり，噴火が（　③　）くなる。これに対して，（　①　）の割合が少ないと，噴火は（　④　）である。後者の場合の火山地形は，（　⑤　）や溶岩台地となる。

2 ★★☆

表は，２種類の火成岩を観察した結果をまとめたものである。これについて，次の各問いに答えよ。

	火成岩　a	火成岩　b
組　織	大きな結晶で構成されている。	比較的大きな結晶のまわりに，小さな結晶とガラス質の部分がある。
造岩鉱物	①白色で一定の方向に割れる。 ②無色透明で，不規則に割れる。 ③黒色で，薄くはがれる。	①白色で一定の方向に割れる。 ②暗緑色で，短い柱状に割れる。 ③緑褐色で不規則に割れる。
色	淡い色	濃い色

(1)　火成岩ａ，ｂの造岩鉱物①は長石である。このような性質を何というか答えよ。

(2)　火成岩ａと同じ組織の岩石はどれか選べ。

ア．玄武岩　　イ．花こう岩
ウ．凝灰岩　　エ．安山岩

(3)　火成岩ｂのような組織の岩石ができる過程を簡潔に答えよ。

3 ★☆☆

次のア～キは，火成岩の主な造岩鉱物を示したものである。無色鉱物と呼ばれるものを語群からすべて選べ。

〈語群〉

ア．石英　　イ．輝石　　ウ．角閃石　　エ．斜長石
オ．かんらん石　　カ．黒雲母　　キ．カリ長石

〈香川県〉

4 ★☆☆

次の各問いに答えよ。

(1) 河川の侵食作用によって作られた地形はどれか。語群から選べ。

(2) 河川の堆積作用によって作られた地形はどれか。語群から選べ。

(3) 海水の侵食作用と地殻変動によって作られた地形はどれか。語群から選べ。

(4) 石灰岩地域に見られる地形はどれか。語群から選べ。

(5) 氷河によって作られた地形はどれか。語群から選べ。

〈語群〉

ア．V字谷　イ．三角州　ウ．カルスト地形　エ．U字谷
オ．扇状地　カ．モレーン　キ．海岸段丘

1

① 二酸化ケイ素（SiO_2）
② 大き　③ 激し
④ 穏やか　⑤ 盾状火山

解説

流紋岩質マグマは，粘性が大きいので，盛り上がった火山体を形成する。しばしば爆発的な噴火を起こす。火山灰や軽石と火山ガスが混合した高温の熱雲が，斜面を流れ下りる火砕流を伴うことがある。

玄武岩質マグマは，粘性が小さいので，なだらかな火山体を形成する。噴火は比較的穏やかで溶岩流を伴う。その際に割れ目噴火を起こすこともある。

2

(1) へき開　(2) イ
(3) マグマが地上付近で急に冷えてかたまって形成された。

解説

火成岩 a は深成岩で花こう岩，火成岩 b は火山岩で玄武岩である。

3

ア，エ，キ

解説

造岩鉱物とは，火成岩を構成する主要鉱物のことで，主な鉱物はケイ酸塩鉱物である。ケイ酸塩鉱物は，ケイ素と酸素が結合してできる SiO_4 四面体が主要な骨格になっている。

4

(1) ア　(2) イ，オ
(3) キ　(4) ウ
(5) エ，カ

3 地殻変動と地球の歴史

傾向と対策

地層については，整合・不整合，断層，貫入関係などの状況から，地層の新旧関係が判別できるようにしておくこと。示準化石・示相化石それぞれの条件を区別し，代表的な化石も覚えておくこと。近年，クリノメーターの使い方，地質断面図の作図などの出題も見られるため，練習しておこう。また，放射性元素の半減期に関する計算問題については，求め方を理解しておく必要がある。その他には，地質年代の出題は多くはないが，主な動植物がどの時代に出現したかを押さえておくとよい。

要点 Check!

1 地層

(1) 地層の新旧

・**地層累重の法則**：地層は下から上に重なる。→上位の地層ほど新しい。

・地層に見られる主な堆積構造→地層の上下判定に利用できる。

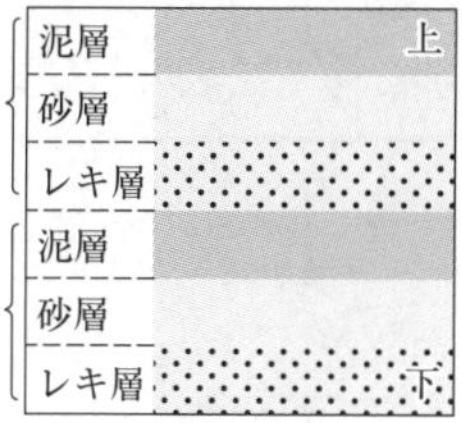

〈級化層理〉

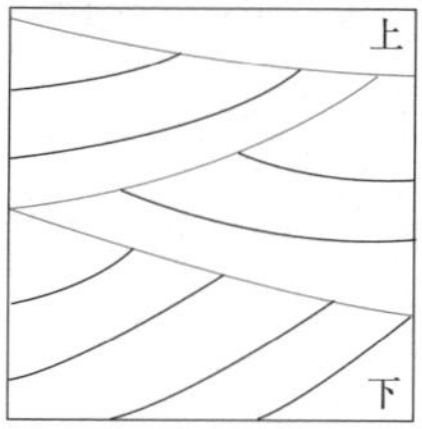

〈クロスラミナ（斜交葉理）〉

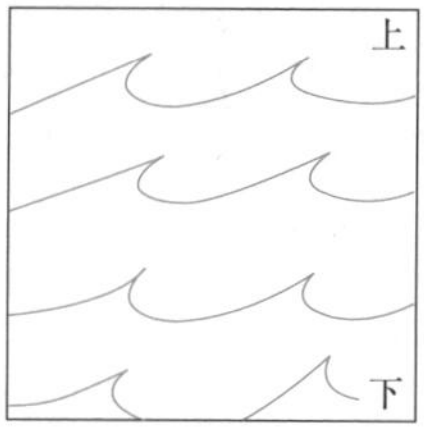

〈リプルマーク（漣痕）〉

・その他，ソールマーク（底痕），流痕，生痕，荷重痕など

(2) 地層と火成岩の新旧

火成岩が接触変成作用を与えている。

捕獲岩（ゼノリス）→火成岩が新しい。

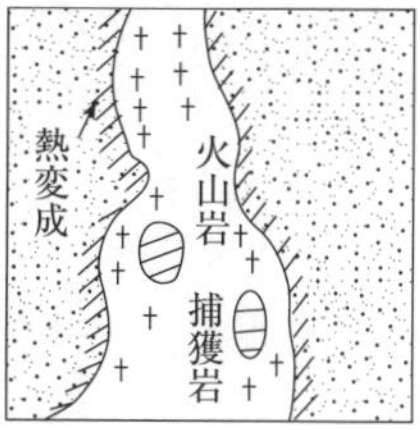

(3) 整合と不整合

・**整合**：地層が連続して堆積したもの。

・**不整合**：地層が連続して堆積せず，次に堆積した地層との間に長期間の堆積の中断があるもの。下の地層が堆積した後，陸化し侵食され，再び沈降して上の地層が堆積した場合など。

・不整合面の判定：侵食面（凹凸している），基底れき岩（不整合面のすぐ上のれき岩の層），傾斜不整合（上下の地層の走向・傾斜が異なる），上下の地層に時代の異なる化石が含まれる。

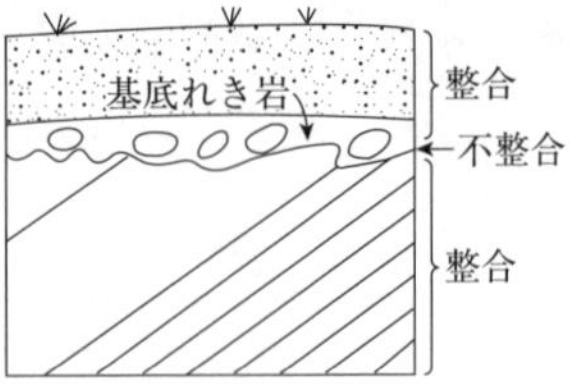

(4) 地層の対比

離れた地域にある地層を，同時代に形成されたものであるかを決めること。

・鍵《かぎ》層：地層の対比に利用できる地層。凝灰岩層（火山灰層），石灰層，特徴的な化石（示準化石）を含む地層など。凝灰岩層は，同時に広い地域に短時間で堆積し，含まれる鉱物の組成や化学成分などが他のものと区別しやすいので，鍵層として有効。

(5) 褶《しゅう》曲と断層

水平に堆積した地層は，長期間大きな力を受けると，地層が波打つように曲げられたり（褶曲），地層がたち切られて断層ができたりすることがある。

・褶曲

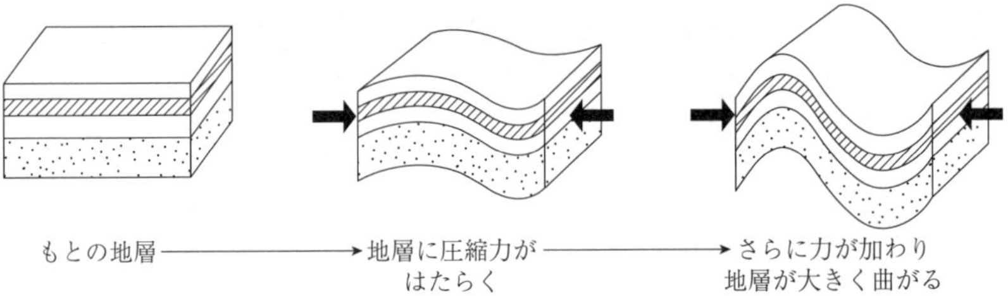

・断層

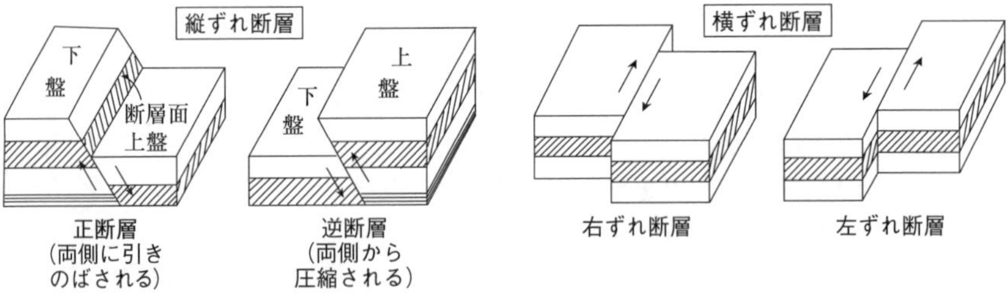

・活断層：最近数十万年間に活動したことがあり，今後もくり返し活動する可能性がある断層。

(6) 走向と傾斜

クリノメーターで測定。

・走向：地層の層理面と水平面との交線の方向。
・傾斜：地層の層理面の傾斜している方向と水平面との角度。

(7)　示準化石と示相化石

①　示準化石

地層の堆積した時代を決定するのに役立つ化石。

示準化石の条件：生存期間が短い，地理的分布が広い，個体数が多い。

・古生代…三葉虫，フデイシ，ウミユリ，ハチノスサンゴ，フズリナ（紡錘虫），リンボク　など
・中生代…アンモナイト，トリゴニア（二枚貝），恐竜，始祖鳥　など
・新生代…ビカリア，ホ乳類（デスモスチルス，マンモスなど），カヘイ石（ヌンムリテス），メタセコイア　など

②　示相化石

地層が堆積した環境を知るのに役立つ化石。

サンゴ（暖かくきれいな浅海），カキ（汽水域），ホタテ貝（冷たい浅海），ヤシ科の植物（熱帯，亜熱帯）　など

(8)　放射年代（数値年代，絶対年代）

放射性元素の崩壊の半減期から岩石や地層の時代を求める。放射性元素の当初の質量を N_0，半減期を T〔年〕とすると，t 年後に残っている質量 N_t は，

$$N_t = N_0\left(\frac{1}{2}\right)^{\frac{t}{T}}$$

(9) 地質年代の区分

<table>
<tr><th colspan="3">時代区分</th><th>おもなできごと</th><th>植物</th><th>動物</th><th>年代</th></tr>
<tr><td rowspan="4">新生代</td><td rowspan="2">第四紀</td><td>完新世（沖積世）</td><td rowspan="2">人類の発達</td><td rowspan="5">被子植物時代</td><td rowspan="4">ホ乳類時代</td><td></td></tr>
<tr><td>更新世（洪積世）</td><td>260万年前</td></tr>
<tr><td colspan="2">新第三紀</td><td>人類の出現</td><td></td></tr>
<tr><td colspan="2">古第三紀</td><td>ホ乳類の発達</td><td>6600万年前</td></tr>
<tr><td rowspan="3">中生代</td><td colspan="2">白亜紀</td><td>巨大ハ虫類の絶滅
被子植物の出現
ハ虫類の繁栄</td><td rowspan="3">アンモナイト ハ虫類時代</td><td></td></tr>
<tr><td colspan="2">ジュラ紀</td><td>鳥類の出現</td><td rowspan="3">裸子植物時代</td><td></td></tr>
<tr><td colspan="2">三畳紀（トリアス紀）</td><td>ホ乳類の出現
ハ虫類の発達</td><td>2.5億年前</td></tr>
<tr><td rowspan="6">古生代</td><td colspan="2">ペルム紀</td><td>生物の大量絶滅</td><td rowspan="2">両生類時代</td><td></td></tr>
<tr><td colspan="2">石炭紀</td><td>昆虫類の出現
ハ虫類の出現</td><td rowspan="2">シダ植物時代</td><td></td></tr>
<tr><td colspan="2">デボン紀</td><td>裸子植物の出現
最古の森林
両生類の出現</td><td rowspan="2">魚類時代</td><td></td></tr>
<tr><td colspan="2">シルル紀</td><td>植物の上陸</td><td rowspan="3">藻類・菌類時代</td><td></td></tr>
<tr><td colspan="2">オルドビス紀</td><td>カッチュウ魚の出現</td><td rowspan="2">無脊つい動物時代</td><td></td></tr>
<tr><td colspan="2">カンブリア紀</td><td>バージェス動物群</td><td>5.4億年前</td></tr>
<tr><td rowspan="3">先カンブリア時代</td><td colspan="2">原生代</td><td>エディアカラ生物群</td><td colspan="2">真核生物時代</td><td>25億年前</td></tr>
<tr><td colspan="2">太古代（始生代）</td><td>最古の化石</td><td colspan="2">原核生物時代</td><td>40億年前</td></tr>
<tr><td colspan="2">冥王代</td><td>原始大気と原始海洋の誕生</td><td colspan="2">無生物時代</td><td>46億年前</td></tr>
<tr><td colspan="6">地球の誕生</td><td></td></tr>
</table>

例題　**地層の構造**

右の図は，ある地域の地質断面図である。A・Bは火成岩，地層C・D・E・F中の岩石は堆積岩である。これについて，次の各問いに答えよ。

(1)　この地域に分布する岩石の中で，最も古いものはどれか。A～Fの中から1つ選べ。

(2)　堆積岩相互の間で，不整合関係にある層群はどれとどれか。その組み合わせを記号を用いてすべて答えよ。

(3)　この地域は過去に何回隆起したと考えられるか答えよ。

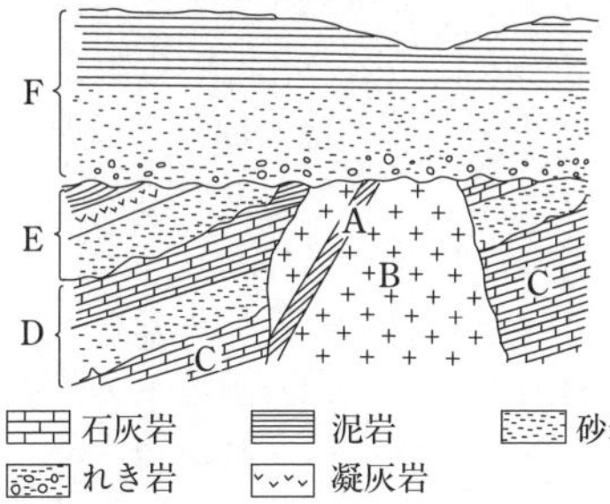

(4)　凝灰岩の地層があることは，当時この地域にどのような現象が起こったと推測することができるか。簡潔に答えよ。

〈埼玉県・さいたま市改題〉

解答　(1)　C　　(2)　CとD，DとE，DとF，EとF　　(3)　4回

(4)　Eの地層が堆積当時，火山の噴火が起こった。

解説　(1)　地層累重の法則より，地層は上の方ほど新しいので，C→D→E→Fの順に形成された。火成岩AはBを切っているので，Bに貫入している。Aが貫入したBはC，D，Eを切っており，Fは切っていないので，Cの形成の後，Dが堆積し，Fの堆積の前に貫入した。

(2)　CとDの砂岩の間の面が凸凹していること，Dの石灰岩と泥岩を切った凹凸のある面の上に，Eの砂岩が重なっていることからCとD，DとEは不整合である。C，D，EとFは明らかに傾斜が違うこと，Fの下部にれきが見られることから，CとD，DとE，DとF，EとFはそれぞれ不整合である。

(3)　不整合は2つの地層の間に長期間の堆積の中断があることを示すものである。したがって，この地域の地質現象を古い方から順に並べると，Cの形成→隆起・侵食・沈降→Dの堆積→隆起・侵食・沈降→Eの堆積→Bの貫入→Aの貫入→隆起・侵食・沈降→Fの堆積→隆起となる。

(4)　火山灰は，火山の噴火によって短期間で広範囲に分布するので，地層の対比に有効である。このように，同一時期の地層であることを知ることのできる地層をかぎ層という。

演習問題

1 ★★☆

次の文は，クリノメーターの使用方法を示したものである。空欄に当てはまる語句を入れ，次の各問いに答えよ。

クリノメーターは，磁針と垂針，目盛り，（　①　）から構成されている。地層の（　②　）を測定するためには，まず図1のようにクリノメーターの長辺を層理面に接するようにあて，（　①　）を見て，クリノメーターが水平になるように調節してから目盛りを読む。図2のとき，走向は（　③　）である。

地層の（　④　）を測定するためには，図3のようにクリノメーターの長辺を走向に（　⑤　）に層理面にあて，目盛りを読む。

図1

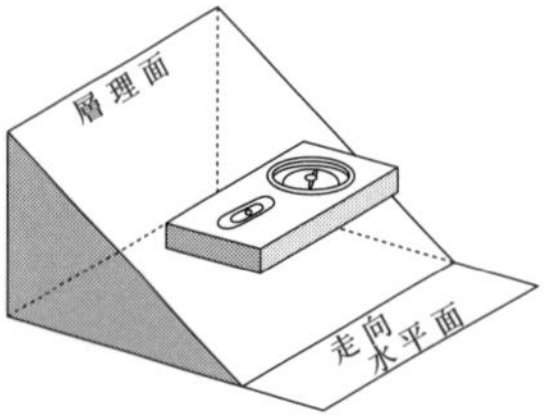

図2

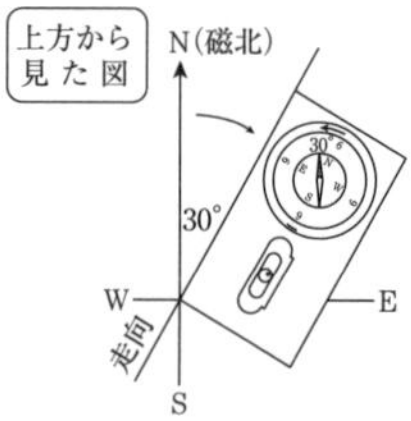

図3

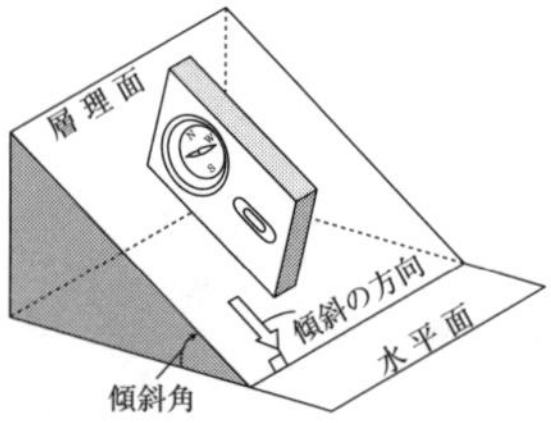

2 ★☆☆

次の文の空欄に当てはまる語句を入れ，あとの各問いに答えよ。

地層が堆積した当時の自然環境を知るのに役立つ化石を（　①　）化石という。また，地層の堆積した時代を決定するのに役立つ化石を（　②　）化石という。

⑴ （　①　）化石として適当なものを語群からすべて選べ。

⑵ （　②　）化石として適当なものを語群からすべて選べ。

〈語群〉

ア．アンモナイト　　イ．ビカリア　　ウ．フズリナ

エ．造礁サンゴ　　オ．カキ（牡蠣）

3 ★★☆

次の文の空欄に当てはまる語句を入れ，あとの各問いに答えよ。

地層から産する古生物の変遷をもとに行った時代区分を（　①　）といい，これに対して，現代からさかのぼった具体的年数で示したものを（　②　）という。（　②　）は，（　③　）の崩壊する速さから求める方法が最も正確である。

(1)　空欄③が初めにあった量の半分になる期間を何というか答えよ。

(2)　^{14}Cは，(1)の期間 5.7×10^3年で放射性崩壊して^{14}Nになる。^{14}Cがもとの量の$\dfrac{1}{8}$になるには，何年かかるか求めよ。

演習問題　解答・解説

1

① 水準器　② 走向

③ N30° E　④ 傾斜

⑤ 垂直

解説

走向は，磁針が示す角度を文字盤の外側の目盛りで読む。傾斜は，ハート形の垂針の示す角度を文字盤の内側の目盛りで読む。

クリノメーターの文字盤は，東西が逆になっている。これは，クリノメーターで走向を測るとき，走向が北からどちら側にあるかを，そのまま読み取ることができるようにするためである。

2

① 示相　② 示準

(1) エ，オ　(2) ア，イ，ウ

解説

示相化石の条件は，特定の環境に生息し，現地性であることである。

示準化石の条件は，種の生存期間が短いこと，広範囲に分布していること，産出する個体数が多いことである。

ア．アンモナイトは，中生代の示準化石である。

イ．ビカリアは，新生代第三紀の示準化石である。

ウ．フズリナは，古生代の示準化石である。フズリナには，たくさんの属があり，属によって生存期間が異なる。これを利用して年代を決定することができる。

エ．造礁サンゴは，温かい浅海だけに生息する。

オ．カキは，内湾・入り江などの汽水域に生息する。

3

① 相対年代

② 放射年代（数値年代，絶対年代）

③ 放射性元素

(1) 半減期

(2) **1.7×10^4年**

解説

(2) $\dfrac{1}{8} = \dfrac{1}{2^3}$ であるから，^{14}Cがもとの量の8分の1になるのは，

$$5.7 \times 10^3 \times 3 = 1.7 \times 10^4 〔年〕$$

（別解）

$N_t = N_o\left(\dfrac{1}{2}\right)^{\frac{t}{T}}$ より，

$$\frac{1}{8}N_o = N_o\left(\frac{1}{2}\right)^{\frac{t}{5.7\times10^3}}$$

$\dfrac{t}{5.7\times10^3} = 3$ より，

$t = 1.7\times10^4$〔年〕

4 大気と水

傾向と対策

この分野で最も出題頻度が高いのは，露点や湿度を求める問題である。湿度を求めたり，乾燥断熱減率と湿潤断熱減率を用いたりする計算問題はパターンが決まっているので，必ず得点したいところである。前線の種類とそれに伴う天気の変化についても出題の多い内容である。寒冷前線と温暖前線の構造，雲，雨の降り方の違いは必ず理解しておこう。また，天気図を読み取る問題も出題されている。主な天気図記号とともに，四季の天気の特徴と天気図を結びつけて学習してほしい。その他，大気圏の各層の名称や特徴，地衡風と地表風の風向きと力の関係，温室効果の原因も出題がみられるため，基本的な事項をまとめておこう。

要点 Check!

Check!

1 大気の構造

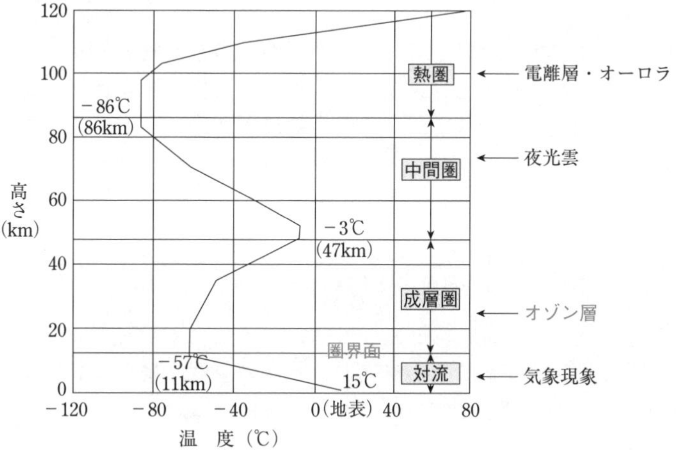

2 太陽放射と熱収支

(1) 太陽放射

太陽から放射されるエネルギーで，波長では可視光線のところが最も強い。

(2) 太陽定数

地球の大気の上端で，太陽光線に垂直な1 m^2 の面が1秒間に受ける太陽放射エネルギー。定数は1.37 kW/m^2 で，地球全体が受けるのは，地球の断面（円形）がさえぎる太陽放射エネルギーである。

(3) 地球全体での熱収支　　（北半球全体の1年間の平均値）

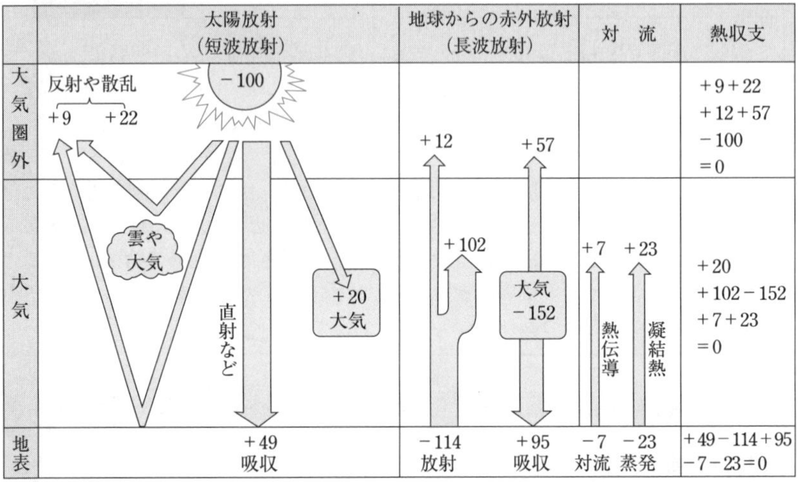

(4) 温室効果

大気中の水蒸気や二酸化炭素，メタンなどが地表の赤外放射を吸収し，大気の温度を高めるはたらきを温室効果という。地球温暖化の要因となっている。また，このようなはたらきをする気体を温室効果ガスという。

3 大気中の水

(1) 湿度

$$湿度〔\%〕=\frac{空気1m^3中に含まれる水蒸気量〔g/m^3〕}{その温度での飽和水蒸気量〔g/m^3〕}\times 100$$

(2) 露点

大気中の水蒸気が冷やされて水滴に変わるときの温度。露点以下では，飽和水蒸気量より多い分の水蒸気量だけ凝結して水滴になる。

(3) 乾燥断熱減率

湿度100％未満の飽和していない空気塊が断熱的に上昇するときの気温低下の割合。→100mにつき約1℃。

(4) 湿潤断熱減率

飽和に達している空気塊が断熱的に上昇するときの気温低下の割合。

→100mにつき約0.5℃。

※水蒸気が凝結するときに，潜熱（凝結熱）が放出されるため。

(5)　フェーン現象

湿った空気塊が山を越えて吹き下りたとき，風下側では高温で乾燥した空気になる現象。

〈例〉東北～北陸にかけて日本海側での異常高温。発達した低気圧が日本海側にあるときに，太平洋側から湿った空気が吹き込んで発生。

(6)　雲の発生

（凝結核）
↓
水蒸気を含んだ空気塊 $\xrightarrow[\text{膨張}]{\text{上昇}}$ 温度低下→露点→飽和→水蒸気が凝結→雲

4　大気の運動

(1)　地衡風

上空（高度1000m以上）の風で，気圧傾度力と転向力（コリオリの力）がつり合うように吹く。北半球では，等圧線に平行に低圧部を左に見て吹く。

(2)　地上風

上空1km以下で吹く。地表面からの摩擦力の影響を受けやすい。

気圧傾度力＝転向力＋摩擦力

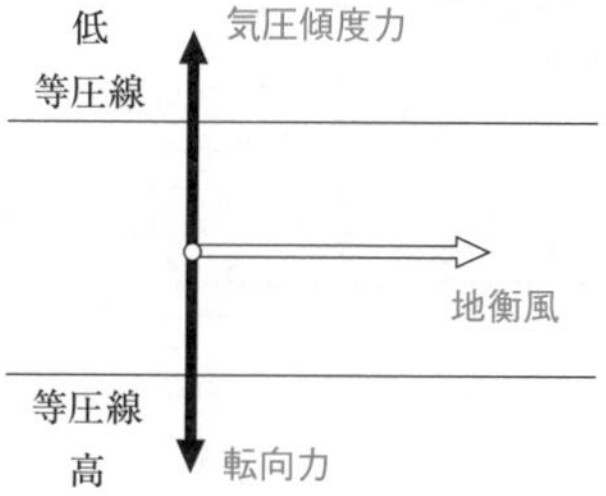

〈地衡風〉

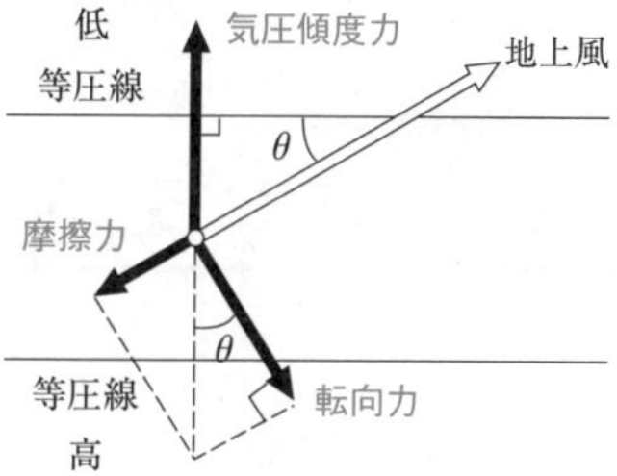

〈地上風〉

(3)　大気の大循環（北半球）

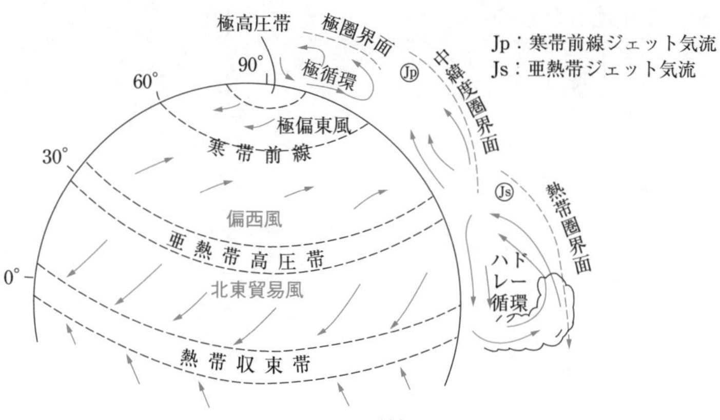

5 天気の変化

(1) 天気図記号

記号	天気
○	快晴
⦶	晴
◎	曇
●	雨
◒	雷
⊗	雪

風力	記号	風速（m/s）
0		0.0～0.3未満
1		0.3～1.6未満
2		1.6～3.4未満
3		3.4～5.5未満
4		5.5～8.0未満
5		8.0～10.8未満
6		10.8～13.9未満
7		13.9～17.2未満
8		17.2～20.8未満
9		20.8～24.5未満
10		24.5～28.5未満
11		28.5～32.7未満
12		32.7以上

（風速は地上10mにおける場合）

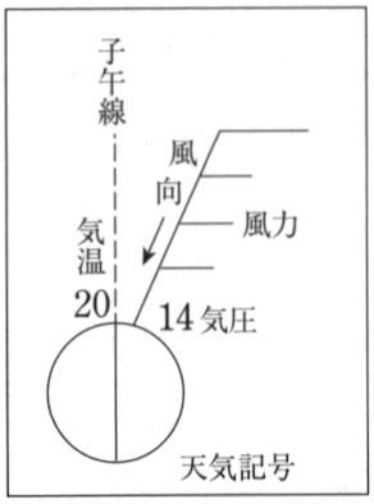

記入例（北北東の風，風力4.晴れ，1014hPa，20℃）

(2) 高気圧

日本付近の主な気団

気団名	発源地	活動期	性質	高気圧
シベリア気団	シベリア大陸	主に冬	低温・乾燥	シベリア高気圧（大陸気圧）
小笠原気団	小笠原方面の海上	主に夏	高温・多湿	小笠原高気圧（太平洋高気圧）
オホーツク海気団	オホーツク海	梅雨期及び秋りん期	低温・多湿	オホーツク海高気圧

(3) 低気圧

・温帯低気圧：前線を伴う。

・熱帯低気圧：緯度5°～20°，海面水温約27℃以上の海上で発生。

・台風：北太平洋西部で発生した熱帯低気圧のうち，最大風速が約17m/sを超えて発達したもの。

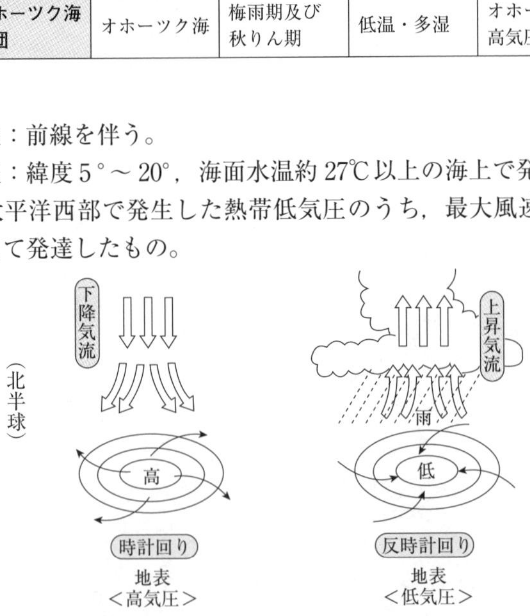

(4)　前線と天気の変化

〈寒冷前線と温暖前線の断面図〉

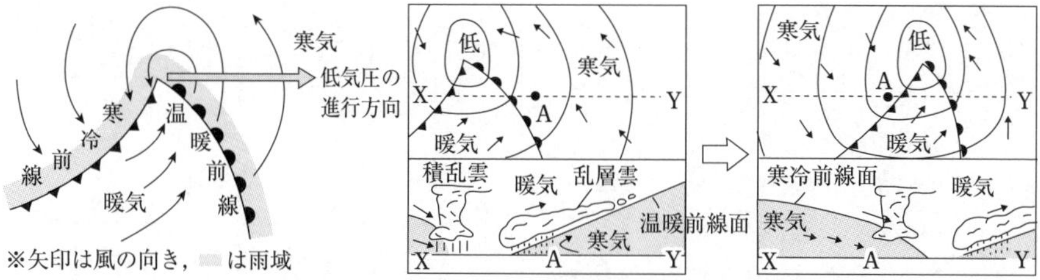

※矢印は風の向き，　は雨域

前線名	特徴	通過時の天気	通過後の天気
温暖前線	暖気が寒気の上にゆっくりはい上がり，寒気を押して進む。傾斜のゆるい前線面に沿って，緩やかな上昇気流が生じ，層状の雲（乱積雲や高層雲など）が発生。	弱い雨がしとしとと広い範囲で長時間降り続く。	雨がやみ，気温が上がり，南寄りの風が吹く。
寒冷前線	寒気が暖気の下にもぐり込み，暖気を上空に押し上げて進む。傾斜のきつい前線面に沿って，激しい上昇気流が生じ，積雲状の雲が発生。	突風が吹き，強い雨が狭い範囲で短時間降る。	気温が急に下がり，北寄りの風が吹き，天気は回復する。
停滞前線	寒気と暖気の勢力がほぼ等しいときにできる。日本付近では東西方向にのび，ほとんど動かない。梅雨時の梅雨前線，秋の秋雨前線。		
閉塞前線	寒冷前線が温暖前線に追いついて，重なったときにできる。地表面は寒気でおおわれる。		

例題 1　フェーン現象

右の図は，太平洋側のA地点（高度 0 m）から，温度 26℃の空気塊が中央山脈を越えて日本海側のD地点（高度 0 m）に達したようすを示している。このとき，空気塊は高度 600 mのB地点で雲を生じ，雨を降らせながら，高度 1800 mの山頂（C地点）まで上昇した。このとき，乾燥断熱減率を 1.0 ℃/100 m，湿潤断熱減率を 0.5 ℃/100 mとする。

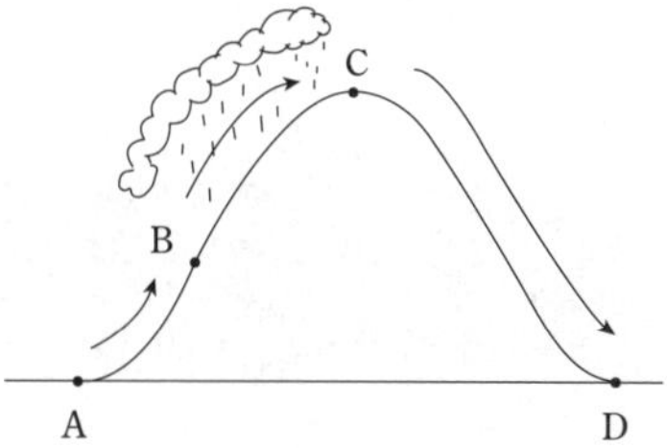

(1)　C地点での空気塊の温度を求めよ。

(2)　D地点での空気塊の温度を求めよ。

(3) 次の表を使って，A地点とD地点の湿度を求め，最も近い数値を次から選べ。

	A	D
①	60%	25%
②	70%	35%
③	80%	45%
④	90%	55%

温度(℃)	飽和水蒸気量〔g/m³〕	温度(℃)	飽和水蒸気量〔g/m³〕
10	9.4	26	24.4
12	10.7	28	27.2
14	12.1	30	30.4
16	13.6	32	33.8
18	15.4	34	37.6
20	17.3	36	41.7
22	19.4	38	46.2
24	21.8	40	51.1

(4) このようにD地点側の気温が高くなる現象を何というか答えよ。

(5) 湿潤断熱減率が，乾燥断熱減率に比べて小さい理由を簡潔に述べよ。

解答 (1) 14℃　(2) 32℃　(3) ②

(4) フェーン現象

(5) 水蒸気が凝結するとき，凝結熱（潜熱）を放出し，まわりの大気を温めるから。

解説 **乾燥断熱減率**とは，湿度100%未満の飽和していない空気塊が，断熱的に上昇するときの温度の減率である。また，**湿潤断熱減率**とは，空気塊が飽和して水蒸気の凝結を伴う（雲が発生する）ときの温度の減率である。水蒸気が凝結するときには，潜熱（凝結熱）が放出され，空気が暖められるために，温度の減率が小さくなる。

(1) 600 m（B地点）までは1.0℃/100 mで下がり，雲ができてからは0.5℃/100 mで下がるから，C地点での温度は，

$$26-\left(1.0\times\frac{600}{100}+0.5\times\frac{1800-600}{100}\right)=14〔℃〕$$

(2) C点からD点までは，1.0℃/100 mで温度が上がるから，

$$14+1.0\times\frac{1800}{100}=32〔℃〕$$

(3) A地点：B地点の温度は，

$$26-1.0\times\frac{600}{100}=20〔℃〕$$

この温度が露点だから，B地点での飽和水蒸気量17.3 g/m³がA地点での水蒸気量である。

よって，

$$\frac{17.3}{24.4}\times100=70.9\cdots〔\%〕$$

D地点：D地点での水蒸気量は，温度14℃のC地点での飽和水蒸気量と等しく，12.1 g/m³である。

よって，

$$\frac{12.1}{33.8} \times 100 \fallingdotseq 35.8 〔\%〕$$

例題 2　大気の運動

右の図は，北半球において，等圧線が平行になっている場合の模式的な地上天気図である。点Pの空気塊には，気圧傾度力，転向力（コリオリの力），摩擦力の3つの力がはたらいており，空気塊は→Xの向きに動いている。これについて，次の各問いに答えよ。

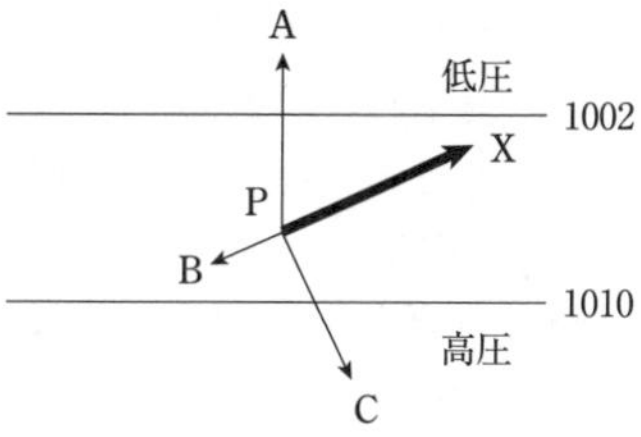

(1)　転向力に関する記述のうち，正しいものを次の中から1つ選べ。

①　転向力は，常に等圧線と直角方向に，気圧の高い方から低い方に向かってはたらく。

②　転向力は，地球が自転しているために現れる見かけの力である。

③　転向力の大きさは，風速によらず一定である。

④　北極では転向力ははたらかない。

(2)　図のA・B・Cで表されている力はそれぞれ何か。正しい組み合わせを1つ選べ。

	A	B	C
①	気圧傾度力	転向力	摩擦力
②	気圧傾度力	摩擦力	転向力
③	転向力	摩擦力	気圧傾度力
④	転向力	気圧傾度力	摩擦力

(3)　北半球の上空5000 mにおける風の吹き方について，最も正しいものを1つ選べ。

①　上空では摩擦力がはたらかないので，等圧線に沿って風が吹いている。

②　上空では転向力がはたらかないので，等圧線に沿って風が吹いている。

③　上空では摩擦力がはたらかないので，等圧線と直角方向に風が吹いている。

④　上空では転向力がはたらかないので，等圧線と直角方向に風が吹いている。

解答　(1)　②　　(2)　②　　(3)　①

解説 (1) 地球は自転しているために自転による見かけの力がはたらくが，これを転向力という。転向力は，北半球では物体の進行方向の直角右向き，南半球では直角左向きにはたらく。転向力の大きさは，赤道で0，高緯度ほど大きくなり，極で最大となる。また，風速が増すにつれ，大きくなる。

(2) 水平方向2地点間の気圧差（**気圧傾度**）が，風を起こす原動力になる。気圧傾度によってはたらく力を気圧傾度力という。

地表付近の大気の動きには，地表との摩擦力がはたらく。したがって，地上付近の風は，気圧傾度力と転向力及び摩擦力の合力がつり合っている。風は等圧線に対して斜めの方向に吹く。

(3) 地表から約1km上空では，大気と地表の間に摩擦力がはたらかない。上空での風は，気圧傾度力と転向力がつり合う向きに吹く。

演習問題

1 ★★★

右の図は，大気の構造及び大気中の気温の標準的な高度分布を示したものである。これについて，次の各問いに答えよ。

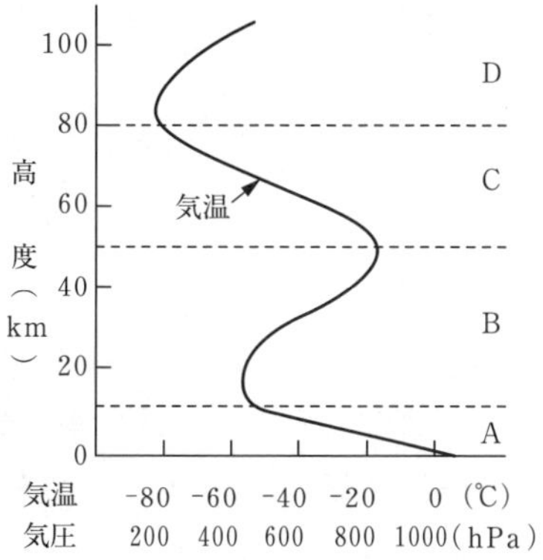

⑴　水蒸気を除いた地表近くの大気の組成成分の割合は，高さが 80km 近くまではほとんど変わらない。大気を組成する成分名を，組成比の大きい順に 4 つ化学式で答えよ。

⑵　大気圏は，気温の変化をもとに A ～ D の 4 つの圏に区分されている。図中の A ～ D の圏の名称を答えよ。

⑶　A 圏の特徴を簡潔に答えよ。

⑷　気温は地表から 11km 程度の高さまで，高さとともに低下するが，B 圏では上昇する。特に B 圏の上部は高温層となっているが，その理由を述べよ。

⑸　A 圏と B 圏の境界面を特に何というか答えよ。また，この境界面の赤道付近と両極付近での高さの違いについて簡潔に述べよ。　〈新潟県〉

2 ★☆☆

右のグラフは，気温と飽和水蒸気量との関係を示したものである。このとき，次の各問いに答えよ。

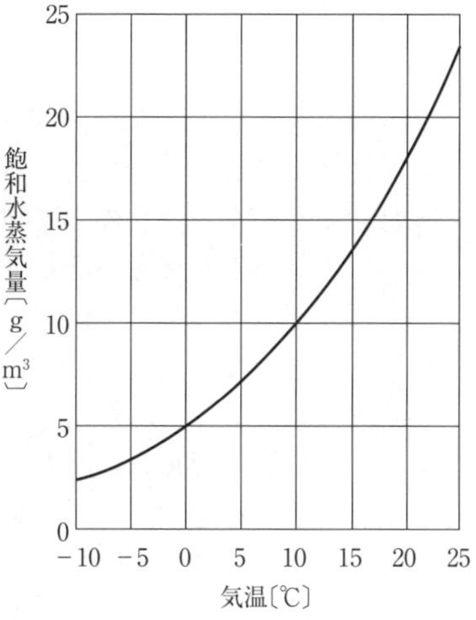

⑴　ある空気塊の気温が 21 ℃のとき，実際に空気塊に含まれる水蒸気の水蒸気量は，13.5 g/m³ であった。このときの湿度は何％になるか答えよ。

⑵　⑴の空気塊を冷却して，露点に達する温度はおよそ何℃か答えよ。

⑶　露点が 16℃，気温が 19℃のとき，この空気塊の湿度は何％になるか答えよ。

3 ★☆☆

ある日の気象観測をしたら，要素は，右の図のようになった。このときの，風向，風力，天気，気圧，気温を答えよ。

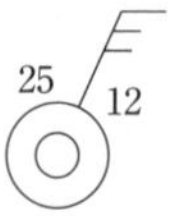

〈埼玉県・さいたま市〉

4 ★★☆

次の図は，日本付近の天気図の一部を示したものである。図中の低気圧は温帯で発生したもので，ほぼ東北東の方向へ進んでいる。ⓐ—ⓑとⓐ—ⓒはそれぞれ前線の位置を示している。これについて，各問いに答えよ。

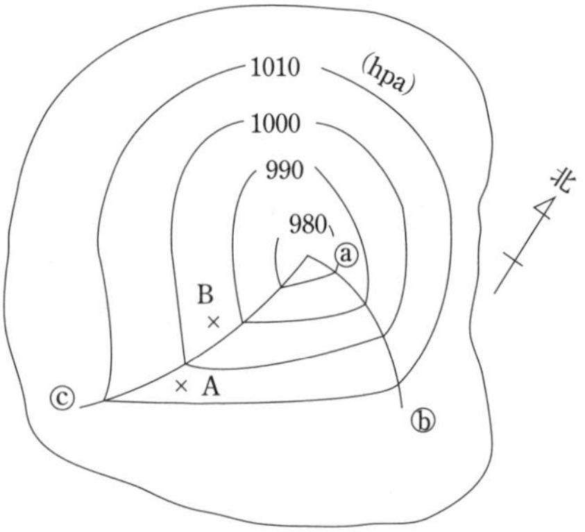

⑴　前線ⓐ—ⓑの名称を答えよ。

⑵　前線ⓐ—ⓒを天気図で使われる記号で示せ。

⑶　地形の影響は受けないものとして，B地点の気温及び風向について説明した文のうち正しいものを選び，番号で答えよ。

①　A地点より気温が低く，北西風が吹いている。
②　A地点より気温が低く，南西風が吹いている。
③　A地点より気温が高く，北西風が吹いている。
④　A地点より気温が高く，南西風が吹いている。

⑷　この低気圧の移動にともなって，A地点の天気の変化を予想した文のうち正しいものを選び，番号で答えよ。

①　雨が少し降っているが，まもなくやみ，気温が上がり，晴れてくる。
②　急にくもって，にわか雨が降りはじめ，気温が下がるが，雨は比較的早

くやむ。

③　うすぐもりから次第に雲が低くなり，雨が降りはじめる。この雨は持続的で前線の接近にともなって強くなる。

④　雨や風が強くなって暴風雨になり，この状態が12時間以上続く。

5 ★☆☆

次の天気図について，各問いに答えよ。

A

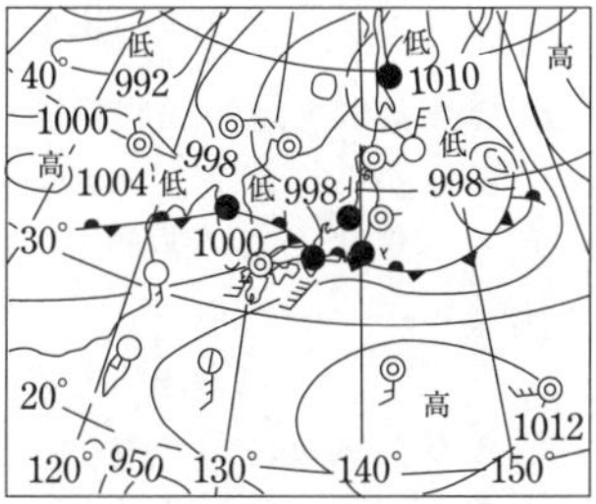

B

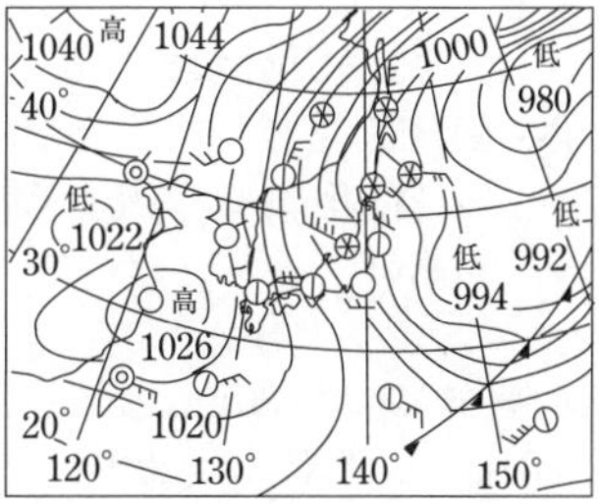

C

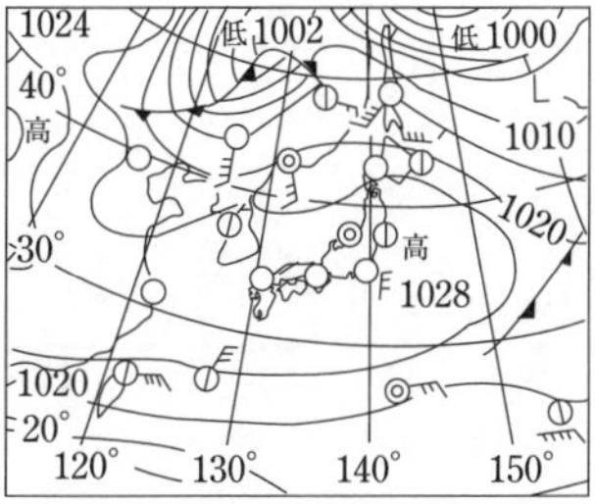

D

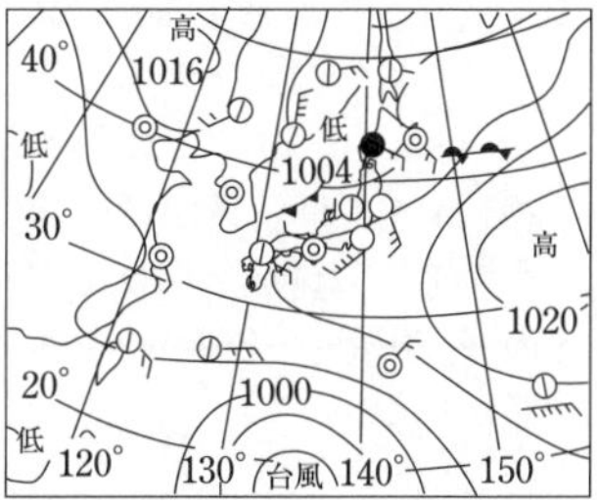

(1)　A～Dの天気図はそれぞれどの季節のものか答えよ。

(2)　Bの気圧配置を何というか答えよ。

(3)　Cの天気図にみられる高気圧を何というか答えよ。

演習問題　解答・解説

1

(1)　N_2, O_2, Ar, CO_2

(2)　A. 対流圏　　B. 成層圏
　　C. 中間圏　　D. 熱圏

(3)　雲の発生や降水などの気象現象が見られる。

(4)　成層圏上部では，オゾン層が紫外線を吸収し，大気を加熱するため。

(5)　名称：圏界面
　　違い：赤道付近の方が両極付近よりも高い。

解説

(1)　大気の組成は高さ80kmまでは，窒素（約80％）と酸素（約20％），アルゴン，二酸化炭素の混合気体である。

(2)　対流圏：地表～平均約11km。高さとともに気温が下がる。
　成層圏：約11km～約50km。高さ約20kmまでは，気温は一定で，その上空では，気温は上がる。高さ20km～30kmにオゾン層がある。
　中間圏：約50km～約80km。高さとともに気温が下がる。
　熱圏：約80km～数100km。高さとともに気温が急激に上がる。

(5)　圏界面の高さは，赤道付近では約16km，高緯度では約8kmである。これは，低緯度では気温が高く上昇気流が激しく起こり，対流が活発になっているためである。また，冬より夏の方が高いというように変動している。

2

(1)　73.4％　　(2)　16℃

(3)　83.4％

解説

(1)　湿度〔％〕

$$= \frac{\text{空気}1\,\text{m}^3\text{に含まれる水蒸気量}}{\text{その温度の飽和水蒸気量}} \times 100$$

グラフより，21℃のとき飽和水蒸気量は18.4g/m^{3}であるから，

$$\text{湿度} = \frac{13.5}{18.4} \times 100 \fallingdotseq 73.4\,〔\%〕$$

(2)　露点とは，飽和水蒸気量に達する温度であるから，グラフより13.5g/m^{3}が飽和水蒸気量となる温度はおよそ16℃である。

(3)　露点が16℃であるから，実際に含まれる水蒸気量は13.6g/m^3，気温19℃のときの飽和水蒸気量は16.3g/m^{3}であるから，

$$\text{湿度} = \frac{13.6}{16.3} \times 100 \fallingdotseq 83.4\,〔\%〕$$

3

風向：北北東　　風力：3
天気：曇　　気圧：1012hPa
気温：25℃

4

(1)　温暖前線

(2)　

(3)　①　　(4)　②

解説

(1)，(2)　低気圧の中心から南東に温暖前線，南西に寒冷前線がのびている。

(3)　A地点は暖気の中，B地点は寒気の中にあるので，B地点はA地点より気温が低い。寒冷前線が通過すると，南または南西の風から，西または北西の風に変わる。

(4)　A地点はまもなく寒冷前線が接近し，

通過するので，寒気によって暖気が押し上げられ，積乱雲や積雲が発生し，にわか雨が降りはじめ，気温が下がるが，雨は比較的早くやむ。

5

(1)　A．梅雨　　B．冬
　　C．春　　D．秋

(2)　西高東低

(3)　移動性高気圧

解説

Aの天気図は，本州上に停滞前線が見られるので，梅雨である。

Bの天気図は，大陸のシベリア東部から高気圧が，千島方面に低気圧が見られ，日本付近は西高東低の気圧配置となっている。また，北海道や東北地方の天気が雪となっていることから冬である。

Cの天気図は，大陸方面から移動性高気圧が到来し，日本付近をおおっているので，春である。

Dの天気図は，大陸方面から低気圧に続いて移動性高気圧が到来し，南の海上には台風が発生しているので，秋である。

5 太陽系と宇宙

傾向と対策

出題頻度が高いのは，緯度や季節による太陽の南中高度の違いや南中高度を求める問題，地球と星座の位置関係から星座の見える方向や時間を求めたり，星の日周運動･年周運動による見える位置や時間を求めたりする問題など，地球の自転･公転に関する内容である。また太陽系の惑星では，金星や火星に関する問題が頻出である。その他，月の形と位置の変化，太陽の特徴もおさえよう。会合周期，ケプラーの法則，等級と明るさ，距離の関係を求める問題，年周視差と距離の関係も出題が見られる。いずれも基本的な問題が多いので，基礎的な知識を整理して理解しておくこと。

要点 Check!

1 地球の自転と公転

・日周運動：地球の自転により，太陽や星が東から西へ動いていくように見える。

・年周運動：地球の公転により，同じ時刻に見える星座の星が東から西へ動き，1年で1周して見える。

(1) 太陽の日周運動（北半球）

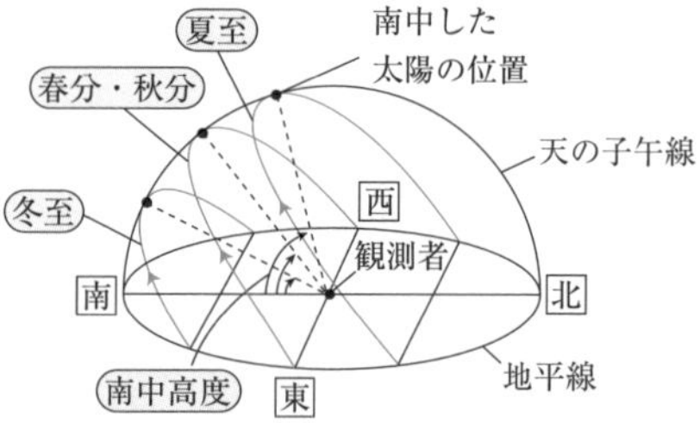

・太陽の南中高度

春分・秋分の南中高度＝ 90°－緯度
夏至の南中高度＝ 90°－緯度＋ 23.4°
冬至の南中高度＝ 90°－緯度－ 23.4°

(2) 太陽の年周運動

・黄道：天球上の太陽の通り道。星座の星の位置を基準にすると，１年で再び同じ星座の場所に戻る。

(3)　恒星の動き

①　恒星の日周運動

北極星を中心に反時計回り。１時間に15°(360°/24時)ずつ東から西へ動いて見える。

北極星の高度＝観測地点の緯度

②　恒星の年周運動

1ヵ月に30°(360°/12月）ずつ東から西へ動いて見える。同じ星が同じ位置に見える時刻は，１日に約４分ずつ，1ヵ月に２時間ずつ早くなる。

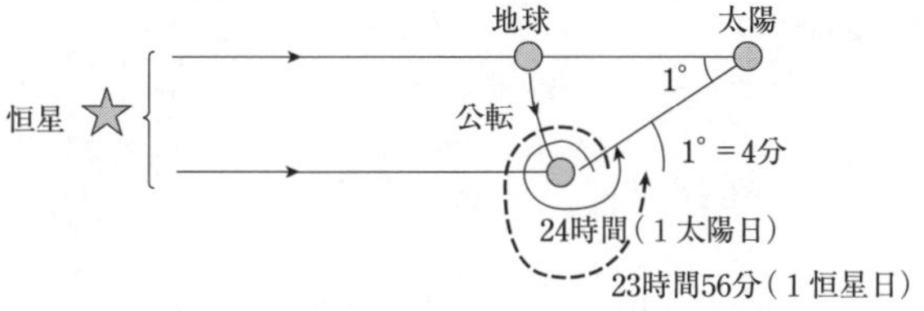

(4)　地球の自転の証拠

・フーコーの振り子：フーコーの振り子の振動面は，北半球では上から見て，時計回りに回転する。

・転向力：運動の向きが北半球では右へそれる。

・その他，遠心力と地球の形，人工衛星の軌道　など

(5)　地球の公転の証拠

・年周視差：近い恒星は，遠い恒星に対して動くように見える。

・年周光行差：恒星からくる光は，真の方向よりも斜め前方からくるように見える。

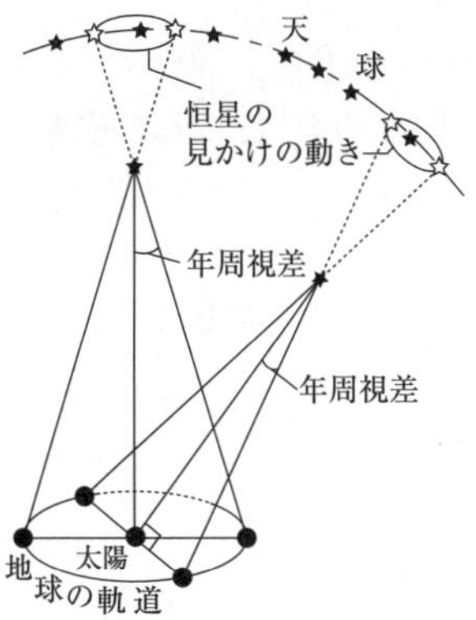

〈年周視差〉

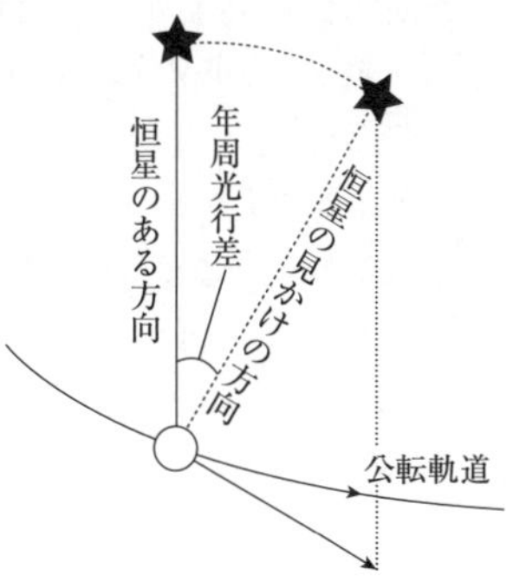

〈年周光行差〉

2　太陽系の天体

(1)　地球型惑星

・水星，金星，地球，火星

・半径・質量小で密度大。内部はケイ酸塩や金属鉄。二酸化炭素や窒素の大気層（ただし，水星に大気はほとんどない）。衛星は少数。

(2)　木星型惑星

・木星，土星，天王星，海王星

・半径・質量大で密度小。内部は，液体水素や金属水素。水素やヘリウムなどの厚い大気。速い自転。衛星は多数。

(3)　太陽系の惑星とその特徴

惑　星	特　　徴
水　星	太陽系最小。表面温度約－180℃～400℃。大気なし。多数のクレーター。
金　星	表面温度約460℃。二酸化炭素を主成分とする厚い大気。公転と逆向きに自転。
火　星	表面温度約－100℃～10℃。極冠（極の二酸化炭素が凍って白く輝く），多数のクレーター，大量の水の痕跡，火山。衛星（フォボス，ダイモス）。うすい二酸化炭素の大気。
木　星	太陽系最大。表面温度約－150℃。水素，ヘリウムを主成分とする大気。乱流，縞模様，大赤斑。衛星（イオ，エウロパなど）。赤道での自転周期約9時間50分。
土　星	表面温度約－170℃。惑星中，偏平率最大。密度最小。縞模様。リング（環）は，微細な岩石や氷の粒。衛星（タイタンなど）。
天王星	自転軸が横倒しになって公転。表面温度－200℃以下。
海王星	水素の大気。表面にメタンの雲。大暗斑。

(4)　太陽系の小さな天体

・衛星：惑星などのまわりを公転する天体。

・小惑星：おもに火星と木星の間にある小天体。

・すい星：おもに氷やちりでできており，太陽に近づくと尾を引いて見える。

(5)　月

自転周期と公転周期が同じため，地球にいつも同じ面が向いている。

重力は，地球の約6分の1。自転，公転周期は約27日，月の満ち欠けの周期は約29.5日。

(6)　太陽系外縁天体

海王星軌道以遠を公転する小天体を惑星と区別してよぶもの。

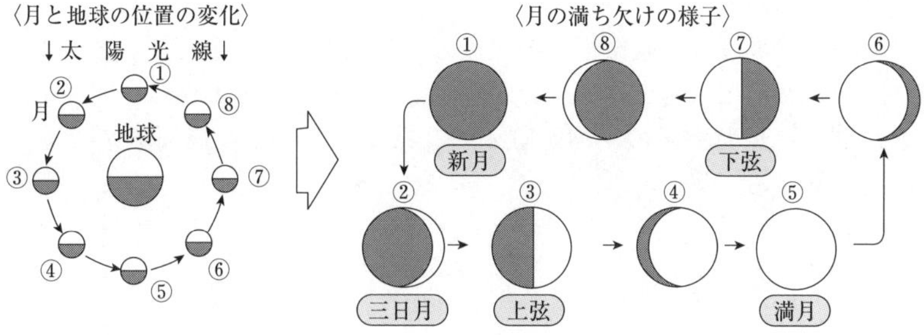

※月が左の図の①～⑧の位置にあるとき，地球から見ると右の①～⑧のように見える。

・日食：太陽—月—地球

・月食：太陽—地球—月

3　惑星の運動

(1)　惑星の視運動

背景にある恒星に対する惑星の見かけの運動

・順行：天球上を西→東

・留：天球上に留まって見える（順行⇄逆行に転ずるとき）。

・逆行：天球上を東→西（外惑星・衝の付近，内惑星・内合の付近）

(2)　内惑星と外惑星

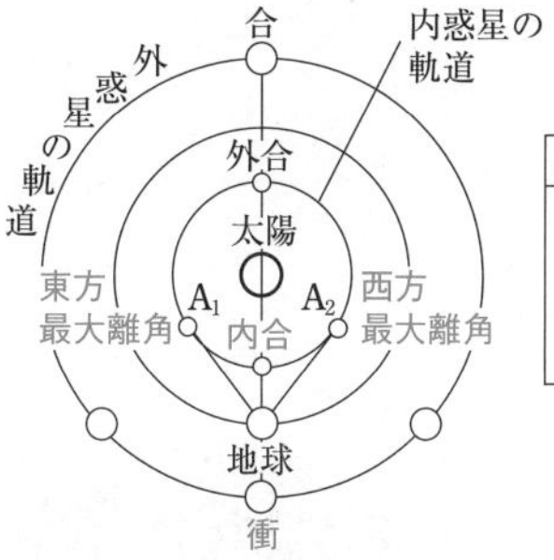

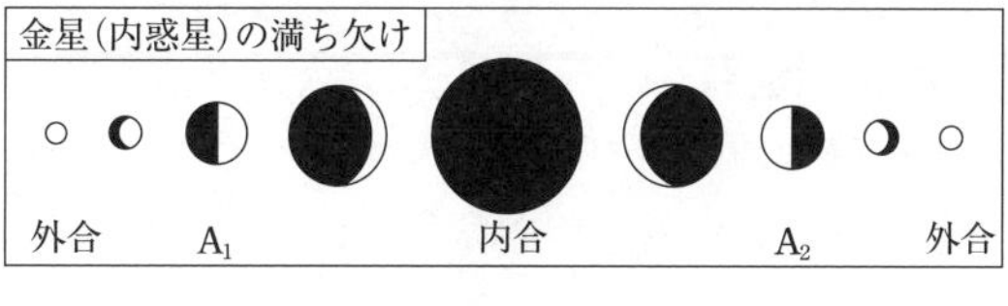

(3)　会合周期

外惑星の衝（合）から再び衝（合）になるまでの期間，または内惑星の内合（外合）から再び内合（外合）になるまでの期間。

$$外惑星：\frac{1}{S}=\frac{1}{E}-\frac{1}{P}$$

$$内惑星：\frac{1}{S}=\frac{1}{P}-\frac{1}{E}$$

（S：会合周期，E：地球の公転周期，P：惑星の公転周期）

(4) ケプラーの法則

第 1 法則：惑星は，太陽を１つの焦点とするだ円軌道を公転する。

第 2 法則：惑星と太陽を結ぶ線分が一定時間に通過する面積は一定である。

第 3 法則：惑星と太陽の平均距離 a の３乗は惑星の公転周期 P の２乗に比例する。

$$\frac{a^3}{P^2} = 一定$$

・第 1 法則，第 2 法則

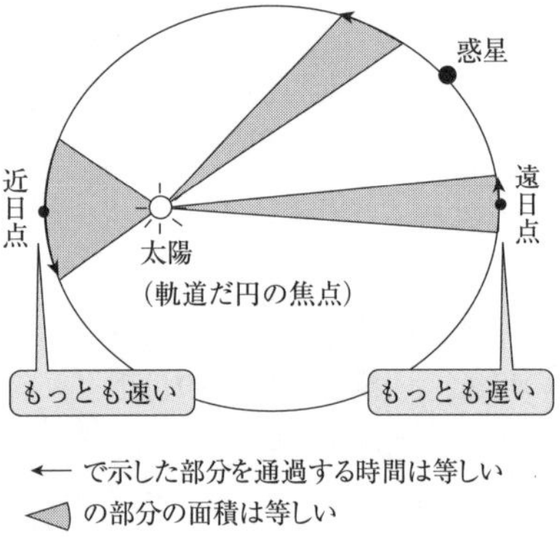

4 太陽（恒星）

・直径は地球の約 109 倍。

・高温の巨大なガスのかたまり。

(1) 自転

太陽面上の黒点位置の観測により自転周期を求める。

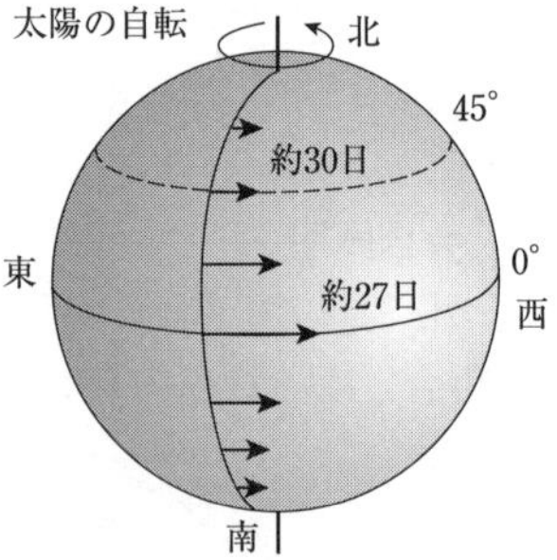

※観測時の注意点

接眼レンズの近くに手や顔を近づけたり，天体望遠鏡を直接のぞいたりしない。肉眼でも直接太陽を見ない。

(2) 太陽のエネルギー源

核融合反応（4H → He）により，膨大なエネルギーが生み出されている。

5　恒星と宇宙

(1)　恒星の明るさ：等級で表す。

・5 等級の差があると，明るさは 100 倍になる。

・1 等級の差では，$\sqrt[5]{100} \fallingdotseq 2.5$ 倍。

①　見かけの等級（実視等級）

恒星を地球上から肉眼で見たときの見かけの等級。

〈例〉太陽 −27 等，シリウス −1.4 等

②　絶対等級

恒星を 10 パーセク（= 32.6 光年，年周視差 0.1″）の距離に置いたときの等級。絶対等級 M，実視等級 m の恒星までの距離を d〔パーセク〕，年周視差を p〔″〕とすると，

$$M-m=5-5\log_{10}d=5+5\log_{10}p$$

〈例〉太陽 4.8 等，シリウス 1.5 等

③　等級の差と明るさ

天体 A と天体 B の明るさをそれぞれ l_a，l_b，等級を m_a，m_b とすると，天体 A が天体 B より何倍明るいかは，次の式で表される。

$$\frac{l_a}{l_b}=\left(\sqrt[5]{100}\right)^{m_b-m_a}=10^{\frac{2}{5}(m_b-m_a)}$$

(2)　恒星の距離

年周視差 p'' の恒星までの距離 d は，

$$d=\frac{3.26}{p}\text{〔光年〕}\quad d=\frac{1}{p}\text{〔パーセク〕}$$

(3)　ウィーンの変位則

物体が最も強く放射している光の波長とその物体の温度は反比例する。すなわち，赤色（波長が長い光）に見える恒星の表面温度は低く，青色（波長が短い光）に見える恒星の表面温度は高い。

(4)　HR 図

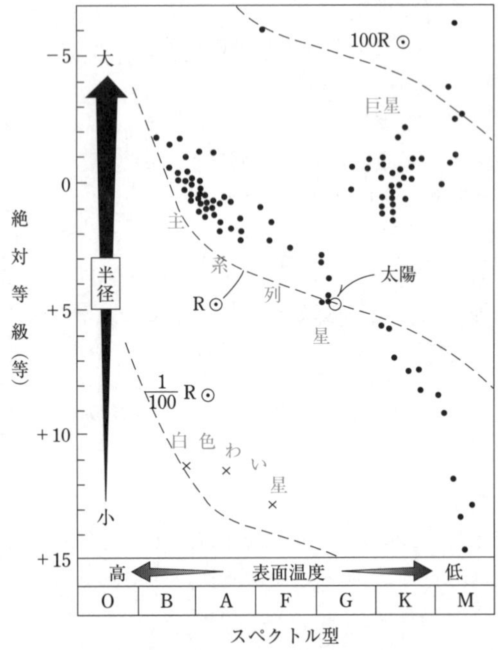

(5)　恒星の一生

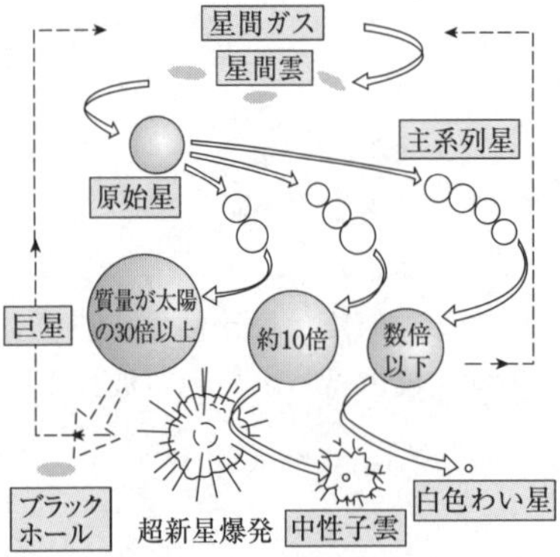

〈恒星の質量と進化の様子〉

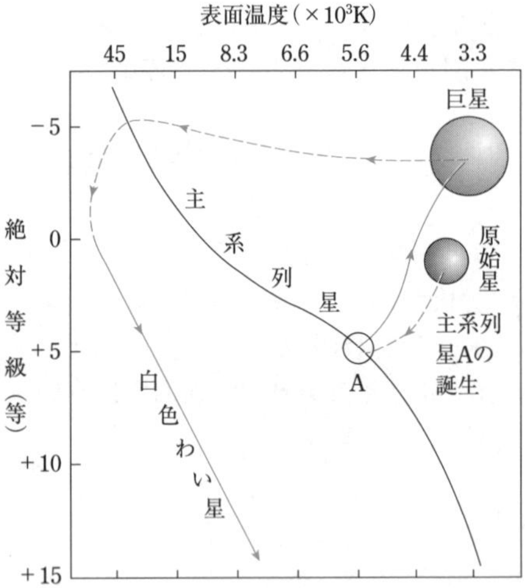

〈主系列星の進化〉

例題1　太陽の年周運動

右図は，日本のある地点で透明半球上に太陽の1日の動きを記録したものである。これについて，次の各問いに答えよ。

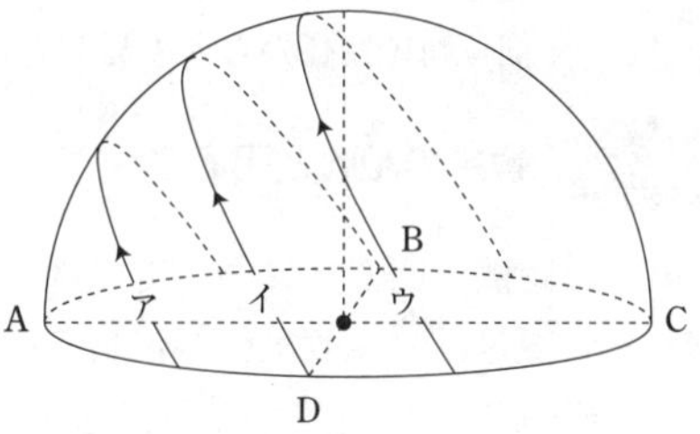

(1)　図中A～Dの方角をそれぞれ答えよ。

(2)　図中ウの日，北緯 ϕ°の地点の太陽の南中高度を作図で求めよ。
ただし，地軸は公転面に垂直な方向に対して23.4°傾いているものとする。
また，図には，「赤道」「地軸」「緯度ϕ」「地平線」「南中高度」をそれぞれ示せ。

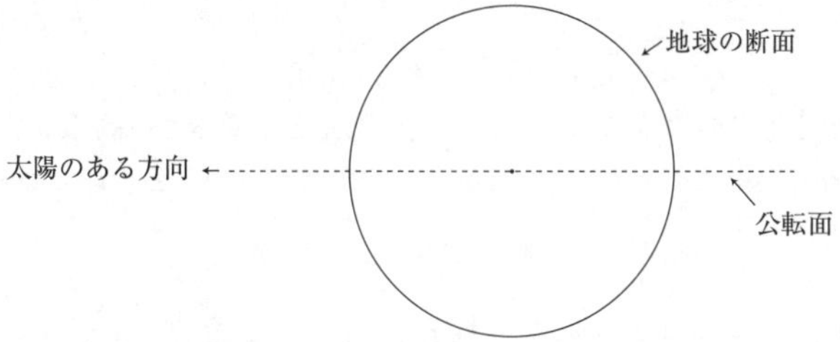

〈鳥取県〉

解答　(1)　A. 南　　B. 西　　C. 北　　D. 東

(2)　南中高度＝90－(ϕ－23.4)＝113.4－ϕ〔°〕

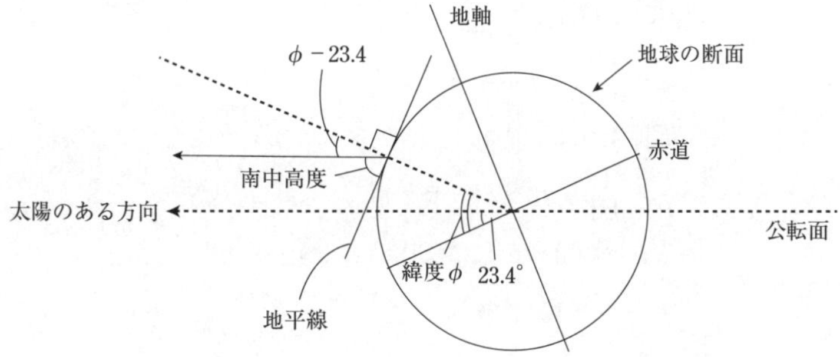

解説　(1)　地球は，地軸が公転面の垂線と**23.4°傾いた状態**で公転しているため，太陽の南中高度は，季節によって変化する。

春分・秋分…太陽は真東から昇り，真西に沈む。

夏至…太陽は真東・真西より北寄りに出没する。**南中高度が最も高い**。

冬至…太陽は真東・真西より南寄りに出没する。南中高度が最も低い。

(2)　まず地軸・赤道を記入する。次に緯度 ϕ〔°〕の地点の地平線を記入し，緯度 ϕ〔°〕の地点における公転面に平行な直線を引く。平行線と直線がなす同位角の関係から南中高度を ϕ〔°〕を用いて表す。

例題 2　恒星の距離と明るさ

恒星の距離と明るさについて，次の各問いに答えよ。

(1)　－2 等星は，4 等星の約何倍の明るさか。

(2)　年周視差が $0.762''$ の恒星までの距離は何光年か。四捨五入して小数第 1 位まで求めよ。

(3)　南十字星 α 座の実視等級は 1.5 等で，年周視差は $0.01''$ である。この星を年周視差 $0.1''$ のところに移動すると，明るさは何倍になるか。

〈茨城県〉

解答　(1)　250 倍　　(2)　4.3 光年　　(3)　100 倍

解説　(1)　1 等星と 6 等星のように，5 等級の差があると，明るさは約 100 倍になる。m 等星と m' 等星（$m > m'$）の明るさをそれぞれ l, l'（$l < l'$）とすると，

$$\frac{l'}{l} = 100^{\frac{m-m'}{5}} = 100^{\frac{4-(-2)}{5}} = 100^{\frac{6}{5}} = 100 \times 100^{\frac{1}{5}} \fallingdotseq 250$$

(2)　年周視差 P'' である星の距離は，$\frac{1}{P}$〔パーセク〕$=\frac{3.26}{P}$〔光年〕。

$$\frac{3.26}{0.762} \fallingdotseq 4.3 \text{〔光年〕}$$

(3)　明るさは距離の 2 乗に反比例する。

α 座の距離は，

$$\frac{1}{P} = \frac{1}{0.01} = 100 \text{〔パーセク〕}$$

年周視差 $0.1''$ では，

$$\frac{1}{P} = \frac{1}{0.1} = 10 \text{〔パーセク〕}$$

明るさは距離の 2 乗に反比例するから，

$$\frac{1}{\left(\frac{10}{100}\right)^2} = 100 \text{〔倍〕}$$

演習問題

1 ★☆☆

ある日の20時に北斗七星を観測すると，右の図の位置であった。これについて，次の各問いに答えよ。ただし，ア～シの間隔はすべて30°である。

(1)　この日，4時間後，aの星は，図中ア～シのどの位置に見えるか答えよ。

(2)　この日から2ヵ月後の22時，aの星は図中ア～シのどの位置に見えるか答えよ。

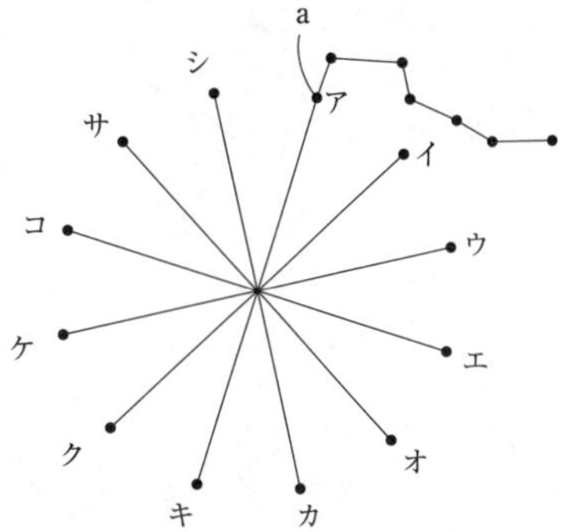

〈香川県改題〉

2 ★★☆

次の図は，天の北極側から見た地球の公道と黄道12星座の位置を示したものである。これについて，次の各問いに答えよ。

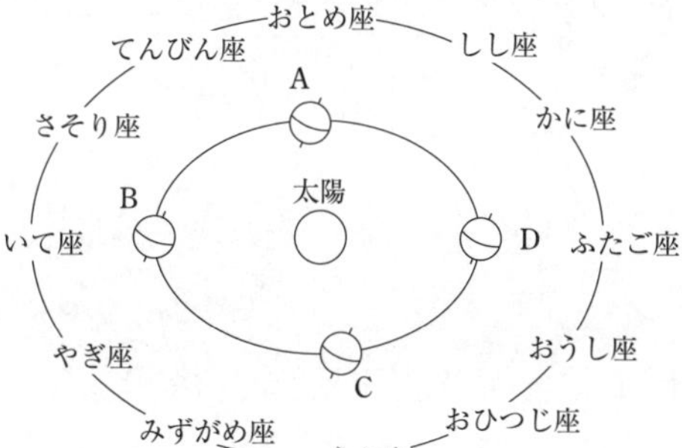

(1)　地球がA～Dのどの位置に来たとき，日本の季節は夏になるか答えよ。

(2)　地球がCのとき，日本で真夜中に南中する星座は何か答えよ。

(3)　地球がDのとき，最も見えにくい星座は何か答えよ。

(4)　日が沈んだとき，東の空にみずがめ座が見えるのは，地球がA～Dのどの位置にあるときか答えよ。

3 ★★☆

図1は，太陽，金星，地球の位置関係を示している。また，図2は，ある日に地球から観測したときに見えた金星の形（正立像）である。これについて，次の各問いに答えよ。

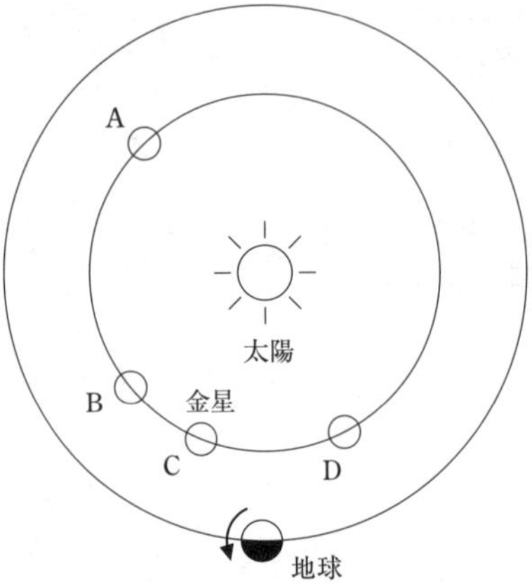

図1

図2

⑴ 図2の形の金星を地球から観測できるのは，図1の金星がA～Dのどの位置にあるときか，その記号を選べ。

⑵ 金星が太陽の東35度の位置にあるとき，金星は明けの明星になるか，宵の明星になるか答えよ。

⑶ 金星は真夜中に観察することができない。その理由を答えよ。

〈千葉県・千葉市改題〉

4 ★★☆

次の各問いに答えよ。

(1) 火星の公転周期は，1.88 年である。このとき，火星の地球に対する会合周期を求めよ。

(2) 次の文の空欄に当てはまる語句を答えよ。

望遠鏡で，太陽を毎日観測していると，太陽表面の（　①　）が，東側から西側へと移動して，再びもとの位置に戻るまでに，27 日かかることがわかった。しかし，この 27 日という日数は，そのまま太陽の（　②　）周期を示すものではない。なぜならば，その間に地球も（　③　）しているからであり，これは地球の（　④　）側を公転する惑星の（　⑤　）周期（S）と，惑星の公転周期（P）と地球の（　⑥　）周期との関係式が，$\frac{1}{S}=\frac{1}{P}-\frac{1}{E}$ で示されるのと同じである。

5 ★★★

次の各問いに答えよ。

(1) 地球と太陽との平均距離を 1 とすると，木星と太陽との平均距離はおよそ 5 となる。このとき，木星の公転周期として最も適当な値は次のうちのどれか。

①　3 年　　②　5 年　　③　7 年　　④　9 年　　⑤　11 年

(2) 太陽から 4 天文単位の距離に，人工惑星を打ち上げて公転させると，公転周期は何年になるか。ただし，1 天文単位とは，地球と太陽との平均距離であるものとする。

演習問題　解答・解説

1

(1)　サ　　(2)　コ

解説

(1)　恒星は，地球の自転によって1時間に15°ずつ東から西に動くように見える。北天の星は，反時計回りに動くように見える。この北斗七星は，4時間後には$15 \times 4 = 60°$，すなわち，サの位置に見える。

(2)　恒星は，地球の公転によって1ヵ月に30°ずつ東から西へ動くように見える。この北斗七星は，2ヵ月後の20時には$30 \times 2 = 60°$，すなわち，サの位置に見える。2時間後の22時には，さらに30°動いて，コの位置に見える。

2

(1)　B　　(2)　うお座

(3)　いて座　　(4)　C

解説

(1)　Bでは北半球を見ると，自転軸は太陽の方に傾いているため，太陽光線の当たる時間は1日の半分より長くなるので，夏至である。

(2)　Cのとき，太陽と反対の方向にあるうお座が真夜中に南中する星座である。

(3)　Dのとき，太陽と同じ方向にあるいて座がもっとも見えにくい星座である。

(4)　太陽は西に沈むので，日没時に東に見える星座は，太陽と反対方向にある。

3

(1)　C　　(2)　宵の明星

(3)　金星は地球よりも太陽に近い軌道を回っているので，地球の夜側，すなわち太陽の反対側に来ることはないから。

4

(1)　**2.14年**

(2)　①　黒点　　②　自転

③　公転　　④　内

⑤　会合　　⑥　公転

解説

(1)　火星の会合周期をSとすると，

$$\frac{1}{S}=\frac{1}{1}-\frac{1}{1.88}$$

$$\therefore\ S=\frac{1.88}{0.88}\fallingdotseq 2.14\ 〔年〕$$

(2)　太陽表面の黒点を内惑星と置きかえると，公転している地球から観測する場合を考えれば，27日の周期は会合周期にあたることがわかる。

5

(1)　⑤　　(2)　**8年**

解説

(1)　木星の公転周期をPとすると，ケプラーの第3法則より，

$$\frac{1^3}{1^2}=\frac{5^3}{P^2}\qquad P^2=125$$

$$\therefore\ P=\sqrt{125}\fallingdotseq 11.2\ 〔年〕$$

(2)　人工惑星の公転周期をPとすると，ケプラーの第3法則より，

$$\frac{1^3}{1^2}=\frac{4^3}{P^2}\qquad P^2=64$$

$$\therefore\ P=\sqrt{64}=8\ 〔年〕$$

6 実践問題

1 ★☆☆

次の(1)〜(4)の文中の空欄に適する語句を入れよ。

(1) 地震波には，波の進行方向に垂直に振動する地震波（　①　）と，進行方向に平行に振動する地震波（　②　）がある。そのうち，固体中も液体中も伝わる地震波は（　③　）で，固体中のみを伝わる地震波は（　④　）である。

(2) 地殻とマントルの境界を（　⑤　）という。マントルと核の境界を（　⑥　）といい，深さは約 2900 km である。

(3) 大陸の地殻は，上部が（　⑦　）質岩石，下部が（　⑧　）質岩石で構成されている。一方，海洋の地殻は（　⑨　）質岩石で構成されている。マントル上部は（　⑩　）質岩石で構成されて，核は（　⑪　）やニッケルから構成されている。

(4) 地球の磁場は北極付近に（　⑫　）極があり，南極付近に（　⑬　）極がある。地磁気の 3 要素には，真北からのずれの角度の（　⑭　），水平面に対する磁針の傾きの角度の（　⑮　），地磁気の強さの全磁力を用いることが多い。

〈京都市〉

2 ★★☆

次の図は，5 つの物理量が地球内部の地下深度によって，どのように変化するか示したものである。ただし，縦軸は物理量，横軸は地表からの深さ〔km〕を表すものとする。

①

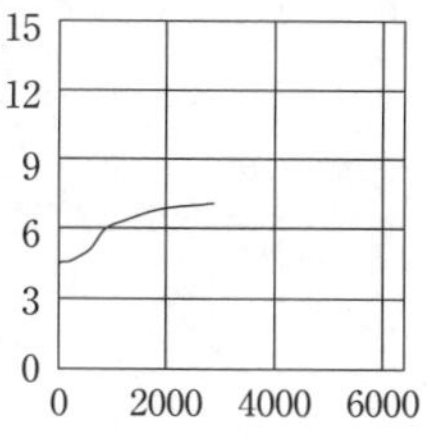

②

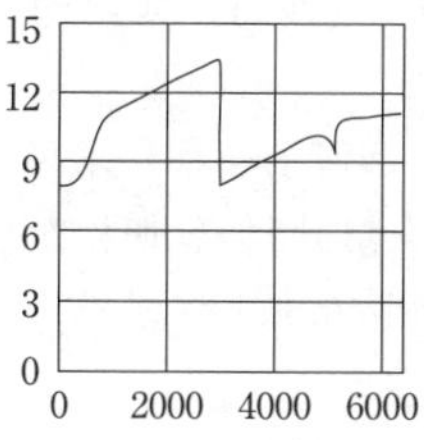

③

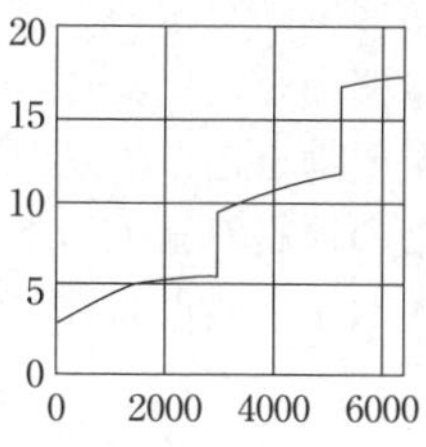

④

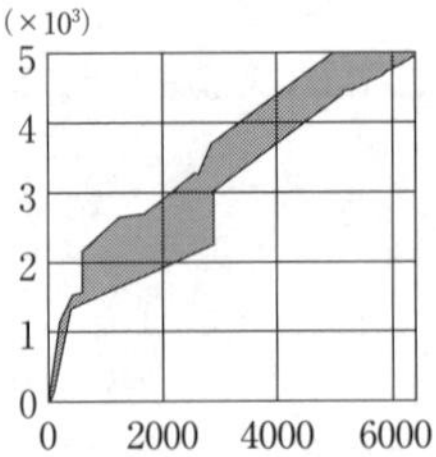

⑤

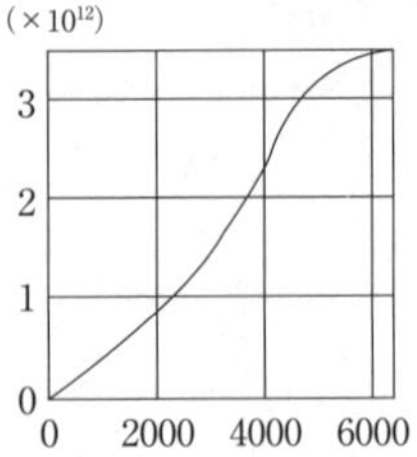

(1) 図①〜⑤はそれぞれどのような物理量を表したものか。ア〜クから選べ。

ア．温度　　イ．圧力　　ウ．密度

エ．重力　　オ．P波の速さ　　カ．S波の速さ

キ．P波の走時曲線　　ク．S波の走時曲線

(2) 図①〜③では，深さ2900kmを境にグラフに急激な変化が見られるが，ここはどのような場所か。下のア〜オから選べ。

ア．大陸地殻と海洋地殻の境界

イ．地殻と上部マントルの境界

ウ．上部マントルと下部マントルの境界

エ．マントルと外核の境界

オ．外核と内核の境界

3 ★☆☆

ある地震がA，B，Cの3地点でそれぞれ次のように観測された。これについて次の問いに答えよ。ただし，震源の深さは無視できるほど浅いものとし，地震の波が到達する時間と震源からの距離は比例するものとする。

地点A：11時00分35秒から11時01分03秒まで初期微動が続いた。

地点B：11時00分23秒に主要動が到達した。

地点C：11時00分23秒から初期微動が20秒間続いた。なお，震源から160km離れていることが確認された。

(1) 初期微動が続いた時間をT〔秒間〕，震源までの距離をD〔km〕とし，TとDの関係を式で表せ。

(2) 主要動を起こす波の速さは何km/秒か求めよ。

(3) この地震の発生した時刻は何時何分何秒か求めよ。

(4) 震源から地点Bまでの距離は何kmか求めよ。

〈岩手県〉

4 ★★★

マグニチュードの大きさが1だけ大きくなると，地震で放出されるエネルギーは何倍になるか，小数第2位を四捨五入して求めよ。ただし，地震のエネルギーをE（エルグ），マグニチュードをMとした場合，$\log_{10}E = 11.8 + 1.5M$の式が成立するものとし，$\sqrt{10} = 3.16$とする。

〈秋田県〉

5 ★☆☆

地球の表層部はいくつかに分かれたプレートで覆われており，①それらが相互に運動することにより地震活動，火山活動，造山運動などが起こったりしている。

⑴　下線部①の理論を何というか答えよ。

⑵　プレートどうしの境界には下の3つのパターンがある。次の場所は，ア～ウのどれに当てはまるかそれぞれ選べ。

①　ヒマラヤ山脈　　②　大西洋中央海嶺

③　日本列島　　④　サンアンドレアス断層

ア．2つのプレートが新たに形成され，互いに遠ざかる境界

イ．2つのプレートどうしが接近し，ぶつかり合う境界

ウ．プレートどうしがすれ違う境界

6 ★☆☆

火山の噴火に関する文章のうち，正しいものはどれか。次の①～⑤のうちから1つ選べ。

①　流紋岩質マグマは溶岩円頂丘を形成することがある。

②　流紋岩質マグマは爆発的な噴火を起こすことはない。

③　玄武岩質マグマは溶岩台地を形成することはない。

④　玄武岩質マグマは割れ目噴火を起こすことはない。

⑤　玄武岩質マグマは火砕流を伴う噴火を起こす。

〈神奈川県・横浜市・川崎市〉

7 ★☆☆

下の表は，花こう岩と安山岩の性質を比較したものである。a〜e からそれぞれ必要なものだけ選んで，(1)〜(10)に当てはめ，表を完成させよ。ただし「a. 主要鉱物」は，すべての花こう岩や安山岩に必ず含まれているものを答えること。

	花こう岩	安山岩
a. 主要鉱物	(1)	(2)
b. 岩体の色	(3)	(4)
c. 組織	(5)	(6)
d. 岩石の産状	(7)	(8)
e. SiO_2の量	(9)	(10)

a. 石英　長石　黒雲母　角閃石　輝石　かんらん石
b. 暗灰色　黒色　白っぽい色
c. 斑状　等粒状　片状
d. 火山岩　深成岩　半深成岩　広域変成岩　接触変成岩
e. 66％以上　66 〜 52％　52 〜 45％　45％以下

〈佐賀県〉

8 ★★☆

次の文を読んで，各問いに答えよ。

岩石は，（　①　）岩・堆積岩・変成岩の３つのグループに大きく分けられる。

（　①　）岩の仲間は，おおまかに，その造岩鉱物の結晶のでき方で火山岩と（　②　）岩の２種類に，さらに，造岩鉱物の種類と割合で３種類に分類されている。火山岩の違いは，$_{\text{a}}$<u>昭和新山や富士山などの火山の形</u>の違いに関係している。具体的には，昭和新山は（　③　）岩，富士山は（　④　）岩で形成されており，溶岩台地という地形は（　⑤　）岩でできている。

火山灰が堆積してできた（　⑥　）岩の層が，$_{\text{b}}$<u>堆積岩の地層</u>の中にはさまっていると，広範囲の地層の対比ができる。このような（　⑥　）岩の層を，（　⑦　）という。

変成岩の仲間は，地下の高温高圧状態によって，（　①　）岩や堆積岩が再結晶してできる岩石である。堆積岩の１つである石灰岩は，熱の影響を受けると，（　⑧　）という岩石になる。

⑴　文中の空欄に適する語句を答えよ。

⑵　下線部ａのような火山の形の違いを左右する物質は何か，化学式で答えよ。

⑶　下線部ｂの中に化石が発見されることがある。数人の生徒が，登校途中に，先月の土砂崩れで現れた露頭から，サメの歯の化石らしいものを見つけてきた。学校から近いこともあり，授業の中で採集にいこうと思う。このとき，生徒への安全確保と環境保全の視点から注意する事項を述べよ。

〈長崎県〉

9 ★★☆

地質調査について書かれた文を読み，あとの各問いに答えよ。

地層の様子を調べることを地質調査といい，ある地域の地質の状態を地形図に記入したものを地質図という。この場合，野外調査のルートに従って，①地質構造を記録したものを②ルートマップという。

⑴　下線部①には地層の走向・傾斜が記録される。地層の走向の定義を簡潔に答えよ。

⑵　地層の走向・傾斜を測定するための器具名を答えよ。

⑶　下線部②に 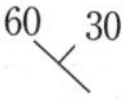

と記入してある地層があった。この地層の走向・傾斜を答えよ。

10 ★★☆

右図は，ある地域の地質図である。図中のａ－a′はＡ層とＢ層との地層境界線を示し，ｂ－b′はＢ層とＣ層との地層境界線を示している。この地域のX―Yに沿う地質断面図として適切なものは，次の①～④のうちのどれか。

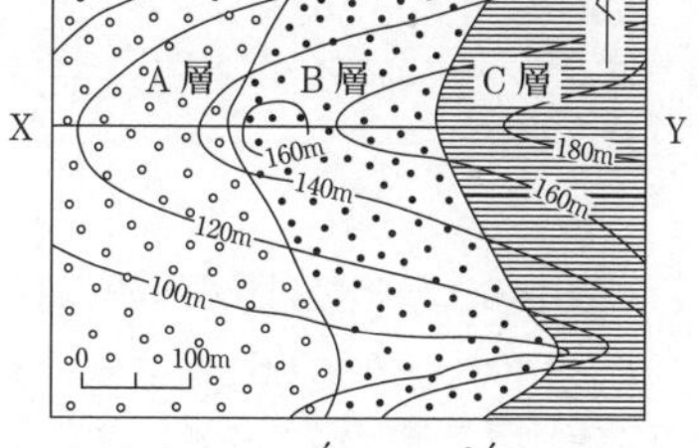

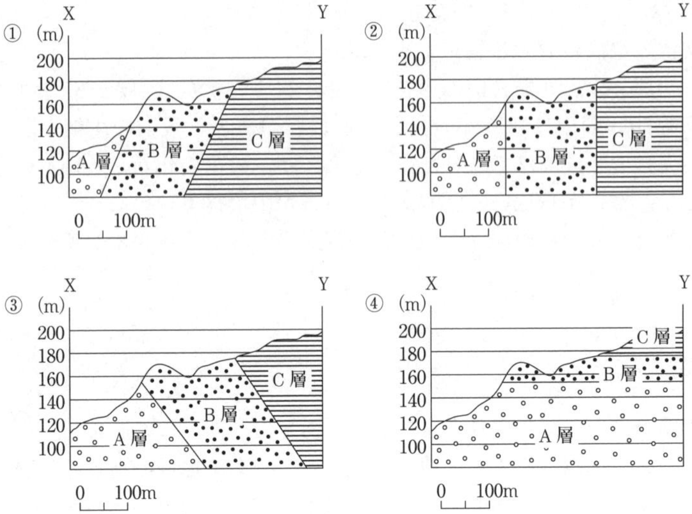

〈東京都〉

11 ★★☆

次の表は，地質年代の大区分を表したものである。これについて，各問いに答えよ。

相対年代	主なできごと	放射年代
新生代	ホ乳類と人類の発展	（ ① ）
中生代	（ ② ）	252
古生代	（ ③ ）	
	海生無セキツイ動物の発展	541
先カンブリア時代	（ ④ ）	
	生物の誕生	

単位：百万年

(1) 表中の①に当てはまる数値を次の中から選べ。

ア．140　　イ．66　　ウ．10　　エ．6

(2) 表中の②～④に当てはまるものを次の中から選べ。

ア．多細胞生物の出現

イ．セキツイ動物の出現

ウ．大型ハ虫類とアンモナイトの発展

エ．魚類と両生類の発展

⑶　古生代の前半に出現し繁栄した代表的な節足動物を次の中から選べ。

ア．ウミユリ　　イ．三葉虫　　ウ．カッチュウ魚　　エ．アンモナイト

12 ★☆☆

地球が受ける太陽放射は，大気や地表に吸収されたり，雲や地表による反射や大気による散乱により地球外に逃げたりしていく。これについて次の各問いに答えよ。

⑴　地球が受ける短波長（太陽）放射のうち，エネルギーの総量が最も大きい電磁波は次のア～オのうちどれか。

ア．X 線　　イ．紫外線　　ウ．可視光線　　エ．赤外線　　オ．電波

⑵　地球が宇宙空間に放射する長波長放射の主な電磁波は，次のア～オのうちどれか。

ア．X 線　　イ．紫外線　　ウ．可視光線　　エ．赤外線　　オ．電波

⑶　地表からの長波長放射は，大気中の成分で吸収される。長波長放射を吸収する大気の成分のうち，吸収量の大きいものをア～カから２つ選べ。

ア．酸素　　イ．二酸化炭素　　ウ．水蒸気　　エ．アルゴン

オ．窒素　　カ．フロンガス

⑷　本来宇宙に逃げるはずの長波長放射が大気に吸収され，再び地表に向かって放射され，その分地表が暖められる現象を何というか答えよ。

〈長崎県改題〉

13 ★★☆

「天気とその変化」の学習について，次の各問いに答えよ。

⑴　露点を実験で確かめる場合，理科室で手軽にできる実験としてどのような実験が考えられるか，図と言葉で示せ。

⑵　雲のできる様子を視覚的にとらえさせる場合，理科室で手軽にできる実験として，どのような実験が考えられるか，図と言葉で示せ。

⑶　雲や霧の発生の様子を室内実験で確かめることは大切だが，野外での観察と結びつくと，生徒の理解がより深まる。校外学習や野外に出かけたとき，生徒に観察させると効果的であると考えるものを１つ答えよ。

〈群馬県〉

14 ★★☆

太陽系の天体に関する記述として正しいものはどれか。

① 月は，半径が地球の約半分で，水星よりも大きい。自転していないため，常に同じ面を地球に向けている。表面には，多くのクレーターがあり，特に海と呼ばれている比較的暗い部分に多い。

② 金星は，地球の2倍程度の半径をもち，地球から観測される惑星の中で，最も明るい惑星である。望遠鏡で見ると，樹冠と呼ばれる白い模様と運河と呼ばれる緑色の筋が確認できる。また，衛星として月とほぼ同じ大きさのフォボスとダイモスの2つがある。

③ 火星は，地球のすぐ外側の軌道をまわっている惑星で，大きさは地球とほぼ同じである。大気の成分は，主に酸素と二酸化炭素で，生物生息の可能性が考えられる。また，いわゆるガリレオ衛星などの多くの衛星をしたがえている。

④ 小惑星は，主に木星と土星の軌道の間を公転している小天体で，現在約200個が確認されている。細長い軌道をもったものが太陽に接近すると，長い尾をもったすい星として，肉眼で観察されることもある。

⑤ 水星は，最も内側の軌道をまわる惑星である。大気がないため，昼側と夜側との表面温度の差が大きい。その表面は，月と同じようにクレーターにおおわれている。なお，太陽に近いために，明け方の東の空か夕方の西の空にしか見ることができない。

15 ★★☆

地球から月を観察すると，地球の自転により，毎日東から上って西に沈む日周運動をする。では，月から地球を観察すると，月の自転によって地球はどのように動いて見えるか答えよ。

〈静岡県〉

16 ★★☆

次の図は，ある年の火星の天球上の位置を示したものである。これについて次の各問いに答えよ。

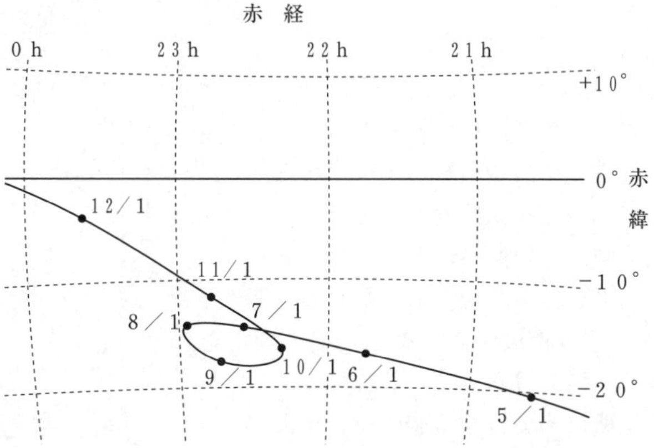

⑴　次の文の①，②の（ ）内で正しいものを１つずつ選べ。

火星は地球の①（ア．内側　イ．外側）を公転する②（ア．地球型　イ．木星型）惑星である。

⑵　図の毎月１日の位置のうち，火星が地球に最接近した日に最も近いものはどれか選べ。

⑶　⑵の頃，南中した火星を観測できるのは，いつ頃か。ア～ウの中から選べ。

ア．夕方　　イ．真夜中　　ウ．明け方

〈鹿児島県改題〉

17 ★★☆

次の文は，ケプラーの法則について述べたものである。これについて，各問いに答えよ。

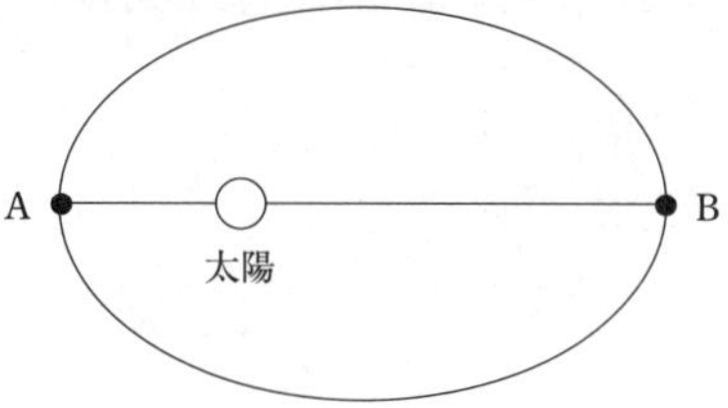

惑星の運動について，ケプラーの法則がある。第１法則は「惑星は，太陽を１つの（　①　）とするだ円軌道を公転する」である。第２法則は「惑星と太陽とを結ぶ線分が一定時間に通過する面積は一定である」である。第３法則は「惑星の公転周期の（　②　）は，惑星から太

陽の平均距離の（　③　）に比例する」というものである。

(1)　空欄に当てはまる語句を答えよ。

(2)　第2法則からいえることとして，右の図において，Aの地点とBの地点とでは，惑星の公転速度はどちらの方が速いと考えられるか答えよ。

18 ★★☆

天体について，次の各問いに答えよ。

(1)　太陽は自ら光を放つ恒星の1つである。この光のエネルギー源は何か答えよ。

(2)　右のHR図は，銀河系の多くの恒星を，絶対等級とスペクトル型で表したものである。その恒星の特徴から，A・B・Cの3つのグループに分けられる。これについて，次の文の空欄に当てはまる語句を答えよ。

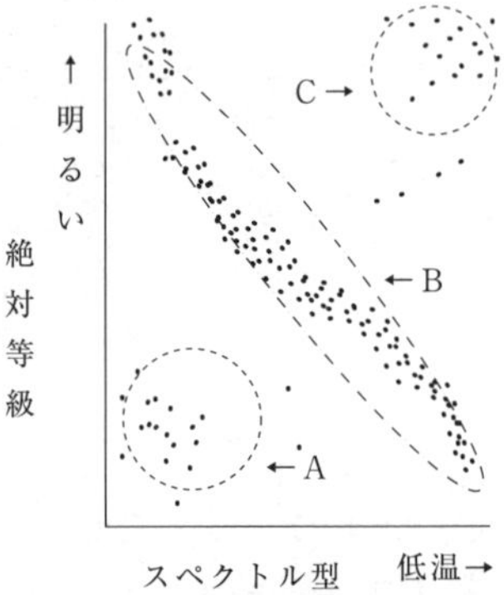

現在，太陽は，図中の記号（　①　）のグループに属している。このグループの恒星を（　②　）という。太陽が誕生して，約（　③　）億年が経つが，今後，太陽の体積は膨張し，50億年後ぐらいには，図中の記号（　④　）のグループに進化し，最後は，図中の記号（　⑤　）のグループに属する道をたどる。

恒星の寿命は，質量の大きい恒星ほど（　⑥　）い。太陽の寿命は約（　⑦　）億年である。

〈長崎県〉

19 ★★☆

太陽を，生徒に望遠鏡を使って観察させる場合，気をつけなければならないこと，及び適切な観察の方法について述べよ。

〈長崎県〉

実践問題　解答・解説

1

①　S波　　②　P波

③　P波　　④　S波

⑤　モホロビチッチ不連続面（モホ面，モホ不連続面）

⑥　グーテンベルク面

⑦　花こう岩　　⑧　玄武岩

⑨　玄武岩　　⑩　かんらん岩

⑪　鉄

⑫　S　　⑬　N

⑭　偏角　　⑮　伏角

2

(1)　①　カ　　②　オ

③　ウ　　④　ア

⑤　イ

(2)　エ

解説

①　S波は，液体状態の外核を伝わらない。

②　P波は，マントル・外核境界面，及び外核・内核境界面で速度が急変する。

③　平均密度は，地殻が約 $2.7\,\mathrm{g/cm^3}$，マントルは約 $4.5\,\mathrm{g/cm^3}$，核は約 $12\,\mathrm{g/cm^3}$ と推定されている。

④　地下増温率（地温勾配）は，深くなるほど小さくなっている。内核の温度で6000℃程度と推定されている。

⑤　地球は，内部ほど圧力が高くなっている。中心部では400万気圧に達する。

3

(1)　$\boldsymbol{D = 8T}$　　(2)　**3.2km**

(3)　**10時59分53秒**　　(4)　**96km**

解説

(1)　震源から遠い地点ほど初期微動継続時間が長いことから，初期微動継続時間を観測することにより震源までの距離を求めることができる。震源までの距離は大森公式と呼ばれ，$D = kT$ で表される。

$D = kT$ に地点Cのデータ $D = 160$，$T = 20$ を代入して，

$$160 = k \times 20$$

$$\therefore k = 8$$

(2)　地点Aから震源までの距離 d_A は，

$D = 8T$ より，

$$d_A = 8 \times 28 = 224\ 〔\mathrm{km}〕$$

地点A，Cの震源までの距離，初期微動到着時刻の差より，P波の速度 P は，

$$\frac{224-160}{35-23} \fallingdotseq 5.3\ 〔\mathrm{km/秒}〕$$

S波の速度を S とし，$T=\dfrac{D}{S}-\dfrac{D}{P}$ に $T = 20$，$D = 160$，$P = 5.3$ を代入すると，

$$20=\frac{160}{S}-\frac{160}{5.3}$$

$$\therefore S \fallingdotseq 3.2\ 〔\mathrm{km/秒}〕$$

(3)　震源地から地点CにP波が到着するまでにかかった時間を t とすると，

$t=\dfrac{D}{P}$ より，

$$t=\frac{160}{5.3} \fallingdotseq 30\ 〔秒〕$$

11時00分23秒－30秒＝10時59分53秒

(4)　S波は地震発生後30秒で地点Bに達しているので，

$$3.2 \times 30 = 96\ 〔\mathrm{km}〕$$

4

31.6倍

解説

マグニチュードが1のときは,

$$\log_{10}E_1 = 11.8 + 1.5 \times 1$$
$$= 13.3$$
$$\therefore\ E_1 = 10^{13.3}$$

マグニチュードが2のときは,

$$\log_{10}E_2 = 11.8 + 1.5 \times 2$$
$$= 14.8$$
$$\therefore\ E_2 = 10^{14.8}$$

よって,

$$\frac{10^{14.8}}{10^{13.3}} = 10^{1.5} = \sqrt[2]{10^3}$$
$$= 10\sqrt{10} = 31.6$$

5

(1) プレートテクトニクス

(2) ① イ　② ア
　③ イ　④ ウ

6

①

解説

流紋岩質マグマは粘性が大きいので，噴火は，爆発的で火砕流を伴うことがある。玄武岩質マグマは粘性が小さいので，噴火は，穏やかで割れ目噴火を起こすこともある。溶岩台地や盾状火山を形成する。

7

(1) 石英，長石，黒雲母

(2) 長石，角閃石

(3) 白っぽい色　(4) 暗灰色

(5) 等粒状　(6) 斑状

(7) 深成岩　(8) 火山岩

(9) **66％以上**　(10) **66～52％**

8

(1) ① 火成　② 深成
　③ 流紋　④ 安山
　⑤ 玄武　⑥ 凝灰
　⑦ かぎ層　⑧ 大理石

(2) SiO_2

(3)〔解答例〕

＜安全確保＞

・事前に落石などの心配のない安全な場所であるか確認しておく。
・事故に注意して安全な観察を行わせる。
・観察当日の天候に注意し，不慮の事故の発生を防ぐ。
・斜面での転倒や転落に気をつける。
・ハンマーを扱うときは保護眼鏡をつけ，目の防御に気をつける。
・帽子またはヘルメット，手袋，露出の少ない服装を着用する。

など

＜環境保全＞

・岩石などの採集は必要範囲にとどめる。
・観察後は元の状態に戻し，整地する。
・露頭を必要以上にくずさない。

など

9

(1) 地層の層理面と水平面との交線の方向

(2) クリノメーター

(3) 走向：**N60°W**　傾斜：**30°NE**

解説

地層の走向は，北を基準にして，東または西に何度かを測る。

傾斜は，走向の方向に対して直角の方向になる。

10

③

解説

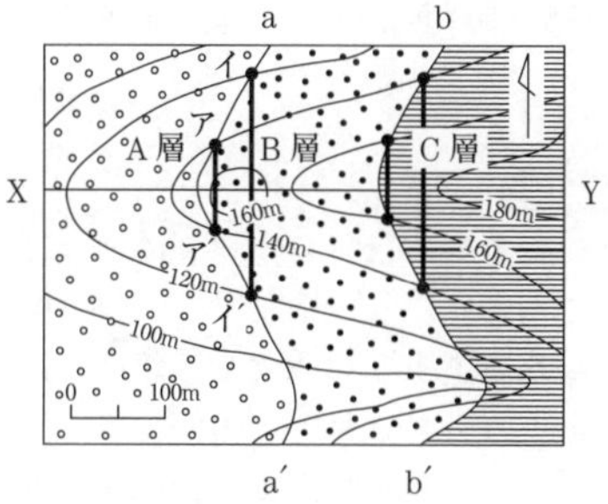

a－a’と等高線の交点を結んだ線が走向となる。ア－ア’は標高140mで，イ－イ’は120mであるから，a－a’は東に傾いていることがわかる。同様に，b－b’も東に傾いていることがわかる。

11

(1)　イ
(2)　②　ウ　　③　エ
　　④　ア
(3)　イ

解説

(1)　新生代とは約6600万年前から現在までの時代をいう。
(2)　セキツイ動物の出現は古生代（オルドビス紀）である。

12

(1)　ウ　　(2)　エ　　(3)　イ，ウ
(4)　温室効果

解説

(1)　太陽のエネルギーは，可視光線，これより波長の短い紫外線，波長の長い赤外線などの電磁波として放出される。これを太陽放射という。
(2)　地表は赤外線を放射している。これを地球放射（赤外放射）という。
(4)　大気は太陽放射をよく通す一方で，地球放射を吸収するため，熱を逃しにくい状態にしている。地表の温度は，この温室効果により，平均約15℃に保たれている。

13

(1)〔解答例〕
①金属製のコップに水を入れ温度を読む。
②大型試験管に氷を入れてコップの中に差し込み，水温を下げる。
③コップの表面がくもり始めたときの温度を読む。

(2)〔解答例〕
①丸底フラスコに水を少量入れ，よく振ってから中に線香の煙を入れる。
②注射器のついたゴム管付きゴム栓を図のように取りつける。
③注射器のピストンを強く引いたときに容器内がくもる様子を観察する。

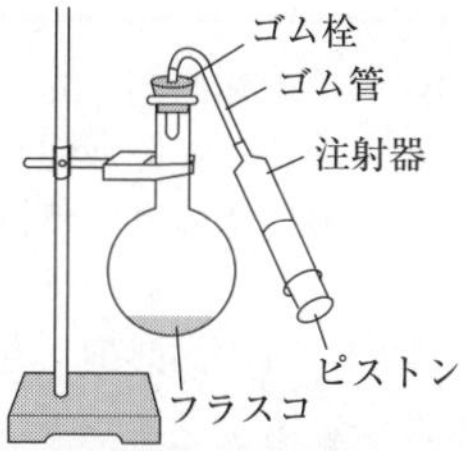

(3)・朝，川や湖などの表面から霧が発生する様子を観察させる。
・山に吹き付ける風で上昇気流が生じて雲が発生し，山を越えると下降気流となって雲が消える様子を観察させる。

などから1つ

14

⑤

解説

① 月は，半径が地球の約 $\frac{1}{4}$ の大きさで，水星よりも小さい。海と呼ばれる比較的平面な地形や，高地にはクレーターと呼ばれる噴火口に似た地形がある。月の自転周期と公転周期が等しいため，地球にいつも同じ面を向けている。

② 金星は，半径が約 6100 km で，地球の約 6400 km に最も近い。極冠ならびにフォボス，ダイモスという衛星をもつのは火星である。

③ 火星は，地球のすぐ外側を公転している惑星で，半径は地球のおよそ半分の約 3400 km である。大気はうすく，その成分は 90％以上が，二酸化炭素である。ガリレオ衛星をもつのは木星である。

④ 小惑星は 20 万個以上の軌道がわかっており，その大部分は火星と木星の軌道の間にある。

15

いつも同じ位置に見えて動かない。

解説

月の自転周期と公転周期は等しいため，月から地球を見ると，いつも同じ位置に見えて動かない。月面上の立つ位置により，地球の高度や方位が変わるだけで，日周運動は見られない。月が満月のとき，月から地球は見えない。

16

(1) ① イ　② ア

(2) 9月1日　(3) イ

解説

(2) 火星が最も地球に接近するのは，地球から見て太陽と正反対のところにくる衝である。衝のころは地球が火星を追い抜いて先に進むので，火星は天球上を逆行する。

17

(1) ① 焦点　② 2乗
③ 3乗

(2) A

解説

(2) Aの地点は近日点，Bの地点は遠日点である。第2法則より，一定時間内に惑星が軌道上を移動する距離は，遠日点付近より近日点付近の方が大きい。すなわち，Aの地点付近での公転速度はBの地点付近での公転速度より速い。

18

(1) 水素の（核）融合反応

(2) ① B　② 主系列星
③ 50　④ C
⑤ A　⑥ 短
⑦ 100

19〔解答例〕

＜気をつけなければならないこと＞

・太陽を肉眼や望遠鏡で直接見ないこと。

・下敷やフィルム等，太陽の観察に適切でないものを用いないこと。　など

＜適切な観察方法＞

・日食用メガネを用いて太陽を観察する。

・望遠鏡からの太陽像を白い紙などに投影して観察する。　など

教員採用試験対策　オープンセサミシリーズ
ステップアップ問題集⑤　専門教科　中学　理科

発　行　2023年10月20日　第1版第1刷

編　著　東京アカデミー
発行人　佐川泰宏
発行所　株式会社ティーエーネットワーク
〒450-6306 名古屋市中村区名駅1-1-1
ＪＰタワー名古屋６Ｆ
電話 ：052-586-7805㈹
FAX：052-563-2109
発売元　東京アカデミー七賢出版株式会社
〒171-0021 東京都豊島区西池袋1-11-1
メトロポリタンプラザビル13F
電話 ：03-6852-0803
FAX：03-6852-0180

ISBN978-4-86455-623-1　C7337

●出版案内，テキストの追補等の情報については東京アカデミー七賢出版のホームページをご覧ください。

https://www.shichiken.co.jp